Hermann Hobmair
Sophia Altenthan
Werner Dirrigl
Winfried Gotthardt
Rainer Höhlein
Wilhelm Ott

herausgegeben von Hermann Hobmair

Psychologie

für Fachoberschulen

1. Auflage

Bestellnummer 5010

Bildungsverlag EINS — Stam

Inhalt

www.bildungsverlag1.de

Gehlen, Kieser und Stam sind unter dem Dach des Bildungsverlages EINS zusammengeführt.

Bildungsverlag EINS
Sieglarer Straße 2, 53842 Troisdorf

ISBN 3-8237-**5010**-0

Einführung in das Lehrbuch

Vorliegendes Lehr- und Arbeitsbuch gibt eine Einführung in die Psychologie für die speziellen Anforderungen der Fachoberschulen in Bayern, Ausbildungsrichtung Sozialwesen. Es enthält alle wichtigen Informationen, die hierfür von Bedeutung sind, so daß es für die Unterrichtsvorbereitung und für die Vorbereitung auf Prüfungen eine wertvolle Hilfe sein kann. Zudem ergeben sich zahlreiche Möglichkeiten für einen nutzbringenden Einsatz im Unterricht.

Grundlage für das Lehrbuch bildet der Lehrplan für Pädagogik und Psychologie an bayerischen Fachoberschulen, Ausbildungsrichtung Sozialwesen, vom August 1993. Darüber hinaus bietet das Buch einige weitere Informationen, um bestimmte Zusammenhänge klarer herauszustellen.

Aufbau des Buches

Durch offene Fragen, ein Fallbeispiel, die Gegenüberstellung von Meinungen und ähnliches wird zum Thema des jeweiligen Kapitels **hingeführt.** Am Ende wird durch entsprechende Fragen mitgeteilt, worum es in diesem Kapitel geht, welche **Lernziele** angestrebt werden.

Das Hauptaugenmerk liegt auf dem **Informationsteil.** Hier wird der eigentliche Lerninhalt verständlich dargestellt. Fachtermini wurden bewußt in den Text aufgenommen und hinreichend geklärt. Beispiele, Übersichten, Fotos und ähnliches machen die Ausführungen anschaulich. Gedichte, Karikaturen und vor allem der Psycho-Wichtel sollen sie etwas auflockern und helfen, den Text besser zu behalten.

Der Psychowichtel stellt sich vor

Die Informationen sind sehr ausführlich gehalten, damit sie besser verstanden und angewendet sowie Zusammenhänge klarer erkannt werden können.

★   Zusätzlich zu berücksichtigende Hinweise wurden darüber hinaus mit diesem Symbol am Rand ausdrücklich gekennzeichnet.

Am Ende des Informationsteils folgt eine **Zusammenfassung,** die nochmals den „roten Faden" der wichtigsten Lernergebnisse aufzeigt. Sie ist in einzelne Abschnitte gegliedert, die man sich zur Sicherung der Informationen leicht einprägen kann.

Im **Materialteil** finden sich Möglichkeiten für einen nutzbringenden Einsatz im Unterricht. Texte, Experimente, Untersuchungen, Tabellen und dergleichen können im Unterricht verwendet werden. Zugleich sind sie zur Vertiefung des Wissens gedacht.

Die **Aufgaben und Anregungen** gliedern sich in drei Teile:

- Der Teil **Reproduktion von Informationen** dient der Sicherung der Lernergebnisse. Er gibt Hinweise darauf, ob man den Stoff beherrscht, um ihn dann auch anwenden zu können.

- Die **Anwendungsaufgaben** bieten die Möglichkeit, das Gelernte verarbeiten und anwenden zu können. Sie können auch zur Vorbereitung auf Prüfungsarbeiten dienen. Fragen, wie sie in etwa in einer Abschlußprüfung vorkommen können, sind eingearbeitet. Dadurch ist eine systematische Vorbereitung auf die Abschlußprüfung möglich.

  Die Hinweise in Klammern sowohl bei Reproduktion von Informationen als auch bei den Anwendungsaufgaben verweisen auf den entsprechenden Lerninhalt im Informationsteil, der zur Beantwortung der Frage notwendig ist.

- In den **Anregungen** wird der Lernstoff erfahrbar, „erlebbar" gemacht. Das Gelernte soll hier erfahrungsmäßig nachvollzogen werden können. Damit kann gelernt werden, eine Situation ganzheitlich wahrzunehmen, aus der Sicht anderer zu beurteilen oder gar zu bewältigen.

Ein gut organisiertes **Stichwortverzeichnis** macht das Lehrbuch zu einem unentbehrlichen Nachschlagewerk.

Herausgeber und Autoren des vorliegenden Buches hoffen, daß Lehrer und Schüler mit diesem Lehr- und Arbeitsbuch viel Freude haben, und vor allem, daß es Ihnen Erfolg bringt. Für Anregungen, Verbesserungsvorschläge und sachliche Kritik wären Herausgeber und Autoren sehr dankbar.

Herausgeber und Autoren

Arbeiter der Stirn

Ein Mensch sitzt kummervoll und stier
Vor einem weißen Blatt Papier.
Jedoch vergeblich ist das Sitzen –
Auch wiederholtes Bleistiftspitzen
Schärft statt des Geistes nur den Stift.
Selbst der Zigarre bittres Gift,
Kaffee gar, kannenvoll geschlürft,
Den Geist nicht aus den Tiefen schürft,
Darinnen er, gemein verbockt,
Höchst unzugänglich einsam hockt.
Dem Menschen kann es nicht gelingen,
Ihn auf das leere Blatt zu bringen.
Der Mensch erkennt, daß es nichts nützt,
Wenn er den Geist an sich besitzt,
Weil Geist uns ja erst Freude macht,
Sobald er zu Papier gebracht.

Eugen Roth

1 Grundfragen und Grundprobleme der Psychologie

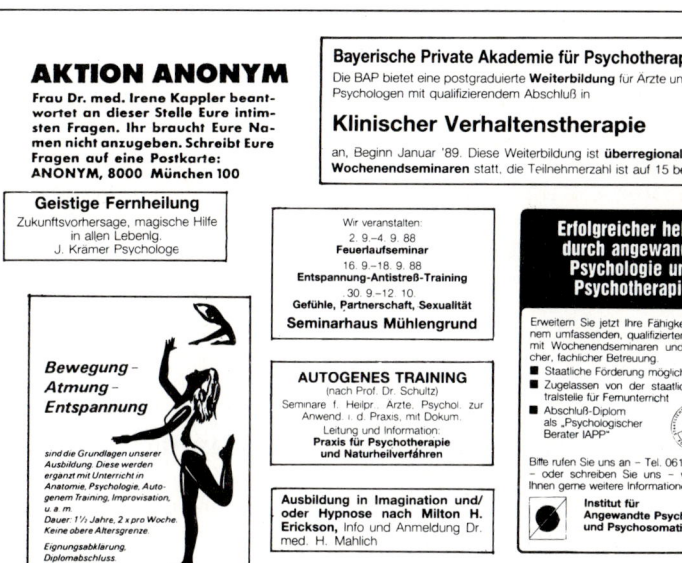

Der Psychologe hat oft das Image des großen Zauberers, der mit Röntgenaugen herumläuft, jeden Menschen durchschaut und sofort weiß, wer dieser Mensch ist und was ihn bewegt.
Diese Vorstellungen haben wenig mit dem zu tun, was Psychologie wirklich ist und was sie will.

Folgende Fragen werden in diesem Kapitel geklärt:

1. Was versteht man unter Psychologie?
2. Womit beschäftigt sie sich?
   Was ist der Gegenstand psychologischer Forschung?
3. Wodurch zeichnet sich die wissenschaftliche Psychologie aus?
4. Welche Ziele verfolgt die wissenschaftliche Psychologie?
   Wo werden psychologische Erkenntnisse angewendet?

1.1 Die Psychologie als Wissenschaft

Gerade in der letzten Zeit hat die Psychologie einen sehr großen Einfluß auf unser Leben gewonnen. Ohne daß man sich dessen immer bewußt ist, beeinflußt sie uns von Geburt an bis in das hohe Alter.

„Die Psychologie ist zweifellos eine Wissenschaft, die uns angeht wie kaum eine andere Wissenschaft; sie macht Dinge für uns und sogar mit uns, von denen wir ganz unmittelbar betroffen sind." Denn wir selbst sind der Gegenstand dieser Wissenschaft: Der Mensch ist der primäre Gegenstand der Psychologie." *(H. Ueckert/R. Kakuska/J. Nagorny, 1975)*

Der Laie zeigt sich oft enttäuscht über die Erkenntnisse psychologischer Forschung, weil er oft nur erneut erfährt, was er ohnehin schon weiß. Andererseits reagiert der Mensch sehr häufig betroffen, manchmal sogar abwertend und abweisend auf „die Ergebnisse eben dieser Psychologie, besonders dann, wenn sie liebgewordenen Vorstellungen und Erwartungen zuwiderlaufen." *(H. Ueckert/R. Kakuska/J. Nagorny, 1975)*

1.1.1 Alltagspsychologie und wissenschaftliche Psychologie

Jeder Mensch ist „psychologisch" tätig, indem er „Menschenkenntnis" betreibt, andere Menschen „durchschaut" und Urteile über den Charakter anderer fällt. Jeder von uns ist „Ratgeber" und „Therapeut", wenn er andere Menschen in Schwierigkeiten berät und ihnen in Problemsituationen hilft.

Menschen kommen aufgrund ihrer Erfahrungen zu „psychologischen Erkenntnissen", mit denen sie die Wirklichkeit zu erklären und zu verstehen versuchen und die ihr Verhalten in einem nicht unerheblichen Maße bestimmen.

Diese aufgrund persönlicher Erfahrungen gewonnenen Kenntnisse bezeichnen wir als **Alltagspsychologie** im Gegensatz zur **wissenschaftlichen Psychologie,** die ihre Erkenntnisse mit Hilfe wissenschaftlicher Methoden gewinnt.

Jeder Mensch besitzt eine solche Alltagspsychologie.

> **Unter Alltagspsychologie verstehen wir die aufgrund von persönlichen Lebenserfahrungen gewonnenen psychologischen Kenntnisse.**

Dabei orientiert man sich an den eigenen Erfahrungen und an denen anderer, oder auch an Tradition und „Alltagsweisheiten" (vgl. Victor Sarris, Band 1, 1990).

So zum Beispiel hat Frau Wichtelbaumer auf ihrer letzten Urlaubsreise die Erfahrung gemacht, daß die Franzosen viel gemütlicher und größere Genießer sind als die Deutschen. Frau Wichtelbaumer hat ihre Einsicht aufgrund persönlicher Erfahrungen gewonnen.

„Sage mir, mit wem du umgehst, dann sag' ich dir, wer du bist!" sagt Herr Wichtelbaumer zu seiner Frau und folgert weiter: „Wenn Alfred mit Sigmund verkehrt, dann kann Alfred auch kein gescheiter Kerl sein."

Die Alltagspsychologie weist folgende **Merkmale** auf:

- Die Alltagspsychologie ist grundsätzlich **subjektiv,** das heißt, daß verschiedene Personen bei ein und demselben Sachverhalt zu unterschiedlichen Erkenntnissen kommen.

  So findet beispielsweise Frau Wichtelbaumer die Franzosen nett und hilfsbereit, während Frau Dinger aufgrund negativer Erfahrungen die Franzosen als rücksichtslos bezeichnet.

- Die Alltagspsychologie kann **zufällig wahr** sein, das heißt, daß sie mit der Beschaffenheit der Realität übereinstimmen kann, dies aber in den meisten Fällen nicht tut.

- Bei der Alltagspsychologie handelt es sich um **unzulässige Verallgemeinerungen,** das heißt, daß von „einmal auf immer" bzw. von einem bzw. wenigen Fällen auf „alle" geschlossen wird.

  So hat Frau Dinger mit einigen Franzosen negative Erfahrungen gemacht und folgert daraus, daß die Franzosen rücksichtslos sind.

- Aussagen der Alltagspsychologie sind in der Regel **nicht überprüfbar** und auch **nicht wiederholbar.**

  Die negative Erfahrung, die Frau Dinger mit einigen Franzosen gemacht hat, ist in der Realität nicht mehr nachvollziehbar und auch nicht mehr wiederholbar.

- Bei der Alltagspsychologie handelt es sich um Aussagen, die **nicht systematisch** gewonnen wurden.

  Die Aussage von Frau Dinger, daß die Franzosen rücksichtslos sind, ergab sich durch zufällige Einzelbeobachtungen und Erfahrungen.

„Gesunder Menschenverstand ist eine Sammlung von Vorurteilen, die man bis zum achtzehnten Lebensjahr erworben hat." *(Albert Einstein)*

Obwohl die Alltagspsychologie meist nicht mit der Realität übereinstimmt, also gar nicht wahr ist, besitzen sie alle Menschen. Dies liegt daran, daß sie im menschlichen Leben wichtige Funktionen erfüllt (vgl. Uwe Laucken, 1974; Dieter Ulich, 1989).

Funktionen der Alltagspsychologie:

- Die Alltagspsychologie befriedigt das Bedürfnis nach einer Systematisierung unserer Welt wie beispielsweise einer Einteilung in „gut" und „böse".

- Die Alltagspsychologie befriedigt das Bedürfnis nach Orientierung und Ordnung sowie nach rascher Beurteilung von Personen bzw. Personengruppen.

- Die Alltagspsychologie stellt Erklärungen bereit und erlaubt dem Menschen eine Bewältigung lebenspraktischer Situationen und die Lösung von bestimmten Problemen.

- Die Alltagspsychologie gibt dem einzelnen Handlungssicherheit und vermittelt die Überzeugung, sich in bestimmten Situationen richtig und angemessen zu verhalten.

Auf diese Weise können Angst und Unsicherheit verhindert und dem Menschen das **Gefühl der Sicherheit und Überschaubarkeit** gegeben werden.

„Da jeder Mensch über ein gewisses Maß an Menschenkenntnis, den vermeintlich zentralen Inhalt der Psychologie, verfügt, und damit in seinem alltäglichen Leben ganz gut auszukommen glaubt, meint jeder von uns auch immer schon zu wissen, was Psychologie zu sein hat und was von ihr zu erwarten ist." *(H. Ueckert/R. Kakuska/J. Nagorny, 1975)*

Im Gegensatz zur Alltagspsychologie gewinnt die **wissenschaftliche Psychologie** ihre Erkenntnisse mit Hilfe **wissenschaftlicher Methoden,** die in Kapitel 2 dargestellt sind.

Die wissenschaftliche Psychologie unterscheidet sich von der Alltagspsychologie in der Art des methodischen Vorgehens bei der Gewinnung von Erkenntnissen.

Wissenschaftliche Aussagen sind

- **Überprüfbar,** das heißt, die Aussage und die Art und Weise, wie der Forscher diese Aussage gewonnen hat, sind in der Realität jederzeit nachvollziehbar und wiederholbar.

  So muß zum Beispiel die Aussage, daß autoritär erzogene Menschen schüchtern und ängstlich sind, in der Realität nachvollziehbar sein, und die Art und Weise, wie der Wissenschaftler zu dieser Erkenntnis gekommen ist, muß wiederholbar sein.

- **objektiv**, das heißt, verschiedene Forscher erzielen bei gleichem Sachverhalt unter gleichen Bedingungen die gleichen Ergebnisse (vgl. Kapitel 2.1.3).

  Auch wenn die Untersuchung von verschiedenen Forschern durchgeführt wird, müssen sie alle unter den gleichen Bedingungen zu dem gleichen Ergebnis kommen, nämlich, daß sich autoritär erzogene Menschen schüchtern und ängstlich verhalten.

- **allgemeingültig,** das heißt, die Aussage trifft auch tatsächlich auf die in der Aussage angegebenen Personen bzw. -gruppen zu.

  Die Aussage, daß sich autoritär erzogene Menschen schüchtern und ängstlich verhalten, muß mit hoher Wahrscheinlichkeit tatsächlich auf alle Personen zutreffen, die autoritär erzogen worden sind.

  Wissenschaftliche Aussagen treffen also nicht nur auf den Einzelfall zu, sondern besitzen hohen Allgemeinheitsgrad.

★ Einer Wissenschaft, in der der Mensch primärer Gegenstand ist, ist es kaum möglich, wahre und absolut gültige Aussagen zu treffen, Aussagen, die in der Realität auch tatsächlich auf alle Menschen – ohne Ausnahme – zutreffen. Wissenschaftliche Aussagen von Wissenschaften, die es mit dem Menschen zu tun haben, sind immer **Wahrscheinlichkeitsaussagen,** das heißt, daß im Einzelfall grundsätzlich Abweichungen möglich sind (vgl. Abschnitt 1.3.2).

- **systematisch gewonnen,** das heißt, Wissen wird systematisiert, geordnet und vereinheitlicht, was auch Eindeutigkeit, Vollständigkeit und bis zu einem gewissen Grad auch Widerspruchsfreiheit der Aussagen einschließt. Dieses Merkmal wird als **Systemcharakter** bezeichnet (vgl. Dieter Ulich, 1989).

„Manche mögen vielleicht bezweifeln, ob sich Psychologie wissenschaftlich betreiben läßt. Aber es ist nicht zu leugnen, daß Tausende von Psychologen Tag für Tag dieselben Forschungsmethoden anwenden, die in anderen Wissenschaften üblich sind. Psychologen sammeln manche ihrer Daten durch Beobachtung von Menschen in Alltagssituationen, aber sie führen auch Experimente (...) durch, bei denen sorgfältige Versuchsanordnungen eingehalten und hochentwickelte statistische Techniken benutzt werden, um herauszufinden, ob Befunde verschiedene Theorien stützen oder ihnen widersprechen."
(D. Krecht/R. S. Cruchfield, Band 1, 1992)

Merkmale der wissenschaftlichen Psychologie	Merkmale der Alltagspsychologie
Wissenschaftliche Aussagen sind in der Realität überprüfbar, die Art und Weise, wie wissenschaftliche Aussagen gewonnen werden, ist wiederholbar.	Aussagen der Alltagspsychologie sind nicht überprüfbar und auch nicht wiederholbar.
Wissenschaftliche Aussagen sind allgemeingültig und treffen mit hoher Wahrscheinlichkeit auf die in der Aussage angegebenen Personen zu.	Einmalige und zufällige Ereignisse werden unzulässig verallgemeinert („von einmal auf immer", „von einem auf alle").
Wissenschaftliche Aussagen sind objektiv: Verschiedene Forscher erzielen bei gleichem Sachverhalt die gleichen Ergebnisse.	Die Alltagspsychologie ist subjektiv: Verschiedene Personen kommen bei ein und demselben Sachverhalt zu unterschiedlichen Erkenntnissen.
Wissenschaftliche Aussagen werden systematisch durch wissenschaftliche Methoden gewonnen, das methodische Vorgehen ist geplant und organisiert.	Kenntnisse der Alltagspsychologie ergeben sich durch zufällige Einzelbeobachtungen und Erfahrungen.

„Der gesunde Menschenverstand sagt uns, daß die Erde platt ist." *(Albert Einstein)*

1.1.2 Der Gegenstand der Psychologie

Psychologie (griechisch, psyche: die Seele, logos: die Lehre, die Wissenschaft) heißt wörtlich übersetzt, die Wissenschaft von der Seele. Der Begriff *Seele* ist jedoch wissenschaftlich nicht faßbar und kann deshalb selbst nicht Gegenstand der Psychologie sein. Es wird deshalb oft von der „Psychologie ohne Seele" gesprochen.

Wissenschaftliche Aussagen lassen sich jedoch darüber machen, wie sich das Seelenleben eines Menschen äußert.

Solche Äußerungsformen sind zum Beispiel Denkabläufe eines Menschen, Gefühle wie Freude, Trauer, Ärger, Wut oder Träume, Bewegungen, Aktivitäten, Ausdruck und dergleichen.

Psychologie ist demgemäß die Wissenschaft vom Seelenleben, davon, wie sich das Seelenleben eines Menschen äußert.

Das Seelenleben eines Menschen äußert sich einerseits in seinem **Verhalten**, andererseits in seinem **Erleben**.

Während mit Verhalten alle von Außenstehenden beobachtbaren Äußerungen eines Lebewesens gemeint sind, bezeichnet man mit Erleben Vorgänge im Menschen, die nicht „von außen" beobachtet werden können, sondern die der Mensch nur an sich selbst wahrnehmen kann. *Verhaltensweisen* sind etwa Körperbewegungen, beobachtbare Aktivitäten eines Menschen, Ausdrucksformen. *Erlebensweisen* sind zum Beispiel Denkabläufe, Erinnern, Träumen.

Am Beispiel zweier Schachspieler auf einem Turnier kann der Unterschied zwischen Verhalten und Erleben verdeutlicht werden:

Dem Zuschauer wird deren Verhalten sichtbar: Sie richten ihre Blicke auf das Brett, auf den Gegner, machen wechselseitig Züge mit den Figuren, lehnen sich vor und zurück; nach einem Zug schaut der eine auf die neue Spielsituation, zieht in seinem Gesicht Falten, während sich der andere in seinen Stuhl zurücklehnt und lächelt.

Was aber in diesen beiden Spielern innerlich vor sich geht, das Erleben, bleibt den Zuschauern verborgen: Sie wissen nicht, was den einen und den anderen Spieler gerade bewegt, ob sie sich freuen oder Wut haben, was sie denken und überlegen. Diese Zugänglichkeit über ihr Innenleben können uns nur die Personen selbst eröffnen (vgl. Ernst G. Wehner, 1980).

★   *Tierisches Erleben* kann durch Beobachtung nicht erschlossen werden, allenfalls durch Glauben, Interpretieren oder Spekulieren. Dabei handelt es sich jedoch um unwissenschaftliche „Methoden". Aus diesem Grund wird in der wissenschaftlichen Psychologie der Begriff „Erleben" auf das *menschliche Leben* eingeengt.

Unter Verhalten versteht man die Gesamtheit aller von außen beobachtbaren Äußerungen eines Lebewesens.

Mit Erleben werden von außen nichtbeobachtbare Vorgänge im Menschen bezeichnet, Vorgänge, die der Mensch nur an sich selbst wahrnehmen kann.

Das Verhalten wird durch **Fremdbeobachtung** erschlossen, das Erleben ist Gegenstand der **Selbstbeobachtung**. Diese beiden grundsätzlich verschiedenen Erfahrungsweisen haben sich heute in der Psychologie durchgesetzt (vgl. Kapitel 2.1.2).

★   Manche Autoren, wie zum Beispiel Hans-Peter Nolting und Peter Paulus (1993[4]), sprechen oftmals von **inneren Prozessen** statt von „Erleben", um dem Mißverständnis vorzubeugen, daß mit der ‚Innenwelt' nicht nur klar bewußte Vorgänge gemeint seien, sondern auch weniger bewußte bzw. unbewußte.

Verhalten und Erleben stehen nicht unabhängig nebeneinander, sondern stehen zueinander in Wechselwirkung. Verhalten ist einerseits immer Anzeichen für bestimmte Vorgänge im Menschen, andererseits äußern sich verschiedene Erlebnisweisen im Verhalten eines Menschen.

Wer beispielsweise Magenschmerzen hat (= Erleben), der hält seinen Bauch und krümmt sich (= Verhalten); wer sich freut (= Erleben), springt möglicherweise in die Luft, stößt einen Schrei aus, lacht oder singt (= Verhalten).

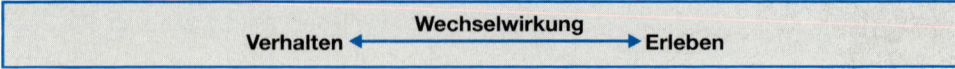

Der Mensch ist einerseits ein Teil der **Natur** und funktioniert als Naturwesen nach Naturgesetzen. Andererseits hat er als geistiges Wesen **Kultur** geschaffen und kann zielgerichtet handeln.

Diesen beiden Aspekten muß die Psychologie als Wissenschaft gerecht werden: Verhalten und Erleben ist zum einen bedingt durch Ursachen, zum anderen wird es von den Zielvorstellungen, von den Absichten des handelnden Menschen bestimmt.

Wenn zum Beispiel ein Kind sehr wütend ist, so kann dies einmal daran liegen, daß die Mutter dem Kind etwas verboten hat, das es unbedingt haben will. Die Ursache für das Wütendsein des Kindes liegt im Verhalten der Mutter. Auf der anderen Seite kann es möglich sein, daß das Kind mit seiner Wut erreichen will, daß die Mutter ihr Verbot aufhebt. Das Ziel des Wütendsein des Kindes ist die Änderung des Verhaltens der Mutter.

Johannes ist mit Freunden zusammen und verhält sich sehr aggressiv. Die Ursache für dieses Verhalten könnte sein, daß ihn ein Freund herausgefordert hat. Es könnte aber auch möglich sein, daß Johannes durch sein aggressives Verhalten Aufmerksamkeit erregen will, daß er Stärke demonstrieren oder seine Freunde einschüchtern möchte. In diesem Falle ist das Verhalten von Johannes zielgerichtet, er möchte etwas bezwecken.

Aus diesem Grund unterscheidet die Psychologie zwischen **Verhalten** und **Handeln:** Während mit Verhalten die Gesamtheit aller beobachtbaren Äußerungen eines Lebewesens verstanden wird, bezeichnet man mit Handeln jede menschliche Aktivität, mit welcher bewußt und überlegt ein bestimmter Sinn verbunden, ein bestimmtes Ziel verfolgt wird.

> **Mit Handeln meint man jede menschliche Aktivität, mit welcher bewußt und überlegt eine bestimmte Absicht, ein bestimmtes Ziel bzw. ein bestimmter Sinn verfolgt wird.**

★ Die Unterscheidung zwischen Verhalten und Handeln wird nicht einheitlich getroffen. Meist wird als Handeln solches Verhalten bezeichnet, das zielgerichtet und bewußt gesteuert ist. In diesem Sinne ist Verhalten ein Oberbegriff, der Handeln miteinschließt[1]. Gelegentlich wird jedoch Verhalten als beobachtbare Reaktion auf einen Reiz hin betrachtet, während Handeln nicht durch einen Reiz ausgelöst, sondern mit einer bestimmten Absicht verbunden ist:

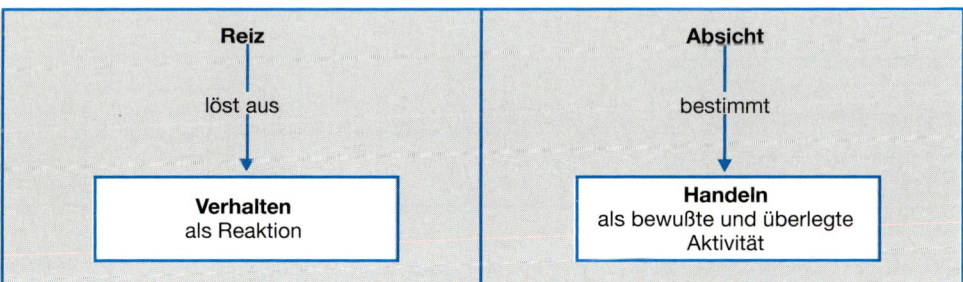

Reiz	**Absicht**
löst aus	bestimmt
Verhalten als Reaktion	**Handeln** als bewußte und überlegte Aktivität

---

[1] Wenn in den folgenden Kapiteln als Gegenstand der Psychologie lediglich „Erleben" und „Verhalten" angegeben wird, so will der Begriff „Verhalten" das Handeln miteinschließen.

Durch diese Unterscheidung soll vor allem die Tatsache hervorgehoben werden, daß der Mensch überlegt handeln kann und er keineswegs als reines Reaktionswesen anzusehen ist.

Der Mensch ist ein „aktives Wesen, das sich zielgerichtet und absichtlich verhält, das sich Alternativen überlegt, seine Ziele wählen und sich entscheiden kann." *(W. Herzog, 1984)* Der Gegenstand (= Objektbereich) der Psychologie ist demnach das Erleben (innere Prozesse), Verhalten und Handeln.

> **Psychologie ist die Wissenschaft vom Erleben, Verhalten und Handeln.**

➡ **Materialien 1.**

1.2 Grundlegende Aspekte des psychischen Geschehens

Die Psychologie versucht einen schwer zugänglichen und schwer erfaßbaren Gegenstand zu erforschen. Es wird deshalb von der Komplexität[1] des Forschungsgegenstandes der Psychologie gesprochen.

1.2.1 Der Aspekt der Situation

Erleben, Verhalten und Handeln spielen sich nicht in einem „luftleeren Raum" ab, sondern immer in einer bestimmten **Situation.** Mit Situation ist gewöhnlich die *momentane* bzw. *aktuelle Umwelt* gemeint, in der sich das Individuum befindet. Diese Situation übt in einem nicht unerheblichen Maße einen Einfluß auf das Erleben, Verhalten und Handeln aus.

So zum Beispiel wird sich ein Schüler vor seinem Lehrer und seiner Klasse anders verhalten als unter Freunden in einer Kneipe.

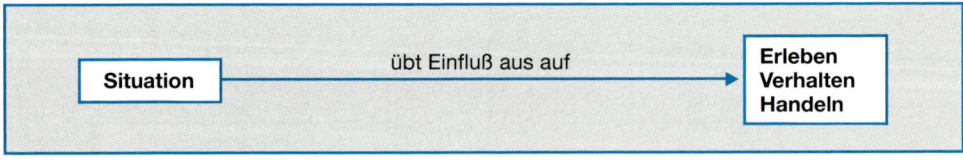

Je nach der konkreten Situation, in der sich ein Mensch befindet, wird er unterschiedlich erleben, sich verhalten und handeln.

Einzelne Situationselemente können nun bestimmte **Reize** darstellen, die Erleben und Verhalten auslösen.

---
[1] komplex bedeutet „vielschichtig", „vieles umfassend".

So ist Robert zum Beispiel sehr wütend (= Erlebensweise) und schlägt wild um sich (= Verhalten). Der Grund dafür könnte sein, daß ihn seine Freundin Lea beleidigt hat (= Reiz).

> **Reiz ist eine umfassende Bezeichnung für eine Energie, die eine bestimmte Reaktion auslöst.**

Dabei können wir unterscheiden zwischen einem **Auslösereiz** und einem **Hinweisreiz:** Ein Auslösereiz führt unwillkürlich zu einer bestimmten Reaktion, während ein Hinweisreiz lediglich eine Orientierung für das Erleben und Verhalten bedeutet (vgl. H.-P. Nolting/ P. Paulus 1993[4]).

Der Lehrer zum Beispiel kann ein Auslöser für emotionale Schreckreaktionen sein – vor allem, wenn er mit dem Notenbuch in der Hand erscheint –, er kann aber auch ein ‚Hinweis' für eifriges Mitarbeiten im Unterricht sein.

Reize, die eine bestimmte Erlebens- oder Verhaltensweise auslösen, müssen nicht unbedingt „von außen" auf den Organismus auftreffen, sie können auch im Organismus liegen. Aus diesem Grund unterscheidet man zwischen einem **äußeren** und einem **inneren Reiz:** Während der äußere Reiz von außen auf den Organismus auftrifft und beobachtbar ist, handelt es sich bei einem inneren Reiz um eine Energie im Organismus, die für Außenstehende nicht beobachtet werden kann und eine bestimmte Reaktion auslöst.

Ein Grund dafür – um bei dem Beispiel mit Robert und Lea zu bleiben –, daß Robert wütend ist und wild um sich schlägt, könnte sein, daß Lea ihn beleidigt hat. Dieser Reiz, das Beleidigen, liegt außerhalb des Organismus von Robert und ist beobachtbar. Es handelt sich um einen äußeren Reiz, der in diesem Beispiel Ursache für die Wut und das Umherschlagen von Robert ist.
Es könnte aber auch sein, daß sich Robert spät abends erinnert, daß er um 19 Uhr hätte bei Lea sein sollen und er deshalb wütend ist. Das Erinnern ist ein Vorgang im Organismus und „von außen" nicht beobachtbar. Es handelt sich um einen inneren Reiz, der in diesem Fall Ursache für die Wut und das Umherschlagen von Robert ist.

1.2.2   Der Aspekt der Persönlichkeit und des Organismus

Erleben, Verhalten und Handeln sind jedoch nicht nur von der jeweiligen Situation bzw. einem Reiz abhängig, es spielt auch die **Persönlichkeit** des einzelnen eine wichtige Rolle.

Persönlichkeit stellt eine einzigartige, unverwechselbare Struktur von relativ gleichbleibenden und länger andauernden Merkmalen, sogenannten **Persönlichkeitsmerkmalen,** dar (vgl. Kapitel 6.1.1). Solche Persönlichkeitsmerkmale sind zum Beispiel Intelligenz, Begabungen, Fähigkeiten und Fertigkeiten, bisherige Erfahrungen, Gefühle und Stimmungen, Interessen, Einstellungen, Werthaltungen, Bedürfnisse u. a. und wirken sich entscheidend auf das Verhalten und Erleben aus.

Andreas wird von seinem Vater ausgeschimpft, daraufhin schreit Andreas und schlägt mit den Fäusten auf den Tisch. Das Schreien und das Schlagen von Andreas (= Verhalten) kann einmal darauf zurückzuführen sein, daß Andreas schon Wut hatte (= bestimmtes Persönlichkeitsmerkmal), und zum anderen auf das Schimpfen von seinem Vater (= äußerer Reiz). Es könnte auch möglich sein, daß Andreas die Erfahrung gemacht hat (= bestimmtes Persönlichkeitsmerkmal), daß Vater mit dem Schimpfen aufhört, wenn er schreit.

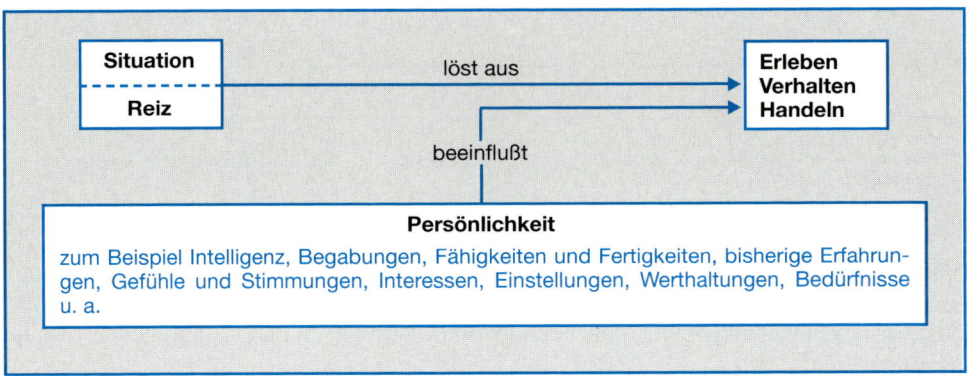

Mit Persönlichkeit wird eine einzigartige, unverwechselbare Struktur von relativ gleichbleibenden und länger andauernden Merkmalen bezeichnet.

Neben der Situation ist also die Persönlichkeit eines Menschen „Ursache" dafür, warum Menschen unterschiedlich erleben, sich unterschiedlich verhalten und handeln.

Andreas wird von seinem Vater ausgeschimpft, daraufhin schreit Andreas und schlägt mit den Fäusten auf den Tisch. Etwas später schimpft die Mutter mit Andreas, Andreas weint daraufhin.

Es handelt sich zum einen um unterschiedliche Situationen: Es sind jeweils andere Personen – einmal der Vater, dann die Mutter – mit deren Verhaltensweisen anwesend. Zum anderen könnte es möglich sein, daß Andreas schon traurig ist oder daß er an seiner Mutter mehr hängt und mit ihr nicht böse sein will. Diese unterschiedlichen Persönlichkeitsmerkmale bewirken die unterschiedlichen Reaktionen von Andreas mit.

Die Persönlichkeit selbst wiederum ist jedoch – wie Hans-Peter Nolting und Peter Paulus (1993[4]) betonen – nichts Statisches, sie verändert sich im Laufe des Lebens, ist also von ganz bestimmten **Entwicklungsbedingungen** abhängig.

So kann es möglich sein, daß sich Andreas in der gleichen Situation gegenüber seinem Vater anders verhält, weil er sich in seiner Persönlichkeit weiterentwickelt hat.

Das Erleben, Verhalten und Handeln wird nicht nur durch die Situation, bestimmte Reize und durch die Persönlichkeit bedingt, Voraussetzung für unser Erleben, Verhalten und Handeln ist der menschliche **Organismus** mit seiner Funktionsweise, seinem Aufbau und seinen Eigenarten.

So müssen beispielsweise Reize wahrgenommen und verarbeitet werden können, um überhaupt eine Reaktion zu ermöglichen.

Für die Psychologie sind im Hinblick darauf Aufbau, Struktur und Funktionsweise des **Sinnessystems,** des **Nervensystems** und des **Hormonsystems** von großer Bedeutung. Diese drei Organsysteme sind miteinander verbunden und machen menschliches Verhalten und Erleben erst möglich.

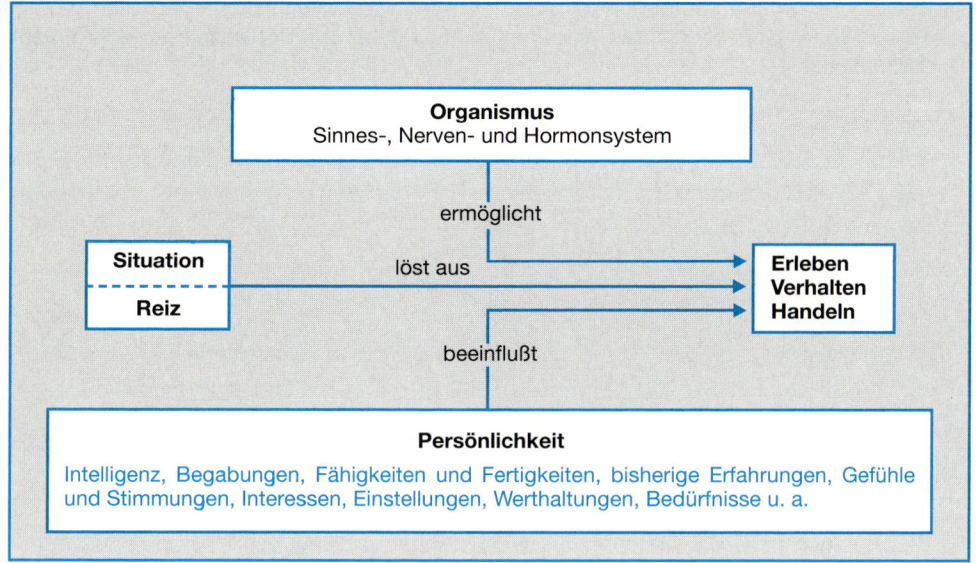

Das Erleben, Verhalten und Handeln eines Menschen ist abhängig vom Organismus, von der jeweiligen Situation, vom Reiz und von der Persönlichkeit.

1.2.3 Das Zusammenwirken der Aspekte psychischen Geschehens

Aus den bisherigen Ausführungen lassen sich drei grundlegende Aspekte des psychischen Geschehens ableiten:

- das **Erleben** (innere Prozesse), **Verhalten und Handeln,**
- die unterschiedliche **Situation,** in der sich das Individuum befindet, und die **Reize,** die Erleben und Verhalten auslösen, und
- die unterschiedliche **Persönlichkeit** des einzelnen und deren **Entwicklungsbedingungen.**

Diese Aspekte wirken von vornherein zusammen und stehen untereinander in einer wechselseitigen Beziehung. Dabei ist ein bedeutsamer Gesichtspunkt, daß einerseits die Situation, in der sich ein Individuum befindet, einen nicht unerheblichen Einfluß auf das Erleben, Verhalten und Handeln ausübt, und daß andererseits das Verhalten und Handeln wieder auf die Situation einwirkt.

So zum Beispiel wird Kurt in seinem Erleben, Verhalten und Handeln von seinen Schulkameraden, der Schulklasse, dem Lehrer etc. (= Situation) beeinflußt; umgekehrt, beeinflußt Kurt mit seinem Verhalten und Handeln wiederum seine Kameraden, die Klasse und den Lehrer, kurz, die Situation, in der sich Kurt befindet.

Dabei wird die Situation aufgenommen und mit Hilfe von psychischen Prozessen „verarbeitet" und „bewertet". Durch das Verhalten und Handeln wirkt der einzelne wiederum auf die Situation ein.

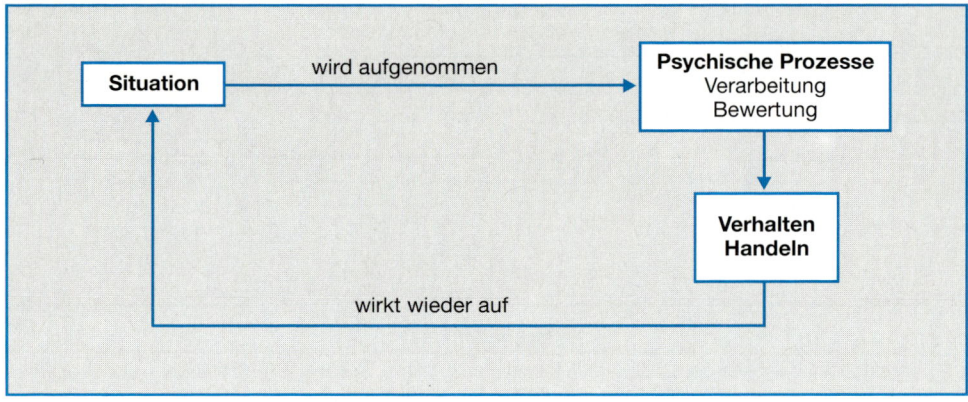

Die Psychologie hat, wie aus den bisherigen Ausführungen hervorgeht, einen vieles umfassenden und damit schwer zugänglichen und schwer erfaßbaren Objektbereich. Der Mensch als Natur- und Kulturwesen zugleich, die Vielfalt von möglichen Ursachen, die Erleben und Verhalten bedingen, die unterschiedlichen Absichten, die Handeln bestimmen, die verschiedenen Situationen, in denen Erleben, Verhalten und Handeln auftritt, die großen Unterschiede zwischen den Menschen und die Einmaligkeit der Persönlichkeit, die vielfältigen Möglichkeiten des Erlebens, Verhaltens und Handelns sowie die Anforderungen in verschiedenen Lebensbereichen (zum Beispiel in Familie, Schule, im Betrieb, Verkehr) und die soziale Beeinflussung des Menschen machen eine Erforschung des Gegenstandes sehr schwierig.

➡️ **Materialien 2.**

1.2.4   Grundlagen des Erlebens, Verhaltens und Handelns

Bei der Aufnahme der momentanen Umwelt – der Situation –, ihrer Verarbeitung und ihrem Einwirken auf sie spielen **psychische Fähigkeiten** wie beispielsweise die Intelligenz, die Sprache oder das Gedächtnis, **psychische Funktionen** wie zum Beispiel die Wahrnehmung, das Denken oder das Behalten, und **psychische Kräfte** wie Gefühle, Triebe, Bedürfnisse oder Interessen die entscheidende Rolle. Sie funktionieren bei jedem Menschen grundsätzlich nach demselben Muster.

Eine psychische Funktion ist eine auf einen bestimmten Zweck ausgerichtete Aktivität des Organismus; Voraussetzung für die Durchführung einer solchen zweckgerichteten Aktivität ist eine psychische Fähigkeit.

So ist zum Beispiel die Fähigkeit der Intelligenz Voraussetzung für die Aktivität des Denkens (= Funktion), die Fähigkeit des Gedächtnisses für das Behalten (= Funktion).

> **Mit psychischer Fähigkeit ist eine bestimmte Voraussetzung für die Durchführung einer Handlung, Tätigkeit oder einer Leistung gemeint.**
> **Unter psychischen Funktionen werden Aktivitäten eines Organismus verstanden, die auf einen bestimmten Zweck ausgerichtet sind.**

Psychische Kräfte sind Antriebsformen des Menschen, die Erleben, Verhalten und Handeln aktivieren und steuern wie dies beispielsweise bei Gefühlen, Trieben oder Bedürfnissen der Fall ist.

> **Psychische Kräfte bezeichnen alle Antriebsformen des Menschen, die Erleben, Verhalten und Handeln aktivieren und steuern.**

Psychische Fähigkeiten und Funktionen sowie Kräfte werden häufig als **psychische Phänomene** bezeichnet; sie bilden die **Grundlagen des Erlebens, Verhaltens und Handelns.** Sie sind bei allen Menschen in irgendeiner Form vorhanden, von Individuum zu Individuum jedoch unterschiedlich stark ausgeprägt. Die Begegnung mit der Wirklichkeit – ihre Aufnahme –, ihre Verarbeitung und Bewältigung sowie Reaktionen und das Einwirken auf sie vollziehen sich im Zusammenspiel dieser psychischen Funktionen, Fähigkeiten und Kräfte.

Auseinandersetzung des Menschen mit seiner Umwelt und sich selbst	Aspekt des Erlebens, Verhaltens und Handelns
Menschen *nehmen* die Wirklichkeit *auf*	Wahrnehmung
Menschen *verarbeiten* und *bewältigen* die Wirklichkeit	Psychische Fähigkeiten und Funktionen wie Intelligenz, Denken, Lernen, Sprache, Gedächtnis
Menschen *reagieren* auf die Wirklichkeit und *wirken* auf sie *ein*	Psychische Kräfte wie Gefühle, Triebe, Bedürfnisse, Interessen

„Die *Wahrnehmung* ermöglicht uns die Orientierung, das Denken hilft uns bei der Handlungsplanung, das *Lernen* ermöglicht den Erwerb notwendiger Fertigkeiten, die *Gefühle* erlauben uns eine Bewertung, die Motivation steuert die Handlungen, mit Hilfe der *Handlungen* selbst können wir unsere Bedürfnisse befriedigen und die uns angemessene Umwelt schaffen, und die *Sprache* brauchen wir, um uns mit Hilfe von Symbolen untereinander zu verständigen." *(Dieter Ulich, 1989)*

Diese psychischen Fähigkeiten, Funktionen und Kräfte wirken zusammen und lassen den Menschen als ein **System** verstehen: Die verschiedenen psychischen Phänomene sind in geordnetem Zusammenhang und Zueinanderordnung zu sehen, und deren Zusammenwirken bezieht sich auf etwas *Ganzes,* auf die Person.

„Die Gesamtheit der psychischen Vorgänge und Zustände, Erlebnis- und Verhaltensweisen hat man sich als ein geordnetes, zusammengesetztes Ganzes vorzustellen, das gegebenenfalls vor einer bestimmten Dynamik in Richtung eines Ziels bewegt wird." *(Dieter Ulich, 1989)*

➡ **Materialien 3.**

1.3   Ziele der wissenschaftlichen Psychologie

Die Psychologie verfolgt, um ihren Gegenstandsbereich in den „Griff zu bekommen", folgende Ziele: die **Beschreibung** ihres Forschungsgegenstandes, die **Erklärung** von Zusammenhängen, die **Voraussage** und die **Veränderung** des Verhaltens und Erlebens.

1.3.1   Die Beschreibung

Voraussetzung für alle weiteren Ziele ist eine möglichst umfassende und unvoreingenommene Beschreibung des Gegenstandsbereiches.

> **Beschreiben heißt, Beobachtetes bzw. Gemessenes festzuhalten.**

Einer Beschreibung geht eine Beobachtung mit Hilfe der Sinne oder eine Messung mit Hilfe von Instrumenten wie beispielsweise Mikroskop, Test, Thermometer und ähnlichem voraus.

Wissenschaftliche Beschreibung ist möglichst einfach und präzise gehalten und bedient sich eindeutiger Begriffe, die eine unmißverständliche und klare Mitteilung ermöglichen (vgl. Ernst G. Wehner, 1980). Das Entscheidende ist, daß sich die Beschreibung auf **wissenschaftliche Methoden** stützt, um zu wahren, überprüfbaren und allgemeingültigen Aussagen zu kommen (vgl. Kapitel 2). Der Wissenschaftler muß dabei genau unterscheiden zwischen dem, was er tatsächlich wahrnimmt, und dem, was er meint, glaubt, vermutet, interpretiert, daraus schließt.

Wenn zum Beispiel Fritz „beobachtet", daß Hans Angst hat, so sieht er nicht die Angst als solche, diese kann er nur bei sich selber wahrnehmen. Er beobachtet ganz bestimmte Verhaltensweisen wie Zittern, Erröten, erhöhten Blutdruck, Wippen mit den Beinen und dgl., aus denen er *schließt,* daß Hans Angst hat.

> Beschreiben heißt nicht, das festhalten, was wir meinen, glauben, vermuten, interpretieren, daraus schließen; beschreiben heißt, das festhalten, was wir sehen, hören, fühlen, also tatsächlich wahrnehmen und messen können.

Die Psychologie beschreibt

- das **Erleben, Verhalten** und **Handeln** eines Menschen,
- die **Situation,** in der das Erleben, Verhalten und Handeln auftritt, und die **Bedingungen,** die Erleben, Verhalten und Handeln auslösen,
- die **Persönlichkeitsmerkmale** des einzelnen sowie deren **Entwicklungsbedingungen** (vgl. Kapitel 1.2).

1.3.2   Die Erklärung

Die Psychologie bleibt bei der Beschreibung nicht stehen, sie versucht Beziehungen und Zusammenhänge zwischen einzelnen beschriebenen Merkmalen herauszufinden.

So beschränken sich zum Beispiel Psychologen nicht auf die Beschreibung, wann, unter welchen Umständen und in welchen Situationen Angst auftritt. Sie versuchen zudem herauszufinden, wodurch in bestimmten Situationen und Lebensbereichen Angst verursacht wird, ob es beispielsweise einen Zusammenhang gibt zwischen dem Schlagen des Kindes in der Erziehung und dem Auftreten von Ängstlichkeit beim Kind.

Das Herstellen von Beziehungen zwischen beschriebenen Merkmalen wird als Erklären bezeichnet. Die Psychologie verwendet den Begriff *Erklärung* nicht wie im Alltagssprachgebrauch – also nicht im Sinne von Offenlegen (Zollerklärung, Liebeserklärung usw.) oder im Sinne von Klarlegen (Texterklärung, Erklärung der Funktionsweise eines bestimmten Gerätes). (Vgl. H. Seiffert/G. Radnitzky, 1989.)

> **Erklären heißt, Beziehungen zwischen beschriebenen Merkmalen herstellen.**

Dabei handelt es sich um *Wenn-Dann-Beziehungen,* um **Ursache-Wirkungs-Zusammenhänge.**

Wenn Kinder geschlagen werden, dann zeigen sie Ängstlichkeit. Das Schlagen ist die Ursache für das Angst-Haben, das die Wirkung darstellt.
Menschen verhalten sich immer dann aggressiv, wenn sie von anderen Menschen frustriert werden:
Wenn Frustration (= Ursache) ⟶ dann Aggression (= Wirkung)

Wurde eine Beziehung durch entsprechende wissenschaftliche Untersuchungen bestätigt, so handelt es sich im Sinne der Naturgesetze um ein **Gesetz.**

Bei der Aussage „Wenn ich Gegenstände, die schwerer sind als Luft, loslasse, dann fallen sie nach unten" handelt es sich um ein Gesetz, das immer zutrifft.

Wegen der Komplexität ihres Gegenstandes ist es der Psychologie nicht möglich, Gesetze im Sinne von Naturgesetzen zu formulieren, Gesetze, die immer – ohne jegliche Ausnahme – in der Wirklichkeit zutreffen (vgl. Abschnitt 1.1.1). Es kann sich nur um **Wahrscheinlichkeitsaussagen** handeln, das heißt, die durch wissenschaftliche Untersuchungen festgestellte Beziehung zwischen zwei Merkmalen besitzt zwar einen relativ hohen Allgemeinheitsgrad, im Einzelfall ist jedoch eine Abweichung möglich. Man spricht in der Psychologie deshalb nicht von einem Gesetz, sondern von einer **Gesetzmäßigkeit.**

> **Ausnahme**
>
> Ein Mensch fällt jäh in eine Grube,
> Die ihm gegraben so ein Bube.
> Wie? denkt der Mensch, da kann nicht sein:
> Wer Gruben gräbt, fällt selbst hinein! -
> Das mag vielleicht als Regel gelten:
> Ausnahmen aber sind nicht selten.
>
> *Eugen Roth*

Um bei den beiden oben genannten Beispielen zu bleiben, müßte man genauer sagen: Wenn Kinder geschlagen werden, dann zeigen sie (sehr) wahrscheinlich Ängstlichkeit. Menschen verhalten sich (sehr) wahrscheinlich immer dann aggressiv, wenn sie von anderen Mensch frustriert werden.

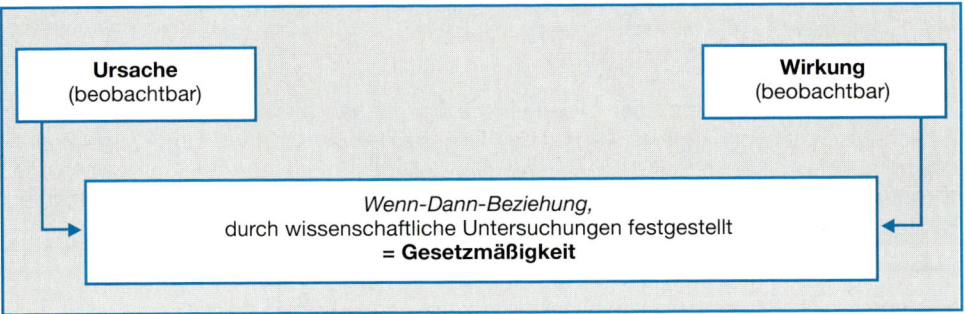

Wissenschaftler geben sich jedoch mit dem Herausfinden von Beziehungen zwischen beschriebenen Merkmalen, also dem Entdecken von Gesetzmäßigkeiten, nicht zufrieden, sie wollen erklären, *warum bestimmte Merkmale (= Ursachen) zu bestimmten Folgen (= Wirkungen) führen.*

Warum zum Beispiel zeigen Kinder wahrscheinlich Ängstlichkeit, wenn sie geschlagen werden? Warum verhalten sich Menschen wahrscheinlich immer dann aggressiv, wenn sie frustriert werden?

Damit wird die Gesetzmäßigkeit selbst wieder zum erklärungsbedürftigen Gegenstand. Der Wissenschaftler sucht eine Antwort auf das *Warum einer wissenschaftlich festgestellten Gesetzmäßigkeit*[1] (vgl. U. Laucken/A. Schick, 1985[5]).

Diese Art von Warum-Fragen kann nicht in der Realität beobachtet und untersucht werden. Aufgrund des Wissens über Zusammenhänge zwischen Merkmalen stellen Wissenschaftler Annahmen über nichtbeobachtbare Prozesse und Kräfte im Menschen auf. Diese Annahmen sind von Wissenschaftlern gedanklich konstruiert. Ein Gefüge solcher sinnvoll aufeinander bezogenen Annahmen bezeichnen wir als **Theorie** (vgl. W. Schönpflug/U. Schönpflug, 1989).

➡ **Materialien 4.**

---

[1] Manche Psychologen, wie zum Beispiel U. Laucken/A. Schick (1985[5]), bezeichnen das Auffinden von Gesetzmäßigkeiten als **Erklärung 1. Ordnung** und das Erklären des Warums einer Gesetzmäßigkeit als **Erklärung 2. Ordnung.**

Das Erklären in der Psychologie:

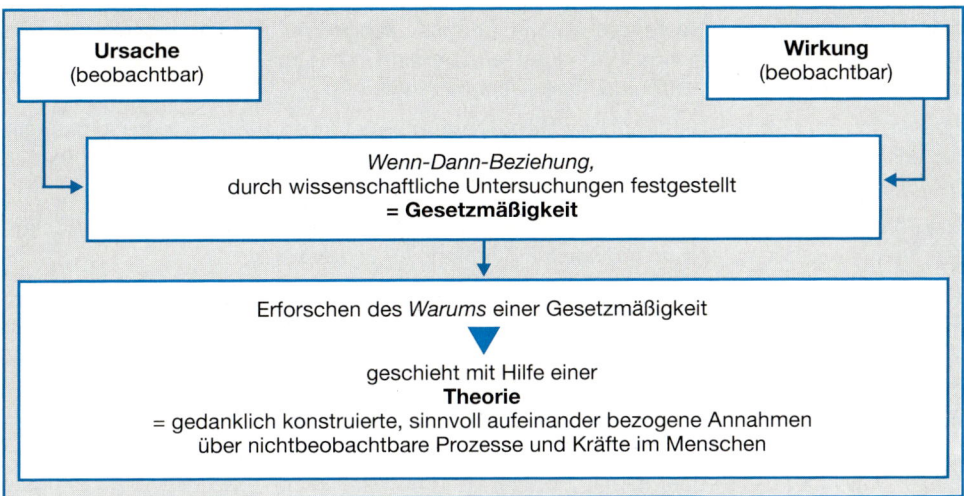

„Wir können nun eine Theorie kurz bezeichnen als eine durch das Denken geschaffene Verknüpfung beobachteter Tatsachen zu einem in sich widerspruchslosen Zusammenhang von Gründen und Folgen. Denn nichts anderes bedeutet das Wort ‚Theorie' im speziellen wissenschaftlichen Sprachgebrauch." *(Werner Traxel, 1974[2])*

Da es sich bei einer Theorie um gedanklich konstruierte Annahmen über nicht beobachtbare Prozesse handelt, gibt es in der Psychologie nicht die eine wahre Theorie, sondern eine Vielzahl von Theorien, mit deren Hilfe Zusammenhänge hergestellt werden können. Theorien haben den Nutzen, daß man mit ihrer Hilfe Zusammenhänge herstellen kann und damit auch **Voraussagen** über die Beziehung zwischen beschriebenen Merkmalen gemacht werden können. Zudem kann man mit Hilfe von Theorien Erleben und Verhalten bewußt und gezielt **ändern** (vgl. Abschnitt 1.3.3).

> „Die Theorie ist das Netz, das wir auswerfen, um ‚die Welt' einzufangen, – sie zu rationalisieren, zu erklären und zu beherrschen. Wir arbeiten daran, die Maschen des Netzes immer enger zu machen." *(Karl R. Popper, 1989[9])*

1.3.3 Die Voraussage und die Veränderung

Beschreibung, Erklärung und Verstehen ermöglichen eine wissenschaftlich fundierte Prognose, eine Vorhersage von Erlebens- und Verhaltensweisen.

Hat sich beispielsweise die Aussage „Wenn Kinder geschlagen werden, dann zeigen sie (sehr) wahrscheinlich Ängstlichkeit" durch entsprechende Untersuchungen bestätigt, so erlaubt diese Aussage die Vorhersage, daß Kinder, die geschlagen werden, sehr wahrscheinlich ängstliche Kinder sein werden.
Durch die Aussage „Menschen verhalten sich wahrscheinlich immer dann aggressiv, wenn sie von anderen Menschen frustriert werden" läßt die Prognose zu, daß Menschen aggressiv werden, wenn man sie frustriert.

Solche Vorhersagen haben für die Praxis einen großen Nutzen: Mit Hilfe von wissenschaftlich fundierten Aussagen kann man voraussagen, wie ein Verhalten bewußt und gezielt geändert werden kann und welche Voraussetzungen und Bedingungen erfüllt sein müssen, um ein erwünschtes Verhalten aufzubauen bzw. zu erhalten oder ein unerwünschtes Verhalten zu vermeiden bzw. abzubauen.

Ebenso lassen sich aus den Theorien **Handlungsanweisungen** zur Veränderung des Verhaltens und Erlebens ableiten. Die Psychologie ist damit imstande, Erleben und Verhalten bewußt und gezielt zu *kontrollieren,* zu *beeinflussen* und zu *manipulieren.*

Die Fähigkeit der Psychologie, Verhalten und Erleben zu ändern, bietet viele Möglichkeiten, dem einzelnen zu helfen und soziale Zustände zu verbessern.

Doch diese Fähigkeit der Vorhersage und Veränderung wirft auch große **Gefahren** auf: Erkenntnisse der Psychologie können mißbraucht werden und werden auch alltäglich mißbraucht. „Gehirnwäsche", „Psycho-Terror" oder „Psychologische Kriegsführung" sind einige Begriffe, die in erschreckender Weise Kontroll- und Manipulationsmöglichkeiten des Menschen zum Negativen hin aufzeigt.

„Unsere Ansicht ist, daß zwar eine äußere Kontrolle des Verhaltens für das Individuum besteht, die zum Guten oder zum Bösen verwendet werden kann, daß aber die wichtigste Aufgabe der Psychologie darin besteht, den einzelnen möglichst von dieser äußeren Kontrolle zu befreien. In dem Maße, in dem psychologische Forschung und Theorie dem Einzelnen helfen können, seine ... Umgebung selbst zu kontrollieren, kann der Mensch aus der Abhängigkeit und einem Gefühl der Nutzlosigkeit herausgerissen werden und lernen, sein Leben selbst zu bestimmen und zu meistern." (*P. G. Zimbardo, 1983*[4])

Ziele der Psychologie, aufgezeigt am Beispiel der Angst	
Beschreibung	Was ist Angst? Wie äußert sie sich? In welchen Situationen tritt sie (vermehrt) auf? Welche Menschen zeigen besonders häufig Angst, welche weniger? Welche Persönlichkeitsmerkmale begünstigen bzw. schränken die Entstehung von Angst ein? Welche Unterschiede bezüglich der Angst gibt es zwischen Menschen?
Erklärung	Wodurch wird Angst verursacht? Welche Beziehungen lassen sich herstellen? Welche Gesetzmäßigkeiten bezüglich der Angst gibt es? Wie kann die Gesetzmäßigkeit erklärt werden?
Voraussage (Prognose)	Was läßt sich bezüglich der Angst vorhersagen? Was läßt sich bezüglich des Abbaues von Ängsten vorhersagen?
Veränderung	Wie kann die Entwicklung von Ängsten vermieden werden? Wie können mögliche Ängste abgebaut werden?

1.3.4 Arbeitsfelder der Psychologie

Die wissenschaftliche Psychologie hat zu Erkenntnissen geführt, die in vielen Bereichen des Lebens zur Anwendung gelangen. Ob in der Familie, in der Schule, in der Erziehung, im Betrieb, im Verkehr oder beim Einkauf, überall wird unser Verhalten und Erleben durch psychologische Erkenntnisse beeinflußt. Die Bereiche, in denen psychologisches Wissen angewendet wird, sind heute so vielfältig, daß an dieser Stelle nur die wichtigsten und bekanntesten dargestellt werden können.

Anwendungsgebiete der Psychologie

Wirtschaftspsychologie
beschäftigt sich mit psychologischen Problemen, die beim Wirken des Menschen in der Wirtschaft auftauchen.

Mensch als Produzent

Mensch als Konsument

Organisationspsychologie
(im weiteren Sinne)
beschäftigt sich mit dem Erleben und Verhalten des Menschen in wirtschaftlichen Einrichtungen.

Marktpsychologie

untersucht die vielfältigen psychologischen Probleme von Angebot und Nachfrage.

Arbeitspsychologie
versucht zur optimalen Gestaltung der Arbeitsbedingungen beizutragen.

Marktforschung
analysiert die Bedürfnisse und Wünsche des Konsumenten.

Berufspsychologie
beschäftigt sich mit den psychologischen Voraussetzungen und Bedingungen für eine Berufswahl sowie für die Aufnahme und Ausübung einer beruflichen Tätigkeit (zum Beispiel Berufsausbildung, Anlernen, Umschulung).

Werbepsychologie
will den Verbraucher beeinflussen, seine Kaufentscheidung zugunsten des umworbenen Produkts zu treffen.

Betriebspsychologie
(Organisationspsychologie im engeren Sinne) beschäftigt sich mit den Beziehungen der Arbeitenden untereinander (zum Beispiel betrieblicher Führungsstil, Personalpolitik, Auswahl von Führungskräften).

Verkaufspsychologie
befaßt sich mit der Wirkung von Waren auf den Verbraucher, mit deren Verpackung und Plazierung sowie mit der Beziehung zwischen Verkäufer und Kunden (zum Beispiel richtige Taktik im Verkaufsgespräch).

Beratung
ist eine Form zwischenmenschlicher Beziehung, in der eine Lösung von persönlichen und sozialen Problemen erarbeitet wird.

Erziehungsberatung   Eheberatung   Berufsberatung   Schulberatung   Drogenberatung

---

Klinische Psychologie
beschäftigt sich mit der Vorbeugung, Beratung und Behandlung von Menschen mit psychischen Konflikten.

Forensische Psychologie
befaßt sich mit psychologischen Problemen, die die Praxis der Rechtssprechung betreffen (zum Beispiel Beurteilung der Glaubwürdigkeit von Aussagen der Beschuldigten und Zeugen, Verantwortungs- und Zurechnungsfähigkeit des Beschuldigten).

Politische Psychologie
untersucht den Zusammenhang zwischen psychischen, gesellschaftlichen und politischen Vorgängen.

Verkehrspsychologie

beschäftigt sich mit psychologischen Problemen, die sich aus dem motorisierten Straßenverkehr, dem Eisenbahnverkehr und dem Luftverkehr ergeben (zum Beispiel Verkehrserziehung, Fahrzeugkonstruktion, Straßenverlauf, Gestaltung und Aufstellung von Verkehrsschildern, Verkehrsunfallforschung).

Pharmakopsychologie

befaßt sich mit den Wirkungen von in den Organismus eingebrachten chemischen Substanzen auf das Erleben und Verhalten eines Menschen.

Kriminalpsychologie

beschäftigt sich mit Ursachen, der Vorbeugung und Behauptung der Kriminalität.

Wehrpsychologie
(Militärpsychologie)

befaßt sich mit psychischen Voraussetzungen für Wehrdienst und Kriegsführung.

Schulpsychologie

will fachkundige Beratung und Anleitung für Schüler, Eltern und Lehrern bei auftretenden Schwierigkeiten in der Schule geben.

➡ **Materialien 5.**

Zusammenfassung

▶ Wir unterscheiden zwischen Alltagspsychologie, die aufgrund persönlicher Lebenserfahrungen gewonnen wurde, und wissenschaftlicher Psychologie, die ihre Erkenntnisse mit Hilfe wissenschaftlicher Methoden gewinnt. Wissenschaftliche Aussagen sind überprüfbar, objektiv und allgemeingültig sowie systematisch gewonnen.

▶ Der Gegenstand der Psychologie ist das Erleben, Verhalten und Handeln. Mit Erleben (innere Prozesse) werden von außen nicht beobachtbare Vorgänge im Menschen bezeichnet, Vorgänge, die der Mensch nur an sich selbst wahrnehmen kann. Während man unter Verhalten die Gesamtheit aller von außen beobachtbaren Äußerungen eines Lebewesens versteht, meint man mit Handeln jede menschliche Aktivität, mit welcher bewußt und überlegt eine bestimmt Absicht, ein bestimmtes Ziel bzw. ein bestimmter Sinn verfolgt wird.

▶ Das Erleben, Verhalten und Handeln eines Menschen wird durch den Organismus (Sinnes-, Nerven- und Hormonsystem) ermöglicht sowie von der jeweiligen Situation, in der der Mensch sich befindet, von bestimmten Reizen und der Persönlichkeit mit seinen Persönlichkeitsmerkmalen (Intelligenz, Begabungen, Fähigkeiten und Fertigkeiten, bisherige Erfahrungen, Gefühle und Stimmungen, Interessen, Einstellungen, Werthaltungen, Bedürfnisse u. a.) beeinflußt.

▶ Die Psychologie verfolgt, um ihren Gegenstandsbereich in den „Griff zu bekommen", folgende Ziele: die Beschreibung ihres Forschungsgegenstandes, die Erklärung von Zusammenhängen, die Voraussage (Prognose) und die Veränderung des Verhaltens und Erlebens.

- ▶ Beschreiben in der Psychologie bedeutet, Beobachtetes bzw. Gemessenes festzuhalten. Beschrieben werden das Erleben, Verhalten und Handeln, die Situation, in der das Erleben, Verhalten und Handeln auftritt, die Bedingungen, die Erleben, Verhalten und Handeln auslösen, sowie die Persönlichkeitsmerkmale des einzelnen und deren Entwicklungsbedingungen.

- ▶ Erklären heißt, Beziehungen zwischen beschriebenen Merkmalen herstellen. Dabei geht es einerseits um das Auffinden von Gesetzmäßigkeiten – das ist die Bezeichnung für eine Wahrscheinlichkeitsaussage über die durch wissenschaftliche Untersuchungen festgestellte Beziehung zwischen beschriebenen Merkmalen – und zum anderen um das Erforschen des Warums einer Gesetzmäßigkeit, das mit Hilfe einer Theorie geschieht.

- ▶ Beschreibung, Erklärung und Verstehen ermöglichen eine wissenschaftlich fundierte Vorhersage von Erlebens- und Verhaltensweisen. Die wissenschaftliche Psychologie hat zu Erkenntnissen geführt, die in vielen Bereichen des Lebens zur Anwendung gelangen. Ob in der Familie, in der Schule, in der Erziehung, im Betrieb, im Verkehr oder beim Einkauf, überall wird unser Verhalten und Erleben durch psychologische Erkenntnisse beeinflußt.

1. Richtungen (Schulen) der Psychologie

1 Seit der Jahrhundertwende bis heute haben sich sehr viele verschiedene Auffassungen in der Psychologie entwickelt, die sich jedoch auf drei große Grundrichtungen zurückführen lassen: Die
5 **Tiefenpsychologie,** den **Behaviorismus** und die **Ganzheits- und Gestaltpsychologie.** Als vierte große Richtung sei die **Humanistische Psychologie** genannt, die sich als Gegenbewegung zur Psychoanalyse und zum Behaviorismus versteht.
10 Dabei handelt es sich um unterschiedliche Ansätze, die keine umfassende Sicht des Menschen darstellen, sondern die jeweils eine bestimmte Sicht des Gegenstandes der Psychologie und einen unterschiedlichen methodischen
15 Zugang zu diesem hervorheben.

Die Tiefenpsychologie

1 Die Tiefenpsychologie geht auf den Wiener Neurologen und Psychiater *Sigmund Freud* (1856–1939) zurück und stellt eine in sich geschlossene Theorie des Erlebens und Verhal-
5 tens dar, die die Bedeutung des **Unbewußten** hervorhebt: Nur ein geringer Teil der seelischen Vorgänge, die im Menschen vorgehen, ist bewußt; die meisten Vorgänge gehen unter die Oberfläche des Bewußtseins zurück und spielen
10 sich im Vorbewußten und Unbewußten ab. Grundlegende Annahme der Tiefenpsychologie ist, daß bestimmte seelische Vorgänge und innere Kräfte (zum Beispiel verbotene oder bestrafte Wünsche, unangenehme Erlebnisse oder Proble-
15 me) dem Bewußtsein verborgen, also „unbe-

wußt" sind, sich jedoch auf das individuelle Verhalten und die Entwicklung der Persönlichkeit nach ganz bestimmten Gesetzmäßigkeiten auswirken.
Als tiefenpsychologische Richtungen sind heute 20 vor allem bekannt:
- die **Psychoanalyse** (Begründer: Sigmund Freud)
- die **Individualpsychologie** (Begründer: Alfred Adler, 1870–1937) 25
- die **Komplexe bzw. Analytische Psychologie** (Begründer: Carl Gustav Jung, 1875–1961)
- die **Neopsychoanalyse** (Vertreter: Karen Horney, Erich Fromm, Hermann Schultz-Hencke, Harry Stack Sullivan) 30

Der Behaviorismus

1 Der Behaviorismus wurde im Jahre 1913 von *John Broadus Watson* (1878–1958) begründet, doch eigentlich geht er auf den russischen Physiologen *Iwan P. Pawlow* zurück, der 1904 erste
5 Untersuchungen an Hunden über den *bedingten Reflex* veröffentlicht hat. In seiner ursprünglichen Form lehnt der Behaviorismus alle Begriffe ab, die mit Selbstbeobachtung und damit mit subjektiven Erfahrungen oder Erlebnissen zu tun
10 haben.

„Psychologie, wie sie der Behaviorist sieht, kann nur dann ein objektive, wissenschaftliche Psychologie sein, wenn sie sich ausschließlich auf das äußerlich beobachtbare Verhalten bezieht
15 und Begriffe wie ‚Erleben‘, ‚Bewußtsein‘ oder gar ‚Unbewußtes‘ rigoros als unwissenschaftlich … ablehnt. Einzig zulässige Methode der Psychologie ist (…) die ‚Fremdbeobachtung‘ des Verhaltens von Tier und Mensch;   Selbstbeobachtung
20 –, ‚Introspektion‘ – ist eine subjektive (…) und damit unwissenschaftliche Methode, die in der Psychologie keinen Platz hat." *(H. Ueckert/R. Kaskuska/J. Nagorny, 1975)*

Gegenstand im Behaviorismus sind ausschließ-
25 lich objektiv beobachtbare Reizsituationen und die darauf folgenden Reaktionen. Der Behaviorismus geht davon aus, daß **alles Verhalten erlernt ist und wieder verlernt** werden kann. Auf den Behaviorismus geht das Wissen über menschli-
30 ches Lernen und die Verhaltenstherapie zurück.

Die Ganzheitspsychologie und die Gestaltpsychologie

1 Die Ganzheitspsychologie, deren Begründer *Felix Krueger* (1874–1948) ist, und die Gestaltpsychologie, die sich in den zwanziger Jahren unter *Max Wertheimer* (1880–1943), *Wolfgang*
5 *Köhler* (1887–1967) und *Kurt Koffka* (1886–1941) konstituierte, gehen davon aus, daß die Eigenschaften eines Ganzen nicht aus der Summierung seiner einzelnen Teile begriffen werden können.

10 | Das Ganze ist mehr als die Summe seiner Teile. |

Die Summe einzelner Noten als solche beispielsweise ergibt noch keinen Sinn, erst die Noten als Ganzes machen eine Melodie.

Eine Ganzheit, die zwar aus unterscheidbaren
15 Einzelelementen zusammengesetzt ist, aber in ihrem ganzheitlichen Zusammenhang Merkmale aufweist, die aus dem Ganzen ergeben und nicht den einzelnen Elementen zugeschrieben werden können, wird als **Gestalt** bezeichnet (vgl.
20 Günter Pössiger, 1982).

So werden zum Beispiel einzelne Töne (= Einzelelemente) zu einer Melodie (= Gestalt), einzelne Punkte zu einem Kreis oder einzelne Wörter zu einem Satz.

Die Qualität der Ganzheit bleibt auch dann erhal-
25 ten, wenn die Einzelteile ausgetauscht werden, solange die **Struktur**, das ist die Beziehung zwischen den Teilen, erhalten bleibt.

So können aus einzelnen Punkten durchaus auch
30 beispielsweise Striche gemacht werden, die Gestalt bleibt ein Kreis, weil die Beziehung zwischen den Teilen, die Struktur, erhalten bleibt.

Das gilt nicht nur für die Wahrnehmung, sondern auch für andere psychische Prozesse wie beispielsweise für Denkverläufe, Handlungen oder
35 Gedächtnisinhalte. Prinzipien, nach denen Gestalten gebildet und organisiert werden, sind die sogenannten **Gestaltgesetze.**

Ansätze der Gestaltpsychologie finden sich in den *kognitiven Theorien*, die die Bedeutung kom-
40 plexer innerer Konzepte für psychische Prozesse hervorheben.

Die Humanistische Psychologie

1 Gegen die Psychoanalyse und den Behaviorismus wendet sich die in jüngster Zeit entstandene Humanistische Psychologie, die sehr stark von der Individualpsychologie Alfred Adlers und der
5 Ganzheits- bzw. Gestaltpsychologie beeinflußt ist. Der Mensch ist nach humanistischer Ansicht bestrebt, seine eigenen Fähigkeiten und Möglichkeiten zu entfalten. Dabei wird davon ausgegangen, daß er seine Lebensbedingungen und
10 seine Umwelt aktiv selbst gestaltet und bewußt über die Möglichkeiten seines Handeln entscheidet. Der Mensch ist also nicht durch bestimmte Triebe, durch seine Anlagen oder Umwelteinflüsse festgelegt, er wird als **aktives Wesen** gese-
15 hen, der sein Verhalten bewußt steuern, beeinflussen und auch ändern kann.

Zwar ist nach Auffassung humanistischer Psychologie menschliches Erleben und Verhalten sehr stark von der Umwelt beeinflußt, doch es

20 kommt in erster Linie darauf an, was der Mensch aus diesen Einflüssen macht. Es sind nicht die objektiven Gegebenheiten der Umwelt für das menschliche Erleben und Verhalten maßgeblich, sondern die Art und Weise, wie diese objektiven
25 Gegebenheiten subjektiv wahrgenommen und interpretiert werden.

> Grundannahme der Humanistischen Psychologie ist, das subjektive Wahrnehmung und subjektive Interpretation der Realität das Erle-
> 30 ben und Verhalten bestimmen.

Die humanistische Psychologie ist wie die Tiefenpsychologie keine völlig einheitliche Richtung. Dies ist darauf zurückzuführen, daß die einzelnen Ansätze unabhängig voneinander entstanden
35 sind. Dennoch sind einige gemeinsame **Grundannahmen** vorhanden (vgl. Werner Herkner, 1986):

- **Das Streben nach Autonomie:** Jeder Mensch strebt nach Selbstbestimmung und Freiheit
40 sowie nach Unabhängigkeit.

- **Das Streben nach Selbstverwirklichung:** Jeder Mensch hat das Bedürfnis, seine eigenen Möglichkeiten zu verwirklichen und auszuschöpfen.

- **Der Mensch ist eine Ganzheit:** Jeder Organis- 45 mus ist eine in sich geschlossene Einheit, die unteilbar ist. Wird diese Einheit zerstört, so entstehen körperliche und seelische Probleme.

- **Menschliches Erleben und Verhalten sind ziel- und sinnorientiert:** Alle Erlebens- und 50 Verhaltensweisen des Menschen, alle Aktivitäten sind auf ein Ziel ausgerichtet sowie sinn- und zweckvoll.

Eine Reihe in der Gegenwart entstandener Psychotherapieverfahren wie beispielsweise die 55 **Gesprächspsychotherapie,** die **Gestalttherapie** oder die **Transaktionsanalyse** beruhen auf der Humanistischen Psychologie. Ihre bekanntesten Vertreter sind *Abraham Maslow,* unter dessen Führung sie sich 1962 in den USA 60 organisierte, und *Carl Rogers.*

Quelle: Hermann Hobmair (Hg.), 1991

2. Ein Anwendungsbeispiel für grundlegende Aspekte des psychischen Geschehens

a) Die verschiedenen Erklärungsaspekte

1 Das Ausgangsbeispiel sei ein relativ alltägliches Verhalten: etwas schenken. Stellen Sie sich vor, Sie sind bei einem Bekannten und seiner Familie zu Besuch und beobachten, wie Ihr Bekannter
5 nach der Arbeit mit einem großen Blumenstrauß nach Hause kommt und ihn mit den Worten „Schatz, das ist für Dich" seiner Frau überreicht. Wie würden Sie dieses Verhalten erklären (auch wenn es Ihnen nicht besonders erklärungsbe-
10 dürftig erscheinen sollte)?

Bei diesem wie bei jedem anderen Beispiel lassen sich die Erklärungsaussagen folgenden vier Typen zuordnen:

- Aussagen darüber, was sich in der Person
15 abspielt, während sie das Verhalten zeigt, also Aussagen über *aktuelle Prozesse und Zustände* in der Person. In unserem Fall könnten sie z. B. lauten: „Er ist gut gelaunt", „er möchte ihr eine Freude machen", „er möchte ihr danken,
20 daß sie sich mit dem Besuch so viel Arbeit macht", „er möchte vor seinem Freund einen guten Eindruck machen", „er hat sicher ein schlechtes Gewissen wegen irgendeiner Sache" usw.

25 - Aussagen über die *Situation,* in der die Person dieses Verhalten zeigt, d. h. über momentane Einflüsse von gegenwärtigen Mitmenschen, über materielle, räumliche, zeitliche und andere äußere Bedingungen. Beispiele: „So großzü-
30 gig ist er nur gegenüber seiner Frau", „wenn sein Gehalt angekommen ist, muß er gleich was ausgeben", „macht er, weil Besuch da ist", „ein festes Wochenendritual" usw.

- Aussagen über „Eigenschaften" der Person („Persönlichkeit", „Charakter" usw.), also über 35 relativ konstante oder typische *Personmerkmale* bzw. *Dispositionen* zu bestimmten Verhaltensweisen. Beispiele: „Der Karl ist eben durch und durch ein Kavalier", „er ist einfühlsam,... großzügig, ... immer ein bißchen prot- 40 zig" usw. oder auch „typisch Karls Methode, Konflikte zu lösen".

- Aussagen über den „Hintergrund" dieser Personmerkmale, d. h. über die *Entwicklungsbedingungen* der Person, insbesondere über die 45 vergangenen Erfahrungen, evtl. auch über die Erbanlagen. In unserem Fall etwa: „Das hat er von seinem Vater" (womit das väterliche Vorbild oder gar „Vererbung" gemeint sein mag), „mit so was hat er immer beste Erfahrungen 50 gemacht" oder „das hat ihm seine Frau im Laufe der Jahre beigebracht".

Die verschiedenen Erklärungsaspekte stehen nicht zusammenhanglos nebeneinander, sondern in bestimmten Relationen *zueinander.* Sie 55 lassen sich zu einem Strukturbild zusammenfügen, das hier als Grundmodell bezeichnet werden soll (s. Tafel A, die auch ein weiteres Beispiel enthält). In diesem Modell werden drei Erklärungsebenen unterschieden, wobei in der zwei- 60 ten wiederum zwei Bedingungsbereiche (personale und situative Bedingungen) enthalten sind. Jede Ebene geht sozusagen ein Stück tiefer als die anderen.

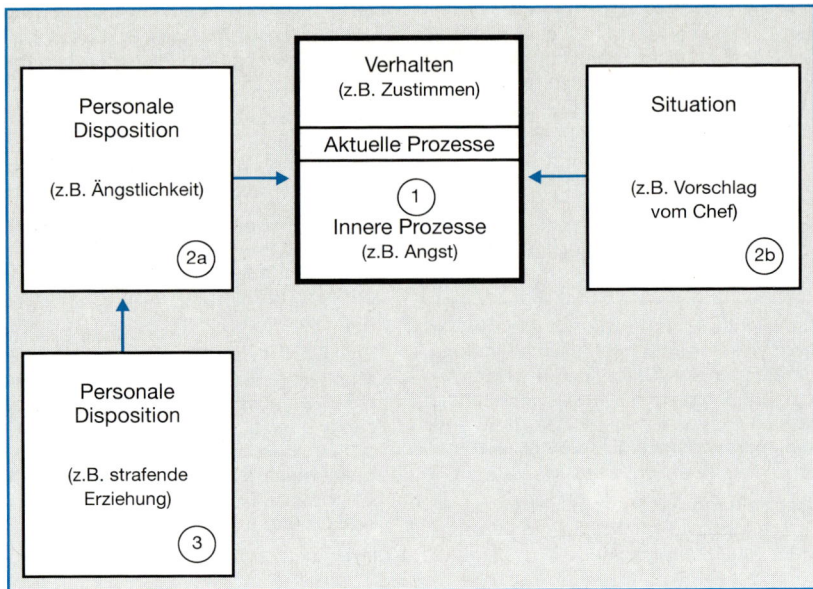

Tafel A: Ein Grundmodell zur Verhaltenserklärung

Ebene 1 *enthält die aktuellen inneren Prozesse, die „hinter" dem fraglichen Verhalten vermutet werden: zum Beispiel Wahrnehmungen, Gedanken, Gefühle, Absichten. Diese Prozesse werden oft als „Erleben" zusammengefaßt. Da wir offen lassen möchten, ob sie alle bewußt erlebbar oder zum Teil auch „unbewußt" sind, bevorzugen wir den Ausdruck „innere Prozesse".*

1 Die gesamten aktuellen Prozesse kann man in verschiedener Weise unterteilen. Ein bedeutsamer Gesichtspunkt ist der, daß die Prozesse einerseits die Situation (die aktuelle Umwelt)
5 „aufnehmen" und „verarbeiten" und andererseits an die Situation etwas „abgeben", auf sie „einwirken". Um diese Funktionen darzustellen, müßten wir den Kasten der aktuellen Prozesse mit zwei Strängen versehen und dabei das Verhalten an die „Ausgangsseite" legen (s. Tafel B). 10

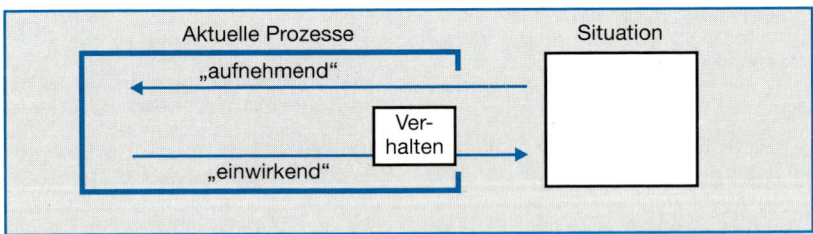

Tafel B: Aktuelle Prozesse (Verhalten und innere Prozesse) in zwei Funktionen

1 Zunächst aber noch eine Ergänzung zum Grundmodell von Tafel A. Das Verhalten bildet dort den Standpunkt für das Ordnen von Erklärungsebenen. Insofern bieten dann die inneren Prozesse
5 eine Erklärung für das Verhalten. Das heißt aber nicht, daß es nicht auch andersherum gehen könnte – Verhalten kann auch innere Prozesse hervorrufen (Beispiel: Spielen „macht" Spaß, Reden „verschafft" Erleichterung). Je nachdem, was man als „das zu Erklärende" betrachtet, 10 wechseln die Aspekte, die „erklären" (später wird von „Interaktion" zwischen den verschiedenen Rubriken noch die Rede sein). Vom Verhalten ausgehend, scheint es sinnvoll, die „dahinter" vermuteten inneren Prozesse als erste 15 Erklärungsebene anzusehen.

Eine Erklärung mit inneren Prozessen mag in vielen Fällen auch durchaus genügen, beispielsweise, wenn wir zum Verhalten eines Menschen erfahren, daß er etwas „falsch verstanden" habe oder „müde" sei usw. In anderen Fällen hingegen – insbesondere wenn uns ein Verhalten als „Problem" erscheint – empfinden wir solche Erklärungen als höchst unzureichend. Dann wollen wir wissen, warum sich eben diese und keine anderen Prozesse in dem Menschen abspielen.

Hier kommen wir nun zu *Ebene 2* (horizontale Achse). Wir erklären die aktuellen Prozesse aus der aktuellen Situation und aus den Dispositionen, die die Person in die Situation mitbringt. Situationsfaktoren und Dispositionen (Personfaktoren) wirken zusammen.

Die Tatsache, daß dieselben Menschen sich in verschiedenen Situationen unterschiedlich verhalten, weist auf den Einfluß der Situationen hin. Jemand kann in bestimmten Situationen (z. B. in Gegenwart bestimmter Menschen) „ängstlich" oder „aggressiv" sein, in anderen hingegen „risikofreudig" bzw. „liebenswürdig". Andererseits müssen sich Menschen in ihren personalen Merkmalen (Dispositionen) unterscheiden, denn wir sehen, (a) daß verschiedene Menschen sich in derselben Situation unterschiedlich verhalten können (interindividuelle Unterschiede), (b) daß Menschen über verschiedene Situationen hinweg eine gewisse Konstanz zeigen, (c) daß Menschen über die Zeit hinweg eine gewisse Stabilität zeigen ("sich gleich bleiben").

Ebene 3 bietet wiederum eine Erklärung für die Existenz der personalen Dispositionen (Persönlichkeitserklärung). Ein Mensch hat die (relativ überdauernden) Merkmale, die sich im Laufe seines Lebens „entwickelt" haben; wir können sie mithin aus seiner Entwicklungsgeschichte (vertikale Perspektive) erklären. Fragt man nach den Faktoren der Entwicklung, so geht es vor allem um den Einfluß von Anlage und Umwelt bzw. von Reifen und Lernen. Die „Situation" ist dabei als momentane Umwelt zu verstehen. Vergangene Situationen sind in der Abbildung nicht eingezeichnet, aber in dem Sinne mitzudenken, daß sie über Lernprozesse die Person mitentwickelt haben. Erfahrungen aus der momentanen Situation fließen wiederum in die künftige Entwicklung ein.

b) Beispiel Hilfeleistung

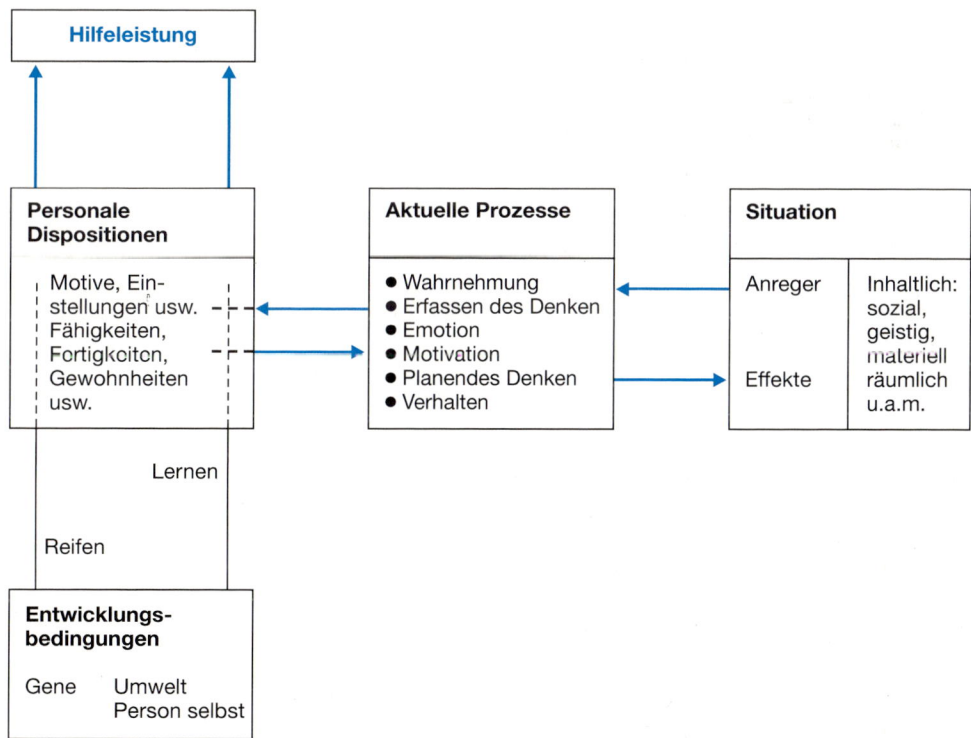

Es ist sicher sinnvoll, erst mal zu beschreiben, um was für Verhaltensweisen es bei der Hilfeleistung geht. Am ergiebigsten ist es meist, sich konkrete Beispiele zu überlegen. Möglich wäre auch ein Definitionsversuch („Von Hilfeleistung spreche ich, wenn jemand …").

Hat man in dieser Weise den Sachverhalt „Hilfeleistung" näher präzisiert, so ginge es nun um die Erklärung des Verhaltens: Warum helfen Menschen und warum nicht?

Zunächst die inneren Prozesse: Was könnte sich in einem Menschen abspielen, wenn er Hilfe leistet? Nehmen wir als Beispiel, daß jemand leblos am Straßenrand liegt. Wahrnehmen: Natürlich muß man auf die Situation überhaupt aufmerksam werden, sonst geschieht gar nichts; aber: Die Situation zu „sehen" reicht nicht. Wichtig ist hier das erfassende Denken: Wie muß man die Situation interpretieren? Als Notlage oder so ähnlich; in unserem Beispiel etwa, daß der Mensch am Straßenrand bewußtlos oder verletzt ist und nicht nur seinen Rausch ausschläft. Und wird die Situationen auch so aufgefaßt, daß man selbst eingreifen müßte und nicht ein Rettungsdienst oder dgl.? Emotion: Könnten nicht Mitleid, Erschrecken, Schuldgefühl eine Rolle spielen, ob man hilft oder nicht? Das erfassende Denken und die Gefühle leiten dann auch schon zur Motivation über: Was ist das Ziel der Hilfeleistung, welche Befriedigung sucht der Helfende? Vielleicht einzig, daß es dem anderen Menschen besser geht („intrinsische" Hilfemotivation); aber denkbar wäre auch die Erwartung von Belohnungen, Anerkennung, Vermeidung von Kritik bei Unterlassung der Hilfe. Man könnte also ein breites Spektrum von Motivationen in Erwägung ziehen. Spielt auch planendes und problemlösendes Denken eine Rolle? Manchmal kann man wohl routinemäßig und „aus dem Gefühl heraus" helfen, manchmal sind sorgfältiges Nachdenken und gute Lösungsideen vonnöten.

Das Verhalten und die inneren Prozesse werden zum Teil durch die Situation bestimmt. Was heißt das hier? Es könnte z. B. eine Rolle spielen, um welchen Anlaß es geht (Autopanne, Gewalt gegen Schwächere o. a.) und welcher Mensch Hilfe benötigt (gute Bekannte oder Fremde, Starke oder Schwache, Freunde oder Feinde). Und wie wirkt sich die Anwesenheit anderer Personen aus? Hilft man eher, wenn andere es vormachen oder wenn andere passiv bleiben oder wenn man alleine ist?

Dann die personalen Faktoren: Unterscheiden sich Menschen in ihrer „Hilfsbereitschaft"? Ist das eine allgemeine Eigenschaft? Oder sind nicht Menschen für bestimmte Arten der Hilfe leicht ansprechbar, für andere kaum (z. B. hat, wer gerne bei Autopannen hilft, auch ein offenes Ohr für Sorgen und menschliche Nöte?). Außerdem: Geht es bei Dispositionen zur Hilfeleistung nur um positive Einstellungen, oder sind auch bestimmte Fähigkeiten und Kenntnisse zum Helfen erforderlich?

Und schließlich: Wie kommen die individuellen Dispositionen zu diesen oder jenen, zu häufigen oder seltenen Hilfeleistungen zustande? Da könnten doch sicher Lernprozesse in der Familie eine Rolle spielen, z. B. das Vorbild der Eltern. Auch andere Erfahrungen mit Mitmenschen könnten vielleicht die Entwicklung von Hilfeneigungen fördern oder bremsen. Welche? Könnte auch was angeboren sein, so was wie ein Hilfeinstinkt?

Dies sind nur einige mögliche Überlegungen, die man auch ohne spezifische Vorkenntnisse zu dem Thema anstellen könnte und die zu Hypothesen oder sinnvollen Fragen führen können. Vorsichtshalber sei betont, daß es natürlich nicht eine bestimmte „richtige" Lösung für die Bearbeitung gibt. In der Literatur zur Hilfeleistung (z. B. Bierhoff 1980) findet man auch andere Aufgliederungen der Prozesse und Faktoren, und zum Teil mögen sie der speziellen Thematik „Hilfeleistung" genauer gerecht werden. Die Verwendung der „grundlegenden Aspekte" erlaubt aber immerhin eine Groborientierung, um ein unbekanntes Thema einigermaßen geordnet und begründet aufzuschlüsseln und zumindest weiterführende Fragen zu formulieren.

Quelle: H.-P. Nolting/P. Paulus, 1993[4]

3. Fragestellungen und Disziplinen der Psychologie

Um den Gegenstand der Psychologie in den Griff zu bekommen, müssen viele Fragen beantwortet werden. Diese Fragen lassen sich bestimmten Teilgebieten zuordnen, die als *Disziplin der Psychologie* bezeichnet werden. Ihre Aufgabe besteht in der systematischen Erforschung eines bestimmten Teilbereiches des Verhaltens und Erlebens.

Fragestellungen	Disziplinen
Welche grundlegenden und allgemeingültigen Aussagen lassen sich bezüglich des Erlebens und Verhaltens machen? Welche Regelmäßigkeiten und Zusammenhänge lassen sich im Erleben und Verhalten finden?	Die **Allgemeine Psychologie** befaßt sich mit grundlegenden, auf alle Menschen zutreffenden Erscheinungen und Regelmäßigkeiten im Erleben und Verhalten eines Menschen.
Wie ist die Persönlichkeit eines Menschen aufgebaut und strukturiert? Welche Beziehungen bestehen zwischen einzelnen Persönlichkeitsmerkmalen?	Die **Persönlichkeitspsychologie** befaßt sich mit auf Aufbau und der Struktur der Persönlichkeit.
Welche Unterschiede bestehen in der Persönlichkeitsstruktur zwischen Menschen und Gruppen von Menschen?	Die **Differentielle Psychologie** befaßt sich mit den Unterschieden zwischen Menschen und Gruppen von Menschen.
Wie entwickelt sich das Erleben und Verhalten? Wie reagiert der Mensch in seinem Erleben und Verhalten auf verschiedenen Altersstufen?	Die **Entwicklungspsychologie** befaßt sich mit der Veränderung des Verhaltens und Erlebens im Laufe der Zeit.
Wie wird das Erleben und Verhalten durch Mitmenschen beeinflußt? Wie erleben und verhalten sich Menschen in sozialen Bereichen wie beispielsweise in der Gruppe?	Die **Sozialpsychologie** erforscht, wie Verhalten und Erleben durch Mitmenschen beeinflußt wird und wie sich der einzelne in sozialen Bereichen verhält.
Wie wirkt sich Erziehung auf das Verhalten und Erleben eines Menschen aus? Welchen Einfluß hat das Erzieherverhalten auf das Verhalten und Erleben des Zu-Erziehenden?	Die **Pädagogische Psychologie** befaßt sich mit der wissenschaftlichen Erforschung des Verhaltens und Erlebens im Bereich der Erziehung.
Wie entstehen psychische Störungen? Wie läßt sich psychischen Störungen vorbeugen? Wie kann unanpaßtes Erleben und Verhalten wieder abgebaut werden?	Die **Klinische Psychologie** befaßt sich mit der Vorbeugung und Behandlung von psychischen Störungen sowie mit Möglichkeiten der Beratung und Therapie.

Quelle: Hermann Hobmair (Hg.), 1991

4. Das „Black-Box-Modell" in der Psychologie

1 Bildhaft könnte man den Stellenwert von Erklärungen (…) folgendermaßen verdeutlichen (…):

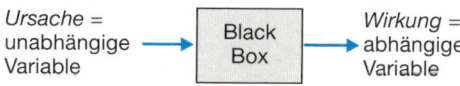

Ursache = unabhängige Variable → Black Box → Wirkung = abhängige Variable

Stellen wir uns vor, der „schwarze Kasten" stelle einen Radioapparat dar. Mögliche unabhängige 5 Variablen könnten sein: Einschaltknopf drücken, Lautstärkeknopf drehen usw. Mögliche abhängige Variablen könnten sein: Aufleuchten des magischen Auges, Hören von Musik oder Sprechen, Variation der gehörten Lautstärke usw. Wir 10 können nun bestimmte Regelhaftigkeiten feststellen, so etwa einen gesetzmäßigen Zusammenhang zwischen dem Drehen am Lautstärkeknopf und der gehörten Lautstärke. Eine Erklärung (…) für die Zunahme der Lautstärke 15 wäre dann:
(a) Es gibt einen gesetzmäßigen Zusammenhang, der da lautet: wenn „Drehen des Lautstärkeknopfes", dann „Anstieg der Lautstärke".
(b) Es wurde am Lautstärkeknopf gedreht.

Es könnte nun aber sein, daß wir uns mit dieser 20 Erklärung nicht zufrieden geben, wir fragen vielmehr: Warum folgt auf das Drehen des Lautstärkeknopfes eine Zunahme der gehörten Lautstärke? Mit anderen Worten: Wir wollen, (…) um es in der Sprache unseres Kastenmodells zu sagen, 25 wir wollen wissen, was in dem Kasten geschieht. Ein Radiogerät kann man nun auseinandernehmen und hineinschauen (und damit erreichen wir einen Punkt, an dem unser Radiomodell zu hinken beginnt), doch nehmen wir einmal an, das 30 Radio wäre uns für immer verschlossen. Was tun, wenn wir trotzdem wissen wollen, warum ein bestimmter Zusammenhang besteht? Wir können *Annahmen* darüber machen, was in dem Kasten drinnen sein *könnte*. Es mag sein, daß 35 wir auf diese Weise zu einem befriedigenden Annahmegefüge gelangen, das uns erklärt (…), warum ein bestimmter Zusammenhang zwischen einer unabhängigen und einer abhängigen Variable besteht. Ein solches Annahmegefüge nun 40 bezeichnet man als eine Theorie.
Mit ihr können wir dann *theoretische* Erklärungen liefern.

Quelle: U. Laucken/A. Schick, 1985[5]

5. Die Wirtschaftspsychologie als bedeutendes Arbeitsfeld in der Psychologie

1 Nach einer gängigen Definition versteht man unter „Wirtschaft" die Gesamtheit aller Einrichtungen und Maßnahmen zur Deckung des menschlichen Bedarfs an Gütern und Dienstleistungen. Die Wirtschaft hat damit zwei Seiten: auf der einen die Produzenten, die Güter und Leistungen bereitstellen (und der Handel, der sie vertreibt), auf der anderen die Konsumenten, deren Bedürfnisse damit befriedigt werden. Entsprechend dieser Zweiteilung unterscheidet man innerhalb der Wirtschaftspsychologie zwei große Bereiche: Im Blickpunkt der Organisationspsychologie steht der Mensch als Produzent. Mit dem Menschen als Konsumenten befaßt sich die Marktpsychologie.

Man kann Wirtschaftspsychologie als „Angewandte Psychologie im Dienste der Wirtschaft" sehen. Und das trifft auch für die Marktpsychologie weitgehend zu:

20 ● Die Werbepsychologie hilft, dem Produkt oder der Dienstleistung die für den Absatz günstigste Gestalt und „Verpackung" zu geben, vor allem aber mit Werbemaßnahmen den unentschlossenen Verbraucher zu beeinflussen, seine Kaufentscheidung zugunsten des beworbenen Produkts zu treffen. Die Bedeutung der Werbepsychologie steigt dabei in dem Maß, in dem der Konsument bei gleichartigen Produkten verschiedener Marken seine Entscheidung nicht mehr aufgrund objektiver Unterschiede – beispielsweise verschiedenen Gebrauchsnutzens –, sondern bestimmter sekundärer Versprechungen wie Prestige, Glück, Schönheit trifft, die mit dem Produkt assoziiert werden.

35 ● Die Verkaufspsychologie gibt Ratschläge für die optimalen Methoden des Verkaufs, ob es sich dabei um die richtige Taktik im Verkaufsgespräch oder um die verkaufsgünstigste Warenplazierung, beispielsweise im Selbstbedienungsgeschäft, handelt.

● Grundlage für diese beiden praktischen Anwendungsbereiche der Marktpsychologie ist die mehr empirisch orientierte Verbraucherpsychologie (oder „Marktforschung"). Sie dient der Ergründung der Bedürfnisse und Motive des Konsumenten, seiner Einstellungen und Verhaltensgewohnheiten. In der „Motivforschung" überschneidet sich die Marktpsychologie mit der Meinungsforschung, bei der angewandte Soziologie und Psychologie zusammenarbeiten.

Gegen die Werbe- und Verkaufspsychologie wurde der Vorwurf der „geheimen Verführung" erhoben. Es ist umstritten, ob dem Verbraucher bei all den massiven Werbeappellen, denen er ausgesetzt ist, die Freiheit der Kaufentscheidung bleibt oder ob in einer Überflußgesellschaft, in der der Konsument mehr Dinge kauft, als er zur Befriedigung seiner unmittelbaren Bedürfnisse braucht, die Psychologie nicht doch Hilfsdienste bei der 60 Ausübung von Konsumzwang oder gar „-terror" leistet.

Aus dem Bemühen, die teilweise unmenschlichen Arbeitsbedingungen um die Jahrhundertwende zu humanisieren, entstand die Wirtschaftspsychologie. Eine Wissenschaft sollte zur Lösung des gespannten Verhältnisses von Mensch und Wirtschaft beitragen. Wirtschaftspsychologie kann von ihrem historischen Anspruch her als „das wissenschaftliche und 70 praktische Bemühen um humane Lösung der in der Wirtschaft entstehenden Probleme" betrachtet werden.

Wenn es auch fraglich sein mag, inwieweit diese Definition heute für die Marktpsychologie gilt – 75 für die Organisationspsychologie kann sie zutreffen: Der Organisationspsychologie bemüht sich, die Faktoren „Mensch" und „Arbeit" in Einklang zu bringen. Aus dieser Aufgabe ergeben sich drei Problemkreise, die sich in der Einteilung der 80 Organisationspsychologie widerspiegeln.

Mit der Frage der Anpassung der Arbeit an den Menschen beschäftigt sich die betriebliche Arbeitspsychologie. Die moderne Industriegesellschaft hat noch nie dagewesene Arbeitsbe- 85 dingungen geschaffen: Sie sind vor allem durch Trennung des Arbeitenden von der Familie, durch Arbeitsteilung, Fließbandarbeit und Automation gekennzeichnet. Die Maxime ist der möglichst wirtschaftliche und rationelle Einsatz der 90 menschlichen Arbeitskraft.

Die Psychologie sorgt nun für weitestgehende psychische und physische Schonung. Dazu gibt sie Hinweise, wie man Arbeitsablauf und Arbeitsplatz, Werkzeuge und Maschinen technisch und 95 organisatorisch so einrichtet, daß sie dem Menschen am besten entsprechen. Sie klärt zum Beispiel, ob man bei einer bestimmten Arbeit besser sitzt oder steht.

Der Mensch ist keine Maschine, die – einmal ein- 100 geschaltet – konstant die Bestleistung erbringt, für die sie konstruiert ist. Der Mensch ermüdet, leidet unter Monotonie. Seine Leistung ist tageszeit-, wochen- und jahreszeitabhängigen Schwankungen unterworfen. Die Arbeitspsycho- 105 logie liefert Hinweise für die zeitliche Gestaltung der Arbeit: etwa, wann bei einer bestimmten Arbeit Pausen eingelegt werden sollten. Und der Mensch braucht bei der Arbeit bestimmte Umweltbedingungen. Die Arbeitspsychologie 110 untersucht zum Beispiel auch die Einflüsse, die Klima – Temperatur und Luftfeuchtigkeit –, Lärm, Beleuchtung und Farbgestaltung des Arbeitsplatzes und der Maschinen auf die Arbeit haben.

Hinzu kommt noch der Bereich der Unfall-Ursa- 115 chenforschung, Unfallbekämpfung und Planung von Sicherheitsmaßnahmen.

Die Übergänge zwischen Arbeitspsychologie und ihren Nachbarwissenschaften – zum Beispiel der Arbeitsmedizin, Arbeitsphysiologie und Arbeitspädagogik – sind fließend. Seit einigen Jahren hat sich das umfassende Gebiet der Ergonomie („Arbeitswissenschaften") als eigene Disziplin entwickelt.

Der zweite Problemkreis der Organisationspsychologie ergibt sich aus der Forderung, den Menschen an die Arbeit anzupassen: die betriebliche Berufspsychologie. Man wird nicht für einen bestimmten Beruf geboren, sonder ausgebildet. Berufsausbildung, Anlernen, Umschulung – das sind Antworten auf die Frage: Was muß man tun, um den Menschen an bestimmte Berufs- und Arbeitsanforderungen so anzupassen, daß ihm die Arbeit optimal gelingt?

Die Berufspsychologie überschneidet sich hier mit den immer stärker im Blickpunkt stehenden Fragen der außerschulischen Pädagogischen Psychologie. Ausgangspunkt ihrer Maßnahmen ist mehr und mehr die Frage der „Lernziele: Bevor man Ausbildungspläne und -inhalte festlegt, müssen von der Berufspsychologie Analysen der Arbeits- und Berufsanforderungen erstellt werden, die Grundlagen für „Berufsbilder" werden.

Analyse der Berufstätigkeiten ist auch Voraussetzung für den anderen großen Bereich der „Anpassung des Menschen an die Arbeit": die betriebliche Eignungsdiagnostik. Hier ist die Diagnostische Psychologie Hilfswissenschaft der „Personalauslese" (und im außerbetrieblichen Bereich der Ausbildungs- und Berufsberatung). Sie ermöglicht, unter einem Angebot an Bewerbern diejenigen herauszufinden, die nach ihren Persönlichkeits- und Leistungsmerkmalen für einen bestimmten Ausbildungsgang oder Arbeitsplatz am besten geeignet sind.

Wenn mehrere Menschen gemeinsam an der Erfüllung einer Aufgabe arbeiten, ist eine gewisse Ordnung nötig, die sich die einzelnen einfügen: die betriebliche Organisation. Damit – und

Quelle: Klaus D. Heil, 1975

das ist der dritte Themenkreis der Organisationspsychologie – ergeben sich Probleme der Anpassung des Menschen an den Mitmenschen, die die Betriebspsychologie zu lösen versucht.

Typisch für eine Organisation ist, daß sich ihre Angehörigen nach bestimmten, formell festgelegten Richtlinien verhalten sollen. Der formelle Zwang, etwa zur Über- oder Unterordnung, entspricht meistens nicht den sozialen Bedürfnissen der Menschen im Betrieb: Es bilden sich „informelle" Beziehungen neben dem „Dienstweg" heraus. In jedem Betrieb entsteht dadurch neben der formellen eine informelle Organisation. Informelle Beziehungen zu beachten und in sie einzugreifen, ist eine Aufgabe der betrieblichen Sozialpsychologie. Sie muß diese Beziehungen aber fördern, wenn sie zum Wohlbefinden der Menschen im Betrieb beitragen und die Mitarbeiter zufrieden machen will.

Kenntnis und Berücksichtigung der informellen Beziehungen und weiterer sozialpsychologischer Faktoren helfen auch dabei, Arbeitsgruppen so zusammenzustellen, daß eine optimale Leistungsfähigkeit erreicht wird. Ein wichtiges Feld der Betriebspsychologie ist die Führungspsychologie: In jeder Organisation entstehen Probleme der Über- und Unterordnung, die man durch Anwendung bestimmter Führungsstile und -techniken durch die Vorgesetzten auf den jeweiligen Stufen der betrieblichen Hierarchie zu lösen versucht.

Der Begriff „Wirtschaftspsychologie" ist manchmal etwas zu eng gefaßt. Zum Beispiel lassen sich werbepsychologische Prinzipien selbstverständlich ebenso auf die Werbung für politische Parteien wie für kirchliche Organisationen übertragen. Fragestellungen und praktische Aufgaben – besonders sozialpsychologischer Art – der Organisationspsychologie gelten weitgehend auch für „außerwirtschaftliche" Bereiche: zum Beispiel für die Wehrpsychologie und für andere öffentliche Organisationen wie Behörden, Schulen, Universitäten.

Reproduktion von Informationen:

1. Zeigen Sie Mermale der wissenschaftliche Psychologie auf. (Abschnitt 1.1.1)

2. Bestimmen Sie die Begriffe „Erleben", „Verhalten" und „Handeln". (Abschnitt 1.1.2)

3. Erläutern Sie den Gegenstand der Psychologie. (Abschnitt 1.1.2)

4. Beschreiben Sie grundlegende Aspekte des psychischen Geschehens. (Abschnitt 1.2.1 und 1.2.2)

5. Stellen Sie das Zusammenwirken der Aspekte des psychischen Geschehens dar. (Abschnitt 1.2.3)

6. Beschreiben Sie, wie sich das Erleben, Verhalten und Handeln wechselseitig beeinflussen. (Abschnitt 1.2.3)

7. Erläutern Sie Grundlagen des Erlebens, Verhaltens und Handelns. (Abschnitt 1.2.4)

8. Beschreiben Sie Ziele der wissenschaftlichen Psychologie. (Abschnitt 1.3.1 bis 1.3.4)

9. Klären Sie, was in der Psychologie „Beschreiben" bedeutet, und stellen Sie dar, was die Psychologie beschreibt. (Abschnitt 1.3.1)

10. Erläutern Sie, was in der Psychologie „erklären" heißt. (Abschnitt 1.3.2)

11. Bestimmen Sie die Begriffe „Gesetzmäßigkeit" und „Theorie", und stellen Sie den Nutzen einer Theorie dar. (Abschnitt 1.3.2)

12. Zeigen Sie die „Voraussage" (Prognose) und die „Veränderung" des Erlebens und Verhaltens als Ziele der Psychologie auf. (Abschnitt 1.3.3)

13. Stellen Sie verschiedene Arbeitsfelder der Psychologie dar. (Abschnitt 1.3.4)

Anwendungsaufgaben:

14. Beschreiben Sie an einem selbst gewählten Beispiel Merkmale, durch die wissenschaftliche Aussagen gekennzeichnet sind. (Abschnitt 1.1.1)

15. Erläutern Sie an Beispielen den Gegenstand der Psychologie. (Abschnitt 1.1.2)

16. Zeigen Sie an einem Beispiel den Unterschied zwischen Verhalten und Handeln auf. (Abschnitt 1.1.2)

17. Erläutern Sie an Beispielen, daß der Mensch überlegt handeln kann und er keineswegs als reines Reaktionswesen anzusehen ist. (Abschnitt 1.1.2)

18. Stellen Sie ein Beispiel dar, und beschreiben Sie an diesem, wie Erleben, Verhalten und Handeln durch die jeweilige Situation beeinflußt werden. (Abschnitt 1.2.1)

19. Zeigen Sie an einem Beispiel auf, wie Erleben, Verhalten und Handeln durch die Persönlichkeit des einzelnen beeinflußt werden. (Abschnitt 1.2.2)

20. Stellen Sie ein Beispiel dar, und erläutern Sie an diesem das Zusammenwirken von Erleben, Verhalten und Handeln, der Persönlichkeit und seiner Entwicklungsbedingungen sowie der Situation, in der sich das Individuum befindet, und der Reize, die Erleben und Verhalten auslösen. (Abschnitt 1.2.3)

21. Beschreiben Sie an einem Beispiel die wechselseitige Beeinflussung von Situation und Erleben, Verhalten und Handeln. (Abschnitt 1.2.3)

22. Erläutern Sie an einem Beispiel das Zusammenwirken von psychischen Fähigkeiten, Funktionen und Kräften. (Abschnitt 1.2.4)

23. Zeigen Sie am Beispiel der Aggression auf, was die Psychologie beschreibt. (Abschnitt 1.3.1)

24. Erläutern sie an einem Beispiel das Ziel der Erklärung. (Abschnitt 1.3.2)

25. Erläutern Sie am Beispiel der Aggression Ziele der Psychologie. (Abschnitt 1.3)

26. Geben Sie einen Überblick über verschiedene Arbeitsfelder der Psychologie, und stellen Sie ein Ihnen bekanntes Arbeitsfeld näher dar (zum Beispiel Wirtschaftspsychologie, Beratung). (Abschnitt 1.3.4)

Anregungen:

27. Versuchen Sie folgende Phänomene so zu beschreiben, daß jeder genau versteht, wie Sie es meinen:
    a) „dufte" Party   **b)** hübsches Foto
    c) schöne Reise   **d)** liebe Menschen

28. Rollenspiel:
    Eine Gruppe in Ihrer Klasse will als Wissenschaftler die andere Gruppe der Klasse davon überzeugen, wie gefährlich eine Alltagspsychologie sein kann. Doch die andere Gruppe verteidigt ihre Alltagspsychologie.

29. Stellen Sie mit Hilfe einer Collage, des Malens eines Bildes oder anderer Möglichkeiten dar, wie Sie Ihre eigene Person sehen, wie Sie sich selbst erleben. Sprechen Sie anschließend in der Klasse darüber.

30. Betrachten Sie sich in Ihrer Klasse gegenseitig, und führen Sie sich die Individualität, die Vielfältigkeit, die Ganzheit und den Wandel der menschlichen Persönlichkeit vor Augen.
    Sprechen Sie dann in der Klasse über Ihre Eindrücke.

31. Besuchen Sie mit der Klasse einen bestimmten Bereich, in welchem psychologische Erkenntnisse angewendet werden (zum Beispiel eine Beratungsstelle, eine Werbeagentur), und führen Sie mit den Leuten dort ein Gespräch über die Anwendung von psychologischem Wissen.

32. Suchen Sie in verschiedenen Lebensbereichen nach Beispielen, wo Ihrer Meinung nach psychologische Erkenntnisse mißbraucht werden. Sprechen Sie in Ihrer Klasse darüber, und entwerfen Sie Möglichkeiten, wie Sie sich vor solchen Mißbräuchen schützen können.

„Da war, in einem nüchtern wirkenden Raum (…) ein Mann mit weißen Kittel zu sehen, der sich, etwas mürrisch dreinblickend, als Psychologe vorstellte und sagte, er wolle ein Experiment über die Wirksamkeit von Bestrafungen für das Lernen durchführen[1]. (…) Da war auch noch ein Student, der Versuchsperson sein sollte und in einem kahl aussehenden Nebenraum auf einen seltsamen Stuhl mit vielen Schnüren und Kabeln festgeschnallt wurde. Und da war schließlich ein älterer Mann, ein andermal auch ein jüngerer, dann wieder einer mittleren Alters, doch alles Leute, denen man Böses nicht zutrauen mochte.

Dennoch mußte sie Böses tun, sehr Böses sogar. Sie hatten nämlich als ‚Lehrer' dem Studenten, dem ‚Schüler', für jeden seiner Fehler während des Lernversuches eine Bestrafung zu verabreichen, und zwar für jeden Fehler eine immer härtere Bestrafung. Aber was für Bestrafung waren das? Elektroschocks von 15 Volt bis 450 Volt, abgestuft in 15-Volt-Abständen (…).

Die Versuchsperson hat eine längere Liste von Wortpaaren (…) einige Male durchzulesen und sich die Wortpaare gut zu merken. (…) Unsere Versuchspersonen jedoch, der Student im ‚elektrischen Stuhl', hatte gar nicht allzuviel Zeit zum Lernen, denn er wurde schon gleich nach dem ersten Durchlesen der Wortliste abgefragt und machte entsprechend viele Fehler. Und wurde (…) für jeden Fehler von seinem ‚Lehrer' – wie von dem alles überwachenden Psychologen befohlen – mit einem Elektroschock bestraft, bei jedem Fehler eine Schockstufe höher, bis der geplagte ‚Schüler' schließlich in laute Schmerzensschreie ausbrach, aus seinem Stuhl heraus wollte und den Versuch abzubrechen forderte.

Aber unser Lehrer-Versuchsleiter ließ sich nicht beirren, er drückte alle 30 Tasten von 15 Volt bis 450 Volt, (…) machte der Versuchsleiter jedoch auch nur Anstalten, die Schocktasten nicht mehr weiter zu drücken, so wurde er von dem Psychologen (…) angewiesen, weiterzumachen (…). Und der ‚Lehrer' gehorchte, drückte die Taste weiter, selbst dann noch, als die Versuchsperson nach einem letzten verzweifelten Schmerzensausbruch bei 300 Volt verstummte und überhaupt nicht mehr reagierte. (…)

Ist denn die Autoritätsgläubigkeit (…) so groß, daß man ein Experiment mit derart irrsinnigen Elektroschock-Bestrafungen überhaupt (…) durchstehen kann? Milgrams Experimente haben gezeigt: man kann! Zwei Drittel aller ‚Versuchsleiter' gingen (…) bis zu höchsten Schockstufe, (…) in Deutschland sogar 85 Prozent! Sie (…) gehorchten der wissenschaftlichen Autorität des Psychologen bis zuletzt (…). Dabei hatte der Psychologe doch gar keine Mittel, seine ‚Versuchsleiter' wegen Gehorsamsverweigerung zu bestrafen oder ihren Gehorsam zu belohnen. (…)"

Quelle: H. Ueckert/R. Kakuska/J. Nagorny, 1975

---

[1] In Wirklichkeit ging es in diesem Experiment nicht um die Wirksamkeit von Bestrafungen für das Lernen, sondern darum, inwieweit Menschen bereit sind, blindlings zu gehorchen und sogar Gewalt anzuwenden, wenn der Befehl von einer bestimmten Autorität gegeben wird.

Menschen zeigen sich oft enttäuscht über Erkenntnisse der wissenschaftlichen Psychologie, weil sie oft nur erneut – in einer „anderen" Sprache – erfahren, was sie ohnehin schon wissen. Andererseits reagiert der Mensch wie in diesem Fall sehr häufig betroffen, manchmal sogar abwertend und abweisend über die Ergebnisse eben dieser Psychologie.

Dabei tauchen folgende Fragen auf:

1. Wie kommen Psychologen zu ihren Erkenntnissen?
   Wie gelangen sie zu wissenschaftlich fundiertem Wissen?

2. Welche Anforderungen werden an wissenschaftliche Aussagen gestellt?
   Welche Prinzipien muß der Wissenschaftler beachten, damit seine Ergebnisse auch richtig sind?

3. Welche Verfahren wendet die Psychologie bei der Erforschung ihres Gegenstandes an?

2.1 Die wissenschaftliche Beobachtung in der Psychologie

Zur Wissenschaft gehören ein bestimmter Bereich der Wirklichkeit, der Gegenstand, bestimmte Methoden, um diesen Wirklichkeitsbereich zu erforschen, und ein System als Ordnungszusammenhang, in welchem sich das Wissen einordnen läßt.

2.1.1 Der Begriff wissenschaftliche Methode

Die Art und Weise, wie Menschen zu Erkenntnissen kommen, ist die entscheidenste Frage einer jeden Wissenschaft überhaupt. *Denn das methodische Vorgehen einer Wissenschaft bestimmt, ob ihre Ergebnisse richtig und damit brauchbar sind oder nicht.* Sind die Erkenntnisse einer Wissenschaft falsch, so ist eigentlich ihr methodisches Vorgehen, mit dem diese Erkenntnisse gewonnen wurden, falsch; ist das methodische Vorgehen richtig, so müssen auch ihre Ergebnisse richtig sein.

„Die Ergebnisse der Forschung hängen in jeder Hinsicht von ihren Methoden ab, und es ist klar, daß eine Wissenschaft oder eine einzelne wissenschaftliche Richtung mit der Leistungsfähigkeit ihrer Methoden steht oder fällt." (*Werner Traxel, 1974[2]*)

Zwischen Methode und Ergebnis einer Untersuchung besteht also ein Zusammenhang: Die Methode ist der „Schlüssel" zur Antwort auf die Frage des Forschers.

Um zu „richtigen" Ergebnissen zu kommen, müssen Wissenschaftler **planmäßig, gezielt und systematisch** vorgehen. Systematisch bedeutet in diesem Zusammenhang das Vorgehen nach ganz bestimmten wissenschaftlichen „Regeln", wie sie beispielsweise in Abschnitt 2.1.3 dargestellt sind.

> **Wissenschaftliche Methoden sind systematisch geplante Vorgehensweisen oder Verfahren, um Wissen über einen Objektbereich zu gewinnen (vgl. Herbert Tschamler, 1983[2])**

Methode kennzeichnet also einen Prozeß, der auf ein bestimmtes Ziel gerichtet ist und umfaßt ein System von Regeln, das diesen Prozeß festlegt.

➡ **Materialien 1.**

2.1.2   Die systematische Beobachtung

Die Psychologie benötigt Methoden, die dazu beitragen, ihren Forschungsgegenstand genau zu beschreiben. Jeder Beschreibung geht eine Beobachtung voraus. Aus diesem Grund ist die Psychologie zur Gewinnung von Erkenntnissen auf die **Beobachtung** angewiesen. Insofern geht jedes psychologische Wissen auf eine Beobachtung irgendeiner Art zurück.

> „Ziel einer jeden Wissenschaft ist es, Erkenntnisse über die Natur, d. h. über die Gesetzmäßigkeit von Zusammenhängen zu gewinnen. In diesem Bemühen bedient sich die Psychologie verschiedener allgemeiner Verfahrensweisen (Methoden), deren genereller Ausgangspunkt aber stets die ***Beobachtung*** ist." *(Victor Sarris, Band 1, 1990)*

Beobachten heißt, einen Sachverhalt wahrnehmen und diesen erfassen. In der Psychologie handelt es sich dabei um bestimmte Ereignisse, Vorgänge, Erlebens-, Verhaltens- oder Handlungsweisen, die vom Psychologen wahrgenommen und registriert werden.

> **Beobachten bedeutet, Ereignisse, Vorgänge, Erlebens-, Verhaltens-, oder Handlungsweisen wahrnehmen und erfassen (vgl. Hermann-Josef Fisseni, 1990).**

Entsprechend dem Gegenstand der Psychologie, Erleben und Verhalten, ist zu unterscheiden zwischen der **Selbstbeobachtung** und der **Fremdbeobachtung**. Bei der Selbstbeobachtung handelt es sich um eine unmittelbare Wahrnehmung von Vorgängen im Menschen, die nicht „von außen" beobachtet werden können, sondern die der Mensch nur an sich selbst wahrnehmen kann. Die Fremdbeobachtung dagegen bezieht sich auf alle von Außenstehenden wahrnehmbaren Äußerungen eines Lebewesens (vgl. Kapital 1.1.2).

Verhaltensweisen wie beispielsweise Körperbewegungen oder Ausdrucksformen können durch Fremdbeobachtung, Erlebensweisen wie Denkabläufe, Erinnerungen, Träume dagegen können nur durch Selbstbeobachtung erschlossen werden.

★ Die Selbstbeobachtung wird oft als wissenschaftliche Methode in Frage gestellt, da die durch sie gewonnenen Daten zum einen nicht überprüfbar sind und diese zum anderen häufig erst aufgezeichnet werden können, nachdem die Vorgänge, die beobachtet werden sollen, abgelaufen sind.

Der Laie beobachtet ebenso wie der Wissenschaftler, man erwartet jedoch von einem Wissenschaftler, daß er systematischer als der Laie beobachtet. Aus diesem Grund unterscheiden wir die **systematische Beobachtung,** die wesentliche Voraussetzung für wissenschaftliches Vorgehen ist und deshalb auch wissenschaftliche Beobachtung genannt wird, von der **unsystematischen Beobachtung,** die der alltäglichen Beobachtung sehr nahe kommt und auch als *Alltagsbeobachtung* bezeichnet wird.

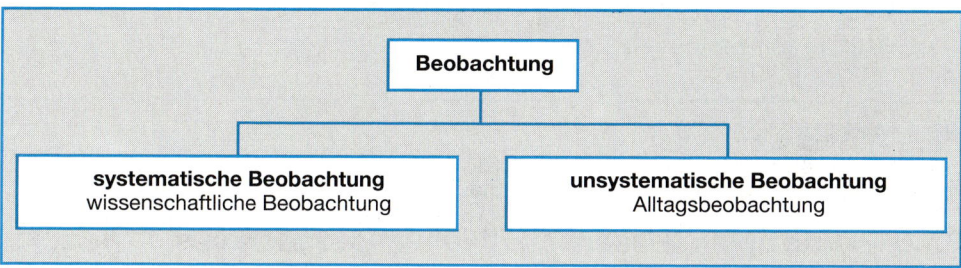

Während die Alltagsbeobachtung nicht geplant und auch deren Gegenstandsbereich und Verlauf nicht festgelegt, sondern mehr zufälliger Art ist, meint die wissenschaftliche Beobachtung die geplante, gezielte und kontrollierte Wahrnehmung eines konkret festgelegten Teilbereiches der Wirklichkeit mit dem Ziel, diesen Bereich möglichst genau zu erfassen und festzuhalten.

So zum Beispiel beobachtet der Laie Kinder auf dem Spielplatz mehr zufällig; was er dabei genau wahrnimmt, ist eher unbestimmt; seine Beobachtung konzentriert sich in der Regel auf das gesamte Geschehen, er nimmt vermutlich nur das wahr, was ihm ‚zufällig‘ auffällt. Der Wissenschaftler dagegen legt genau fest, was er am Spielplatz beobachten will – etwa wieviele aggressive Verhaltensweisen in einer bestimmten Zeiteinheit von den Kindern gezeigt werden; er organisiert die Durchführung seiner Beobachtung bis ins Detail und folgt einem fein und exakt ausgearbeiteten Beobachtungsplan, um die Aggressionen der Kinder möglichst genau erfassen und registrieren zu können.

> **Beobachtung als wissenschaftliche Methode meint die geplante, gezielte und systematische Wahrnehmung eines bestimmten Teilbereiches der Wirklichkeit mit dem Ziel, diesen Bereich möglichst genau zu erfassen und festzuhalten. Die Beobachtung als wissenschaftliche Methode wird deshalb als systematische Beobachtung bezeichnet.**

Im Gegensatz zum Laien legt der Wissenschaftler genau fest, was er beobachten will und wie er diesen Teilbereich der Wirklichkeit erfassen will. Er bestimmt auch genau , womit er beobachten will, welche Beobachtungshilfen er benützt.

Solche Hilfen können zum Beispiel Beobachtungsbögen sein, deren Fixierung genau durchdacht ist, ein Tonband oder eine Kamera.

★ Dabei sind die Grenzen zwischen systematischer Beobachtung und Alltagsbeobachtung nicht eindeutig zu ziehen, die Übergänge sind fließend.

„Die systematische Beobachtung wird oft als wesentliche Voraussetzung für Wissen-schaftlichkeit genannt, während unsystematische, d. h. ohne Plan erzielte Beobachtungs-daten als vorwissenschaftlich gelten. Bei systematischer Beobachtung stellt der Wissen-schaftler präzise Fragen an die Natur, auf die er sich durch Beobachtung eine Antwort erhofft. Dennoch sind Zufallsbeobachtungen für den Forscher nicht ohne Wert; sie können – wie die Geschichte der Wissenschaft lehrt – oft Auslöser systematischer Beobachtung sein und somit wenigstens indirekt zu wissenschaftlichen Erkenntnissen führen." *(Viktor Sarris, Band 1, 1990)*

Systematische Beobachtung	Alltagsbeobachtung
Geplante, gezielte und kontrollierte Wahrneh-mung eines konkret festgelegten Teilbereiches der Wirklichkeit mit dem Ziel, diesen möglichst genau zu erfassen und festzuhalten. Festgelegt ist insbesondere was, wie und womit beobachtet wird.	Eine mehr zufällige Wahrnehmung ohne Plan und Absicht, die sich global auf das gesamte Geschehen richtet, ohne exakte Festlegung, was, wie und womit beobachtet wird.

 Materialien 2.

2.1.3 Prinzipien wissenschaftlichen Beobachtens

Wie in Kapitel 1.1.1 ausgeführt, müssen wissenschaftliche Aussagen **überprüfbar, allge-meingültig und systematisch gewonnen** sein. Im Gegensatz zur Alltagsbeobachtung haben Wissenschaftler bei der wissenschaftlichen Beobachtung grundlegende Prinzipien zu beachten, wenn sie zu überprüfbaren, allgemeingültigen und systematisch gewonne-nen Erkenntnissen gelangen wollen.

Die Beschreibung muß **möglichst klar, präzise und genau, zentrale Begriffe müssen eindeutig bestimmt sein.** Die Sprache der Beschreibung bei der Alltagsbeobachtung ist in der Regel vieldeutig und ungenau.

Wenn zum Beispiel ein Forscher untersuchen will, ob autoritär erzogene Menschen sich sehr aggres-siv verhalten, so müssen die zentralen Begriffe eindeutig bestimmt werden: Was heißt autoritäre Erzie-hung? Was bedeutet sehr aggressiv? Wie äußert sich autoritäre Erziehung, wie Aggressivität?

Dabei müssen Begriffe auf das Beobachtbare zurückgeführt werden: Der Forscher gibt bestimmte Merkmale an, wie er einen bestimmten Sachverhalt beobachtet.

So kann beispielsweise der Begriff „Aggression" folgendermaßen auf das Beobachtbare zurückge-führt werden:
● Aussage des Untersuchten: „Ich bin aggressiv" oder „Ich habe keine Aggressionen",
● beobachtbare Reaktionen wie Erröten, Zittern, Stottern, erhöhter Blutdruck, schnelles Schnaufen, Umherschlagen mit den Armen usw.,
● Ergebnis eines Fragebogens, den der Untersuchte beantwortet.

Das Zurückführen von Begriffen auf das Beobachtbare wird als **Operationalisierung** bezeichnet. Sind die Begriffe auf das Beobachtbare zurückgeführt, so spricht man von einer operationalen Definition.

> **Operationale Definition ist eine Begriffsbestimmung, in der ein Begriff auf das Beob-achtbare zurückgeführt ist.**

Hunger bei Tieren zum Beispiel kann durch die Art des Messens operational definiert werden, etwa durch die Futtermenge, die in einer bestimmten Zeit verzehrt wird, oder durch die Angabe der Zeit, in der die Tiere nichts zu essen bekommen. Intelligenz ist durch das, was der Intelligenztest mißt, operational definiert.

Neben einer klaren, präzisen und genauen Beschreibung sowie einer eindeutigen Begriffsbestimmung ist es zur Überprüfung einer wissenschaftlichen Aussage erforderlich, daß der Forscher **genaue Angaben macht, auf welche Art und Weise er zu seinen Erkenntnissen gekommen ist,** wie er also methodisch vorgegangen ist. Nur so ist es möglich, nachzuprüfen, ob der Wissenschaftler methodisch richtig verfahren ist und damit brauchbare Ergebnisse erzielt hat oder ob er Fehler gemacht hat und damit zu unbrauchbaren Ergebnissen gekommen ist.

Um zu Aussagen zu kommen, die tatsächlich der Wirklichkeit entsprechen, muß ein Wissenschaftler **das beobachten bzw. untersuchen, was er zu beobachten und zu untersuchen angibt.** Laien unterscheiden diesbezüglich in ihrer Alltagsbeobachtung oft nicht genau.
Wenn ein Forscher zum Beispiel die Kreativität eines Menschen beobachten will, so muß er tatsächlich die Kreativität und nicht das logische Denken beobachten.

Dieses Prinzip wissenschaftlichen Beobachtens wird als Gültigkeit bzw. **Validität** bezeichnet.

> **Validität (Gültigkeit) bedeutet, daß ein Forscher auch tatsächlich das beobachtet bzw. mißt, was er zu beobachten und messen angibt.**

Zudem muß ein Forscher **das, war er zu beobachten und messen angibt, genau und exakt beobachten bzw. messen.** Das Ergebnis muß von zufälligen Einflüssen weitgehend frei sein, was bei der Alltagsbeobachtung nicht der Fall ist.
Mißt man beispielsweise eine bestimmte Wegstrecke mit Schritten, so ist dieses Meßinstrument nicht zuverlässig. Eine Metermaß dagegen ist ein zuverlässiges Meßinstrument.

Die Zuverlässigkeit ist dann gegeben, wenn die Beobachtung bzw. die Messung bei Wiederholung unter Beachtung der gleichen Bedingungen immer wieder zum gleichen Ergebnis führt.
Messe ich zum Beispiel eine bestimmte Wegstrecke mit Schritten, so wird bei jeder Messung möglicherweise ein anderes Ergebnis erzielt werden, während eine Messung mit dem Meterstab bei Wiederholung unter Beachtung der gleichen Bedingungen zum gleichen Ergebnis führt.

In der wissenschaftlichen Fachsprache wird das Kriterium der Zuverlässigkeit **Reliabilität** genannt.

> **Reliabilität (Zuverlässigkeit) bedeutet, daß ein Forscher das, was er zu beobachten und messen angibt, genau und exakt beobachtet bzw. mißt.**

Die Kriterien der Validität und Reliabilität müssen natürlich auch auf Beobachtungshilfen wie zum Beispiel Beobachtungs- oder Fragebögen sowie auf Meßinstrumente, die der Forscher benützt, zutreffen. Das in der Psychologie bekannteste Meßinstrument zur Beobachtung ist der *Test* (vgl. Abschnitt 2.2.2).

Ein sehr entscheidendes Kriterium, um zu Aussagen zu kommen, die der Wirklichkeit entsprechen, ist die **Objektivität**: Verschiedene Wissenschaftler müssen mit ihrer Beobachtung unter gleichen Bedingungen zur gleichen Ergebnissen kommen. Eine Beobachtung ist dann objektiv, wenn unabhängig von den Personen, die sie durchführen, auswerten und interpretieren, gleiche Ergebnisse erreicht werden. Das Ergebnis einer Beobachtung darf also nicht von der Person des Forschers abhängen.

Die Beobachtung zum Beispiel, wieviele aggressive Verhaltensweisen Kinder auf verschiedenen Spielplätzen in der Bundesrepublik Deutschland zeigen, ist dann objektiv, wenn verschiedene Forscher auf den gleichen Spielplätzen unter Beachtung der gleichen Bedingungen zu demselben Ergebnis kommen.

> **Objektivität heißt, daß eine Beobachtung bzw. Untersuchung in ihrer Durchführung, Auswertung und Interpretation von der Person des Forschers unabhängig ist.**

Die „Erkenntnisse" von Laien sind in der Regel subjektiv, das heißt, daß verschiedene Personen bei ein und demselben Sachverhalt zu unterschiedlichen Ergebnissen kommen.

Um zu allgemeingültigen Aussagen zu kommen, müßte man genaugenommen alle Personen bzw. -gruppen, auf die die Aussage zutreffen soll, untersuchen.

Wenn zum Beispiel ein Psychologe untersuchen will, ob Schülerinnen und Schüler, die sich am Unterricht aktiv beteiligten, bessere Noten schreiben als diejenigen, die weniger im Unterricht mitarbeiten, so müßte er alle Schülerinnen und Schüler der Bundesrepublik Deutschland beobachten.

Wir nennen die Gesamtheit aller Personen, auf die die Aussage zutreffen soll, **Grundgesamtheit bzw. Population.**

Im obigen Beispiel ist die Grundgesamtheit bzw. die Population alle Schülerinnen und Schüler der Bundesrepublik Deutschland; auf sie nämlich soll die Aussage zutreffen:„Besteht ein Zusammenhang zwischen der aktiven Mitarbeit im Unterricht und den schulischen Leistungen?"
Bei der Untersuchung, ob Frauen bessere Autofahrer sind als Männer, ist die Population alle Auto fahrenden Frauen und Männer in der Bundesrepublik Deutschland.

> **Die Gesamtheit aller Personen, für die man aufgrund einer Untersuchung eine Aussage treffen will, bezeichnet man als Grundgesamtheit bzw. Population.**

Es ist aber nicht möglich, alle Personen, auf die die Aussage zutreffen soll, zu untersuchen. Wissenschaftler wählen deshalb aus der Population bestimmte Personen aus. Wird eine Untersuchung nur an einem Teil der Population durchgeführt, so spricht man von einer **Stichprobe.**

Will also ein Psychologe untersuchen, ob ein Zusammenhang besteht zwischen der aktiven Mitarbeit im Unterricht und den schulischen Leistungen, so wählt er sich aus der Population beispielsweise 1000 Schülerinnen und Schüler aus, um an diesen das gefragte Merkmal zu beobachten. Diese 1000 Schülerinnen und Schüler stellen in diesem Beispiel die Stichprobe dar.

> **Derjenige Teil der Population, an dem eine Untersuchung durchgeführt wird, wird als Stichprobe bezeichnet.**

Dabei ist es wichtig, daß sich die Stichprobe in allen Merkmalen, die für das zu untersuchende Verhalten bedeutsam sein könnten, genauso zusammensetzt wie die Population.

So müssen, um beim obigen Beispiel zu bleiben, Merkmale wie Intelligenz, Begabungen, Alter, Erledigen von Hausaufgaben, u. a. in der Stichprobe genau beobachtet werden. Sie muß bezüglich dieser Merkmale genauso zusammengesetzt sein wie die Population.

Wir sprechen dann von der **Repräsentativität einer Stichprobe:** Sie setzt sich in ihren Merkmalen genauso zusammen wie die Population, sie stellt gleichsam eine „verkleinerte Population" dar.

Population

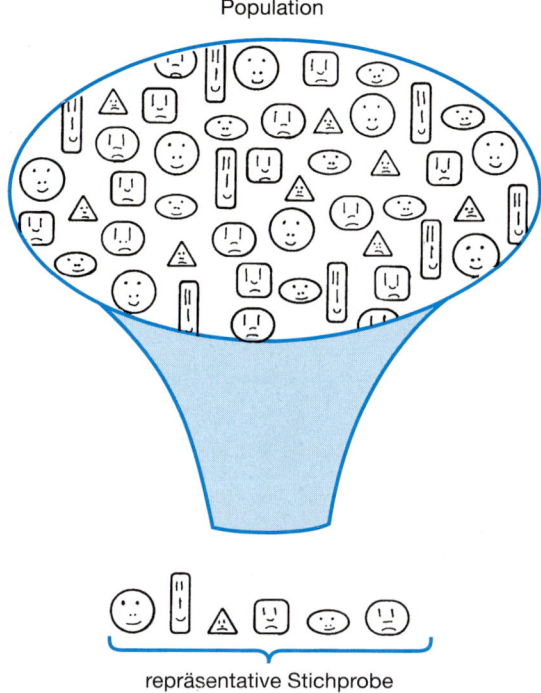

repräsentative Stichprobe

Bei einer genügend großen Stichprobe, bei der jede Person die gleiche Chance hat, in die Stichprobe aufgenommen zu werden, ist in der Regel die Repräsentativität gegeben. Eine Möglichkeit, eine solche Stichprobe auszuwählen, ist die **Zufallsauswahl**, wie dies beispielsweise beim Losverfahren der Fall ist.

Der Wissenschaftler muß sich Gedanken machen, wie er **mögliche Merkmale, die sein Ergebnis beeinflussen und damit verfälschen könnten, in den Griff bekommen bzw. ausschalten** kann. Dem Laien sind solche Merkmale meist gar nicht bewußt.

So könnte es möglich sein, daß die Schüler wegen einer bevorstehenden Prüfung ganz besonders viel zu Hause lernen oder sich Nachhilfeunterricht geben lassen und dadurch gute Noten erzielt werden und nicht aufgrund der aktiven Mitarbeit im Unterricht.

Der Wissenschaftler erhält als Ergebnis seiner Untersuchung an der Stichprobe Angaben über die Ausprägung bzw. über die Häufigkeit von bestimmten Verhaltensmerkmalen.

Hat beispielsweise ein Psychologe an einer genügend großen Stichprobe untersucht, ob ein Zusammenhang besteht zwischen der aktiven Mitarbeit im Unterricht und den schulischen Leistungen, so erhält er auf der einen Seite Angaben über die Aktivität von Schülerinnen und Schülern im Unterricht, auf der anderen Seite erfährt er, wie es um die Leistungen dieser Schülerinnen und Schüler, die er durch Noten ermitteln kann, steht.

Diese Angaben bezeichnen wir als **Daten,** die mit Hilfe **statistischer Verfahren** ausgewertet und interpretiert werden. Dabei können aus den Daten allgemeingültige Schlüsse gezogen werden, die für diejenigen Personen bzw. -gruppen, für die man eine Aussage haben möchte, zutreffen. Laien verallgemeinern ihre Beobachtungsergebnisse unzulässig, sie schließen von „einmal auf immer" bzw. von einem oder wenigen Fällen auf „alle" (vgl. Kapitel 1.1.1).

Mit Hilfe von statistischen Verfahren läßt sich angeben, ob Unterschiede oder Zusammenhänge von Merkmalen zufällig sind oder nicht. Sind die Ergebnisse nicht zufällig, so bezeichnet man sie als **signifikant** bzw. **sehr signifikant**. Von einem signifikanten Ergebnis spricht man, wenn die Möglichkeit eines Zufallsergebnisses geringer als 5% ist, und von einem sehr signifikanten Ergebnis, wenn die „Zufallsmöglichkeit" unter 1% liegt.

> Eine Verallgemeinerung von der Stichprobe auf die Population ist nur dann zulässig, wenn die Daten der Stichprobe signifikant bzw. sehr signifikant sind.

Überprüfbare, allgemeingültige und systematisch gewonnene Aussagen

werden erreicht durch

- Klarheit und Genauigkeit in der Beschreibung
- Eindeutigkeit in der Begriffsbestimmung
- Zurückführung der Begriffe auf das Beobachtbare (Operationalisierung von Begriffen)
- Angaben, wie der Forscher zu seinen Erkenntnissen gekommen ist
- Tatsächliche Beobachtung bzw. Untersuchung dessen, was zu beobachten und messen angegeben ist (Validität)
- Genaue und exakte Beobachtung bzw. Messung dessen, was zu beobachten und messen angegeben ist (Reliabilität)
- Unabhängigkeit der Beobachtung bzw. Untersuchung in ihrer Durchführung, Auswertung und Interpretation von der Person des Forschers (Objektivität)
- Ausschalten von Merkmalen, die das Ergebnis verfälschen könnten
- Repräsentativität von Stichproben
- Auswertung und Interpretation von Daten mit Hilfe statistischer Verfahren

➡ **Materialien 3.**

2.2   Methoden der wissenschaftlichen Psychologie

Wie im vorigen Abschnitt ausgeführt, ist die Psychologie zur Gewinnung von Erkenntnissen auf die Beobachtung verwiesen. Jedes wissenschaftliche gewonnene Wissen geht auf eine Beobachtung irgendeiner Art zurück. Doch die Psychologie kennt neben der Beobachtung weitere Methoden, die alle als eine besondere Form der Beobachtung gelten können. Die wichtigsten sind:

- das **Experiment**
- der **Test**
- die **Befragung** bzw. das **Interview**

2.2.1   Das Experiment

Das Experiment ist eine bestimmte Form der Beobachtung: Während sich eine Beobachtung auf eine bereits vorhandene Situation beschränkt, wird beim Experiment die Situation absichtlich herbeigeführt.

Wenn ein Forscher beispielsweise in Schulklassen geht und wissen will, wie sich die Lehrer und in Abhängigkeit davon, wie sich die Schüler verhalten, so handelt es sich um eine Beobachtung. Gibt nun der Forscher dem Lehrer genau vor, wie er sich zu verhalten hat, um dann das Schülerverhalten als Reaktion auf das Lehrerverhalten beobachten zu können, so handelt es sich um ein Experiment.

> **Unter einem Experiment versteht man das absichtliche und planmäßige Herbeiführen eines Vorganges, um ihn gezielt beobachten zu können.**

Dabei setzt der Forscher bestimmte Bedingungen für ein Geschehen fest und beobachtet, welchen Einfluß diese Bedingungen auslösen, welche Wirkungen sie zeigen.

So will zum Beispiel ein Forscher die Wirkung von Pausen auf das Lernen untersuchen. Er legt den Zeitpunkt, die Länge und die Art der Pausen selbst fest (= Bedingungen des Geschehens) und beobachtet, welche Wirkung diese auf das Lernen haben.

In dieser absichtlichen und planmäßigen Herbeiführung eines Vorganges liegt ein großer Vorteil des Experimentes: Der Forscher kann die Bedingungen, deren Wirkungen er beobachten will, und die Situation, unter der die Beobachtung stattfinden soll, sowie den Ort und die Zeit für die Untersuchung selbst bestimmen. Dieses Kriterium der Selbstbestimmung von Bedingungen, Situation, Ort und Zeit wird **Willkürlichkeit** genannt.

> **Willkürlichkeit als Kriterium des Experiments bedeutet, daß der Forscher die Bedingungen, deren Wirkungen er beobachten will, und die Situation, unter der die Beobachtung stattfinden soll, sowie den Ort und die Zeit für die Untersuchung selbst bestimmen kann.**

„Von großem Wert ist bereits die Beherrschung der Eintrittsbedingungen. Der Experimentator braucht nicht darauf zu warten, bis der ihn interessierende Vorgang gelegentlich von selbst eintritt. Weiterhin hat der Experimentator die Möglichkeit, durch die Gestaltung des Versuchs störende Einflüsse … fernzuhalten, und schließlich ist er auch in der Lage, die Untersuchung auf einen Zeitpunkt zu legen, zu dem er für die Beobachtung besonders gut vorbereitet ist." *(Werner Traxel, 1974[2])*

Mit dem Merkmal der Willkürlichkeit steht ein weiteres in engem Zusammenhang: Der Forscher kann die Bedingungen, deren Wirkungen er beobachten will, verändern, variieren.

So kann, um bei obigen Beispiel zu bleiben, der Forscher den Zeitpunkt der Pausen verändern – in einem Untersuchungsdurchgang beispielsweise setzt er alle 45 Minuten, in einem anderen Durchgang alle 90 Minuten eine Pause fest; er kann die Länge der Pausen abwandeln – er macht Untersuchungen mit einer Pausenlänge von 15 Minuten und von 30 Minuten; und er kann die Tätigkeit der Schüler/innen in den Pausen beliebig variieren – in einem Versuch läßt er die Schüler/innen möglichst aktiv, in einem anderen möglichst passiv sein.

Dieses Kriterium der Veränderbarkeit der Bedingungen wird als **Variierbarkeit** bezeichnet.

> **Variierbarkeit als Kriterium des Experiments bedeutet, daß der Forscher die Bedingungen, deren Wirkungen er beobachten will, verändern kann.**

Dadurch, daß der Forscher einen bestimmten Vorgang absichtlich herbeiführen will, ist es für ihn auch möglich, daß dies mehrmals in gleicher Weise geschieht.

So kann der Forscher sein Experiment über die Wirkung von Pausen auf das Lernen beliebig oft wiederholen.

Dieses Kriterium des mehrmaligen Durchführen-Könnens eines Versuches wird **Wiederholbarkeit** genannt.

> **Wiederholbarkeit als Kriterium des Experiments bedeutet, daß der Forscher seinen absichtlich herbeigeführten Vorgang beliebig oft durchführen kann.**

Die Wiederholbarkeit eines Experiments ermöglicht, daß eine größere Anzahl von Daten gewonnen werden kann und die Ergebnisse der Untersuchung überprüft werden können. Das Experiment kann auch von einem anderen Forscher wiederholt werden, um so feststellen zu können, ob die Untersuchung objektiv ist.

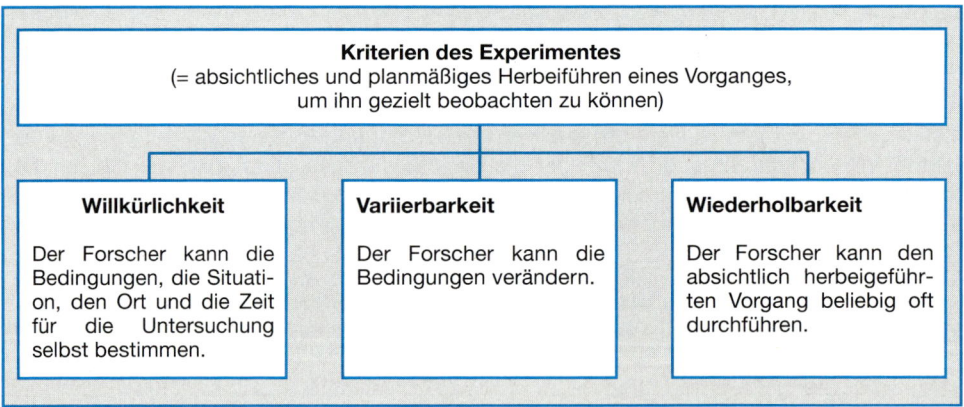

Kriterien des Experimentes
(= absichtliches und planmäßiges Herbeiführen eines Vorganges, um ihn gezielt beobachten zu können)

Willkürlichkeit	**Variierbarkeit**	**Wiederholbarkeit**
Der Forscher kann die Bedingungen, die Situation, den Ort und die Zeit für die Untersuchung selbst bestimmen.	Der Forscher kann die Bedingungen verändern.	Der Forscher kann den absichtlich herbeigeführten Vorgang beliebig oft durchführen.

2.2.2   Der Test

Mit Hilfe eines Tests will man bestimmte psychische Merkmale erfassen und feststellen, in welchem Maße diese Merkmale bei einem Menschen ausgeprägt sind.

So will zum Beispiel ein Intelligenztest die Intelligenz (= psychisches Merkmal) eines Menschen erfassen und feststellen, wie ausgeprägt sie bei einem Menschen ist. Ein Intelligenztest mißt also die Intelligenz eines Menschen.

Für den Test als wissenschaftliches Meßinstrument müssen die Kriterien der **Validität, Reliabilität** und der **Objektivität** in besonderen Maße zutreffen (vgl. Abschnitt 2.1.3). Aus diesem Grund wird ein Test nach ganz bestimmten wissenschaftlich fundierten Prinzipien konstruiert, um diesen Gütekriterien gerecht zu werden.

Bei der Durchführung des Tests werden mehrere Aufgaben bzw. Fragen, die ebenfalls nach ganz bestimmten festgelegten Kriterien entworfen werden, vorgegeben und das Lösungsbzw. das Antwortverhalten von dem, der den Test absolviert, registriert. Solche Aufgaben bzw. Fragen werden **Items** genannt.

Um den Grad der individuellen Ausprägung eines bestimmten psychischen Merkmals feststellen zu können, braucht der Test eine *Bezugsgröße*, eine **Norm.**

So genügt es zum Beispiel nicht, wenn ein Wissenschaftler sagt: „Sie haben 51 Aufgaben in dem Intelligenztest richtig gelöst." Es ist eine Bezugsgröße, eine Norm erforderlich, die besagt, ob man mit der richtigen Lösung von 51 Aufgaben über oder unter dem Durchschnitt liegt und damit über- oder unterdurchschnittlich intelligent ist.

Dabei können wir zwei unterschiedliche Möglichkeiten der Normierung unterscheiden:

a) Die Bezugsgröße stellt eine **statistische Norm** dar, die durch Erprobung des Tests an einer genügend großen, repräsentativen Stichprobe gewonnen wird. Der Durchschnitt der Testergebnisse von dieser Stichprobe gilt dann als Norm

Nehmen wir an, ein Intelligenztest, der normiert werden soll, wird an einer Stichprobe durchgeführt, und im Durchschnitt lösen die Personen dieser Stichprobe 43 Aufgaben richtig. Bei diesem Test liegt dann die Norm bei 43 richtig gelösten Aufgaben.

Abweichungen von dieser Norm geben dann den *Grad der individuellen Ausprägung* des psychischen Merkmals an: Liegt es über der Norm, so ist das gemessene Merkmal überdurchschnittlich, liegt es unter der Norm, so ist es unterdurchschnittlich ausgeprägt.

Werden – um bei obigen Beispiel zu bleiben – von einer Person nur 36 Aufgaben richtig gelöst, so ist sie unterdurchschnittlich intelligent, löst sie aber 51 Aufgaben richtig, so ist sie überdurchschnittlich intelligent.

Mit Hilfe von Rechenverfahren können nun bestimmte „Werte" angegeben werden, wieweit der einzelne in seiner Merkmalsausprägung vom Durchschnitt abweicht.

So hat man sich beispielsweise bei allen Intelligenztests auf einen **Intelligenz-Quotienten (IQ)** von 100 geeinigt. Dies entspricht dem Durchschnitt (Im obigen Beispiel würde die richtige Lösung von 43 Aufgaben einen IQ von 100 bedeuten). Mit Hilfe von Rechenverfahren können nun bestimmte „Werte" festgelegt werden: Wer einen IQ von 90 bis 110 hat, ist durchschnittlich intelligent; wer einen IQ von 110 bis 120 hat, kann als überdurchschnittlich, wer einen IQ von 90 bis 80 hat, als unterdurchschnittlich intelligent gelten; ein IQ von über 130 wäre weit überdurchschnittlich, ein IQ von unter 80 weit unterdurchschnittlich intelligent.

Tests, deren Bezugsgröße eine statistisch gewonnene Norm darstellt und als Vergleich dient, werden **normorientierte Tests** genannt.

b) Die Bezugsgröße stellt eine **Idealnorm** dar, die der Testkonstrukteur selbst entwirft. Er legt bestimmte inhaltlich definierte Ziele, *Kriterien*, fest, die dann als Norm gelten.

Die theoretische Prüfung zur Erlangung des Führerscheins ist hierfür ein Beispiel: Hier muß der Prüfling Aufgaben lösen, die Inhalte widerspiegeln, die ein Forscher für wichtig hält, wenn der Prüfling ohne Gefährdung für sich selbst oder andere ein Fahrzeug bewegen will.

Diese Idealnorm erlaubt einen Vergleich der ,Leistung' einer Person mit dem vom Test geforderten Kriterien. Tests, deren Bezugsgröße eine Idealnorm darstellt und als Vergleich dient, werden **kriteriumsorientierte Tests** genannt.

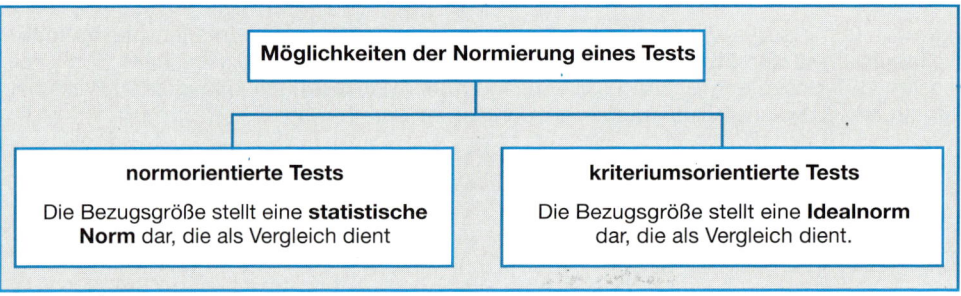

Die Psychologie kennt eine Vielzahl von Tests, die sich drei Gruppen zuordnen lassen:

- **Leistungstests:** Sie wollen bestimmte Lern- oder Denkleistungen eines Menschen messen. Zu dieser Gruppe von Tests gehören beispielsweise Intelligenz-, Reaktions-, Konzentrations-, Begabungs- und Eignungstests.
- **Reife- und Entwicklungstests:** Sie wollen messen, inwieweit der Proband[1] altersangemessenes Verhalten zeigt. Ein typisches Beispiel hierfür sind die Schulreifetests.
- **Persönlichkeitstests:** Sie wollen ein oder mehrere Persönlichkeitsmerkmale und deren Ausprägung erfassen.

Test-Sucht

Ein Mensch weiß, von Verstand gesund,
Längst, wo begraben liegt der Hund.
Ja, selbst die dümmsten Menschen haben
Seit je gewußt, wo er begraben.
Und alle Welt kennt das Ergebnis
Von dieses Hundes Erdbegräbnis.
Doch jetzt erst wird, was lang erhärtet,
Streng wissenschaftlich ausgewertet
Und jeder Zweifel dran besiegt,
Daß hier der Hund begraben liegt.

Eugen Roth

★ Diese Einteilung darf nicht absolut gesehen werden, es gibt Überschneidungen.

---

[1] Proband: die Person, die getestet wird

2.2.3   Die Befragung bzw. das Interview

Die Befragung ist eine sehr weitverbreitete Technik zur Gewinnung von bestimmten Daten. Dabei werden an bestimmte Personen bzw. -gruppen Fragen gestellt, die diese beantworten.

> **Die Befragung ist eine Technik zur Erfassung von Daten mit Hilfe der Beantwortung von Fragen, die einem bestimmten Personenkreis gestellt werden.**

Ein Befragung kann schriftlich mit Hilfe eines Fragebogens oder aber auch mündlich stattfinden. Eine mündliche Befragung wird gewöhnlich Interview genannt.

> **Interview ist eine mündliche zweckgerichtete Befragung, um bestimmte Daten zu erhalten.**

Sehr häufig wird eine Befragung in der Klinischen Psychologie eingesetzt, wo sie meist als **Exploration** bezeichnet wird. Es handelt sich dabei um ein Gespräch, in welchem versucht wird, persönliche Probleme eines Menschen zu erhellen (vgl. Kapitel 6.3.1).

➡ **Materialien 4.**

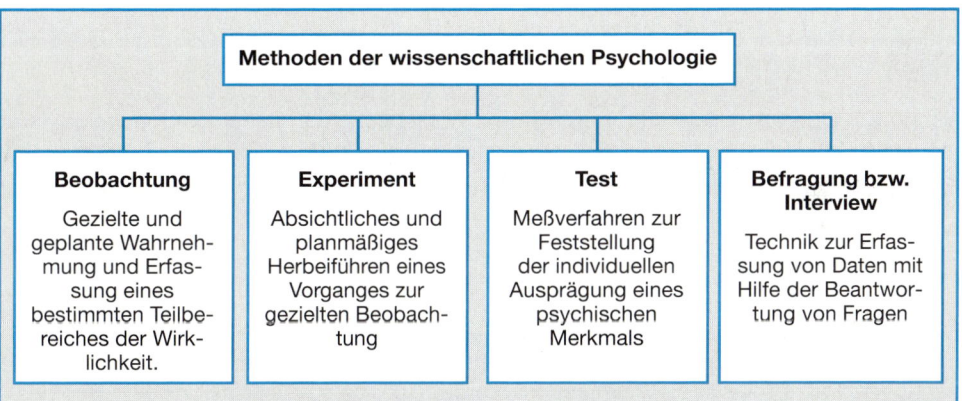

Methoden der wissenschaftlichen Psychologie			
Beobachtung	**Experiment**	**Test**	**Befragung bzw. Interview**
Gezielte und geplante Wahrnehmung und Erfassung eines bestimmten Teilbereiches der Wirklichkeit.	Absichtliches und planmäßiges Herbeiführen eines Vorganges zur gezielten Beobachtung	Meßverfahren zur Feststellung der individuellen Ausprägung eines psychischen Merkmals	Technik zur Erfassung von Daten mit Hilfe der Beantwortung von Fragen

2.3   Vorgehensweise bei wissenschaftlichen Untersuchungen

Jeder Wissenschaftler, der eine Untersuchung startet, geht von einer bestimmten Fragestellung aus, er legt fest, welchen Sachverhalt er untersuchen will. Am Anfang einer wissenschaftlichen Untersuchung steht also immer eine **wissenschaftliche Fragestellung.**

> **Eine wissenschaftliche Fragestellung ist eine Mitteilung darüber, welcher Sachverhalt untersucht werden soll.**

Sobald ein Forscher festgelegt hat, welchen Sachverhalt er untersuchen will, formuliert er seine Erwartung über den Ausgang seiner erst zu unternehmenden Untersuchung.

Wenn ein Psychologe beispielsweise untersuchen will, ob ein Zusammenhang besteht zwischen dem Grad der Intelligenz und den schulischen Leistungen, so formuliert er, um die Untersuchung organisieren zu können, die Erwartung über den Ausgang seiner Untersuchung: „Es besteht ein Zusammenhang zwischen dem Grad der Intelligenz und den schulischen Leistungen."

Die Wissenschaft spricht hier von einer **Hypothese,** die der Organisation einer Untersuchung dient.

> **Eine Hypothese ist „die formulierte Erwartung über den Ausgang einer erst zu unternehmenden Untersuchung". (Werner Traxel, 1974[2])**

Eine Hypothese muß so formuliert sein, daß sie durch die Untersuchung entweder **bestätigt (= verifiziert)** oder nicht bestätigt, **verworfen (= falsifiziert)** werden kann.

Die Aussage „Welche Wirkung die Intelligenz auf schulische Leistungen hat, ist ungewiß", ist als Hypothese unzulässig, weil sie weder verifiziert noch falsifiziert werden kann. Dagegen ist die Erwartung „Zwischen dem Grad der Intelligenz und den schulischen Leistungen besteht ein Zusammenhang" als Hypothese zulässig. Sie kann durch die Untersuchung bestätigt oder verworfen werden.

Sodann erfolgt die Operationalisierung der zentralen Begriffe, das heißt die Merkmale, die untersucht werden sollen, müssen eindeutig bestimmt und auf das Beobachtbare zurückgeführt werden (vgl. Abschnitt 2.1.3).

In unserem Beispiel muß der Forscher nun genau festlegen, wie er die Intelligenz und die schulischen Leistungen beobachten und feststellen will.

Neben der Operationalisierung muß sich ein Wissenschaftler Gedanken machen, wie er mögliche Merkmale, die sein Ergebnis beeinflussen und damit verfälschen könnten, in den Griff bekommen bzw. ausschalten kann.

So könnte es, um bei obigem Beispiel zu bleiben, möglich sein, daß der Lehrer gerade ein Thema behandelt, das die Schüler ganz besonders interessiert oder daß die Lehrkraft in einem ganz besonderen Maße die Schüler fasziniert und dadurch gute Noten erzielt werden.

Nun ist ein Wissenschaftler soweit, daß er ein Stichprobe bestimmen und die Untersuchung an dieser Stichprobe durchführen kann (vgl. Abschnitt 2.1.2). Dabei kann es sich je nachdem, was erforscht bzw. untersucht werden soll, beispielsweise um eine Beobachtung, ein Experiment, um einen Test oder um eine Befragung bzw. ein Interview handeln (vgl. Abschnitt 2.2).

Ist die Untersuchung durchgeführt, so werden die Daten, die ein Wissenschaftler durch die Untersuchung erhalten hat, mit Hilfe statistischer Verfahren ausgewertet, dargestellt und interpretiert (vgl. Abschnitt 2.1.2). Dabei stellt sich heraus, ob es sich um signifikante Ergebnisse oder Zufallsergebnisse handelt und ob sich die Hypothese bestätigt oder nicht. Mit Hilfe statistischer Verfahren ist es nun durch induktives Schließen möglich, *allgemeingültige Aussagen* (Gesetzmäßigkeiten, Theorien) zu formulieren.

Nach der Untersuchung, der Auswertung und Darstellung der Daten sowie der Interpretation ist es nun dem Psychologen möglich, durch induktives Schließen mit Hilfe der Statistik die allgemeingültige Aussage zur formulieren:„Zwischen dem Grad der Intelligenz und den schulischen Leistungen besteht ein Zusammenhang" oder „Zwischen dem Grad der Intelligenz und den schulischen Leistungen besteht kein Zusammenhang".

Vorgehensweise bei einer wissenschaftlichen Untersuchung:

▼

Formulierung einer wissenschaftlichen Fragestellung

▼

Bildung einer Hypothese

▼

Operationalisierung der zentralen Begriffe

▼

Ausschalten von Merkmalen, die das Ergebnis verfälschen könnten

▼

Bestimmung der Stichprobe

▼

Durchführung der Untersuchung
(Beobachtung, Experiment, Test, Befragung bzw. Interview)

▼

Auswertung und Darstellung der Daten

▼

Interpretationen der Ergebnisse

▼

Verifizierung oder Falsifizierung der Hypothese

▼

Formulierung von allgemeingültigen Aussagen
(Gesetzmäßigkeiten, Theorien)

➡ **Materialien 5.**

Wissenschaftliches Vorgehen beinhaltet zwingend die Beachtung geeigneter Methoden und deren sachgemäße Anwendung nach wissenschaftlichen Regeln und Prinzipien (vgl. Abschnitt 2.1.2). Nur dann sind Fehler und deren Folgen für das Beschreiben, Erklären, Verstehen und Anwenden vermeidbar und die Aussagen wahr, überprüfbar und allgemeingültig.

„Sechs weise Männer aus Indien trafen auf einen Elefanten. Sie tasteten sorgfältig seine Gestalt ab, denn sie waren blind.
Der Erste befühlte den Stoßzahn und sagte: „Mir scheint, daß dieses Prachtstück von einem Tier einem Speer gleicht.“
Der Zweite tastete die Flanke der Kreatur ab und meinte: „Ich weiß schon, was wir alle vor uns haben: hoch und flach, das ist wie eine Wand.“
Der Dritte meinte, nachdem er ein Bein ergriffen hatte: „Dieses Geschöpf ist wie ein Baum.“
Der Vierte bekam den Rüssel zu fassen und sprach: „Dieses Wesen ist in Wirklichkeit eine Schlange.“

Der Fünfte bekam ein Ohr zu fassen. Er ließ seine Finger darübergleiten und rief: „Dieses Tier ist wie ein Fächer."
Der Sechste stieß auf den Schwanz bei seinem Suchen und tastete ihn ab: „Hört meine Entscheidung: dieses Tier ist wie ein Seil."
Und so stritten die sechs Männer fort, lange und unerbittlich über die Gestalt des Elefanten. Und obwohl jeder teilweise recht hatte, irrten sie alle."

Quelle: Liliane Juchli, 1985

Zusammenfassung

▶ Wissenschaftliche Methoden sind systematisch geplante Vorgehensweisen oder Verfahren, um Wissen über einen Objektbereich zu gewinnen. Methode ist gekennzeichnet durch einen Prozeß, der auf ein bestimmtes Ziel gerichtet ist, und umfaßt ein System von Regeln, das diesen Prozeß festlegt.

Die Methode ist der Schlüssel zur Antwort auf die Frage eines Forschers. Jede wissenschaftliche Erkenntnis ist so gut wie die Methode, mit der sie gewonnen wurde.

▶ Beobachten bedeutet, Ereignisse, Vorgänge, Erlebens-, Verhaltens- oder Handlungsweisen wahrnehmen und erfassen. Während die Beobachtung als wissenschaftliche Methode die geplante, gezielte und systematische Wahrnehmung eines bestimmten Teilbereiches der Wirklichkeit meint mit dem Ziel, diesen Bereich möglichst genau zu erfassen und festzuhalten, bedeutet Alltagsbeobachtung eine mehr zufällige Wahrnehmung ohne Plan und Absicht, die sich global auf das gesamte Geschehen richtet ohne exakte Festlegung, was, wie und womit beobachtet wird.

▶ Wissenschaftler haben grundlegende Prinzipien zu beachten, wenn sie zu wahren ,überprüfbaren und allgemeingültigen Aussagen gelangen wollen:
  - Klarheit und Genauigkeit in der Beschreibung
  - Eindeutigkeit in der Begriffsbestimmung
  - Zurückführung der Begriffe auf das Beobachtbare (Operationalisierung von Begriffen)
  - Angaben, wie der Forscher zu seinen Erkenntnissen gekommen ist
  - Tatsächliche Beobachtung bzw. Untersuchung dessen, was zu beobachten und messen angegeben ist (Validität)
  - Genaue und exakte Beobachtung bzw. Messung dessen, was zu beobachten und messen angegeben ist (Reliabilität)
  - Unabhängigkeit der Beobachtung bzw. Untersuchung in ihrer Durchführung, Auswertung und Interpretation von der Person des Forschers (Objektivität)
  - Ausschalten von Merkmalen, die das Ergebnis verfälschen könnten
  - Repräsentativität von Stichproben
  - Auswertung und Interpretation von Daten mit Hilfe statistischer Verfahren

▶ Die wichtigsten empirischen Methoden sind neben der Beobachtung das Experiment, der Test und die Befragung bzw. das Interview.
  - Unter einem Experiment versteht man das absichtliche und planmäßige Herbeiführen eines Vorganges, um ihn gezielt beobachten zu können.

- Der Test ist ein Meßverfahren, mit dessen Hilfe die individuelle Ausprägung eines oder mehrerer psychischer Merkmale eines Menschen festgestellt werden kann.
- Die Befragung ist eine Technik zur Erfassung von Daten mit Hilfe der Beantwortung von Fragen, die einem bestimmten Personenkreis gestellt werden. Diese kann schriftlich oder auch mündlich stattfinden. Eine mündliche zweckgerichtete Befragung, um bestimmte Daten zu erhalten, bezeichnet man als Interview.

▶ Forscher gehen bei einer wissenschaftlichen Untersuchung folgendermaßen vor:
- Formulierung einer wissenschaftlichen Fragestellung
- Bildung einer Hypothese
- Operationalisierung der zentrale Begriffe
- Ausschalten von Merkmalen, die das Ergebnis verfälschen könnten
- Bestimmung der Stichprobe
- Durchführung der Untersuchung (Beobachtung, Experiment, Test, Befragung bzw. Interview)
- Auswertung und Darstellung der Daten
- Interpretation der Ergebnisse
- Verifizierung oder Falsifizierung der Hypothese

---

1. Bedeutung der Methoden in der Psychologie

1 Die Mittel, mit denen die Forschung zu ihren Resultaten kommt, sind die Methoden. Die Gesamtheit der Methoden einer Wissenschaft ist ihre Methodik. Das Vorhandensein eines ausge-
5 bauten und in seinen Teilen aufeinander abgestimmten Methodenbestandes gehört zu den Kriterien einer Wissenschaft.
Was man gewöhnlich unter „Wissenschaftlichkeit" versteht, ist vor allem eine Sache der geeig-
10 neten Methoden. So ist zum Beispiel die praktische Menschenkenntnis des Alltags nicht deswegen keine wissenschaftliche Psychologie, weil sie keinen definierbaren Gegenstand hätte und weil es ihr an theoretischen Vorstellungen
15 fehlte, sondern weil sie keine Methoden besitzt, die zu einem systematischen Wissenserwerb taugten und mit denen sich grobe und unkontrollierbare Irrtümer vermeiden ließen.
Die Methoden einer Wissenschaft müssen deren
20 Gegenstand angepaßt sein. Daher schreibt die Eigenart des jeweiligen Gegenstands auch die zu seiner Erforschung in Frage kommenden Verfahren in deren allgemeinen Zügen schon vor. Es kommt jedoch im einzelnen immer darauf an, die
25 bestehenden methodischen Möglichkeiten zu erkennen, richtig einzuschätzen und aufs beste zu nutzen. Ständig wird daher versucht, die vorhandenen Verfahren zu verbessern oder auch neue methodische Wege zu erschließen. Ferner
30 sind Methoden daraufhin zu prüfen, ob sie auch

wirklich für ihren Zweck geeignet sind und zu der beabsichtigten Feststellung von Tatsachen führen. Dies geschieht einmal durch die kritische Analyse der einzelnen in der Anwendung einer Methode enthaltenen Operationen, zum anderen 35 durch den Vergleich der Ergebnisse verschiedener Methoden bei ihrer Anwendung auf dieselbe Fragestellung. Daher verfügt jede über ihre Anfangsstadien hinausgewachsene Wissenschaft über einen besonderen Zweig: die Metho- 40 denlehre oder Methodologie.
Die Ergebnisse der Forschung hängen in jeder Hinsicht von ihren Methoden ab, und es ist klar, daß eine Wissenschaft oder eine einzelne wissenschaftliche Richtung mit der Leistungsfähig- 45 keit ihrer Methoden steht oder fällt. Daraus wird verständlich, daß die Beziehung zwischen Gegenstand und Methoden wechselseitig ist: Sind auch die Methoden durch die Eigenschaft des Gegenstands schon vorgezeichnet, so 50 hängt es doch von der Verfügbarkeit ergiebiger Verfahren ab, ob das betreffende Gebiet tatsächlich in seinem vollen Umfang erforschbar ist. Faktisch wird dieser Bereich durch die Methoden und deren jeweiligen Entwicklungsstand 55 begrenzt. Hieraus erklärt es sich, wenn die einzelnen Teilgebiete der Psychologie noch in einem sehr ungleichen Ausmaß erforscht sind.

Quelle: Werner Traxel, 1974[2]

2. Einfluß- und Verzerrungstendenzen in der Beobachtung (Beobachtungsfehler)

1 (1) Eine *zentrale Eigenschaftsdimension* kann die Eindrucksbildung (mit-) bestimmen. Sie manifestiert sich darin, daß unter mehreren Eigenschaften *eine* Eigenschaft so dominiert,
5 daß sie die Anordnung der anderen bestimmt.

Exemplarisch lassen sich in diesem Zusammenhang die Experimente von Asch (1946) anführen: Probanden wurde eine Eigen-
10 schaftsliste vorgelegt, die Wörter enthielt wie: „intelligent, geschickt, fleißig, kühl oder warm, entschlossen, praktisch, vorsichtig". Eine Probandengruppe A erhielt diese Liste mit einer Veränderung: Von dem Wortpaar
15 „warm/kalt" blieb das Adjektiv „warm" stehen („kühl" wurde gestrichen). – Eine Gruppe B erhielt die Liste mit dem Adjektiv „kühl" (ohne das Wort „warm"). – Mit den Eigenschaften sollten die Gruppen eine Person X bzw. Y
20 beschreiben.

Ergebnis:
– Bei Gruppe A zentrierten sich die Wörter um den Pol „warm": Person X wurde beschrieben als „klug, humorvoll, geschickt, warm-
25 herzig". Der Person X wurden „Eigenschaften" attribuiert, die zu der Kennzeichnung „warm" zu passen schienen.
– Umgekehrt bei Gruppe B: Die Beschreibungen zentrierten sich um das Adjektiv „kühl".
30 Person Y wurde charakterisiert als „dumm, humorlos, ungeschickt, kühl": der Person Y wurden „Eigenschaften" attribuiert, die zu „kühl" zu passen schienen.

Eine bestimmte Kennzeichnung (warm oder
35 kühl) hatte eine „zentrale Urteilsrichtung" hervorgerufen.

(2) Der *Hof-Effekt* (Halo effect) besteht darin, daß aus der Präsenz einer „Eigenschaft" die Ko-Präsenz einer anderen „Eigenschaft"
40 erschlossen wird – gemäß dem Schema: „Wer lügt, der stiehlt" oder „Der Angeklagte, weil sexuell delinquent, ist auch sozial verwahrlost". – In Wirklichkeit müssen diese beiden „Verhaltensweisen" (sexuelle Delin-
45 quenz, soziale Verwahrlosung) keineswegs zusammen auftreten. Aus dem Vorliegen des einen Merkmals darf also nicht auf das Vorlie-

gen des anderen geschlossen, jedes Merkmal muß für sich festgestellt (oder ausge-
50 schlossen) werden. Dieser Fehler kann auch *logischer* oder *theoretischer* Fehler genannt werden.

(3) *Positionseffekte* im Sinne des ersten oder letzten Eindruckes könne das Urteils steuern. Eine erste (oder eine letzte) Information
55 „prägt" das endgültige Urteil. Beispiel: Weil sich eine Probandin elegant zu kleiden versteht und bei einer Vorstellung (etwa in einem ersten Therapiegespräch) gewandt auftritt (erster Eindruck), werden ihr auch Intelligenz
60 und Geselligkeit zugesprochen (Urteil).

(4) *Der Milde-Effekt* besteht darin, erwünschte Eigenschaften hoch, unerwünschte niedrig einzustufen. – Zu umgekehrten Einstufungen führt der *Strenge-Effekt*: „Gute" Eigenschaf-
65 ten werden niedrig, „schlechte" dagegen hoch eingestuft. Beispiel: die Zensuren eines „milden" Lehrers konvergieren bei „Gut", die eines "strengen" bei „Ausreichend".

(5) Die sogenannte *zentrale Tendenz* kann
70 „bewirken", daß strenge (extreme) Urteile vermieden, mittlere (neutrale) dagegen bevorzugt werden. Beispiel: Bei Einstufungsmethoden (etwa Ratings) zentrieren sich die Scores im Mittelbereich.
75

(6) Der *Kontrastfehler* besteht darin, daß der Untersucher beim Probanden jene Eigenschaften „erkennt", die er selber nicht hat. Umgekehrt „bewirkt" der *Ähnlichkeitsfehler*, das der Beobachter beim Probanden vertrau-
80 te Eigenschaften „entdeckt".

(7) Eigene *Erwartungen* können im Sinne von Hypothesen das Urteil leiten (self-fullfiling prophecy). Beispiel: Ein Untersucher habe das Vorurteil, daß der zweite Bildungsweg
85 eine undifferenzierte Ausbildung vermittle. Ein Proband, der den zweiten Bildungsweg gegangen ist, beschreibe in einer Untersuchung seine Berufserwartungen. Aufgrund seines Vorurteils könnte der Untersucher
90 dazu kommen, den Text als undifferenziert zu klassifizieren. – „Dieses Verhalten ist der Neigung zum „Stereotypisieren" verwandt (Tismer 1976, 830).

Quelle: Hermann-Josef Fisseni, 1990

3. Die Statistik in der psychologischen Forschung

1 Der Wissenschaftler erhält als Ergebnis seiner Untersuchung an der Stichprobe Angaben über die Ausprägung bzw. über die Häufigkeit von bestimmten Verhaltensmerkmalen.

5 Hat beispielsweise ein Psychologe an einer genügend großen Stichprobe untersucht, ob ein Zusammenhang besteht zwischen dem Grad der Intelligenz und den schulischen Leistungen, so

erhält er auf der einen Seite Angaben darüber, wie intelligent die Schülerinnen und Schüler 10 sind. Auf der anderen Seite erfährt er, wie es um die Leistungen dieser Schülerinnen und Schüler, die er durch Noten ermitteln kann, steht.

Diese Angaben bezeichnen wir als **Daten,** die mit Hilfe *statistischer Verfahren* ausgewertet und 15 interpretiert werden.

> **Statistik ist die Bezeichnung für mathematische Verfahrensweisen, die der Aufbereitung, Auswertung und Interpretation von empirisch gewonnenen Daten dienen.**

Dabei können aus den Daten allgemeingültige Schlüsse gezogen werden, die für diejenigen Personen bzw. -gruppen, für die man eine Aussage haben möchte, zutreffen. Das Erzeugen von allgemeingültigen Aussagen aus speziellen Daten, die an Stichproben gewonnen werden, bezeichnen wir als **induktives Schließen.**

Mit Hilfe der Statistik können beispielsweise Durchschnittswerte und Abweichungen vom Durchschnitt errechnet werden.

So läßt sich zum Beispiel der Durchschnitt von aggressiven Verhaltensweisen von Kindern auf Spielplätzen der Bundesrepublik Deutschland errechnen und miteinander vergleichen. Um nun diesen Mittelwert in seiner Bedeutung und Aussagekraft richtig abzuschätzen, können Abweichungen vom Durchschnitt in den einzelnen Städten festgestellt werden. So kann es sein, daß die Kinder in der Stadt X in etwa alle gleich aggressiv sind, während es in der Stadt Y eine bestimmte Gruppe von Kindern gibt, die durch starke aggressive Handlungen auffallen, während der größte Teil der Kinder wenig Aggression zeigt.

„Wenn jemand mit einem Fuß auf der Herdplatte steht und mit dem anderen im Eiskasten, dann sagt der Statistiker: Im Durchschnitt ist ihm angenehm warm." (Helmut Swoboda, 1974)

Entscheidender für die Psychologie ist, daß mit Hilfe der Statistik mathematische Beziehungen zwischen Merkmalen festgestellt werden können.

So kann beispielsweise ein Wissenschaftler mit Hilfe der Statistik berechnen, ob ein Zusammenhang besteht zwischen dem Grad der Intelligenz und den schulischen Leistungen.

Einen solchen statistisch berechneten Zusammenhang zwischen verschiedenen Merkmalen bezeichnet man als **Korrelation.**

> **Mit Korrelation meint man den statistisch berechneten Zusammenhang zwischen zwei oder mehreren Merkmalen.**

Eine Korrelation ist ein mathematischer Wert, der lediglich die *Beziehung* zwischen zwei Merkmalen angibt, aber nicht als Ursache-Wirkungs-Zusammenhang interpretiert werden darf.

Zwischen dem Maß an Geboten, Verboten, Anordnungen und Befehlen in einer Unterrichtsstunde einerseits und Häufigkeit an Kontrolle und Bestrafung andererseits besteht beispielsweise eine Beziehung, bei dem es sich jedoch nicht um einen Ursache-Wirkungs-Zusammenhang handelt.

Nun kann es möglich sein, daß bestimmte Abweichungen oder Zusammenhänge zufällig auftreten. Dies kann beispielsweise der Fall sein, wenn die Stichprobe sehr klein ist.

Es kann beispielsweise möglich sein, daß sich ein Zusammenhang zwischen dem Grad der Intelligenz und den schulischen Leistungen rein zufällig so ergibt und deshalb das Ergebnis nicht auf die Allgemeinheit übertragen werden darf.

Mit Hilfe von statistischen Verfahren läßt sich angeben, ob Unterschiede oder Zusammenhänge von Merkmalen zufällig sind oder nicht. Die mit Hilfe der Statistik gewonnenen Aussagen sind zwar allgemeingültig, entsprechen aber nicht mehr der Realität und lassen im extremsten Falle keinen Rückschluß auf den Einzelfall zu.

Am Beispiel der Noten kann dies aufgezeigt werden: Der Lehrer kommt zu einem Notendurchschnitt, beispielsweise auf 3,27; diese „Note" hat aber kein Schüler. Das gleiche gilt für eine Korrelation: Sie stellt einen mathematischen Wert dar, der den Zusammenhang zwischen zwei Merkmalen angibt, der aber keine absolut sicheren Vorsagen für den Einzelfall zuläßt.

„Der Zusammenhang zwischen ‚Bildung' und ‚Einkommen' – um (...) ein Beispiel zu nennen – ist zwar positiv, d. h. je höher die Bildung eines Menschen, desto größer ist sein Einkommen, dies trifft aber nicht immer zu, sondern nur ‚in der Regel'. Ausnahmen von dieser Regel gibt es viele (...). Trotz dieser Ausnahmen gilt die Aussage ‚Bildung und Einkommen hängen zusammen', aufs Ganze gesehen, für die Gruppe. Die Aussage stellt eine vorherrschende Tendenz fest, sie läßt nur bedingt Rückschlüsse auf den Einzelfall zu." (Manfred Hofer, 1976)

„Allgemeingültige, gesetzmäßige (...) Aussagen, die durch induktives Schließen gewonnen wurden, sind problematisch. Sie dürfen nicht unkritisch zur Erklärung des Einzelfalls herangezogen werden. Sie sind Wahrscheinlichkeitsaussagen, keine Naturgesetze. Sie zeigen uns, wie die Wirklichkeit abstrakt, statistisch beschaffen ist." *(Handreichung für Psychologie an Fachoberschulen, 1980)*

Es gibt drei Arten von Lügen – Lügen, verdammte Lügen und Statistiken. (...) Aber diese so allgemein verbreitete Haltung schließt wunderlicherweise auch gleich ihr Gegenteil mit ein: Statistiken gelten auch als Nonplusultra des Unwiderleglichen, denn von Statistiken geht der magische Zauber mathematischer Präzision aus – und was könnte unbestechlicher sein als eine Operation mit Zahlen?" (Helmut Swoboda, 1974)

Quelle: Hermann Hobmair, (Hg.), 1991

4. Das Gespräch in der Psychologie

1 ,Gespräch' dient hier als Oberbegriff. Andere Bezeichnungen sind Exploration, Interview oder Erhebung einer Anamnese. Zufolge vielfältiger, auch disparater Anwendung hat sich kein ein-
5 heitlicher Begriff durchgesetzt.

Anamnese geht zurück auf das griechische Verb ,anamimneskein', das ,erwähnen, erinnern, in Erinnerung rufen' bedeutet. Das Substantiv ,Anamnese' wurde in die medizinische Sprache
10 aufgenommen und bezeichnet die Kranken- oder Krankheitsgeschichte. Von dort übernahm es die Psychologie, erweiterte aber seinen Bedeutungshof (Kemmler 1974, 9). Anamnese bezeichnet in der Psychologie die Biographie
15 eines Probanden, meist vermittelt durch eine dritte Person (zum Beispiel die Mutter oder den Vater). Doch geht es nicht darum, nur die ,Störungen des Verhaltens' zu ermitteln (in Ent- sprechung zur Krankheitsgeschichte), sondern
20 um eine Erkundung des gesamten Entwick- lungsverlaufes (Kemmler 1974, 9–10).

Exploration leitet sich vom lateinischen Verb ,explorare' her, es bedeutet ,forschen, erkunden, auskundschaften, untersuchen'. Als ,Gespräch'
25 umschreibt Exploration demnach ein Vorgehen, das darauf abzielt, den ,Subjektiven Lebensraum' des Probanden zu ,erkunden'.

Interview läßt sich bestimmen als ein „Treffen von Personen, um in unmittelbarem Gegenüber
30 miteinander zu diskutieren, Fragen zu bespre- chen oder Meinungen auszutauschen" (Hornby, Gatenby & Wakefield 1960, 666).

Einige Autoren, etwa Lehr (1964, 97) und Thomae (1968, 111–112), treffen klare Abgrenzungen:

35 Als Interview bezeichnen sie ein ,Gespräch', das eher sachbezogen ist, sich also auf neu- trale Sachverhalte richtet. Der Interviewer bewahrt die Rolle des Beobachters: Ihn inter- essiert die Information, nicht die Person des
40 Befragten.

Von Exploration und Anamnese sprechen sie, wenn die „Persönlichkeit des Gesprächspart- ners selbst" der Gegenstand des ,Gespräches' ist (Lehr 1964, 98), wenn sich die Informati-
45 onssuche also deutlicher auf persönliche (auch intime) Auskünfte richtet. Exploration meint dabei vorwiegend das Gespräch mit dem Befragten, Anamnese vorwiegend das Gespräch mit Drittpersonen (über die Ent-
50 wicklungsgeschichte des Probanden). (...)

Nach dieser sprachlichen Vorklärung sei die Gemeinsamkeit der vier Bezeichnungen heraus- gestellt. Der Prozeß der Informationssuche, wie er im ,Gespräch' abläuft, läßt sich vereinfacht
55 unter vier Perspektiven charakterisieren:

(1) Es handelt sich um Informationsvermittlung durch Wechselrede zwischen mindestens zwei Personen.

(2) Der Informationsfluß geht primär in *eine*
60 Richtung: vom Befragten zum Befrager.

(3) Zwischen Befrager und Befragtem laufen Interaktionen auf unterschiedlichen Ebenen ab: Allgemeinpsychologisch, als kognitiver Prozeß, läßt sich der Informationsaustausch
65 betrachten. Sozialpsychologisch vollziehen sich unterschiedliche Formen der Kommuni- kation, von neutralem Kontakt bis hin zu per- sönlicher Begegnung (erlebt zum Beispiel als Sympathie oder Antipathie). Lernpsycholo-
70 gisch finden Prozesse wechselseitiger Ver- stärkung statt, die als Belohnung oder Bestrafung den Informationsstrom lenken. Tiefenpsychologisch ist mit Abwehr- und Übertragungsvorgängen zu rechnen. (Die
75 ganze Breite dieser Interaktionen hat Ulich dargestellt und systematisiert: 1982, 48–50.)

(4) Das ,Gespräch' wird von seiten des Befra- gers so angelegt, daß sich die Auswertung rational kontrollieren läßt. Gegebenenfalls
80 werden die Informationen in quantifizierte Kategorien übertragen.

Unterschiedliche Rolle des Befragers:

In der *Psychoanalyse* läßt sich der Therapeut nur in einem abgeschwächten Sinne als ,Befrager' bezeichnen. Er spielt mehr die Rol-
85 le eines schweigenden Zuhörers, eines – der Vergleich sei erlaubt – Katalysators'. Von sich aus ,erfragt' er keine Sachverhalte, sondern wartet, bis Assoziationen den Probanden dazu bringen, selber Sachverhalten zu ,offen-
90 baren'.

In der *Gesprächstherapie* hat der Befrager nur die Aufgabe, die Gefühle des Befragten zu ,spiegeln' und ihm die Erfahrung zu vermitteln, daß er ohne jede Einschränkung aussprechen
95 darf, was er gegenwärtig fühlt und erlebt.

In der *Verhaltenstherapie* ermittelt der Befra- ger vom Klienten exakt Ablauf und Bedingun- gen einer Störung und bespricht mit ihm ebenso präzise die Möglichkeiten und Übun-
100 gen für eine Korrektur.

Sonderformen der Befragung:

Das *Tiefeninterview* bestimmt sich durch die Detailliertheit der Befragung. Inhaltlich kann es sich um differenzierte Fragen zum Tages-lauf
105 handeln, aber ebenso um Fragen, die (im Umfeld tiefenpsychologisch orientierter Vor- gehensweisen) an unbewußte Prozesse wie Übertragung und Gegenübertragung heran- führen sollen.
110

Gruppeninterviews gestatten es, soziale Inter- aktionen als Mittel der Verhaltenserfassung zu nutzen. Auf diese Weise kann der Untersucher Probanden dazu bringen, Verhalten zu *zeigen*, das sie im Gespräch beschrieben haben.
115

Die *schriftliche Befragung* wird zuweilen ange- wandt, wenn eine große Stichprobe interviewt werden soll. Durchführbar ist sie zum einen „als Beantwortung eines persönlich überreich-

120 ten Fragebogens in Gegenwart einer Auf-
sichtsperson" (Anger 1969, 591), zum anderen
auf postalischem Wege (Anger 1969,
598–591; Wilk 1975, 187–200): Probanden
werden angeschrieben und um Beantwortung
125 von Fragebögen gebeten (vgl. die Befragung
von Giese & Schmidt zur Sexualität bei Studenten).

Für die Diagnostik, vor allem die des Einzelfalls,
dürften Tiefeninterviews und Gruppengespräche
nützlich sein, weniger die schriftliche Befragung. 130
(In der Rolle einer Vorselektion, etwa bei Bewerbern um dieselben Stellen, können auch schriftliche Befragungen dienliche Informationen liefern.

Quelle: Hermann-Josef Fisseni, 1990

5. Methodische Fehler und ihre Folgen

1 Die Art und Weise, wie Menschen zu Erkenntnissen kommen, ist die entscheidendste Frage
einer jeden Wissenschaft überhaupt: Das
methodische Vorgehen einer Wissenschaft
5 bestimmt, ob ihre Ergebnisse richtig und damit
brauchbar sind oder nicht. Falsche und nicht
brauchbare Ergebnisse einer „wissenschaftlichen" Forschung lassen sich auf Fehler im
methodischen Vorgehen zurückführen, deren
10 Fehlerquellen beim **Forscher** selbst, bei den
Untersuchten oder beim **Hilfs- bzw. Meßinstrument** liegen können.
Der Forscher kann beispielsweise wissenschaftlich vereinbarte Regeln und Prinzipien methodi-
15 schen Vorgehens nicht einhalten oder bestimmten Wahrnehmungsfehlern unterliegen.
Allein die Tatsache, daß sich der Untersuchte
beobachtet oder getestet fühlt, kann die Ergebnisse verzerren. Angst beispielsweise kann die
20 Reaktionen des Untersuchten erheblich verändern. Zudem kann er den Sachverhalt – zum Beispiel eine Frage im Test, in der Befragung oder
im Interview – falsch aufnehmen bzw. falsch ver-

stehen. Ebenso spielt das Interesse des Untersuchten und seine augenblickliche Verfassung 25
eine wichtige Rolle.
Interesselosigkeit oder Müdigkeit und Abge-
spanntheit bei einem Intelligenztest läßt ein
anderes Ergebnis erwarten als beispielsweise
sehr hohes Interesse und Ausgeschlafensein. 30

Eine Fehlerquelle kann auch das Hilfs- bzw.
Meßinstrument darstellen. Ungenaue und ver-
wirrende Fragen in einem Fragebogen, Test oder
einer Befragung oder unklare Anweisungen bei
einem Beobachtungsbogen zum Beispiel kön- 35
nen die Ergebnisse verfälschen. Mangelnde
Objektivität, Reliabilität und Validität des Meßin-
strumentes sind häufig Fehlerquelle methodischen Vorgehens.
Zudem können bestimmte **situative Faktoren** 40
wie beispielsweise starker Lärm während des
Absolvierens eines Intelligenztestes, Wettersi-
tuation oder Licht- und Raumverhältnisse Ergebnisse einer Untersuchung verzerren oder gar verfälschen. 45

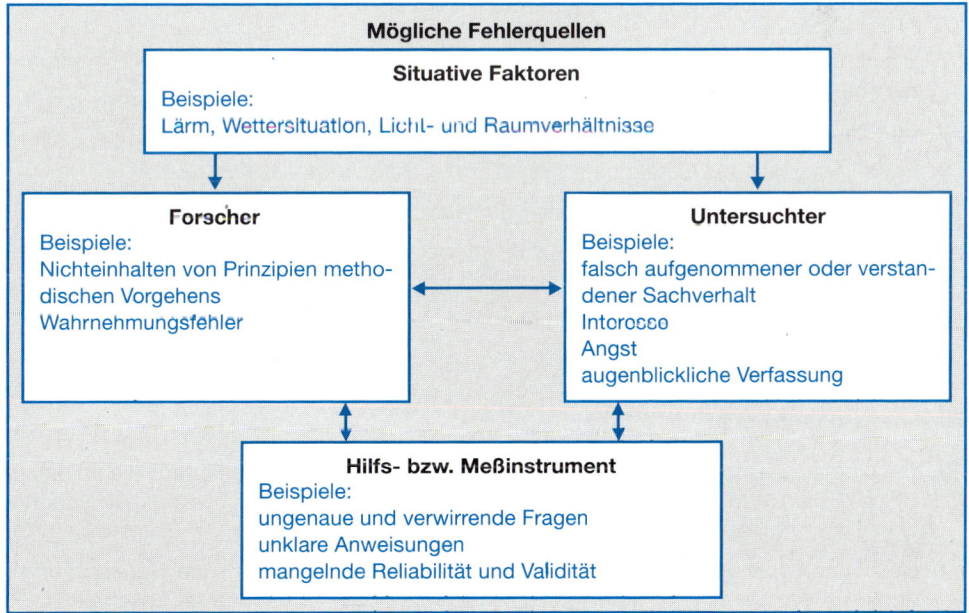

61

Folgen von solchen methodischen Unzulänglichkeiten sind verzerrte und verfälschte Ergebnisse, die nicht mit der Wirklichkeit übereinstimmen, falsche Interpretationen über das Erleben und Verhalten sowie unzutreffende Gesetzmäßigkeiten und Theorien. Methodische Fehler können Unzulänglichkeiten in der Praxis verursachen, beispielsweise im Erziehungsbereich, wenn sich Erzieher nach nicht zutreffenden Handlungsanweisungen für die Erziehung richten, oder im therapeutischen Bereich, wenn bestimmte Maßnahmen nicht wirksam werden, weil die grundgelegten Gesetzmäßigkeiten und Theorien nicht zutreffend sind.

Quelle: Hermann Hobmair (/Hg.), 1991

AUFGABEN UND ANREGUNGEN   Kapitel II

Reproduktion von Informationen:

1. Bestimmen Sie den Begriff „wissenschaftliche Methode" (Abschnitt 2.1.1)

2. Zeigen Sie die Bedeutung methodischen Vorgehens in der Psychologie auf. (Abschnitt 2.1.1)

3. Bestimmen Sie den Begriff Beobachtung und stellen Sie den Unterschied zwischen der systematischen und unsystematischen Beobachtung dar. (Abschnitt 2.1.2)

4. Beschreiben Sie wesentliche Prinzipien methodischen Vorgehens. (Abschnitt 2.1.3)

5. Erläutern Sie die Gütekriterien einer wissenschaftlichen Untersuchung „Reliabilität", „Validität" und „Objektivität". (Abschnitt 2.1.3)

6. Wie kommt ein psychologischer Forscher zu überprüfbaren und allgemeingültigen Aussagen? (Abschnitt 2.1.3)

7. Beschreiben Sie das Experiment. Gehen Sie dabei auf die Kriterien eines Experimentes ein. (Abschnitt 2.2.1)

8. Erläutern Sie den Test als psychologische Methode. (Abschnitt 2.2.2)

9. Beschreiben Sie die Gütekriterien eines Tests. (Abschnitt 2.1.3 und 2.2.2)

10. Stellen Sie die beiden Möglichkeiten der Normierung von Tests dar. (Abschnitt 2.2.2)

11. Zeigen Sie die Befragung bzw. das Interview als psychologische Methode auf. (Abschnitt 2.2.3)

12. Erläutern Sie die Vorgehensweise bei empirischen Untersuchungen. (Abschnitt 2.3)

Anwendungsaufgaben:

13. Bestimmen Sie den Begriff „wissenschaftliche Methode", und erläutern Sie an einem Beispiel die Bedeutung methodischen Vorgehens für die Gewinnung wissenschaftlicher Erkenntnisse. (Abschnitt 2.1.1)

14. Bestimmen Sie den Begriff „Beobachtung" und „wissenschaftliche Beobachtung", und erläutern Sie an einem Beispiel die systematische Beobachtung. (Abschnitt 2.1.2)

15. Beschreiben Sie an einem Beispiel die Beobachtung als wissenschaftliche Erhebungsmethode der Psychologie. (Abschnitt 2.1.2)

16. Stellen Sie an Beispielen dar, wie man Untersuchungsergebnisse auf ihre wissenschaftliche Aussagekraft hin beurteilen kann. (Abschnitt 2.1.3)

17. Zeigen Sie auf, welche Prinzipien methodischen Vorgehens man beachten muß, wenn man Ergebnisse psychologischer Forschung auf ihre wissenschaftliche Aussagekraft hin beurteilen will. (Abschnitt 2.1.3)

18. Erläutern Sie an einer Methode der Psychologie (zum Beispiel Beobachtung, Experiment, Test) die Güterkriterien „Validität", „Reliabilität" und „Objektivität". (Abschnitt 2.1.3)

19. Beschreiben Sie an einem Beispiel das Experiment als wissenschaftliche Erhebungsmethode der Psychologie. (Abschnitt 2.2.1)

20. Erläutern Sie an einem Beispiel die Kriterien eines Experimentes. (Abschnitt 2.2.1)

21. Zeigen Sie an einem Beispiel den Unterschied zwischen einer Beobachtung und einem Experiment auf. (Abschnitt 2.1.2 und 2.2.1)

22. Beschreiben Sie an einem Beispiel den Test als wissenschaftliche Erhebungsmethode der Psychologie. (Abschnitt 2.2.2)

23. Erläutern Sie, warum ein Test nicht valide sein kann, wenn er nicht reliabel ist, und warum er nicht reliabel sein kann, wenn er nicht objektiv ist. (Abschnitt 2.2.2 und 2.3.2)

24. Prüfen Sie, ob der folgende Test den Kriterien der Validität, Reliabilität und Objektivität entspricht. (Abschnitt 2.2.2 und 2.3.2)

Können Sie Ihre Zeit richtig einteilen?

Franz Beckenbauer

1 Welcher Begriff paßt wohl am besten zu diesem Bild des „Kaisers"?
a Erfolg
b Ehrgeiz
c Streß

2 Ob der vielbeschäftigte Mann wohl noch Zeit für sein Privatleben hat?
a Ja – er nimmt sich die Zeit
b Ja – er konzentriert sich im Beruf nur auf das Wichtigste
c Nein

Hildegard Knef

3 Sängerin, Schauspielerin, Autorin – was war für den Erfolg dieser Frau wohl entscheidend?
a Ihre Talente
b Ihr Fleiß
c Ihre Fähigkeit, keine Sekunde zu vertrödeln

TEST-Auswertung

0–16 Punkte

Sie leben mit der Zeit ein bißchen auf Kriegsfuß. Immer nehmen Sie sich vor, nicht gar so verschwenderisch damit umzugehen. Denn mit einer beachtlichen Betriebssamkeit, mit Schwung und Elan nehmen Sie Ihre Aufgaben und Pflichten in Angriff. Sie möchten halt möglichst immer Klarschiff in Ihrem Leben haben. Aber gerade weil Sie so spontan sind, fehlt Ihnen etwas Systematik. Und so zerrinnt Ihnen – trotz Ihres Eifers – häufig die Zeit wie Sand zwischen den Fingern. Ein kleiner Tip: erst denken und planen, dann handeln! Sie werden sehen, daß Ihnen bei einer genaueren Planung Ihres Alltags viel mehr Freizeit übrig bleibt, als Sie glauben.

Hildegard Knef

4 Glauben Sie, daß der Termindruck für sie ein Alptraum ist?
a Bestimmt
b Eher ein notwendiges Übel
c Im Gegenteil: eher eine Hilfe

André Heller

5 Dieser Mann verwirklicht seine Träume. Was ist er in Ihren Augen vor allem?
a Ein großer Künstler
b Ein hervorragender Organisator
c Ein bewundernswerter Geschäftsmann

6 Welche wesentliche Gemeinsamkeit haben Sie wohl mit ihm?
a Die Phantasie
b Den starken Willen
c Die Empfindsamkeit

Zählen Sie die Testpunkte zusammen

Antwort	Frage	1	2	3	4	5	6
	a	8	5	4	0	8	3
	b	5	8	8	8	4	8
	c	0	0	0	5	0	0

TEST-Auswertung

17–34 Punkte
Wenn es sein muß, können Sie Ihre Zeit durchaus richtig einteilen. Indes: Viel lieber handeln Sie spontan, fassen Ihre Entschlüsse aus dem Augenblick heraus und lassen auch mal fünf gerade sein. So verplaudern Sie sich schon mal am Telefon oder vertiefen sich in irgendwelche Nebensächlichkeiten, obwohl sie eigentlich viel Wichtigeres zu tun hätten. Dennoch gerät Ihr Tagesablauf durch solche Muße-minuten nur selten in Unordnung. Sie können halt improvisieren und zum guten Schluß noch „einen Zahn zulegen" – so daß Sie letztlich im Rennen gegen die Zeit Sieger bleiben.

35–48 Punkte
Für Sie ist die Uhr kein Schreckgespenst. Im Gegenteil! Mit der Uhr in der Hand gehen Sie durchs Leben – so zielsicher wie auf einer schnurgeraden Straße. Da gibt es keine noch so verlockenden Abweichungen: Was in Ihrem Zeitplan nicht vorgesehen ist, findet auch nicht statt. Ein wohlgeordnetes Leben, in dem es weder Hektik noch Versäumnisse gibt! Aber natürlich auch nicht soviel Überraschungen – für die gerade bei so exakter Planung eigentlich Zeit genug wäre …

25. Erläutern Sie an je einem Beispiel die verschiedenen Arten der Normierung von Tests. (Abschnitt 2.2.2)

26. Zeigen Sie an einem Beispiel die Befragung bzw. das Interview als wissenschaftliche Erhebungsmethode der Psychologie auf. (Abschnitt 2.2.3)

27. Stellen Sie die Vorgehensweise einer wissenschaftlichen Untersuchung zu folgenden Fragestellungen dar: (Abschnitt 2.3)
a) Beeinträchtigt Angst vor Schulaufgaben die Leistungsfähigkeit von Schülerinnen und Schülern?
b) Fördert Mathematikunterricht das logische Denken?

Anregungen:

28. Suchen Sie in Zeitschriften nach psychologischen Untersuchungen, und sprechen Sie in Ihrer Klasse darüber, inwieweit Prinzipien methodischen Vorgehens eingehalten wurden.

29. Nehmen Sie aus einer Ihnen bekannten Zeitschrift einen Test, und untersuchen Sie ihn hinsichtlich wissenschaftlicher methodischer Anforderungen. Diskutieren Sie in Ihrer Klasse darüber.

30. Überlegen Sie sich in Gruppen, warum man selbst wissenschaftliche Forschungsergebnisse kritisch überprüfen soll.

31. Diskutieren Sie in der Klasse über mögliche Probleme und Gefahren einseitigen empirischen Vorgehens.

Was sehen Sie:
Eine junge Frau oder eine alte Dame?
Punkte und Kleckse oder einen Hund?

Diese unterschiedlichen Wahrnehmungsmöglichkeiten werfen einige
Fragen auf:

1. Was verstehen wir unter Wahrnehmung?
   Wie verläuft der Prozeß der Wahrnehmung?
   Welche Bedeutung spielen dabei unsere Erfahrungen?
2. Wie ist unsere Wahrnehmung organisiert?
   Von welchen Faktoren wird sie beeinflußt
3. Welchen Fehlern unterliegt die Wahrnehmung insbesondere bei der Wahrnehmung von Personen?
4. Welche Wahrnehmungsbeeinträchtigungen gibt es?
   Was sind ihre Ursachen?

Die Wahrnehmung spielt eine entscheidende Rolle: Ohne sie wäre Erleben und Verhalten,
je menschliches Leben überhaupt nicht möglich. Um der Wirklichkeit begegnen und sich
mit ihr auseinandersetzen zu können, muß sie der Mensch wahrnehmen können. Die
Wahrnehmung dient dem Menschen dazu, Informationen zu gewinnen, um sich in seiner
Umwelt orientieren und angemessen verhalten zu können.

3.1   Der Prozeß der Wahrnehmung

Die Psychologie faßt mit dem Begriff Wahrnehmung alle **Prozesse der Informationsgewinnung und -verarbeitung** von Sinneseindrücken zusammen. Diese Informationen können aus der Umwelt stammen – zum Beispiel die Wahrnehmung von Mitmenschen, Tieren, Dingen, Objekten (= Umweltreize) – oder aus dem Körperinneren wie beispielsweise
die Wahrnehmung eines Schmerzes, eines Gefühls (= Körperreize).

Mit Wahrnehmung wird jedoch nicht nur der Prozeß, sondern auch das **Ergebnis der Informationsgewinnung und -verarbeitung** bezeichnet.

So kann sich zum Beispiel beim Wahrnehmen des Reizes „Notenbuch" der Pulsschlag und die Gefäß-durchblutung verändern (= Ergebnis). Das Heranbrausen eines schnellen Autos (= Reiz) kann als Ergebnis Fluchtverhalten hervorrufen (= Reaktion).

> **Wahrnehmung ist der Prozeß und das Ergebnis der Informationsgewinnung und -verarbeitung von Reizen aus der Umwelt und dem Körperinneren.**

Die Verarbeitung von Reizen aus der Umwelt und dem Körperinneren findet im **Nervensystem** statt. Mit seinen rund hundert Milliarden Nervenzellen bildet es die stoffliche Grundlage aller psychischen Prozesse, steuert die Lebensvorgänge und stellt den Vermittler zur Umwelt dar, indem es bestimmte Reize aufnimmt, auswertet und zum Teil speichert sowie als Antwort darauf eine Reaktion in Form eines bestimmten Erlebens und Verhaltens ermöglicht.

3.1.1   Reizaufnahme und Empfindung

Informationen über unsere Umwelt und uns selbst erhalten wir über die **Sinnesorgane** wie Seh-, Gehör-, Geschmacks-, Geruchssinn und Hautsinne. Sie sind nur begrenzt leistungsfähig und können nur einen Teil von dem, was in der Realität tatsächlich existiert, aufnehmen.

Auf unsere Sinnesorgane treffen bestimmte **Reize**, beispielsweise in Form von elektromagnetischen Wellen, mechanischen Schwingungen, chemischen Veränderungen und dergleichen.

> **Reize sind Energien aus der Umwelt oder dem Körperinneren, die auf unsere Sinnesorgane einwirken und bestimmte Reaktionen hervorrufen.**

Reize, die auf unsere Sinnesorgane einwirken, lösen eine bestimmte **Empfindung** aus.

> **Als Empfindung bezeichnet man die Folge der Einwirkung eines Reizes auf ein Sinnesorgan.**

Empfindungen entstehen also durch die Reizung der Sinnesorgane und hängen in ihrer Intensität von der Reizstärke und in ihrer Qualität von der Art des Sinnesorganes ab. Die Art eines Reizes muß der Beschaffenheit eines bestimmten Sinnesorganes entsprechen, damit überhaupt eine Wahrnehmung zustande kommen kann.

> Wir nehmen nicht Schwingungen, Wellen und Moleküle wahr, sondern Farben, Töne, Berührung, Gerüche und dergleichen.

Die Rezeptoren und ihre Wahrnehmung			
Physikalischer Reiz	**Organ**	**Rezeptoren**	**Ergebnis**
Lichtwellen (elektroma-gnetische Wellen von 0,7 – 0,4 µ)	Auge	Netzhaut (Retina)	Helligkeit, Farben; Gegenstände, Raum, Bewegung
Schallwellen (Luftdruck-schwankungen 16–20 000/Sek)	Innenohr	Schnecke (Cochlea)	Töne, Geräusche; Sprache, Musik; Lokalisation von Tonquellen im Raum
Schwerkraft Körperbeschleunigung	Innenohr	Sacculus, Utriculus	Körperposition bezügl. Erdanziehung; Körperbeschleunigung
Kopfrotation	Innenohr	Bogengänge (Labyrinth)	Kopfbewegungen
Moleküle im Gaszustand	Nase	Riechepithel sensible Nerven in Nasen-schleimhaut	Gerüche allgemeine Reizirritation (z. B. durch Rauch)
Moleküle in Lösung	Zunge, Mund-, Rachen-schleimhaut	Geschmacksknospen	Geschmacksrichtungen (süß, salzig, sauer, bitter)
Druck, Temperatur, Ge-walteinwirkung	Haut	verschiedene Endorgane und Nervenendigungen	Berührung, Druck, Temperatur, Schmerz, Kitzel, Vibration
Druck, Temperatur, che-mische Veränderungen	Genital-schleimhaut	verschiedene Endorgane	sexuelle Erregung, Orgasmus
	innere Organe	Nervenendigungen in Muskulatur, Schleimhaut, Bindegewebe	Dehnungsschmerz, z. T. Berührung, Temperatur, Druck (Gefühle)
Druck, Zug	Muskeln, Sehnen, Gelenke	Muselspindeln (Muskeldehnung) Sehnenspindeln (Muskelkontraktion) Druckrezeptoren	Position und Bewegung der Körper-teile
„Inneres Milieu", Akti-vitätszustand u. a.	Gehirn	zahlreiche Zentren	Wachheitsgrad, Gefühls- und Motiva-tionszustände, Bewußtsein

Quelle: H. Legewie/ W. Ehlers, 1992

Reize können zu „schwach" sein, um eine Empfindung hervorzurufen. Es gibt also eine **absolute Schwelle** der Wahrnehmung: Reize müssen eine bestimmte „Stärke" aufweisen, damit eine Wahrnehmung stattfinden kann. Von den Reizen, die auf unsere Sinnesorgane treffen, werden nur die wahrgenommen, die eine bestimmte Reizschwelle überschreiten.

Beispiele für absolute Schwellen (aus Werner Herkner, 1986):

Sehen	Kerzenlicht in klarer dunkler Nacht in ca. 45 km Entfernung
Hören	Ticken einer Armbanduhr in ca. 6 m Entfernung
Schmecken	Ein Teelöffel Zucker in ca. sieben Liter Wasser
Riechen	Ein Parfümtropfen in einer Sechs-Zimmer-Wohnung verteilt
Berührung	Ein Sandkorn aus 1 cm Höhe auf die Waage fallend

Wir nehmen nur einen Bruchteil von dem, was objektiv an Reizen auf uns einströmt, wirklich wahr.

Zudem gibt es auch eine Schmerzschwelle, die die obere Grenze der Wahrnehmung darstellt.

Zu starkes Licht oder zu großer Lärm zum Beispiel können Schmerzempfindungen hervorrufen.

Trotz der Eingeschränktheit unserer Sinnesorgane sind wir ständig einer Menge von Informationen ausgesetzt. Doch wir können niemals alle Reize, die die Sinnesorgane aufnehmen können, gleichzeitig wahrnehmen, wir treffen zu jedem Zeitpunkt eine Auswahl. Der Mensch besitzt nur eine **begrenzte Kapazität** der Informationsaufnahme und -verarbeitung (vgl. Kapitel 4.3.1).

Schaut man zum Beispiel von dem oberen Stockwerk eines Hochhauses auf die Straße herunter, so können wir all die Dinge, die wir sehen, nicht gleichzeitig wahrnehmen, sondern lediglich nacheinander.

Dabei ist die Auswahl von Reizen, die wir treffen, nicht zufällig, es werden interessante, hervorstechende und persönlich wichtige Reize ausgewählt – Reize, die unsere **Aufmerksamkeit** erregen.

In einem Kaufhaus zum Beispiel fällt uns Ware auf, die interessant verpackt ist oder durch andere Merkmale hervorsticht, oder Ware, die wir erwerben wollen.

> „Nach den gegenwärtig vorliegenden Erkenntnissen muß vermutet werden, daß sämtliche Informationen, die die Sinnesorgane aufnehmen, dem Gehirn zugeleitet werden. Dort verbleiben sie für eine außerordentlich kurze Zeit in einem Speichersystem. ... Dessen Inhalt wird ... auf seinen Bedeutungsgehalt geprüft. Als unwichtig erachtete Informationen gehen verloren." Bei Inhalten dagegen, „die bedeutsam erscheinen oder im Einklang mit Erwartungen stehen, richtet sich die Aufmerksamkeit auf sie, und es erfolgt eine weitere Verarbeitung." *(Gerd Mietzel, 1987[3]).*

In der Regel wirken bei der Wahrnehmung die einzelnen Sinnesorgane zusammen.

Ein Apfel zum Beispiel kann in seiner ganzen Bedeutung nur erkannt werden, wenn er nicht nur gesehen, sondern auch betastet, befühlt und in ihm hineingebissen werden kann. Erst durch die Wahrnehmung des Apfels mit Hilfe aller Sinnesorgane kann die Bedeutung des Apfels erfaßt werden bzw. der Begriff „Apfel" entstehen.

Die Informationenverarbeitung verläuft effektiver, wenn denn bei der Aufnahme von Informationen mehrere Sinnesorgane angesprochen werden.

Ein Mensch beispielsweise lernt wirkungsvoller, wenn er „mit allen Sinnesorganen" arbeitet – etwa wenn er das Gelesene laut spricht und sich gleichzeitig bestimmte Stichwörter notiert. Auch ein guter Unterricht baut auf der Erkenntnis der Zusammenarbeit der unterschiedlichen Sinne auf: Der Lehrende soll beim Lernenden nicht nur einen Sinn – etwa nur das Gehör oder nur das Auge –, sondern alle Sinne ansprechen und einsetzen, um ein möglichst effektives Lernen zu ermöglichen.

3.1.2   Die Bedeutung der Erfahrung

Bei einem Menschen ist es kaum mehr möglich, daß er reine Empfindungen erlebt. *Empfindungen werden mit Erfahrungen gekoppelt und nicht mehr losgelöst von diesen wahrgenommen.*

Wir nehmen beispielsweise einen Tisch nicht einfach als Brett mit vier Beinen wahr, sondern verknüpfen damit sofort die Bedeutung, die ein Tisch hat und die wir im Laufe des Lebens erfahren haben.

Wir nehmen nicht nur den Lehrer als solchen wahr, sondern verbinden mit ihm zugleich die Erfahrung, die wir mit diesem oder mit anderen Lehrern gemacht haben, und nehmen ihn als „gut", „gerecht", „sympathisch" oder als „schlecht", „ungerecht", „unsympathisch" wahr.

> Wahrnehmung setzt sich aus Empfindungen, die von bestimmten Reizen durch das Auftreffen auf bestimmte Sinnesorgane verursacht werden, und durch die Bewertung dieser Empfindungen aufgrund bisheriger Erfahrungen zusammen.

Allein das Auslösen von Empfindungen kann noch nicht als Wahrnehmung bezeichnet werden. Erst durch das Bewertung der Empfindungen aufgrund bisheriger Erfahrungen kann man von Wahrnehmung sprechen. Dieser Prozeß läuft jedoch im Individuum nicht immer bewußt ab.

➡ **Materialien 1.**

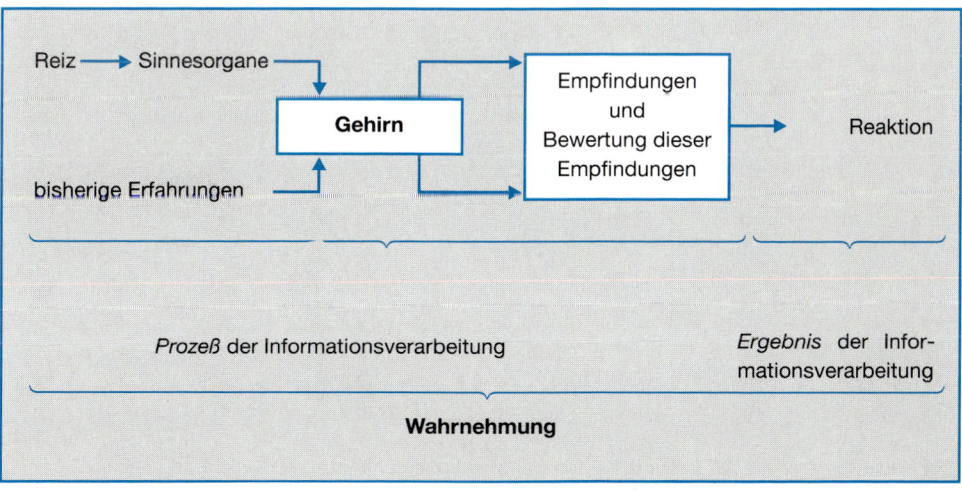

3.1.3 Die Subjektivität der Wahrnehmung

Die meisten Menschen sind der Meinung, die Wirklichkeit so wahrzunehmen, wie sie tatsächlich ist. Zahlreiche Experimente zeigen jedoch, daß das Ergebnis der Wahrnehmung nur zum Teil der tatsächliche existierenden Wirklichkeit entspricht. Aus der Flut von Informationen, die auf unsere Sinnesorgane auftreffen, wählen wir nur ganz bestimmte aus. Was wir sehen, hören, riechen oder schmecken, ist kein einfaches Abbild der Realität, die Wahrnehmung ist vielen Faktoren ausgesetzt, die sie verzerren, ja sogar verfälschen.

Wenn man zum Beispiel an einem heißen Sommertag mit 38 ° Celsius Temperatur in ein Zimmer geht, das etwa 20 ° Celsius hat, so wird man diese Zimmertemperatur als „angenehm kühl" wahrnehmen. Betritt man jedoch das Zimmer, nachdem man draußen in der Kälte bei −20 ° Celsius stand, so nimmt man dieses Zimmer mit +20 ° Celsius als „warm" wahr.

Unsere Wahrnehmung stellt also keinen einfachen Reiz-Reaktions-Vorgang dar; eine Vielzahl von Faktoren bestimmt, ob wir überhaupt diesen oder jenen Reiz wahrnehmen, und wenn ja, wie wir ihn wahrnehmen und darauf reagieren.

Unsere Wahrnehmung wird

- durch die Beschaffenheit unserer Sinnesorgane eingeschränkt (vgl. Abschnitt 3.1.1),
- von anderen Wahrnehmungen mitgestaltet,
- durch bestimmte Gesetze strukturiert (siehe Abschnitt 3.3),
- von bestimmten Wert- und Normvorstellungen sowie von anderen Personen bzw. Personengruppen (= soziale Faktoren) beeinflußt (siehe Abschnitt 3.2.2) und
- von Persönlichkeitsmerkmalen wie Bedürfnissen und Trieben, Gefühlen und Stimmungen, bisherigen Erfahrungen, Einstellungen, Wertvorstellungen, Interessen und dergleichen (= individuelle Faktoren) verändert (Abschnitt 3.2.1).

> „Aus dem bisher Gesagten folgt, daß zwischen Reizen und der äußeren Wirklichkeit und dem Ergebnis der Wahrnehmung keine Beziehung im Sinne einer Entsprechung besteht, sondern daß die Wahrnehmung dem Prinzip der Subjektivität gehorcht und daß es keine objektive, sondern nur eine subjektive Wirklichkeit gibt." *(J. A. Keller/F. Novak, 1988[6])*

„Die Katze kann einem leid tun, wie sie von der Maus gehetzt wird."

3.2   Individuelle und soziale Faktoren der Wahrnehmung

Die Wahrnehmung wird immer von individuellen und sozialen Faktoren beeinflußt und bestimmt. Diese Faktoren können Sie in einem nicht unerheblichen Maße verzerren, verändern und verfälschen, was sich in der Wahrnehmung von anderen Personen bzw. Gruppen schicksalhaft auswirken kann.

3.2.1   Individuelle Faktoren

Persönlichkeitsmerkmale wie Bedürfnisse und Triebe, Gefühle und Stimmungen, bisherige Erfahrungen, Einstellungen, Wertvorstellungen, Interessen und dergleichen verändern unsere Wahrnehmung.

Beispiel, wie **Erfahrungen** die Wahrnehmung beeinflussen können:

Wenn wir auf der Straße einem Menschen begegnen und uns wird gesagt, daß dieser Mann ein Lehrer ist, so werden wir all die Erfahrungen, die wir mit Lehrern gemacht haben, in unsere Wahrnehmung dieses Menschen einfließen lassen.

Beispiele, wie **Bedürfnisse und Triebe** unsere Wahrnehmung bestimmen können:

Wer großen Hunger hat, sieht Nahrungsmittel anders als derjenige, der sich gerade satt gegessen hat. Wer auf eine Party geht, weil er eine Freundin sucht, betrachtet die Gäste unter einem ganz anderen Aspekt als derjenige, der lediglich Unterhaltung will.

Beispiele, wie **Gefühle und Stimmungen** die Wahrnehmung verändern können:

Wer verliebt und glücklich ist, nimmt seine Umwelt mit anderen Augen wahr, als der Enttäuschte, Unglückliche.

Wer Angst hat, deutet die Geräusche nachts in einem einsamen Haus anders als der Furchtlose. Der Ängstliche sieht und hört in der Dämmerung häufig bedrohliche Gestalten.

> ### Umgekehrt
>
> Ein Mensch wird „Pessimist" geschmäht,
> Der düster in die Zukunft späht.
> Doch scheint dies Urteil wohl zu hart:
> Die Zukunft ists, die düster starrt!
>
> *Eugen Roth*

In der Kinderzeichnungen wird vor dem Weihnachtsfest der Weihnachtsmann größer gezeichnet als nach der Bescherung.

Man sagt, Menschen können „blind" sein vor Wut, aber auch: „Liebe macht blind".

Eine besondere Rolle in diesem Zusammenhang spielen *Einstellungen*, die auch häufig zu den sozialen Faktoren gezählt werden (vgl. Abschnitt 3.2.2).

> Bisherige Erfahrungen, Einstellungen, Interessen und Wertvorstellungen, Intelligenz, Fähigkeiten und Fertigkeiten, Gefühle und Stimmungen sowie Triebe und Bedürfnisse verändern die Wahrnehmung.

➡️   **Materialien 2.**

3.2.2   Soziale Faktoren

Auch soziale Faktoren spielen in der Gestaltung des Wahrnehmungsprozesses eine große Rolle, von denen die wichtigsten aufgeführt werden:

Die Wahrnehmung ist einmal in einem entscheidenden Maße von den **Wert- und Normvorstellungen** der betreffenden Gesellschaft bzw. einer ihrer Gruppen abhängig. Zum anderen wird sie von **Einstellungen und Vorurteilen** mitbestimmt.

Wer beispielsweise sparen muß, dürfte eine andere Einstellung zum Geld haben, als derjenige, der im Überfluß lebt. Zum anderen gilt Geld in unserer Gesellschaft als ein hoher Wert.

Die beiden Psychologen Jerome Bruner und C. Goodmann teilten in einem Experiment zehnjährige Kinder in zwei Gruppen ein, und zwar entsprechend ihrer Herkunft in eine „arme" und in eine „reiche" Gruppe. Sie bekamen verschiedene Geldmünzen vorgelegt, deren Größe sie schätzen sollten. Alle Kinder überschätzten die Größen der Münzen, die Kinder aus „armen" Familien jedoch deutlich stärker als die aus einem „reichen" Elternhaus.

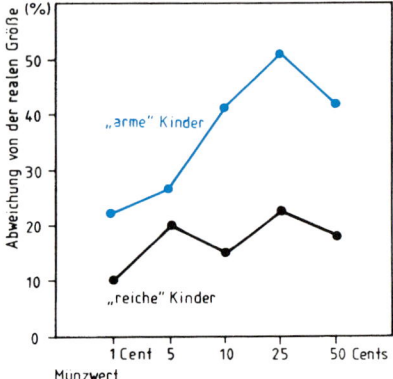

Quelle: H. Legewie/W. Ehlers, 1992

Die Verfälschung der Wahrnehmung durch Einstellungen kann schicksalhafte Auswirkungen haben, wenn sie zur Bestätigung von Vorurteilen oder Stereotypen[1] beiträgt.

➡ **Materialien 3.**

Schließlich wird unsere Wahrnehmung durch andere **Personen bzw. Gruppen** beeinflußt.

Das aufsehenerregendste Experiment, wie andere Personen unsere Wahrnehmung verändern können, stammt von dem amerikanischen Psychologen Salomon Asch:

Versuchspersonen sollten in einer Gruppe von mehreren Personen angeben, welche der drei Vergleichslinien auf der Vergleichskarte die gleiche Länge hat wie die Linie auf der Standardkarte. Einige „Versuchspersonen" waren jedoch in Wirklichkeit keine Versuchspersonen, sondern Mitgestalter des Versuches. Sie mußten bei der Schätzung sagen, daß die Linie 1 so lang ist wie die Standardlinie. Die wirklichen Versuchspersonen waren nicht eingeweiht.

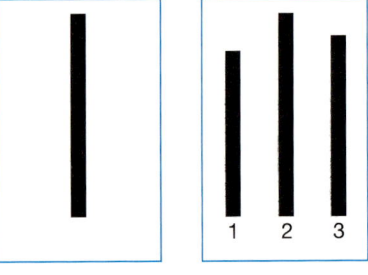

Standardkarte   Vergleichskarte

Die meisten (wirklichen) Versuchspersonen paßten sich dem Urteil der anderen Personen an und nahmen in ihren Augen tatsächlich die Standardlinie als gleich groß mit der Linie 1 auf der Vergleichskarte an. „Sie vertrauten offenbar mehr dem Urteil der Mehrheit der anwesenden Personen als ihren eigenen Wahrnehmungsleistungen und schlossen sich häufig den fingierten Beurteilungen der anderen an."

(Manfred Bornewasser u. a., 1986[3])

---

[1] Während man unter Vorurteil eine Einstellung gegenüber Personen bzw. Personengruppen, Einrichtungen, Gegenständen oder Sachverhalten versteht, die nicht auf ihre Richtigkeit hin ander Realität überprüft ist und die durch neue Erfahrungen oder Informationen nicht oder kaum verändert wird, meint man mit Stereotypen schablonenhafte Beurteilungen, vereinfachte Verallgemeinerungen bzw. Klischeevorstellungen, wie zum Beispiel „Franzosen lieben den Wein und die Liebe", „Neger sind dümmer als Weiße" oder „Araber sind fauler als Europäer" (vgl. Kapitel 12.1.3).

In dem Moment, in welchem sich ein Mensch in einer Gruppe befindet, paßt sich seine Wahrnehmung dem Einfluß der Gruppe an.

Die Wahrnehmung wird verändert
durch

individuelle Faktoren
bisherige Erfahrungen
Interessen, Wertvorstellungen und Einstellungen
Fähigkeiten und Fertigkeiten
Intelligenz
Gefühle und Stimmungen
Bedürfnisse und Triebe u. a.

soziale Faktoren
Wert- und Normvorstellungen der jeweiligen Gesellschaft bzw. einer ihrer Gruppen
Einstellungen, Vorurteile und Stereotype
andere Personen und Personengruppen
u. a.

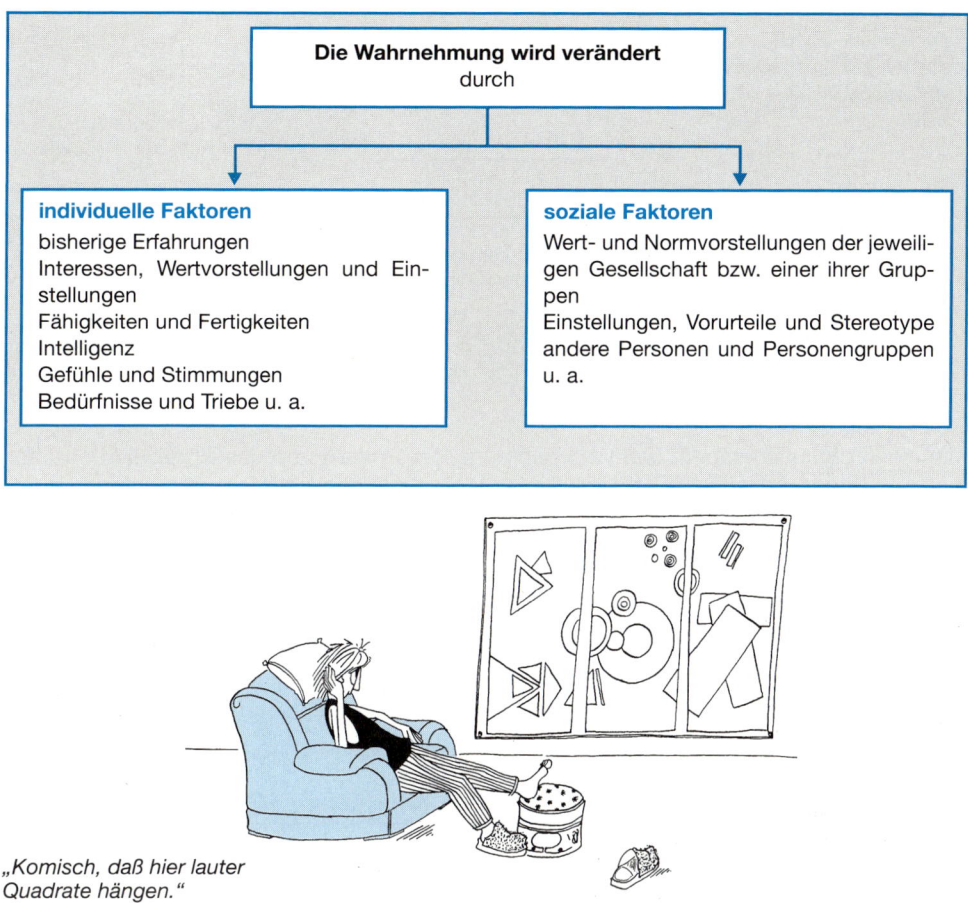

„Komisch, daß hier lauter
Quadrate hängen."

Folgende Erkenntnisse über die **Mitbedingtheit der Wahrnehmung durch soziale und individuelle Faktoren** können zusammengefaßt werden:

• Soziale Einflüsse wie Wert- und Normvorstellungen oder andere Personen bzw. -gruppen sowie Persönlichkeitsmerkmale wie bisherige Erfahrungen, Einstellungen, Gefühle, Stimmungen, Triebe, Bedürfnisse und dergleichen lösen beim Menschen bestimmte **Erwartungen** aus.

• Der Mensch nimmt von den in der Wirklichkeit objektiv gegebenen Reizen nur diejenigen wahr, die diesen Erwartungen entsprechen. Reize, die diesen Erwartungen widersprechen, werden abgewehrt, umgedeutet, verzerrt, verfälscht, unterdrückt oder als nicht bedeutend gewertet.

• Die Wahrnehmung stellt demnach einen Kompromiß zwischen den objektiv gegebenen Reizen aus der Umwelt und dem Körperinneren und diesen Erwartungen dar.

• Die Stärke dieser Erwartungen gegenüber den Reizen hängt von verschiedenen Faktoren ab und ist individuell unterschiedlich.

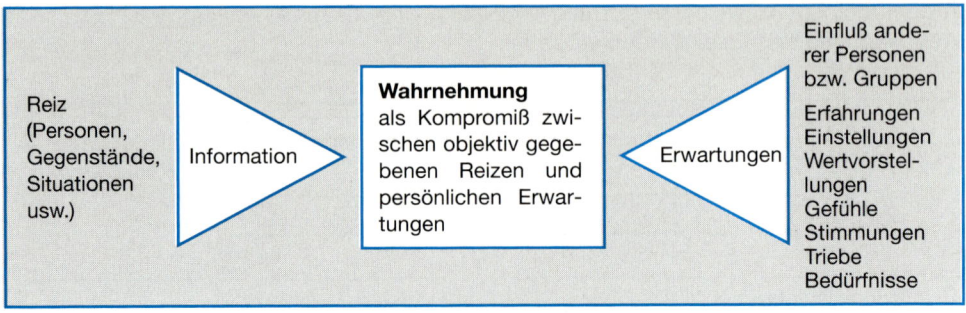

| Reiz (Personen, Gegenstände, Situationen usw.) | Information → | **Wahrnehmung** als Kompromiß zwischen objektiv gegebenen Reizen und persönlichen Erwartungen | ← Erwartungen | Einfluß anderer Personen bzw. Gruppen Erfahrungen Einstellungen Wertvorstellungen Gefühle Stimmungen Triebe Bedürfnisse |

Das Sprichwort „Es kann nicht sein, was nicht sein darf" ist ein Beispiel für eine sehr starke Beeinflussung der Wahrnehmung durch bestimmte persönliche Erwartungen.

„Die Wahrnehmung vermittelt keine objektive Wirklichkeit, sondern eine subjektive Welt; wir nehmen das wahr, was unseren Bedürfnissen, Erfahrungen, Erwartungen entspricht und nicht die objektiv gegebenen Reize." (Ch. Michel/F. Novak, 1990)

Man kann demnach sagen, daß Wahrnehmung der **Prozeß** und das **Ergebnis** der unter dem Einfluß von individuellen und sozialen Faktoren erfolgenden Informationsverarbeitung von Reizen aus der Umwelt und dem Körperinneren ist.

Besonders prägnante Beispiele für die Verkennung der Realität sind die sogenannten **geometrisch-optischen Täuschungen.**

➡ **Materialien 4.**

„Erfahrungen werden nicht einfach einverleibt, sondern sie werden gemacht. Es handelt sich also beim Menschen nicht um ein einfaches Apperzipieren[1], sondern um eine durch die Meinung bedingte, in ganz bestimmter Weise funktionierende Filtration aller Eindrücke und Erlebnisse. Die Aufnahme, die Verarbeitung aller Eindrücke und Erlebnisse, die Stellungnahme dazu (...) – alles das geschieht unter der Einwirkung einer ganz bestimmten Tendenz." (Oskar Spiel, 1979)

Optische Täuschung

Ein Mensch sitzt stumm und liebeskrank
Mit einem Weib auf einer Bank;
Er nimmt die bittre Wahrheit hin,
Daß sie zwar liebe, doch nicht ihn.
Ein andrer Mensch geht still vorbei
Und denkt, wie glücklich sind die zwei
Die – in der Dämmrung kann das täuschen –
Hier schwelgen süß in Liebesräuschen.
Der Mensch in seiner Not und Schmach
Schaut trüb dem andern Menschen nach
Und denkt, wie glücklich könnt ich sein,
Wär ich so unbeweibt allein.
Darin besteht ein Teil der Welt,
Daß andre man für glücklich hält.

Eugen Roth

---

[1] apperzipieren: etwas Gegebenes aktiv in das Bewußtsein aufnehmen

3.3 Die Organisation der Wahrnehmung

Neben der Einschränkung unserer Wahrnehmung durch die Beschaffenheit der Sinnesorgane, der Mitgestaltung durch andere Wahrnehmungen, der Beeinflussung durch soziale und individuelle Faktoren wird sie durch bestimmte **Gesetze strukturiert** und durch sogenannte **Konstanzphänomene** verbessert.

3.3.1 Gesetze der Wahrnehmung

Die Gestaltpsychologen[1] haben einige Gesetzmäßigkeiten herausgefunden, nach denen die Realität strukturiert wird. Grundprinzip ist dabei, daß mit Hilfe der Wahrnehmung Sinn und Ordnung in die Reize der Umwelt gebracht werden. Es werden vollkommene, bedeutungsvolle Gestalten und Figuren nach ganz bestimmten Gesetzen, den sogenannten **Gestaltgesetzen**, gebildet.

Die Gestaltpsychologie geht davon aus, daß der Mensch gar nicht anders „kann", als Gestalten zu sehen, und daß einzelne Reize grundsätzlich in einem Gesamtzusammenhang eingebettet sind. Die meisten geometrischen Täuschungen machen diese Tatsache augenfällig.

 Materialien 4.

Die wichtigsten Gestaltgesetze sind:

● Das **Gesetz der Ähnlichkeit:** Ähnliche Reize werden als zusammengehörig wahrgenommen.

In der folgenden Anordnung werden Spalten und nicht Zeilen gesehen: Ähnliche Reize werden als zusammengehörig wahrgenommen.

```
O  N  O  N  O  N  O  O
O  N  O  N  O  N  O  O
O  N  O  N  O  N  O  O
O  N  O  N  O  N  O  O
O  N  O  N  O  N  O  O
O  N  O  N  O  N  O  O
```

Die Tatsache, daß Angehörigen einer bestimmten Gruppe wie beispielsweise Homosexuellen, ausländischen Arbeitnehmern, einer bestimmten Schicht, Nation oder Rasse gleiche Eigenschaften zugeschrieben werden, kann mit dem Gesetz der Ähnlichkeit erklärt werden.

● Das **Gesetz der Nähe:** Reize, die nahe beieinanderliegen, werden als zusammengehörig wahrgenommen.

In der folgenden Anordnung sieht man nicht N und O als zusammengehörig, sondern O und N:

```
ON  ON  ON  ON  ON  ON  ON  ON
ON  ON  ON  ON  ON  ON  ON  ON
ON  ON  ON  ON  ON  ON  ON  ON
ON  ON  ON  ON  ON  ON  ON  ON
```

---

[1] Die Grundannahmen der Gestaltpsychologie sind in den Materialien 1. des Kapitels 1 dargestellt.

Die Nähe kann auch Dinge einander ähnlicher erscheinen lassen als sie es in Wirklichkeit sind. Die gleiche Figur, die unter Antilopen wie eine Antilope aussieht, sieht in der Gesellschaft von Vögeln wie ein Vogel aus.

Zwei Menschen, die wir miteinander des öfteren sehen, werden als Paar wahrgenommen, die möglicherweise miteinander „gehen".

Das Sprichwort „Sagst du mir, mit wem du umgehst, sage ich dir, wer du bist" beruht ebenfalls auf dem Gesetz der Nähe.

- Das **Gesetz der Geschlossenheit:** Unvollendete Reize werden als vollendet wahrgenommen.

  Wir sehen im folgende keine Punkte, sondern einen Kreis, und die regelmäßigen Fragmente als ein Pferd:

  Der auf der ersten Seite des Kapitels dargestellte Hund ist ebenfalls ein anschauliches Beispiel für die Geschlossenheit.

In vielen Karikaturen, Witzzeichnungen, auf Gebots- und Verbotsschildern, Plakaten oder im Straßenverkehr finden wir das Prinzip der Geschlossenheit wieder.

- Das **Gesetz der Kontinuität:** Reize, die eine Fortsetzung vorausgehender Reize zu sein scheinen, werden als zusammengehörig wahrgenommen.

  Im folgenden wird die Kurvenlinie als eine, und die rechteckige Linie als eine andere Figur wahrgenommen:

- Das **Gesetz der gemeinsamen Bewegung:** Reize, die sich in dieselbe Richtung bewegen, werden als zusammengehörig wahrgenommen.

  Wenn beispielsweise Tänzer abwechselnd aus der Ballettgruppe hervortreten und die gleichen Bewegungen machen, werden sie als eine Einheit wahrgenommen:

- Das **Gesetz der Prägnanz:** Unsere Wahrnehmung bevorzugt „Gestalten", die sich von anderen durch ein bestimmtes Merkmal abheben.

Wenn beispielsweise ein Mensch 5012 DM verdient, wird man sagen: „Er verdient 5000 Mark." Die Zahl „Fünftausend" hebt sich von den anderen Zahlen ab. Würde dieser Mensch 5000 DM verdienen, so käme niemand auf die Idee zu sagen: „Er verdient fast 5012 DM."

Dieses Gesetz wird auch an der nebenstehenden Täuschung sehr deutlich: Wir sehen die sieben Linien deshalb nicht als parallel, weil wir versuchen, aus den vielen nicht rechten Winkeln rechte Winkel zu „machen". Der rechte Winkel hebt sich nämlich durch eine bestimmte Prägnanz von den anderen Winkeln ab.

Auch in der Erinnerung spielt das Prägnanzgesetz eine große Rolle: Wir merken uns auf Dauer nur solche Inhalte, die sich besonders von den anderen abheben. Nur „Prägnantes" prägt sich besonders gut ein. Auch Werbeslogans und Wahlkampfparolen orientieren sich an diesem Prinzip.

Die Gestaltpsychologen haben insbesondere die **Tendenz des Menschen zur Prägnanz** hervorgehoben: Reize und Bewußtseinsinhalte werden auf eine „gute Gestalt" hin organisiert. Eine „gute Gestalt" zeichnet sich durch Klarheit, Strukturiertheit, Regelmäßigkeit, Einfachheit und andere Merkmale aus. So werden Formen, Farben, Figuren und anderes nach der Ähnlichkeit, der Nähe, der Geschlossenheit, der Kontinuität, der Bewegung strukturiert und zu Gestalten geformt. Diese Gestalten werden als bedeutungs- und sinnvoll erlebt und im Gedächtnis behalten (vgl. Handreichung für Psychologie an Fachoberschulen, 1980).

> Allgemein gilt, daß der Mensch ungeordnete, unvollständige und ihm sinnlos erscheinende Reize zu bedeutungs- und sinnvollen Gestalten ordnet und vervollständigt.

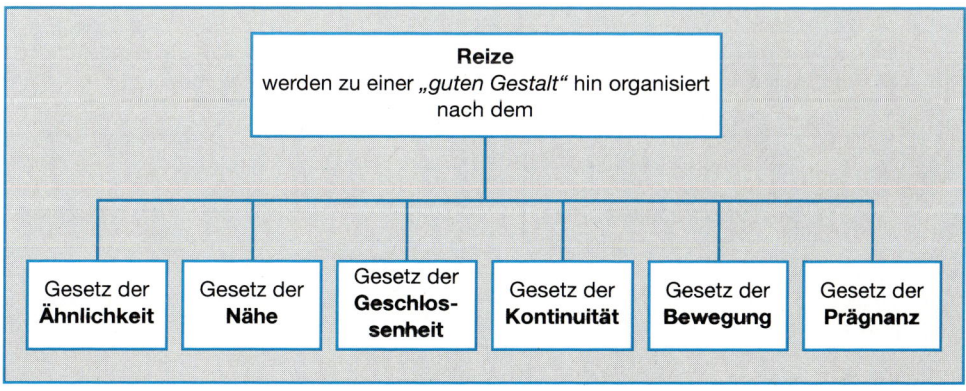

3.3.2   Wahrnehmungskonstanzen

Personen und Objekte werden trotz unterschiedlicher Entfernung, Beleuchtung oder Betrachtungsperspektive immer als dieselben wahrgenommen und wiedererkannt.

Ein Kind beispielsweise erscheint uns in drei Meter Entfernung nicht größer als in sechs Meter Entfernung, obwohl es, wenn es weiter weg ist, auf der Netzhaut kleiner abgebildet wird.

Solche unveränderte (= konstante) Wahrnehmungen bei unterschiedlichen Gegebenheiten nennt die Psychologie **Konstanzphänomene.**

> **Mit Konstanzphänomenen wird eine gleichbleibende, unveränderte Wahrnehmung trotz unterschiedlicher Gegebenheiten bezeichnet.**

Am bekanntesten sind:

- Die **Größenkonstanz:** Personen und Gegenstände werden trotz unterschiedlicher Entfernung als gleich groß wahrgenommen.

  Ein LKW beispielsweise wird in hundert Meter Entfernung in gleicher Größe wahrgenommen wie bei einer Distanz von zwanzig Metern, obwohl er sich auf der Netzhaut um das fünffache verkleinert abbildet.

- Die **Form- bzw. Dingkonstanz:** Personen und Gegenstände werden trotz unterschiedlicher Perspektive in ihrer Form als gleich wahrgenommen.

  Ein Teller wird zum Beispiel bei der Betrachtung aus verschiedenen Perspektiven auch aus einem sehr steilen Blickwinkel – trotz veränderter Abbildung auf der Netzhaut immer als rund erkannt.

- Die **Farb- bzw. Helligkeitskonstanz:** Personen und Gegenstände werden trotz unterschiedlicher Beleuchtung in ihrer Farbe als gleich wahrgenommen.

  Der Schnee bleibt in unserer Wahrnehmung weiß, auch wenn die Dämmerung hereinbricht und er auf der Netzhaut dunkler abgebildet wird.

Die Wahrnehmungskonstanzen entwickeln sich beim Menschen erst im Laufe der Zeit und sind notwendig, um eine gewisse Ordnung und Beständigkeit in die vielen Informationen, denen wir täglich ausgesetzt sind, zu bringen.

Die Organisation der Wahrnehmung im Überblick:

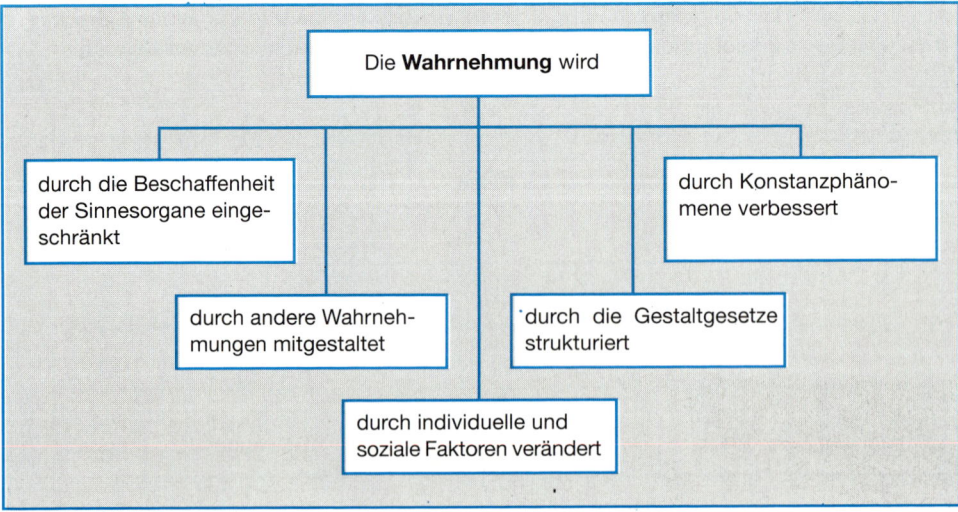

3.4 Fehler und Beeinträchtigungen in der Wahrnehmung

Wie in den Abschnitten vorher schon ausgeführt, vermittelt uns die Wahrnehmung ein subjektives Bild der Wirklichkeit. Dabei kommt es zu Fehlern und Störungen in unserer Wahrnehmung, die sich oft schicksalhaft auswirken können.

3.4.1 Die Wahrnehmung von Personen

Die Verfälschung und Verzerrung der objektiven Wirklichkeit durch unsere Wahrnehmung wird vor allem in der Wahrnehmung von anderen Personen, Personengruppen und ganzen Nationen deutlich. Die Ergebnisse unserer Wahrnehmung unterliegen besonders in diesem Bereich vielen Fehlern.

> „Personenwahrnehmung kann als das erste, entscheidende Stadium jeder zwischenmenschlichen Interaktion[1] betrachtet werden. Bevor wir uns sinnvoll auf andere beziehen können, müssen wir sie wahrnehmen und interpretieren. (…) Jede soziale Begegnung hinterläßt bei uns ein bestimmten Eindruck vom anderen, bestimmte Erwartungen und Vorhersagen. Darum spielt' Personenwahrnehmung in jeder Phase der sozialen Interaktion eine wichtige Rolle, sei es bei der Kontaktaufnahme, beim Aufrechterhalten oder Beenden." *(Joseph P. Forgas, 1992)*

Die wichtigsten Fehler in der Wahrnehmung von anderen Personen und Personengruppen seien hier aufgeführt:

* Es werden nicht die beobachtbaren Verhaltensweisen, die eine Person zeigt, wahrgenommen, sondern es wird ein bestimmtes **Bild,** das man sich von der (den) Person(en) bzw. der Gruppe macht, gesehen.

  Wir machen uns von Menschen, Gruppen von Menschen oder von ganzen Nationen und Rassen in unserer Wahrnehmung grundsätzlich ein Bild. Personen und Gruppen werden mit einem subjektiven Maßstab gemessen. Wir sehen nicht nur die Person oder die Gruppe als solche(s), sondern ziehen Schlüsse über ihre Motive, Absichten, Eigenschaften, Gefühle, Fähigkeiten und dergleichen.

Verhaltensweise:		Wahrnehmung:
Otto wippt mit den Beinen.	⟶	Otto ist nervös.
Georg hat ein Problem gelöst.	⟶	Georg ist intelligent.
Hans hat jemanden gestoßen.	⟶	Hans ist aggressiv.
Willi lacht.	⟶	Willi ist freundlich.
Der Lehrer gibt dem Schüler eine schlechte Note.	⟶	Der Lehrer will den Schüler „fertigmachen".
Der Schüler Foslix weiß nicht viel in der Schulaufgabe	⟶	Foslix ist faul.

---

[1] Der Begriff „Interaktion" ist in Kapitel 11.1.1 dargestellt

- Die Wahrnehmung von Personen wird von dem **sozialen Zusammenhang,** in welchem die wahrgenommene Person steht, bestimmt.

  Menschen werden immer entsprechend dem sozialen Zusammenhang, in welchem sie stehen, wahrgenommen.

  Wenn wir beispielsweise eine Person sehen und wissen, diese Person ist ein Lehrer, so nehmen wir zugleich die bestimmten Merkmale, die wir mit dem Wort „Lehrer" verbinden, wahr. Mit einer Frau verbinden wir die Merkmale, die unserer Meinung nach eine Frau zur Frau machen. Einen Jugendlichen nehmen wir mit den Merkmalen wahr, die typisch für die Jugend sind, einem Katholiken schreiben wir zu, was typisch für Katholiken, einem Franzosen, was typisch für Franzosen ist.

  Je nachdem, ob eine Person einer bestimmten Schicht, Partei, Konfession, einem bestimmten Verein oder Club angehört, nehmen wir sie entsprechend ihrer Zugehörigkeit im sozialen Zusammenhang wahr.

- Bei Wissen um die **Rolle,** die ein Mensch innehat, wird diese wahrgenommen.

  Wenn wir beispielsweise einen Mann mit einer grünen Uniform sehen, so nehmen wir ihn als „Polizisten" wahr.

> Wir sehen keinen Menschen, sondern Lehrer, Schüler, Fußballer, Bankbeamte, Politiker, Frauen, Franzosen, Deutsche, Juden, Neger.

- Mit einer bestimmten Persönlichkeitseigenschaft werden zugleich weitere Eigenschaften wahrgenommen.

  Bei allen Menschen besteht die Tendenz, bestimmten Einzeleigenschaften, die wir wahrnehmen, weitere Eigenschaften zuzuordnen, die man dann tatsächlich auch wahrzunehmen glaubt.

  Ein „starker" Junge ist zugleich auch ein „aktiver" Junge, ein ehrliches Mädchen ist zugleich „brav", „aufrichtig" und „fleißig", und wer lügt, der stiehlt auch.

  Die Tatsache, daß mit einer Einzeleigenschaft mehrere Eigenschaften wahrgenommen werden, wird in der Psychologie als **logischer Fehler** bezeichnet.

- Es werden bei einer Person bzw. Personengruppe häufig solche Persönlichkeitseigenschaften wahrgenommen, die man entweder selber nicht hat oder die einem sehr vertraut sind. Hermann-Josef Fisseni (1990) spricht im ersten Fall von einem **Kontrastfehler,** im zweiten von einem **Ähnlichkeitsfehler.**

- Man sieht bei anderen Menschen oft die Eigenschaften, die man an sich selber nicht wahrhaben kann oder will.

  Ein Schüler zum Beispiel, der mit seinen Klassenkameraden nicht zurechtkommt und sich seine eigene Unfähigkeit nicht eingestehen will, sieht seine Mitschüler und Mitschülerinnen als „gemeinschaftsunfähig" an.

- Das Bild einer Person richtet sich sehr stark nach dem **ersten Eindruck.**

  Eine große Rolle spielt der erste Eindruck, den man von einer Person bzw. Gruppe hat. Wie entsprechende Untersuchungen zeigen, stellt der erste Eindruck einen Bezugsrahmen von großer Dauerhaftigkeit und Stabilität für die weitere Wahrnehmung dar.

  Hat man beispielsweise von einer Person einen ersten positiven Eindruck, ist man geneigt, diese Person auch weiterhin positiv wahrzunehmen. Ebenso verhält es sich umgekehrt, was fatale Auswirkungen haben kann.

  Die Tatsache, daß sich das Bild einer Person sehr stark nach dem ersten Eindruck richtet, wird **Primacy-effect** genannt.

  Der Primacy-effect ist deshalb sehr problematisch, weil man ein Urteil über andere Menschen bzw. -gruppen fällt, das nicht auf Tatsachen beruht – man kennt ja den Menschen noch nicht –, sondern auf Vermutungen, subjektiven Verallgemeinerungen, Alltagsweisheiten und dergleichen. Oft aber entscheidet der erste Eindruck wie zum Beispiel bei einem Vorstellungsgespräch über die weitere Laufbahn eines Menschen.

- Die Wahrnehmung orientiert sich häufig an einer **hervorstechenden Einzeleigenschaft** einer Person, die immer wieder gesehen und als besonders charakteristisch für sie betrachtet wird.

  Die Wahrnehmung wird dadurch verfälscht, daß sich eine bestimmte, meist hervorstechende Eigenschaft oder ein bestimmtes Merkmal auf die zukünftige Wahrnehmung dergestalt auswirkt, daß man sie immer wieder bestätigt bekommt. Andere Eigenschaften, die sich mit dieser nicht vereinbaren lassen, werden „übersehen".

  So werden zum Beispiel bei einem Schüler, der in Schulleistungen versagt, auch in anderen Bereichen überwiegend negative Eigenschaften vermutet. Zeigt ein Kind einmal eine intelligente Leistung, so neigt man dazu, dieses Kind in jeder Situation als intelligent wahrzunehmen. Ist ein Lehrer einmal sehr ungerecht oder als ungerecht bekannt, so werden den Schülern die ungerechten Verhaltensweisen dieses Lehrers sofort ins Auge stechen, während sie die gerechten kaum sehen werden.

  Die Orientierung an einer Einzeleigenschaft, die bei einer Person immer wieder wahrgenommen und für sie als charakteristisch betrachtet wird, nennt man **Halo-Effekt** (Hof-Effekt).

Diese genannten Fehler in der Wahrnehmung von Personen und Gruppen sind dem Wahrnehmenden oft nicht bewußt. Er glaubt, daß die Realität genauso beschaffen ist, wie er sie sieht. Dies führt oft zu Mißverständnissen und Konflikten, zu unangepaßtem Verhalten und hat nicht selten Brandmarkung, Abstempelung, Herabsetzung und Verurteilung von Menschen, Gruppen, Nationen und ganzen Rassen zur Folge.

„Wie der Mensch sich verhält, hängt zum großen Teil davon ab, wie er die ihn umgebende Welt wahrnimmt." *(D. Krech/R. S. Crutchfield, Band 1, 1992)*

- Es werden nicht die beobachtbaren Verhaltensweisen gesehen, sondern man macht sich ein Bild.

- Die Wahrnehmung wird vom sozialen Zusammenhang bestimmt.

- Der Mensch wird als „Rollenträger" wahrgenommen.

- Einer bestimmten Persönlichkeitseigenschaft werden andere Eigenschaften zugeordnet (= logischer Fehler).

- Es werden solche Persönlichkeitseigenschaften wahrgenommen, die man selber nicht hat (= Kontrastfehler) oder die einem sehr vertraut sind (= Ähnlichkeitsfehler).

- Man sieht bei anderen Menschen die Persönlichkeitseigenschaften, die man an sich selber nicht wahrhaben kann oder will.

- Die Wahrnehmung richtet sich sehr stark nach dem ersten Eindruck (= Primacy-effect).

- Die Wahrnehmung orientiert sich an einer Eigenschaft, die als charakteristisch betrachtet wird (= Halo-Effekt).

➡ **Materialien 5.**

3.4.2 Beeinträchtigungen in der Wahrnehmung

Neben der Tatsache, daß unsere Wahrnehmung dem Prinzip der Subjektivität gehorcht und es dadurch zu Wahrnehmungsfehlern kommt, kann unsere Wahrnehmungsfähigkeit auf irgendeinem Gebiet *eingeschränkt* sein.

Ein Mensch zum Beispiel kann schlecht hören und dadurch in seiner Wahrnehmung eingeschränkt sein.

Man spricht in einem solchen Falle von **Wahrnehmungsbeeinträchtigung.**

Von Wahrnehmungsbeeinträchtigung spricht man, wenn die Wahrnehmungsfähigkeit eines Menschen eingeschränkt ist.

Wahrnehmungsbeeinträchtigungen können kurzzeitig auftreten, wie zum Beispiel eine eingeschränkte Wahrnehmung aufgrund von Drogeneinfluß, sie können aber auch ein Leben lang vorhanden sein, wie beispielsweise beim Blindgeborenen aufgrund einer Verletzung eines bestimmten Bereiches der Hirnrinde.

Einmal kann es zu Wahrnehmungsbeeinträchtigungen kommen, wenn die *Sinnesorgane nur bedingt bzw. gar nicht funktionieren.*

Dies ist beispielsweise bei Kurz- oder Weitsichtigkeit, schlechtem Sehen oder Blindheit, bei Schwerhörigkeit oder Taubheit der Fall.

Wesentlich häufiger als gemeinhin angenommen taucht **Farbenblindheit** auf. Eine totale Farbenblindheit kommt selten vor, häufig jedoch treten die sogenannte „Rot-Grün-Blindheit", die „Rot-Blindheit" und die „Blau-Gelb-Blindheit" auf. Der Farbenblinde behilft sich meist dadurch, daß er Farben an ihrer Helligkeit bzw. Sättigung unterscheidet und sich dadurch in seiner Umwelt orientieren kann.

Dies erleben wir beispielsweise an einem Schwarz-Weiß-Film, bei dem man sich trotz fehlender Farben relativ gut orientieren kann.

Aber auch, wenn die Sinnesorgane funktionieren, kann es zu Wahrnehmungsbeeinträchtigungen kommen. So ist es möglich, daß bereits bekannte Objekte und Personen trotz intaktem Funktionieren der Sinnesorgane nicht wiedererkannt werden. In einem solchen Falle spricht man von einer **Agnosie.**

Eine Beeinträchtigung der Wahrnehmung liegt auch bei **Halluzinationen** vor. Von einer Halluzination spricht man, wenn ein Reiz wahrgenommen wird, obwohl dieser in der Realität gar nicht existiert. Es handelt sich also um eine „Trugwahrnehmung". Der Betroffene ist jedoch von deren Realität überzeugt. Halluzinationen kommen in allen Sinnesbereichen vor.

Wahnvorstellungen sind ebenfalls eine bestimmte Art von Wahrnehmungsbeeinträchtigung. Von einer Wahnvorstellung spricht man, wenn bei intaktem Wahrnehmungsvermögen das Bewußtsein die Wahrnehmung derartig verfälscht, daß die Realität, so wie sie ist, verkannt wird. Es handelt sich also um eine krankhafte Verkennung der Wirklichkeit.

Häufig kommt es auch in der Wahrnehmung zu einem **Verlust des Realitätsbezuges** wie beispielsweise Orientierungslosigkeit oder das Verlorengehen von räumlichen Beziehungen.

★   Oft wird auch die **Legasthenie** (Lese-Rechtschreib-Schwäche) als Wahrnehmungsbeeinträchtigung angesehen. Mit Legasthenie werden Schwierigkeiten im Erlernen und Durchführen des Lesens und/oder des fehlerfreien Schreibens bei durchschnittlicher oder sogar überdurchschnittlicher Intelligenz und schulischer bzw. Allgemeinbegabung bezeichnet. Ihre Ursachen sind bis heute noch heftig umstritten.

Beeinträchtigungen in der Wahrnehmung können Orientierungsschwierigkeiten und Leistungsmängel hervorrufen, eine stark hemmende Wirkung auf die sprachliche und geistige Entwicklung sowie auf das Gefühlsleben eines Menschen haben und eine Einschränkung im sozialen Leben bedeuten. Im Extremfall können Wahrnehmungsbeeinträchtigungen zu psychischen Störungen führen.

Mögliche Ursachen für Wahrnehmungsbeeinträchtigungen:

● **Organische Schäden:** Schäden an Sinnesorganen, Schädigungen des Nervensystems oder von Bereichen des Gehirns beispielsweise können Wahrnehmungsbeeinträchtigungen hervorrufen.

● **Extremer Reizmangel:** Länger andauernder Reizentzug kann psychische Veränderungen und Wahrnehmungsbeeinträchtigungen zur Folge haben.

● **Drogeneinfluß:** Medikamente, Nikotin, Alkohol und Rauschmittel können die Wahrnehmung eines Menschen einschränken.

● **Besondere Zustände,** in denen sich ein Mensch befindet: Ausnahmezustände wie extreme Freude, Euphorie, erhöhte Angst, starke Erwartungsspannung oder Belastungssituation, große Enttäuschung oder tiefe Trauer können zu Beeinträchtigungen in der Wahrnehmung führen.

Es ist in erster Linie Aufgabe der Eltern und der anderen Erzieher, dem Kind zu einer differenzierten Wahrnehmung zu verhelfen. Hierzu benötigt das Kind ausreichend Reize und Möglichkeiten des selbständigen Erfahrungssammeln.

Der Mensch wurde zu dem, was er ist, dank dem, was er in der Vergangenheit wahrgenommen hat.

Zusammenfassung

▶ Wahrnehmung ist der Prozeß und das Ergebnis der Informationsgewinnung und -verarbeitung von Reizen aus der Umwelt und dem Körperinneren. Wahrnehmung setzt sich aus Empfindungen, die von bestimmten Reizen durch das Auftreffen auf bestimmte Sinnesorgane verursacht werden, und durch die Bewertung dieser Empfindungen aufgrund bisheriger Erfahrungen zusammen. Allein das Auslösen von Empfindungen kann noch nicht als Wahrnehmung bezeichnet werden. Erst durch das Bewerten der Empfindungen aufgrund bisheriger Erfahrungen kann man von Wahrnehmung sprechen.

▶ Der Mensch nimmt nur selektiv wahr, da die Leistungsfähigkeit seiner Sinne eingeschränkt ist und er nur eine begrenzte Kapazität der Informationsaufnahme und -verarbeitung besitzt. Dabei werden Reize bevorzugt wahrgenommen, die unsere Aufmerksamkeit erregen. In der Regel wirken bei der Wahrnehmung die einzelnen Sinne zusammen, und die Informationsverarbeitung verläuft effektiver, wenn bei der Aufnahme von Informationen mehrere Sinnesorgane angesprochen werden.

▶ Eine Vielzahl von Faktoren bestimmt, ob wir überhaupt diesen oder jenen Reiz wahrnehmen, und wenn ja, wie wir ihn wahrnehmen. Die Wahrnehmung vermittelt uns keine objektive Wirklichkeit, sondern eine subjektive Welt. Unsere Wahrnehmung wird
  ● durch die Beschaffenheit unserer Sinnesorgane eingeschränkt,
  ● von anderen Wahrnehmungen mitgestaltet,
  ● durch die Gestaltgesetze strukturiert,
  ● von bestimmten Wert- und Normvorstellungen sowie von anderen Personen bzw. Personengruppen (= soziale Faktoren) beeinflußt und
  ● von Persönlichkeitsmerkmalen wie Bedürfnisse und Triebe, Gefühle und Stimmungen, bisherige Erfahrungen, Einstellungen, Wertvorstellungen, Interessen und dergleichen (= individuelle Faktoren) verändert.

▶ Die Wahrnehmung wird nach bestimmten Gesetzen strukturiert. Grundprinzip ist dabei, daß mit Hilfe der Wahrnehmung Sinn und Ordnung in die Reize der Umwelt gebracht werden. Es werden vollkommene, bedeutungsvolle Gestalten und Figuren nach den sogenannten Gestaltgesetzen (Ähnlichkeit, Nähe, Geschlossenheit, Kontinuität, Bewegung, Prägnanz) gebildet.

▶ Konstanzphänomene verbessern die Wahrnehmung. Mit Konstanzphänomen wird eine gleichbleibende, unveränderte Wahrnehmung trotz unterschiedlicher Gegebenheiten bezeichnet. Am bekanntesten sind die Größenkonstanz, die Form- bzw. Dingkonstanz und die Farb- bzw. Helligkeitskonstanz.

▶ Die Verzerrung und Verfälschung der Wirklichkeit aufgrund der Subjektivität der Wahrnehmung führt zu Wahrnehmungsfehlern vor allem in der Wahrnehmung von Personen und Gruppen. Diese Wahrnehmungsfehler können für die weitere Entwicklung eines Menschen schicksalhafte Auswirkungen nach sich ziehen.

▶ Von Wahrnehmungsbeeinträchtigung spricht man, wenn die Wahrnehmungsfähigkeit eines Menschen eingeschränkt ist. Beeinträchtigungen in der Wahrnehmung treten auf, wenn die Sinnesorgane nicht oder nur eingeschränkt funktionieren, bei Farbenblindheit, Agnosien, Halluzinationen, Wahnvorstellungen und Verlust des Realitätsbezugs, und werden durch organische Schäden, extremen Reizmangel, Drogeneinfluß und Ausnahmezustände ausgelöst.

MATERIALIEN

Kapitel III

1. Beispiel für die Mitgestaltung der Wahrnehmung durch Erfahrungen

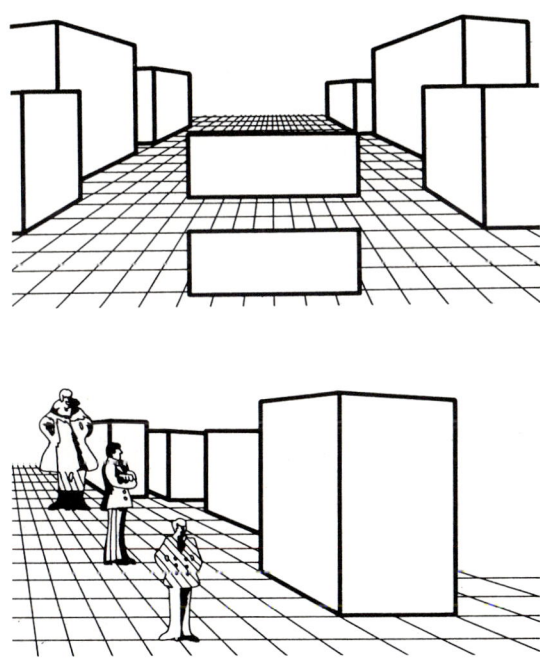

Quelle: Klaus D. Heil, 1975

2. Ich sehe was, was Du nicht siehst

Welche Umweltreize man wahrnimmt, bestimmt die aktuelle Motivstruktur. Die drei Beispiele zeigen, wie sich die Realität einer Straße je nach der Situation des Betrachters verändern kann.
1. Wer auf der Flucht ist, sieht vor allem die Möglichkeiten, sich zu verstecken.
2. Wer eine Bekanntschaft sucht, wird vom Anblick junger Mädchen gereizt.
3. Wer Durst hat, bemerkt zuerst die Wirtshausschilder.

Quelle: nach Klaus Dietrich, 1976

3. Wahrnehmungsverfälschung durch Vorurteile

Die Wahrnehmungsverfälschung durch Einstellungen wird gefährlich, wenn sie zur Bestätigung sozialer Vorurteile oder „Stereotype" beiträgt. Ein Beispiel gibt das nebenstehende Bild (aus Gordon W. Allport und Leo Postmann: „Psychologie des Gerüchts" 1947). Nach kurzer Darbietung des Bildes gaben Vpn mit negativem Vorurteil gegenüber Negern Beschreibungen wie: „Eine Frau und ein Neger, der ein Rasiermesser in der Hand hat." Wir tendieren also nicht nur dazu, Unangenehmes zu übersehen, sondern ebenso, zu sehen, was wir erwarten oder was wir sehen möchten. Selbst bei der Prüfung wissenschaftlicher Theorien läßt sich dieser Einfluß nachweisen.

Quelle: H. Legewie/ W. Ehlers, 1992

4. Wahrnehmungstäuschungen

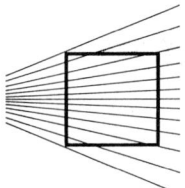

Heringsche Täuschung:
Die waagrechten Parallelen erscheinen gekrümmt.

Ehrensteinsche Täuschung:
Das Quadrat erscheint zum Trapez verzerrt.

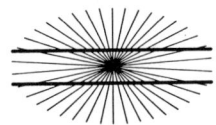

Müller-Lyersche Täuschung:
Die Strecke mit den nach außen zeigenden Pfeilspitzen erscheint kürzer als die mit den nach innen weisenden Pfeilen.

Sandersche Täuschung:
Die Diagonale im größeren Parallelogramm erscheint länger als die im kleineren.

Reizmuster können so organisiert sein, daß sie mehrere Wahrnehmungen ermöglichen. Diese mehrdeutigen Reizmuster werden in der Psychologie als Figur-Grund-Prinzip bezeichnet: Je nachdem, was man als Grund und als Figur sieht, fällt die Wahrnehmung unterschiedlich aus.

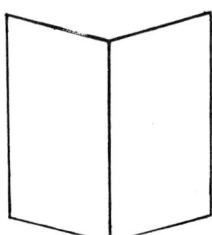

Das Machsche Buch
Aufgeschlagenes Buch
oder Buchrücken nach vorne

Becher mit Randprofilen

Maus oder Kopf

Quelle: Psychologie heute, 11/75

Konturen, wo keine sind: Dreieck

Schräge Streifen bringen die – exakt senk-
rechten – Buchstaben ins Wanken

Das gleichbleibend graue Quadrat wirkt um so heller, je dunkler seine Umgebung wird

Spiel mit der „Müller-Lyer-Täuschung": Die beiden dicken Balken sind in Wirklichkeit gleich lang

Quelle: Geo-Wissen, Heft 1, 5/1987

5. Der „erste Eindruck": Die Summe vieler Informationen

1 Für den „ersten Eindruck" gibt es keine zweite Chance. Eine Aussage, die durchaus von der psychologischen Forschung bestätigt wird. „Wir sehen eine Person und augenblicklich bildet sich
5 von selbst ein gewisser Eindruck über ihren Charakter in uns", erkannte bereits Solomon Asch in seinen frühen Untersuchungen zur Personenwahrnehmung. Auch neuere Untersuchungen belegen, daß wir uns spontan von anderen Men-
10 schen einen Eindruck verschaffen. So wurde in einer Studie nachgewiesen, daß wir einem Menschen bereits beim ersten Kennenlernen bestimmte Eigenschaften zuweisen. Ein Prozeß, der uns allerdings kaum bewußt ist.

15 Uns erschien die Frage „Wann bilden wir uns ein Urteil über einen anderen Menschen", nicht so eindeutig beantwortbar. Deshalb haben wir in einer Serie von Laborexperimenten an der Universität Jena die Bedingungen des „ersten Ein-
20 drucks" mit 139 Versuchspersonen überprüft. Die Untersuchung lief in drei Phasen ab: In der „Lernphase" erhielten die Versuchspersonen unterschiedliche Mengen von Informationen über das Verhalten bestimmter Menschen (z. B.
25 Person X gibt gefundene Geldbörse im Fundbüro ab, lügt etc.). Die Versuchspersonen wurden entweder gebeten, sich die Informationen gut zu merken oder – im anderen Fall – sich ein Urteil über die Person zu bilden. Danach wur-
30 den die Versuchspersonen mit einer Rechenaufgabe abgelenkt, damit sie sich nicht weiter mit den gegebenen Informationen beschäftigen konnten. Anschließend wurde den Testpersonen per Bildschirm eine Information angeboten, und
35 sie hatten so schnell wie möglich zu entscheiden, ob diese Information auf die entsprechende Person X zutrifft oder nicht.

Vier Arten von Informationen wurden den Versuchspersonen angeboten: Verhaltensbeschrei-
40 bungen, die in der Lernphase mitgeteilt worden waren (gibt Geldbörse ab); Verhaltensweisen, die nicht übermittelt worden waren (z. B. spült

Geschirr); Eigenschaften, die aus den beschriebenen Verhaltensweisen der Person abgeleitet werden können (ist ehrlich); Eigenschaften, die 45 nicht abgeleitet werden können.

Wir ermittelten, wie lange die Versuchspersonen für ihre Entscheidung für richtige Ja- und Nein-Antworten brauchten. Aus dieser Zeitspanne kann geschlossen werden, ob Eindrücke über 50 Personen in Form von Eigenschaften (ist ehrlich) automatisch bereits bei der Aufnahme von Verhaltensinformationen gebildet und gespeichert werden oder ob das erst dann geschieht, wenn danach gefragt wird. 55

Wie die wesentlichsten Ergebnisse unserer Untersuchungsreihe zeigen, bilden wir uns nicht immer automatisch einen Eindruck über unsere Mitmenschen, sondern dies ist abhängig von einer Reihe von Bindungen. Ein spontaner Ein- 60 druck kommt dann zustande,

– wenn wir viele Informationen über eine Person haben, die alle auf dieselbe Eigenschaft verweisen (z. B. Hilfsbereitschaft, Ehrlichkeit). Liegen sehr heterogene Informationen vor, dann fällt es 65 schwerer, spontan zu beurteilen;

– wenn wir Informationen bereits mit dem Ziel sammeln, die betreffende Person beurteilen zu wollen;

– wenn wir zu den Menschen gehören, die sich 70 stärker an übergreifenden Merkmalen einer Person orientieren (konzeptgelenkte Strategie) und weniger auf Details achten (datengelenkte Strategie).

Das Urteil, das wir uns über andere Menschen 75 bilden, ist also nicht nur vom undurchsichtigen „ersten Eindruck" abhängig, sondern wird deutlich beeinflußt von dem, was wir bereits über den anderen wissen.

Brigitte Edeler
Dieter Edeler

Quelle: Psychologie Heute, 10/91

Reproduktion von Informationen:

1. Bestimmen Sie die Begriffe „Wahrnehmung", „Reiz" und „Empfindung".
   (Abschnitt 3.1.1)

2. Erläutern Sie die Selektivität der Wahrnehmung.
   (Abschnitt 3.1.1)

3. Erläutern Sie die Bedeutung der Erfahrung in der Wahrnehmung.
   (Abschnitt 3.1.2)

4. Beschreiben Sie den Prozeß der Wahrnehmung.
   (Abschnitt 3.1.1 und 3.1.2)

5. Zeigen Sie auf, wodurch die Wahrnehmung beeinflußt wird.
   (Abschnitt 3.1.3)

6. Erläutern Sie individuelle Faktoren, die die Wahrnehmung verändern.
   (Abschnitt 3.2.1)

7. Stellen Sie soziale Faktoren, die unsere Wahrnehmung bestimmen, dar.
   (Abschnitt 3.2.2)

8. Fassen Sie die wichtigsten Erkenntnisse über die Mitbedingtheit der Wahrnehmung durch individuelle und soziale Faktoren zusammen.
   (Abschnitt 3.2.2)

9. Erläutern Sie Ihnen bekannte Gestaltgesetze.
   (Abschnitt 3.3.1)

10. Bestimmen Sie den Begriff „Konstanzphänomen", und beschreiben Sie die wichtigsten Konstanzphänomene.
    (Abschnitt 3.3.2)

11. Stellen Sie wichtige Wahrnehmungsfehler in der Wahrnehmung von Personen und Personengruppen auf.
    (Abschnitt 3.4.1)

12. Erläutern Sie verschiedene Wahrnehmungsbeeinträchtigungen und deren Ursachen.
    (Abschnitt 3.4.2)

Anwendungsaufgaben:

13. Stellen Sie an einem Beispiel die selektive Wahrnehmung des Menschen dar.
    (Abschnitt 3.1.1)

14. Erläutern Sie an zwei Beispielen aus verschiedenen Lebensbereichen (z. B. Schule, Familie) die Bedeutung von Erfahrungen in der Wahrnehmung.
    (Abschnitt 3.1.2)

15. Zeigen Sie an einem Beispiel auf, daß die Wahrnehmung eine Funktion der Reize und der Bewertung dieser ist.
    (Abschnitt 3.1.2)

16. Erläutern Sie an verschiedenen Beispielen, daß uns die Wahrnehmung eine subjektive Welt vermittelt.
    (Abschnitt 3.1.3)

17. Zeigen Sie am Beispiel der Wahrnehmung, wie sich der Mensch über die Umwelt informiert, und erläutern Sie die Bedeutung der Wahrnehmung für das Verhalten. (Abschnitt 3.1)

18. Zeigen Sie an Beispielen auf, wie individuelle und soziale Faktoren die Wahrnehmung verändern können. (Abschnitt 3.2.1 und 3.2.2)

19. Bestimmen Sie den Begriff „Wahrnehmung", und zeigen Sie an ausgewählten Beispielen, wie unsere Wahrnehmung durch verschiedene Bedingungen beeinflußt wird. (Abschnitt 3.2.1, 3.2.2, 3.3.1 und 3.3.2)

20. Sehr häufig erleben wir, daß etwas nicht sein kann, was nicht sein darf. Erklären Sie diese Tatsache mit Hilfe wahrnehmungstheoretischer Erkenntnisse. (Abschnitt 3.1.3, 3.2.1 und 3.2.2)

21. Verdeutlichen Sie mit Hilfe wahrnehmungstheoretischer Erkenntnisse, warum der Verliebte die Umwelt anders wahrnimmt als der Enttäuschte. (Abschnitt 3.2.1 und 3.2.2)

22. Für den Pessimisten erscheint die Mitwelt meist schlecht, er sieht sie „dunkel" und „trübe". Überall wittert er Fallen und Gefahren: „Was da wohl wieder dahintersteckt... Wie können Sie die Haltung eines Pessimisten mit Hilfe von wahrnehmungstheoretischen Erkenntnissen erklären? (Abschnitt 3.2.1 und 3.2.2)

23. Man hört oft die Aussagen „Blind vor Wut" oder „Liebe macht blind". Wie können Sie diese beiden Aussagen mit Hilfe von Erkenntnissen über die Wahrnehmung erklären? (Abschnitt 3.2.1 und 3.2.2)

24. *Ein Mädchen, das auf der Straße geht, hat das Gefühl, daß die Männer sie mit aufdringlichen Blicken ansehen, obwohl die Passanten ihr höchstens flüchtige Blicke zuwerfen.* Wie können Sie diesen Sachverhalt mit Hilfe von Erkenntnissen über die Wahrnehmung erklären? (Abschnitt 3.2.1 und 3.2.2)

25. Zeigen Sie an verschiedenen Beispielen auf, wie unsere Wahrnehmung durch Gestaltgesetze strukturiert und organisiert wird. (Abschnitt 3.3.1)

26. Veranschaulichen Sie die Ihnen bekannten Gestaltgesetze mit Beispielen aus dem eigenen Lebensbereich. (Abschnitt 3.3.1)

27. Zeigen Sie auf, wie im Straßenverkehr gestaltpsychologische Erkenntnisse angewendet werden. (Abschnitt 3.3.1)

28. Man kann sehr oft beobachten, daß eine Mitteilung, die durch Erzählen weitergegeben wird, am Ende ganz anders ankommt als sie ursprünglich lautete. Wie können Sie diesen Sachverhalt mit Hilfe gestaltpsychologischer Erkenntnisse erklären? (Abschnitt 3.3.1)

29. Beschreiben Sie an verschiedenen Beispielen, wie unsere Wahrnehmung durch Konstanzphänomene verbessert wird.
(Abschnitt 3.3.2)

30. Beschreiben Sie an verschiedenen Beispielen die Wahrnehmung von Personen und deren Auswirkungen im Alltag.
(Abschnitt 3.4.1)

31. Ein Kind aus der Arbeiterschicht wird oft für weniger intelligent gehalten als das Kind eines Professors.
Wie können Sie diese Tatsache erklären?
(Abschnitt 3.4.1)

32. Ausländische Arbeitnehmer werden häufig als schmutzig, faul und frech wahrgenommen.
Erklären Sie mit Hilfe wahrnehmungstheoretischer Erkenntnisse, wie Menschen zu einem solchen Urteil kommen können.
(Abschnitt 3.4.1)

33. *„Wer einmal lügt, dem glaubt man nicht, auch wenn er dann die Wahrheit spricht."*
Wie können Sie die Aussage dieses Sprichwortes erklären?
(Abschnitt 3.4.1)

34. Erläutern Sie an verschiedenen Beispielen mögliche Wahrnehmungsbeeinträchtigungen und stellen Sie deren Folgen für die Entwicklung eines Menschen dar.
(Abschnitt 3.4.2)

Anregungen:

35. Entwerfen Sie in Ihrer Klasse auf der Grundlage von Erkenntnissen der Gestaltpsychologie Hinweise über die Gestaltung des Straßenverkehrs (Zeichnen und Aufstellen von Schildern, Markierungen usw.)

36. Suchen Sie nach Werbeaussagen und Reklameblätter, und diskutieren Sie in der Klasse darüber, inwieweit diese die Anwendung wahrnehmungs-, insbesondere gestaltpsychologischer Erkenntnisse erkennen lassen.

37. Fehler in der Wahrnehmung von Personen und Gruppen können oft schicksalshafte Auswirkungen haben.
Suchen Sie nach Personen und Gruppen, die von Wahrnehmungsfehlern in besonderem Maße betroffen sind. Versuchen Sie zu erklären, wie es zu diesen Fehlern gekommen sein könnte, und diskutieren Sie Maßnahmen, wie man diesen begegnen könnte.

38. Welche Rolle spielen Verfälschungstendenzen der Wahrnehmung in der Beziehung zwischen Lehrer und Schüler?
Sprechen Sie mit Ihrem Lehrer in der Klasse darüber, und entwerfen Sie zusammen Möglichkeiten, wie diese abgebaut bzw. vermieden werden können.

Der Fall Maximilian, zwölf Jahre alt:

Maximilian, der auf jeden Fall Abitur machen soll, hat in der letzten Zeit in der Schule sehr schlechte Noten und ist wiederholt versetzungsgefährdet, obwohl er stundenlang in seinem Zimmer sitzt, lernt und auch von sich aus sagt, er wolle das Abitur machen. Die Eltern sind außer sich vor Besorgnis um die berufliche Karriere ihres Sohnes und wenden sich deshalb an die Lehrer, von denen sie folgendes zu hören bekommen:

– *„Max kann den Lehrstoff nicht verarbeiten."*
– *„Er hat einfach ein sehr schlechtes Gedächtnis."*
– *„Es gibt kein schlechtes Gedächtnis, er lernt sicherlich nur falsch."*
– *„Er ist nicht intelligent genug, sonst könnte er bessere Leistungen erbringen."*
– *„Das hat nichts mit Intelligenz zu tun, er denkt nur nicht mit."*
– *„Er mag nicht lernen, das ist alles. Dafür aber ist er sehr kreativ."*
– *„Seine kognitiven Prozesse und Funktionen sind in Ordnung, er nutzt sie nur nicht."*

Maximilians Eltern werden nicht so ganz klug aus den Aussagen der Lehrer. Sie schämen sich auf alle Fälle wegen ihres dummen und faulen Jungen.

Aus diesem Fallbeispiel ergeben sich folgende Fragen:

1. Was sind kognitive Prozesse und Funktionen?
Wie arbeiten diese Funktionen?
Wie laufen kognitive Prozesse ab?

2. Was versteht man unter Gedächtnis?
Wie arbeitet das Gedächtnis?
Welche Lern- und Studiertechniken kennt die Psychologie?

3. Wann spricht man von Wissen?
Wie geht der Erwerb von Wissen vor sich?

4. Was ist mit Denken gemeint?
Welche Formen des Denkens gibt es?

Psychische Fähigkeiten, Funktionen und Prozesse bilden zusammen mit den psychischen Kräften die Grundlagen des Erlebens, Verhaltens und Handelns eines Menschen (vgl. Kapitel 1.2.4). Sie sind bei allen Menschen vorhanden, jedoch von Individuum zu Individuum unterschiedlich stark ausgeprägt.

Alle psychischen Fähigkeiten, Funktionen und Prozesse, die der *Aufnahme,* der *Verarbeitung* und der *Speicherung von Informationen* dienen, bezeichnen wir mit dem Wort **Kognition** (kognitiv, lat.: erkennen).

Zu den kognitiven Fähigkeiten gehören zum Beispiel die Intelligenz, die Kreativität, das Gedächtnis, die Sprach- und Lernfähigkeit, zu den Prozessen bzw. Funktionen die Wahrnehmung (siehe Kapitel 3), das Denken, das Urteilen, das Erkennen, das Vorstellen, der Erwerb von Wissen sowie das Behalten und Vergessen.

> **Der Begriff Kognition meint die Gesamtheit aller psychischen Fähigkeiten, Funktionen und Prozesse, die der Aufnahme, der Verarbeitung und der Speicherung von Informationen dienen.**

Im folgenden werden die kognitive Fähigkeit Gedächtnis sowie die kognitiven Funktionen bzw. Prozesse des Denkens, des Wissenserwerbs, des Behaltens und Vergessens sowie daraus resultierende Lern- und Studiertechniken dargestellt.

4.1 Das Gedächtnis

Eine der wichtigsten Fähigkeiten unseres Organismus ist das Gedächtnis. Ohne es müßten wir Alltägliches immer wieder neu lernen.

> „Wahrnehmung, Denken, Lernen und Verstehen wären ohne Gedächtnis nicht möglich. Es leistet die Bereitstellung wichtiger Erfahrungen, die in Lernprozessen erworben wurden sowie täglich benötigter Kenntnisse über Sachverhalte, Vorgänge und Personen. … Die Fähigkeit von Menschen, Wissen über sich und ihre Umwelt zu erwerben und zu behalten ist grundlegend für das Entscheiden und Handeln." *(Rainer H. Kluwe; in: Hans Spada (Hg.), 1990)*

4.1.1 Der Begriff Gedächtnis

Mit Gedächtnis bezeichnet man einmal die Fähigkeit eines Organismus, bestimmte Informationen zu **speichern.** Solche Informationen umfassen nicht nur sachliche Inhalte wie beispielsweise den Stoff, den man in der Schule gelernt hat, sondern auch Gefühle, Empfindungen, Erlebnisse und ähnliches. In der Psychologie spricht man, wenn es um das Speichern von Informationen geht, von *Behalten.* Zum anderen werden Informationen im Gedächtnis **verarbeitet:** Sie werden dort mit Hilfe von Prozessoren entschlüsselt und ausgewertet (siehe Abschnitt 4.3.1).

Das Gedächtnis ist also ein aktives Organ des Menschen, das eine Information aufnimmt, verarbeitet und speichert und für den Fall behält, daß diese Information zum Erkennen neuer Reize und Verarbeiten neuer Informationen wieder benötigt wird.

In diesem Fall kann der Mensch diese notwendige, bereits im Gedächtnis gespeicherte Information wieder **abrufen,** das heißt, das Gedächtnis sucht in seinem Speicher bzw. in seinen Speichern nach der benötigten Information, holt sie hervor und aktiviert sie, um mit ihrer Hilfe den neuen Reiz erkennen zu können. Dieses Abrufen kann in Form des Reproduzierens oder des Wiedererkennens geschehen.

Wenn man beispielsweise eine Liste von Wörtern sieht und die Bedeutung dieser Wörter sagen kann, so handelt es sich um ein Wiedererkennen. Lernt man nun diese Liste von Wörtern auswendig und versucht, sie zu einem späteren Zeitpunkt wiederzugeben, so spricht man von Reproduzieren. Bei Wörtern, die wir täglich gebrauchen (= aktiver Wortschatz), handelt es sich um ein Reproduzieren, Begriffe dagegen, die wir selbst nicht gebrauchen, deren Bedeutung wir aber wissen (= passiver Wortschatz), erkennen wir wieder.

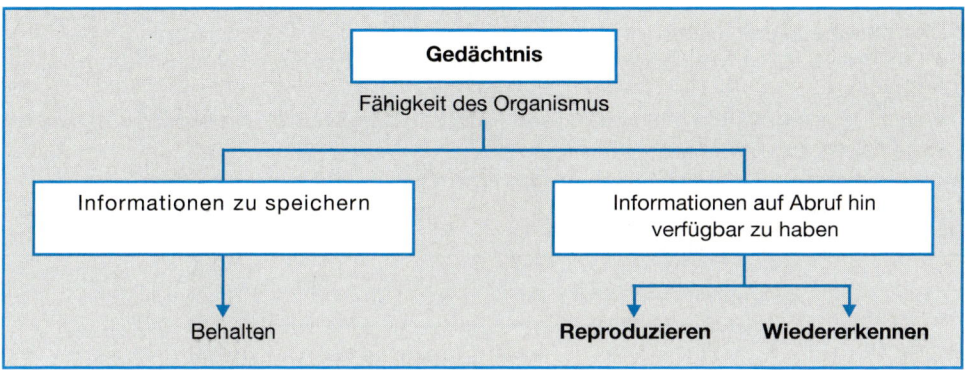

Gedächtnis ist die Fähigkeit des Organismus, Informationen zu speichern und abrufen zu können.

★ Oft taucht in diesem Zusammenhang auch der Begriff „Erinnerung" auf. Damit bezeichnet man eine gespeicherte Information, die gewollt oder ungewollt in das Bewußtsein tritt.

Das Gedächtnis ist somit sowohl ein Mittel des Erkennens, weil mit seinen Inhalten neue Reize erkannt werden können, als auch das Resultat des Erkennens von Informationen, weil es aus gespeicherten erkannten Informationen besteht.

Diese Speicherung von Informationen im Gedächtnis erfolgt in einem oder mehreren Speichern, wie die folgenden Modelle verdeutlichen.

➡ **Materialien 1.**

4.1.2   Das Ein-Speicher-Modell

Das Ein-Speicher-Modell geht davon aus, daß das menschliche Gedächtnis aus einem einzigen großen Speicher besteht, dem sogenannten **Langzeitgedächtnis (LZG).**

Innerhalb dieses Speichers gibt es verschiedene **Ebenen oder Stufen der Informationsverarbeitung.** Charakteristisch für die unteren Stufen ist die Kurzfristigkeit der Reizaufnahme: Reize werden nur kurz registriert, wahrgenommen und nur sehr kurzzeilig behalten. Dementsprechend viel wird auf den unteren Stufen auch vergessen. Je höher die Stufen, desto mehr bzw. stärker wird die Information verarbeitet und folglich um so länger behalten.

Die Verarbeitung der Information verläuft automatisch und kontrolliert: Neu ankommende Reize werden so umgewandelt, daß sie vom Gedächtnis aufgenommen und festgehalten werden können – sei es auch nur für einen kurzen Augenblick. Kontrolle findet insofern statt, als jede Information auf ihre Wichtigkeit für die Person hin überprüft wird. Je wichtiger eine Information, desto nachhaltiger wird sie verarbeitet und desto dauerhafter wird sie gespeichert.

> Das Ein-Speicher-Modell besitzt eine einzige große Einheit, das Langzeitgedächtnis. Die Grundgedanken sind:
> - Die Verarbeitung von Informationen geschieht in einer Folge von Schritten bzw. Ebenen,
> - es finden selbsttätige und kontrollierte Prozesse der Verarbeitung von Informationen statt.

Das Ein-Speicher-Modell des Gedächtnisses

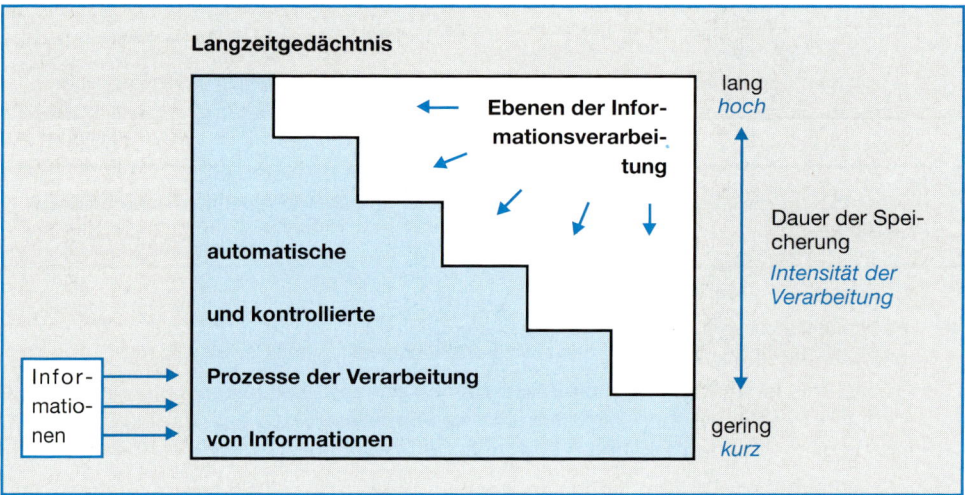

Es können nicht ständig alle Gedächtnisinhalte im Langzeitgedächtnis griffbereit sein, eine gespeicherte Information wird, sobald sie zum Erkennen und Verarbeiten neuer Reize benötigt wird, im Langzeitgedächtnis gesucht und aktiviert, damit mit ihr gearbeitet werden kann.

4.1.3   Das Mehr-Speicher-Modell

Das Mehr-Speicher-Modell nimmt drei verschiedene „Arten" von Gedächtnissen als *separate Speicher* an, zwischen denen **Kontrollprozesse** stattfinden. Diese regeln den Informationsfluß zwischen den Speichern und leiten gegebenenfalls Information zum nächsten Speicher weiter. Zudem sind mit Kontrollprozessen Strategien gemeint, die von einer Person zum Einprägen, Behalten und Erinnern eingesetzt werden (vgl. Rainer H. Kluwe; in: Hans Spada (Hg.), 1990).

> **Mit Kontrollprozesse sind Gedächtnisstrategien gemeint, die von einer Person zum Einprägen, Behalten und Erinnern eingesetzt werden; sie regeln den Informationsfluß zwischen den Speichern und leiten gegebenenfalls Information zum nächsten Speicher weiter.**

Das sensorische Gedächtnis (SG)

Das SG registriert alle Informationen bzw. Reize, die der Mensch durch seine Sinnesorgane wahrnimmt.[1] Diese **Reizregistrierung** oder **Informationsaufnahme** bedeutet noch keine Reiz-/Informationsverarbeitung, sondern lediglich ein kurzes Festhalten der Information, das *bioelektrischer Art* ist und nur maximal eine Sekunde dauert. Das SG enthält sozusagen ein Abbild, eine Photographie des vorher Wahrgenommenen.

Beim Lesen beispielsweise hält das SG die Buchstaben fest, so daß wir sie zusammenhängend als Wörter wahrnehmen und verstehen können.

Die Aufnahmekapazität des SG ist sehr groß, nahezu unbegrenzt; gleichzeitig ist die Vergessensquote sehr hoch und erfolgt binnen Bruchteilen einer Sekunde. Während dieser sehr kurzen Spanne des Festhaltens im SG wird durch Kontrollprozesse entschieden, ob die Information in den nächsten Speicher, das Kurzzeitgedächtnis, weitergeleitet werden soll.

Man muß sich das vorstellen wie die Eingangsstelle eines großen und gut durchorganisierten Betriebes: „Diese Eingangsstelle erreichen ständig neue Informationen, von denen nur einige weitergeleitet und andere abgewiesen werden. Sie werden kurzfristig auf ihre Bedeutung hin überprüft, und wenn sie wichtig sind, werden sie mit verschiedenen Organisationsstellen des Betriebes bekannt gemacht. Unwichtige Informationen werden nur kurzfristig behalten (…)" *(Ch. Michel/F. Novak, 1990).*

Das Kurzzeitgedächtnis (KZG)

Einige ausgewählte Informationen werden aus dem SG an das KZG weitergeleitet und hier – ebenfalls durch *bioelektrische Speicherung* – einige Sekunden bis zu maximal einer Minute verfügbar gehalten. Wiederholt man die Information bewußt, kann man sie im KZG auch beliebig lange behalten. Speicherung bedeutet hier nicht mehr nur Bereithalten einer Photographie des Wahrgenommenen, sondern bereits eine **Be- bzw. Verarbeitung der Information.**

Das KZG ermöglicht uns zum Beispiel, dem Inhalt eines Gesprächs kontinuierlich zu folgen und die Sätze zu verstehen, weil wir beim Hören des Satzendes den Satzanfang noch wissen.

Die Aufnahmekapazität des KZG ist sehr gering, es können nur ca. 7 Elemente (7 Buchstaben oder 7 Zahlen oder 7 Wörter …) aufgenommen werden.

Mit diesen 7 Elementen arbeitet das KZG, weshalb es auch als **„Arbeitsgedächtnis"** (Rainer H. Kluwe; in: Hans Spada, 1990) oder auch als **„zentrale Speichereinheit des Modells"** bezeichnet wird.

---

[1] Sensorisch heißt: die Aufnahme von Sinnesempfindungen betreffend.

Die Informationen des KZG kommen aus dem SG und werden, wenn sie von den Kontrollorganen als genügend wichtig erachtet werden, an das Langzeitgedächtnis weitergeleitet.

Es kommen umgekehrt jedoch auch Informationen aus dem LZG an das KZG zurück, wenn sie für die Arbeit im KZG benötigt werden, beispielsweise wenn sie zum Erkennen eines neuen Reizes gebraucht werden.

„Mit Hilfe des KZG besteht unser bewußtes Erleben nicht aus einer Folge isolierter ‚abgehackter' Einzelheiten, sondern ist ein kontinuierlich fließender Erlebnisstrom." (Werner Herkner, 1986)

Das Langzeitgedächtnis (LZG)

Nur sehr wenige Informationen des KZG werden in das LZG vorgelassen. Gelingt es jedoch einer Information, so wird sie dort dauerhaft gespeichert.

Das LZG gilt als das eigentliche Gedächtnis, dessen Umfang als nahezu unbegrenzt gilt, jedoch letztendlich unbekannt ist. Es enthält alles Wissen eines Menschen und wird deshalb auch als **„Wissensgedächtnis"** bezeichnet.

Die Prozesse, die im LZG zur unbegrenzten Speicherung führen, sind nicht mehr bioelektrischer, sondern **biochemischer Art:** Es finden sich hier keine kurzzeitigen Erregungsströme mehr, sondern es werden dauerhafte chemische Verbindungen (Gedächtnisspuren) geschaffen. Das meiste jedoch, das sich im LZG befindet, ist nicht ständig parat, es muß im Bedarfsfall erst hervorgeholt werden. Seine Inhalte gelten also als passiv, so daß das gespeicherte Wissen im Bedarfsfall „aufgerufen", das heißt, aktiviert werden muß.

„Unser Gedächtnisrepertoire ähnelt dem Repertoire eines Schauspielers. Auch wir brauchen manchmal eine Art Souffleuse, die uns die Stichwörter liefert, die unser Gedächtnis aktivieren." (Hellmuth Benesch, 1989[2])

Das Mehr-Speicher-Modell des Gedächtnisses

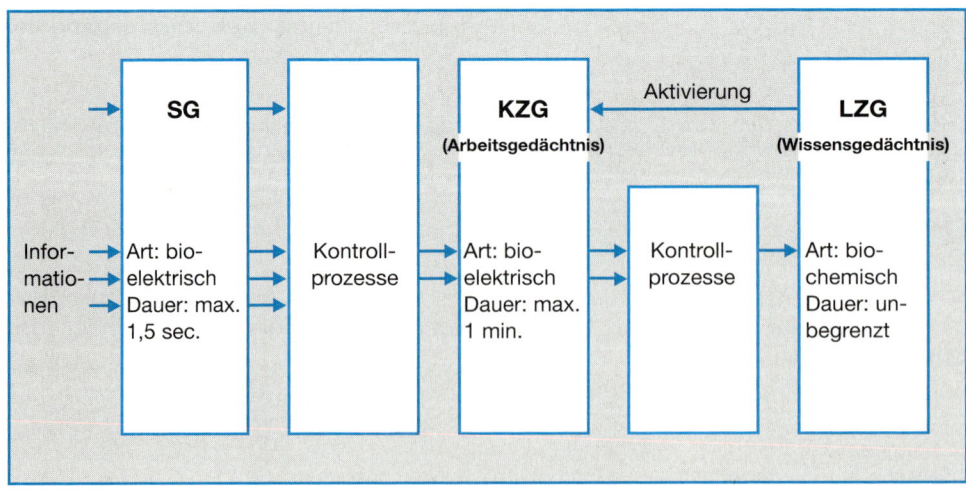

★ Viele Erinnerungsleistungen lassen sich jedoch keineswegs eindeutig einem Gedächtnisspeicher zuordnen: Es gibt Informationen, die wir nicht nur eine oder mehrere Minuten behalten, die aber auch nicht die typischen Charakteristika der Langzeitspeicherung aufweisen.

„All diese Überlegungen führen über ein Dreispeichermodell hinaus. Wenn man bedenkt, wie viele Zwischenspeicher und verschiedene Speichersysteme allein ein durchschnittlicher PC heute besitzt, wird man auch kaum annehmen wollen, daß ein so leistungsstarkes und kompliziertes biologisches System wie das Gehirn des Menschen mit drei Speichern auskommen sollte." *(Wilhelm F. Angermeier u. a., 1991[2])*

4.2 Der Erwerb von Wissen

Informationen, die im Gedächtnis verarbeitet und gespeichert sind, stellen das **Wissen** eines Menschen dar. Der Erwerb von Wissen kann demnach als Aufnahme von verarbeiteten Informationen in das Langzeitgedächtnis und deren Speicherung dort beschrieben werden.

> **Unter Wissenserwerb versteht man die Aufnahme von verarbeiteter Information in das Langzeitgedächtnis und deren Speicherung dort.**
> **Mit Wissen bezeichnet man die von einem Individuum im Gedächtnis verarbeiteten und gespeicherten Informationen**

4.2.1 Prozesse des Wissenserwerbs

Vier Prozesse sind es, mit deren Hilfe Informationen in das Langzeitgedächtnis aufgenommen und gespeichert werden:

- die **Kodierung**
- die **Wiederholung**
- die **Organisation**
- die **Elaboration**

Die Kodierung

Informationen, die in unserem Gedächtnis gespeichert werden sollen, werden verändert und zu einer für uns sinnvollen Einheit zusammengefaßt.

Es ist beispielsweise kaum möglich, sich 14 Zahlen – etwa die Zahlenreihe 92756134961287 – nach einmaliger Darbietung zu merken: verändert man jedoch die Reihe, indem man die Zahlen anders gruppiert, zum Beispiel 92 - 75 - 61 - 34 - 96 - 12 - 87, so kann man sie leichter wiedergeben.

Die Buchstabenfolge „da - skan - ndo - chke - in - erle - sen" kann man sich kaum merken; ändert man sie jedoch um in „das - kann- doch - keiner - lesen", so ergibt sie für uns einen Sinn, und wir können uns die Information merken.

Diese Veränderung und Umwandlung von Information wird in der Psychologie Kodierung genannt.

> **Kodierung bedeutet Veränderung und Umwandlung einer Information zu einer sinnvollen Einheit.**

Durch diese Art der Speicherung können sehr viele Informationen gespeichert und damit auch viel Wissen erworben werden. Entscheidend dabei ist jedoch, daß bei ihrer Umwandlung diese so verändert werden, daß sie uns sinnvoll erscheinen, daß wir sie uns vorstellen können, daß sie mit bereits gespeichertem Wissen verbunden – assoziiert – werden.

Eine uns bekannte Art der Kodierung sind zum Beispiel die sogenannten **Eselsbrücken:** wir verbinden neue Informationen mit bereits vorhandenem Wissen oder mit Inhalten, die wir uns aufgrund ihrer ausgefallenen, oft komischen Art und Weise leicht merken können.

Einige Beispiele hierfür:
Wer ‚nämlich' mit ‚h' schreibt, ist dämlich!"
„333 – bei Issos Keilerei"

 Materialien 2.

Die Wiederholung

Wiederholung bedeutet, daß man sich die Informationen, die man sich merken muß, immer wieder laut oder in Gedanken vorspricht.

Man soll ein Gedicht auswendig lernen und sagt es deshalb immer wieder laut vor sich her.

Man muß den Stoff der letzten Unterrichtsstunden für die bevorstehende Schulaufgabe lernen und geht ihn deshalb immer wieder in Gedanken durch.

Ein Bekannter sagt mir seine Telefonnummer, und bis ich einen Zettel und einen Stift gefunden habe, um mir die Nummer zu notieren, sage ich die Nummer ständig vor mir her, ich wiederhole sie ständig, um sie nicht zu vergessen.

> **Wiederholen ist der Prozeß, in dem sich der Mensch selbst eine Information immer wieder, mehrmals durch stilles oder lautes Vorsprechen darbietet.**

Diese Art der Informationsspeicherung ist jedoch nur für kurzfristiges Behalten im KZG geeignet, da die Information nur so lange behalten wird, solange man sie wiederholt, und die Information durch die Wiederholung nicht verarbeitet wird. Sinnvoll ist die Wiederholung jedoch trotzdem, da sie die Information nicht nur parat hält, sondern auch mehr Gelegenheit zum Kodieren bietet.

Die Elaboration

Allein das Wiederholen von Information führt nicht zum gewünschten Erfolg, es kommt einmal darauf an, wie sie kodiert wird, und zum anderen, ob man sich mit ihr näher, länger und ausführlicher beschäftigt, ob man sich mit ihr tiefer und gründlich auseinandersetzt.

Wenn man sich zum Beispiel aus dem Telefonbuch eine bestimmte Nummer holt, so sagt man diese Nummer ständig vor sich hin bis man am Telefon ist und gewählt hat bzw. bis man sie notiert hat. Am nächsten Tag weiß man die Nummer sicher nicht mehr. Allein aufgrund der Wiederholung können wir uns die Telefonnummer auf Dauer nicht merken.

Ein Schüler beispielsweise, der Psychologie lernen soll und das ihm vom Lehrer aufgegebene Kapitel nur flüchtig und oberflächlich liest, wird am nächsten Tag, wenn er vom Lehrer ausgefragt wird, nicht mehr viel wissen. Setzt er sich dagegen mit diesem Kapitel gründlich auseinander, so wird er den Inhalt dieses Kapitels auch am nächsten Tag wiedergeben können.

Diesen Prozeß der tieferen, gründlichen und ausführlichen Verarbeitung von Information bezeichnet man als Elaboration.

> **Unter Elaboration versteht man eine tiefe, gründliche und ausführliche Verarbeitung von Informationen.**

Dadurch werden viele Gedächtnisinhalte aktiviert und mit der neuen Information verknüpft. Dabei sind Elaboration und Wiederholung aufeinander angewiesen.

> Weder Wiederholung ohne Elaboration noch Elaboration ohne Wiederholung führen zum gewünschten Erfolg.

Die Organisation

Informationen, die gespeichert werden, werden geordnet und gegliedert. Diesen Prozeß der Ordnung und Gliederung einer Information bezeichnet man als Organisation.

> **Organisation ist die Ordnung und Gliederung einer Informationsmenge.**

Die Organisation ist damit eine besondere Form der Kodierung, da sie die Informationen kategorisiert und gruppiert. Dadurch werden neue Informationen nicht nur mit bereits Gespeichertem verbunden, es wird darüber hinaus ein Ordnungssystem (Netzwerk, Schema oder Skript vgl. Abschnitt 4.3.1) angelegt, das einen Überblick gestattet und in das die neue Information eingebaut werden kann. Dadurch kann die zu speichernde Informationsmenge erheblich reduziert werden, was wiederum den Vorteil hat, daß nicht so viel Speicherkapazität verbraucht wird und daß man diese Information leichter abrufen kann.

Jeder, der seinen Lernstoff gliedert, in Stichpunkte zusammenfaßt, vielleicht noch optisch in einem Schaubild darstellen kann, der weiß, um wieviel einfacher es ist, diesen Stoff zu erlernen und ihn sich zu merken.

Folgendes Schaubild ist ein Beispiel für eine Organisation des Lernstoffes: die Informationen des ganzes Abschnittes werden hier in einer knappen Einheit und Übersicht so dargestellt, daß der Inhalt des gesamten Abschnittes stichpunktartig klar wird und man sich letztendlich nur das Schaubild merken muß, um zu wissen, wie der Wissenserwerb abläuft.

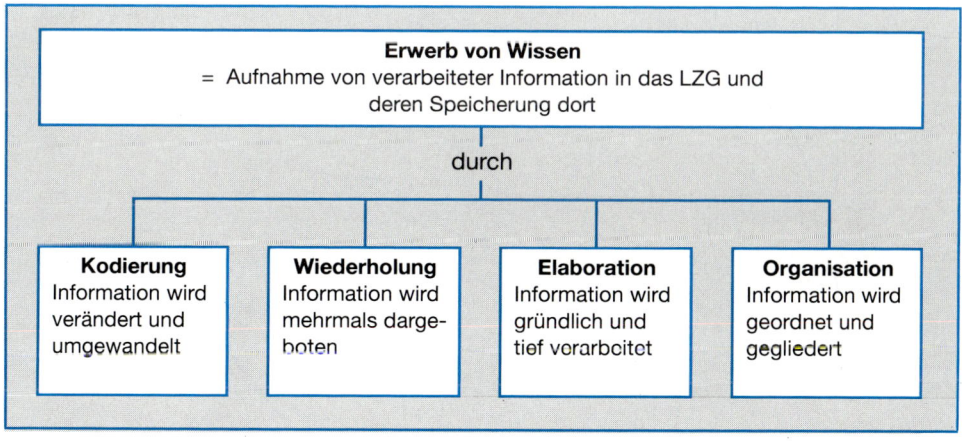

★ Es ist davon auszugehen, daß der Wissenserwerb und damit die Aufnahme und Speicherung einer Information nicht nur mit Hilfe eines Prozesses vollzogen wird, sondern daß alle vier Prozesse ihre Anwendung finden.

4.2.2   Das Behalten und Vergessen

Das Behalten und Vergessen sind zwei gegenläufige Prozesse: Was nicht behalten wird, wird vergessen, und umgekehrt; Faktoren, die das Behalten positiv beeinflussen, üben auf das Vergessen einen negativen Einfluß aus und umgekehrt (vgl. D. Dörner/H. Selg, 1985).

Wenn man eine Information verarbeitet und im Langzeitgedächtnis gespeichert hat, so wird sie in der Regel behalten und man kann sie bei Bedarf wieder abrufen. Gelingt dieser Abruf einer Information aus dem Gedächtnis nicht, so spricht man von „vergessen". Dies muß nicht unbedingt bedeuten, daß die Information nicht mehr im Gedächtnis enthalten, also gelöscht ist, es ist auch möglich, daß der Zugang zu dieser im Augenblick nicht möglich ist.

> **Behalten bedeutet, daß man eine verarbeitete Information im Langzeitgedächtnis gespeichert hat und sie bei Bedarf abrufen kann.**
> **Vergessen heißt, daß eine Information nicht mehr aus dem Gedächtnis abgerufen werden kann.**

Die Gedächtnisforschung liefert wichtige Erkenntnisse über das **Speichern, Behalten und Vergessen von Informationen:**

● Der **Verlauf des Lernens** erfolgt in recht unterschiedlicher Weise:

Bei einfacheren Lerntätigkeiten lernt man anfangs recht schnell, dann aber immer langsamer (Abb. a).

Bei schwierigen Aufgaben ist es oft umgekehrt. Man lernt anfangs recht langsam, später immer schneller (Abb. b).

Beim Lernen durch Einsicht schnellt die Lernkurve förmlich in die Höhe, nämlich dann, wenn die richtige Lösung gefunden wurde und es zum Aha-Erlebnis kam (Abb. c).

Der Lernprozeß kann auch in Schüben oder Sprüngen verlaufen, etwa dann, wenn der Lernende in seinem Lernfluß für eine gewisse Zeit abgelenkt war (Abb. d).

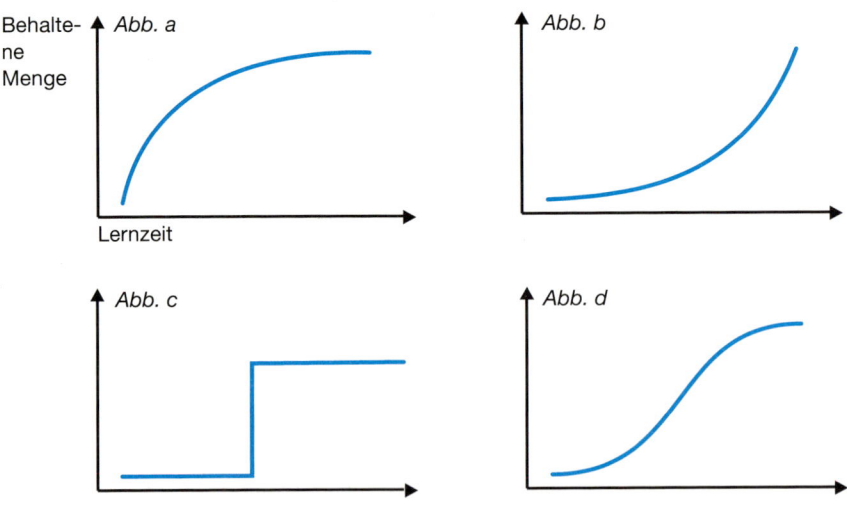

(Vgl. Werner Herkner, 1986)

102

- Nach Beendigung eines Lernprozesses wird zunächst sehr viel des gelernten Stoffes vergessen (in den ersten Minuten und Stunden). Je mehr Zeit verstreicht, desto langsamer wird vergessen, wie die sogenannte **„Vergessenskurve" von Ebbinghaus** zeigt:

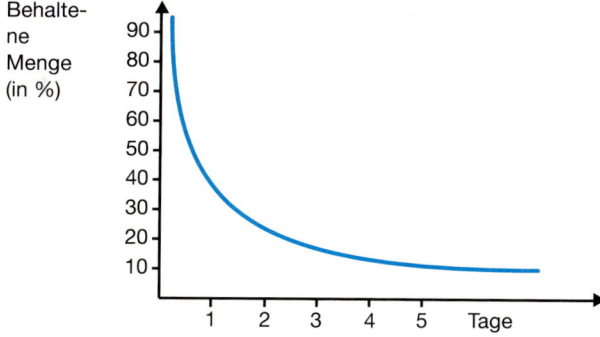

Quelle: D. Dörner/H. Selg, 1985

- **Langfristiges Lernen fördert die Gedächtnisleistung.** Wer den Lernstoff kurz vor einer Prüfung schnell „hineinpaukt", wird ihn nicht lange behalten.

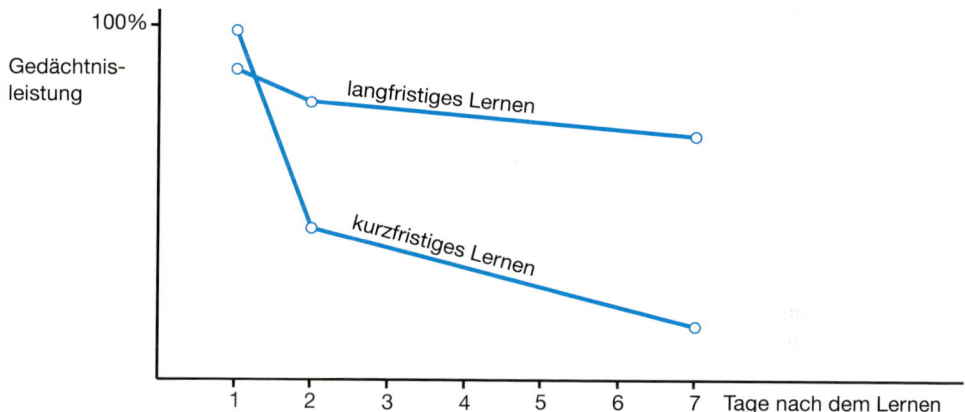

Quelle: Gustav Keller, 1986

- **Einsichtiger und sinnvoller sowie gut gegliederter und strukturierter Lernstoff** wird leichter behalten als uneinsichtiger, sinnloser, kaum gegliederter und unstrukturierter.

Der typische Verlauf der Vergessenskurve für sinnlose und sinnvolle Inhalte (nach H. Maddox, 1965)

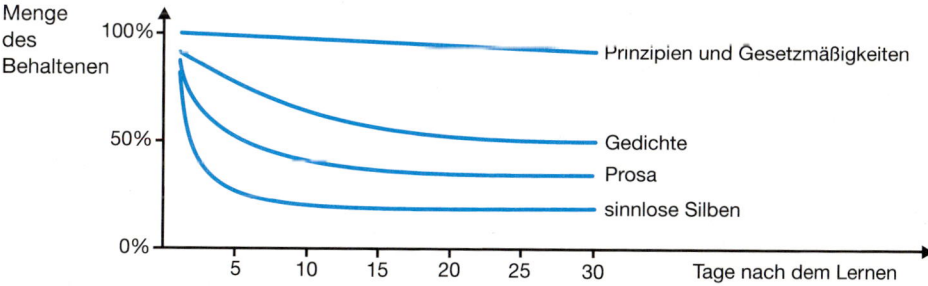

Quelle: Ch. Michel/F. Novak, 1990

- Informationen werden um so leichter behalten, je mehr sie **mit anderen Gedächtnisin-halten assoziiert** werden können (vgl. Kodierung, Elaboration und Organisation in Abschnitt 4.2.1).

- **Sich abhebende Informationen** wie zum Beispiel fettgedruckte oder farbig hervorge-hobene Aussagen kann man sich eher und besser merken. Dies trifft umso mehr zu, wenn sie am Beginn oder am Ende gegeben werden *(= Positionseffekt).*

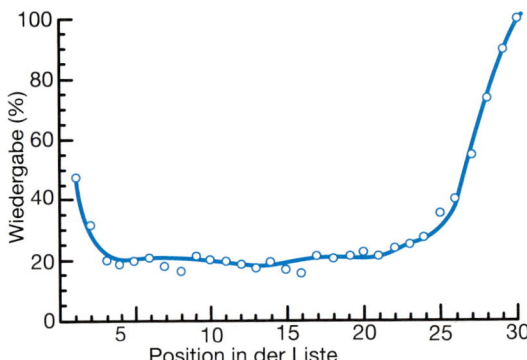

Quelle: W. Metzig/M. Schuster, 1982

- **Anschauliche Informationen** werden besser behalten als abstrakte.

- **Emotional gefärbte Informationen** werden leichter behalten als „neutrale", angeneh-me besser als unangenehme.

- An **unerledigte Aufgaben** erinnert man sich kurzfristig eher als an erledigte. Diese Tat-sache wird in der Psychologie als *Zeigarnik-Effekt* bezeichnet. Man erinnert sich ständig an Aufgaben, die man noch erledigen muß. Sie sitzen gewissermaßen wie ein „schlech-tes Gewissen im Nacken", während man Aufgaben, die man erledigt hat, schnell vergißt.

  Wird das schlechte Gewissen jedoch zu groß, so kann sich der Zeigarnik-Effekt auch umkehren, was zur Folge hat, daß man sich an die erledigten Aufgaben eher erinnert als an die unerledigten. Letztere werden dann „verdrängt".

- Einen entscheidenden Einfluß auf das Behalten und auf Reproduktionsleistungen hat der bewußte Einsatz von **Gedächtnisstrategien,** das heißt von Lerntechniken, die den Prozeß des Wissenserwerbs verbessern. Wie die neuere Gedächtnisforschung ergeben hat, spielen sie in unserem Leben eine so entscheidende Rolle, daß auf sie in einem eigenen Abschnitt eingegangen wird (siehe Abschnitt 4.4).

- Vielfältige **Wiederholung** des Lernstoffes (Übung): Eine Information hat nur dann eine Chance, in das Langzeitgedächtnis zu kommen, wenn man sie nicht nur einmal lernt, sondern immer wieder wiederholt bzw. übt.

- Eine gute **körperliche und seelische Verfassung** des Lernenden bzw. Aufnehmenden, Gefühle, Bedürfnisse und Wohlbefinden haben eine starke Auswirkung auf das Verges-sen bzw. Behalten.

- Eine starke innere **Motivation:** Sachverhalte, an denen man sehr interessiert ist, wer-den länger und leichter behalten als Sachverhalte, die weniger interessieren.

- **Starke Gefühle,** wie etwa Angst, können das Gedächtnis blockieren (vgl. Abschnitt 4.2.3).

  So vergißt man beim Autofahren in angstauslösenden Situationen häufig, wie man richtig reagie-ren soll.

- **Schockerlebnisse** führen oft dazu, daß man Informationen zum Teil vergißt oder falsch in Erinnerung hat.

  Menschen zum Beispiel, die einen Autounfall hatten, wissen nach dem Unfall oft nicht mehr, wie er passierte.

- Eine ruhige **Arbeitsumgebung,** so daß man nicht durch Lärm, Geräusche, Musik oder Hektik abgelenkt wird, wirkt positiv auf das Behalten.

Das Behalten und Vergessen ist abhängig von
- dem Prozeß der Informationsspeicherung
  (Wiederholung, Kodierung, Elaboration, Organisation)
- der Methode, nach der man lernt
  (Gedächtnishemmungen, Gedächtnisstrategien …)
- dem Lernstoff, der gelernt wird
  (einsichtig, sinnvoll, gegliedert, strukturiert, abhebend, anschaulich …)
- der physischen und psychischen Verfassung der Lernenden
  (Gefühle, Ängste, Schock …)
- der Motivation des Lernenden
  (persönliches Interesse)
- der Arbeitsumgebung, in der man lernt

4.2.3 Lern- und Gedächtnishemmungen

Gedächtnishemmungen sind Bedingungen, die sich blockierend auf das Speichern und Behalten von Informationen auswirken, und von daher auch Faktoren, die das Behalten und Vergessen beeinflussen, so wie sie im letzten Abschnitt beschrieben wurden. Hier sei aufgrund der Wichtigkeit dieser Hemmungen gesondert darauf eingegangen.

Unter Gedächtnishemmungen verstehen wir Bedingungen, die das Speichern und Behalten bzw. das Abrufen von Informationen be- bzw. verhindern

---

Man unterscheidet verschiedene Arten von Gedächtnishemmungen:

- **Proaktive (= vorauswirkende) Hemmung**

  Die Erinnerung an einen gerade gelernten Sachverhalt beeinflußt auf negative Weise das unmittelbar darauffolgende Lernen eines neuen Sachverhaltes.

Wenn man beispielsweise gerade Englisch gelernt hat und sofort darauf Mathematik lernt, so wirkt sich die Erinnerung an das Englisch hemmend auf das Mathematik-Lernen aus.

● **Retroaktive (= rückwirkende) Hemmung**

Lernt man nach einem gerade gelernten Sachverhalt einen weiteren, so kann sich das Lernen dieses zweiten Sachverhaltes negativ auf das Behalten des vorausgegangenen auswirken.

Wenn man beispielsweise gerade Englisch gelernt hat und sofort darauf Mathematik lernt, so kann sich das Lernen von Mathematik hemmend auf das Behalten von Englisch auswirken.

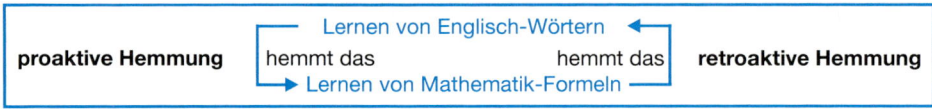

● **Ähnlichkeitshemmung**

Lernt man nach einem eben gelernten Sachverhalt einen neuen hinzu, der dem ersten sehr ähnlich ist, so vermischen sich die Elemente der beiden Sachverhalte miteinander und können das Lernen und Behalten blockieren.

Lernt man beispielsweise zuerst Pädagogik, dann sofort darauf Psychologie, so vermischen sich diese beiden Lerninhalte, was sich auf das Behalten dieser Lerninhalte ungünstig auswirken kann.

Treten diese Hemmungen miteinander auf, so verstärkt sich die hemmende Wirkung, das heißt, eine pro- oder retroaktive Hemmung ist dann am stärksten, wenn es sich um ähnliche Sachverhalte handelt.

● **Erinnerungshemmung**

Wird ein neuer Sachverhalt gelernt, kurz bevor ein bereits gespeichertes Wissen wiedergegeben werden soll, so wird die Wiedergabe dieses schon gespeicherten Wissens durch das Lernen des neuen Sachverhaltes blockiert.

Hat man zum Beispiel die Gedächtnismodelle schon gründlich gelernt und will man sich nun kurz vor der Psychologie-Prüfungsarbeit noch die Erkenntnisse über das Behalten und Vergessen einprägen, so kann es sein, daß man sich bei der Prüfungsarbeit nicht mehr genau an die Gedächtnismodelle erinnern kann.

Während bei der retroaktiven Hemmung das sofortige Lernen eines neuen Sachverhaltes das unmittelbar vorhergegangene Gelernte blockiert, ist es bei der Erinnerungshemmung das Lernen kurz vor der Wiedergabe eines schon – vielleicht vor längerer Zeit – gelernten Sachverhaltes, das gehemmt wird.

● **Gleichzeitigkeitshemmung**

Mehrere gleichzeitige Aktivitäten verhindern, daß man sich auf eine Aktivität voll konzentriert, und bewirken eine Blockade der Informationen, die man aufnehmen will.

Hört man die Hitparade der aktuellsten Songs, während man die Englischvokabeln lernen will, so kann man sich diese Vokabeln nicht so gut einprägen, weil man nicht voll auf sie konzentriert ist.

● **Affektive Hemmung**

Starke Gefühle (zum Beispiel Freude, Angst, Schmerz, Eifersucht) können das Lernen blockieren.

Die schmerzlichen Gedanken Susis an ihren Freund Tom, der kurz vorher seine Beziehung zu ihr beendet hat, machen es Susi unmöglich, sich auf den Stoff, der für die Schulaufgabe in Psychologie zu lernen ist, zu konzentrieren.

Starke Prüfungsangst oder gar ein Schock können jedes Erinnern unmöglich machen.

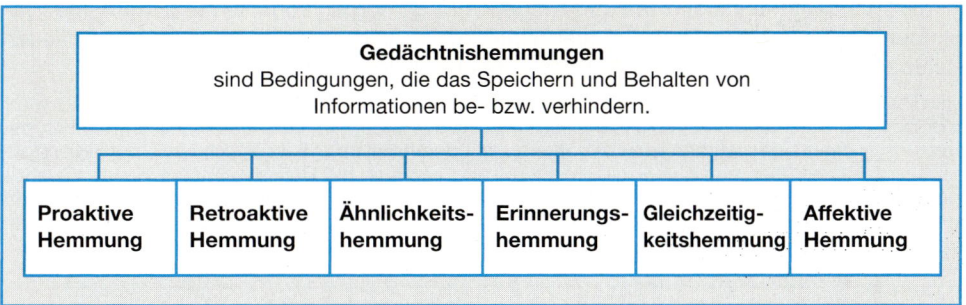

Gedächtnishemmungen
sind Bedingungen, die das Speichern und Behalten von
Informationen be- bzw. verhindern.

| Proaktive Hemmung | Retroaktive Hemmung | Ähnlichkeits- hemmung | Erinnerungs- hemmung | Gleichzeitig- keitshemmung | Affektive Hemmung |

4.3   Das Denken

Der Begriff „Denken" ist schwer zu definieren, da es sich hierbei um einen psychischen Vorgang, um einen geistigen Prozeß handelt, der nicht beobachtbar ist. In diesem geistigen Prozeß nimmt der Mensch Informationen wahr, verarbeitet sie, bewertet sie, er löst Probleme und steuert dementsprechend sein Verhalten und Erleben.

> **Mit Denken wird ein nicht beobachtbarer psychischer Vorgang bezeichnet, in dessen Verlauf Informationen erfaßt und verarbeitet werden.**

Denken wird in der heutigen Psychologie hauptsächlich als **Informationsverarbeitungsprozeß,** als **Bewertungsprozeß** und als **Problemlösungsprozeß** betrachtet, wobei die Problemlösung und Bewertung letztendlich auch eine Art der Informationsverarbeitung sind.

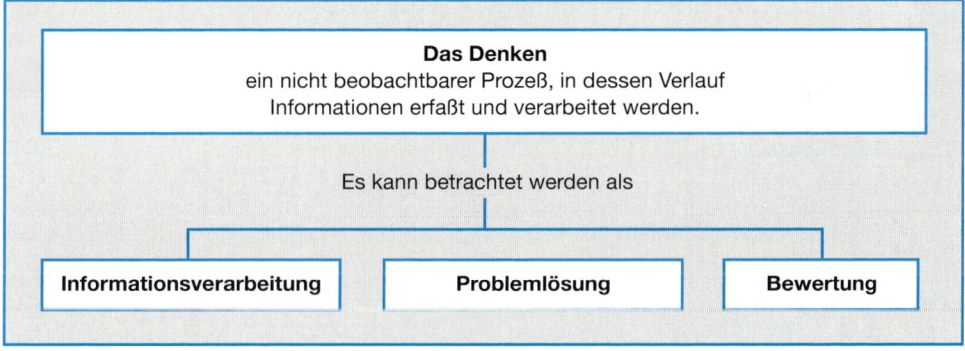

Das Denken
ein nicht beobachtbarer Prozeß, in dessen Verlauf
Informationen erfaßt und verarbeitet werden.

Es kann betrachtet werden als

| Informationsverarbeitung | Problemlösung | Bewertung |

4.3.1   Denken als Informationsverarbeitung

Wird eine Information von den **Sinnesorganen (Sensoren)** aufgenommen und durch sogenannte **Input-Mechanismen** an das aktive Organ der Informationsverarbeitung, das **Gedächtnis,** weitergeleitet, so findet hier durch sogenannte **Prozessoren** (= Verarbeitungseinheiten) eine Verarbeitung, das heißt eine Auswertung der Information statt. Der Verarbeitungsprozeß an sich besteht somit aus der Arbeit der Prozessoren, die versuchen, die angekommene Information zu enkodieren, das heißt zu entschlüsseln und zu erkennen, indem sie im LZG nach bereits gespeicherten Informationen suchen, mit deren Hilfe die neue Information erkannt werden kann.

Ist die Information entschlüsselt und ausgewertet, so sorgen sogenannte **Output-Mechanismen** dafür, daß eine Reaktion stattfindet, die im Verhalten oder Handeln nach außen sichtbar ist oder nicht beobachtbar das Erleben des Menschen beeinflußt.

Man liest beispielsweise den Satz: „Do you speak English?" Die Sinnesorgane nehmen den Satz wahr und die Input-Mechanismen leiten ihn an das Gedächtnis weiter. Im Gedächtnis suchen die Prozessoren nach bereits gespeicherten Informationen, mit deren Hilfe der Satz erkannt und damit verstanden werden kann. Hat man nun Englisch gelernt, so kann man mit Hilfe des gespeicherten Wissens diese neu ankommende Information erkennen und mit Hilfe der Output-Mechanismen entsprechend reagieren, etwa mit der Antwort „Yes". Jemand, der diese Englischvokabeln nicht gelernt und damit auch nicht gespeichert hat, kann den Satz nicht erkennen und verstehen.

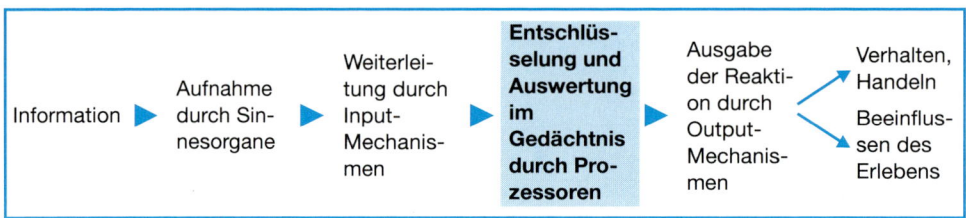

Informationsverarbeitung ist der Prozeß der Entschlüsselung und Auswertung von Informationen im Gedächtnis mit Hilfe von Prozessoren. Die Informationen werden durch Sinnesorgane aufgenommen, im Gedächtnis verarbeitet und gespeichert sowie in veränderter Form „nach außen" geleitet.

Wie die Entschlüsselung beim Verarbeitungsprozeß abläuft, darüber gibt es verschiedene **Modellvorstellungen:**

- **Merkmalanalyse bzw. Mustererkennung**

  Ein Modell geht davon aus, daß der Mensch jede Information, die er wahrnimmt, also jeden Buchstaben, jedes Wort, jeden Gegenstand, jeden Ton usw. in typische Merkmale bzw. Muster, in charakteristische Eigenschaften zerlegt und analysiert. Diese Merkmale bzw. Muster vergleicht er dann mit den bereits gespeicherten Merkmalen und Mustern. Stimmen die Muster überein, so ist die wahrgenommene Information erkannt und entschlüsselt.

  Der Buchstabe A wird zerlegt in „zwei schräge Linien, die in einem spitzen Winkel zusammentreffen, sowie eine horizontale Linie, die sich ungefähr in der Mitte des Reizmusters befindet". (Werner Herkner, 1986) Liest der Mensch den Buchstaben „A", so zerlegen die Prozessoren in seinem Gedächtnis den Buchstaben in das oben beschriebene Muster und sucht im LZG, ob dieses Muster bereits gespeichert ist. Ist dies der Fall, so erkennt und versteht der Mensch, was der Buchstabe bedeutet.

  Ein kleines Kind, das das Alphabet noch nicht gelernt hat und deshalb das Muster des Buchstaben „A" noch nicht gespeichert hat, kann mit diesem Muster und folglich mit dem Buchstaben „A" nichts anfangen.

  Diese Art der Entschlüsselung, des Enkodierens, bezeichnet man als **Merkmalanalyse oder als Mustererkennung:** Jede Information, die im menschlichen Gedächtnis ankommt, wird in typische Muster bzw. Merkmale zerlegt und mit den gespeicherten Mustern bzw. Merkmalen verglichen, um erkannt zu werden.

Die Merkmalanalyse bzw. Mustererkennung ist eine Art der Entschlüsselung neuer Informationen im Gedächtnis, bei der die Information in typische Merkmale bzw. Muster zerlegt und mit den gespeicherten Merkmalen bzw. Mustern verglichen wird.

Materialien 3.

● **Netzwerktheorie**

Ein zweites Modell nimmt an, daß der Mensch jede Information, die er speichert, mit bereits gespeicherten Informationen verbindet, und zwar netzartig. Eine neu eintreffende Information löst dann eine Suche nach bereits gespeicherten Informationen im Netz bzw. „Netzwerk" aus. Ist die angekommene Information im Netzwerk bereits enthalten und wird sie gefunden, so wird die neue Information erkannt. Man bezeichnet diese Modellvorstellung daher als Netzwerktheorie. Deutlich wird die netzartige Verknüpfung unseres Wissens, wenn man sich bewußt macht, mit wieviel anderen Begriffen wir einen Begriff assoziieren.

Was fällt Ihnen zu dem Begriff „Thailand" ein?

Vielleicht Urlaub, Inseln, Sonne, Strand, Palmen, Goldenes Dreieck, Sex-Tourismus, …?

Mit dem Begriff „Palme" assoziiert man wahrscheinlich Insel, Strand, Meer, Sonne, Urlaub, Schatten, Pflanze, Tropen,...

Mit dem Begriff „Insel" verbindet man unter Umständen Strand, Meer, Sonne, Urlaub, Palmen, …

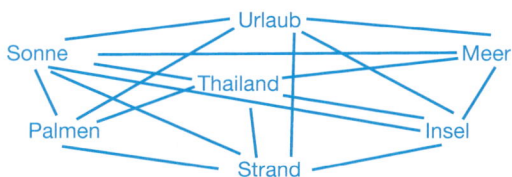

> **Die Netzwerktheorie besagt, daß das Wissen des Menschen netzartig im Gedächtnis miteinander verbunden und gespeichert ist.**
> **Die Entschlüsselung einer neuen Information geschieht durch den Vergleich mit den im Netzwerk gespeicherten Informationen.**

➡ **Materialien 4.**

● **Schemata**

Ein drittes Modell geht von der Vorstellung aus, daß unser Wissen aus Wissenseinheiten besteht, die durch die Elaboration und Organisation (vgl. Abschnitt 4.2.1) entstanden sind. Der Mensch verbindet demnach alle Informationen, die er speichern will, mit bereits gespeicherten Informationen und faßt sie zu Einheiten zusammen. Derartige Wissenseinheiten nennt man Schemata.

Alles, was wir über „Discos" erfahren, verbinden wir zu einer Einheit, zu einem Schema, so daß folglich all unser Wissen über Discos im Schema „Disco" zusammengefaßt ist. Im Schema „Disco" ist wahrscheinlich gespeichert, wie man das Wort schreibt, was es bedeutet, wie Discos aussehen, was man da macht usw.

Wird eine neue Information wahrgenommen, etwa die Frage, ob man mit in die Disco geht, so wird das Schema „Disco" aktiviert, und die gefragte Person weiß sofort, worüber gesprochen wird.

> **Schemata sind Einheiten gespeicherten Wissens im Gedächtnis, in denen alle gespeicherten Informationen zusammengefaßt sind.**
> **Eine neue Information wird durch die Aktivierung des entsprechenden Schemas erkannt.**

• Skripten

Das vierte Modell ist dem dritten sehr ähnlich und nimmt an, daß es „Schemata für Ereignisabläufe" gibt, die man **Skripten** nennt (Rainer H. Kluwe; in: Hans Spada, 1990).

Das bedeutet auf das obige Beispiel übertragen: Bei der Frage, ob man abends mit in die Disco geht, versteht man die Frage nicht nur, sondern man stellt sich automatisch auf gewisse Ereignisse vor, man kann in etwa vorhersagen, wie der Discobesuch verlaufen wird, man baut Erwartungen auf, weil man sich an erlebte Ereignisse in Discos, an übliche Abläufe usw. erinnert, die man im Skript gespeichert hat, und man gibt letztendlich eine entsprechende Antwort.
Somit kann diese Frage entschlüsselt, verstanden und beantwortet werden.

> **Skripten sind Einheiten gespeicherten Wissens über Ereignisabläufe.**
> **Neue Informationen werden, ebenso wie bei den Schemata, durch die Aktivierung des entsprechenden Skripts entschlüsselt.**

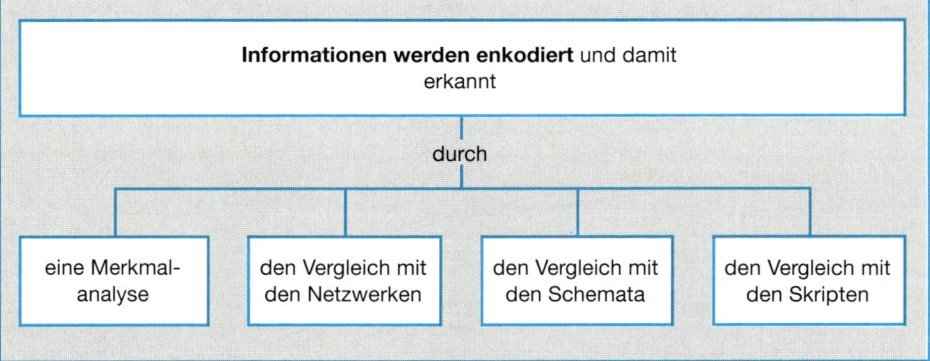

Ist eine neue Information mittels einer Merkmalanalyse, der Suche im Netzwerk oder eines Vergleichs mit den entsprechenden Schemata oder Skripten entschlüsselt und erkannt, so wird sie – je nachdem, wie wichtig sie für die Person ist – durch Wiederholung, Kodierung, Elaboration und Organisation als Merkmal bzw. Muster festgehalten, in das Netzwerk eingebaut und mit dem passenden Schema oder Skript verknüpft und damit gespeichert. Ist auf die verarbeitete Information eine Reaktion erforderlich, so sorgen die Output-Mechanismen dafür, daß der Mensch reagiert.

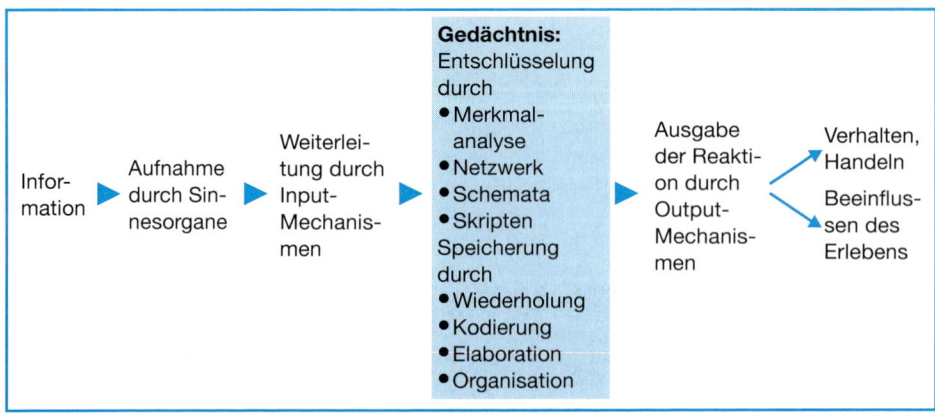

4.3.2   Das Bewerten als Form des Denkens

Über das rein informationsverarbeitende und erfassende Denken hinaus geht das bewertende Denken, bei dem der ankommende Reiz nicht nur verarbeitet, sondern auch **beurteilt** wird. Die Information, die der Mensch wahrnimmt oder an die er sich erinnert, wird hinsichtlich seiner Brauchbarkeit, seiner Eignung, seiner Tauglichkeit für den Menschen oder eine gewisse Sache geprüft und beurteilt; sie wird bewertet, ob sie positiv oder negativ, angemessen oder unangemessen, angenehm oder unangenehm usw. ist.

So zum Beispiel wird eine Behauptung auf ihre „Stichhaltigkeit" hin überprüft, der Unterricht eines Lehrers auf seine Effektivität hin beurteilt oder ein Lehrbuch auf seine Nützlichkeit hin beleuchtet.

Das bewertende Denken, welches nicht immer am Schluß einer geistigen Aktivität stehen muß, beurteilt eine Information auf seine Eignung für etwas, auf seine Folgerichtigkeit, seine „Angemessenheit" und dgl. nach bestimmten Kriterien (vgl. H. P. Nolting/P. Paulus, 1993[4]).

> **Beim Denken als Bewerten verarbeitet der Mensch eine Information nicht nur, sondern er beurteilt sie auch nach bestimmten Kriterien auf seine Brauchbarkeit und seinen Wert hin.**

Diese Bewertung ist zum einen sehr subjektiv, da jeder Mensch andere Werte und Interessen hat. Zum anderen beeinflußt die Bewertung einer Information sowohl ihre Verarbeitung und Speicherung als auch die folgende Aktion oder Reaktion des Menschen erheblich, da der Mensch für ihn Wichtiges intensiver verarbeitet und entsprechend seiner Bewertung handelt.

Evi, die viel Geld für Kosmetika ausgibt, verarbeitet die wahrgenommenen Sonderangebote einer guten Kosmetikfirma so, daß sie sie im Gedächtnis behält, weil sie sie als wichtig und positiv bewertet, und kauft daraufhin auch derartige Produkte. Silvie, die die gleiche Information wahrnimmt, vergißt sie gleich wieder, weil sie an Kosmetika in keinster Weise interessiert ist.

> Die Bewertung einer Information durch das menschliche Denken ist sehr subjektiv und beeinflußt sowohl die Verarbeitung und Speicherung der Information als auch die Handlung des Menschen.

4.3.3   Denken als Problemlösung

Denkprozesse werden oft durch ein Problem, vor dem der Mensch steht bzw. das er als solches erkennt oder empfindet, ausgelöst.

Der Denkprozeß verläuft zunächst nach dem **Prinzip von Versuch und Irrtum.** Steht der Mensch vor einem Problem, so setzt sein Denken ein: Er produziert eine Reihe von Einfällen und Lösungsvorschlägen, probiert diese in Gedanken durch (= inneres Probehandeln) und sondert die falschen Einfälle, die nicht zum richtigen Ergebnis führen, solange aus, bis er den richtigen Einfall hat. Dabei spielen bisherige Erfahrungen eine große Rolle, denn man versucht zunächst, das Problem mit solchen Möglichkeiten zu lösen, die man gelernt hat und die schon in früheren Situationen erfolgreich waren. Erst wenn sich erkennen läßt, daß keine von diesen Möglichkeiten zum Erfolg führt, wird man das Problem gleichsam nach dem Prinzip von Versuch und Irrtum lösen.

Der Mensch geht jedoch nicht nur nach dem Prinzip des „Versuches und Irrtums" vor, sondern strukturiert nach jedem neuen Versuch das Problem um. Es setzt das **Prinzip der Umstrukturierung** ein:

Wenn der Mensch vor einem Problem steht und verschiedene Einfälle zur Lösung des Problems hat, so verändert jeder dieser Einfälle – egal ob er richtig oder falsch ist – die Problemsituation so, daß man jedesmal das Problem unter einem neuen Gesichtswinkel betrachtet. Dies verändert wiederum die Problemsituation, und es entstehen neue Bedingungen für das Auftreten neuer Lösungsmöglichkeiten. Nach jedem Einfall wird das Problem neu strukturiert oder umstrukturiert, und dadurch kommt der Denkende der richtigen Lösung immer näher (vgl. Klaus D. Heil, 1975).

Ein Beispiel für die Umstrukturierung: Kann man zehn Bäume in fünf Reihen zu je vier Bäumen pflanzen?

Diese Aufgabe ist solange unlösbar, bis man eine Umstrukturierung vornimmt, die zu einer plötzlichen Einsicht führt. Die Aufgabe läßt sich erst klären, wenn man erkennt, daß diese Reihen nicht parallel verlaufen müssen (vgl. R. J. Sternberg/J. E. Davidson, 1983).

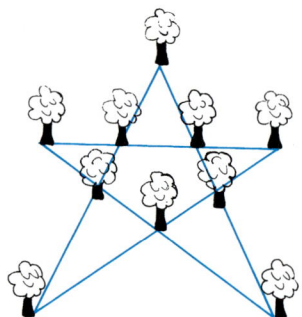

Ein weiteres Beispiel: Wie können zwei Männer fünf Partien DAME spielen und – ohne ein Unentschieden – beide gleich oft gewinnen?

Auch diese Aufgabe kann solange nicht gelöst werden, bis sie dahingehend umstrukturiert ist, daß die beiden Männer nicht unbedingt gegeneinander spielen müssen (vgl. R. J. Sternberg/J. E. Davidson, 1983).

Diese erfolgreiche Umstrukturierung wird vom Menschen meist als sehr eindrucksvoll, oft sogar als lustbetont erlebt. Karl Bühler, der sehr wichtige Beiträge zur Denkpsychologie leistete, nannte ein derartiges befriedigendes Erlebnis bei plötzlicher Einsicht **Aha-Erlebnis.**

Die kluge Ratte

Es war einmal eine alte graue Ratte,
Die, wie man sieht, ein Faß gefunden hatte.
Darauf, so schaut die Ratte hin und her,
Was in dem Fasse drin zu finden wär'.
Schau, schau! Ein süßer Honig ist darin,
Doch leider ist das Spundloch viel zu klein.
Indes die Ratten sind nicht gar so dumm,
Sieh nur, die alte Ratte dreht sich um.
Sie taucht den langen Schwanz hinab in Faß
Und zieht ihn in die Höh' mit süßem Naß.
Nun aber ist die Ratte gar nicht faul
Und zieht den Schwanz sich selber
durch das Maul.

Wilhelm Busch

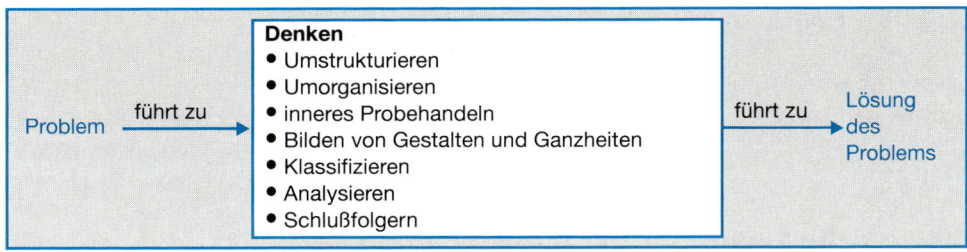

4.3.4   Das schlußfolgernde und schöpferische Denken

J. P. Guilford unterscheidet beim problemlösenden Denken zwei verschiedene Arten:

- **Das konvergierende Denken**

  Das konvergierende Denken erfolgt unter Anwendung bestimmter Regeln und Gesetz-mäßigkeiten, die man bereits kennt bzw. gelernt hat, und führt zu einer einzig richtigen Lösung. Diese Denkart wird auch als logisches bzw. schlußfolgerndes Denken bezeich-net. Es wird angewandt, wenn das Problem klar und konkret gestellt ist und nur eine richtige Lösung möglich ist.

  So löst man zum Beispiel eine Mathematikaufgabe, indem man durch Anwendung der richtigen Formel zum einzig richtigen Ergebnis kommt.

- **Das divergierende Denken**

  Ausgehend von einem meist nicht klaren Problem ist das Denken flexibel, kreativ und schöpferisch, das bisher Gelernte wird zum Produzieren neuer Lösungsmöglichkeiten eingesetzt. Als Ergebnis werden mehrere, zum Teil neue, vielleicht ungewöhnliche Lösungen gefunden. Man nennt diese Denkart auch schöpferisches, kreatives Denken.

  Betrachtet man beispielsweise die unterschiedlichen Modelle, die bei der Erfindung des Flugzeugs entstanden sind, so wird deutlich, daß die Erfinder schöpferisch, kreativ, divergierend gedacht haben.

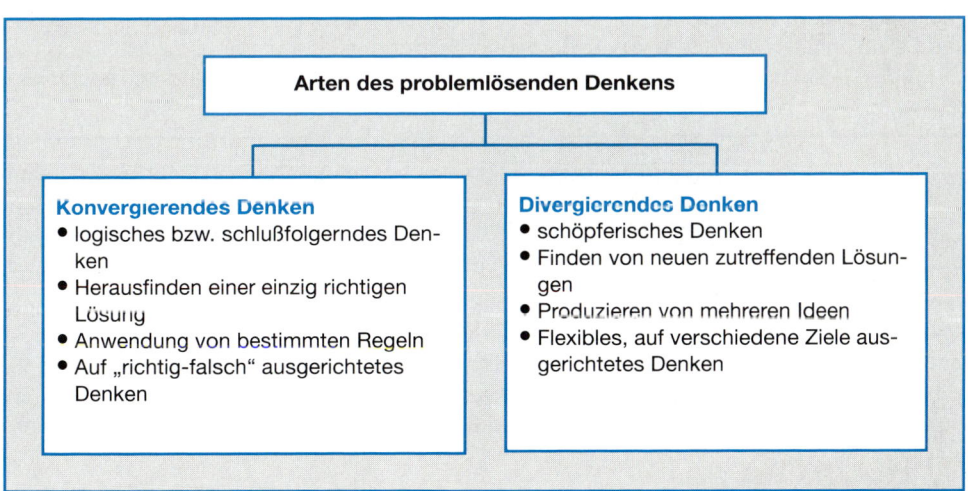

4.4 Lern- und Studiertechniken

In der Regel weiß man genau, was man lernen muß. Doch manchem Schüler fällt es schwer, den Lernstoff zu bewältigen, weil er nicht weiß, wie man optimal lernt. Die Psychologie kennt eine Menge Lern- und Studiertechniken, die zu einem effektiven Lernen beitragen können.

4.4.1 Die Besonderheit menschlichen Lernens

Aufgrund seines Verstandes weiß der Mensch, daß er lernen muß. Je mehr er dies einsieht und von sich aus motiviert ist zu lernen, desto mehr macht er sich Gedanken über die beste Art zu lernen und versucht, Informationen über den Lernprozeß zu bekommen, um ihn möglichst optimal und effektiv zu gestalten. Er plant und steuert damit sein Lernen selbst. **Die Selbststeuerung ist eine Besonderheit des menschlichen Lernens, da nur der Mensch aufgrund seines Verstandes zur Einsicht fähig ist.** Der Mensch, und nur der Mensch besitzt die Fähigkeit zu planen und sein Wissen zu ordnen.

Die gewünschte Planung und Selbststeuerung des Lernens zwingen den Menschen, über geistige Vorgänge, über den Prozeß des Wissenserwerbs und dessen Optimierungsmöglichkeiten sowie über die Funktionsweise des Gedächtnisses und die Möglichkeiten deren Leistungsverbesserung nachzudenken und sich darüber Wissen anzueignen.

Dieses Wissen über geistige Vorgänge und Funktionen sowie über sämtliche psychische Vorgänge, durch die der Mensch Kenntnis von sich selbst oder seiner Umwelt erhält, bezeichnet man als *Metakognition.*

> **Unter Metakognition versteht man das Wissen über eigene geistige Fähigkeiten und Funktionen.**

Menschen, deren Metakognition gut entwickelt ist und die ihr Lernen deshalb selber steuern, verwenden bewußt viele **Gedächtnisstrategien** und **Lerntechniken.** Untersuchungen haben ergeben, daß das „schlechte Gedächtnis" – das schlechte Behalten und Abrufen – nicht an der geringen Kapazität – dem geringen Fassungsvermögen – des Gedächtnisses liegt, sondern daß Menschen, die sich „schlecht etwas merken können", ihr Gedächtnis nicht optimal nutzen können, weil sie über zu wenige Gedächtnisstrategien und Lerntechniken verfügen. Wenn Gedächtnisleistungen „gut" oder „schlecht" sind, so hängt dies in erster Linie von den verwendeten Gedächtnisstrategien und Lerntechniken ab.

> **Gedächtnisstrategien sind zielführende Maßnahmen zur Verbesserung von Gedächtnisleistungen.**
> **Lerntechniken sind zielführende Maßnahmen zur Verbesserung des Wissenserwerbs.**

Versucht man nur, sich den Lernstoff anzueignen, ohne sich Gedanken über die Art und Weise des Lernens zu machen, so wendet man kaum Lerntechniken bzw. Gedächtnisstrategien an, was eine begrenzte Gedächtnisleistung zur Folge hat. Nutzt man umgekehrt jedoch sein formales Wissen und lernt mit Hilfe ausgewählter Lerntechniken, so kann man viel mehr materielles Wissen anhäufen, da die Gedächtnisleistung weit größer sein wird. Das formale Wissen kann das materielle Wissen zwar nicht ersetzen, deren Aneignung jedoch erheblich erleichtern.

4.4.2   Selbstmotivierung und -verstärkung

Wie in Kapitel 5 verdeutlicht, ist die Motivation eine Grundvoraussetzung für jedes Lernen.

> „Wenn der Motor des Lernens kaum oder gar nicht funktioniert, hilft die Aneignung weiterer Lerntechniken nur wenig." *(Gustav Keller, 1986)*

Die richtige Motivation ist hierbei eine erste Lerntechnik: Das Bedürfnis, etwas *von sich selbst aus* zu tun – etwa zu lernen –, weil der Lernende Interesse oder Spaß an der Sache an sich hat, ist sie weit wirksamer als die von außen aufgesetzte Motivation.

So zum Beispiel verläuft der Lernprozeß wesentlich effektiver, wenn der Schüler Psychologie lernt, weil ihn dieses Fach interessiert, als wenn er nur wegen einer guten Note lernt.

Als Konsequenz hieraus ergibt sich für den Lernenden, **sich selbst zu motivieren,** von sich aus Interesse am Lernstoff und Freude am Lernen zu finden.

Gustav Keller (1986) sieht umgekehrt die Selbststeuerung als Methode, die Fremdsteuerung ab- und die Selbstmotivation aufzubauen: Mit Hilfe von Tagesprotokollen über die geleistete Arbeit, die später in Form einer Selbstbewertung auf ihre Nützlichkeit hin überprüft wird, kann seiner Meinung nach diese Selbststeuerung durchgeführt werden. Am Ende einer effektiven Lernphase solle sich der Lernende dann im Sinne einer Selbstverstärkung selbst belohnen. Keller empfiehlt darüber hinaus, sich über die eigenen Ziele zu orientieren, damit man sich über den Sinn der täglichen Arbeit im klaren ist, die Ziele schrittweise zu erreichen zu versuchen, Mißerfolgsserien zu beenden, indem man genau analysiert, wo man Fehler macht und durch viel Üben diese Wissenslücken schließt. Außerdem sollte der Lernende versuchen, schulische Interessen mit angenehmen, privaten Interessen zu verknüpfen.

DeCarms nennt folgende Hilfen, wie man **Selbstmotivation** aufbauen kann:

> „1. Sich selbst realistische, aber anspruchsvolle Ziele setzen.
> 2. Seine eigenen Stärken und Schwächen kennen
> 3. Selbstvertrauen in die Wirksamkeit seines eigenen Handelns haben.
> 4. Konkrete Verhaltensweisen bestimmen, mit denen man jetzt seine Ziele erreichen kann.
> 5. Rückmeldungen einholen, ob man sein Ziel erreicht hat.
> 6. Selbstverantwortlichkeit für die eigenen Handlungen und deren Folgen übernehmen." *(aus H. Heckhausen; in: F. E. Weinert u. a., 1998[15])*

Da zur Aufrechterhaltung einer Motivation die Verstärkung eine große Rolle spielt, ist es sehr wichtig, daß sich der Lernende hin und wieder selbst mit Angenehmem belohnt.

4.4.3 Konsequenzen aus den Lern-, Gedächtnis- und Vergessensverläufen

Aus den Erkenntnissen über die Lern-, Gedächtnis- und Vergessensverläufen (siehe Abschnitt 4.2.2) wird deutlich, daß man wichtigen Lernstoff – je nach Schwierigkeitsgrad – **zu Beginn oder am Ende** einer Lernphase **lernen** sollte, da man bei einfacheren Aufgaben anfangs recht schnell lernt und dann die Konzentration nachläßt, bei schwierigen Aufgaben erkennt und versteht man die Lösung oder den Zusammenhang erst nach langem Einarbeiten und Ausprobieren. Die Positionskurve macht darüber hinaus klar, daß man **die wichtigsten Informationen** nicht nur an den Anfang oder das Ende eines Lernprozesses stellen sollte, sondern daß man diese auch durch farbige Markierung usw. optisch **hervorheben** sollte.

Die Vergessenskurve von Ebbinghaus und andere derartige Untersuchungen verdeutlichen die Notwendigkeit von langfristigem Lernen.

Die Vergessenskurve für sinnvolle Inhalte und der Lernsprung beim Lernen durch Einsicht beweisen, daß es von Vorteil ist, sich beim Lernen darum zu bemühen, den **Stoff** wirklich zu **verstehen und zu begreifen** und nicht nur auswendig zu lernen.

- Am Anfang oder am Ende einer Lernphase Gelerntes   } wird/
- Markierte Informationen   werden
- Langfristig Gelerntes   länger
- Sinnvoller und verstandener Lernstoff   behalten

4.4.4 Konsequenzen aus den Lernhemmungen

Um pro- und retroaktive Lernhemmungen abzubauen, sollte man – etwa das Lernpensum eines ganzen Nachmittages – nicht in einem Stück lernen, sondern das Lernpensum in kleine Etappen einteilen und dazwischen Pausen einlegen. *Gustav Keller* (1986) empfiehlt in seinem Lernknigge zum Beispiel „…40 Vokabeln nicht an einem Stück lernen, sondern in vier Zehnerblöcken".

Ähnliche Fächer oder Themenbereiche mit **ähnlichen Inhalten** sollten **nicht unmittelbar nacheinander** gelernt werden, da hier eine Ähnlichkeitshemmung auftreten kann.

Es ist ratsam, nicht nacheinander zum Beispiel Psychologie und Pädagogik, sondern zwischendurch Englischvokabeln zu lernen.

Dieser Wechsel des Lernstoffes hilft außerdem, die Konzentration aufrechtzuerhalten, da immer wieder andere Punkte im Netzwerk (siehe Abschnitt 4.3.1) aktiviert werden.

Eine Erinnerungshemmung vermeidet man, wenn man darauf verzichtet, kurz vor einer Prüfung noch schnell einen neuen Lernstoff zu lernen.

Konzentriert man sich nur auf das Lernen und unterläßt es, nebenbei noch etwas anderes zu tun, etwa Musik zu hören, fernzusehen oder die kleinen Geschwister zu beaufsichtigen, so kann man dadurch eine Gleichzeitigkeitshemmung ausschalten.

Das Wissen um die affektive Hemmung verdeutlicht, wie wichtig es ist, möglichst **frei von starken Emotionen** zu lernen, da diese sowohl das Lernen als auch das Wiederabrufen erheblich erschweren oder gar unmöglich machen.

Lernhemmungen werden vermieden, wenn man

- das Lernpensum in kleine Etappen aufteilt
- dazwischen Pausen macht
- nicht ähnliche Lernbereiche nacheinander lernt
- nicht noch kurz vor der Prüfung lernt
- sich nur auf das Lernen konzentriert und andere Aktivitäten unterläßt
- starke Gefühle vor, während oder nach dem Lernen vermeidet.

4.4.5 Zeitplanung und Pausen

Wie die Lern- und Gedächtnishemmungen zeigen, hängt beim Lernen viel von der richtigen Zeitplanung ab. Es ist wichtig, sich über Stunden, Tage, Wochen oder gar Monate hinweg einen **Überblick** zu verschaffen, wann was gelernt werden muß. Es ist darüber hinaus sinnvoll, sich jeden Tag oder jede Woche die Arbeiten zu notieren, die gemacht werden müssen, und sie von jenen zu trennen, die nicht eilen.

Wichtig dabei ist eine **realistische Zielsetzung.** Steckt man sich die Ziele zu hoch und erreicht sie deshalb nicht, so ist man ständig mit Mißerfolg konfrontiert, was wiederum die Lernmotivation schmälern kann.

Bei der Bearbeitung des Tagespensums ist einmal der **Schwierigkeitsgrad** der zu bewältigenden Aufgaben zu berücksichtigen: Fängt man mit einfachen Aufgaben an, so erhält deren Bewältigung die Arbeitsmotivation aufrecht und spornt zum weiteren Lernen an, wodurch der Lernfluß gut in Gang kommt.

Zum anderen ist der **Tagesrhythmus** der menschlichen Leistungsfähigkeit zu beachten. Im allgemeinen durchläuft der Mensch zwei Leistungshochs, das erste gegen 10.00 Uhr vormittags, das zweite gegen 17.00 Uhr nachmittags, wie die nachfolgende Skizze zeigt:

Tagesleistungskurve

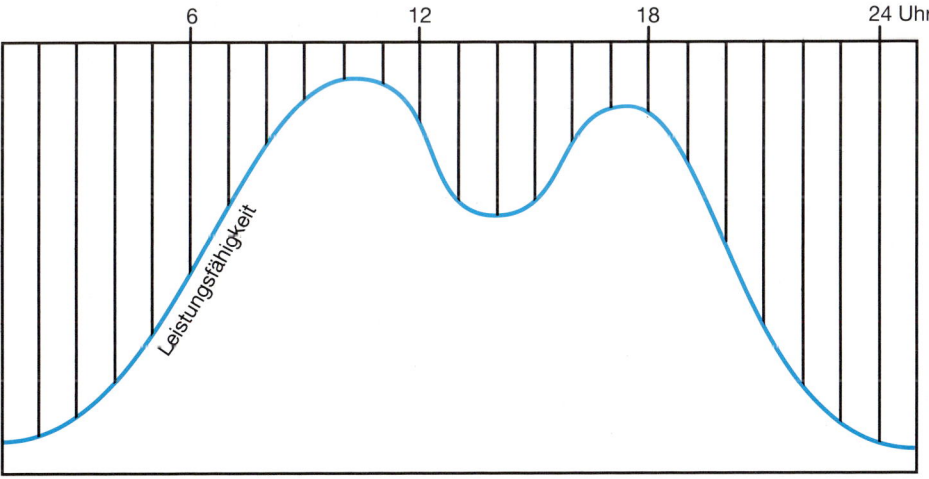

Quelle: Gustav Keller, 1986

★ Zu beachten ist hierbei, daß diese Kurve die durchschnittliche Tagesleistung beschreibt und individuelle Abweichungen natürlich möglich sind. Es sollte sich deshalb jeder Lernende selbst beobachten, um seine persönlichen Hochs und Tiefs in Erfahrung zu bringen.

> Jeder Lernende sollte seinen Tagesablauf so planen, daß er möglichst in den Hoch-phasen seiner individuellen Tagesleistung lernt.

Zur richtigen Zeitplanung gehört auch das richtige Einplanen von **Lernpausen,** die der Mensch braucht.

Je länger der Mensch lernt, desto müder und unkonzentrierter wird er. Hält er ein gewisses Gleichgewicht von Anspannung und Entspannung dadurch ein, daß er zur rechten Zeit die erforderlich Pause einlegt, so kann er seine Konzentrations- und damit Leistungsfähigkeit immer wieder aufrechterhalten und erneuern. Je mehr sich der Lernende überarbeitet, daß heißt lernt, ohne die notwendige Pause einzulegen, desto übermüdeter wird er und desto länger braucht er, um sich wieder zu erholen (vgl. Gustav Keller, 1986).

Pausen-Zeitpunkt und Ermüdungsgrad

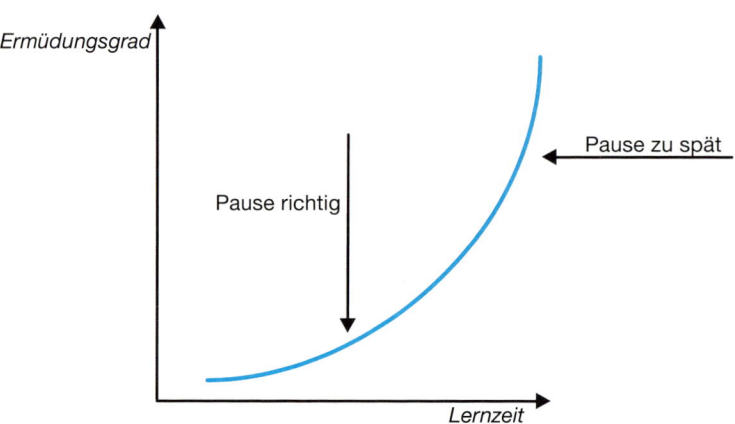

Quelle: Gustav Keller, 1986

Welche Lernpausen nach welchen Lernphasen angebracht sind, zeigen die beiden folgenden Tabellen

Pausenart	Bisherige Arbeitsdauer	Pausendauer	Pausentätigkeit
Minipause	20–30 Minuten	2–5 Minuten	z. B. Fenster öffnen und frische Luft atmen
Maxipause	1 1/2–2 Stunden	15–20 Minuten	z. B. Tee trinken
Erholungs-pause	3 Stunden	1–2 1/2 Stunden	z. B. Spaziergang machen

Quelle: Gustav Keller, 1986

118

Pausentyp	Dauer	Abstand	Pausentätigkeit
1. Unterbrechung	1 min	Nach Bedürfnis	Zurücklehnen
2. Minipause	5 min	Nach 30 min	Freiübungen o. ä.
3. Kaffeepause	15–20 min	Nach 2 h	Kaffee trinken usw.
4. Erholungspause	60–120 min	Nach 4 h	Essen, Schlafen usw.

Quelle: W. Metzig/M. Schuster, 1982

Die Effektivität der Pausen hängt hierbei laut W. Metzig/M. Schuster (1982) davon ab, wie die Pause genutzt wird.

„Generell gilt, daß Pausen für den Lernprozeß um so nützlicher sind, je mehr sich die Pausentätigkeit vom Lernverhalten unterscheidet." *(W. Metzig/M. Schuster, 1982)*

Das bedeutet, daß man in den Pausen am besten etwas macht, was überhaupt nicht mit dem Lernen zusammenhängt, also zum Beispiel an der frischen Luft spazierengehen, Gymnastikübungen machen, ruhen usw.

In der Pause etwas sehr Angenehmes zu tun, birgt die Gefahr, daß man sich dann nicht wieder zum Lernen „aufraffen" kann. Andererseits kann die angenehme Beschäftigung in der Pause auch als Belohnung gesehen werden und als solche motivierend wirken.

„Man weiß aus arbeitspsychologischen Studien, daß die Erwartung bzw. das Wissen, bald in den Genuß einer Pause zu kommen, die konzentrativen Energien mobilisiert …
Man bezeichnet dieses Phänomen als ‚Pausen-Erwartungs-Wirkung'." *(Gustav Keller, 1986)*

Der Schlaf erweist sich als sehr gute Pausentätigkeit – vorausgesetzt es steht genügend Zeit zur Verfügung, wie etwa bei der Erholungspause –, da hier das Gelernte in aller Ruhe in das Langzeitgedächtnis übertragen werden kann und die Gefahr einer Gedächtnishemmung ausgeschaltet ist (vgl. W. Metzig/M. Schuster, 1982).

Wird eine Pause im falschen Moment oder zu lange gemacht, so kann dies auch einen negativen Effekt haben: Man verbraucht zusätzliche Energie, weil man den guten Gedanken, den man vor der Pause hatte, erst wiederfinden muß oder es eine gewisse Zeit dauert, bis man sich in die Materie wieder eingearbeitet hat.

Schreibt man beispielsweise ein Referat, so kann es nach einer zweistündigen Erholungspause passieren, daß man sich an die gute Idee hinsichtlich der Gliederung, die man vor der Pause hatte, nach der Pause nicht mehr erinnern kann und man erneut überlegen muß.

Richtige Zeitplanung bedeutet:
- sich einen Überblick über die Aufgaben zu verschaffen
- sich rechtzeitig vorzubereiten
- sich realistische Ziele zu setzen
- seinen Lernprozeß durch einfache Aufgaben in Gang zu bringen
- seine persönlichen täglichen Leistungshochs zu nutzen.

Richtige Pausenplanung bedeutet:
- rechtzeitig Pausen einzulegen
- die Pausenlänge entsprechend der Arbeitszeit zu wählen
- in den Pausen etwas ganz anderes zu tun.

4.4.6   Gestaltung des Arbeitsplatzes

Genauso wichtig wie die Planung der Arbeitszeit ist die Gestaltung des Arbeitsplatzes. Dazu gehört einmal die Auswahl des Ortes, an dem man lernt, soweit hier eine Wahl überhaupt möglich ist. Der eine lernt lieber in einer Bibliothek, der andere kann besser zuhause arbeiten. Meist ist es der Ort, den man gewohnt ist und an dem man sich wohl fühlt. Grundsätzlich gilt für diesen Ort jedoch, daß er genügend Sauerstoff bieten muß.

> „Das Gehirn benötigt pro Tag 4000 Liter Sauerstoff!" *(Gustav Keller, 1986)*

Zum anderen gehört zur Gestaltung des Arbeitsplatzes der (Schreib-)Tisch, an dem man sitzt. Die richtige Haltung, die durch die richtige Höhe von Tisch und Stuhl ermöglicht wird, beugt einer schnellen Ermüdung und Rückenschmerzen vor. Untersuchungen über die Auswirkungen der körperlichen Anspannung auf den Lernprozeß haben ergeben, daß es nicht günstig ist, beim Lernen gemütlich auf einem Sofa oder am Badesee zu liegen. Der Lernende soll bim Lernen nicht ganz entspannt sein. Eine gewisse körperliche Anspannung ist ebenso leistungsfördernd wie die normale Aufregung vor einer Prüfung.

Beziehung zwischen Lernleistung und Erregung

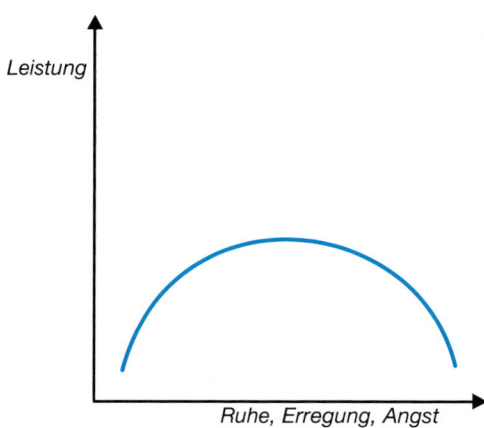

Leistung

Ruhe, Erregung, Angst

Quelle:
W. Metzig/M. Schuster, 1982

Die richtigen **Lichtverhältnisse** gehören ebenso zum richtigen Arbeitsplatz, etwa um Kopf- und Augenschmerzen zu vermeiden, wie die richtige **Raumtemperatur.** Ein zu warmer Raum führt zur schnelleren Ermüdung, Frieren erschwert ebenso die Konzentration. Ein weiterer entscheidender Gesichtspunkt am Arbeitsplatz ist die **Ruhe** bzw. der störende Lärm. Kindergeschrei, Baustellenlärm usw. machen jegliche Konzentration beinahe unmöglich und führen zu Streß. Musik ist nicht grundsätzlich als störend zu bezeichnen, es hängt von der Tätigkeit ab, die man gerade bewältigen muß, sowie von der Art der Musik, die man hört. Beruhigende Hintergrundmusik, wie klassische oder instrumentale Musik, kann lernfördernd wirken, die aktuellen Hits im Radio, verbunden mit Interviews, Konzertansagen usw. lenken eher ab. Problemlösendes Lernen erfordert mehr Ruhe als einfache Tätigkeiten wie etwa das Abschreiben einer Tabelle.

> Der **richtige Arbeitsplatz** erfordert:
>
> - einen Ort, den man gewohnt ist und an dem man sich wohl fühlt
> - die richtige Sitzhaltung
> - die benötigten Materialien
> - richtige Lichtverhältnisse
> - eine nicht zu warme und nicht zu kalte Raumtemperatur
> - Ruhe
> - keine störende Musik

4.4.7 Effektives Lesen

„Über 80 % unseres Wissens wird durch das Lesen angeeignet." *(Gustav Keller, 1986)*

Es ist deshalb sehr wichtig, „richtig" zu lesen, so daß man in möglichst kurzer Zeit möglichst viel des Gelesenen aufnehmen kann.

Ein derart effektives Lesen ist das **aktive, konzentrierte Durchforsten eines Textes** im Gegensatz zum unsystematischen, unstrukturierten Lesen eines unter Umständen recht langen Textes, das bald zum Ermüden und gedanklichen Abschweifen führt.

> Effektives Lesen ist aktives Lesen!

Eine Hilfe für das aktive Lesen bietet die Drei-Schritte-Methode oder die Fünf-Schritte-Methode nach *Gustav Keller (1986):*

> „Die Drei-Schritte-Methode:
>
> *Schritt 1:* Text überfliegen
> *Schritt 2:* Text gründlich lesen
> *Schritt 3:* Text zusammenfassen
>
> Die Fünf-Schritte-Methode:
>
> *Schritt 1:* Text überfliegen
> *Schritt 2:* Fragen an den Text
> *Schritt 3:* Text lesen
> *Schritt 4:* Text zusammenfassen
> *Schritt 5:* Text wiederholen"

Wichtig ist bei beiden Methoden, daß man sich durch das Lesen des Inhaltsverzeichnisses, der Zusammenfassung oder ähnlichem erst einmal einen Überblick über den Inhalt des Textes verschafft, damit man ungefähr weiß, womit man es tun hat. Beim gründlichen Lesen kommt es dann darauf an, daß man aktiv liest, das heißt beim Lesen Wichtiges unterstreicht oder markiert, zentrale Punkte herausschreibt, versucht, durch zusammenfassende Stichpunkte oder Überschriften den Inhalt zu gliedern.

> Aktives Lesen bedeutet unterstreichen, markieren, herausschreiben, gliedern, zusammenfassen usw.

Dadurch wird der Text und damit die aufzunehmende Information reduziert und kann somit eher aufgenommen und behalten werden.

Zum aktiven Lesen gehört auch, daß man den Inhalt des Textes möglichst vielfältig aufnimmt und ihn mit möglichst vielen Sinnen erfaßt. Das bedeutet, den Text nicht nur zu sehen, sondern auch zu hören, indem man ihn sich laut vorliest, sich das Gelesene bildlich vorstellt, eventuell skizziert usw., weil damit zum einen die Konzentrationsleistung aufrechterhalten und zum anderen das Gelesene mehrmals kodiert (siehe Abschnitt 4.2.1) werden kann, was wiederum das Behalten begünstigt.

> Aktives Lesen bedeutet, den „Lesestoff auf mehreren Lernwegen" aufzunehmen.
> *(Gustav Keller, 1986)*

Bei der abschließenden Zusammenfassung bzw. Wiederholung kann der Leser zum einen selber erkennen, ob er den Text verstanden hat, zum anderen bietet sich dadurch noch einmal die Gelegenheit zur Informationsverarbeitung und zum Wissenserwerb.

> Aktives Lesen bietet vermehrt Möglichkeiten zur Informationsverarbeitung und zum Wissenserwerb.

 Materialien 5.

Zusammenfassung

▶ Der Begriff Kognition meint die Gesamtheit aller psychischen Fähigkeiten, Funktionen und Prozesse, die der Aufnahme, der Verarbeitung und der Speicherung von Informationen dienen. Zu den kognitiven Fähigkeiten gehören zum Beispiel die Intelligenz, die Kreativität, das Gedächtnis, die Sprach- und Lernfähigkeit, zu den Prozessen bzw. Funktionen die Wahrnehmung, das Denken, das Urteilen, das Erkennen, das Vorstellen, der Erwerb von Wissen sowie das Behalten und Vergessen.

▶ Das Gedächtnis ist die Fähigkeit eines Menschen, Informationen zu speichern und abrufen zu können. Dabei werden verschiedene Gedächtnismodelle unterschieden, das Ein-Speicher-Modell und das Mehr-Speicher-Modell.

▶ Mit Wissen bezeichnet man die von einem Individuum im Gedächtnis verarbeiteten und gespeicherten Informationen. Unter Erwerb von Wissen versteht man die Aufnahme von verarbeiteter Information in das Langzeitgedächtnis und deren Speicherung dort. Der Wissenserwerb erfolgt durch die Kodierung, die Wiederholung, die Elaboration und durch die Organisation.

▶ Das Behalten und Vergessen gespeicherter Informationen ist abhängig von der Art der Speicherung, der Lernmethode, der Aufbereitung des Lernstoffes, der Verfassung des Lernenden, seiner Motivation und der Arbeitsumgebung.

▶ Lern- und Gedächtnishemmungen sind Bedingungen, die sich blockierend auf das Speichern und Behalten von Informationen auswirken. Man unterscheidet die proaktive Hemmung, die retroaktive Hemmung, die Ähnlichkeitshemmung, die Erinnerungshemmung, die Gleichzeitigkeitshemmung und die affektive Hemmung.

▶ Denken ist ein von Außenstehenden nicht beobachtbarer psychischer Prozeß, in dessen Verlauf Informationen erfaßt und verarbeitet werden. Insofern gilt das Denken als Informationsverarbeitungsprozeß, als Bewertungsprozeß oder als Problemlösungsprozeß.

▶ Lern- und Studiertechniken sind zielführende Maßnahmen zur Verbesserung des Wissenserwerbs und der Gedächtnisleistungen. Sie sind abhängig von der Selbststeuerung des Menschen, seiner Metakognition, seinem methodischen Wissen, seiner Selbstmotivierung und Selbstverstärkung, und sie lassen sich aus den Erkenntnissen über die Lern-, Gedächtnis- und Vergessensverläufe, über die verschiedenen Lernhemmungen, über die richtige Zeitplanung und notwendige Pausen, über die Gestaltung des Arbeitsplatzes, über die Konzentration sowie über das effektive Lesen ableiten.

---

1. Pforten der Erinnerung: Wie das Gedächtnis funktioniert

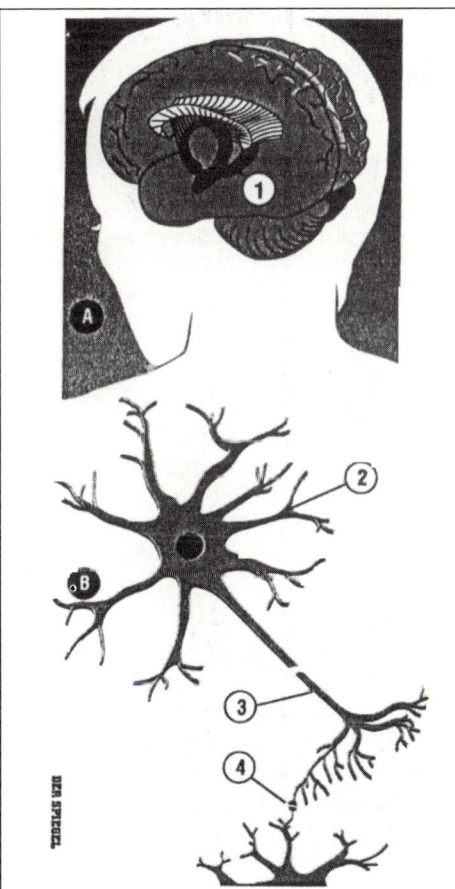

Pforten der Erinnerung   1
Wie das Gedächtnis funktioniert

A. Unter der Großhirnrinde liegt der Hippokampus (1). Durch diese wurmartige Hirnstruktur werden Wahrnehmungen geschleust, die im 5 Gedächtnis gespeichert werden sollen.

B. Jede Nervenzelle besteht aus einem vielarmig ausfasernden Zellkörper (2). Die von der Nervenzelle ausgesendeten elektrischen Impulse laufen über das sogenannte Axon (3), einen weitrei- 10 chenden Zellarm, der sich bis in entfernte Hirnregionen erstrecken kann. Am Ziel verzweigt sich das Axon und bildet, an den sogenannten Synapsen (4), Kontakte mit Tausenden anderer Nervenzellen. 15

C. Wird eine Zelle erregt, läuft ein elektrischer Impuls durch das Axon bis zu den Synapsen und bewirkt dort die Ausschüttung des Botenstoffs Glutamat (5). Die Glutamat-Moleküle schwimmen zur Zielzelle und heften sich dort an moleku- 20 lare Tore in der Zellmembran (6). Daraufhin öffnen sich diese Tore und lassen elektrisch geladene Natriumteilchen in die Zelle strömen (7). Wenn der einfließende Strom ein bestimmtes Potential aufgebaut hat, wird die Zielzelle erregt und sen- 25 det ihrerseits einen Spannungsimpuls durch ihr Axon.

D. Beim Abspeichern von Gedächtnisinhalten im Hippokampus werden die elektrischen Schwellenwerte mit Hilfe eines zweiten Tor-Systems ver- 30 ändert. Bestimmte Kanäle in der Zellmembran, sogenannte NMDA-Rezeptoren, bleiben zunächst durch Magnesium verstopft (8).

Erst wenn mehrere Sypnasen gleichzeitig ange-
35 regt werden und auf diese Weise sehr viel Natri-
um in die Zelle strömt, springt das Magnesium
aus den Poren und läßt Kalzium in die Zelle
fließen (9).
Das Kalzium löst, als Steuersubstanz im Innern
40 der Zelle, eine Kaskade von Prozessen aus, die

dazu führen, daß der elektrische Schwellenwert
dauerhaft gesenkt wird. Dadurch werden spätere
Aktivierungen – wenn der Mensch sich erinnert –
erleichtert.
Die Forscher vermuten darin den grundlegenden 45
Mechanismus für die Speicherung von Gedächtnisinhalten.

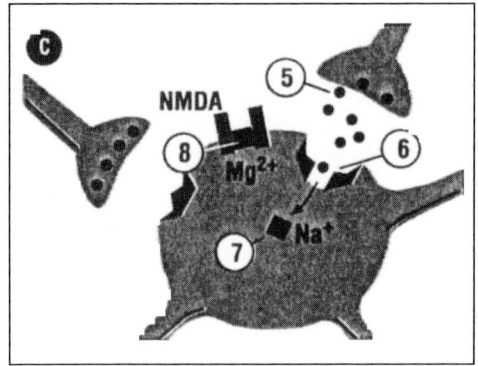 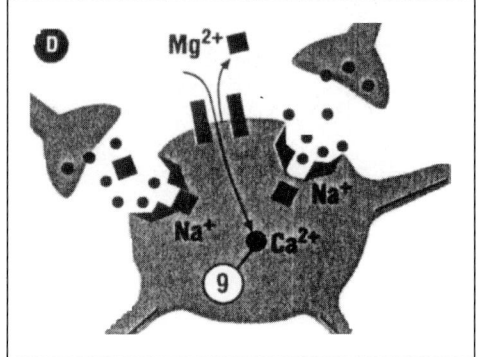

Quelle: Der Spiegel Nr. 10/46. Jhrg. vom 02.03.1992

2. Kodieren

1 Die enorme Leistungssteigerung des KZG, die
durch Kodieren möglich ist, wurde sehr eindrucksvoll in einem Experiment von Smith nachgewiesen, über das Miller (1956) berichtet. Als
5 Lernmaterial wurden Listen verwendet, die aus
zwei Zeichen (0 und 1) in regelloser Reihenfolge
bestanden (z. B. 101000101001100111010...).
Können Sie sich vorstellen, daß es möglich ist,
solche Listen, die aus 20 oder gar 30 Elementen
10 bestehen, nach nur einer Darbietung fehlerfrei
wiederzugeben? Doch, das geht, und es ist nicht

einmal besonders schwierig. Man muß nur richtig
kodieren.
Tabelle 1 zeigt eine Lernliste aus 20 Elementen,
die also viel zu lang ist, um sie (ohne Kodie- 15
rungstricks) nach bloß einer Darbietung reproduzieren zu können. Die Tabelle zeigt außerdem
verschiedene Kodierungsmöglichkeiten. Kode A
faßt immer 2 Elemente zu einer neuen Einheit
zusammen. Kode B bildet aus 3 und Kode C aus 20
4 Elementen eine neue Einheit.

Tabelle 1

Liste:	01110101000010011110
Kode A:	1 3 1 1 0 0 2 1 3 2
Kode B:	3 5 2 0 4 7 (10)
Kode C:	7 5 0 9 14

Kode A:		Kode B:		Kode C:	
00 = 0		000 = 0		0000 = 0	
01 = 1		001 = 1		0001 = 1	
10 = 2		010 = 2		0010 = 2	
11 = 3		011 = 3		0011 = 3	
		100 = 4		0100 = 4	
		101 = 5		0101 = 5	
		110 = 6		0110 = 6	
		111 = 7		0111 = 7	
				1000 = 8	
				1001 = 9	
				1010 = 10	
				1011 = 11	
				1100 = 12	
				1101 = 13	
				1110 = 14	
				1111 = 15	

Wenn Sie Kode A gründlich beherrschen, können Sie eine Liste aus 20 Elementen vielleicht gerade noch bewältigen. In diesem Fall müssen Sie die
25 20 Elemente der Lernliste während des Lesens oder Hörens mit Hilfe von Kode A in 10 neue Elemente umformen, und bei der Wiedergabe wieder in die ursprünglichen Elemente „zurückverwandeln". Mit Kode B ist die Aufgabe schon
30 leichter. Sie müssen nur mehr 6 Elemente und das abschließende Paar „10" lernen. Wenn Sie Kode C verwenden, ist die Aufgabe ganz leicht: Sie brauchen sich bloß die Liste 7, 5, 0, 9, 14 zu merken. Mit Hilfe von Kode C kann man auch mühelos Listen aus 30 einfachen Elementen (0 35 oder 1) wiedergeben.

Die eben beschriebenen Vorgänge sind keineswegs außergewöhnliche Virtuosenleistungen. Ähnliche Glanzleistungen vollbringen wir täglich – ganz automatisch und unbewußt –, wenn wir 40 Sprache hören oder lesen. (Sie haben sicher noch den zuvor gelesenen Satz im Gedächtnis. Er besteht aus fast 100 Buchstaben!) Daß wir nichts davon merken, liegt einfach daran, daß wir den Kode (die Zusammenfassung von Buchsta- 45 ben oder Sprachlauten zu Wörtern) perfekt gelernt haben.

Quelle: Werner Herkner, 1986

3. Die Merkmalanalyse

1 Gibson (1969) hat eine mögliche Merkmalsliste für Großbuchstaben vorgeschlagen (in Tabelle 1 etwas vereinfacht wiedergegeben). Diese Liste erlaubt zwar die Identifizierung aller Buchstaben
5 des Alphabets. Es ist außerdem eine ökonomische Liste, denn sie ermöglicht mit Hilfe von ca. 10 Merkmalen die Identifizierung zahlreicher Varianten von 26 Buchstaben. Sie hat aber noch entscheidende Mängel. Vor allem würden aufgrund dieser Liste auch verschiedene sinnlose Strich- 10 muster als Buchstaben „erkannt" werden. Beispiele solcher Muster, die irrtümlich als Buchstaben „wahrgenommen" würden, sind in der ersten Zeile der Tabelle 2 enthalten.

Tabelle 2

	A E F	H I L	T K M	N V W	X Y Z	B C D	G J O	P R Q	S U
	T̄ +		≠X w						
Merkmale									
gerade Linie									
horizontal	+ + +	+ |	+			+	+		
vertikal	+ +	+ + +	+ + +	+		+	+ +	+ +	
schräg /	+		+ +	+ +	+ + +				
schräg \	+		+ +	+ + +	+ +			+ +	
Bogen									
geschlossen						+ +	+	+ + +	+
offen oben							+		+
offen seitlich						+	+ +		+
Schnittpunkt	+ + +	+	+ +		+	|	+ + +		
(Zusammentreffen zweier Linien)									
Symmetrie	+ +	+ +	+ + +	+ +	+ +	+ + +	+		+

15 Eine deutliche Verbesserung wird erreicht, wenn in jeder Liste nicht nur verzeichnet ist, welche Merkmale der Buchstabe enthält, sondern auch wie viele dieser Merkmale er hat. Eine solche verbesserte Liste (aus Lindsay und Norman, 1977) ist in Tabelle 3 wiedergegeben. 20

Tabelle 3

	vertikale Linien	horizontale Linien	schräge Linien	rechte Winkel	spitze Winkel	nicht-unter-brochene Bogen	unterbrochene Bogen
A		1	2		3		
B	1	3		4			2
C						1	
D	1	2		2			1
E	1	3		4			
F	1	2		3			
G	1	1		1			1
H	2	1		4			
I	1	2					
J	1						1
K	1		2	1	2		
L	1	1		1			
M	2		2		3		
N	2		1		2		
O						1	
P	1	2		3			1
Q			1		2	1	
R	1	2	1	3			1
S							2
T	1	1		2			
U	2						1
V			2		1		
W			4		3		
X			2		2		
Y	1		2		1		
Z		2	1		2		

Buchstaben sind ziemlich einfache Reize. Es ist jedoch anzunehmen, daß auch die Wahrnehmung komplizierter Reize (z. B. von Wörtern oder Gesichtern) aufgrund von Merkmalanalysen 25 erfolgt. Theorien, die von Merkmallisten ausgehen, haben zwei große Vorteile. Erstens sind sie ökonomisch, das heißt, sie erklären die Wahrnehmung einer großen Reihe von Reizen mit Hilfe einiger weniger Merkmale (z. B. 7 Merkmale für 26 Buchstaben – mit denselben 7 Merkmalen 30 können außerdem die Ziffern von 1 bis 9 beschrieben werden). Zweitens sind die flexibel: Sie können erklären, wieso wir eine vorher nie gesehene Reizvariante richtig zur erkennen imstande sind. 35

(Mit Hilfe der Merkmalsliste für A in Tabelle 3 können fast alle A-Varianten der folgenden Abbildung identifiziert werden.)

Quelle: Werner Herkner, 1986

4. Netzwerktheorie

1 Eine der ersten Theorien dieser Art stammt von Collins und Quillian (1969). Statt vieler Worte soll die Abb. 5 verdeutlichen, wie sich Collins und Quillian die Speicherung von Wissen vorstellen 5 (am Beispiel des Wissens über Tiere).

Die Abbildung soll nur das Prinzip der Speicherung verdeutlichen. Man muß sie als kleinen Ausschnitt aus einem viel größeren Netzwerk auffassen. Die von den genannten Autoren vorgeschlagene Theorie der Wissensspeicherung ist eine 10 erweiterte Begriffshierarchie. Die Gedächtnisspuren für verschiedene Tierarten sind in Form einer Begriffshierarchie angeordnet und auf entsprechende Weise durch Pfeile (Assoziationen) miteinander verbunden. Über jedem Wort steht 15 eine allgemeinere Bezeichnung (ein Oberbegriff).

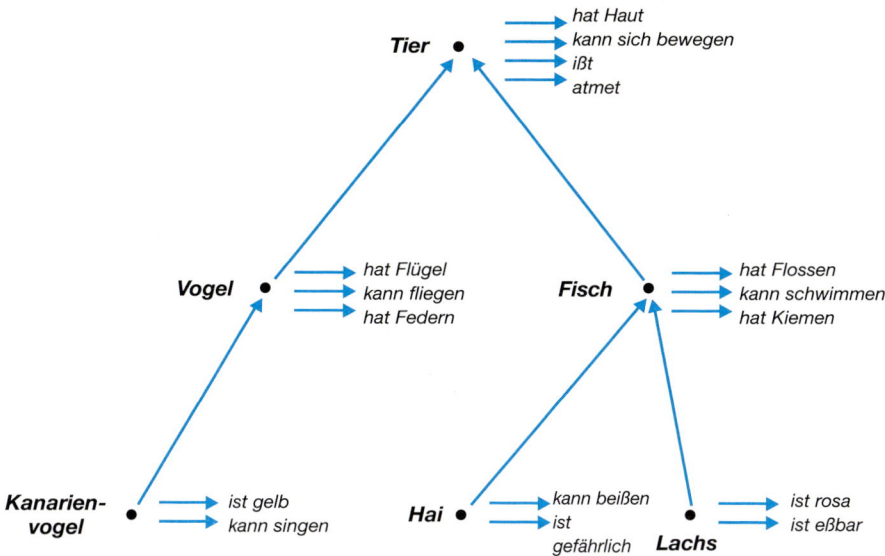

Dazu kommt aber noch, daß jede Gedächtnisspur auch durch (horizontale) Pfeile mit Eigenschaften des betreffenden Tieres verbunden ist.
20 Die horizontalen Pfeile verbinden jeden Tiernamen mit einer Liste charakteristischer Merkmale des Tiers.
Die Theorie nimmt an, daß bei jedem Begriff nur dessen charakteristische Eigenschaften gespei-
25 chert werden, und nicht alle seine Eigenschaften. Zum Beispiel ist „Kanarienvogel" nur mit den

Eigenschaften „ist gelb" und „kann singen" verbunden, nicht aber mit „kann fliegen". Die Eigenschaft „kann fliegen" ist beim zugehörigen Oberbegriff „Vogel" gespeichert, denn (fast) alle Vögel 30 können fliegen. Es wäre daher unpraktisch, die Eigenschaft „kann fliegen" bei jedem einzelnen Vogel zu speichern. Die Theorie nimmt also an, daß unser Wissensgedächtnis auf ökonomische Art organisiert ist. Es werden so wenige Assozia- 35 tionen wie möglich darin gespeichert.

Quelle: Werner Herkner, 1986

5. Konzentrationsübungen

1. Lernpausen einlegen

1 Volle geistige Konzentrationsleistung ist nur von begrenzter Dauer. Schon nach 20–30 Minuten können sich die ersten Aufmerksamkeitsverluste bemerkbar machen. Je länger Du diese Konzen-
5 trationsspanne überdehnst, desto mehr zerfällt das Anspannungs-Entspannungs-Gleichgewicht. Folge davon sind Symptome wie gedankliches Ausschweifen, Unruhe, Müdigkeit oder auch Kopfschmerzen.
10 Dem Konzentrationsabfall kannst Du am besten durch Lernpausen entgegenwirken. Warte mit dem Pausemachen nicht zu lange. Denn je stärker Du ermüdet bist, desto geringer ist die Chance, das Anspannungs-Entspannungs-Gleichge-
15 wicht wiederherzustellen. Und merke Dir eine

zweite Pausenregel: Je länger die bisher verbrachte Lernzeit, desto größer die Pausendauer. Achte schließlich auch darauf, daß Du Dich in den Pausen wirklich entspannst und neuen Sauerstoff tankst. Vermeide lernstoffnahe Tätigkeiten 20 wie zum Beispiel das Nachschlagen von Fachwörtern im Lexikon.
Man weiß aus arbeitspsychologischen Studien, daß die Erwartung bzw. das Wissen, bald in den Genuß einer Pause zu kommen, die konzentrati- 25 ven Energien mobilisiert. Du lernst nochmals konzentriert, weil Du weißt, daß bald die verdiente Erholung kommt. Man bezeichnet dieses Phänomen als Pausen-Erwartungs-Wirkung. Mache sie Dir durch systematisches Einlegen von Pau- 30 sen zunutze!

Übung

Hast Du bisher beim Lernen regelmäßig Pausen gemacht? Falls nicht, probier mal den Tip mit der Mini-, Maxi- und Erholungspause aus. Beobachte, ob dadurch das Konzentrieren leichter fällt.

> **Lerntip** Voll konzentrieren kannst Du Dich nur eine begrenzte Zeit lang. Lerne deshalb nicht zu lange an einem Stück, sondern lege immer wieder Pausen ein. Die Pausen sollten um so größer sein, je länger Du gelernt hast.

2. Lernstoff abwechseln

1 An Konzentrationsschwierigkeiten kann auch psychische Sättigung beteiligt sein. Sie tritt vor allem dann ein, wenn Du zu lange an ein und demselben Lernstoff sitzt. Diese Reizmonotonie
5 vermindert den Wachheitsgrad der Großhirnrinde und damit auch die Aufmerksamkeit.
Ein vernünftiger Lernstoffwechsel ist die beste Medizin gegen psychische Sättigung. Begehe beispielsweise nicht den Fehler, Fremdsprachen oder Naturwissenschaften hintereinander zu ler- 10 nen. Dadurch können nicht nur Ähnlichkeitshemmungen entstehen, sondern auch die oben beschriebenen Konzentrationsminderungen. Reihe die Fächer bei den Hausaufgaben so, daß keine zu ähnlichen Fächer nebeneinander liegen. 15

Übung

Angenommen, Du mußt auf den nächsten Tag englische Vokabeln lernen. In Französisch sind ein paar Absätze in der Lektüre zu übersetzen. Auch zwei Mathematikaufgaben stehen auf dem Plan. Außerdem müßte Biologie-Stoff nachbereitet werden. Wie könnte unter dem Gesichtspunkt des Lernstoffwechsels der Lernplan für heute nachmittag aussehen?

> **Lerntip** Die Konzentration fällt ab, wenn Du Dich zu lange mit demselben Fach beschäftigst. Gestalte deshalb Dein häusliches Lernprogramm so, daß die Stoffgebiete nach einer gewissen Zeit gewechselt werden.

3. Lernwege abwechseln

1 Wenn Du eine Zeitlang monoton denselben Lernweg gebrauchst, wird die Großhirnrinde immer weniger aktiviert. Genauso wie im Falle mangelnden Lernstoffwechsels entstehen daraus Auf-
5 merksamkeits- und Konzentrationsminderungen. Dies kann Dir passieren, wenn Du den Inhalt eines Lerntextes so einzuprägen suchst, daß Du ihn immer wieder durchliest. Dein Bewußtseinswecker reagiert automatisch mit einer Drosselung
10 der Wecksignale. Müdigkeit, Langeweile und gedankliche Ausschweifungen sind die Folgen.
Wenn Du die Konzentrationsleistung erhalten möchtest, mußt Du den Lernweg immer mal wieder abwechseln. Wie ein Lernwegwechsel aussehen kann, zeigt das folgende Beispiel: 15
Chemiekapitel für Klassenarbeit lernen
– Kapitel durchlesen
– Tabellen und Abbildungen genau anschauen
– Übungsaufgaben rechnen
– wichtige Begriffe, Formeln herausschreiben 20
Durch Lernwegwechsel sorgst Du nicht nur für die konzentrationsfördernde Aktivierung, sondern Du bewirkst auch gleichzeitig, daß der Lernstoff gut archiviert wird.

Übung

Lies den folgenden Text zunächst konzentriert durch. Kennzeichne danach wichtige Begriffe mit dem Leuchtmarker. Lege schließlich den Text weg und schreibe aus dem Gedächtnis die wichtigsten Stichwörter nieder.

Infektionen werden verursacht durch pathogene, d. h. „krankmachende", Mikroorganismen, die in den Körper eindringen, sich dort vermehren und Gewebeschädigungen bzw. Entzündungen verursachen. Seit langem ist bekannt, daß Alkoholismus die Anfälligkeit des Menschen gegenüber Infektionskrankheiten erhöht; schon 1884 stellte Robert Koch fest, daß im Verlauf von Choleraepidemien prozentual mehr Alkoholiker als Nichtalkoholiker erkrankten. Weitere Infektionskrankheiten, deren Auftreten nachweislich durch Alkoholmißbrauch gefördert wird, sind Tuberkulose und andere Infektionen der Lunge. Man führt diesen Zusammenhang darauf zurück, daß Alkohol die Abwehrmechanismen des Körpers (Resistenz) schwächt. Alkohol selbst ist außerhalb des Organismus ein bakterizides (bakterienabtötendes) Desinfektionsmittel, das sein Wirkungsoptimum bei einer Konzentration von 77 Volumenprozent erreicht.

Genauere Untersuchungen zur Auswirkung von Alkohol auf die Infektionsresistenz wurden zum ersten Mal an Mäusen durchgeführt, welche, nachdem sie 30 Tage lang ausschließlich mit Alkohol ernährt worden waren, mit dem Eiterbakterium Staphylococcus aureus infiziert wurden. Gleichzeitig wurde versucht, das Abwehrsystem der Mäuse zu stimulieren, um die schädlichen Einflüsse des Alkohols auf die Resistenz der Tiere zu reduzieren. Als Stimulans des Abwehrsystems wurde Glucan gewählt, eine Verbindung, die zu den Kohlenhydraten gehört und aus den Zellwänden der Bäckerhefe isoliert wird. Aus vorangegangenen Untersuchungen war bekannt, daß Glucan verschiedene Komponenten der Abwehrmechanismen von Tieren aktivieren kann, jedoch keinen Einfluß auf die Eliminierung von Bakterien aus dem Gewebe hat. Die Tiere der sogenannten Versuchsgruppe wurden 30 Tage lang ausschließlich mit Alkohol gefüttert. Die Tiere der sogenannten Kontrollgruppe erhielten während desselben Zeitraumes stattdessen Traubenzucker. Am 20., 23. und 27. Tag nach Versuchsbeginn wurde jeweils der Hälfte der Versuchs- und Kontrolltiere Glucan, der jeweils anderen Hälfte Traubenzucker intravenös verabreicht. Am 30. Tag erhielten alle Tiere eine Injektion von etwa 10^9 Bakterien (Zeitpunkt der Infektion). Danach wurden die Überlebensraten der vier Gruppen ermittelt.

Lerntip   Die Konzentration wird gemindert, wenn Du zu lange auf demselben Sinnesweg lernst. Nimm den Lerninhalt nicht nur lesend auf, sondern schreibe auch heraus, skizziere, markiere und fasse mündlich zusammen.

---

4. Tagesrhythmus beachten

1 Die Konzentrationsleistung hängt auch mit dem Tagesrhythmus zusammen. Tagesrhythmus heißt, daß die Leistungsbereitschaft des Menschen tageszeitlich in mehr oder weniger star-
5 kem Maße schwankt. Denn Körper und Geist sind nicht beliebig beanspruchbar, sondern brauchen immer wieder Erholungs- und Ruhepausen.
Wenn Deine Leistungskurve der Durchschnitts-
10 kurve in etwa entspricht, solltest Du beim häuslichen Lernen einige Tips beachten. Fange nicht gleich nach dem Mittagessen mit dem Lernen an. Warte mindestens eine halbe Stunde, sorge für frische Sauerstoffzufuhr und entspanne Dich. Lege, solange Du noch in der Mittagssenke bist, 15 mehr Kurzpausen als zu anderen Tageszeiten ein. Es ist zwar verständlich, wenn Du den Lernstoff nachmittags vom Tisch haben möchtest, aber placiere einen kleinen Teil der Lernzeit in den frühen Abend. Du könntest zum Beispiel in 20 dieser zweiten Lernphase bereits Gelerntes kontrollieren bzw. wiederholen.
Bist Du ein Abendmensch, so bearbeite den Hauptteil des Lernstoffes am Abend. Gehörst Du zu den Morgenmenschen, kannst Du gleich nach 25 dem Mittagessen beginnen. Denn die Leistungskurve fällt dann oft schon nach 16 Uhr rapide nach unten.

Übung

Zeichne in die Abbildung den ungefähren Ablauf Deiner eigenen Leistungskurve ein. Überlege, ob Deine Lernplanung noch besser darauf abgestimmt werden kann.

Lerntip   Stimme die Lernplanung auf Deine Tagesleistungskurve ab. Lerne den Großteil Deines Stoffes während der Hochphase. Geht dies nicht, so mache um so mehr Pausen.

---

5. Regelmäßig entspannen

1 Regelmäßige Pausen zu machen, ist die Grundvoraussetzung zur Erhaltung der Konzentrationsleistung. Wenn Du darüber hinaus etwas beitragen möchtest, kannst Du auch noch Entspan-
5 nungstechniken anwenden. Sie verhelfen Dir dazu, konzentrationsstörende Spannungs- und Erregungszustände abzubauen.
Entspannungstrainings werden immer häufiger von Volkshochschulen angeboten. Zumeist handelt es sich um das autogene Training, die aktive 10 Muskelentspannung und das Yoga. Ziel des autogenen Trainings ist, durch die Konzentration auf bestimmte Körperempfindungen (z. B. Schwere, Wärme) und inneres Vorsprechen Entspannung zu erreichen. Körperfunktionen wie der 15 Kreislauf oder die Atmung werden so steuerbar,

daß sie auch in Streßsituationen auf willentliche Signale hin ruhiggestellt werden. Die aktive Muskelentspannung beruht darauf, daß durch das
20 schrittweise Anspannen und Entspannen von Muskelgruppen (z. B. Arme, Stirn, Bauch, Beine) Ruhigstellung und Erholung des gesamten Körpers erlernt werden. Im Yoga wird versucht, durch bestimmte körperliche Übungen (z. B. Atemübun-
25 gen), Körperstellungen sowie Meditationen zu einer konzentrativen Selbstentspannung zu gelangen.

Es sei davor gewarnt, Entspannungsprogramme wie das autogene Training sich in Eigenregie
30 anzueignen. Es besteht ansonsten die Gefahr, daß Dir bestimmte Körperfunktionen aus der Kontrolle geraten. Wenn Du daran interessiert bist, so erler-ne es lieber in einem fachmännische betreuten Volkshochschulkurs.

Wenn Du keine Lust oder Gelegenheit hast, an 35 einem Kurs teilzunehmen, probier nachher die unten beschriebene Kurzentspannungsmethode aus. Sie entstammt der aktiven Muskelentspannung, ist einfach und gefahrlos und kann auch zum Abbau von Klassenarbeitsangst eingesetzt 40 werden.

Ein Ersatz für systematische Entspannungsprogramme kann auch in einfachen, regelmäßig durchgeführten Fitnessübungen gefunden werden: Atemübungen am offenen Fenster, 45 Strecken, Recken, Armekreisen usw. Wichtig ist, daß Du überhaupt etwas für die Erhaltung des Anspannungs-Entspannungs-Gleichgewichts tust.

Übung

FAUST
Balle die rechte Faust, bis Du ein leichtes Ziehen in den Muskeln verspürst ...... 5, 4, 3, 2, 1 ......
Entspanne die Faust. Lege sie ruhig neben Dich und beobachte das Kribbeln und Wärmegefühl.

Balle die linke Faust, bis Du ein leichtes Ziehen in den Muskeln verspürst ...... 5, 4, 3, 2, 1, ...
Entspanne die Faust. Lege sie ruhig neben Dich und beobachte das Kribbeln und Wärmegefühl.

OBERARMMUSKEL
Spanne den rechten Oberarmmuskel an, bis Du ein leichtes Ziehen verspürst ...... 5, 4, 3, 2, 1, ...
Entspanne den Oberarmmuskel.
Spanne den linken Oberarmmuskel an, bis Du ein leichtes Ziehen verspürst ...... 5, 4, 3, 2, 1, ...
Entspanne den Oberarmmuskel

BRUSTKORB
Atme tief ein, bis sich der Brustkorb wölbt ...... 5, 4, 3, 2, 1, ...
Atme aus und entspanne Dich.

BAUCH
Drücke den Bauch heraus und halte ihn eine Weile so ...... 5, 4, 3, 2, 1, ...
Entspanne und lockere die Bauchmuskeln.

OBERSCHENKEL
Setze Dich so hin, daß Unter- und Oberschenkel in einem rechten Winkel zueinander stehen. ...
Tue jetzt so, als wolltest Du die Füße nach vorne schieben ...... 5, 4, 3, 2, 1, ...
Entspanne und lockere die Oberschenkel

UNTERSCHENKEL
Strecke den rechten Fuß von Dir weg und drücke ihn nach unten ...... 5, 4, 3, 2, 1, ...
Entspanne und lockere den rechten Unterschenkel.
Strecke den linken Fuß von Dir weg und drücke ihn nach unten.
...... 5, 4, 3, 2, 1, ...
Entspanne und lockere den linken Unterschenkel.

| **Lerntip** | Achte auf das Arbeits-Erholungs-Gleichgewicht. Versuche, es durch gezielte Entspannungsübungen zu erhalten. Oder betreibe zumindest Ausgleichssport. Ansonsten entsteht Lernstreß. |

Quelle: Gustav Keller, 1986

Reproduktion von Informationen:

1. Bestimmen Sie den Begriff „Kognition".
   (Abschnitt 4.0)

2. Bestimmen Sie den Begriff „Gedächtnis", und beschreiben Sie ein Gedächtnismodell.
   (Abschnitt 4.1.1 und 4.1.2 oder 4.1.3)

3. Klären Sie den Begriff „Wissen", und beschreiben Sie Prozesse des Wissenserwerbs.
   (Abschnitt 4.2 und 4.2.1)

4. Bestimmen Sie die Begriffe „Behalten" und „Vergessen".
   (Abschnitt 4.2.2)

5. Zeigen Sie Bedingungen auf, die das Vergessen begünstigen.
   (Abschnitt 4.2.2)

6. Stellen Sie Bedingungen dar, die das Behalten begünstigen.
   (Abschnitt 4.2.2)

7. Beschreiben Sie verschiedene Lern- und Gedächtnishemmungen.
   (Abschnitt 4.2.3)

8. Bestimmen Sie den Begriff „Denken".
   (Abschnitt 4.3)

9. Stellen Sie das Denken als Informationsverarbeitung dar.
   (Abschnitt 4.3.1)

10. Beschreiben Sie den Prozeß des Denkens als Informationsverarbeitung.
    (Abschnitt 4.3.1)

11. Verdeutlichen Sie den Prozeß der Merkmalanalyse.
    (Abschnitt 4.3.1)

12. Stellen Sie die Netzwerktheorie dar.
    (Abschnitt 4.3.1)

13. Klären Sie die Begriffe „Schemata" und „Skripten".
    (Abschnitt 4.3.1)

14. Beschreiben Sie das Bewerten als eine Form des Denkens.
    (Abschnitt 4.3.2)

15. Zeigen Sie den Prozeß des Denkens als Problemlösung auf.
    (Abschnitt 4.3.3)

16. Beschreiben Sie das schlußfolgernde und das schöpferische Denken.
    (Abschnitt 4.3.4)

17. Stellen Sie die Besonderheit menschlichen Lernens dar.
    (Abschnitt 4.4.1)

18. Bestimmen Sie die Begriffe „Selbstmotivierung" und „Selbstverstärkung", und zeigen Sie deren Wirkung auf.
    (Abschnitt 4.4.2)

19. Beschreiben Sie Lerntechniken, die sich aus den Erkenntnissen über Lern-, Gedächtnis- und Vergessensverläufe ergeben.
(Abschnitt 4.4.3)

20. Formulieren Sie Studiertechniken, die sich aus den Erkenntnissen über mögliche Lern- und Gedächtnishemmungen ergeben.
(Abschnitt 4.4.4)

21. Verdeutlichen Sie die Kriterien einer Zeitplanung, die das Lernen begünstigt.
(Abschnitt 4.4.5)

22. Beschreiben Sie wichtige Aspekte einer Pausenregelung, die das Lernen begünstigt.
(Abschnitt 4.4.5)

23. Schildern Sie Grundsätze einer das Lernen begünstigenden Arbeitsplatzgestaltung.
(Abschnitt 4.4.6)

24. Stellen Sie dar, was man unter „effektivem Lesen" versteht.
(Abschnitt 4.4.7)

Anwendungsaufgaben

25. Bestimmen Sie den Begriff Gedächtnis, und beschreiben Sie anhand eines konkreten Beispiels ein Gedächtnismodell.
(Abschnitt 4.1.1 und 4.1.2 oder 4.1.3)

26. Stellen Sie dar, was man unter „Wissen" versteht, und beschreiben Sie mit Hilfe eines Beispiels Prozesse des Wissenserwerbs.
(Abschnitt 4.2.1)

27. Stellen Sie wichtige Erkenntnisse über das Speichern, Behalten und Vergessen von Informationen dar, und zeigen Sie Konsequenzen auf, die sich aus diesen Erkenntnissen für das Lernen des einzelnen ergeben.
(Abschnitt 4.2.2 und 4.4.3)

28. Beschreiben Sie an Beispielen Lern- und Gedächtnishemmungen, und stellen Sie Konsequenzen dar, die sich daraus zur Verbesserung der Gedächtnisleistungen ergeben.
(Abschnitt 4.2.3 und 4.4.4)

29. Zeigen Sie verschiedene Ursachen auf, die ein effektives Lernen eines Schülers be- bzw. verhindern können.
(Abschnitt 4.2 und 4.4)

30. Bestimmen Sie den Begriff Denken, und beschreiben Sie an einem Beispiel **eine** Form des Denkens (z. B. Informationsverarbeitung, Bewerten, Problemlösen)
(Abschnitt 4.3.1 oder 4.3.2 oder 4.3.3 oder 4.3.4)

31. Beschreiben Sie an einem Beispiel das schlußfolgernde und das schöpferische Denken, und zeigen Sie auf, daß beide Arten zur Lösung eines Problems erforderlich sind.
(Abschnitt 4.3.4)

32. Beschreiben Sie **zwei** kognitive Funktionen oder Fähigkeiten, und erläutern Sie deren Bedeutung für die Schulsituation.
(Abschnitt 4.1 bis 4.3)

33. Nehmen Sie Stellung zu der Aussage: „Mit einem schlechten Gedächtnis muß man sich abfinden!"
(Abschnitt 4.4.1 und 4.4.2)

34. Stellen Sie verschiedene Lern- und Studiertechniken dar, die zu einem effektiven Lernen beitragen können.
(Abschnitt 4.4)

Anregungen

35. Bilden Sie in der Klasse Vierergruppen. Jede Gruppe sucht bzw. formuliert zwei Denkaufgaben, die einmal konvergierendes und zum anderen divergierendes Denken erfordern. Lösen Sie die Aufgaben in der Klasse, und sprechen Sie darüber.

36. Stellen Sie für sich selbst einen Arbeits- bzw. Lernplan zusammen, um Ihre Lern- und Gedächtnisleistungen zu verbessern.

37. Diskutieren Sie in kleinen Gruppen über Ihr Lernverhalten, und überprüfen Sie dieses hinsichtlich möglicher vergessensbegünstigender Faktoren, Gedächtnishemmungen und uneffektiver Lernstrategien.

38. Suchen Sie nach Motivationen, die Ihr eigenes Lernverhalten verbessern.

39. Nehmen Sie ein ganz bestimmtes Unterrichtsfach, und überlegen Sie sich Selbstverstärker, die ihre Selbstmotivation fördern bzw. aufrechterhalten könnte. Unterhalten Sie sich mit Ihren KlassenkameradenInnen darüber.

40. Lesen Sie Materialien 5., und führen Sie verschiedene Konzentrationsübungen durch, um Ihre Konzentration aufrechtzuerhalten.

41. Nehmen Sie ein Lehrbuch oder einen bestimmten Text zur Hand, und versuchen Sie, dieses(n) effektiv zu lesen.

"Zeugnistag:
Aus Angst vor Strafe nicht mehr nach Hause!"

Die Bilder zeigen typisch menschliches Verhalten:

- Lachen, Ausdruck der Freude und des Glücks.
- Die Sportler: Ausdruck des Leistungswillens.

Die Überschrift aus der Zeitung beschreibt eine unangenehme Situation:

- Aus Angst vor Strafe trauen sich viele Schüler am Tag der Zeugnis-
  ausgabe nicht nach Hause.

Das Verhalten des Menschen wird in hohem Maße von seinen Emotionen und seiner Motivation bestimmt. Traurige oder besonders aufregende Ereignisse belasten den Menschen besonders.

In diesem Kapitel werden Fragen zu Emotionen und Motivation sowie zu emotionalen Belastungen beantwortet:

1. Was versteht man unter Emotion und Motivation?
   Wie wirken sie sich auf unser Verhalten aus?
2. Was meint man mit Angst, was mit Aggressionen?
   Wie entstehen Angst und Aggressionen?
3. Wie wirken kognitive Fähigkeiten und Funktionen wie die Wahrnehmung, das Denken, das Gedächtnis und Emotion/Motivation bei der Bewältigung von Lebenssituationen zusammen?
4. Was versteht man unter einer emotionalen Belastung?
5. Was bedeutet Streß? Wie wird Streß erlebt? Wie kann man ihn bewältigen?

Die Beschäftigung mit psychischen Funktionen, wie dies in Kapitel 3 und 4 geschehen ist, konzentriert sich vorwiegend auf *Wie-Fragen:* Wie erhalten wir Informationen über unsere Umgebung und uns selbst? Wie speichern wir Informationen? Wie lösen wir Probleme? Wie ändert sich unser Verhalten?

Das Befassen mit psychischen Kräften bringt uns auf einen ganz anderen Fragentyp, auf *Warum-Fragen:* Warum zeigt der Mensch ein ganz bestimmtes Verhalten? Warum treten bestimmte Handlungen auf? Warum verhält er sich in einer ganz bestimmten Situation so und nicht anders?

Wie-Fragen	führen zu ⟶	**psychischen Funktionen**
Warum-Fragen	führen zu ⟶	**psychischen Kräften**

Viele Psychologen unterscheiden zwei Arten von psychischen Kräften: **Emotion und Motivation.**

5.1 Emotion und Motivation als psychische Kräfte

Abdruck mit freundlicher Genehmigung von „Psychologie heute", Weinheim.

Bei der Interpretation der Stimmungen dieser Bilder kommt man recht eindeutig zu dem Ergebnis, daß es sich um Wut oder Zorn, bzw. um Neugier oder Interesse handelt. Damit sind bereits wesentliche psychische Kräfte des Menschen beschrieben, nämlich das **Gefühl** des Zornes und das **Motiv** des Interesses.

5.1.1 Der Begriff Emotion

Der Begriff Emotion wird gleichbedeutend mit dem Wort *Gefühl* verwendet.
Emotionen umfassen einerseits körperliche Zustände, andererseits erstrecken sie sich darüber hinaus auch auf seelische Befindlichkeiten eines Menschen. Gefühle besitzen also sowohl eine **körperliche** als auch eine **psychische Komponente** (vgl. J. A. Keller/F. Novak, 1988[6]):

- Gefühle bewirken zum einen organismische Veränderungen wie beispielsweise erhöhten Hautwiderstand, Muskelanspannung, Verkrampfung, Erweiterung oder Verengung der Pupille, Zittern, Schweißausbruch, Magen- und Darmtätigkeit wie zum Beispiel Durchfall, schnelle Atmung und erhöhte Herzfrequenz. Die durch innere oder äußere Reize hervorgerufenen körperlichen Vorgänge können unterschiedlich **intensiv** sein und als Erregung bzw. Spannung oder als Beruhigung bzw. Entspannung erlebt werden.

   Markus, 12 Jahre alt, schreibt nach der Pause eine Prüfungsarbeit. Er hat deshalb „aus Angst" leichte Magenkrämpfe und feuchte Hände, zittert etwas, atmet schneller als sonst und seine Herzfrequenz ist erhöht. Kurz, er ist erregt, und entspannt sich erst, als er während der Anfertigung der Prüfungsarbeit merkt, daß er die Aufgaben lösen kann.

- Gefühle bewirken zum anderen psychische Vorgänge: Man wird sich des Ich-Zustandes wie beispielsweise des Herausgerissenseins aus dem Normalzustand, aus dem Gleichgewicht, und der körperlichen Veränderungen bewußt, die Wahrnehmung und das Denken ändern sich. Die körperliche Erregung wird zum Beispiel als Freude, als Trauer, Ärger, Angst oder Zorn interpretiert. Die durch bestimmte Reize hervorgerufenen Befindlichkeiten werden **qualitativ** unterschiedlich erlebt und jeweils mehr oder minder deutlich als angenehm bzw. unangenehm bewertet, von Lust bzw. Unlust begleitet.

   Markus ist sich bewußt, daß er wegen der Prüfungsarbeit „aufgeregt" ist; er merkt die körperlichen Veränderungen und spürt, daß ihn seine Erregtheit in seinem Denken blockiert. Er interpretiert diese körperliche Erregung als Angst und bewertet diese als sehr unangenehm.
   Sabine hat auch leichte Magenkrämpfe, feuchte Hände und zittert etwas. Doch sie interpretiert ihre Erregung als Verliebtsein und bewertet diesen körperlichen Zustand als sehr angenehm.

Von entscheidender Bedeutung für das Verständnis des Emotionsbegriffes ist, daß Emotionen nicht nur ein Ich-Zustand sind, sondern auch **Verhalten beeinflussen**, Gefühle können ein bestimmtes Verhalten aktivieren und es steuern, aber auch lähmen; Gefühle können zu Passivität verleiten oder ein Annäherungs- bzw. Vermeidungsverhalten auslösen.

Der achtjährige Michael begegnet auf dem Heimweg von der Schule einem großen Schäferhund. Der Hund tut ihm zwar nichts, läuft aber eine zeitlang bellend neben ihm her. Michael hat große Angst und läuft so schnell er kann nach Hause. Am nächsten Tag bittet er seine Mutter, ob sie ihn nicht von der Schule abholen kann, da er sich immer noch vor dem Hund fürchtet. Da die Mutter keine Zeit hat, beschließt er, einen anderen Weg zu gehen, um dem Schäferhund nicht noch einmal zu begegnen.

> Emotionen beeinflussen und steuern das Verhalten des Menschen.

Emotionen (Gefühle) sind also Befindlichkeiten, Ich-Zustände, die sich sowohl auf den Körper (=organische Komponente), die Psyche (=psychische Komponente) als auch auf das Verhalten des Menschen auswirken.

> „Gefühle sind Ich-Zustände, sind Befindlichkeiten und Erlebnisse, die den Körper, die Psyche und das Verhalten des Menschen umfassen." *(J. A . Keller/F. Novak, 1988[6])*

Übersicht über die verhaltensaktivierenden und -steuernden Komponenten von Gefühlen

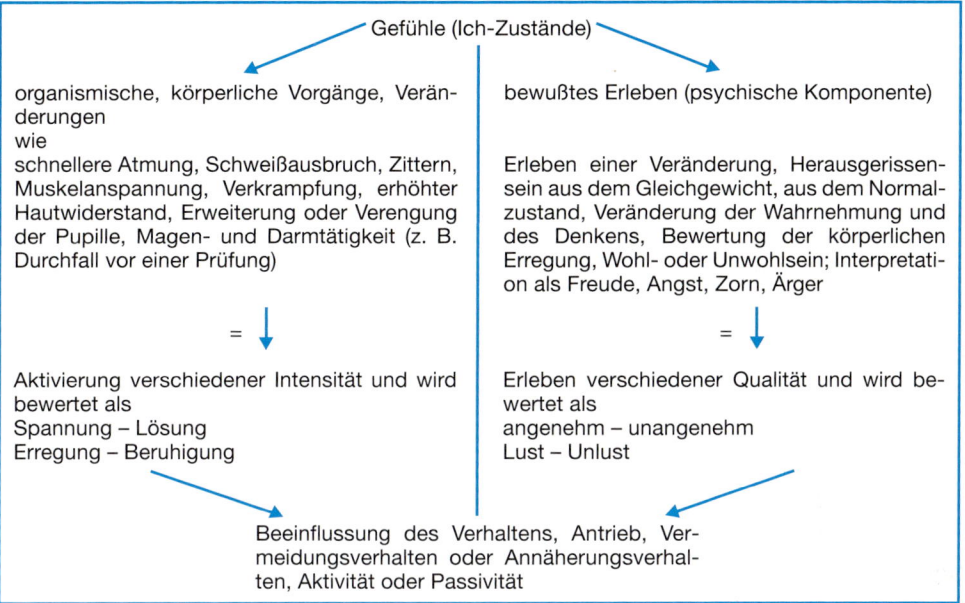

Quelle: J. A. Keller/F. Novak, 1988⁶ (etwas abgeändert)

Werner Herkner (1986) faßt die Erkenntnisse über Gefühle folgendermaßen zusammen:

- Die Stärke eines Gefühls hängt von der Stärke der körperlichen Erregung ab.

  Je stärker und heftiger beispielsweise das Herz klopft, desto mehr Freude, Angst oder Ärger empfindet man.

- Die Art des erlebten Gefühls hängt von der subjektiven Erklärung für die Erregung ab. Diese Erklärung ist von der jeweiligen Situation, in der die Erregung auftritt, abhängig (vgl. Abschnitt 5.3.2).

  Ob man die Erregung als Freude, Angst oder Ärger erlebt, hängt davon ab, welche Erklärung man sich selbst für diese Erregung gibt. Ein Schüler, der gerade eine gute Note erhalten hat, wird seine Erregung als ,Freude' interpretieren, ein anderer, der gerade eine Auseinandersetzung mit einem Mitschüler hatte, wird sie als ,Ärger' sehen.

- Nicht jede physiologische (= körperliche) Erregung wird als Gefühl gesehen. Hat man eine andere Erklärung für diese Erregung, so wird sie nicht als Gefühl interpretiert.

  Wenn jemand eine schwere Tasche in den siebten Stock getragen hat, wird das Herzklopfen und das mögliche Zittern der Hände nicht als Gefühl empfunden.

➡ **Materialien 1.**

5.1.2 Der Begriff Motivation

Die Psychologie hat es schon immer interessiert, warum der Mensch ein ganz bestimmtes Verhalten zeigt, warum er sich in einer ganz bestimmten Situation so und nicht anders verhält, was sein Verhalten und Handeln veranlaßt bzw. verursacht. Die Psychologie will – wie in Kapitel 1.3 dargestellt – nicht nur das bloße Verhalten beschreiben, sondern auch seine Ursachen erforschen sowie es erklären.

In kaum einem Fall lassen sich alle Ursachen für eine bestimmte Verhaltensweise beobachten und damit auch beschreiben. Das Zustandekommen eines bestimmten Verhaltens läßt sich nicht nur als Folge wahrnehmbarer Reize begreifen, es sind vielmehr Einwirkungen „am Werk", die nicht konkret beobachtbar und nachprüfbar sind.

Eine ehemalige Krankenschwester spritzte in einem Zeitraum von etwa zwei Jahren 17 Patienten, die im Alter zwischen 53 und 70 Jahren waren, ein bestimmtes Präparat, um sie sicher und schnell zu töten. Der Staatsanwalt bezeichnete sie als eiskalte Mörderin, die sich als „Herrin über Leben und Tod" aufspielte.
In diesem Fall ist kein konkreter Grund sichtbar und kein beobachtbarer Reiz erkennbar und nachprüfbar, der verständlich macht, was die Krankenschwester tatsächlich zu dieser Tat bewegt haben könnte.

Solche von außen nicht erkennbaren Beweggründe, die menschliches Verhalten und Handeln aktivieren und dieses auf ein bestimmtes Ziel hin steuern, werden als **Motive** bezeichnet. Wie der Kriminalist, so fragt auch der Psychologe nach dem „Motiv" der „Tat" (vgl. Klaus D. Heil, 1975).

Hunger zum Beispiel ist ein solches Motiv. Er ist als solches nicht beobachtbar, es kann lediglich aufgrund der Menge und der Schnelligkeit des Essens auf „Hunger-Haben" geschlossen werden. Dieses Motiv treibt nun den einzelnen an, aktiv zu werden, und steuert ihn auf ein bestimmtes Ziel hin – etwa zum Brotkasten und zum Kühlschrank, aus denen er sich Brot bzw. Wurst holt.

> **Als Motiv wird ein von außen nicht erkennbarer Beweggrund bezeichnet, der menschliches Verhalten aktiviert und auf ein bestimmtes Ziel hin steuert.**

Motive sind nicht beobachtbar, sie stellen – wie es Gerd Mietzel (1987[3]) ausdrückt – eine „Antriebskraft" dar, von der angenommen wird, daß sie zielgerichteten Verhaltensweisen zugrundeliegt. Sie wollen auch Verhalten nicht beschreiben, sondern erklären.

„Motiv ist kein Begriff, der etwas beschreiben, sondern einer, der etwas erklären soll."
(H. D. Schmalt/H. Heckhausen; in Hans Spada, 1990)

In der Regel ist es nicht nur *ein* Grund, der menschliches Verhalten aktiviert und steuert, sondern mehrere Gründe.

So sind auch im Fall der Krankenschwester mehrere Gründe dafür verantwortlich, warum sie 17 Patienten tötete. Mit nur einem Grund wäre sicherlich ihre Tat nicht hinreichend erklärbar.

„Motive sind psychische Kräfte. Sie bewegen uns, sie setzen etwas in Gang. Wahrnehmung, Gedächtnis, Sprache und Denken sind psychische Funktionen. Sie sind nicht Selbstzweck, sondern stehen immer im Dienst von Motiven. Motive bestimmen, worauf wir unsere Aufmerksamkeit richten, welche Informationen wir im Gedächtnis suchen, welche Denkprobleme wir lösen wollen, welche Verhaltensweisen wir ausführen usw." *(Werner Herkner, 1986)*

Treten nun Motive in Kraft, so organisieren sie einen Prozeß, in welchem Verhalten in Bewegung gesetzt und auf ein bestimmtes Ziel hin gesteuert wird. Diesen Prozeß bezeichnen wir als **Motivation**. Motivation ist also ein von Motiven gesteuerter Prozeß des Angetriebenseins, der in der Regel so lange anhält, bis das Ziel erreicht ist.

Durch folgende Merkmale ist der Begriff Motivation gekennzeichnet:

- **Aktivierung:** Motivation bedeutet immer einen Prozeß, in welchem Verhalten in Bewegung gesetzt wird.

- **Richtung:** Die Aktivität wird auf ein bestimmtes Ziel hin gesteuert und bleibt in der Regel so lange bestehen, bis dieses Ziel erreicht ist oder auch bis ein anderes Motiv vorrangig wird.

  Wenn beispielsweise jemand sehr hungrig ist, dann wird er etwas unternehmen, um den Hunger zu stillen (= Aktivierung). Er wird vermutlich andere Tätigkeiten unterbrechen – zum Beispiel für eine Prüfungsarbeit lernen – und wird solche Verhaltensweisen in Bewegung setzen, die geeignet sind, sein Nahrungsbedürfnis zu befriedigen. Er wird etwa zum Brotkasten und Kühlschrank gehen, aus denen er sich Brot und Wurst holt (= Zielgerichtetheit). Ist sein Hunger gestillt, so wird er seine diesbezügliche Aktivität einstellen und sich möglicherweise wieder seinen anderen Tätigkeiten zuwenden.

- **Intensität:** Die Aktivität kann mehr oder weniger stark, kräftig oder gründlich – kurz: mehr oder weniger intensiv – ausgeführt werden.

  So kann der Hunger beispielsweise sehr stark sein, und man kann das Wurstbrot sehr hastig und mit großen Bissen verspeisen oder auch nur gelegentlich daran beißen und wenig Interesse an dem Wurstbrot zeigen.

- **Ausdauer:** Zielstrebiges Verhalten kann mehr oder weniger Beständigkeit aufweisen. In der Regel wird die Aktivität aufrechterhalten, auch wenn sich Schwierigkeiten in den Weg stellen.

  So kann es möglich sein – um beim obigen Beispiel zu bleiben –, daß im Brotkasten kein Brot und der Kühlschrank leer ist. Man wird vielleicht in ein Lebensmittelgeschäft gehen. Wenn dieses geschlossen hat, sucht man möglicherweise ein Gasthaus auf oder besucht Bekannte.
  Gerd Mietzel (1987[3]) schreibt dazu folgendes Beispiel: „Dieses Merkmal offenbart sich auch bei jenem jungen Mann, der von seiner Angebeteten immer wieder zurückgewiesen wird, aber trotzdem sein Werbungsverhalten fortsetzt, indem er Briefe schreibt, Einladungen ausspricht, Blumen schickt und sogar das Rauchen aufgibt."

Motivation ist nicht direkt beobachtbar, sondern kann nur aus dem beobachtbaren Verhalten erschlossen werden. Somit ist sie ein **gedankliches Konstrukt** zur Erklärung der Beweggründe des beobachteten Verhaltens.

„Niemand hat je Motivation ‚gesehen', genau wie nie jemand Lernen ‚gesehen' hat. Was wir sehen (...) sind Veränderungen im Verhalten. Um diese beobachtbaren Veränderungen zu erklären (...), ziehen wir indirekte Schlüsse über die ihnen zugrundeliegenden psychischen und physiologischen Prozesse, Schlüsse, die unter dem Begriff ‚Motivation' zusammengefaßt werden." *(Philip G. Zimbardo, 1983[4])*

> **Motivation ist ein gedankliches Konstrukt für Prozesse, die Verhalten aktivieren sowie dieses hinsichtlich seiner Richtung, Ausdauer und Intensität steuern.**

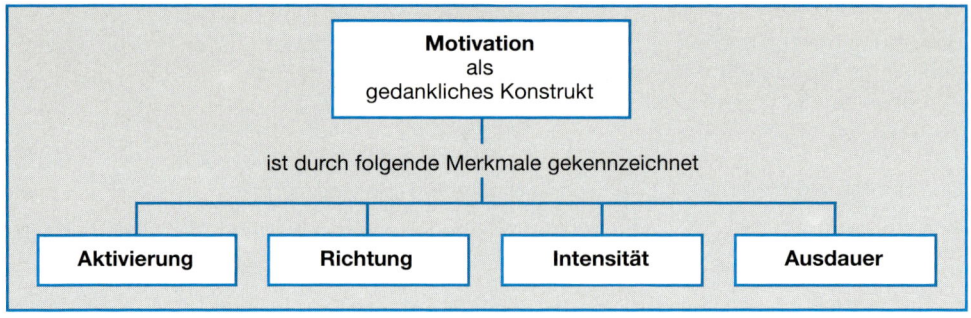

5.1.3   Der Zusammenhang von Emotion und Motivation

Emotion und Motivation sind nicht zwei verschiedene psychische Prozesse, sondern sind sehr eng miteinander verbunden. Sie können eher als zwei Seiten eines Prozesses betrachtet werden – ähnlich wie zwei Seiten einer Münze.

„Derselbe psychische Vorgang hat (…) sowohl eine Befindlichkeitsseite als auch eine Antriebsseite. Betont man die momentane Erlebnislage, spricht man von Emotion oder Gefühl, betont man hingegen die Ziellage, zu der die Kraft drängt, spricht man von Motivation." *(H.-P. Nolting/P. Paulus, 1993[4])*

Als Beispiele führen H.-P. Nolting und P. Paulus (1993[4]) Angst, Ärger, Hunger oder Interesse an: man kann sie zugleich als Befindlichkeiten – also als Gefühl – und zugleich als Antriebe zum Handeln – als Motivation – erleben. Auch das deutsche Wort ‚Lust' enthält beide Bedeutungen: „Lust empfinden" als Gefühl und „Lust haben auf…" als Motivation.

Bedürfnisse verursachen also einerseits Gefühle. Die Befriedigung von Bedürfnissen wird als angenehm erlebt; werden Bedürfnisse nicht befriedigt, so wird dies als unangenehm empfunden. Andererseits wirken Gefühle motivierend und setzen Handlungen in Gang.

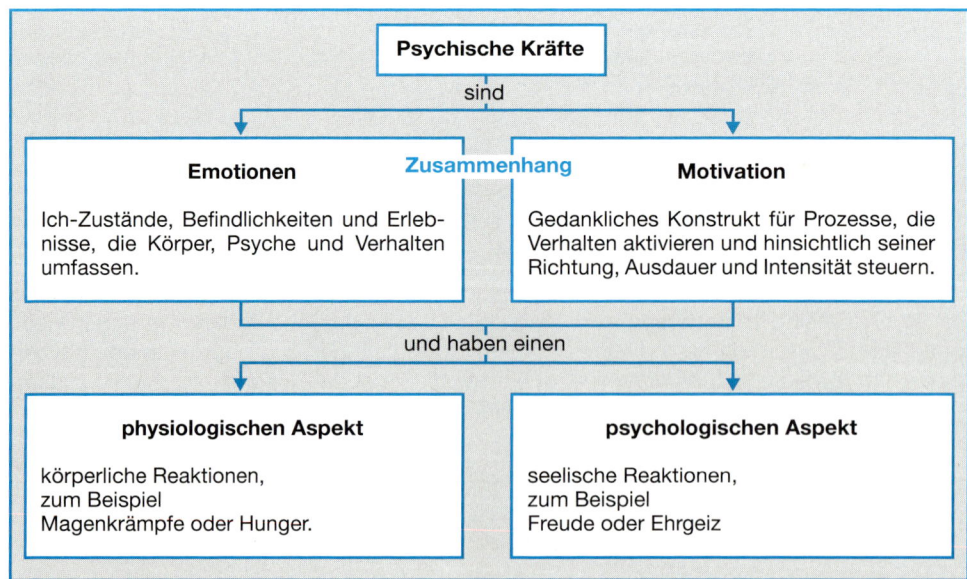

5.1.4 Die Bedeutung von Emotion und Motivation

Gefühle sind wesentlich für die Entstehung, Steuerung und Gestaltung von menschlichen Beziehungen. Dabei sind hier alle Arten zwischenmenschlicher Beziehungen gemeint.

Bei der Beziehung zwischen Eltern und Kind sind die wechselseitigen Gefühle von großer Bedeutung; positive Gefühle wie Zuneigung, Wärme oder Sympathie sind Voraussetzung für Bindungen in der Familie oder einer familienähnlichen Gemeinschaft. Freundschaften und Partnerschaften entstehen, weil wir andere Menschen anziehend finden, sie bei uns ein Gefühl der Sympathie auslösen. Wir brauchen ein Netz emotionaler Beziehungen, um uns **geborgen und sicher** zu fühlen. Wenn anderen Menschen Ärger, Neid oder Haß durch ihr Verhalten bei uns hervorrufen, distanzieren wir uns von ihnen – wir beenden die Beziehung.

Untersuchungen zeigen, daß in unserer heutigen Gesellschaft persönliches Glücksempfinden ein wichtiger Maßstab für das Fortbestehen von Partnerschaften ist.

Gefühle steuern und regulieren unser Verhalten: Wir werden aktiv, um angenehme Zustände herbeizuführen und aufrechtzuerhalten bzw. um unangenehme Zustände zu vermeiden, zu beseitigen oder zu verringern.

So hält sich zum Beispiel das Kind an die Gebote und Verbote seiner Eltern, weil es Angst vor Strafe oder Liebesentzug hat. Ein Konflikt mit einem lieben Menschen bedeutet für uns einen sehr unangenehmen Zustand, und wir tun alles, um diesen Konflikt zu lösen.

Ausreichende emotionale Zuwendung bildet die Basis für die spätere Entwicklung des Kindes: Die psychologische Forschung geht davon aus, daß eine intensive emotionale Zuwendung nicht nur für die Ausbildung der Beziehungsfähigkeit des Kindes bedeutsam ist, die **gesamte Entwicklung bleibt beeinträchtigt**, wenn sie fehlt.

Muß ein Kind während seiner Entwicklung starke seelische Erschütterungen und Schocks (= Traumata) verdrängen, so kann dies zur Entstehung von **Neurosen und Psychosen** führen.

Traumata und die Verdrängung von Gefühlen können sich auch auf die Entstehung **psychosomatischer Erkrankungen** der Haut (Neurodermitis), der Atemorgane (Asthma), des Herz- und Kreislaufsystems (Bluthochdruck), des Magen- und Darmsystems (Magengeschwüre) und des Uro-Genitalsystems (Menstruationsbeschwerden) auswirken. Jede starke Gefühlsregung löst im körperlichen Bereich eine spezifische Erregung des autonomen Nervensystems aus. Bei psychosomatischen Erkrankungen geht man davon aus, daß bei den Betroffenen Erregungszustände, die von Belastung und Streß hervorgerufen werden, zu lange anhalten und damit langfristig eine körperliche Schädigung hervorgerufen wird.

5.2 Angst und Aggression als Beispiele für Emotion und Motivation

Zur Verdeutlichung der Emotionen und der Motivation werden im folgenden zwei unterschiedliche emotional-motivationale Verhaltensweisen und Befindlichkeiten beschrieben, die von allgemeinem Interesse sind. Es handelt sich dabei um die Angst als eine Form der Emotion und die Aggression als eine Form der Motivation.

5.2.1 Beispiel für ein Gefühl: Die Angst

Angst stellt einen Ich-Zustand dar, der als beklemmend, bedrückend und als unangenehm empfunden wird. Dieser Ich-Zustand wird in der Regel durch die gedankliche Vorwegnahme der Nicht-Bewältigung einer bestimmte Situation ausgelöst und deshalb als bedrohlich erlebt.

So hat Max zum Beispiel große Angst vor der bevorstehenden Prüfungsarbeit, weil er der Meinung ist, er könnte sie möglicherweise nicht oder nur schlecht schaffen.

Es handelt sich dabei grundsätzlich um ein subjektives Erleben einer bestimmten Situation. Die Bedrohung kann wirklich existent, aber auch vermeintlich sein.

Frau Furchtsam beispielsweise hat große Angst vor dem Autofahren in der Großstadt. Diese Angst ist real. Es könnte aber auch möglich sein, daß sich Frau Furchtsam „einbildet", sie werde jedesmal am Abend, wenn sie nach Hause geht, von einem Mann verfolgt, obwohl diese Einbildung keine Entsprechung in der Realität hat. In diesem Fall handelt es sich um eine vermeintliche Bedrohung.

Das Erleben einer Angst ist grundsätzlich mit physiologischen Vorgängen, wie zum Beispiel Schweißabsonderung, Atembeschleunigung, Herzklopfen, Magendrücken, Zittern, Muskelanspannung, Erröten oder Erbleichen, gesträubte Haare, verbunden.

Jeder kennt die Angst vor dem Zahnarzt: Wenn man auf dem Behandlungsstuhl sitzt, fängt man zu schwitzen an, verkrampft sich, atmet schneller, und auch das Herzklopfen wird intensiver.

Angst beeinflußt – wie jedes Gefühl – unser Verhalten: Sie kann unser Verhalten aktivieren, aber auch lähmen; sie kann zu Passivität verleiten oder auch ein Vermeidungsverhalten auslösen (vgl. Abschnitt 5.1.1).

> **Angst ist ein als beklemmend, bedrückend und als unangenehm erlebter Ich-Zustand, der für das Individuum eine Bedrohung darstellt, mit physiologischen Vorgängen verbunden ist und das Verhalten beeinflußt.**

Angst ist immer auf einen bestimmten Sachverhalt bezogen, der real oder nur vermeintlich real sein kann. Man kann Angst haben vor Personen bzw. Personengruppen, vor Einrichtungen wie zum Beispiel vor der Schule, vor Gegenständen wie Autos oder Waffen; man kann Angst haben vor einer Prüfungsarbeit, vor der Zukunft, vor einer Naturkatastrophe, vor der Umweltvernichtung, vor einem Krieg, vor einer Krankheit, vor dem Tod.

„Gott sei Dank, jetzt kann ich endlich meine frei flottierende Angst auf etwas Spezifisches richten!"

Eine besondere Form der Angst ist die **Phobie**, bei der sich die Angst auf bestimmte Situationen und Objekte richtet. Die Betroffenen reagieren mit einer auffallend großen, den Gegebenheiten vollkommen unangemessenen Angst, da die Situation oder das Objekt oft gar keine Gefahrenquelle darstellen. Meist ist dem Phobiker bewußt, wie unsinnig seine Angst ist, trotzdem kann er sie nicht beherrschen.

> **Phobien sind extreme Ängste vor und Vermeidung von Objekten und Situationen, die die Person selbst als harmlos erkennt.**

Bekannte Phobien sind zum Beispiel die Klaustrophobie (Angst vor dem Aufenthalt in engen Räumen) oder Tierphobien wie Angst vor Hunden, Spinnen, Schlangen u. ä.

An einem Beispiel soll noch einmal dargestellt werden, wie Angst als Ich-Zustand den Körper (= körperliche Komponente), die Psyche (= psychische Komponente) und das Verhalten des Menschen umfaßt (vgl. Abschnitt 5.1.1):

Die dreijährige Luise schläft, seit sie ein ganz kleines Mädchen war, allein in ihrem Zimmer. Eines Tages wacht sie mitten in der Nacht auf, sie ruft nach ihrer Mutter, doch die kommt nicht. Luise beginnt, sich zu ängstigen. In der Dunkelheit des Zimmers nimmt sie plötzlich Gegenstände und Wesen wahr, die ihr nie zuvor aufgefallen sind. Sie fängt an zu weinen und zu zittern und verläßt schließlich fluchtartig das Bett, um ins Schlafzimmer der Eltern zu laufen. Luise erlebt das Fehlen der Mutter als sehr beängstigend, da es für sie ein neuer Zustand ist, den sie noch nicht kennt. Bisher war es üblich, daß die Eltern rechtzeitig zur Stelle waren, wenn sie mitten in der Nacht aufgewacht ist.

Das Gefühlt des Alleinseins führt bei Luise zur Auslösung körperlicher Reaktionen, wie Zittern und Weinen. Ebenso verändert sich ihre Wahrnehmung und damit die Bewertung der Situation. Aus dem Stuhl mit den übergeworfenen Kleidern wird ein „Monster", vor dem man sich fürchtet. Alltägliche Geräusche, wie das Knarren von Dielen, werden als äußerst bedrohlich empfunden. Luise befindet sich deshalb in einem Zustand höchster Erregung und Anspannung. Sie erlebt die Situation als sehr unangenehm. Dies hat zur Folge, daß sie fluchtartig ihr Bett verläßt und zu den Eltern ins Schlafzimmer läuft, um dort den Rest der Nacht zu verbringen. Damit hat das Gefühl der Angst eine Beeinflussung des Verhaltens bewirkt, in unserem Beispiel zu sogenanntem Fluchtverhalten geführt.

Angstauslösende Situationen nach Lebensalter

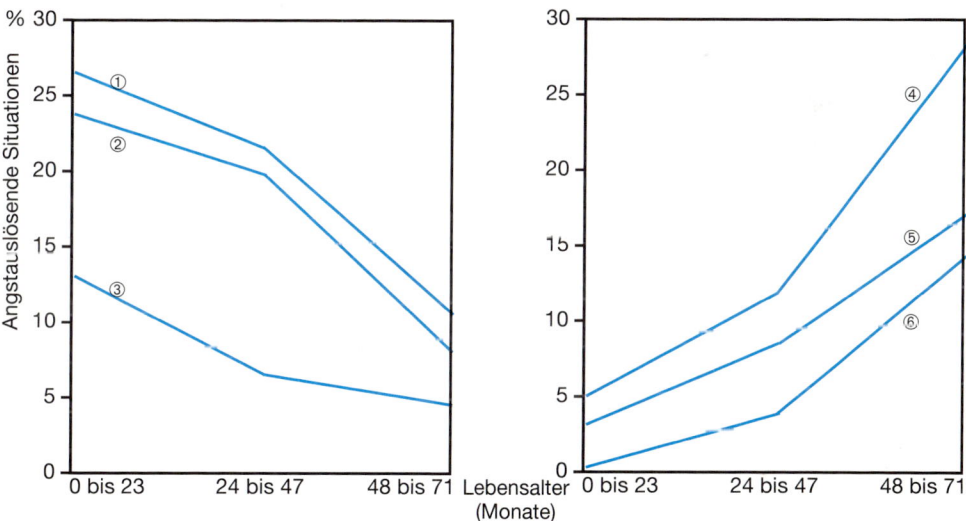

Angstauslösende Umweltbedingungen: Laute Geräusch ①, fremde Personen ② und plötzlicher Gleichgewichtsverlust ③ nehmen mit fortschreitendem Lebensalter immer mehr an Bedeutung ab. Phantasierte Angstsituationen, die denen der Erwachsenen recht ähnlich sind, treten dagegen immer mehr in den Vordergrund: Angstträume, Räuber und Tod ④; Dunkelheit und Alleinsein ⑤; Verletzungen, Unfälle, Feuer und Gefängnis ⑥.

Quelle: H. Legewie/W. Ehlers 1992

Die Erklärungsversuche für die Entstehung von Angst sind unterschiedlich. Die häufigsten Theorien, mit denen die Entstehung von Angst erklärt wird, sind die **tiefenpsychologischen Theorien**, wie zum Beispiel die Psychoanalyse (siehe Kapitel 7.2), die **Lerntheorien** und neuerdings auch sogenannte **kognitive Theorien.**

5.2.2 Beispiel für Motivation: Die Aggression

Aggression ist ein alltägliches Phänomen unserer Gesellschaft. Die Psychologie ist deshalb daran interessiert, die Ursachen der Aggression zu erforschen und zu erklären, um aggressives Verhalten verändern zu können.

Aggression ist immer mit einer **Schädigung von Organismus oder Gegenständen** verbunden. Schädigen meint in diesem Zusammenhang: beschädigen, verletzen, zerstören, vernichten, Schmerz zufügen, stören, Ärger erregen, beleidigen, Verhaltensweisen werden nicht nur dann als aggressiv eingestuft, wenn sie sich gegen Organismen (Menschen, Tiere, Pflanzen) richten, sondern auch gegen Gegenstände, wie etwa die Zerstörung eines Telefonhäuschens. Sie können sich aber auch auf die eigene Person beziehen *(= Autoaggression).*

Die Schädigung von Organismen kann direkt oder auch indirekt geschehen. Von einer direkten Schädigung spricht man, wenn das Objekt, auf das sich die aggressive Verhaltensweise richtet, selbst Gegenstand der Schädigung ist, von einer indirekten Schädigung, wenn das Objekt nicht selbst Gegenstand der Schädigung ist.

Fritz hat eine große Wut auf Hans. Er schlägt ihn deshalb. Es handelt sich hier um eine direkte Schädigung, da sich die aggressive Verhaltensweise auf den Gegenstand selbst – in diesem Fall auf Hans – richtet. Schlägt nun Fritz die Tür zu, so spricht man von einer indirekten Schädigung, da sich die aggressive Verhaltensweise nicht auf das Objekt selbst – auf Hans –, sondern auf die Türe bezieht.

> **Unter Aggression versteht man alle Verhaltensweisen, die eine direkte oder indirekte Schädigung von Organismen und/oder Gegenständen beabsichtigen.**

Entstehung von Aggression

Ähnlich wie bei der Entstehung von Angst, hat die Psychologie auch für die Entstehung der Aggression unterschiedliche Modelle und Ansätze entwickelt. Im Verlauf der Entwicklung haben sich drei bedeutende Modelle oder Theorien herausgebildet:

- Trieb- oder Instinkttheorien (psychoanalytische oder ethologische[1] Theorien),
- Frustrations-Aggressions-Theorie und
- Aggression als erlerntes Verhalten (Lerntheorien).

Die psychoanalytische Theorie

Die Psychoanalyse nimmt neben dem Lebenstrieb einen **Todestrieb** (Thanatos) an, der zum Ziel die Auflösung bzw. Zurückführung des Lebens in den anorganischen Zustand hat und somit dessen Vernichtung bedeutet. Aggression ist eine Äußerungsform dieses Todestriebes (vgl. Abschnitt 7.2.2).

---

[1] Ethologie: Verhaltensforschung

Die ethologische (= Verhaltens-) Theorie

Einer der Hauptvertreter der verhaltenstheoretischen Theorie ist der Verhaltensforscher Konrad Lorenz (1903–1989). Nach der von ihm entwickelten Instinktlehre gibt es vier große Instinkte. Er geht davon aus, daß Aggressionen eine **Instinktäußerung** ist, die verschiedene biologisch nützliche Aufgaben erfüllt. So müssen zum Beispiel Tiere aufgrund der Aggression ihren Lebensraum aufteilen, daß immer ausreichend Nahrung vorhanden ist. Die Energie des Aggressionspotentials wird ständig neu gebildet, die Energieabfuhr hängt von auslösenden Reizen aus der Umwelt ab. Bleiben sie aus, kommt es zu Leerlaufhandlungen, das bedeutet, daß Aggressionen ohne erkennbaren Reiz ausgelöst werden. Lorenz überträgt seine Beobachtungsergebnisse, die er bei Fischen und Vögeln gewonnen hatte, auf den Menschen, was nicht ganz unproblematisch ist.

„Die neuzeitliche Zivilisation erlaube ihm (dem Menschen) nicht genug sinnvolle Entladungen; es soll deshalb zu Störungen in der physischen und psychischen Gesundheit kommen. (…) Den Tieren sind Hemmungen der Aggressionsneigungen (…) angeboren. (…) Beim Menschen versagen die Hemmungen, weil sie sich nicht auf Waffen erstrecken." (Herbert Selg, 1974)

Nach Lorenz' Ansicht ist es daher notwendig, das Aggressionspotential in irgendeiner Form zu regulieren und zu kanalisieren. Er schlägt zum Beispiel vor, aggressive Energien in Ersatzhandlungen abzubauen. Als Ersatzhandlungen können beispielsweise sportlicher, geistiger oder künstlerischer Wettstreit gelten.

Kritik an Freud und Lorenz

Der Psychologe Herbert Selg meint zu den Theorien Freuds und Lorenz': „Genau besehen erklären jedoch Triebtheorien menschliches Verhalten gar nicht; (…) Etwas vereinfacht: man sieht eine Schlägerei, abstrahiert daraus einen Aggressionstrieb, sieht ängstliches Verhalten und erschließt einen Fluchttrieb (…) Wie umfangreich müssen Trieblisten sein, um menschliches Verhalten insgesamt zu ‚erklären'?" (Herbert Selg, 1974). Selg verwendet lediglich den Begriff „Triebtheorien", meint aber sowohl die Theorie Freuds wie auch die Lorenz'.

Während Lorenz der Vorwurf gemacht wird, seine Tierbeobachtungen in unzulässiger Weise auf den Menschen übertragen zu haben, besteht die Kritik an dem von der Psychoanalyse postulierten Aggressionstrieb darin, daß dieser Trieb nicht nachgewiesen werden kann.

Die Frustrations-Aggressions-Theorie

Kernaussage dieser Theorie, die vor allem auf den Psychologen John Dollard zurückgeht, ist die Annahme, daß auf jede Frustration eine Aggression folgt.

> Unter Frustation versteht man die Störung einer zielgerichteten Handlung, Enttäuschungen und Versagungen

Experiment von Robert S. Sears

Sears und seine Mitarbeiter luden Studenten an einem Abend ein, um angeblich herauszufinden, wie sie ermüden. In Wirklichkeit wollte man aber die Teilnehmer dabei beobachten, wie sie Frustation erleben. Sie durften weder rauchen noch sprechen. Außerdem mußte sie Spiele, die sie begonnen hatten, plötzlich abbrechen, und ein warmes Frühstück, das ihnen der Versuchsleiter versprochen hatte, kam nie an. Dabei zeigte sich, daß die Versuchspersonen im Lauf der Nacht zunehmend Aggressionen zeigten.

Sie äußerten sich negativ über das Experiment und den Geisteszustand des Versuchsleiters.

Das Experiment zeigt, wie Aggression als Folge von Frustation entstehen kann. Obwohl damit eine recht logische Theorie bewiesen scheint, kann man keineswegs daraus schließen, daß aus jeder Frustation immer, sozusagen automatisch, eine Aggression entsteht.

Kritik der Frustrations-Aggressions-Theorie

Die Frustrations-Aggressions-Theorie vernachlässigt die Fähigkeit des Menschen, Frustrationen kognitiv bewältigen zu können.

Herr X. begibt sich am Abend in die Stadt, um ins Kino zu gehen. Es läuft ein Film, auf den er sich schon lange gefreut hat. Da der Film sehr begehrt ist, steht bereits eine lange Menschenschlange vor der Kinokasse. Als Herr X. endlich an der Kasse ist, kann er noch das Schild „ausverkauft" lesen.

Nach der Frustrations-Aggressions-Theorie müßte Herr X. nun vollkommen frustriert sein. Seine Frustration müßte sich in Aggression umwandeln. Dies geschieht aber nicht. Herr X. beschließt, am nächsten Tag noch einmal zum Kino zu gehen und heute stattdessen gut essen zu gehen. Er war in der Lage, seine Frustration kognitiv zu bewältigen.

Wegen der Mängel, die die Triebtheorien aufweisen, bevorzugt die Psychologie die Theorie, nach der Aggressionen vor allem das Ergebnis von Lernprozessen sind.

Aggressionen als erlerntes Verhalten

Die lernpsychologischen Theorien gehen davon aus, daß Aggressionen, wie alle anderen Verhaltensmuster (zum Beispiel Schreiben oder Sprechen), erlernt sind. Klassische Versuche und Experimente der Lernpsychologie belegen die Annahmen dieser Theorien. Dabei spiele die **sozialkognitive Lerntheorie**, auch Lernen am Modell oder soziales Verhalten genannt, eine wichtige Rolle (siehe Kapitel 10.2).

Das klassische Experiment von Hicks zeigt, wie Aggressionen durch Beobachtung eines Modells erlernt werden kann:

„Hicks ließ Kindern, die durchschnittlich etwa 5 Jahre alt waren, einzeln einen 8 Minuten dauernden Film mit aggressiven Inhalten vorführen. Die Filmhelden (Modelle) zeigten 4 körperliche und 4 verbale Aggressionen, von denen man annehmen durfte, daß sie den Kindern noch unbekannt waren; ... Als Modell agierte ... 1. ein männlicher oder 2. ein weiblicher Erwachsener bzw. 3. ein männliches oder 4. ein weibliches Kind. ... Bei Kindern, die den Aggressionen zugesehen hatten, kam es zu einer großen Zahl imitativer Aggressionen ... (Herbert Selg, 1974).

Durch die Beobachtung von Modellen werden aggressive Verhaltensweisen nachgeahmt und gelernt. Dabei hat sich gezeigt, daß die Modellpersonen vor allem dann imitiert werden, wenn sie mit ihren ausgeführten aggressiven Verhaltensweisen Erfolg haben.

„Vor allem Filme, die einen sympathischen Aggressor zeigen (z. B. einen smarten Agenten oder einen ‚gerechten Rächer', dem früher großes Unrecht zugefügt wurde), der noch dazu (...) belohnt wird (durch viel Geld, schöne Frauen usw.), reizen zur Nachahmung. Durch die Nachahmung solcher Modelle kann auch selbstverstärkende Aggression entstehen (z. B. weil man stolz darauf ist, sich so zu benehmen wie das bewunderte Modell)".
(Werner Herkner, 1986)

Schlußfolgerung

Beim Menschen ist die ererbte Voraussetzung gegeben, wütend zu sein und aggressiv zu reagieren. Ob und in welcher Situation er sich aggressiv verhält, hängt wesentlich von seiner Wahrnehmung und der kognitiven Bewertung dieser Wahrnehmung ab.

Dazu kommen die Erfahrungen, die er mit aggressivem Verhalten gemacht hat. Den Eltern und Erziehern kommt dabei eine wichtige Modellfunktion zu. Wenn Kinder bei Erwachsenen erleben, wie man mit Konflikten konstruktiv umgeht, dann ist dies die beste Voraussetzung, daß die Kinder diese „nicht-aggressive" Verhaltensweise übernehmen und nachahmen.

Aggression als Beispiel für Motivation	
Begriff Aggression	
schädigende Verhaltensweisen, die gegen einen Organismus oder gegen Gegenstände gerichtet sind.	
Aggressionstheorien	
Trieb-/Instinkttheorien: (Freud/Lorenz)	Aggression ist ein angeborener Trieb/Instinkt des Menschen.
Frustrations-Aggressions-Theorie:	Aggression ist die Folge von Frustrationen.
Lerntheorien:	Aggressionen sind nicht angeboren, sondern erlernt; der Einfluß der Erziehung ist groß.

5.3 Die Ganzheitlichkeit menschlichen Erlebens, Verhaltens und Handelns

Wir sind tagtäglich gefordert, bestimmte Handlungen oder Tätigkeiten zu vollbringen, mit dem Ziel, den Alltag so gut und reibungslos wie nur möglich zu bewältigen. Angefangen vom Familienleben, über Schule, Beruf und Freizeit sind alle Bereiche des menschlichen Daseins davon berührt. Die für uns so selbstverständliche Bewältigung solcher „gewöhnlichen" Lebensaufgaben ist das Ergebnis eines komplexen Zusammenspiels unserer kognitiven Funktionen, Fähigkeiten und Prozesse und der Emotion und Motivation. Erst das Verständnis vom Zusammenwirken von Kognition, Emotion und Motivation ermöglicht es, die Ganzheitlichkeit des menschlichen Erlebens und Verhaltens zu begreifen und zu erklären.

Zwischen kognitiven Funktionen, Fähigkeiten und Prozessen (Wahrnehmung, Denken, Gedächtnis) untereinander, wie auch zwischen kognitiven Funktionen und Fähigkeiten und der Emotion und Motivation bestehen wechselseitige Beziehungen, die das Verhalten, Handeln und Erleben eines Menschen steuern.

5.3.1   Die Wechselwirkung zwischen kognitiven Funktionen, Fähigkeiten und Prozessen

Kognitive Funktionen und Fähigkeiten funktionieren nicht unabhängig voneinander, sondern wirken zusammen und beeinflussen sich gegenseitig. Nimmt der Mensch über seine Sinnesorgane eine Information wahr, setzt ein Denkprozeß ein, bei dem versucht wird, das Wahrgenommene mit Hilfe des Gedächtnisses und bereits vorhandenem Wissen zu erkennen, zu bewerten und einzuordnen.

Ein durch die Sinnesorgane aufgenommener Reiz wird Bruchteile von Sekunden im Gedächtnis festgehalten. Dort wird nun überprüft, ob er nicht mit schon gespeicherten Informationen übereinstimmt. Ist dies der Fall, so **erkennt** man den Reiz in seiner Bedeutung.

Jeder von uns weiß aufgrund seiner Erfahrung, was ein „Motorrad" ist – wie es aussieht, wozu man es benutzt, möglicherweise wie es funktioniert und wie man es fährt. „Motorrad" ist in diesem Fall ein Begriff mit einer bestimmten Bedeutung. Wenn wir nun ein Motorrad sehen, so wird dieser Reiz mit den entsprechenden Informationen im Gedächtnis überprüft. Da wir seine Bedeutung ja schon gespeichert haben, erkennen wir diesen Reiz sofort als „Motorrad".

Das Erkennen von Reizen bedingt also einen Kontakt mit dem Inhalt des Gedächtnisses. Sie können als „erkannt" gelten, wenn sie mit den entsprechenden Informationen im Gedächtnis übereinstimmen.

> „Die aktuelle Reizinformation ist nur eine der beiden wesentlichen Informationsgrundlagen des Wahrnehmungsprozesses. Neben ihr geht dauerhaft gespeicherte Information aus dem Wissensgedächtnis des Beobachters als zweite Grundlage in das Endprodukt ein. Wir müssen also annehmen, daß im Wahrnehmungsprozeß Reizinformationen und Gedächtnisinformation in ständiger Wechselwirkung stehen."
> *(Wolfgang Prinz; in: Hans Spada (Hg.), 1990)*

Je weniger es gelingt, Informationen mit klaren Bedeutungen zu verbinden, desto unbefriedigender für uns ist die jeweilige Situation und desto unsicherer werden wir uns verhalten und handeln.

Ist nun eine Information von den Sinnesorganen aufgenommen und an das Gedächtnis weitergeleitet, so setzt ein Denkprozeß ein, in welchem diese verarbeitet und ausgewertet wird (vgl. Kapitel 4.3.1). Die verarbeitete und ausgewertete Information wird wiederum im Gedächtnis gespeichert und damit zu neuem Wissen.

Während einer Prüfungsarbeit verwarnt der Lehrer die Schülerin: „Maria, wenn du weiterhin versuchst, bei deiner Banknachbarin abzuschreiben, nehme ich dir die Arbeit ab, und du bekommst die Note 6!"
Die Schülerin nimmt die Information wahr, und ein Denkprozeß setzt bei ihr ein. Sie vergleicht die gehörten Worte mit ihrem gespeicherten Wortschatz und erkennt ihre Bedeutung. Die neue Information ist für Maria sehr wichtig, also wird sie gespeichert und sie versucht während der restlichen Dauer der Prüfungsarbeit nicht mehr abzuschreiben, bzw. sich nicht mehr erwischen zu lassen. Gleichzeitig ändert sich aber auch ihre Wahrnehmung. Sie wird nun sehr viel genauer registrieren, wo sich der Lehrer aufhält und es als Beobachtung und Kontrolle empfinden, wenn er zu ihr hinsieht.

Auch Wissen und Denken hängen eng zusammen: Wissen kann unser Denken beschleunigen, in Grenzen sogar ersetzen; umgekehrt führt Denken zu mehr Wissen, und in einem gewissen Grade kann auch das Denken das Wissen ersetzen (vgl. G. Luer/H. Spada; in: Hans Spada (Hg.), 1990)

Jemand, der den Satz des Pythagoras nicht kennt, muß bei einer mathematischen Aufgabe, zu deren Lösung dieser Satz benötigt wird, lange nachdenken, um die Lösung zu finden; ein anderer, der diesen Lehrsatz kennt, löst die Aufgabe, ohne lange nachdenken zu müssen.
Andererseits konnte Pythagoras nicht einfach auf den gespeicherten Lehrsatz zurückgreifen, sondern er kam durch sein Denken zu ihm.

5.3.2 Kognitive Funktionen, Fähigkeiten und Prozesse beeinflussen Emotion und Motivation

Gleichzeitig beeinflussen kognitive Funktionen und Fähigkeiten das emotional-motivationale Verhalten.

Die Wahrnehmung von Emotionen hängt immer von der **kognitiven Bewertung (= cognitive labeling)** des physiologischen Erregungszustandes ab. Jede emotionale Erregung wird kognitiv bewertet, und je nach Bewertung wird eine emotionale Erregung als „Freude", „Ärger", „Sehnsucht", „Enttäuschung", „Trauer", usw. erlebt und dann in ein entsprechendes Verhalten oder Handeln umgesetzt (vgl. Abschnitt 5.1.1).

Sobald also ein physiologischer Erregungsprozeß eintritt, sucht man mit Hilfe der Kognition eine ‚Erklärung' für diesen. Von dieser Erklärung hängt es dann ab, welches Gefühl man empfindet. Die Gefühlsempfindung wiederum steuert unser Verhalten und Handeln.

Am Beispiel der Schülerin Maria wird deutlich, daß nicht nur die kognitiven Funktionen und Fähigkeiten eine Rolle spielen. Nach der Mahnung des Lehrers versucht Maria einmal wegen ihrer Erfahrungen nicht mehr abzuschreiben, zum anderen löst die Verwarnung bei ihr ein Magendrücken aus, das sie aufgrund ihrer Erfahrung als Angst interpretiert – sowohl davor, beim nächsten Mal erwischt zu werden, als auch davor, die Prüfung nicht zu bestehen. Da sie nicht viel gelernt hat, versucht sie, so unauffällig wie möglich ihren Spickzettel unter der Bank einzusetzen.

Hat beispielsweise ein Schüler Herzklopfen und zittert, nachdem er erfahren hat, daß er eine schwierige Prüfung mit „sehr gut" bestanden hat, so wird er seine Erregung als „Freude" bewerten. Wenn jedoch genau die gleichen Erregungsprozesse während der Prüfung auftreten, wird er sie vielleicht als Angst (vor Versagen in der Prüfung) interpretieren (vgl. Werner Herkner, 1986). Im ersten Fall wird der „Einser-Prüfling" wahrscheinlich sein Prüfungsergebnis freudig seinen Mitschülern mitteilen und vielleicht im Cafe eine „Runde" spendieren. Der Prüfling, der während der Prüfung Herzklopfen verspürt, wird diese erst in den Griff bekommen, wenn er die gestellten Aufgaben richtig lösen kann.

Die gleichen Herzklopfen verspürt der junge Mann, wenn er im Schwimmbad seine Angebetete sieht und sie ihm auch noch freundlich zulächelt. Er wird seine Erregung sicher als Spannung erleben und versuchen, eine Verabredung zu treffen.

5.3.3 Emotion und Motivation beeinflussen die Kognition

Emotionen, aber auch Bedürfnisse und Triebe beeinflussen in einem erheblichen Maß kognitive Funktionen und Prozesse. Bereits bei der Wahrnehmung können wir die Wechselwirkung von emotional-motivationalen und kognitiven Prozessen feststellen (vgl. Kapitel 3.2.1 und Kapitel 3, Materialien 2.)

Nach der Warnung des Lehrers, nicht mehr abzuschreiben, verändert sich die Wahrnehmung von Maria. Jedesmal, wenn der Lehrer zu ihr hinsieht oder in ihre Richtung läuft, erlebt sie dies nun als Kontrolle und Beobachtung.

Herr M. läuft durch die Einkaufsstraße. Er hat sich gerade frisch verliebt. Er nimmt bei seinem Gang durch die Geschäftsstraße die zwitschernden Vögel wahr und die vielen Blumen und Sträucher, die überall wachsen. Da er die Situation als angenehm bewertet, wird er seinen Einkaufsbummel vermutlich ausdehnen.

Frau N. kommt um Mitternacht nach einem Kinobesuch durch die gleiche Einkaufsstraße. Plötzlich hört sie hinter sich Schritte. Sie dreht sich um und sieht einen Mann, der ihr folgt. Frau N. läuft schneller und versucht die nächste Bushaltestelle zu erreichen. Sie beachtet die Geschäfte nicht mehr, sondern sucht nur noch nach der Haltestelle.

Herr M. läuft durch die Einkaufsstraße und hat Lust auf ein Eis. Er registriert die Auslagen und Geschäfte nur noch am Rande. Sein Hauptaugenmerk ist aber auf die Suche einer Eis-Diele gerichtet. Er läuft langsamer, um das gesuchte Geschäft nicht zu übersehen.

Die Beispiele zeigen, wie sich die Wahrnehmung und daraus folgend das Verhalten und Handeln durch den Einfluß der Emotionen und der Bedürfnisse verändert: Maria nimmt in ängstlichem Zustand ihren Lehrer anders wahr als vorher; Herr M. registriert im verliebten Zustand von seiner Umwelt nur die schönen und angenehmen Seiten; Frau N. dagegen hat um Mitternacht keinen Blick für die Sträucher und Bäume, wegen ihrer Angst nimmt sie die Straße nur unter dem Gesichtspunkt der Fluchtmöglichkeiten wahr; und Herr M. konzentriert sich nur noch auf die Suche nach einer Eis-Diele, die Sträucher und Bäume, die er als Verliebter sah, sind nun nebensächlich.

Kognitive Prozesse bleiben von Emotionen, Bedürfnissen und Trieben nicht unbehelligt. Angenehme Gefühle und Bedürfnisse fördern kognitive Prozesse, die diese Gefühle und Bedürfnisse unterstützen. Unangenehme Emotionen dagegen hemmen kognitive Prozesse, die solche Emotionen verstärken würden und fördern kognitive Vorgänge, die ihnen entgegenarbeiten.

Wer zum Beispiel in einen Menschen verliebt ist, wird viel an ihn denken und nachdenken, wie er ihn treffen oder ihm eine Freude machen kann. Wer einen Menschen haßt, wird sich möglicherweise überlegen, wie er ihm eines „auswischen" kann.

Auch auf Gedächtnisinhalte üben Emotionen einen Einfluß aus: Affektiv getönte Ereignisse werden besser behalten als nicht affektiv getönte. Langfristig ist anzunehmen, daß man angenehme Ereignisse besser behält als unangenehme. Diese Tatsache hat oft zur Folge, daß man vergangene Zeiten gerne als schön in Erinnerung hat.

Bei vielen alten Leuten kann man feststellen, daß sie von der „guten alten Zeit" sprechen. Darauf angesprochen, erzählen sie dann, wie schön früher alles war. Auch junge Menschen sprechen nach ihrer Schulzeit meist positiver über sie als sie das während ihrer Schulzeit getan haben.

Gefühle sind auch in der Lage, kognitive Funktionen und Fähigkeiten zu blockieren (vgl. Kapitel 4.2.3).

Aufgrund ihrer Angst ist Maria jetzt sehr nervös geworden, sodaß ihr selbst das Gelernte nicht mehr einfällt. Die Angst beeinflußt den Zugriff auf das im Gedächtnis gespeicherte Wissen.

Manche Schüler bringen, obwohl sie sich gut darauf vorbereitet haben, keinen vernünftigen Satz bei einer mündlichen Prüfung heraus, oder sie leiden unter einem sog. „black out": alles Gelernte ist im entscheidenden Moment vollständig vergessen. Die Prüfungsangst blockiert in diesem Fall die Fähigkeit zu denken, vernünftig zu sprechen oder das im Gedächtnis gespeicherte Wissen zu rekapitulieren.

Daß auch Emotionen und Motivation sehr eng miteinander verbunden sind, ist in Abschnitt 5.1.3 ausgeführt.

5.4   Emotionale Belastungen

„Stau im Urlauberverkehr – Tausende von Autoreisenden mußten bei 30 °C in der Sonne ausharren!", „Ausgabe der Jahreszeugnisse – Selbstmordrate bei Schülern steigt!", „Tod des Ehepartners – Mann der Depression nahe!"

Die Überschriften zeigen Erlebniszustände, die wir aus der Alltagserfahrung kennen. Es kann sich in all diesen Fällen um eine emotionale Belastung handeln.

5.4.1   Der Begriff emotionale Belastung

Eine emotionale Belastung bedeutet immer eine **Beeinträchtigung im persönlichen Empfinden.** Dies können kleine Ärgernisse sein, wie der Stau auf dem Weg in den Urlaub, der den Touristen vermutlich nur kurze Zeit in seinem Befinden beeinträchtigen wird. Dies können aber auch größere Sorgen sein, die uns längere Zeit beschäftigen – etwa ein schlechter Notendurchschnitt im Abschlußzeugnis. Es kann sich aber auch um schicksalhafte Ereignisse handeln, wie zum Beispiel den Tod eines lieb gewonnenen Menschen, der über einen sehr langen Zeitraum zu einer Beeinträchtigung des Befindens führen kann. Unter Umständen kann daraus ein dauernder Rückzug aus dem gemeinschaftlichen Leben werden. Isolation und Einsamkeit, aber auch Depressionen können die Folge sein.

Entscheidenden Einfluß auf die Wirkungen solcher Unbefindlichkeiten hat die **kognitive Bewertung der jeweiligen Situation.** Je nachdem, wie ein Ereignis erlebt und bewertet wird – wie es also *eingeschätzt* wird – ändert sich seine Bedeutung für die Person.

Autofahrer A, der im Stau steht, reagiert sehr gelassen darauf, während Autofahrer B die Situation als sehr schlimm und „nervenaufreibend" erlebt. Ebenso wird der Urlauber, der viel Zeit hat, den Stau anders bewerten, als der gestreßte Vertreter, der noch unbedingt einen Termin einhalten muß.

Werden Erlebniszustände negativ bewertet, so kommt es zu *negativen Gefühlen*, zum Beispiel zum Erleben eines Mangelzustandes, oder zum Gefühl der Unfähigkeit, etwas dagegen zu unternehmen – etwa beim Schulversagen oder Tod des Ehegatten – unter Umständen auch zu Energielosigkeit, zu Orientierungslosigkeit oder dem Gefühl der Alleingelassenheit.

Neben solchen eher subjektiven Faktoren spielen **äußere Faktoren** eine wichtige Rolle beim Erleben von Belastungen. *Wertvorstellungen und Normen* der Gesellschaft beeinflussen die Einschätzung.

Der Autofahrer wird den Stau auch deshalb nicht als so schwerwiegend empfinden, weil es tausenden anderer Mitfahrer genauso ergeht und ein Stau gesellschaftlich eine durchaus geduldete Form der „Fortbewegung" in den Urlaub ist.
Der Tod wird in unserer Gesellschaft dagegen häufig tabuisiert. Deshalb wird es für den Überlebenden schwer sein, mit fremden Menschen darüber zu sprechen oder wieder am Gemeinschaftsleben teilzunehmen.

Emotionale Belastungen können während des ganzen Lebens auftreten. Ihre Ursachen können in der frühen Kindheit, in der Jugend, im Erwachsenenalter oder im Alter liegen, und sie können kurz- oder langfristige Folgen haben.

Kritische Lebensereignisse im Kindesalter

Ereignis	Skalenwert	Erfahrungsanteil in %
Geburt eines Geschwisters	1,27	25,6
Vor der Klasse etwas vortragen	2,58	68,1
Zum Zahnarzt gehen	2,73	77,7
In einem Wettspiel verlieren	3,16	81,2
Als letzter in eine Mannschaft gewählt werden	3,30	49,6
Nicht alle Aufgaben lösen können	3,75	83,1
Ein Alptraum	4,08	76,6
In eine andere Schule überwechseln	4,60	42,8
Von der Klasse ausgelacht werden	5,28	46,9
Sich verlaufen	5,49	56,1
Sich einer Operation unterziehen	5,51	30,5
Sich beim Direktor melden müssen	5,75	42,0
Eine Klassenbucheintragung	6,23	46,0
Als Lügner verdächtigt werden	6,53	82,3
Beim Diebstahl ertappt werden	6,63	12,3
Handgreiflichkeiten zwischen den Eltern	6,71	64,0
In der Klasse einnässen	6,74	6,0
Sitzenbleiben	6,82	10,9
Erblinden	6,86	4,1
Tod eines Elternteils	6,90	20,2

Quelle: Ralf Schwarzer, 1987[2]

Emotionale Belastungen beeinflussen oder beschränken das Erleben und Verhalten des Menschen:

„Emotionale Belastung drückt sich aus bzw. ist verbunden mit einer Vielzahl von Veränderungen und Einbußen im Erleben und Handeln. *Möglich*, nicht notwendig sind folgende Veränderungen:

– Einbuße an positiver emotionaler Grundstimmung (Optimismus, Glück, Zufriedenheit) bzw. der ,Fähigkeit', häufig und intensiv positive Emotionen wie Freude, Glück, Hoffnung, Vertrauen, sexuelle Erregung und Befriedigung usw. erleben zu können;
– Einbuße an Intentionalität, Interesse, Initiative, Neugierde, Risikofreudigkeit; also auch Einschränkung der Zukunftsbezogenheit, Verkürzung der Zeitperspektive; Verlust an Motiven;
– Einbuße an Selbstvertrauen, Selbstwertgefühl und auch der Erwartung, selbst etwas zur Veränderung bzw. Verbesserung des eigenen Zustands bzw. der Lebenslage beitragen zu können;
– Einbuße an der Motivation und Fähigkeit zur Planung;
– Einbuße an der Fähigkeit zur (kognitiven) Orientierung, Leistungs- und Differenzierungsfähigkeit; das Denken ,ent-strukturiert' sich, es nimmt primitivere Formen an (,Alles-oder-Nichts'; ,Entweder-Oder');
– Einbuße an sozialer Kompetenz und Fertigkeit; Unsicherheit, Meidungsverhalten, Ängstlichkeit und Isolierungstendenz im Umgang mit anderen;
– Einbuße an allgemeiner Handlungskompetenz: Routinetätigkeiten im Alltag (Beruf, Familie, Haushalt, Freizeit usw.) werden nicht (mehr) in der üblichen bzw. erforderlichen Weise beherrscht bzw. ausgeübt."

Quelle: Dieter Ulich, 1989[2]

> **Eine emotionale Belastung ist jede Beeinträchtigung der Befindlichkeit und Stimmungen einer Person, die bei dieser Leidensdruck erzeugt und durch die die Erlebnis-, Verarbeitungs- und Handlungsmöglichkeiten der Person eingeschränkt werden (vgl. Dieter Ulich, 1989[2]).**

5.4.2   Auswirkungen emotionaler Belastungen

Ob emotionale Belastungen, wie sie im Alltag immer wieder auftreten, nur zu einer kurz-zeitigen Beeinträchtigung des Befindens führen oder eine dauernde Schädigung mit sich bringen, kann nicht ohne weiteres vorhergesagt werden. Wesentlich für die Auswirkungen emotionaler Belastungen sind **Dauer und Verlauf**, der **Schweregrad**, die **Folgen**, sowie die Frage, inwieweit sie die **Gesamtheit einer Person** betreffen.

● **Dauer und Verlauf**

Emotionale Belastungen können unterschiedlich lange dauern. Ein Schreck oder Ärger über einen Mitmenschen werden vermutlich nach kurzer Zeit wieder vorbei und ver-gessen sein. Andere Belastungen sind dagegen von längerer Dauer. Der Schmerz einer Trennung vom Partner kann Jahre dauern. Es hängt auch von der Verarbeitung dieser Ereignisse ab, wie eine emotionale Belastung verläuft.

Die Aufregung bei einer Prüfung beispielsweise wird nur kurze Zeit andauern; wenn die Prüfung vorbei ist, wird auch die emotionale Belastung vorbei sein. Das Scheitern einer Ehe wird sich in der Regel über einen längeren Zeitraum hinziehen. Die Ehegatten müssen neben den seelischen Pro-blemen auch noch ihren Hausrat teilen und die Ehescheidung vor dem Familiengericht verhandeln lassen. Für den einen kann die ganze Prozedur ein Aufatmen und eine Erleichterung mit sich brin-gen, den anderen aber in eine längere Krise stürzen.

Momentane und zeitlich begrenzte Belastungen werden als **Streß** bezeichnet (vgl. Abschnitt 5.4.3), länger andauernde emotionale Belastungen, die überwindbar sind, bezeichnet man als **Krise**. Emotionale Belastungen von unbestimmter Dauer werden als **psychische Störung**[1] bezeichnet.

Gelingt es beispielsweise dem Ehegatten nicht, die Krise der Ehescheidung zu überwinden, dann leidet er unter einer dauerhaften emotionalen Belastung.

Die Grenzen zwischen einer vorübergehenden emotionalen Belastung, wie zum Beispiel Streß bei einem Stau, und einer lang anhaltenden psychischen Störung, wie zum Bei-spiel beim Tod eines Ehegatten, sind fließend. Es gibt keinen „qualitativen Sprung", der eine klare Unterscheidung ermöglichen würde.

„Die genannten Bereiche überlappen sich in hohem Maße; so treten z. B. in klinisch bedeutsamen Störungsformen, wie etwa Depression oder Angstneurosen viele Erleb-niszustände auf, die auch im ‚normalen Alltag' vorkommen und zu Belastungen führen." *(Dictor Ulich, 1989[2])*

Übersicht über die Bandbreite emotionaler Belastungen

keine Störung	Störung vorübergehend	Störung dauerhaft
Wohlbefinden / Unlust / Streß / Ärger / Angst / Krise / Neurose / Depressionen		

Wie die Übersicht zeigt, sind die Grenzen zwischen den einzelnen Stufen emotionaler Belastungen fließend.

---

[1] Mit dem Begriff „psychische Störung" werden alle Erlebens- und Verhaltensweisen zusammenge-faßt, die von der Norm abweichen und deren Abweichung für das Individuum selbst und/oder für sei-ne Mitwelt Beeinträchtigungen unterschiedlichster Art und verschiedenen Ausmaßes hervorrufen (vgl. J. A. Keller/F. Novak, 1988[6]).

- **Schweregrad**

  Entscheidend für die Auswirkung der emotionalen Belastung auf den einzelnen ist seine **subjektive Bewertung** (vgl. Abschnitt 5.4.1) bzw. sein Empfinden des Verlustes oder Schadens, den er dadurch erleidet. Je höher und häufiger diese Verluste sind, desto gravierender ist die Belastung.

  Der Schüler, der eine schlechte Note in einer Schularbeit erzielt, wird umso stärker davon betroffen sein, wenn er als einziger in der Klasse diese Beurteilung erhalten hat; umgekehrt wird es ihn vermutlich weniger belasten, wenn die halbe Klasse dieselben schlechten Leistungen erzielt hat.

- **Folgen**

  Eine Belastung wird dann um so schwerwiegender empfunden, je weitreichender und schwerwiegender ihre Folgen sind.

  Ein Streit zwischen Freund und Freundin kann momentan sehr aufreibend und streßreich sein, normalerweise wird er sich aber nach einiger Zeit wieder legen. Entsprechend wird die Beurteilung dieser Situation ausfallen. Anders dagegen, wenn einer der beiden im Streit die Trennung androht; dann wird die Beurteilung anders ausfallen, weil die emotionale Belastung langfristige Folgen haben wird.

- **Gesamtheit der Person**

  Kommt eine emotionale Belastung nur im Beruf oder nur im Privatleben vor, also nur in einem Teilbereich des sozialen Lebens einer Person, dann wird sie unter Umständen als weniger belastend empfunden, als wenn sie alle Lebensbereiche einer Person erfaßt.

  Untersuchungen bei Arbeitslosen zeigen, daß die Gesamtheit der Lebensbereiche einer Person um so mehr betroffen ist, je länger eine Belastung andauert (vgl. Dieter Ulich, 1989).

Emotionale Belastung

= jede subjektiven Leidensdruck erzeugende Beeinträchtigung der persönlichen Befindlichkeit, die Auswirkungen auf die Erlebnis-, Verarbeitungs- und Handlungsmöglichkeiten hat.

je nach

- **Dauer,**
- **Schweregrad,**
- **Auswirkungen auf die Gesamtheit der Person,**
- **Verlauf,**
- **Folgen,**

unterscheidet man
zwischen

• **Streß:**	Die emotionale Belastung ist momentan.
• **Krisen:**	Die emotionale Belastung ist länger andauernd.
• **psychischen Störungen:**	Die emotionale Belastung hält über einen langen Zeitraum an.

➡ **Materialien 2.**

5.4.3   Streß als Beispiel für eine emotionale Belastung

Wie in Abschnitt 5.4.2 dargestellt, sind Beispiele für emotionale Belastungen **Angst, Depression, Streß** und **Krise.** Sie unterscheiden sich vor allem hinsichtlich der Dauer und des Schweregrades, aber auch in den Folgen und ihren Auswirkungen auf die Gesamtheit einer Person.

Neben den Ängsten, die wir als alltägliche Erscheinung kennen und Depressionen[1], die eine besonders schwerwiegende Form der psychischen Störung darstellen, sind in den neueren Forschungen der Psychologie zwei weitere Phänomene in den Mittelpunkt gerückt: der Streß und kritische Lebensereignisse. Da kritische Lebensereignisse sehr eng mit Entwicklungsaufgaben zusammenhängen, werden sie in Kapitel 9.3 näher ausgeführt.

Streß wird in der Regel als ein unangenehmer Zustand beschrieben; er wird immer dann erlebt, wenn eine Person das Gefühl hat, mit einer schwierigen Situation nicht (mehr) fertig zu werden, bzw. wenn sie ihre Bewältigungsmöglichkeiten als nicht ausreichend bewertet.

Dies ist zum Beispiel der Fall, wenn ein Schüler trotz guter Vorbereitung glaubt, die Fragen bzw. die Aufgaben in einer Prüfungsarbeit nicht beantworten bzw. lösen zu können.

Die negative Einschätzung der aktuellen Situation allein reicht nicht aus, um von Streß sprechen zu können. Für die Person müssen auch die Folgen des Nicht-Bewältigen-Könnens als bedrohlich bewertet werden. *Erst wenn beide Faktoren zusammenwirken – mangelhafte Lösungsmöglichkeiten, bedrohliche Folgen des Scheiterns – kann man von Streß sprechen.*

So kann man – um bei obigem Beispiel zu bleiben – erst von Streß sprechen, wenn neben der Überzeugung des Schülers, die Fragen nicht beantworten zu können, noch hinzukommt, daß er glaubt, in der Prüfung zu versagen und eine schlechte Note zu bekommen, von seinen Eltern Vorhaltungen zu bekommen oder nicht in die nächsthöhere Klasse versetzt zu werden.

> **Streß ist ein zeitlich begrenzter, gefühlsmäßig belastender Zustand, den eine Situation bzw. eine Anforderung auslöst, von der die Person glaubt, diese nur schlecht oder gar nicht bewältigen zu können, und diese Person als Folgen dieses Nicht-Bewältigen-Könnens als bedrohlich empfindet.**

5.4.4 Streßauslösende Faktoren und ihre körperliche Verarbeitung

Jeder Mensch ist dauernd irgendwelchen Reizen aus der Umwelt ausgesetzt. Wie diese Reize auf die Person wirken, hängt von der **kognitiven Bewertung** der Reize und der Reaktionen darauf ab. Werden die Umweltreize als belastend bewertet, dann bezeichnet man sie als streßauslösende Faktoren oder **Stressoren.**

So ist es zum Beispiel möglich, daß man einen Konflikt mit seinem Lebenspartner als sehr belastend empfindet. Dieser Konflikt stellt dann den Stressor dar.

> **Mit Stressoren bezeichnet man Umweltreize, die von einer Person als belastend empfunden und bewertet werden.**

Je nachdem, auf welchen Lebensbereich einer Person die belastenden Reize einwirken, unterscheidet man

- **physikalische Stressoren** wie zum Beispiel Lärm, Hitze, Schmerzen,
- **psychische Stressoren** wie zum Beispiel Leistungsdruck, Ängste durch Partnerverlust oder Bedrohung, und
- **soziale Stressoren** wie Ablehnung durch Freunde, Streit mit Mitarbeitern.

---

[1] Das Phänomen Angst ist in Abschnitt 5.2.1 dargestellt. Depression meint einen Zustand der Niedergeschlagenheit, Trägheit, Bedrücktheit, Schwermütigkeit und Traurigkeit, der sich bis zur völligen Passivität, Hoffnungslosigkeit, Teilnahmslosigkeit, Lähmung der Lebensaktivität, ja sogar bis zum Lebensüberdruß steigern kann.

Alle Arten von Stressoren lösen körperliche Reaktionen aus, wie Adrenalinausschüttung, Erhöhung des Hautwiderstandes, Erregung des vegetativen Nervensystems, Erhöhung des Herzschlages, Herzrhythmusstörungen, Erhöhung des Fett- und Zuckergehaltes des Blutes.

Das Schreiben einer Klassenarbeit zum Beispiel führt beim Schüler zu einer meßbaren Aktivierung des vegetativen Nervensystems; der Autofahrer, der eine gefährliche Situation zu meistern hat, verzeichnet eine erhöhte Andrenalinausschüttung; Anwohner von stark befahrenen Straßen klagen über Herzrhythmusstörungen, und der Streit mit dem Partner kann Magenkrämpfe auslösen.

Streß ist an sich eine ganz natürliche, organische Anpassungsreaktion, die sich im Laufe der Stammesgeschichte sinnvollerweise entwickelt hat und auch notwendig ist. Es gibt Situationen im Leben, in denen wir außergewöhnliche Leistungen vollbringen müssen, zum Beispiel bei sportlichen Wettkämpfen oder in Prüfungen. Untersuchungen zeigen, daß Höchstleistungen nur dann erbracht werden können, wenn genügend Adrenalin ausgeschüttet wird, was wiederum nur möglich ist, wenn unser vegetatives Nervensystem vorher aktiviert wurde.

Allerdings hat Streß nur dann eine positive verhaltensaktivierende und steuernde Funktion, wenn er **kurzfristig** andauert. Bei kurzzeitigen körperlichen Reaktionen entstehen in der Regel auch keine weiteren Schäden am menschlichen Organismus.

So wird sich der Schüler nach der Abgabe der Klassenarbeit wieder beruhigen, sein vegetatives Nervensystem entspannt sich; der Herzschlag des Autofahrers wird sich einige Minuten nach der gefährlichen Situation wieder verlangsamen.

Anders verhält es sich bei **längerfristigen Belastungen** des Organismus, sie können dauerhafte körperliche Schädigungen hervorrufen.

Anwohner von stark befahrenen Straßen können durch die ständige Lärmbelastung dauerhafte körperliche Schädigungen erleiden wie Herzrhythmusstörungen, Schlafstörungen usw.; die Magenkrämpfe beim Verlust des Partners sind zunächst vorübergehend, kann der Verlust aber nicht überwunden werden, dann können sich auch Magengeschwüre entwickeln.

➡️ **Materialien 3.**

Neuere Ansätze der Streßforschung gehen davon aus, daß Streß und die teilweise damit zusammenhängenden Risikofaktoren grundsätzlich mitverantwortlich für die Entstehung von **Krankheiten** sind. Dabei steht die Annahme im Vordergrund, daß der menschliche Organismus die zur Bewältigung des Stresses notwendigen Anpassungsleistungen nicht erbringen kann und es zu einer Überbeanspruchung des psychischen und physischen Systems kommt. Bis jetzt ist allerdings **nicht bewiesen,** daß Streß allein als krankheitsauslösender Faktor ausreicht. Es gibt jedoch Anzeichen, die darauf hindeuten, daß Streß

- einen „... krankheitsverursachenden Faktor darstellen kann",

- „... die Krankheitsanfälligkeit aufgrund verminderter Abwehrreserven, mangelnder Erholungsfähigkeit und unangemessener Bewältigungsversuche erhöhen kann",

- „... eine streßunabhängig entstandene Krankheit beschleunigen, verschlimmern und verlängern kann." *(Klaus Hurrelmann, 1988)*

Der Zusammenhang zwischen dem Ausbruch von **Infektionskrankheiten** in Verbindung mit sozialen und psychischen Anpassungsleistungen ist bisher nicht bewiesen. Im Gegensatz dazu gilt für die nicht **infektiösen, chronischen Krankheiten,** daß ihre Ursachen sehr wohl, neben anderen, im Streß liegen, also psychisch und sozial überlagert sind. Solche

Krankheiten werden als psychosomatische Krankheiten[1] bezeichnet. Zu den typischen Krankheiten gehören zum Beispiel Darmstörungen, Magengeschwüre, Herz- und Kreislauferkrankungen (z. B. Arteriosklerose = „Arterienverkalkung", Herzrhythmusstörungen, Hörsturz, Bluthochdruck, Migräne, Asthma, Neurodermitis. Auch einige Arten von Krebskrankheiten stehen im Verdacht, durch Streß begünstigt zu werden.

Ähnliche Befunde gelten für **immunologische** und **endokrine**[2] **Krankheiten.** Das Immunsystem des Körpers reagiert sehr stark mit anderen körperlichen Funktionen. Psychische Belastungen, wie Streß, führen offensichtlich zu einer stärkeren Beeinträchtigung des körpereigenen Immunsystems.

> „Die Anfälligkeit für Entzündungen der Atemwege z. B. hängt offenbar mit der Gesamtbelastung einer Person zusammen. Im Bereich der endokrinen Störungen wird vor allem auf solche Krankheiten wie Diabetes, Übergewicht und Schilddrüsenüberfunktion hingewiesen, die zu den psychisch und sozial ‚sensiblen' Krankheiten gerechnet werden." *(Klaus Hurrelmann, 1988)*

5.4.5 Ein Modell des Streßerlebens und -bewältigens

Zur Beschreibung eines Streßzustandes gibt es verschiedene Modelle. Die heutigen Streßkonzepte räumen den **individuellen Bewertungsprozessen** – wie ein Individuum eine bestimmte Situation subjektiv wahrnimmt und einschätzt – einen hohen Stellenwert ein.

Das bekannteste Streßmodell stammt von *Richard S. Lazarus,* das auch heute noch den modernsten Forschungsansatz beinhaltet. Streß ist nach ihm durch die *Auseinandersetzung des Menschen mit seiner Umwelt und die daraus resultierenden gegenseitige Beeinflussung* gekennzeichnet. Der Schwerpunkt der Überlegungen Lazarus' liegt in der Betonung der **kognitiven Prozesse** im Menschen; die **Einschätzung** einer bestimmten Situation oder Anforderung als bedrohlich, schädlich oder auch als herausfordernd ist ein entscheidendes Merkmal des Stresses.

Neben diesem Aspekt ist für Richard S. Lazarus die Einschätzung der **Bewältigung des Stresses** – wie das Individuum glaubt, die bedrohliche Situation in den Griff zu bekommen – von ebenso großer Bedeutung (vgl. Abschnitt 5.4.3).

> „Der Begriff Streß bezieht sich auf die Einschätzung der Person, daß in einer subjektiv bedeutsamen Situation die gestellten Anforderungen ähnlich stark oder stärker sind, als die ihr zur Verfügung stehenden (…) Mittel". *(Matthias Jerusalem, 1990)*

Richard S. Lazarus geht von einer Person und der sie umgebenden Umwelt aus: Aus der Umwelt wirken auf die Person Reize ein. In einem **ersten Einschätzungsprozeß (= primäre Einschätzung)** werden diese Reize bewertet. Werden diese Reize als angenehm bewertet, dann kommt es zu keiner streßhaften Situation (= kein Streß). Empfindet die Person die Reize jedoch als bedrohlich, schädlich oder zumindest als herausfordernd – also als unangenehm –, so erlebt sie eine **streßreiche Situation.**

---

[1] Unter psychosomatischen Krankheiten versteht man organische Krankheiten mit einer tatsächlichen Schädigung des Körpers, die durch psychische, insbesondere durch emotionale Zustände hervorgerufen, aufrechterhalten und wieder geheilt werden können (vgl. Ch. Kraiker/B. Peter, 1983)

[2] Endokrine Krankheiten: durch die Störung der inneren Sekretion (= Drüsenabsonderung) verursachte Krankheiten

Wird nun die Situation als streßreich wahrgenommen, werden in einem **zweiten Ein-schätzungsprozeß (= sekundäre Einschätzung)** die **Möglichkeiten der Bewältigung** überprüft. Kommt die Person zur Überzeugung, daß es ihr keine Probleme bereiten wird, die Krise zu meistern, dann entsteht in der Regel kein Streß. Glaubt sie jedoch, die Situation nicht meistern zu können, so wird sie als streßreich erlebt. Beide Einschätzungsprozesse – primäre und sekundäre Einschätzung – lassen sich nicht voneinander trennen.

Erlebt die Person Streß, dann beginnt die **Planung der Bewältigungsversuche.** Durch diese Versuche verändern sich sowohl die Person als auch die sie umgebende Umwelt. In einem erneuten Einschätzungsprozeß **(= Neueinschätzung)** werden die Veränderungen überprüft. Wird die Situation nicht mehr als streßreich erlebt, kann zu neuen Handlungen übergegangen werden (= kein Streß); bleibt das Streßerleben erhalten, müssen erneut Bewältigungsversuche unternommen werden **(= neue Bewältigungsversuche).**

Vereinfachtes Streßmodell nach Richard S. Lazarus

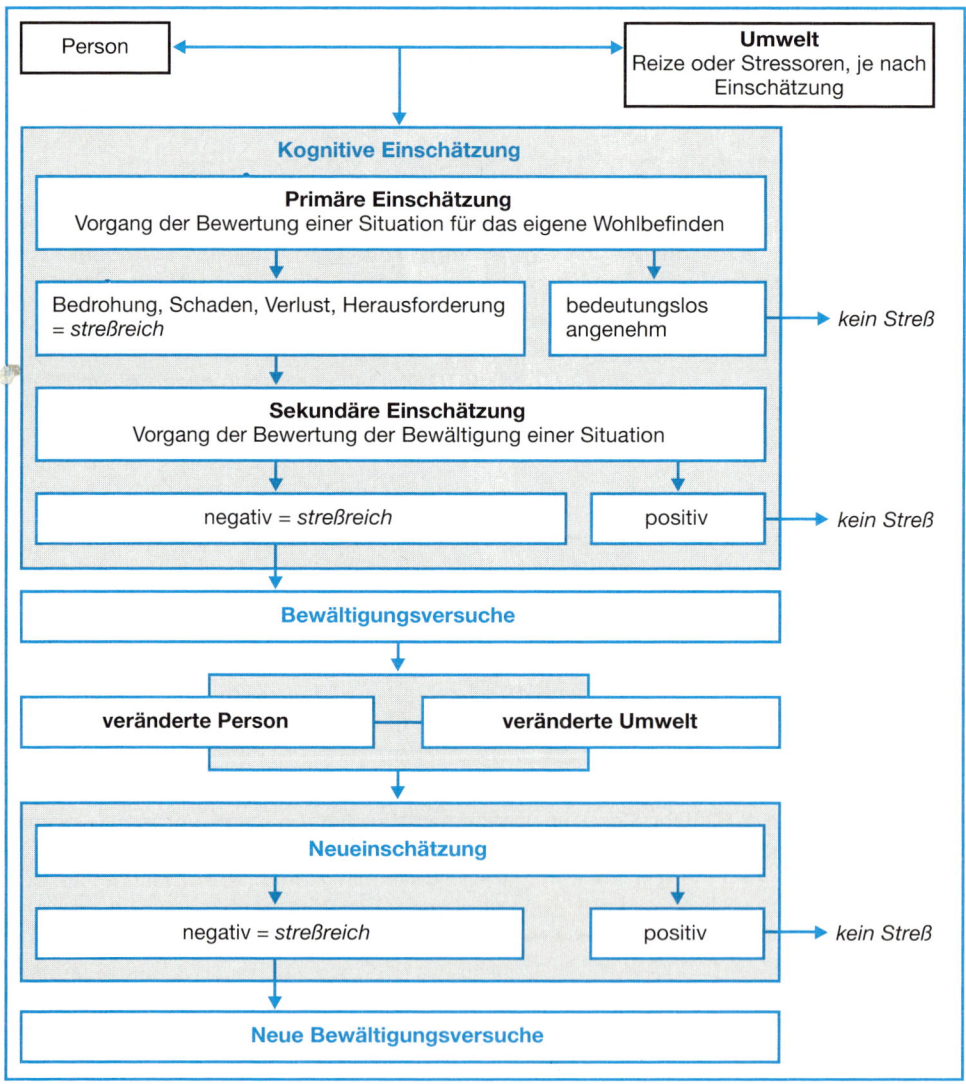

Quelle: Dieter Ulich, 1989², vereinfacht

Veranschaulichung des Streßmodells an einem Beispiel:

Ein Schüler hat in der schriftlichen Mathematikprüfung nicht die Note erhalten, die er gebraucht hätte, um in Zeugnis eine Vier zu erhalten. Er muß sich deshalb im Fach Mathematik der mündlichen Prüfung unterziehen. Wenn er hier versagt, ist er durch die Prüfung gefallen.

Von der Umwelt werden Anforderungen an den Schüler gestellt. Diese Anforderungen sind zunächst lediglich Reize; entscheidend dabei ist, wie weit sie die psychische, physische und soziale Lebenswelt des Schülers betreffen. Seine Reaktion auf diese Anforderungen läßt sich nicht vorhersagen, sondern hängt von der kognitiven Bewertung der Reize ab.

In einer **ersten Überprüfungsphase** (= primäre Einschätzung) versucht der Schüler herauszufinden, ob „Gefahren" von der neuen Situation ausgehen:

- Könnte er Schaden nehmen (zum Beispiel keine bessere Note erzielen) oder einen Verlust erleiden (zum Beispiel ein ganzes Schuljahr wiederholen)?
- Ist die neue Situation bedrohlich (zum Beispiel Versagen in der Prüfung)?
- Stellt die Sache eine Herausforderung dar (zum Beispiel kann er nicht nur die Vier erhalten, sondern sich möglicherweise sogar noch steigern)?

Gehen keine Gefahren von der Situation aus, so wird kein Streß entstehen.

Der Schüler stellt beispielsweise fest, daß Mathematik seine einzige schlechte Note im Zeugnis sein wird, er macht sich vielleicht keine großen Sorgen um die mündliche Prüfung und erlebt deshalb die Situation nicht als krisenhaft.

Erlebt der Schüler jedoch die Situation als unangenehm (= streßreich), so überlegt er in einer **zweiten Überprüfungsphase** (= sekundäre Einschätzung), welche Bewältigungsmöglichkeiten ihm zur Verfügung stehen. Dabei bewertet er sowohl seine Bewältigungsfähigkeiten wie auch seine Bewältigungsmöglichkeiten. Erkennt er, daß die Situation zwar bedrohlich ist, er sie aber mühelos bewältigen kann, wird kein Streß entstehen.

In der mündlichen Prüfung werden genau abgegrenzte Themenbereiche abgefragt, so daß er sich gut darauf vorbereiten kann. Er hat zwar ein etwas „mulmiges" Gefühl, ist aber davon überzeugt, die Sache zu einem guten Ende bringen zu können.

Im anderen Fall wird von unserem Schüler Streß erlebt, und er muß handeln und Bewältigungsversuche unternehmen. Wie diese Versuche aussehen, ob er erst einmal abwartet oder in einen hektischen Aktivismus verfällt, ob er besonnen seine Möglichkeiten abschätzt oder nur einen Lösungsweg sieht, wird individuell unterschiedlich sein. Was auch geschehen wird, es kommt zu einer **Veränderung seiner Person** und in der Folge zu einem veränderten Verhalten der Umwelt gegenüber und umgekehrt.

Der Schüler schließt sich beispielsweise einer Lerngruppe an oder nimmt Nachhilfestunden bei einem Klassenkameraden. Dadurch gewinnt er neue Zuversicht, die Auswirkung auf seine gesamtes Verhalten hat. Er ist nicht mehr so schlecht gelaunt, seinen Mitschülern begegnet er wieder mit Optimismus, so daß diese ihn ebenfalls wieder anders behandeln. Die ganze Atmosphäre vor der Prüfung wird entspannter.

In der veränderten Situation beginnt der Schüler dann mit einer **Neueinschätzung**, die wiederum zwei Möglichkeiten eröffnet: Abbau des Stresses oder Fortdauer. Entsprechend dem Ergebnis der Neueinschätzung folgt das weitere Verhalten. Im Idealfall führen die Bewältigungsversuche zum Erfolg und der Streß wird abgebaut, andernfalls beginnen die Bewältigungsversuche von neuem.

> „Erleben und Bewältigen von Streß ist ein Vorgang, den man sich als eine Kette von sich immer wiederholenden Rückkoppelungsschleifen vorstellen kann. Es sind alle Arten von Prozeßverläufen, also auch Verschlechterungen der emotionalen Zuständlichkeit, denkbar." *(Dieter Ulich, 1989[2])*

5.4.6 Bewältigungsformen von Streß

Jedes Individuum wird versuchen, mit streßreichen Situationen fertig zu werden.

„Für jeden einzelnen haben sich bestimmte Methoden des Umgangs mit Streß am günstigsten erwiesen, um das Individuum vor physischem Schaden zu schützen und ihm gleichzeitig zu gestatten, … unmittelbar zu handeln. Diese verschiedenen Möglichkeiten entdecken (und zu lehren), wäre ein Segen für alle, die mit Streß fertigwerden müssen (und das ist jeder einzelne von uns)." *(D. Krech/R. S. Crutchfield u. a., 1992)*

Alle Versuche, mit streßreichen Situationen fertig zu werden, bezeichnen die Psychologen als Bewältigung oder **Coping.**

> **Coping ist jeder Versuch, streßreiche Situationen zu bewältigen.**

Bewältigungsversuche können in zwei unterschiedlichen Richtungen verlaufen (vgl. Ralf Schwarzer, 1987[2]):

- **Problem-focused coping:** Die problembehaftete Situation verändert sich.

- **Emotion-focused coping:** Die Einschätzung der Situation ändert sich. Damit kann das Individuum eine Verbesserung seiner emotionalen Befindlichkeit erreichen.

Untersuchungen zeigen, daß beide Anstrengungen mit Hilfe von vier unterschiedlichen Bewältigungsformen angestrebt werden können (vgl. Richard S. Lararus; in: Sigrun-Heide Filipp, 1990[2])

- Informationssuche,
- Aktionshemmung,
- direkte Aktionen,
- intrapsychische Bewältigungsformen.

Mit **Informationssuche** ist das Erweitern des Kenntnisstandes einer Person gemeint, mit dem Ziel, die Kompetenzen und Fertigkeiten zu erhöhen.

Nachdem der Schüler erfahren hat, daß er in die mündliche Prüfung muß, beginnt er damit, sich die notwendigen Informationen zu besorgen. Er spricht mit seinem Mathematiklehrer über die möglichen Inhalte, er fragt ehemalige Schüler der Schule nach ihren Erfahrungen usw. Daraufhin ist er in der Lage, sich geeignete Bewältigungsversuche zu überlegen.

Direkte Aktionen sind alle Versuche, die eine Person unternimmt, um eine streßreiche Situation in den Griff zu bekommen.

Der Schüler beschließt, bei einem Mitschüler, der der Klassenbeste im Fach Mathematik ist, Nachhilfestunden zu nehmen. Außerdem „verordnet" er sich ein eisernes Lernprogramm, um die Defizite auszugleichen.

„Solche Aktivitäten sind so verschieden, wie es Umweltanforderungen und persönliche Ziele von Menschen sind – einschließlich des Auslebens von Ärger, der Suche nach Revanche, der Flucht, des Selbstmordes, der Einnahme von Tabletten usw. Die Liste ließe sich beliebig fortsetzen." *(Richard S. Lazarus in: S.-H. Filipp, 1990[2])*

Im Gegensatz zu den beiden ersten Bewältigungsformen, die eine gesteigerte Aktivität des Menschen zur Folge haben, stellt die **Aktionshemmung** das genaue Gegenteil, also Inaktivität dar. In diesem Fall verhält sich die Person zunächst einmal zurückhaltend und tut gar nichts.

Als der Schüler bemerkt, wie groß seine Wissenslücken sind, weiß er zunächst überhaupt nicht, wo er anfangen soll, er verfällt in einen lähmenden Zustand und unternimmt keine Bewältigungsversuche.

Schließlich gibt es **intrapsychische Bewältigungsformen** von Streß. Damit sind alle gedanklichen Abläufe gemeint, bei denen sich eine Person etwas selbst einredet (= Selbstinstruktion[1]). Dabei ist es unerheblich, ob es sich um Verleugnung, Verdrängung, Selbsttäuschung oder Vermeidung handelt; die Bandbreite der Selbstinstruktion ließe sich beliebig verlängern. Alle intrapsychischen Bewältigungsformen zielen auf die Verminderung der emotionalen Belastung, den Abbau von Streß und auf die Steigerung des Wohlbefindens.

Der Schüler redet sich ein, die Prüfung werde sicherlich gar nicht so schlimm werden. Er beginnt, seine Wissenslücken als unerheblich zu bezeichnen und schließlich zu leugnen, daß er überhaupt damit Probleme hat.

„Menschen erhalten sich ihre seelische Gesundheit auch dadurch, daß sie die Realität zu ihren Gunsten verzerren und sich selbst schöner, klüger und erfolgreicher hinstellen als sie sind." *(Ralf Schwarzer, 1987[2])*

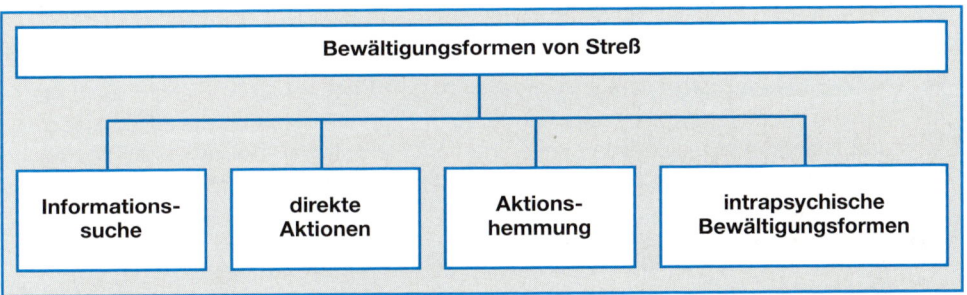

★ Bei allen dargestellten Bewältigungsformen handelt es sich um allgemeine Beschreibungen. Wie ein Mensch in einer konkreten Situation reagiert, hängt von vielen individuellen Merkmalen ab, die nicht übertragbar sind. Gleiche oder ähnliche Reize werden vom einen als Streß erlebt, vom anderen nicht. Deshalb lassen sich keine allgemeingültigen Rezepte für die Streßbewältigung aufstellen.

„Das große Dilemma besteht also darin, daß wir weder die Bewältigungsformen der meisten Menschen kennen noch wissen, welche Bewältigungsformen für welche Menschen, in welcher Weise und unter welchen Umständen effizient[2] sind. *(Richard S Lazarus in: Sigrun Heide-Filipp, 1990[2])*

➡ **Materialien 4. und 5.**

---

[1] Selbstinstruktion bedeutet: sich selbst einreden, daß man stark ist, daß man die Situation bewältigen kann.
[2] effizient: wirkungsvoll

Zusammenfassung

▶ Emotionen sind Ich-Zustände, Befindlichkeiten und Erlebnisse, die den Körper, die Psyche und das Verhalten des Menschen umfassen. Die Stärke eines Gefühls hängt von der Stärke der körperlichen Erregung ab, die Art des erlebten Gefühls von der subjektiven Interpretation der Erregung. Emotionen können Verhalten auslösen oder hemmen.

▶ Motivation ist ein gedankliches Konstrukt für Prozesse, die Verhalten aktivieren sowie dieses hinsichtlich seiner Richtung, Ausdauer und Intensität steuern. Auch Motivation hat sowohl einen psychischen wie einen physischen Aspekt. Emotion und Motivation sind nicht zwei verschiedene psychische Prozesse, sondern sind sehr eng miteinander verbunden.

▶ Angst ist ein als beklemmend, bedrückend und als unangenehm erlebter Ich-Zustand, der für das Individuum eine Bedrohung darstellt, mit physiologischen Vorgängen verbunden ist und das Verhalten beeinflußt. Die Entstehung der Angst wird am häufigsten mit Hilfe der tiefenpsychologischen Theorien, von Lerntheorien oder kognitiven Theorien erklärt.

▶ Mit Aggression meint man alle Verhaltensweisen, die eine direkte oder indirekte Schädigung von Organismen und/oder Gegenständen beabsichtigen. Die bekanntesten Aggressionstheorien sind Trieb- und Instinktmodelle, die Frustrations-Aggressions-Theorie, und die Lerntheorien.

▶ Emotionen und Kognitionen sind keine Gegensätze, die sich ausschließen, sie können auch nicht isoliert voneinander betrachtet werden. Kognitive Fähigkeiten und Funktionen beeinflussen von vornherein emotional-motivationales Verhalten so wie Emotionen und Bedürfnisse auf die Kognition wirken.

▶ Jede Beeinträchtigung des persönlichen Empfindens und der Stimmung, die Leidensdruck erzeugt und die Erlebnis-, Verarbeitungs- und Handlungsmöglichkeiten dieser Person einschränkt, wird als emotionale Belastung bezeichnet. Emotionale Belastungen unterscheiden sich hinsichtlich ihrer Dauer, ihres Verlaufes, ihres Schweregrades, ihrer Folgen und ihrer Auswirkungen auf den allgemeinen Erlebensbereich einer Person. Emotionale Belastungen können während des ganzen Lebens auftreten.

▶ Streß ist ein Beispiel für eine emotionale Belastung. Er ist ein zeitlich begrenzter, gefühlsmäßig belastender Zustand, den eine Situation bzw. eine Anforderung auslöst, von der die Person glaubt, diese nur schlecht oder gar nicht bewältigen zu können, und wenn diese Person die Folgen dieses Nicht-Bewältigen-Könnens als bedrohlich empfindet. Streßreiche Reize, die auf eine Person einwirken, werden als Stressoren bezeichnet. Man unterscheidet physische, psychische und soziale Stressoren.

▶ Streß ist eine ganz natürliche, organische Anpassungsreaktion, die sich im Laufe der Stammesgeschichte sinnvollerweise entwickelt hat und auch notwendig ist. Allerdings hat Streß nur dann eine positive, verhaltensaktivierende und steuernde Funktion, wenn er kurzfristig andauert. Alle längerfristigen Wirkungen führen zu gesundheitlichen Schäden.

> ▶ Zur Beschreibung eines Streßzustandes gibt es verschiedene Modelle. Die heutigen Streßkonzepte räumen den individuellen Bewertungsprozessen einen hohen Stellenwert ein. Das bekannteste Streßmodell stammt von Richard S. Lazarus, das auch heute noch den modernsten Forschungsansatz beinhaltet. Streß ist nach ihm durch die Auseinandersetzung des Menschen mit seiner Umwelt und die daraus resultierende gegenseitige Beeinflussung gekennzeichnet.

> ▶ Streß kann auf verschiedene Weise bewältigt werden. Unterschieden werden die Informationssuche, die direkte Aktion, die Aktionshemmung und intrapsychische Bewältigungsversuche. Welche Bewältigungsversuche eine Person unternimmt, läßt sich nicht vorhersagen. Jedes Individuum reagiert anders auf Streß, entsprechend unterschiedlich sind auch die Bewältigungsformen.

1. Das Gehirn fühlt mit

1 Freude, Wut, Trauer – solche seelischen Zustände lassen sich jetzt durch Messung der Gehirnströme feststellen und auf einem Bildschirm darstellen. Mit Hilfe des Elektro-Enzephalogramms
5 (EEG) fand der Kölner Psychiater Wielant Machleidt erstmals typische Hirnstrommuster für bestimmte Grundgefühle. Damit eröffnen sich neue Perspektiven für die Diagnose und Behandlung psychischer Krankheiten.
10 Messungen dieser Art hat Machleidt an 32 Erwachsenen vorgenommen: 22 Männer und zehn Frauen im Alter zwischen 26 und 53 Jahren. Der Versuchsablauf war stets der gleiche:
● Jede Versuchsperson schreibt zunächst be-
15 sonders konflikthafte und freudige Ereignisse aus ihrem Leben auf: von heftigen Familienstreitigkeiten über den Verlust des Arbeitsplatzes bis hin zu Eifersuchtsdramen, tiefen Kränkungen und Beleidigungen; von beruflichen Erfolgserlebnis-
20 sen über die Geburt eines Wunschkindes oder einem Triumph über den Vater bis hin zu erotischen Abenteuern.
● Dann wird jeder Teilnehmer einzeln in einen schallgedämpften Raum geführt, in dem er in
25 einem bequemen Sessel mit Arm- und Kopfstütze Platz zu nehmen hat. An seinem Schädel werden Elektroden befestigt, über die ein EEG seine Hirnströme ableitet. Meßfühler an seinen Fingerkuppen registrieren gleichzeitig seine Pulsfre-

quenz. Unterdessen ist eine Videokamera auf ihn 30 gerichtet, die jede Verhaltensauffälligkeit aufzeichnet: von leichten Kopfbewegungen über Lidschläge bis hin zu kaum merklichen Muskelanspannungen im Gesicht.
● Nun setzt sich der Übungsleiter ihm gegenüber, 35 greift Stichworte aus seinem schriftlichen Erlebnisbericht auf und fordert ihn auf, ein besonders unangenehmes Ereignis möglichst wirklichkeitsnah nachzuerleben.
● Im Augenblick größter emotionaler Beteiligung 40 gibt der Versuchsleiter ein „Stop"-Signal, das auf dem EEG zeitlich markiert wird. Nach demselben Muster wird anschließend auch noch ein besonders erfreuliches Erlebnis aufgearbeitet. Jede Versuchsperson nimmt an mindestens zwei 45 derartigen Messungen teil.
● Anhand der Eindrücke des Versuchsleiters, der Selbsteinschätzung der Testperson und der Auswertung der Video- und EEG-Aufzeichnungen wird nun bestimmt: Zu welchen Zeitpunkten der 50 EEG-Messung herrschte bei der betreffenden Versuchsperson welches Gefühl vor? Dazu wird jedes EEG in Abschnitte („Segmente") von jeweils zehn Sekunden unterteilt.
Die Auswertung der EEG-Abschnitte brachte ein 55 erstaunliches aber eindeutiges Ergebnis: Die aufgetretenen Gefühle gehen mit *typischen, immer wiederkehrenden EEG-Mustern* einher; unabhän-

gig von der einzelnen Testperson und Situation treten stets die gleichen Merkmale auf. Eindeutig kennzeichnen lassen sich so bestimmte Hirnstrombilder für Neugier, Angst, Aggression, Trauer und Freude. Jedes von ihnen hinterläßt charakteristische Spuren in einem oder mehreren der vier Frequenzbereiche, die ein EEG erfaßt: im Bereich der Alpha- (8-14 Hertz), Beta- (14-30 Hz), Delta- (4-7 Hz) oder Theta-Wellen (1-4 Hz).

Machleidt sieht in diesen fünf psychischen Zuständen „elementare", nicht weiter zerlegbare Grundgefühle, aus denen sich alle weiteren emotionalen Befindlichkeiten zusammensetzen. Bei der Eifersucht zum Beispiel „vereinigen sich eine hungrige, eine ängstliche und eine aggressive Komponente". Seine Meßergebnisse bestätigten diese Annahme: Bei Mischgefühlen treten im EEG sogenannte „Interferenzmuster" auf, die sich aus den Mustern der Grundgefühle zusammensetzen; sie lassen die zugrundeliegenden Gefühle noch deutlich erkennen. Das heißt: Die hirnphysiologische Messung der fünf grundlegenden Emotionen erschließt offenbar das menschliche Gefühlsleben überhaupt.

Auch *unbewußte*, „verdrängte" Gefühle werden mit Hilfe des EEGs sichtbar. So erlebte eine 30jährige ledige Ärztin nach, wie ihr geliebter Partner frühmorgens zu ihr zurückkehrte und ihr einen Seitensprung gestand. Wie Machleidt auffiel, „nahm die Frau zwar Gefühle von depressiver Niedergeschlagenheit und Angst bei sich wahr – schmerzliche Gefühle und Ärger als Antwort auf die empfindliche Kränkung durch den Partner blendete sie aber vollständig aus." Als Machleidt gezielt nachfragte, „kann sie solche Gefühle in ihrem Erleben nicht vorfinden. Stattdessen nimmt sie heftiges Herzklopfen wahr und das Bedürfnis sich an den Stuhl anzuklammern." Erst das EEG verriet ihren verdrängten Schmerz. Damit „eröffnen sich neue Perspektiven für Forschung, Diagnostik und Behandlung psychischer Krankheiten wie Neurosen und Psychosen", erwartet Professor Machleidt. Während sich Therapeuten bislang häufig im unklaren über die verdeckten, unzugänglichen Gefühle ihrer Patienten gewesen seien – was bei bestimmten Krankheiten wie Schizophrenie besonders krass zutage trete –, werde es nun möglich, emotionelles Erleben endlich objektiv festzustellen. Mit dem „Gefühls-Seismograph" umzugehen, erfordert nach Machleidt allerdings „eine besondere Verantwortlichkeit und Ethik von seiten des Psychotherapeuten".

Harald Wiesendanger

Quelle: Psychologie Heute 12/1990

2. Wie entstehen belastende Gefühle?

Häufig haben wir die Auffassung, unsere Gefühle werden von außen, durch andere verursacht („Du hast mich geärgert!", „Ihr nervt mich.").

Aber das ist fehlerhaft. Verschiedene Menschen in einer gleichen Situation haben recht unterschiedliche Gefühle. Während ein Lehrer in einer Klasse viel Ärger und Mißmut erlebt, fühlt sich ein anderer in der gleichen Klasse wohl. Manche mögen gern mit lebhaften Kindern zusammensein, andere fühlen sich dadurch beeinträchtigt. Und: zu verschiedenen Zeiten reagieren wir unterschiedlich. Wenn wir gut aufgelegt sind, sind wir belastbarer, empfinden vieles nicht als Schwierigkeit.

Es hängt also entscheidend von uns ab, welche Gefühle wir empfinden. Gewiß ist auch die Situation bedeutsam. Aber *wie* wir und fühlen, in welchem Ausmaß wir etwa betroffen sind, das hängt von uns ab.

Was in uns ist entscheidend?

▷ *Wie wir die Umwelt bewerten* und einschätzen, welche Gedanken wir hierzu haben, das beeinflußt eindeutig unsere Gefühle. Wenn wir z. B. einen Hund als gefährlich bewerten, dann haben wir Angst. Sehen wir ihn als ein freundliches Geschöpf an, empfinden wir eher Freunde. – So schätzen wir alle Personen, Gegenstände und Ereignisse unseres Lebens ein, bewerten sie, sehen sie in gewisser Bedeutung. Und entsprechend sind auch unsere Gefühle.

Woher kommt es, daß wir so unterschiedlich wahrnehmen, bewerten? Einmal sind es die unterschiedlichen Erfahrungen, die wir gemacht haben, mit einem Hund, mit Schulkindern oder Ereignissen. Dann: wir übernehmen Bewertungen von anderen, z. B. religiöse, politische Auffassungen von Menschen. Ferner bilden wir uns persönliche Erklärungstheorien, so etwa, ob Mädchen oder Jungen intelligenter, durchsetzungsfähiger seien u. a.

▷ *Wie wir uns selbst bewerten,* das wirkt sich ebenfalls deutlich auf unsere Gefühle aus. Sehen wir uns selbst als einen Versager an, voller Fehler und Schwächen, dann fühlen wir uns eher belastet, im Gegensatz zu einem Menschen, der sich als selbstwirksam ansieht und sich trotz vorhandener Schwächen akzeptiert Auch das hängt mit unterschiedlichen Erfahrungen zusammen, die wir mit uns selbst machen. Haben wir ungünstige Erfahrungen mit uns in Mathematikunterricht gemacht, so empfinden wir häufig auch später diesem Fach gegenüber unangenehme Gefühle. Wichtig ist ferner: In welchem Ausmaß haben wir Hilfsquellen? Welche Bewältigungsformen haben wir gelernt? Welche Bewertungen über uns selbst übernehmen wir von anderen Menschen?

Wie entstehen belastende Gefühle und Streß?

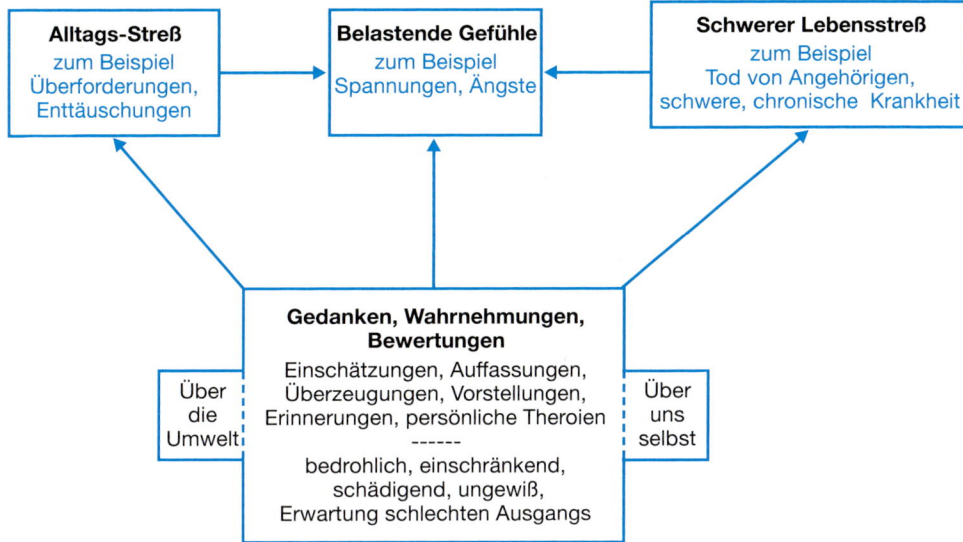

Quelle: *R. Tausch/A.-M. Tausch, 1993*[10]

3. Alarmsignale bei Streß

Die folgende Liste von 50 Symptomen hat einer der führenden amerikanischen Streß-Forscher, Paul Rosch (American Institute of Stress), aufgestellt. Neben manchen bekannten und auffälligen Anzeichen für (langfristig krankmachenden) Streß enthält diese Liste viele Symptome, die wir nicht auf den ersten Blick mit Streß in Zusammenhang bringen und die uns oft unbewußt „unterlaufen" oder die unser Verhalten schleichend verändern. Wenn Sie nur wenige dieser Alarm-Signale bei sich feststellen, so bedenken Sie: Nicht die Anzahl dieser Zeichen alleine definiert Sie als „Gestreßt", sondern auch Dauer und Intensität der einzelnen Symptome.

1. Häufiger Kopfschmerz
2. Zähneklappern, Zähneknirschen
3. Stottern und Stammeln
4. Zucken der Lippen und Hände
5. Rücken- und Genickschmerzen
6. Schwindelgefühle
7. Halluzinationen
8. Erröten, Schwitzen
9. Kalte und nasse Hände und Füße
10. Trockener Mund, Schluckbeschwerden
11. Verkühlung, Infektionen, Fieberblasen
12. Ausschläge, Juckreiz, Gänsehaut
13. Unerklärliche Allergieanfälle
14. Sodbrennen, Brechreiz, Magenschmerzen
15. Häufige Blähungen
16. Durchfall oder Verstopfungen
17. Atemnot, häufiges Seufzen
18. Panikanfälle
19. Schneller Puls und heftiges Herzklopfen
20. Häufiger Harndrang
21. Vermindertes sexuelles Verlangen
22. Schuldgefühle, Angst und Nervosität
23. Häufige Wutanfälle
24. Launenhaftigkeit und Depressionen
25. Übermäßiger Appetit oder Appetitlosigkeit
26. Schlaflosigkeit, Alpträume

27. Konzentrationsschwierigkeiten
28. Merk- und Lernschwierigkeiten
29. Vergeßlichkeit, Konzeptlosigkeit
30. Unentschlossenheit
31. Gefühle der Überlastung
32. Weinkrämpfe, Selbstmordgedanken
33. Gefühl der Einsamkeit und Wertlosigkeit
34. Häufige Unpünktlichkeit
35. Nervöses Verhalten
36. Frustration und Gereiztheit
37. Überreaktion, auch bei nichtigen Anlässen
38. Eine Zunahme von kleinen „Unfällen"
39. Zwanghaftes Verhalten
40. Verringerte Arbeitsleistung
41. Schlechte Leistungen werden mit Ausreden entschuldigt
42. Hastiges Sprechen, Nuscheln
43. Unbegründete Skepsis, Abwehrreaktion
44. Kommunikationsschwierigkeiten
45. Soziale Abkehr und Isolation
46. Schwächegefühle und ständige Müdigkeit
47. Selbstmedikation
48. Unbeabsichtigte Gewichtsabnahme oder -zunahme
49. Steigender Alkohol- und Nikotinkonsum
50. Impulsive Großeinkäufe

Quelle: *Psychologie Heute 1/1992*

4. Möglichkeiten, Situationen und Probleme erleichternd zu gestalten

▷ *Informationssuche* erwies sich bei der Bewältigung von Schwierigkeiten, z. B: Bei Krebserkrankten, als sehr hilfreich. Lehrer etwa mit Schwierigkeiten im Unterricht können sich informieren, daß eine kurzzeitige Kleingruppenarbeit innerhalb des Frontalunterrichts sehr entlastend wirkt. Verständlich gestaltete Lehrtexte oder Skripten erübrigen einen Lehrervortrag oder Tafelzeichnungen, die bei manchen Schülern zu Unruhe führen. Oder: bei manchen Schwierigkeiten in den Grundschulklassen sind von Lehrern erfolgreich Eltern um Mitarbeit gebeten worden. Jedoch: so offensichtlich diese Möglichkeiten bei geeigneter Informationssuche existieren, so ist meist erforderlich, daß wir unsere innere Einstellung ändern, um sie zu realisieren. Lehrer etwa, die alles allein machen möchten, die bei Kleingruppenarbeit ein Gefühl von Ohnmacht und Kontrollosigkeit empfinden, oder die unflexibel sind und nicht aufgeschlossen für Veränderungen, werden die obigen Möglichkeiten kaum durchführen.

▷ *Angemessene Zeitplanung* wurde in unseren Untersuchungen häufig als deutlich entlastend erfahren, wenn sie praktiziert wurde. Allerdings setzt das voraus, daß wir Prioritäten setzen können, daß wir „Leer-Freizeiten" für uns einsetzen und daß wie uns durch zu enge zeitliche Planung nicht in Streß bringen.

▷ *Problemklärung* und entlastende Änderungen. Wenn wir Situationen, die für uns mit Bedrohung und Einschränkung verbunden sind, durch sachliches und kreatives Denken klären, dann können wir Schwierigkeiten besser bewältigen. Und: unsere belastenden Gefühle vermindern sich.

Quelle: R. Tausch/A.-M. Tausch, 1993[10]

▷ *Mentale (geistige) Vorbereitung* auf schwierige Situationen. Ein positives mentales Training ist heute für Sportler zur Erreichung guter Leistungen fast unerläßlich. Man schätzt, daß 60-90 % des Erfolges großer Athleten auf mentale Faktoren zurückzuführen sind. – Wenn etwas in der Wirklichkeit schwierig ist – eine sportliche Leistung, eine Unterrichtsstunde für den Lehrer oder eine Klassenarbeit für den Schüler – wenn die Situation vorher als belastend und bedeutungsvoll erlebt wird, dann ist es naheliegend, daß wir uns in der Vorstellung vorher trainieren. Das, was manche unserer Schüler später in ihrem Sportverein zur Erreichung von Höchstleistungen oder in ihrem Betrieb machen werden: warum wollen wir dies nicht schon heute in der Klasse einsetzen und damit uns und ihnen die Arbeit erleichtern?

Ein derartiges mentales Training erfordert die Fähigkeit zur Entspannung. Bei regelmäßigem Üben kann eine derartige Entspannung in ca. 2-4 Minuten erreicht werden. Danach stellen sich die Schüler die schwierige Situation vor, etwa die Klassenarbeit, stellen sich vor, wie sie diese schwierige Situation sicher, gelassen und intelligent bewältigen. Diese gesamte Vorstellungsübung nimmt nicht mehr als 5 Minuten in Anspruch. Der Lehrer kann sie eine Woche, drei Tage und dann einen Tag vor der Klassenarbeit durchführen. So können wir bessere Leistungen und ein besseres Lernen erreichen, bei geringerem Einsatz von Energien und verminderten Belastungen.

5. Die Entspannungsreaktion

a) Streßverminderung durch Ent-Spannung
Regelmäßige Entspannungsübungen von täglich etwa 15 Minuten bewirken: wir fühlen uns seelisch wohler und weniger belastet, wir haben positivere Gedanken und Auffassungen, können klarer denken und unsere Körpervorgänge verlaufen besser. Sehr geeignet sind die Muskel-Entspannung nach Jacobson, Atem-Entspannung, Hatha-Yoga, Autogenes Training sowie ein Bewegungs-Training, z. B. langsames Laufen.
Warum ist Ent-Spannung so wichtig? Warum ist sie oft hilfreicher als eine lange Psychotherapie? Wenn wir uns bedroht fühlen, Angst, Streß und Überforderung fühlen, dann wird unser sympathisches Nervensystem aktiviert, mit der Folge von Muskelspannungen, schnellerer Atmung, Hormonausschüttungen, erhöhtem Puls und Blutdruck. Diese ursprünglich sinnvolle biologische Reaktion zwecks Kampfes oder Flucht vor einem Feind oder wildem Tier ist heute meist hinderlich. Ja, die Aktivierung dieser Körpervorgän-

ge engt unsere Wahrnehmung und unser Denken ein, macht uns weniger flexibel und führt nach einiger Zeit zur Erschöpfung.

Bei manchen Lehrern und Schülern findet in und außerhalb des Unterrichts häufig eine Daueraktivierung statt. Lehrer, die sich unsicher vor der Klasse fühlen, voller Spannungen sind, oder Schüler, die ängstlich ein Leistungsversagen erwarten, haben diese Daueralarmierung, verbunden mit einer körperlich-vegetativen Übererregbarkeit. Ferner führt die Muskelspannung zu einem unangenehmen Gefühl seelischer Spannung. Manche suchen diese unangenehmen Gefühle mit Nikotin, reichlichem Essen, Alkohol oder dämpfenden Tabletten zu ändern.

Eine zusätzliche muskulär-körperlich-seelische Anspannung erfolgt, wenn z. B. Lehrer ihre seelischen Spannungen oder ihre Impulse zu Wutausbrüchen, Gewalt- oder Fluchtreaktionen stark beherrschen, notwendig zum Schutz anderer oder aus eigenem Interesse. Auch ein Verbergen solcher Gefühle und Impulse hinter einer Fassade ist mit körperlich-seelischen Spannungen verbunden.

Wir haben jedoch einen unmittelbaren Zugang zur Änderung unseres sympathischen Nervensystems. Wenn wir *einen* Vorgang des gesamten Systems normalisieren, also etwa die Muskeln entspannen oder die Atmung normalisieren, dann ändert sich das gesamte System, einschließlich Hormonausschüttung sowie Puls. Und als Folge davon werden die Gedanken ruhiger, wir können klarer denken, die Gefühle werden positiver.

Die Wirkungen von Entspannungsübungen treten unmittelbar ein. Allerdings werden erst bei regelmäßigen Übungen die Effekte so stark, daß wir uns danach nicht nur wohler fühlen, sondern auch längere Zeit gelassener reagieren, belastbarer sind. (...)

Es gibt etliche andere wirksame Entspannungsmöglichkeiten, so sanfte Hatha-Yoga-Übungen.

Oder Muskelentspannung. (...) Wenn Sie also in einem Volkshochschulverzeichnis oder in einem Fortbildungskurs für Lehrer und Erzieher von derartigen Entspannungsformen hören, dann können Sie sich sein, daß hier eine wirksame Möglichkeit zur deutlichen Verminderung Ihrer Belastungen besteht.

Falls Sie immer noch skeptisch sind: Internationale Schachspieler praktizieren regelmäßig ein Bewegungstraining, z. B. Laufen, und Entspannungsübungen. Man hat festgestellt, daß die Schachspieler bei Turnieren Spitzenwerte in Blutdruck, Puls usw. erreichen. Es ist eine hohe seelische Spannung vorhanden, ohne die Möglichkeit des Ausagierens: sondern im Gegenteil, es ist höchste Konzentration erforderlich. Körpertraining und Entspannungsübungen befähigen Schachspieler, diese belastenden Situationen gelassener und mit weniger Irritierung ihres Denkens zu überstehen.

Streß-Spannung	Förderliche Ent-Spannung
Körperlich-vegetative Reaktionen, Erregung-Alarmierung des sympathischen Nervensystems Zunahme von: Puls Blutdruck Hormone (Adrenalin) Muskelspannung schnellere flachere Atmung Freigabe von Zuckerreserven ...... Erschöpfung	Wenn ein Teilvorgang des alarmierten sympathischen Nervensystems normalisiert wird, fördert dies die Normalisierung des ganzen Systems. **Wirksam sind besonders:** ● Muskelentspannung (nach Jacobson) ● Atem-Entspannung ● Sanfte Hatha-Yogaübungen ● Bewegungstraining (langsames Laufen, Sport, Spiel) ● Autogenes Training ● Andere Entspannungsformen **Regelmäßiges Üben** bzw. Trainieren führt nach einiger Zeit zu deutlich größeren körperlich-seelischen Auswirkungen. Die Effekte werden schon nach kurzer Zeit erreicht. **Falls Sie keine Zeit haben:** 1 Minute Entspannung ist besser als keine Entspannung. Vitamine und Mineralien eventuell förderlich

Sport und Spiel, besonders in der Gruppe, sind ferner hervorragende Möglichkeiten sowohl zur körperlich-seelischen Entspannung als auch zum Lernen des förderlichen Umgangs mit Enttäuschungen und Niederlagen.

Entspannende Übergänge: Bei einer Befragung stellten wir fest, daß viele Menschen, so Lehrer und Mütter sich am ganzen Tag keinen entspannenden Übergang gönnen, sondern von einer Tätigkeit zur anderen übergehen. Lehrer gaben häufig an, daß sie auch in der Pause zu keiner Entspannung kämen, sei es durch intensive Diskussionen mit Kollegen, durch Rauchen, Vorbereitung für die nächste Stunde u. a. Wo gibt es die Schule oder die pädagogische Institution, wo sich Lehrer und Erzieher während der Pause für einige Minuten in ein ruhiges, etwas abgedunkeltes Zimmer zurückziehen können, etwa um auf einer Matte einige Entspannungsübungen zu machen?

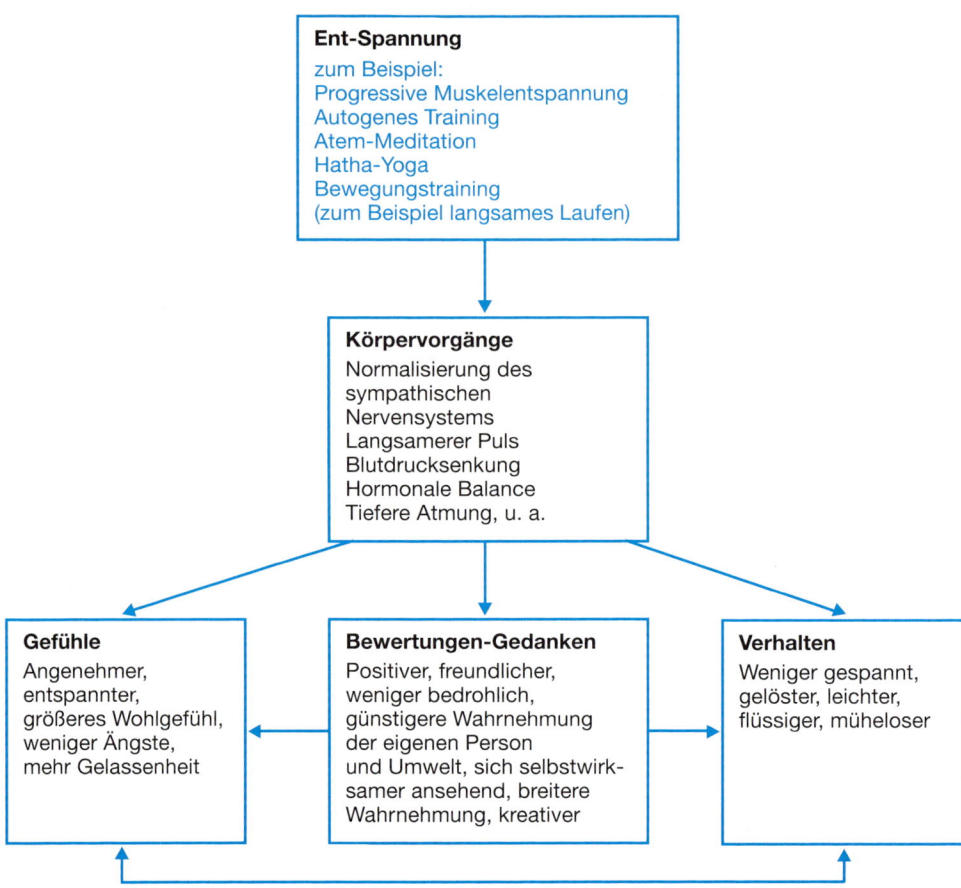

Ent-Spannung
zum Beispiel:
Progressive Muskelentspannung
Autogenes Training
Atem-Meditation
Hatha-Yoga
Bewegungstraining
(zum Beispiel langsames Laufen)

Körpervorgänge
Normalisierung des
sympathischen
Nervensystems
Langsamerer Puls
Blutdrucksenkung
Hormonale Balance
Tiefere Atmung, u. a.

Gefühle
Angenehmer,
entspannter,
größeres Wohlgefühl,
weniger Ängste,
mehr Gelassenheit

Bewertungen-Gedanken
Positiver, freundlicher,
weniger bedrohlich,
günstigere Wahrnehmung
der eigenen Person
und Umwelt, sich selbstwirk-
samer ansehend, breitere
Wahrnehmung, kreativer

Verhalten
Weniger gespannt,
gelöster, leichter,
flüssiger, müheloser

Quelle: R. Tausch/A.-M. Tausch, 1993[10]

b) Der Weg zur Entspannungsreaktion nach Herbert Benson

105 Zwei Komponenten sind unerläßlich, wenn Sie die Relaxation Response auslösen wollen:

● *Ein mentaler Fokus:* Den eigenen Atem beobachten, ein Wort, Mantra oder Ton wiederholen, oder eine rhythmische muskuläre Aktivität. Es 110 geht darum, den Strom der Alltagsgedanken zu unterbrechen und den Kopf „frei" zu kriegen.

● *Eine passive Haltung gegenüber ablenkenden oder „eindringenden" Gedanken:* Sich beispielsweise nicht darüber sorgen, ob man es richtig 115 macht. Den Geist sanft auf den Fokus zurückdirigieren.

Der einfachste, unaufwendigste Weg zur Entspannung führt über die folgenden Stufen:

1. Wählen Sie ein Wort, einen Begriff, ein Gebet, das Sie als Fokus verwenden wollen, oder 120 konzentrieren Sie sich nur auf Ihren Atem.
2. Sitzen Sie ruhig in einer bequemen Haltung.
3. Schließen Sie die Augen.
4. Entspannen Sie die Muskeln.
5. Atmen Sie langsam und natürlich, wiederholen 125 Sie Ihr Fokus-Wort jedesmal beim Ausatmen.
6. Bleiben Sie passiv, kümmern Sie sich nicht darum, ob Sie es gut machen. Wenn Ihre Gedanken „wandern", lenken Sie sie auf den Fokus zurück. 130
7. Halten Sie diese Prozedur 10 bis 20 Minuten durch.
8. Entspannen Sie sich nach dieser Methode ein- bis zweimal pro Tag.

Quelle: Psychologie Heute, 2/1993

Reproduktion von Information:

1. Bestimmen Sie den Begriff „Emotion".
   (Abschnitt 5.1.1)

2. Geben Sie eine Begriffsbestimmung von „Motiv" und „Motivation".
   (Abschnitt 5.1.2)

3. Beschreiben Sie den Zusammenhang zwischen Emotion und Motivation.
   (Abschnitt 5.1.3)

4. Stellen Sie die Bedeutung von Emotion und Motivation dar.
   (Abschnitt 5.1.4)

5. Bestimmen Sie den Begriff Angst, und zeigen Sie wesentliche Bestimmungsmerkmale der Angst auf.
   (Abschnitt 5.2.1)

6. Bestimmen Sie den Begriff Aggression.
   (Abschnitt 5.2.2)

7. Beschreiben Sie die Wechselwirkung zwischen den kognitiven Funktionen und Fähigkeiten.
   (Abschnitt 5.3.1)

8. Zeigen Sie die Wechselwirkung zwischen kognitiven Fähigkeiten und Funktionen einerseits und Emotionen und Motivation andererseits auf.
   (Abschnitt 5.3.2 und 5.3.3)

9. Was versteht man unter einer emotionalen Belastung?
   (Abschnitt 5.4.1)

10. Bestimmen Sie die Unterschiede in den Auswirkungen emotionaler Belastungen.
    (Abschnitt 5.4.2)

11. Was versteht man unter Streß?
    (Abschnitt 5.4.3)

12. Zeigen Sie verschiedene Stressoren auf.
    (Abschnitt 5.4.4)

13. Stellen Sie mögliche Auswirkungen von Streß auf das Immunsystem dar.
    (Abschnitt 5.4.4)

14. Beschreiben Sie das Modell des Streßerlebens und -bewältigens nach Lazarus.
    (Abschnitt 5.4.5)

15. Erläutern Sie verschiedene Formen der Bewältigung von Streß.
    (Abschnitt 5.4.6)

Anwendungsaufgaben:

16. Verdeutlichen Sie mit Hilfe eines Beispiels die psychischen und physischen Komponenten von Emotion und Motivation.
(Abschnitt 5.1.1 und 5.1.2)

17. Bestimmen Sie die Begriffe „Emotion", „Motiv" und „Motivation", und erläutern Sie an einem Beispiel den Zusammenhang zwischen Emotion und Motivation.
(Abschnitt 5.1.1, 5.1.2 und 5.1.3)

18. Erläutern Sie an Beispielen die Bedeutung von Emotion und Motivation.
(Abschnitt 5.1.4)

19. Erläutern Sie den Angstbegriff, und erklären Sie mit Hilfe einer Ihnen bekannten Theorie die Entstehung der Angst.
(Abschnitt 5.2.1)

20. Bestimmen Sie den Begriff „Aggression", und erklären Sie mit Hilfe einer Theorie die Entstehung von aggressiven Verhaltensweisen.
(Abschnitt 5.2.2)

21. Beschreiben Sie ein Persönlichkeitsmerkmal (zum Beispiel Ängstlichkeit, Aggressivität), und erklären Sie die Entstehung bzw. Entwicklung dieses Persönlichkeitsmerkmales mit Hilfe einer Ihnen bekannten Theorie.
(Abschnitt 5.2.1 oder 5.2.2)

22. Stellen Sie an einem Beispiel aus einem Lebensbereich (zum Beispiel Familie, Schule, Freizeit) die Wechselwirkung zwischen Wahrnehmung, Denken, Gedächtnis, Emotion und Motivation dar.
(Abschnitt 5.3)

23. Bestimmen Sie den Begriff „emotionale Belastung", und zeigen Sie mit Hilfe von Beispielen, daß emotionale Belastungen während des gesamten Lebens auftreten können.
(Abschnitt 5.4.1 und 5.4.2)

24. Stellen Sie Stressoren aus den Bereich Schule und Freizeit und ihre körperliche Verarbeitung dar.
(Abschnitt 5.4.4)

25. Bestimmen Sie den Begriff „Streß", und zeigen Sie mögliche Auswirkungen von Streß auf das Immunsystem auf.
(Abschnitt 5.4.3 und 5.4.4)

26. Beschreiben Sie mit Hilfe des Streßmodells nach Lazarus eine typische Streßsituation aus der Schule (zum Beispiel vor der Abschlußprüfung, vor einer Schulaufgabe, einem Referat).
(Abschnitt 5.4.5)

27. Zeigen Sie unter Zuhilfenahme eines Streßmodells an einem von Ihnen gewählten Beispiel den möglichen Verlauf einer Streßreaktion auf.
(Abschnitt 5.4.5)

28. Erarbeiten Sie mit Hilfe des Streßmodells nach Lazarus ein Streßbewältigungsprogramm für die Fahrschulprüfung.
(Abschnitt 5.4.5 und 5.4.6)

Anregungen:

29. Versuchen Sie in einem pantomimischen Rollenspiel verschiedene Gefühle wie zum Beispiel Angst, Freude, Trauer, Glück u. ä. darzustellen.

30. Spielen Sie im Rollenspiel „typisches" Erzieherverhalten, das angstfördernd und -hemmend wirkt.

31. Verbalisieren Sie die möglichen Empfindungen eines Menschen bei Angst bzw. bei Aggression.

32. Notieren Sie persönliche Streßsituationen, und beschreiben Sie Ihre Bewältigungsversuche. Diskutieren Sie anschließend in Ihrer Klasse darüber.

33. Erörtern Sie in Ihrer Klasse verschiedene Formen der Streßbewältigung, und entwickeln Sie eine Strategie für den erfolgreichen Umgang mit Schulstreß.

Testen Sie Ihre Persönlichkeit!

Welchem der unten abgebildeten Typen entspricht Ihre Persönlichkeit?

❶ Oberbayerischer Typ

❷ Gefährlicher Typ

❸ Mütterlicher Typ

❹ Größenwahnsinniger Typ

Quelle: Johannes Hickel, Sanfter Schrecken, 1980

Ähnliche Tests, die vorgeben, Aussagen über die Persönlichkeit eines Menschen zu machen, finden sich in Zeitschriften und Illustrierten. Aufgrund einiger besonders hervortretender Merkmale werden Personen einem bestimmten Typ oder einer bestimmten Kategorie zugeordnet und mit entsprechenden Charaktereigenschaften versehen.

In unserem Alltag verhalten wir uns bei der Beurteilung von Personen häufig genauso. Wir bezeichnen einen anderen Menschen als „coolen, autoritären, spießigen oder sozialen Typ". Dabei schließen wir von ein paar beobachtbaren und besonders auffälligen Verhaltensweisen auf weitere nicht beobachtbare Eigenschaften und Charakterzüge der Person und kommen so relativ schnell zu einer abschließenden Beurteilung der Persönlichkeit, die aber keineswegs umfassend ist und mit der Wirklichkeit nicht zwingend übereinstimmen muß (vgl. Kapitel 1.1.1).

Die wissenschaftliche Psychologie darf sich mit dieser verkürzten Art der Beurteilung der Persönlichkeit nicht zufrieden geben. Vielmehr hat sie folgende Fragen zu beantworten:

1. Was versteht man unter Persönlichkeit?
   Wodurch unterscheidet sich das Vorgehen der Persönlichkeitspsychologie von der Personenbeurteilung im Alltag?
   Welche Ziele verfolgt die Persönlichkeitspsychologie?

2. Welche Modellvorstellungen vom Menschen hat die Psychologie entwickelt?
   Was beinhalten Persönlichkeitsmodelle?

3. Was versteht man unter Selbstkonzept?
   Welche Bedeutung hat das Selbstkonzept für das Verhalten und Erleben von Personen?

4. Wie lassen sich bestimmte Persönlichkeitsmerkmale (wie Aggression oder Intelligenz) exakt messen?
   Welche wissenschaftlichen Methoden werden bei der Erhebung der Persönlichkeit verwendet?

6.1 Gegenstand und Ziele der Persönlichkeitspsychologie

Zu Beginn der wissenschaftlichen Erforschung der Persönlichkeit war der Begriff **Charakter** (griech. charassein: einritzen, einkerben) in der Literatur vorherrschend, um die Gesamtpersönlichkeit zu kennzeichnen. Jedoch betont dieser Begriff zu sehr das Konstante, Starre und Unveränderliche im Wesen eines Menschen und legt die Annahme der Vererbung solcher Wesensmerkmale nahe. Deshalb wurde der Charakterbegriff abgelöst von dem aus der englischen und amerikanischen Literatur übernommenen Begriff **Persönlichkeit**, der den dynamischen Aspekt mehr berücksichtigt.

Aus der Charakterkunde als Teildisziplin der Psychologie wurde die Persönlichkeitspsychologie, die sich mit der wissenschaftlichen Erforschung der Merkmale, Struktur, Dynamik und Entwicklung der Persönlichkeit beschäftigt.

> **Die Persönlichkeitspsychologie untersucht die Merkmale, die Struktur, die Dynamik und die Entwicklung der Persönlichkeit mit dem Ziel, objektive und überprüfbare Gesetzmäßigkeiten zu formulieren.**

6.1.1 Der Begriff Persönlichkeit

In der Psychologie existiert keine einheitliche und verbindliche Definition von Persönlichkeit. Der Persönlichkeitsbegriff wird teilweise sehr unterschiedlich definiert, je nach Persönlichkeitstheorie (vgl. Kapitel 7).

Der Großteil der neueren Definitionen weist aber auf die relative Konstanz der Persönlichkeitsmerkmale über einen gewissen Zeitraum hin und auf die Komplexität des Persönlichkeitsaufbaus. **Komplexität der Persönlichkeit** meint, daß die Persönlichkeit aus mehreren Einzelmerkmalen besteht, die in einer für das Individuum jeweils einzigartigen Struktur angeordnet sind. Mit **relativer Konstanz** ist gemeint, daß Persönlichkeitsmerkmale zwar vergleichsweise stabil und überdauernd sind, aber durchaus nicht unveränderbar und starr festgelegt sind.

Merkmale des Persönlichkeitsbegriffs:

* Die Persönlichkeit besteht aus relativ konstanten Merkmalen, die nicht starr und unveränderbar sind, sondern relativ flexibel und bis zu einem gewissen Grad veränderbar.

* Persönlichkeitsmerkmale[1] sind relativ zeitstabile und situationsübergreifende Wesenszüge, Eigenschaften und Verhaltensbereitschaften von Personen, die von Individuum zu Individuum unterschiedlich stark entwickelt und ausgeprägt sein können. Die Persönlichkeitspsychologie untersucht Merkmale wie Angst, Aggression, Intelligenz oder Kreativität. Ein zentrales Persönlichkeitsmerkmal ist das Selbstkonzept, das in Abschnitt 6.2 näher beschrieben wird.

* Diese Persönlichkeitsmerkmale stehen in einer bestimmten Anordnung (Struktur) zueinander, wobei die Kombination und der Ausprägungsgrad der einzelnen Merkmale die jeweils spezifische und einzigartige Struktur der Persönlichkeit eines Menschen ausmachen.

  Die Einzigartigkeit einer Person zeigt sich bereits in ihrem äußeren Erscheinungsbild, in ihrer Körpergröße, ihrer Augen- und Haarfarbe. Die spezifische Struktur einer Person wird aber vor allem deutlich in ihrer Art, wie sie denkt und an Probleme herangeht, welche Einstellungen und Meinungen sie vertritt und welche Interessen sie verfolgt, welche Gefühle in ihr vorherrschen und welche Wünsche und Bedürfnisse sie äußert.

* Diese für jede Person einzigartige Struktur hat eine Summe von Verhaltens- und Erlebensweisen zur Folge, mit denen ein Individuum in verschiedenen Lebenssituationen charakteristischerweise und beständig reagiert.

  Wird ein ängstlicher Mensch angegriffen, dann wird er mit großer Wahrscheinlichkeit versuchen, der Situation zu entfliehen. Eine selbstsichere Person wird sich dagegen eher wehren. Auch in anderen bedrohlichen Lebenssituationen wird die erste Person eher mit Angst und Flucht reagieren als mit Auseinandersetzung.

> **Persönlichkeit ist die einzigartige Struktur von relativ konstanten und doch sich verändernden Merkmalen einer Person, die ein beständiges Verhaltens- und Erlebensmuster zur Folge haben.**

---

[1] Bedeutungsgleich wird der Begriff „Persönlichkeitskonstrukt" verwendet.

Die zugrundeliegende Persönlichkeitsstruktur eines Menschen kann nicht direkt beobachtet, sondern nur indirekt aus dem Verhalten in konkreten Situationen erschlossen werden. „Persönlichkeit" ist somit ein **hypothetisches Konstrukt**, das heißt, ein gedanklich konstruiertes Gefüge über den Aufbau, die Dynamik und die Entwicklung der Person.

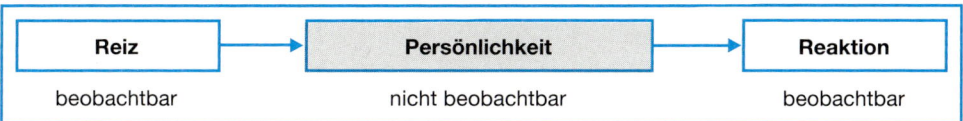

Reiz	Persönlichkeit	Reaktion
beobachtbar	nicht beobachtbar	beobachtbar

Über die Einflußgröße „Persönlichkeit" lassen sich nur Annahmen und Theorien erstellen. Die Folge ist, daß es sehr unterschiedliche Persönlichkeitsmodelle und -theorien gibt (vgl. Kapitel 7).

„Während wir in gewisser Weise einzigartig sind, sind wir doch auch anderen ähnlich und in mancher Hinsicht so wie alle anderen Individuen". *(Lawrence A. Pervin, 1993[3])*

6.1.2 Ziele der Persönlichkeitspsychologie

In unserem Alltag sind wir häufig damit beschäftigt, Vermutungen über die Wesensart anderer Menschen aufzustellen. Dies ist vor allem dann der Fall, wenn wir eine Person erst kurz kennen oder ihr zum ersten Mal begegnen. Dabei stehen wir häufig vor einer komplexen Situation mit einer Fülle von Informationen, die sowohl von der anderen Person als auch der Situation ausgehen. Innerhalb kürzester Zeit müssen wir diese Informationen aufnehmen und verarbeiten, um handlungsfähig zu bleiben und Orientierung und Sicherheit im Umgang mit der anderen Person zu gewinnen. Um die Komplexität der Situation zu bewältigen, begrenzen wir die vom Gegenüber ausgehenden Reize. Dabei wählen wir bestimmte **Reize** im Sinne von **relevant/nicht relevant** aus (vgl. Kapitel 3.2). Diese Auswahl wird meist geleitet von den eigenen lebensgeschichtlichen Erfahrungen im Umgang mit anderen Menschen, von unseren persönlichen Sympathien und Antipathien, unseren Gefühlen und Stimmungen und unseren Interessen und Bedürfnissen. Das Bild, das wir uns von einer anderen Person machen, wird maßgeblich von **subjektiven** Annahmen und Vermutungen beeinflußt[1].

Legt Person A selbst sehr viel Wert auf ihr Äußeres, dann wird sie zu einem ganz anderen Urteil über eine nachlässig gekleidete Person B kommen, als Person C, der Äußerlichkeiten egal sind und die mehr Wert auf persönliche Ausstrahlung legt.

---

[1] Die Unterschiede zwischen Alltagspsychologie und wissenschaftlicher Psychologie, die auch für die Persönlichkeitspsychologie zutreffen, sind in Kapitel 1.1.1 dargestellt.

Die **Problematik des alltagspsychologischen Vorgehens** besteht darin, daß wir auf der Grundlage begrenzter Informationen und unüberprüfter Vermutungen relativ schnell zu einem abschließenden Urteil über die Wesensart der anderen Person kommen. Diese Beurteilung ist meist nicht umfassend und kann fehlerhaft sein. Auch besteht die Gefahr, daß wir vorschnell unser Urteil über eine andere Person abschließen und uns nicht mehr von der aktuellen Erfahrung, sondern von dem einmal gefällten Urteil leiten lassen.

> „Was tun Sie", wurde Herr K. gefragt, „wenn Sie einen Menschen lieben?" „Ich mache einen Entwurf von ihm", sagte Herr K., „und sorge, daß er ihm ähnlich wird." „Wer? Der Entwurf?" „Nein", sagte Herr K., „Der Mensch."
>
> *Bertolt Brecht*

> Subjektive oder alltagspsychologische Annahmen über die Wesensart einer anderen Person werden auf der Grundlage begrenzter Informationen, selektiver Wahrnehmung und subjektiver Erfahrungen gebildet. Diese subjektiven Annahmen stimmen mit der Wirklichkeit häufig nicht überein und können nicht überprüft werden.

Die Persönlichkeitspsychologie darf sich mit diesem subjektiven Vorgehen nicht zufrieden geben. Vielmehr hat sie die Aufgabe, objektive Informationen über die Persönlichkeit zu erheben und gesicherte und überprüfbare Aussagen und Theorien vorzulegen.

Ziele der Persönlichkeitspsychologie:

- **Beschreibung der Persönlichkeit**
  Ein wesentliches Ziel der Persönlichkeitspsychologie besteht darin, die Persönlichkeit genau und lebensnahe zu beobachten, zu messen und zu beschreiben (vgl. Kapitel 1.3.1).
  Dazu bedarf es exakter Meßverfahren, die objektive, zuverlässige (reliable) und gültige (valide) Informationen über die Persönlichkeit bzw. einzelne Persönlichkeitsmerkmale und deren Ausprägung erheben (vgl. Kapitel 2.1.3 und Abschnitt 6.3).

- **Erklärung der Persönlichkeit**
  Die Persönlichkeitspsychologie beschränkt sich nicht auf die Beschreibung der Persönlichkeit. Sie versucht auch die Beziehungen und Zusammenhänge zwischen den beschriebenen Phänomenen herzustellen. Wobei erklären darin besteht, Ursache – Wirkungs – Zusammenhänge herauszufinden und aufzudecken. Es können jedoch nur Wahrscheinlichkeitsaussagen gemacht werden über die Ursachen und Bedingungen, die zur Entstehung und zum Erwerb, der für eine Person charakteristischen Verhaltens- und Erlebensweisen geführt haben. Damit hilft die Persönlichkeitspsychologie die individuellen Unterschiede des Erlebens und Verhaltens in vergleichbaren Situationen aufzuzeigen und zu verstehen (vgl. Kapitel 1.3.2).

- **Vorhersage und Veränderung der Persönlichkeit**
  Beschreibung und Erklärung der Persönlichkeit ermöglichen eine wissenschaftlich fundierte Vorhersage darüber, wie und unter welchen Bedingungen Personen ihre charakteristischen Verhaltens- und Erlebensweisen verändern (vgl. Kapitel 1.3.3).

6.1.3 Modelle vom Menschen

Im Laufe der Zeit sind eine Vielzahl von wissenschaftlichen Erklärungsmodellen der Persönlichkeit entstanden. Dabei handelt es sich um unterschiedliche Ansätze, je nachdem welches **Menschenbild**, welche **Grundannahmen** und welches **Erkenntnisinteresse** den jeweiligen Forscher geleitet haben.

- *Sigmund Freud,* der Begründer der Psychoanalyse[1], vertritt die Annahme, daß der Mensch ein **Energiesystem** ist, dessen Verhalten durch Triebe erzeugt und gesteuert wird.

> „Es ist eine Art von System, bei dem die Energie fließen, auf einen Nebenstrang geschoben oder aufgestaut werden kann. Daneben ist die Energiemenge begrenzt und wenn sie für einen bestimmten Zweck eingesetzt wird, dann ist für andere Zwecke weniger davon vorhanden." *(Lawrence A. Perwin, 1993[3])*

Freud geht auch von der Annahme aus, daß *das Erleben und Verhalten eines Menschen weitgehend durch vor- und unbewußte, also dem Bewußtsein verborgene seelische Vorgänge und Kräfte bestimmt* wird (siehe Kapitel 7.2.4). Sein Verhalten ist determiniert[2], und er funktioniert nach ganz bestimmten Gesetzmäßigkeiten; der Mensch ist sich aber oft der Kräfte, die sein Verhalten bestimmen, nicht bewußt (vgl. Lawrence A. Pervin, 1993[3]).

Der Begründer der Tiefenpsychologie gliedert zudem das seelische Leben in verschiedene Orte auf. Man spricht deshalb auch von einem *topographischen[3] Modell.* Solche Orte können ganz bestimmte **Schichten**, wie die Bewußtseinsschichten (bewußt, vorbewußt, unbewußt) oder **Instanzen** der Persönlichkeit sein, die zusammen eine Struktur bilden (siehe Kapitel 7.2.5).

- *Carl Rogers,* der Begründer der personenzentrierten Theorie[4], geht von der Grundaussage über den Menschen aus, daß *die subjektive Wahrnehmung und die subjektive Interpretation der Wirklichkeit das Erleben, Verhalten und Handeln eines Menschen bestimmen.* Das Individuum reagiert auf die Umwelt, so wie sie wahrgenommen wird. Es sind also nicht die objektiven Gegebenheiten der Realität maßgeblich, sondern die Art und Weise, wie diese objektiven Gegebenheiten subjektiv wahrgenommen und interpretiert werden.

Rogers sieht den Menschen als ein Wesen, das in Freiheit und Verantwortung zum Mitschöpfer seiner selbst werden kann; als **aktives Wesen** kann er sein Verhalten bewußt steuern, beeinflussen und auch ändern. Entsprechend dieser philosophischen Ausrichtung geht Rogers von der Annahme aus, daß der Mensch danach strebt, die in ihm angelegten menschlichen Potentiale[5] schöpferisch zu entwickeln und zu verwirklichen (Selbstverwirklichung). Er betrachtet die Verwirklichungstendenz im menschlichen Organismus als Grundlage für alles Tun und Handeln. Während für Sigmund Freud Triebe große Bedeutung haben, gibt es für Carl Rogers eine **grundlegende Tendenz in Richtung von Selbstverwirklichung.** Dieser Prozeß der Selbstwerdung hängt entscheidend davon ab, inwieweit ein Mensch seinen persönlichen Wahrnehmungen und Erfahrungen vertraut und diese zuläßt.

- *Albert Bandura,* der Begründer der sozial-kognitiven Theorie[6], sieht den Menschen als **aktives Wesen,** der seine Selbststeuerung einsetzt, um sich die Umwelt seinen Zielen dienlich zu machen. Menschen üben nicht nur ein gewisses Maß an Gegenkontrolle über ihre Umwelt aus, sie agieren in ihrem Umfeld und gestalten es. Dabei sind nach

---

[1] Die Grundaussagen der psychoanalytischen Theorie sind in Kapitel 7.2 dargestellt.
[2] determiniert: festgelegt, bestimmt
[3] griech., topos: der Ort
[4] Die Grundaussagen der personenzentrierten Theorie sind in Kapitel 7.3 dargestellt.
[5] Potentiale: Entwicklungsmöglichkeiten
[6] Die Grundaussagen der sozial-kognitiven Theorie sind in Kapitel 10.2 dargestellt.

Bandura **Person und Umwelt ständig aufeinander bezogen** und stehen in einer kontinuierlichen Wechselbeziehung. Das Erleben und Verhalten eines Menschen entsteht und verändert sich im Wechselspiel von Faktoren, die einerseits in der Person liegen und die andererseits von der jeweiligen Situation (Umwelt) ausgehen.

> „Die sozial-kognitive Theorie sieht Menschen weder ausschließlich von inneren Kräften bewegt, noch als machtlose Objekte ihrer Umwelt ausgeliefert. (…) Menschen beeinflussen bis zu einem gewissen Grad ihre eigene Motivation und ihre Handlungen." *(Albert Bandura, 1986)*

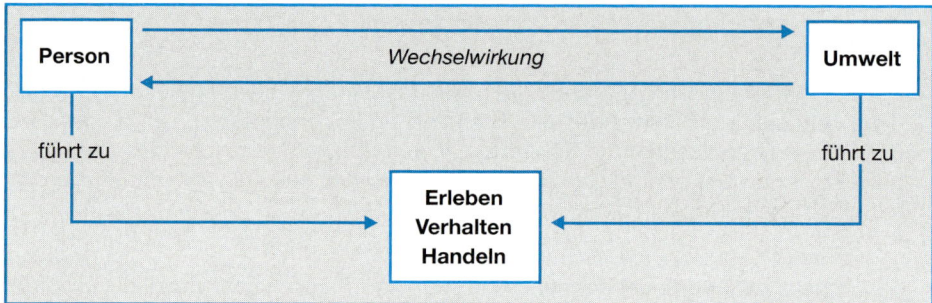

Für Albert Bandura ist ein Lernen ohne ein **Mitwirken geistiger Vorgänge** unvorstellbar. Neben sozialen Gesichtspunkten bestimmen kognitive Vorgänge mit darüber, welche Ereignisse beobachtet und wie sie wahrgenommen werden und wirken anschließend beim Kodieren und Speichern von Informationen weiter. Um beobachtetes Verhalten zeigen zu können, müssen kognitive Vorstellungen aktiviert werden. Bandura betont also vor allem die besondere Rolle von Denkprozessen für den Neuerwerb und die Änderung menschlichen Verhaltens.

- *Burrhus F. Skinner,* der „Vater" des operanten Konditionierens, richtet sein Hauptaugenmerk auf das äußerlich beobachtbare Verhalten eines Menschen und geht von der Grundannahme aus, daß **alles Verhalten erlernt** und wieder verlernt werden kann. Gegenstand sind ausschließlich objektiv beobachtbare Reizsituationen und die darauf folgenden Reaktionen. Dabei ist entscheidend, daß eine Reaktion ein äußeres, beobachtbares Stück Verhalten (Reaktion), darstellt, das zu Ereignissen in der Umwelt in Beziehung gesetzt werden kann.

> „Im wesentlichen beinhaltet der Lernprozeß die (…) Verbindung von Reaktionen mit Umweltereignissen." *(Lawrence A. Pervin, 1993[3])*

Dabei interessiert Skinner weniger das reaktive, sondern das **operative Verhalten:** Es wird vom Organismus geäußert und von der Umwelt verstärkt oder nicht verstärkt. Anders ausgedrückt: Die Konsequenzen, die einem Verhalten folgen, entscheiden darüber, ob dieses Verhalten in Zukunft häufiger auftritt oder nicht.

So zum Beispiel absolviert das Baby seine ersten Krabbelversuche, und es wird von der Mutter gelobt. Damit wird das Verhalten verstärkt, es wird in Zukunft häufiger auftreten.

Jedes Verhalten ist nach Skinner bedingt durch vorausgegangenes Verhalten, so daß man auch hier von einem Determinismus[1] des menschlichen Verhaltens sprechen muß. Allerdings zwingen Reize aus der Umwelt den Organismus nicht zu einem ganz bestimmten Verhalten, der ursprüngliche Grund des Verhaltens liegt im Organismus selbst.

So reagiert ein Hund auf einen bestimmten Reiz mit bellen oder rennen, ein Vogel fliegt davon und ein Affe schwingt sich von Baum zu Baum.

In der Theorie des operanten Konditionierens wird der Mensch als ein mechanistisch auf seine Umweltreize reagierendes Wesen gesehen, der keine Möglichkeit zur eigenen Beeinflussung seiner Umwelt und seines eigenen Verhaltens besitzt. Im Gegensatz zu Albert Bandura spielen auch kognitive Prozesse keine entscheidende Rolle.

6.2   Das Selbstkonzept als zentrales Persönlichkeitsmerkmal

Schon im frühen Alter übt das eigene Spiegelbild Faszination auf den Menschen aus. Ein wichtiger Entwicklungsschritt ist, wenn das Kind sich als eigenständiges Wesen begreift und das erste Mal „ich" sagt. Die gesamt Jugendzeit wird von den beiden Fragen durchzogen: „Wer bin ich?" und „Was halten die anderen von mir?"

Im Erwachsenenalter besteht das Bedürfnis fort, sein „wahres Selbst" zu erkennen und zu erfahren.

Lange Zeit seines Lebens ist der Mensch auf der Suche nach seiner Identität, er sucht eine Antwort auf die Frage, was ihn als Person einmalig und unverwechselbar macht. Der Mensch erhält im Laufe seines Lebens eine Fülle von Informationen, die ihm Antworten auf die Frage nach seiner Identität geben. Der Mensch nimmt diese Informationen aber nicht nur passiv auf und bildet sich daraus ein Bild von sich selbst. Er ist dabei sehr aktiv, indem er sich auf ganz bestimmte Erfahrungen einläßt, andere dagegen vermeidet.

So kann eine Person Fremden gegenüber sehr aufgeschlossen sein, Freude am Kontakt und dem gegenseitigen Kennenlernen haben. Diese Erfahrungen werden aktiv bei Reisen aber auch im Alltag gesucht. Dieselbe Person aber vermeidet immer wieder Konflikte mit dem Partner oder mit Kollegen.

6.2.1   Der Begriff Selbstkonzept

Das, was bisher als Bild von sich selbst dargestellt wurde, wird in der Persönlichkeitspsychologie als **Selbst,** Selbststruktur, Selbstschema oder **Selbstkonzept** bezeichnet. Vor allem *Carl Rogers* hat dieses hypothetische Konstrukt wissenschaftlich erforscht und näher beschrieben (vgl. Kapitel 7.3).

---

[1] determiniert: festgelegt, bestimmt

Reinhard und Anne-Marie Tausch haben die Theorie des Selbstkonzeptes von Rogers auf den deutschsprachigen Raum übertragen und untersucht.

> **Das Selbst oder Selbstkonzept ist eine durch Erfahrungen gebildete und sich verändernde Struktur von Wahrnehmungen, Empfindungen und Werthaltungen, die eine Person bezogen auf sich selbst hat. Es ist das mehr oder weniger bewußt wahrgenommene Bild von sich selbst.**

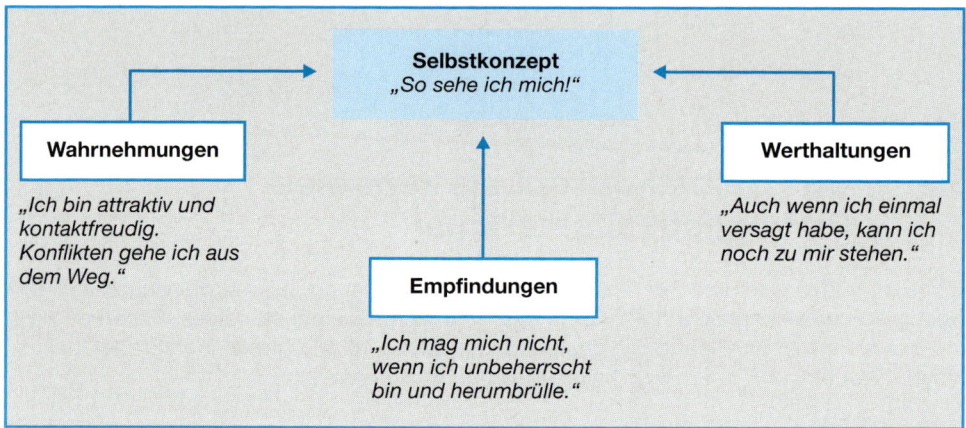

Merkmale des Selbstkonzeptes:

- **Bildung durch Erfahrungen**

  „Das Selbstkonzept, mit dem Kinder, Jugendliche und Erwachsene leben und dem gemäß sie gegenwärtig und zukünftig handeln, wird wesentlich durch die Erfahrungen bestimmt, die sie mit sich selbst und in der Begegnung mit den Personen ihrer sozialen Umwelt gemacht haben und weiterhin machen." (Reinhard u. Anne-Marie Tausch, 1991[10])

- **Aktive Selbsterfahrungen**

  Diese Erfahrungen werden nicht nur passiv aufgenommen und in das Selbstkonzept integriert, vielmehr suchen Personen ganz aktiv bestimmte Erfahrungen auf, die ihr Selbstbild bestätigen aber auch verändern können.

- **Selbstkonzept-Bewahrung**

  Grundsätzlich streben Personen danach, ihr Selbstkonzept zu erhalten und zu stabilisieren: Erfahrungen, die das Selbstbild zu sehr in Frage stellen oder gar zerstören könnten, werden eher vermieden oder dem Bewußtsein nicht oder nur in verzerrter Form zugänglich gemacht.

- **Eine sich verändernde Struktur**

  Die Selbststruktur ist relativ zeitstabil und situationsübergreifend. Sie ist eine organisierte Einheit, die aber nicht statisch und unveränderbar ist, sondern sie ist fließend und verändert sich fortwährend aufgrund der Verarbeitung von Erfahrungen.

- **Bewußtheit**

  Das Bild, das eine Person von sich selbst hat, kann diese mehr oder weniger bewußt wahrnehmen. „Dieser Gestalt kann man gewahrwerden, sie ist jedoch nicht notwendigerweise gewahr." (Carl Rogers, 1989[2])

- **Zentrum der inneren Welt**

  Das Selbstkonzept ist „das Zentrum der inneren Welt einer Person, das Zentrum ihrer Wahrnehmungen und Empfindungen." (Reinhard und Anne-Marie Tausch, 1991[10]) Es beeinflußt entscheidend, ob und vor allem **wie** eine Person Ereignisse, Dinge und Personen ihrer Umwelt wahrnimmt und als bedeutungsvoll bzw. bedeutungslos betrachtet. Auch beeinflußt es maßgeblich das Erleben und Verhalten einer Person.

6.2.2 Die Bedeutung des Selbstkonzeptes

Menschen verhalten sich häufig so, wie es ihrem Selbstkonzept entspricht. In jede Situation, in der sie handeln, bringen sie die Annahmen und Erwartungen über ihre Qualitäten, Fähigkeiten, aber auch Fehler mit ein.

Ein Junge mit dem Selbstkonzept: „Ich bin häßlich, schüchtern, kontaktscheu und kann nicht gut reden," wird sich kaum trauen ein attraktives Mädchen anzusprechen. Wagt er es doch einmal und hat er nicht gleich Erfolg, dann wird er schnell verzagen und aufgeben. In Zukunft wird er es vielleicht ganz vermeiden, Mädchen anzusprechen. Die mangelnde Erfahrung im Kontakt mit dem anderen Geschlecht bescheren ihm immer wieder Mißerfolge. So bestätigt sich sein negatives Selbstkonzept im Sinne einer selbst erfüllenden Prophezeiung.

Bei einem Jungen mit positivem Selbstkonzept ist es eher entgegengesetzt. Er traut sich mehr zu und ist viel kontaktfreudiger. Aufgrund erster Erfahrungen und Erfolge gewinnt er zunehmend Mut. Dies bestätigt ihn in seinem Selbstkonzept, daß er offen, kontaktfreudig und ein attraktiver Mann ist.

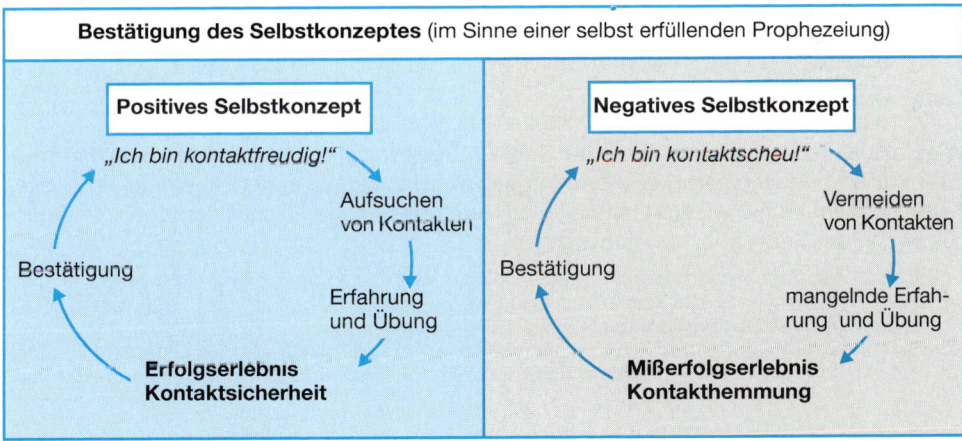

Bestätigung des Selbstkonzeptes (im Sinne einer selbst erfüllenden Prophezeiung)

Reinhard und Anne-Marie Tausch weisen darauf hin, daß ein ungünstiges Selbstkonzept von Schülern und geringe Schulleistungen sich wechselseitig beeinflussen. „Geringe Schulleistungen und die damit oft verbundenen ungünstigen Erfahrungen führen zu einem ungünstigen Selbstkonzept. Und ein ungünstiges Selbstkonzept kann geringe schulische Leistungen mitbedingen." *(R. und A. Tausch, 1991[10])*

Bekommt ein Kind ständig zu hören, daß es dumm und unbegabt ist, dann wird es das Selbstkonzept entwickeln „ich bin dumm". Dies ist vor allem dann der Fall, wenn Eltern oder Lehrer *die ganze Person* als dumm und ungeschickt beurteilen und *nicht nur ein bestimmtes Verhalten* ablehnen. Das Kind erlebt sich dann selbst als dumm, ungeschickt und nicht fähig Schwierigkeiten und Anforderungen zu bewältigen. Es wird Situationen vermeiden, die von ihm Konzentration, Ausdauer und Anstrengung erfordern. Mit der Zeit treten immer größere Erfahrungs- und Übungsrückstände auf, und nach einigen Jahren ist das Kind dann wirklich dumm und ungeschickt; dies aber nicht aufgrund mangelnder Begabung als vielmehr aufgrund fehlender Erfahrung.

Quelle: Meinrad Perrez u. a., 1985

Wie gezeigt, tendieren Menschen dazu, *sich in Übereinstimmung mit ihrem Selbstkonzept zu verhalten* und sich damit eine Erfahrungswelt zu schaffen, in der ein einmal etabliertes Selbstkonzept immer wieder bestätigt wird. Auch das Erleben einer Person wird maßgeblich von ihrem Selbstkonzept mitbestimmt.

Eine Person mit dem Selbstkonzept: „Meine Gefühle sind mir wichtig," wird viel besser mit dem Gefühl der Eifersucht umgehen können, als eine Person, die das Selbstkonzept hat: „Ich erhebe keine Besitzansprüche in einer Beziehung!"
Während die erste Person dieses Gefühl sehr intensiv erlebt und zuläßt, wird die andere Person dieses Gefühl nicht wahrhaben wollen oder ganz abstreiten. Eifersucht paßt nicht zu ihrem Selbstkonzept.

Friedemann Schulz von Thun weist darauf hin, daß vor allem „nicht-linientreue" Gefühle, also Gefühle, die nicht in unser Selbstkonzept passen, von uns ausgeblendet und dem Bewußtsein nicht zugänglich gemacht werden. „Dieses Nicht-wahr-haben-wollen von nicht-linientreuen Gefühlen bedeutet letztlich, daß wir wichtigen Teilen unserer Person ablehnend gegenüberstehen." *(Friedemann Schulz von Thun, Band 1, 1990)* Ursächlich für das Wahrnehmen bzw. Nichtwahrnehmen von Gefühlen ist das Selbstkonzept einer Person, das mehr oder weniger offen für das eigene Fühlen und Erleben ist.

182

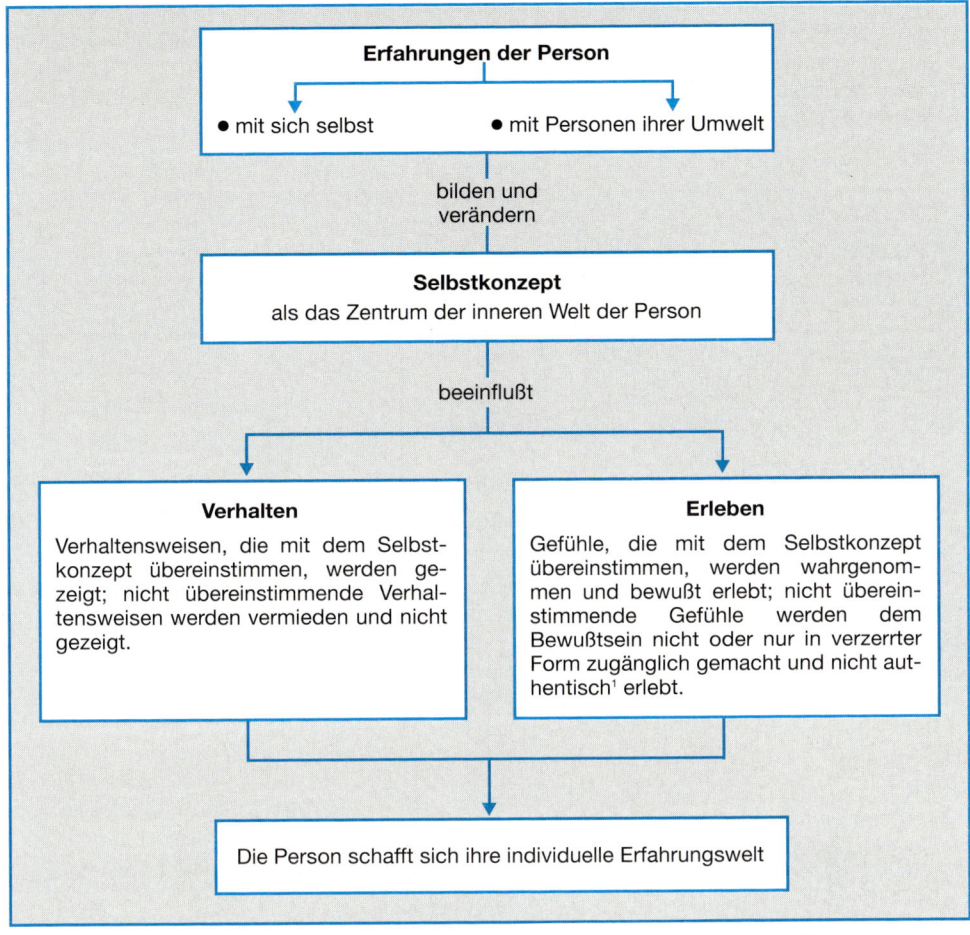

6.2.3 Das Selbstkonzept und die Bewältigung kritischer Lebensereignisse

Gerade in den letzten Jahren hat sich die wissenschaftliche Erforschung „kritischer Lebensereignisse" für die Wechselwirkung zwischen dem Selbstkonzept der Person und der Bewältigung kritischer Lebensereignisse interessiert[2]: Im einzelnen lassen sich folgende Wechselwirkungen nachweisen:

- Ein positives Selbstkonzept trägt entscheidend dazu bei, daß Lebenskrisen, wie Arbeitsplatzverlust, Trennung und Scheidung, Tod des Partners usw. erfolgreich bewältigt werden. „Umgekehrt stellt ein niedriges Selbstwertgefühl einen der zentralen Vulnerabilitätsfaktoren[3] dar, welcher die potentiell schädlichen Effekte der Konfrontation mit kritischen Lebensereignissen zu verstärken scheint." (Dieter Ulich, 1987)

---

[1] authentisch: echt, zuverlässig
[2] Kritische Lebensereignisse sind in Kapitel 9.3 näher ausgeführt.
[3] Vulnerabilität: Verwundbarkeit

● Selbstkonzepte können sich im Verlauf von Krisen verändern. Infolge von Dauerbelastungen und unerwünschten Ereignissen kann die Person eine negative Sicht von sich selbst entwickeln. „Sie erlebt Einschränkungen ihrer Selbstverwirklichungsmöglichkeiten, ihrer Bedürfnisbefriedigung, ihres Selbstbehauptungs- und Durchsetzungswillens, ihrer Möglichkeiten, ihr Leben selbst zu bestimmen, mit alledem eine Minderung ihres Wertes als Person." (Dieter Ulich, 1987)

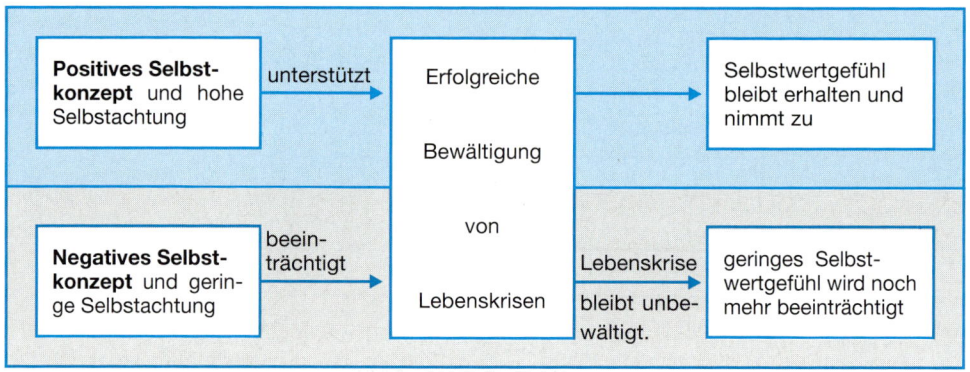

➡ **Materialien 1.**

6.3   Die Erhebung der Persönlichkeit

Die Versuche, die Persönlichkeit des Menschen zu erfassen und zu messen, sind so alt wie die Menschheit.

Märchen und Sagen sind voller Beispiele solcher „Tests". Auch in unserem Alltag versuchen wir, die Persönlichkeit anderer Menschen einzuschätzen und zu beurteilen. Es gibt keine zwischenmenschliche Begegnung, ohne daß sich jeder der Beteiligten eine Meinung über den anderen bildet. Dies geschieht allerdings mehr oder weniger intuitiv, unsystematisch und unreflektiert, beeinflußt von zufälligen Beobachtungen, Vorannahmen und übernommenen Meinungen. Die wissenschaftliche Psychologie versucht diesen „subjektiven Faktor" zu reduzieren, indem sie Meßverfahren schafft und anwendet, die ein Minimum an Irrtum und ein Maximum an Genauigkeit gewährleisten. Dazu bedient sie sich der **Psychodiagnostik.**

Ein berühmter Text aus der griechischen Mythologie ist die Frage, die die Sphinx Ödipus stellte: „Was ist das? Es geht am Morgen auf vier, am Mittag auf zwei und am Abend auf drei Beinen." Ödipus bestand diesen Test sehr zum Leidwesen der Sphinx, denn er wußte, daß damit die Entwicklung des Menschen vom Baby zum Greis gemeint war.

6.3.1 Die Psychodiagnostik

Ziel der Psychodiagnostik ist es, aufgrund weniger, aber verläßlicher und gut ausgewählter Daten ein genaues Bild von der untersuchten Person und ihren Persönlichkeitsmerkmalen und Verhaltensbereitschaften zu erstellen.

Die Psychodiagnostik also will herausfinden, inwieweit, in welchem Ausmaß und warum sich eine Person in bestimmten Situationen so und nicht anders verhält und in Zukunft wieder verhalten wird – zum Beispiel aggressiv, ängstlich, kreativ, prosozial. Dazu bedient sich die Psychodiagnostik verschiedener Methoden, die den Gütekriterien der Gültigkeit (Validität), der Zuverlässigkeit (Reliabilität) und der Objektivität entsprechen müssen[1].

> **Unter Psychodiagnostik wird ein Vorgehen verstanden, bei dem mit Hilfe verschiedener Methoden unter Beachtung wissenschaftlicher Gütekriterien eines oder mehrere Merkmale der Persönlichkeit erhoben werden.**

Die wichtigsten **Methoden der Persönlichkeitsmessung** sind:

- Die **Anamnese** – in einem Gespräch werden Daten über den Lebenslauf einer Person erfragt.
- Die **Exploration** (oder Tiefeninterview) – in einem Gespräch werden gezielte Fragen zu den individuellen Lebensumständen gestellt, wie zum Beispiel über familiäre und wirtschaftliche Verhältnisse, soziale Beziehungen, besondere Probleme und Störungen.

---

[1] Diese Gütekriterien sind in Kapitel 2.1.3 dargestellt.

- Das **Interview** und die **schriftliche Befragung** (vgl. Kapitel 2.2.3).
- Die **Verhaltensbeobachtung** (vgl. Kapitel 2.1.2).
- Verschiedene Formen von **Tests** (vgl. Kapitel 2.2.2 und Abschnitt 6.3.3 sowie Materialien 2. bis 5.)

Psychodiagnostik ist vor allem notwendig,

- für **theoretische Zwecke**, um Hypothesen und Persönlichkeitstheorien zu überprüfen,
- in der **Beratung und Therapie**, um mögliche Ursachen von Störungen zu ermitteln und gezielte Maßnahmen einleiten zu können, und
- in **Eignungsuntersuchungen**, um die Fähigkeiten einer Person zu ermitteln.

So zum Beispiel werden Eignungstests durchgeführt, um festzustellen, ob eine Person für eine bestimmte Bildungs- oder Berufslaufbahn geeignet ist.

In den folgenden beiden Abschnitten soll dargestellt werden, wie mit Hilfe eines Persönlichkeitsfragebogen das Persönlichkeitsmerkmal ‚Aggression' erhoben und wie mit Hilfe eines Leistungstests die Intelligenz gemessen werden kann. Im Materialteil findet sich noch ein weiteres Beispiel: Die Erhebung der Konzentrationsfähigkeit (Materialien 5.).

➡ **Materialien 2. und 3.**

6.3.2   Ein Persönlichkeitsfragebogen zur Erhebung von aggressivem Verhalten

Eine Möglichkeit zur Erfassung von einzelnen Persönlichkeitsmerkmalen ist die, die jeweiligen Personen dazu zu bringen, über sich selbst Informationen zu liefern. Zu diesem Zweck wurden Fragebögen zur Selbstbeschreibung oder -beurteilung erarbeitet. Diese Fragebögen bestehen in der Regel aus einer umfangreichen Liste von Fragen oder Aussagen, die der Proband[1] selbst beantwortet oder zu denen er Stellung nimmt. Fragebögen zählen zu den Persönlichkeitstests[2] und erfassen niemals die gesamte Persönlichkeit, sondern immer nur einzelne Persönlichkeitsmerkmale und deren Ausprägungsgrad. Fragebögen, die lediglich ein Persönlichkeitsmerkmal und deren Ausprägung erheben, nennt man **eindimensional**. Persönlichkeitsinventare erfassen mehrere Persönlichkeitsmerkmale und ihre Ausprägung, sie sind **mehrdimensional**.

> **Ein Persönlichkeitsfragebogen oder -inventar ist ein Verfahren, das mit Hilfe einer großen Anzahl von Fragen oder Aussagen Informationen über eine oder mehrere Persönlichkeitsmerkmale und deren Ausprägung im Sinne einer Selbstbeurteilung erbringen soll.**

Ein Beispiel für einen Persönlichkeitsfragebogen ist der **Erfassungsbogen für aggressives Verhalten**[3] in konkreten Situationen **(EAS).** Dieser Fragebogen wurde 1980 von *Franz und Ulrike Petermann* entwickelt und soll gezielt aggressives Verhalten bei Kindern der Altersgruppe von neun bis knapp vierzehn Jahren feststellen. Der EAS, der in parallelen Fassungen für Mädchen und Jungen vorliegt, besteht jeweils aus 22 Beschreibungen von Alltagssituationen. Mit Hilfe dieser Beschreibungen soll dem Kind ein Eindenken und Einfühlen in andere Personen und ihr Verhalten ermöglicht werden. Dies wird zudem durch ein Bild unterstützt:

---

[1] Als Proband wird eine Person bezeichnet, die getestet bzw. befragt wird.
[2] Was ein Test ist und wie er normiert wird, ist in Kapitel 2.2.2 dargestellt.
[3] Das Persönlichkeitskonstrukt „Aggression" ist in Kapitel 5.2.2 ausgeführt.

Markus ist der Streber in unserer Klasse.
Eines Nachmittags treffen meine Freunde und ich ihn auf der Straße.
Nach einiger Zeit gelingt es uns, daß Markus mit uns Versteck spielt.
Wir haben schon vorher verabredet, daß wir ihn ärgern wollen.

○ Markus muß uns suchen; er sieht in einem Schuppen nach; in diesem Moment verschließe ich die Tür, so daß Markus Mühe hat, herauszukommen.
○ Als Markus uns suchen muß, laufe ich mit den anderen zusammen weg und lasse ihn suchen, bis er „schwarz" wird.
○ Ich finde es nicht gut, Markus zu ärgern, deshalb mache ich nicht mit.

Beispielssituation aus dem EAS (hier aus der Fassung für Jungen: EAS-J; Situation 19; Petermann & Petermann, 1993[4]).

„Verschiedene Personen und Interaktionspartner sind angeführt. Eine (re)agierende Person ist immer in der Ich-Form beschrieben. Mit dieser Person soll sich das Kind identifizieren und an ihrer Stelle eine der vorgegebenen Reaktionen wählen. Die Situationsbeschreibung gibt noch den Handlungsablauf und die Handlungsart (= aktiv Aggression austeilen, Aggression erfahren, Aggression beobachten und parteiergreifender Beobachter) an. Die **bildliche Darstellung** enthält die gleiche Information wie die Situationsbeschreibung.

… Jeder Situationsbeschreibung und bildlichen Darstellung folgen **drei spezifisch** auf die Situation bezogene **Reaktionen**, unter denen sich ein Kind für eine entscheiden muß. Die drei Antwortmöglichkeiten bestehen aus sozial erwünschtem, leichtem und schwer aggressivem Reagieren. Das aggressive Verhalten kann dabei gegen andere, gegen Gegenstände oder die eigene Person gerichtet sein und verschiedene Ausprägungen aufwiesen (wie verbal/nonverbal/hinterhältig/direkt). Die Situationen und Reaktionen beziehen sich zudem auf unterschiedliche Umweltbereiche des Kindes: die **Schule,** das **Elternhaus** und den **Freizeitbereich** außerhalb des Elternhauses." *(F. Petermann/U. Petermann, 1993[4]).*

Die Ergebnisse des EAS liefern ein **„kindspezifisches Reaktionsprofil"** und geben Aufschlüsse über:

* die Art und die Intensität der bevorzugten Aggressionen,
* die bevorzugten Bezugsobjekte, gegen die Aggressionen gerichtet werden,
* in welchen Situationen Aggressionen vermehrt gezeigt werden,
* inwieweit aggressives Verhalten sozial erwünscht bzw. unerwünscht ist.

Ein solcher Persönlichkeitsfragebogen ist entweder so konstruiert, daß aus den Fragen deutlich hervorgeht, nach welchem Merkmal gefragt ist, oder es werden durch Vortests solche Fragen erarbeitet, bei denen der Testperson nicht klar ist, auf welches Merkmal die Frage abzielt. Dadurch soll verhindert werden, daß im Test falsche Angaben gemacht werden, weil der Proband in einem besseren Licht dastehen möchte. Zur weiteren Absicherung gegen falsche Angaben wird in manche Tests eine sogenannte **Lügenskala** aufgenommen. Darunter fallen Fragen, die so gestellt sind, daß man erkennt, ob der Proband es darauf anlegt, in besserem Licht dazustehen, also die Fragen im Sinne der sozialen Erwünschtheit beantwortet.

Die Fragen sind auch häufig so gestellt, daß mit einer von mehreren vorgegebenen Antwortkategorien, wie zum Beispiel „stimmt/stimmt nicht", „ja/nein", „richtig/falsch", geantwortet werden kann.

Um zu vergleichbaren und exakten Ergebnissen zu kommen, sind Persönlichkeitsfragebögen – wie in Kapitel 2.2.2 ausgeführt – normiert bzw. **standardisiert**, wie eine Normierung von Tests auch oft genannt wird. Alle Personen werden unter möglichst gleichen Bedingungen getestet und erhalten klare Testanweisungen. Auch hat sich der Auswerter genau an die vorgeschriebenen Regeln bei der Testdurchführung, -auswertung und -interpretation zu halten, damit dieser auch objektiv ist (vgl. Kapitel 2.1.3).

Fragebogenverfahren haben in den vergangenen Jahren in der psychologischen Diagnostik große Verbreitung gefunden. Sie lassen sich mittels strenger **Güterkriterien (Validität, Reliabilität und Objektivität)** überprüfen. Trotz möglicher Fehlerquellen sind exakte und vergleichbare Ergebnisse möglich.

Das hauptsächliche Problem besteht darin, daß die Ergebnisse durch die subjektive Selbsteinschätzung der getesteten Person mehr oder weniger absichtlich verfälscht werden kann. Trotz Kontroll- und Lügenskalen weiß man nie so recht, ob eine Person so geantwortet hat, wie sie sich selbst sieht oder wie sie sein möchte. Auch setzt die Beantwortung eines Persönlichkeitsfragebogens beim Probanden ein hohes Maß an Selbstreflexion voraus.

6.3.3   Der Intelligenztest zur Messung der Intelligenz

Die **Intelligenz**[1] ist ein Bestandteil der Persönlichkeit und hat als solche einen nicht unerheblichen Einfluß auf die gesamte Entwicklung eines Menschen. Gerade in unserer „verkopften Gesellschaft" ist das Erbringen von Intelligenzleistungen sehr wichtig, sie bestimmen in hohem Maße den schulischen und beruflichen Erfolg.

„Eine psychologisch exakte Intelligenzdiagnostik könnte bei Auswahl- und Berufsfragestellungen, aber auch zur Fundierung von gezielten Fördermaßnahmen im Bildungswesen (z. B. von Hochbegabten oder Lernbehinderten) und in der Berufsberatung eine wesentliche Hilfe darstellen." *(R. S. Jäger/F. Petermann, 1992[2])*

Die Erhebung von Intelligenz geschieht heute in der Regel mit Hilfe von bestimmten Tests, den sogenannten **Intelligenztests.**

> **Ein Intelligenztest ist ein Meßverfahren, mit dessen Hilfe die individuelle Ausprägung der Intelligenz eines Menschen festgestellt wird.**

Den ersten solchen Test entwickelten im Jahre 1905 die beiden französischen Psychologen *Alfred Binet* und *Thomas Simon.* Sie hatten vom französischen Erziehungsministerium den Auftrag erhalten, einen Test zu erstellen, um minderbegabte Kinder für die Sonderschule auszulesen.

---

[1] Unter Intelligenz versteht man die Fähigkeit, neue Informationen und Situationen optimal zu verarbeiten sowie Schwierigkeiten bzw. Probleme erfolgreich zu bewältigen, die aufgrund vorausgegangener Erfahrungen allein nicht gelöst werden können.

Alle wissenschaftlich entwickelten Intelligenztests zeichnen sich dadurch aus, daß die Gütekriterien „Validität", „Reliabilität" und „Objektivität" in besonderem Maße zutreffen (vgl. Kapitel 2.1.3). Aus diesem Grund werden sie nach ganz bestimmten wissenschaftlich fundierten Prinzipien konstruiert, um diesen Gütekriterien gerecht zu werden.

Um die Intelligenz eines Menschen überhaupt messen zu können, muß der Testautor den Begriff Intelligenz auf das Beobachtbare zurückführen, er muß diesen Begriff **operationalisieren** (vgl. Kapitel 2.1.3).

Bei der Durchführung des Tests werden mehrere Fragen bzw. Aufgaben und bestimmte Handlungen, die ebenfalls nach ganz bestimmten festgelegten Kriterien entworfen werden, vorgegeben. Solche Fragen bzw. Aufgaben und Handlungen werden **Items** genannt.

Fragen bzw. Aufgaben in einem Intelligenztest können beispielsweise lauten:
„Was ist der Oberbegriff für Apfel und Birne?" oder
„Setzen Sie die fehlende Zahl ein: 7   15   32   ___   138   281".
Handlungen können zum Beispiel das Zusammenlegen zerschnittener Figuren sein oder das Zeigen bzw. Aufschreiben eines Auswahlstückes, das eine Lücke in einem Muster richtig schließt:

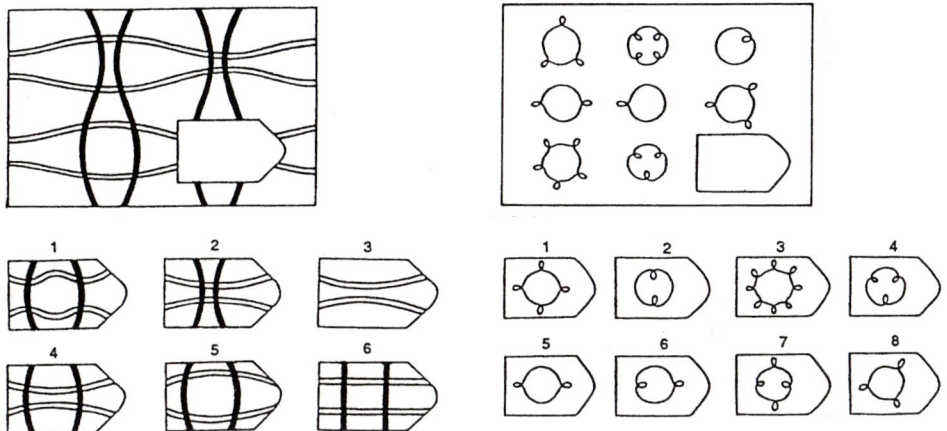

Zwei Beispielaufgaben aus Ravens Progressive Matrices (1956). Der Proband soll unter den Antwortbogen jenes auswählen (zeigen oder in einem Antwortblatt markieren), das das Muster richtig schließt (Lösung: 4 bzw. 5).
Quelle: R. S. Jäger/F. Petermann, 1992[2]

Die Antworten der Probanden[1] werden nach genauen Auswertungsrichtlinien vorgenommen.

Um zu vergleichbaren und exakten Ergebnissen zu kommen, werden wissenschaftliche Intelligenztests normiert bzw. standardisiert, wie eine Normierung von Tests auch oft genannt wird. Die Normierung von Tests ist in Kapitel 2.2.2 dargestellt. Bei Intelligenztests handelt es sich grundsätzlich um **normorientierte Tests,** deren Bezugsgröße eine statistische Norm ist. Abweichungen von dieser Norm geben dann den *Grad der individuellen Ausprägung* der Intelligenz bei einem Menschen an: Liegt sie über der Norm, so gilt dies als überdurchschnittlich intelligent, liegt sie unter der Norm, so ist sie unterdurchschnittlich ausgeprägt.

---

[1] Als Proband wird die Person bezeichnet, die getestet wird.

Mit Hilfe von Rechenverfahren werden bestimmte „Werte" angegeben, wieweit der einzelne in seiner Merkmalsausprägung vom Durchschnitt abweicht. Bei wissenschaftlichen Intelligenztests hat man sich auf einen *Intelligenz-Quotienten (IQ) von 100* geeinigt. Dies entspricht dem Durchschnitt.

> Der Intelligenz-Quotient (IQ) ist somit kein absolutes Maß, sondern eine Vergleichszahl, die lediglich besagt, daß ein Individuum in einem Intelligenztest besser oder schlechter ist als der Durchschnitt.

Jeder Intelligenztest enthält mehrere Items mit ähnlichem Inhalt. Eine solche Aufgabengruppe mit inhaltlich ähnlichen Items bezeichnen wir als **Subtest.**

Der bekannteste Intelligenztest ist der von Wechsler entworfene **Hamburg-Wechsler-Intelligenztest für Erwachsene (HAWIE)** und für **Kinder (HAWIK).** Wechsler unterscheidet zwischen einer *Verbalintelligenz* und einer *Handlungsintelligenz.* Entsprechend besteht dieser Test aus zwei Hauptteilen, dem sprachlichen Teil (Verbalteil) und dem praktischen Teil (Handlungsteil). Jeder dieser zwei Hauptteile beinhaltet fünf Subtests, also fünf verschiedene Aufgabengruppen mit ähnlichen Aufgaben.

➡ **Materialien 4.**

Allgemein gilt, daß die Reliabilität und die Objektivität von Intelligenztests im Vergleich zu anderen diagnostischen Verfahren und Tests als relativ hoch einzuschätzen sind, so daß wissenschaftliche Intelligenztests als die „sichersten" diagnostischen Verfahren gelten. Doch die Validität der gebräuchlichsten Intelligenztests ist noch wenig überprüft, da es kein sicheres Außenkriterium für Intelligenz gibt (vgl. R. S. Jäger/F. Petermann, 1992[2]).

Als Kritik wird häufig angebracht, daß herkömmliche Intelligenztests kaum Fähigkeiten untersuchen wie „das eigene Gefühlsleben zu erfassen, die eigenen Gefühle zu verstehen und sie zu benennen, sie schließlich auch ausdrücken zu können" *(Howard Gardner, 1985),* Kontaktfähigkeit oder die Fähigkeit, das soziale Leben zu meistern und soziale Konflikte bewältigen zu können – Fähigkeiten, die zu einer effektiven Lebensbewältigung notwendig sind.

wissenschaftliche Kriterien:

- Der Begriff Intelligenz ist operationalisiert (auf das Beobachtbare zurückgeführt).
- Die Aufnahme bestimmter Items (Fragen, Aufgaben, Handlungen, die der Test enthält) erfolgt nach festgelegten wissenschaftlichen Kriterien.
- Wissenschaftliche Tests sind normiert; Abweichungen von der Norm geben den Grad der individuellen Ausprägung der Intelligenz eines Menschen an. Der Intelligenz-Quotient (IQ) stellt eine Vergleichszahl dar, die besagt, daß ein Individuum in einem Intelligenztest besser oder schlechter ist als der Durchschnitt.
- Jeder Intelligenztest enthält mehrere Subtest, das sind Aufgabengruppen mit inhaltlich ähnlichen Items.
- Wissenschaftliche Intelligenztests sind valide: sie messen das, was sie zu messen vorgeben
- Wissenschaftliche Intelligenztests sind reliabel: sie messen das, was sie zu messen vorgeben, genau und exakt.
- Wissenschaftliche Intelligenztests sind objektiv: sie sind in ihrer Durchführung, Auswertung und Interpretation von der Person des Testleiters unabhängig.

 Materialien 5.

Zusammenfassung

▶ Persönlichkeit ist die einzigartige Struktur von relativ konstanten und doch sich verändernden Merkmalen einer Person (= Persönlichkeitsmerkmalen), die ein beständiges Verhaltensmuster zur Folge haben. Persönlichkeit ist ein hypothetisches Konstrukt, das heißt ein gedanklich konstruiertes Gefüge über den Aufbau und die Dynamik der Person.

▶ Die Persönlichkeitspsychologie untersucht die Merkmale, die Struktur, die Dynamik und die Entwicklung der Persönlichkeit mit dem Ziel, objektive und überprüfbare Gesetzmäßigkeiten zu formulieren. Ihre Ziele sind die Beschreibung, die Erklärung, die Vorhersage und die Veränderung der Persönlichkeit bzw. ihrer Merkmale.

▶ Die Personenbeurteilung im Alltag erfolgt meist auf der Grundlage begrenzter Informationen, selektiver Wahrnehmung und subjektiven Erfahrungen; sie ist nicht überprüfbar. Im Gegensatz dazu verfolgt die wissenschaftliche Persönlichkeitspsychologie die Aufgabe, objektive, überprüfbare, allgemeingültige und systematisch gewonnene Aussagen zu formulieren.

▶ Persönlichkeitsmodelle sind der wissenschaftliche Versuch, das Konstrukt „Persönlichkeit" zu beschreiben und zu erklären. Aus der Vielzahl der Persönlichkeitsmodelle lassen sich drei grundlegende Richtungen unterscheiden: tiefenpsychologische, humanistische und interaktionistische (dialektische) Persönlichkeitsmodelle.

▶ Ein zentrales Persönlichkeitsmerkmal stellt das Selbstkonzept dar. Es ist eine Struktur von Wahrnehmungen, Empfindungen und Werthaltungen, die eine Person bezogen auf sich selbst hat; es bildet und verändert sich aufgrund von Erfahrungen. Als „Zentrum der inneren Welt" einer Person beeinflußt es wiederum maßgeblich die Wahrnehmung sowie das Erleben und Verhalten.

▶ Menschen zeigen die Tendenz, sich in Übereinstimmung mit ihrem Selbstkonzept zu verhalten. Verhaltensweisen, die nicht mit dem Selbstkonzept übereinstimmen, werden vermieden und nicht gezeigt. Ein positives Selbstkonzept wirkt förderlich bei der Bewältigung kritischer Lebensereignisse, ein negatives beeinträchtigt oder verhindert deren Bewältigung, was wiederum zu einer Minderung des Selbstwertgefühls führen kann.

▶ Unter Psychodiagnostik wird ein Vorgehen verstanden, bei dem mit Hilfe verschiedener Methoden, unter Beachtung wissenschaftlicher Gütekriterien, eines oder mehrere Merkmale der Persönlichkeit erhoben werden. Psychodiagnostik ist vor allem notwendig für theoretische Zwecke, um Hypothesen und Persönlichkeitstheorien zu überprüfen, in der Beratung und Therapie, um mögliche Ursachen von Störungen zu ermitteln und gezielte Maßnahmen einleiten zu können, und in Eignungsuntersuchungen, um die Fähigkeiten einer Person zu ermitteln.

▶ Die Psychodiagnostik kennt verschiedene Erhebungsmethoden zur Erfassung eines oder mehrerer Persönlichkeitsmerkmalen. Die wichtigsten davon sind die Anamnese, die Exploration, das Interview und die schriftliche Befragung, die Beobachtung und Tests. Wegen ihrer Exaktheit und Vergleichbarkeit haben vor allem Tests in der Persönlichkeitsdiagnostik große Verbreitung gefunden.

---

1. Das Selbstkonzept

a) Die Messung des Selbstkonzeptes

1 *Das Selbstkonzept einer Person ist keine „schöngeistige Spekulation", es ist erfahrbar und feststellbar.* Daß wir ein Konzept von uns selbst haben, ist uns meist nicht bewußt. Es ist die
5 Summe von Qualitäten, die hinter dem Wort „Ich" oder „Ich selbst" stehen. Diese Qualitäten unseres Selbst sind grundsätzlich dem Bewußtsein zugänglich. Sie können festgestellt, „gemessen" werden. Eine einfache Möglichkeit der Feststel-
10 lung ist: Eine Person gibt in einem vertrauensvollen, offenen und verständnisvollen Gespräch an, wie sie sich selbst sieht, wie sie sich selbst erlebt. Sie kann das auch niederschreiben. Für einen genaueren Vergleich des Selbstkonzeptes ver-
15 schiedener Personen eignen sich folgende Erfassungsmöglichkeiten: ▷ Die **Selbstkonzept-Skala** von Fits (1963=). Sie besteht aus zahlreichen Feststellungen über die Qualitäten einer Person, z. B. Es ist schwer, mit mir auszukommen. Ich
20 mag mein Aussehen gerad so wie es ist. Ich fühle mich meistens gut. Mir fällt es schwer, mit Fremden zu sprechen. Die befragte Person gibt an, inwieweit diese Feststellungen für ihr eigenes Selbst zutreffen oder nicht zutreffen.
25 ▷ Die **Selbst-Sortierungs-Methode** (Butler u. Haigh, 1954). Der befragten Person werden zahlreiche Kärtchen mit Beschreibung des Selbst vorgelegt, z. B.: Ich habe warme Beziehungen zu anderen. Ich kann meine Gefühle frei ausdrücken. Ich zweifle an meinen sexuellen Qua- 30 litäten. Ich fühle mich oft hilflos. Die Person legt diese Kärtchen in die Kategorien von „sehr zutreffend" bis „nicht zutreffend", je nachdem, wie sie sich selbst sieht. – In gleicher Weise wie das „reale" erlebte Selbst kann eine Person auch 35 ihr ideales Selbst beschreiben. Sie sortiert dann die gleichen Kärtchen neu, entsprechend der (idealen) Person, die sie gerne sein möchte. Der Unterschied zwischen dem realen Selbst, wie eine Person ist, und dem idealen Selbst, wie sie 40 sein möchte, kann berechnet werden.
Demonstration des Selbstkonzeptes von Personen. Die folgenden Feststellungen aus der Selbstkonzept-Skala von Fits wurden von einer Person sämtlich verneint, von einer anderen Per- 45 son sämtlich bejaht: Ich verachte mich selbst. Ich bin ungeschickt. Es ist schwer mit mir auszukommen. Ich bin zu empfindlich gegenüber dem, was meine Familie sagt. Ich sollte meine Familie mehr lieben. Mein Verhalten ist unsozial. Ich bin 50 hassenswert. Ich bin mit mir unzufrieden. Ich bin ein Nichts. Ich bin unruhig und unverträglich. Dies veranschaulicht die sehr unterschiedlichen inneren Welten, in denen Personen leben.

Quelle: Reinhard und Anne-Marie Tausch, 1991[10]

b) Das Selbstkonzept und die Bewältigung kritischer Lebensereignisse

1 *Selbstkonzept* und *Selbstwertschätzung* spielen in ihren jeweiligen Aktualisierungen eine wesentliche Rolle für die Beurteilung einer Situation (als mehr oder weniger bedrohlich), für das Umgehen mit
5 einer Belastung sowie für die Auswirkungen einer Krise auf die weitere Persönlichkeitsentwicklung (vgl. Filipp 1983b; Thoits 1983, S. 82 ff.). Selbstkonzepte und Selbstwertschätzungen können sich im Verlauf von Krisen freilich auch selbst ver-
10 ändern. Thoits weist darauf hin, daß die negative Wirkung von Dauerbelastungen und unerwünschten Ereignissen gerade darauf zurückgehen kann, daß die Person infolge solcher Begegnungen eine negative Sicht von sich selbst entwickelt. Sie
15 erlebt Einschränkungen ihrer Selbstverwirklichungsmöglichkeiten, ihrer Bedürfnisbefriedigung, ihres Selbstbehauptungs- und Durchsetzungswillens, ihrer Möglichkeiten, ihr Leben selbst zu bestimmen, und mit alledem eine Minderung
20 ihres Wertes als Person. Die vermittelnden Vorgänge sind dabei bestimmte Deutungen der Situation und Ereignisse im Hinblick auf das eigene Selbst. Angst und Depression können die Folge einer erniedrigten Selbstwertschätzung und
25 eines Kontrollverlusts sein. Selbstdeutung und Selbstwertschätzung können Einflüsse von außen sowie auch die Auswirkungen von Krisen auf die psychische Gesundheit vielfältig verstärken oder auch abschwächen. So gibt es viele Hinweise dar-
30 auf, daß erst eine Kombination des Mangels an sozialer Unterstützung und eines niedrigen Selbstwertgefühls zu einer erhöhten Verletzbarkeit für Lebensprobleme führt. (…)
Auch Filipp (1983b, S. 44) verweist auf Befunde,
35 die den Schluß nahelegen, daß kritische Lebens-

ereignisse häufig mit der Notwendigkeit verbunden sind, Selbstkonzepte zu revidieren. Vor allem einschneidende Ereignisse, wie z. B. der Verlust nahestehender Personen, können eine Destabilisierung von Selbstkonzepten nach sich ziehen, 40 weil man sich in seinen sozialen Beziehungen neu definieren und auf viele Bestätigungen verzichten muß. Auch Wohnortwechsel kann derartige Veränderungen mit sich bringen. Die möglicherweise fällige Neubildung des Selbstkonzepts und die 45 Neuorientierung in der Umwelt sind um so schwieriger, „je prägnanter, artikulierter und zentraler die jeweils tangierten Selbst- und Umweltschemata sind" (ebd.).
Man bezieht etwas auf sich, man denkt über sich 50 nach, man erzeugt selbstwertrelevante Kenntnisse und Schlußfolgerungen, die eine Bilanzierung der Vergangenheit und eine Perspektivierung der Zukunft mitbeeinflussen. Längsschnittstudien über Vergewaltigungsopfer zeigten, daß die Auf- 55 rechterhaltung einer positiven Selbsteinschätzung für die Bewältigung ganz wesentlich war (nach Filipp 1983b, S. 42). Auch bei der Bewältigung eines Arbeitsplatzverlustes und im Umgehen mit Erkrankungsrisiken nach kritischen Lebensereig- 60 nissen erweist sich ein positives Selbstkonzept als wichtig für die Bewältigung (ebd.). „Umgekehrt stellt ein niedriges Selbstwertgefühl einen der zentralen Vulnerabilitätsfaktoren[1] dar, welcher die potentiell schädlichen Effekte der Konfrontation 65 mit kritischen Lebensereignissen zu verstärken scheint" (ebd.). Nachgewiesen wurde dies u. a. bei der Einweisung ins Altenheim, bei der Entstehung von Depressionen, bei der Reaktion auf Veränderungen im beruflichen Bereich. 70

Quelle: Dieter Ulich, 1987

2. Das Freiburger Persönlichkeitsinventar (FPI)

1 Dieser Persönlichkeitsfragebogen wurde 1970 von Jochen Fahrenberg, Herbert Selg und Rainer Hampel für deutsche Verhältnisse konstruiert und inzwischen mehrmals überarbeitet (1989
5 erfolgte die letzte Ergänzung). Heute liegen zwei

Fassungen vor, und zwar die ursprüngliche Version (FPI) und die revidierte Version (FPI-R). Beide Versionen messen eine Reihe von Persönlichkeitseigenschaften.

Ursprüngliche Version FPI	Revidierte Version (FPI-R)
1. Nervosität	1. Lebenszufriedenheit
2. Spontane Aggressivität	2. Soziale Orientierung
3. Depressivität	3. Leistungsorientierung
4. Erregbarkeit	4. Gehemmtheit
5. Geselligkeit	5. Erregbarkeit
6. Gelassenheit	6. Aggressivität
7. Reaktive Aggressivität	7. Beanspruchung
8. Gehemmtheit	8. Körperliche Beschwerden
9. Offenheit	9. Gesundheitssorgen
E Extraversion	10. Offenheit
N Emotionale Labilität	E Extraversion
M Männl./weibl. Selbstschilderung	N Emotionalität

[1] Vulnerabilität: Verwundbarkeit

Der FPI und der FPI-R werden in Beratung und Therapie, aber auch für wissenschaftliche Zwecke verwendet.

Auszug aus dem FPI-R

Mit Hilfe einer Liste von 138 Fragen, die mit „stimmt" oder „stimmt nicht" beantwortet werden, wird der Ausprägungsgrad der untersuchten Persönlichkeitseigenschaften erfaßt.

Sie werden auf den folgenden Seiten eine Reihe von Aussagen über bestimmte Verhaltensweisen, Einstellungen und Gewohnheiten finden. Sie können jede entweder mit „stimmt" oder mit „stimmt nicht" beantworten. Setzen Sie bitte ein Kreuz (X) in den dafür vorgesehenen Kreis. Es gibt keine richtigen oder falschen Antworten, weil jeder Mensch das Recht zu eigenen Anschauungen hat. Antworten Sie bitte so, wie es für sie zutrifft.

Beachten Sie bitte folgende Punkte:

▶ Überlegen Sie bitte nicht erst, welche Antwort vielleicht den „besten Eindruck" machen könnte, sondern antworten Sie so, wie es für Sie persönlich gilt. Manche Fragen kommen Ihnen vielleicht sehr persönlich vor. Bedenken Sie aber, daß Ihre Antworten unbedingt vertraulich behandelt werden.

▶ Denken Sie nicht lange über einen Satz nach, sondern geben Sie die Antwort, die Ihnen unmittelbar in den Sinn kommt. Natürlich können mit diesen kurzen Fragen nicht alle Besonderheiten berücksichtigt werden. Vielleicht passen deshalb einige nicht gut auf Sie. Kreuzen Sie aber trotzdem immer eine Antwort an, und zwar die, welche noch am ehesten für Sie zutrifft.

	stimmt	stimmt nicht
1. Ich habe die Anleitung gelesen und bin bereit, jeden Satz offen zu beantworten	O	O
2. Ich gehe abends gerne aus	O	O
3. Ich habe (hatte) einen Beruf, der mich voll befriedigt	O	O
4. Ich habe fast immer eine schlagfertige Antwort bereit	O	O
5. Ich glaube, daß ich mir beim Arbeiten mehr Mühe gebe als die meisten anderen Menschen	O	O
6. Ich scheue mich, allein in einen Raum zu gehen, in dem andere Leute bereits zusammensitzen und sich unterhalten	O	O
7. Manchmal bin ich zu spät zu einer Verabredung oder zur Schule gekommen	O	O
8. Ich würde mich beim Kellner oder Geschäftsführer eines Restaurants beschweren, wenn ein schlechtes Essen serviert wird	O	O
9. Ich habe manchmal häßliche Bemerkungen über andere Menschen gemacht	O	O
10. Im Krankheitsfall möchte ich Befund und Behandlung eigentlich von einem zweiten Arzt überprüfen lassen	O	O
11. Ich bin ungern mit Menschen zusammen, die ich noch nicht kenne	O	O
12. Wenn jemand meinem Freund etwas Böses tut, bin ich dabei, wenn es heimgezahlt wird	O	O
13. Meine Bekannten halten mich für einen energischen Menschen	O	O
14. Ich würde kaum zögern, auch alte und schwerbehinderte Menschen zu pflegen	O	O
15. Ich kann mich erinnern, mal so zornig gewesen zu sein, daß ich das nächstbeste Ding nahm und es zerriß oder zerschlug	O	O
16. Ich habe häufig Kopfschmerzen	O	O
17. Ich bin unternehmungslustiger als die meisten meiner Bekannten	O	O
18. Ich achte aus gesundheitlichen Gründen auf regelmäßige Mahlzeiten und reichlichen Schlaf	O	O
19. Ich habe manchmal ein Gefühl der Teilnahmslosigkeit und inneren Leere	O	O
20. Sind wir in ausgelassener Runde, so überkommt mich oft eine große Lust zu groben Streichen	O	O

Die Ergebnisse des Fragebogens werden in einen **Auswertungsbogen** übertragen und ergeben ein individuelles Persönlichkeitsprofil.

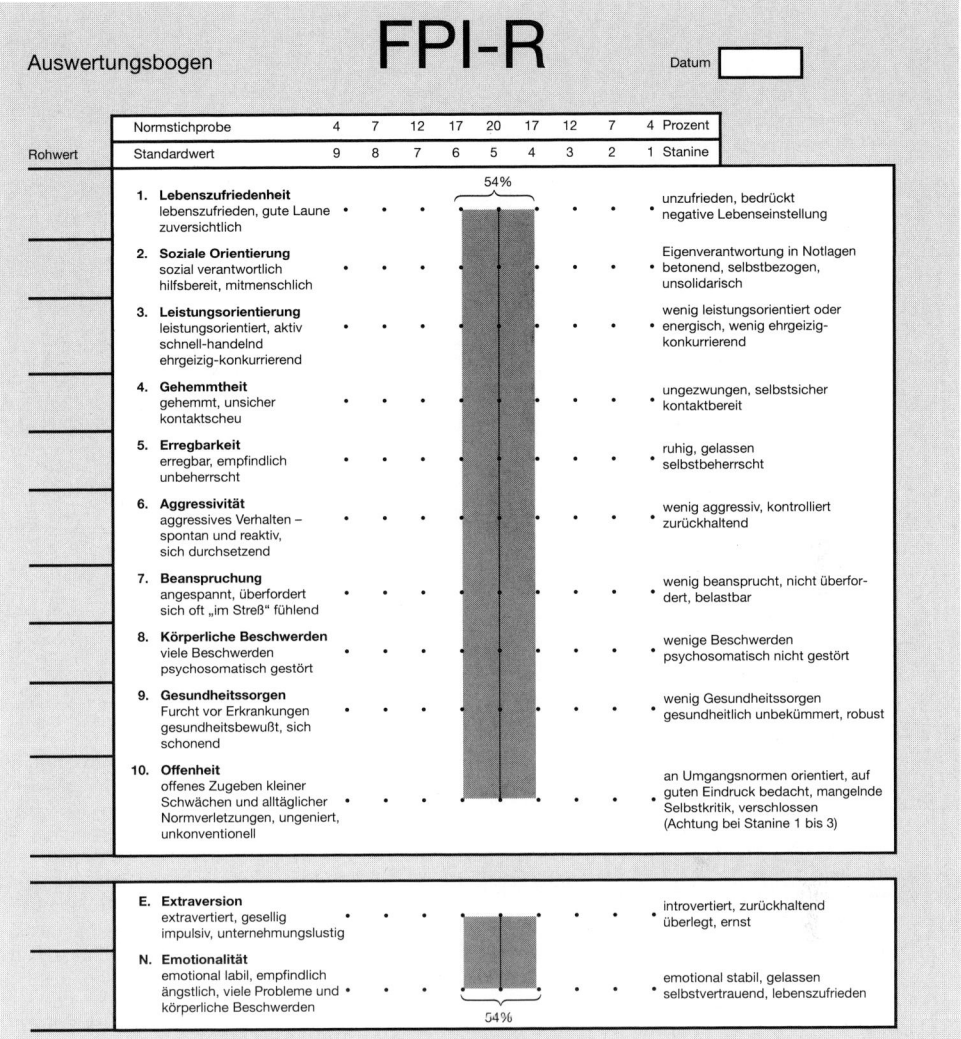

Auswertungsbogen   FPI-R

Datum

	Normstichprobe	4	7	12	17	20	17	12	7	4	Prozent
Rohwert	Standardwert	9	8	7	6	5	4	3	2	1	Stanine

1. Lebenszufriedenheit
lebenszufrieden, gute Laune
zuversichtlich

54%

unzufrieden, bedrückt
negative Lebenseinstellung

2. Soziale Orientierung
sozial verantwortlich
hilfsbereit, mitmenschlich

Eigenverantwortung in Notlagen
betonend, selbstbezogen,
unsolidarisch

3. Leistungsorientierung
leistungsorientiert, aktiv
schnell-handelnd
ehrgeizig-konkurrierend

wenig leistungsorientiert oder
energisch, wenig ehrgeizig-
konkurrierend

4. Gehemmtheit
gehemmt, unsicher
kontaktscheu

ungezwungen, selbstsicher
kontaktbereit

5. Erregbarkeit
erregbar, empfindlich
unbeherrscht

ruhig, gelassen
selbstbeherrscht

6. Aggressivität
aggressives Verhalten –
spontan und reaktiv,
sich durchsetzend

wenig aggressiv, kontrolliert
zurückhaltend

7. Beanspruchung
angespannt, überfordert
sich oft „im Streß" fühlend

wenig beansprucht, nicht überfordert, belastbar

8. Körperliche Beschwerden
viele Beschwerden
psychosomatisch gestört

wenige Beschwerden
psychosomatisch nicht gestört

9. Gesundheitssorgen
Furcht vor Erkrankungen
gesundheitsbewußt, sich
schonend

wenig Gesundheitssorgen
gesundheitlich unbekümmert, robust

10. Offenheit
offenes Zugeben kleiner
Schwächen und alltäglicher
Normverletzungen, ungeniert,
unkonventionell

an Umgangsnormen orientiert, auf
guten Eindruck bedacht, mangelnde
Selbstkritik, verschlossen
(Achtung bei Stanine 1 bis 3)

E. Extraversion
extravertiert, gesellig
impulsiv, unternehmungslustig

introvertiert, zurückhaltend
überlegt, ernst

N. Emotionalität
emotional labil, empfindlich
ängstlich, viele Probleme und
körperliche Beschwerden

emotional stabil, gelassen
selbstvertrauend, lebenszufrieden

54%

Anhand des Persönlichkeitsprofils lassen sich Aussagen über das gegenwärtige und zukünftige Erleben und Verhalten der untersuchten Person machen.

Am Beispiel der Dimension „Aggressivität" soll dieser Zusammenhang verdeutlicht werden: „Probanden mit hohem Skalenwert lassen die Bereitschaft zu aggressiver Durchsetzung erkennen. Dies kann sich sehr verschieden äußern, z. B. kann es ihnen Spaß machen, anderen Menschen Fehler nachzuweisen oder grobe Streiche auszuüben. Fühlen sie sich beleidigt oder in ihren Rechten betroffen, so setzen sie sich zur Wehr und wenden dabei vielleicht auch körperliche Gewalt an. Sie reagieren leicht wütend und unbeherrscht. Probanden mit niedrigem Skalenwert schildern sich als wenig aggressiv in spontaner oder reaktiver Hinsicht. Sie sind entweder mehr zurückhaltend, passiv oder aggressiv gehemmt oder können sich so kontrollieren, daß es nicht zu aggressiven Reaktionen kommt. Sie bedienen sich nicht körperlicher Gewalt und handfester Auseinandersetzungen zur Durchsetzung ihrer Rechte... Hohe Skalenwerte brauchen noch nicht manifeste Aggressivität zu bedeuten."

Quelle: J. Fahrenberg/ R. Hampel/ H. Selg, 1989[5]

3. Projektive Verfahren

a) Der Rorschach-Test

1 Eines der bekanntesten und ältesten projektiven Verfahren ist der Rorschach-Test. Er wurde von dem Schweizer Psychiater Hermann Rorschach entwickelt und besteht aus zehn
5 seitengleichen Tintenklecksbildern, die zum Teil schwarzweiß, zum Teil farbig sind. Der Proband wird aufgefordert, zu beschreiben, was er auf den Bildern sieht. Die Antworten werden dann nach Form, Farbe, Lokalisation,
10 Originalität usw. ausgewertet. Die Interpretation der gewonnenen Daten ist ein äußerst komplizierter Prozeß und erfordert viel Erfahrung und Training. Ein Rorschach-Experte kann aufgrund der Testergebnisse zu Aussa-
15 gen über Umfang und Art der Intelligenz, Stimmung und Affektivität, emotionale Labilität, soziale Anpassung und spezifische Erlebnisweise des Getesteten gelangen.
Die Gütekriterien eines Tests werden nur
20 unvollkommen erfüllt, deshalb kann dieser Test lediglich im Rahmen einer ganzen Testbatterie als zusätzliches Instrument verwendet werden, niemals als alleiniges Meßinstrument zur Erfassung der Persönlichkeit.

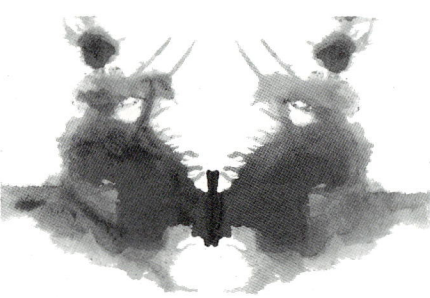

b) Der thematische Apperzeptionstest (TAT)

1 Der TAT wurde 1935 von dem Amerikaner Henry Murray und seinen Mitarbeitern entwickelt. Er besteht aus 31 mehrdeutigen Bildtafeln, auf denen Menschen in den verschie-
5 densten Situationen dargestellt sind. Zu jedem Bild soll der Proband eine Geschichte erzählen, wobei auf die momentane dargestellte Situation, die eventuellen vorausgegangenen Ereignisse und die Gefühle der
10 beteiligten Personen eingegangen werden soll.
Murray geht davon aus, daß sich die Testperson mit einer der dargestellten Figuren identifiziert und ihr ihre eigenen unbewußten
15 Bedürfnisse zuschreibt. Diese Identifikation

ermöglicht dann Aussagen über die Motive und Erlebnisweise des Probanden. Der Test dient zur Erfassung der personalen Beziehungen, des Kontaktverhaltens sowie der möglichen familiären Konfliktsituationen. Dabei 20 werden Form und Inhalt der Geschichten ebenso wie die Reaktionen des Probanden auf die dargestellte Situation erfaßt.

c) Der Wartegg-Zeichentest (WZT)

Auf einem Vordruck von acht Feldern, in 1 denen je eine unvollständige Zeichnung ist, soll die Testperson nach eigenem Gutdünken die Zeichnung fortsetzen.

Ausschnitt aus einem Textvordruck: 5

 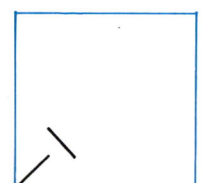

Auf die zeichnerische Begabung kommt es dabei nicht an, es wird vielmehr interpretiert, wie der Proband mit der jeweiligen Reizvorlage umgeht, wie er den Reiz verarbeitet und ihn in seine Zeichnung einbaut. Danach las- 10 sen sich Aussagen machen über die Antriebsimpulse des Probanden und die Zügelung dieser Impulse. Anwendungsbereiche für diesen Test sind Berufs- und Erziehungsberatung. 15

2 Beispiele für ausgefüllte Felder aus einem Wartegg-Zeichentest:

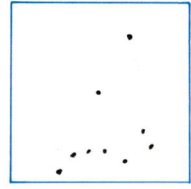 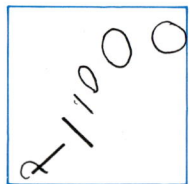

 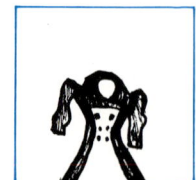

Quelle: Georg Sieber 1988

196

d) Sceno-Test, Baum-Test und Satzergänzungsmethode

1   ● *Der Sceno-Test*

Der Sceno-Test von Gerhild von Staabs enthält Spielmaterial, mit dem die Testperson eine Szene aufbauen soll. Danach wird der Proband aufgefordert, zu der fertigen Szene zu berichten, was sie darstellen soll. Das Standard-Spielmaterial besteht aus einer Anzahl von biegsamen

5 Puppen, Tieren, Pflanzen, Hausrat, Fahrzeugen und Bausteinen. Die Puppen gelten als Repräsentanten wirklicher Bezugspersonen. Mit diesem Test sollen sowohl bewußte wie unbewußte Einstellungen erfaßt werden. Der Sceno-Test wird in Beratung und Therapie bei Kindern, aber auch bei Erwachsenen angewandt.

Zwei Szenen mit dem Sceno-Test:

Beichtstuhl

Ein Kind schwankt zwischen den Eltern.

Quelle: Gerhild von Staabs, 1964[4]

10   ● *Der Baum-Test*

Der Proband wird bei diesem Test aufgefordert, einen Baum zu zeichnen. Alle Baumarten sind erlaubt bis auf die Tanne. Die Zeichnung, bei der die Baumgestalt und auch einige graphologische Merkmale ausgewertet werden, soll Aufschluß geben über die emotionale Reife sowie über Störungen im emotional-sozialen Bereich. Der Test wird in der Erziehungsberatung und Thera-

15 pie angewandt.

  ● *Die Satzergänzungsmethode*

Der Proband wird gebeten, einen unvollständigen Satz, bei dem nur die ersten zwei oder drei Worte gegeben sind, zu Ende zu führen. Hier einige Beispiele:

     Mir macht es Spaß ...   *Er macht sich Sorgen ...*

20   *Ich ärgere mich ...*   *Mädchen sind ...*

Es wird angenommen, daß in den Antworten, die der Proband gibt, seine Wünsche, Ängste und Einstellungen zum Ausdruck kommen.

4. Der Hamburg-Wechsler-Intelligenztest für Erwachsene (HAWIE)

1 Der HAWIE besteht aus 11 Untertests:

„Verbalteil":

1. Allgemeines Wissen (Beispiel: „Wer ist der Präsident der Vereinigten Staaten?" [leichteste Frage] – „Wer schrieb ‚Faust'?" [mittelschwer] – „Was sind Apokryphen?" [schwerste Frage])

5 2. Allgemeines Verständnis (Beispiel: „Warum sollen wir uns von schlechter Gesellschaft fernhalten?" Bewertung der Antwort:„Eine 2-Punkte-Antwort muß das Erkennen des moralischen Einflusses der schlechten Gesellschaft auf Charakter und Persönlichkeit ausdrücken", z. B. „sie färbt ab". – Bei Strafgefangenen empfehlen die Autoren hierfür eine Ersatzfrage: „Warum soll man Geld sparen?")

10 3. Zahlennachsprechen (vorwärts und rückwärts, maximal 9 Zahlen, z. B. 275862684)

4. Rechnerisches Denken („Wieviel sind 4 Mark und 5 Mark" als leichteste Aufgabe)

5. Gemeinsamkeiten („ Was ist das Gemeinsame bei Fliege und Baum?" als schwerste Frage)

„Handlungsteil":

7. Zahlen-Symbol-Test (Zuordnung von Symbolen [–,N,I,...] zu Zahlen)

15 8. Bilderordnen (3 bis 6 Bildchen müssen in eine sinnvolle Reihenfolge gebracht werden)

9. Bilderergänzen (z. B.: Es fehlt auf einem Bild die Krawatte!)

10. Mosaik-Test

11. Figurenlegen (die üblichen „Puzzles")

Quelle: H. Legewie/W. Ehlers, 1992

5. Die Erhebung der Konzentrationsfähigkeit

1 Als Konzentrationsfähigkeit sei hier das Vermögen eines Individuums verstanden, sich bestimmten (aufgaben-) relevanten Reizen ununterbrochen zuzuwenden und diese schnell und kor-
5 rekt zu analysieren. Es geht bei Konzentrationstests um die Erfassung der Fähigkeit, „eine der richtigen Aufgabenlösung dienende angemessene ‚innere Grundlage' zu schaffen und über die erforderliche Zeit hinweg aufrechtzuerhalten"
10 (Bartenwerfer, 1983). Konzentrationstests sind so angelegt, daß jedes Item für den Probanden sehr leicht zu bearbeiten ist. Daher finden kognitiv anspruchslose Aufgaben Verwendung, deren Lösung entweder zuvor mit den Probanden ein-
15 geübt (s, Kasten 3) oder deren Beherrschung von vornherein als selbstverständlich angenommen wird (wie etwa das Addieren einstelliger Zahlen im *Pauli-Test*). die Bekanntheit der Aufgaben und die Beherrschung der zu ihrer Lösung erforderlichen Operationen wird als *maximal* vorausge- 20 setzt, d. h. man geht davon aus, daß alle Probanden zu Beginn der Testung ein einheitliches „Übungsplateau" erreicht haben.

Die Messung der Konzentrationsfähigkeit erfolgt dadurch, daß man dem Probanden entweder in 25 einer vorgegebenen Zeitspanne eine große Menge sehr ähnlicher Items vorgibt und dann feststellt, *wie viele Reize* er bearbeitet und welche und *wie viele Fehler* er dabei gemacht hat. Oder man registriert, *wieviel Zeit zur Bearbeitung* einer vorgege- 30 benen Menge derartiger Aufgaben benötigt wird und *welche und wie viele Fehler* dabei unterlaufen. Oft wird darüber hinaus versucht, durch Vergleiche von Leistungen in verschiedenen Teilen des Tests Rückschlüsse auf den *Konzentrationsverlauf* 35 zu ziehen; derartige Aussagen sind aber in der Regel schon wegen ihrer geringen Reliabilität nicht genügend abgesichert.

Kasten 3: Instruktion zu einem typischen Konzentrationstest (Fay & Stumpf, 1980) mit Erläuterung des Aufgabenprinzips und Hinweisen auf zu vermeidende Fehler.

Bei diesem Test soll Ihre Fähigkeit, rasch, sorgfältig und konzentriert zu arbeiten, gemessen werden.

Hier sehen Sie dreimal den Buchstaben b:

$$\underset{=}{b} \quad \overset{=}{b} \quad \overline{b}$$

Jedes b ist mit zwei Querstrichen versehen, die entweder beide unten, beide oben oder je einer unten und oben angebracht sind. Diese Buchstaben b mit zwei Querstrichen sind eingestreut unter b mit einem, drei oder vier Querstrichen sowie unter q mit einem oder mehreren Querstrichen.

Ihre Aufgabe besteht nun darin, innerhalb der Bearbeitungszeit möglichst alle b zu markieren, die zwei Querstriche aufweisen. In der folgenden Beispielszeile müßten Sie also das 1., 4., 6., 8., 9. und 13. Zeichen markieren.

$$\overset{=}{b} \quad \underset{=}{b} \quad \underset{-}{q} \quad \overline{b} \quad \overline{q} \quad \underset{=}{b} \quad \underset{=}{b} \quad b \quad \overline{b} \quad q \quad \underset{-}{b} \quad \underset{-}{q} \quad \underset{-}{b} \quad q$$

Sie markieren alle b, die zwei Querstriche aufweisen, gleichgültig, wo dieser Querstriche angebracht sind. Sie dürfen kein b markieren, das einen, drei oder vier Querstriche aufweist.

Sie dürfen kein q markieren, gleichgültig, wie viele Querstriche es aufweist.

Auf dem nächsten Blatt finden Sie 20 Zeilen mit gleichartigen Aufgaben. Arbeiten Sie jeweils bis zum Ende einer Zeile und beginnen Sie unaufgefordert sofort vorn in der nächsten Zeile, tun Sie das solange, bis das Zeichen zum Aufhören gegeben wird.

Arbeiten Sie so schnell, aber auch so sorgfältig wie möglich; die Zahl der fälschlich angestrichenen und der fälschlich nicht angestrichenen Zeichen wird von der Gesamtzahl der richtigerweise markierten Zeichen abgezogen.

Innerhalb der Vielzahl der seit dem vorigen Jahrhundert (vorwiegend im deutschen Sprachraum) vorgeschlagenen Prüfungen der Konzentrationsfähigkeit kann man vier Gruppen unterscheiden: *Durchstreich-, Rechen-, Sortier- und apparative Verfahren.*

Von der Aufgabenstellung her ähneln die ersten beiden Ansätze bestimmten Untertests, die in vielen breit angelegten Intelligenz- und Eignungstestbatterien verwendet, dort aber oft völlig anders bezeichnet werden und eine etwas andere theoretische Begründung erfahren.

● *Durchstreichverfahren* stellen im Prinzip stets dieselben Anforderungen an den Probanden: Er soll unter großem Zeitdruck aus einer Vielzahl sich mehr oder weniger ähnlicher Reize (d versus p; Apfel versus Birne) die per Instruktion als relevant definierten (d; Apfel) anstreichen, die irrelevanten dagegen nicht bzw. diese mit einer anderen Markierung versehen.

● *Rechenverfahren:* 60 Minuten lang sind einstellige Zahlen zu addieren, das Ergebnis ist unter Weglassung einer evtl. errechneten Zehnerstelle neben das jeweils addierte Zahlenpaar zu schreiben, nach je drei Minuten ist eine Markierung zu setzen. Als Test-Indizes werden ermittelt:

– die durchschnittliche Additionsmenge aller 20 Teilzeiten,

– der Anfangsmedian (die durchschnittliche Leistung der ersten fünf Drei-Minuten-Intervalle),

– der Endmedian (die durchschnittliche Leistung in den letzten fünf Teilzeiten),

– die Summe aller Fehler auf einer Prüfstrecke von 1 000 Additionen,

– die Summe aller Verbesserungen auf derselben Prüfstrecke sowie

– ein Maß für die Leistungsschwankungen.

Quelle: Düker & Lienert (1965)

- *Sortierverfahren:* Die Aufgabe der Probanden besteht darin, 60 mit je 36 zweistelligen Zahlen bedruckte Kärtchen nach per Instruktion vorgegebenen Kriterien in vier Stapel zu sortieren. Festgehalten werden der Zeitbedarf sowie Zahl und Art der Fehler. Für Bearbeitungszeit und Fehlerzahl werden Standardwerte angegeben, ebenso für einen kombinierten Index aus Arbeitszeit und -qualität.

Quelle: R. S. Jäger/F. Petermann, 1992[2]

Reproduktion von Informationen:

1. Bestimmen Sie den Begriff Persönlichkeit, und erläutern Sie die einzelnen Merkmale dieses Begriffs.
    (Abschnitt 6.1.1)

2. Stellen Sie den Gegenstand und die Ziele der Persönlichkeitspsychologie dar.
    (Abschnitt 6.1.1 und 6.1.2)

3. Beschreiben Sie die Inhalte von Persönlichkeitsmodellen.
    (Abschnitt 6.1.3)

4. Bestimmen Sie den Begriff Selbstkonzept, und erläutern Sie die Merkmale dieses Persönlichkeitskonstruktes.
    (Abschnitt 6.2.1)

5. Zeigen Sie auf, wie das Selbstkonzept das Verhalten und Erleben von Personen beeinflußt.
    (Abschnitt 6.2.2 und 6.2.3)

6. Erläutern Sie, wie ein positives bzw. negatives Selbstkonzept bei der Bewältigung von kritischen Lebensereignissen wirkt.
(Abschnitt 6.2.3)

7. Bestimmen Sie den Begriff Psychodiagnostik, und beschreiben Sie eine Methode zur Erhebung der Persönlichkeit.
(Abschnitt 6.3.1 und Kapitel 2.1.2 bzw. 2.2)

8. Erläutern Sie die Erhebung aggressiven Verhaltens mit Hilfe eines Persönlichkeitsfragebogens.
(Abschnitt 6.3.2)

9. Stellen Sie die Erhebung der Ausprägung der Intelligenz bei Menschen mit Hilfe von Intelligenztests dar.
(Abschnitt 6.3.3)

Anwendungsaufgaben:

10. Vergleichen Sie die folgenden Begriffsbestimmungen von Persönlichkeit:

> - *„Die Persönlichkeit ist der individuelle Lebensstil oder die typische Art, auf die Probleme des Lebens zu reagieren." (Alfred Adler)*
> - *„Die Persönlichkeit ist das, was eine Vorhersage dessen ermöglicht, was eine Person in einer bestimmten Situation tun wird." (R. B. Cattell)*
> - *„Persönlichkeit repräsentiert solche Eigenschaften einer Person, die ein beständiges Verhaltensmuster ausmachen." (L. A. Pervin)*

11. Bestimmen Sie den Begriff „Persönlichkeit", und erläutern Sie Ziele der Persönlichkeitspsychologie.
(Abschnitt 6.1.1 und 6.1.2)

12. Stellen Sie ein Persönlichkeitsmodell dar.
(Abschnitt 6.1.3)

13. Bestimmen Sie den Begriff „Selbstkonzept", und stellen Sie seine Bedeutung im Alltag (zum Beispiel Kindergarten, Schule, Betrieb) dar.
(Abschnitt 6.2.1 und 6.2.2)

14. Zeigen Sie an zwei Beispielen aus dem Alltag den Zusammenhang zwischen Selbstkonzept und Bewältigung von kritischen Lebensereignissen auf.
(Abschnitt 6.2.3)

15. Erläutern sie, wie eine Person mit dem Selbstkonzept „Ohne meinen Freund komme ich im Leben nicht zurecht" den Verlust des Freundes bewältigen wird.
(Abschnitt 6.2.3)

16. Bestimmen Sie den Begriff und den Gegenstand der Psychodiagnostik, und stellen Sie *eine* Erhebungsmethode (zum Beispiel Beobachtung, Interview, schriftliche Befragung, Test, Anamnese oder Exploration) zur Feststellung *eines* bestimmten Persönlichkeitsmerkmales (Intelligenz, prosoziales Verhalten, Angst, Aggression oder Kreativität) dar.
(Abschnitt 6.3.1 und 6.3.2 oder 6.3.3)

Anregungen:

17. Befragen Sie Freunde und Bekannte, was diese mit den Begriffen „Charakter" und „Persönlichkeit" verbinden.
Vergleichen Sie die gesammelten Aussagen mit der Definition der Persönlichkeit in diesem Kapitel.

18. a) Nehmen Sie begründet Stellung zu folgender Aussage von Lawrence A. Pervin:
„Während wir in gewisser Weise einzigartig sind, sind wir doch auch anderen ähnlich und in mancher Hinsicht so wie alle anderen Individuen."

    b) Versuchen Sie durch die bewußte Auseinandersetzung mit sich selbst oder in Gesprächen mit anderen herauszufinden,
– in welcher Hinsicht Sie als Person einzigartig und wie keine andere Person sind,
– inwieweit Sie anderen Menschen ähnlich sind,
– in welcher Hinsicht Sie wie alle anderen Individuen sind.

19. a) Diskutieren Sie im Sinne von „Pro" und „Contra" über das Menschenbild der tiefenpsychologischen, der humanistischen und der interaktionistischen Persönlichkeitsmodelle.

    b) Welche dieser Grundannahmen kommt Ihrem Menschenbild am nähesten, und warum?

20. a) Notieren Sie sich alle Gedanken, Phantasien und Vorstellungen, die Ihnen spontan zu der Aussage: „So sehe ich mich", einfallen.

    b) Stellen Sie anschließend mit Hilfe einer Zeichnung, einer Collage oder einer Fotomontage Ihr Selbstbild dar.

21. a) Erstellen Sie einen Katalog von Kriterien, die ein Persönlichkeitstest erfüllen sollte.

    b) Suchen Sie in verschiedenen Zeitschriften nach „Persönlichkeitstests", und beurteilen Sie diese Tests anhand der aufgestellten Kriterien.

22. Diskutieren Sie folgende Aussage von Erich Fromm:
„Was wir denken und fühlen, was wir als Person sind, wird von dem beeinflußt, was wir als Person tun!"

„Der Mensch ist ein Energiesystem, gelenkt von sexuellen und aggressiven Trieben (…); er funktioniert nach bestimmten Gesetzmäßigkeiten, ist sich aber oft der Kräfte nicht bewußt, die sein Verhalten bestimmen und ist grundsätzlich in Konflikt mit den Einschränkungen, welche die Gesellschaft seinen Triebäußerungen auferlegt."[1]

(Sigmund Freud)

„Die wichtigste Frage des gesunden und kranken Seelenlebens lautet nicht: Woher?, sondern: Wohin? Und erst wenn wir das wirkende, richtende Ziel eines Menschen kennen, dürfen wir uns anheischig machen, seine Bewegungen, die uns als individuelle Vorbereitungen gelten, zu verstehen. In diesem Wohin? aber steckt die Veranlassung"

(Alfred Adler)

„Ich betrachte die Verwirklichungstendenz im menschlichen Organismus als Grundlage für die Motivation (…) So vertrete ich nochmals meine Ansicht, (…) daß es eine zentrale Energiequelle im menschlichen Organismus gibt, nämlich eine zuverlässige Funktion des ganzen Organismus und nicht nur von einzelnen Teilen. Am besten wird dies vielleicht aufgefaßt als eine Tendenz zur Erfüllung, zur Verwirklichung, nicht nur zur Erhaltung, sondern auch zur Steigerung des Organismus."

(Carl Rogers)

„Die erste Annahme ist, daß nahezu jegliches Verhalten erlernt ist. Die Antwort auf die Frage, was Psychologen studieren sollten, ist, den Lernprozeß zu erforschen. Gegenstand der Psychologie sind ausschließlich objektiv beobachtbare Reizsituationen und die darauf folgenden Reaktionen. Wir gehen davon aus, daß alles Verhalten erlernt ist und auch wieder verlernt werden kann."   *(James Watson)*

Jeder dieser namhaften Psychologen sieht den Menschen anders. Es gibt denn auch nicht die eine wahre Theorie, sondern eine Vielzahl von Theorien, die die Struktur, die Dynamik und die Persönlichkeit zu beschreiben und zu erklären versuchen.

Folgende Fragestellungen ergeben sich.

1. Was sind die bedeutendsten Theorien der Persönlichkeit?

2. Von welchem Menschenbild gehen die jeweiligen Persönlichkeitstheorien aus? Welche Aussagen, Begriffe und Gesetzmäßigkeiten beinhalten die jeweiligen Persönlichkeitstheorien?

3. Welche Bedeutung haben diese Theorien für die Entwicklung und Erziehung des Menschen?

---

[1] Aussagen entnommen aus Lawrence A. Pervin 1993[3]

7.1　Die Vielzahl von Persönlichkeitstheorien

In der Psychologie existieren eine Vielzahl von Theorien, um Struktur, Dynamik und Entwicklung einer Persönlichkeit zu beschreiben und zu erklären. Jede dieser Persönlichkeitstheorien basiert auf einem bestimmten philosophischen Menschenbild, welches bestimmt, worauf der Theoretiker sein Augenmerk richtet; es handelt sich dabei um unterschiedliche Ansätze, die jeweils eine bestimmte Sichtweise des Gegenstandes der Psychologie und einen unterschiedlichen methodischen Zugang zu diesem hervorheben.

Bei der Vielzahl der Persönlichkeitstheorien stellt sich natürlich die Frage nach der **Nützlichkeit der Theorien.** Theorien sind nur dann nützlich und wertvoll, wenn sie sich nicht nur auf eine Klassifikation und Beschreibung der Persönlichkeit beschränken, sondern wenn sie auch den Versuch einer Erklärung der beschriebenen Phänomene unternehmen und wenn sie Vorhersagen über künftiges Verhalten und Verhaltensänderungen zulassen.

Folgende **Ziele** sollte eine Persönlichkeitstheorie also erfüllen:

- eine möglichst zuverlässige und lebensnahe Beschreibung der Persönlichkeit bzw. ihrer Erscheinungsformen liefern;

- zum Verständnis der individuellen Unterschiede menschlichen Verhaltens und Erlebens und Vorhersagen dazu ermöglichen;

- Aussagen machen über die Bedingungen, unter denen die Individuen ihre charakteristischen Verhaltens- und Erlebensweisen erwerben;

- Vorhersagen ermöglichen, wie und unter welchen Bedingungen sich solche Verhaltens- und Erlebensweisen verändern.

> **Eine Persönlichkeitstheorie ist der umfassende wissenschaftliche Versuch, das nicht beobachtbare Konstrukt „Persönlichkeit" zu beschreiben und zu erklären. Sie beinhalten hypothetische Annahmen und überprüfte Aussagen über die Struktur, die Dynamik und die Entwicklung der Persönlichkeit.**

Aus der Vielzahl der psychologischen Persönlichkeitstheorien sollen in den folgenden Abschnitten zwei grundlegende Persönlichkeitstheorien vertieft werden:

- die **psychoanalytische Theorie** von *Sigmund Freud* (Abschnitt 7.2)

- die **personenzentrierte Theorie** von *Carl Rogers* (Abschnitt 7.3)

In Kapitel 10 sind zudem die **sozial-kognitive Theorie** von *Albert Bandura* (Kapitel 10.2), die **Theorie der kognitiven Entwicklung** von *Jean Piaget* als Beispiel einer strukturgenetischen Theorie (Kapitel 10.3) und die **ökologische Theorie** von *Urie Bronfenbrenner* (Kapitel 10.4) dargestellt. Außerdem ist im Materialteil die **Theorie der psychosozialen Persönlichkeitsentwicklung** von *Erik H. Erikson* aufgeführt.

➡️ **Materialien 1. und 2.**

7.2   Die psychoanalytische Theorie

Ein grundlegendes Modell der Persönlichkeitspsychologie ist die psychoanalytische Theorie von Sigmund Freud.

7.2.1   Sigmund Freud: Seine Person und sein Menschenbild

Sigmund Freud wurde am 6. Mai 1856 in Österreich geboren. Er war Jude, studierte Medizin und arbeitete zunächst als Nervenarzt. Insbesondere beschäftigte er sich mit der Erforschung und Behandlung seelisch bedingter Krankheiten. Hierbei entwickelte er seine eigenen Theorien zur Entstehung seelischer Störungen und zum Gesamtaufbau der menschlichen Psyche.

Freud selbst litt lange Zeit seines Lebens unter periodischen Depression und Angstzuständen. Durch unermüdliche Arbeit und Selbstanalyse suchte er nach einer Antwort für sein Getriebensein.

Die wesentlichen Erkenntnisse der Psychoanalyse entwickelte Freud in den letzten zwanzig Jahren seines Lebens. In dieser Zeit zeigte er auch großen persönlichen Mut. Trotz erheblicher Angriffe von Fachkollegen, seinen Schülern und der Öffentlichkeit, vor allem nach der Machtübernahme der Nationalsozialisten, gab Freud nicht auf. Auch starke Schmerzen wegen Mundkrebses konnten ihn nicht abhalten, bis zuletzt Patienten zu analysieren und an Büchern zu schreiben. 1938 floh Freud vor den Nationalsozialisten nach London. 1939 starb er dort im Alter von 83 Jahren.

> **Psychoanalyse (griech: Seelenzergliederung) galt ursprünglich als Bezeichnung für ein Heilverfahren bei seelischen Störungen. Heute steht dieser Begriff für eine umfassende Persönlichkeitstheorie, die menschliches Verhalten und Erleben aufgrund unbewußter seelischer Kräfte und Antriebe erklären will.**

Freuds Theorie und Menschenbild ist beeinflußt von historischen Begebenheiten (1. Weltkrieg, Antisemitismus) und seiner persönlichen Lerngeschichte. Er studierte unter anderem bei dem Physiologen Ernst Brücke. Brücke betrachtete den Menschen als ein dynamisches System, das von verschiedenen Energien gesteuert wird. Diese Sichtweise war grundlegend für Freuds Auffassung von der menschlichen Psyche. So sieht er den Menschen als ein von sexuellen und aggressiven Trieben gelenktes Wesen, das danach strebt, seine Triebwünsche möglichst schnell und umfassend zu befriedigen. Die meisten menschlichen Verhaltensweisen sind darauf gerichtet, Triebwünsche zu befriedigen, innere Spannungen zu reduzieren und neue Energien freizusetzen. Meist ist sich der Mensch dieser Kräfte nicht bewußt, die sein Verhalten bestimmen und lenken.

> „Das Kernstück des psychoanalytischen Menschenbildes ist die Erkenntnis, daß der Mensch ein Energiesystem ist. Es ist eine Art von System, bei dem die Energie fließen, auf einen Nebenstrang geschoben oder aufgestaut werden kann. Daneben ist die Energiemenge begrenzt und wenn sie für einen bestimmten Zweck eingesetzt wird, dann ist für andere Zwecke weniger davon vorhanden. Die Energie, die für kulturelle Zwecke verwendet wird, wird von der Energie abgezogen, die für die Sexualität verfügbar ist und umgekehrt. Wenn die Energie in einem Ausdruckskanal blockiert ist, findet sie einen anderen Kanal und fließt im allgemeinen entlang dem Weg des geringsten Widerstandes. Das menschliche Verhalten kann viele Formen annehmen, aber grundsätzlich ist alles Verhalten reduzierbar auf gemeinsame Energieformen. Das Ziel jeden Verhaltens ist die Lust, d. h. die Reduktion von Spannung und das Freisetzen von Energie." *(Lawrence A. Pervin, 1993[3])*

7.2.2   Die psychoanalytische Trieblehre

Eine wesentliche Annahme Freuds besteht darin, daß jedes Verhalten durch Triebe erzeugt und gesteuert wird. Hinter den Triebkräften stehen psychische Energien. Freud geht davon aus, daß im Wesentlichen zwei Haupttriebe, die angeboren sind, das menschliche Verhalten bestimmen:

- Der **Lebenstrieb**, auch **Eros** genannt, hat die *Selbst- und Arterhaltung, das Überleben und die Fortpflanzung des Individuums und der Gattung zum Ziel.*

  Der Erosbegriff schließt alles mit ein, was auf Lustgewinn, körperlichen Kontakt, sexuelle Vereinigung und schöpferisches Tätigwerden abzielt. Die psychische Energie des Lebenstriebes wird **Libido** genannt, die sich in verschiedenen Phasen in der frühen Kindheit entwickelt (vgl. Abschnitt 7.2.7).

- Der **Todestrieb**, **Thanatos** genannt, steht dem Lebenstrieb entgegen und hat *die Auflösung und Vernichtung des Lebens zum Ziel*. Er ist entweder in Form von Selbsthaß und Selbstvernichtung nach innen, also gegen die eigene Person, oder als Aggression, Destruktivität, Haß, Vernichtungswille nach außen gegen andere Personen und/oder Gegenstände gerichtet. Für die Energie des Todestriebes hat sich kein geläufiger Name eingebürgert.

★   Die Annahme des Todestriebes ist in der Psychologie sehr umstritten und der am wenigsten akzeptierte Teil der Theorie von Freud. Zu bedenken ist jedoch, daß Freud seine Theorie des Todestriebes kurz nach dem Ende des 1. Weltkrieges veröffentlicht hat. Er schreibt: „Das gern verleugnete Stück Wirklichkeit hinter alledem ist, daß der Mensch nicht ein sanftes, liebebedürftiges Wesen ist, das sich höchstens, wenn angegriffen, auch zu verteidigen vermag, sondern daß er zu seinen Triebbegabungen auch einen mächtigen Anteil von Aggressionsneigungen rechnen darf" *(Sigmund Freud, Das Unbehagen in der Kultur, 1989[39])*.

Triebe streben nach Befriedigung, die sich auf ein bestimmtes Ziel, das **Triebziel**, auf ein bestimmtes Objekt, das **Triebobjekt,** richtet und die eine Quelle, die **Triebquelle,** benötigt.

Quelle des Nahrungstriebes ist das Hungergefühl, das Triebziel ist die Beseitigung dieses Gefühls und der Lustgewinn beim Verzehr von Nahrung. Das Triebobjekt kann alles Eßbare sein. Je nach Triebstärke wird ein Stück trockenes Brot oder eine erlesene Delikatesse zum Triebobjekt.

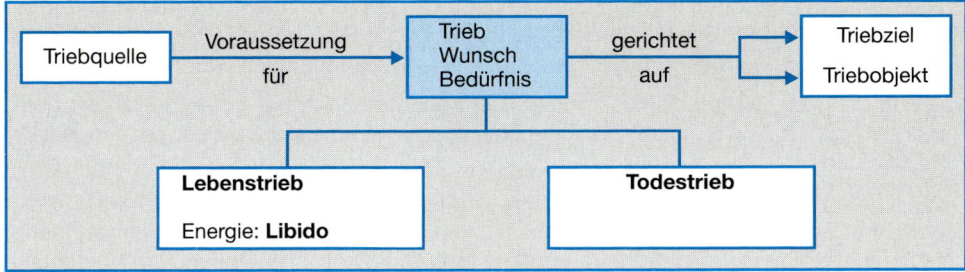

Im Gegensatz zum Tier gibt es beim Menschen viele und verschiedenartige Objekte, die dazu fähig sind, Triebe zu befriedigen. So können eine andere Person, Personengruppen oder Gegenstände, aber auch die eigene Person und der eigene Körper zum Objekt der Triebbefriedigung und des Lustgewinns werden. Da die Triebobjekte so veränderbar und vielfältig sind und der Mensch darüber hinaus zum **Triebaufschub** und zum **Triebverzicht** fähig ist, können verschiedenste Verhaltensweisen dazu beitragen, die Triebwünsche zu befriedigen.

7.2.3 Psychischer Determinismus und unbewußte Motivation

Weiter geht Freud davon aus, daß sämtliche Verhaltensweisen des Menschen, egal ob sie als normal, abweichend oder krankhaft erscheinen mögen, größtenteils durch seelische Prozesse bestimmt und festgelegt sind. Freud spricht hier von einem *psychischen Determinismus.* Diese seelischen Prozesse sind der Person selten bewußt. Sie sind auch nicht immer offen erkennbar, sondern lassen sich meist nur aus der spezifischen Lebensgeschichte des Individuums erschließen.

Ein Beispiel von Philip G. Zimbardo soll diese Annahme verdeutlichen:

„Im ausgehenden 19. Jahrhundert wurden in Europa Fälle von *Hysterie* beschrieben, für die keine angemessene körperliche Erklärung gefunden werden konnten. Die Betroffenen (meist Frauen) erfuhren eine Beeinträchtigung ihrer körperlichen Funktionen, beispielsweise Lähmung oder Blindheit, verfügten jedoch über ein intaktes Nervensystem und wiesen keine organischen Schäden an Muskeln oder Augen auf. Freud, der Neurologe war, untersuchte diese Fälle und versuchte, die bizarren Symptome dieser Störung zu behandeln.

Zusammen mit seinem Kollegen Joseph Breuer beobachtete er, daß das besondere körperliche Symptom oft mit einem früheren vergessenen Ereignis im Leben eines Patienten in Zusammenhang stand. Beispielsweise konnte eine ‚blinde‘ Patientin sich unter *Hypnose* daran erinnern, daß sie als kleines Kind ihre Eltern beim Geschlechtsverkehr beobachtet hatte. Im Erwachsenenalter konnte die Antizipation[1] ihres eigenen ersten sexuellen Erlebnisses starke Gefühle aufgewühlt haben, die mit dieser früheren verstörenden Episode zusammenhingen. Ihre ‚Blindheit‘ konnte für ihren Versuch stehen, das ursprüngliche Ereignis ungeschehen zu machen und vielleicht auch die eigenen sexuellen Gefühle zu leugnen. Ihr Symptom hatte auch eine sekundäre Funktion (einen *sekundären Krankheitsgewinn*). Indem es sie hilflos und abhängig machte, sorgte es für Aufmerksamkeit, Trost und Mitgefühl von anderen, also für soziale Verstärkung.

Freud glaubte folglich, daß *Symptome* nicht beliebig auftraten, sondern auf bedeutungsvolle Weise mit Lebensereignissen zusammenhingen und durch diese bestimmt wurden. Er sah die klinische Beobachtung und die rationale Analyse als Schlüsse, die die Geheimnisse sowohl der pathologischen[2] als auch der normalen Persönlichkeit aufschließen würden.
(Philip G. Zimbardo, 1992[5])

---

[1] antizipieren: vorwegnehmen
[2] pathologisch: krankhaft

Die von Freud behandelte blinde Patientin war sich über den tieferliegenden Grund ihrer Blindheit nicht bewußt. Erst durch die psychoanalytische Behandlung wurde deutlich, daß die traumatischen Kindheitserfahrungen ursächlich für ihre Blindheit waren.

Eine eng mit dem Determinismus verknüpfte Annahme ist die der **unbewußten Motivation**. Freud geht davon aus, daß Personen im allgemeinen die Motive nicht kennen, die ihr Verhalten steuern.

In krankhaften und „verrückten" Verhaltensweisen, aber auch in einfachen und alltäglichen Begebenheiten wie Träumen, Gedächtnislücken und Versprechern, die anscheinend logisch nicht erklärbar sind, kommen unbewußte Absichten und Motive zum Vorschein. (vgl. Abschnitt 7.2.4).

„Freud machte sich zur Aufgabe, die unbewußten und unbekannten determinierenden Kräfte in der Persönlichkeit ausfindig zu machen. Ausgehend von der Annahme, daß alle Verhaltensweisen, die offensichtlichen (Handlungen, Sprache) und die verborgenen (Gedanken, Vorstellungen) etwas bedeuten und daß eine Person im allgemeinen die Motivation, die vielen ihrer Verhaltensweisen zugrunde liegt, nicht kennt, mußte es das Ziel psychoanalytischer Forschung sein, nach den Bedeutungen zu suchen und auf diese Weise das Unbewußte bewußt zu machen." *(Julian B. Rotter / Dorothy J. Hochreich, 1979)*

Basisannahmen der Persönlichkeitstheorie von Freud		
Trieblehre	▶	Menschliches Verhalten wird durch Triebe erzeugt und gesteuert; zwei Haupttriebe, der Lebens- und Todestrieb, sind dem Menschen angeboren; Triebe streben nach Befriedigung, Spannungsreduktion und Lustgewinn.
Psychischer Determinismus	▶	Jedes Verhalten ist seelisch bedingt und läßt sich nur aus der spezifischen Lebensgeschichte des Individuums erschließen.
Unbewußte Motivation	▶	Die seelischen Kräfte und Motive, die das Verhalten der Person steuern, sind dieser meist nicht bewußt.

7.2.4   Die Schichten des Bewußtseins

Um den Aufbau und die Dynamik der Persönlichkeit beschreiben und erklären zu können, verwendete Freud verschiedene Begriffe und Modelle, die er im Laufe seines Lebens nacheinander entwickelte und immer wieder veränderte. Zunächst arbeitete Freud mit einem **Schichtenmodell,** später entwickelte er das **Instanzenmodell** mit den Persönlichkeitsinstanzen **ES, ICH** und **ÜBER-ICH.**

Freud teilte die psychischen Inhalte und Vorgänge danach ein, ob sie bewußt sind oder nicht. Er unterschied dementsprechend drei Bewußtseinsschichten: das **Unbewußte,** das **Vorbewußtsein** und das **Bewußtsein.**

> **Bewußt sind alle diejenigen Vorstellungen, Gedanken und Wahrnehmungen, die eine Person bemerkt und zu denen sie unmittelbaren Zugang hat.**

Zwischen Bewußtem und Vorbewußtem besteht eine enge Beziehung: Jeder Gedanke, der ins Bewußtsein tritt, war unmittelbar davor noch nicht präsent und verschwindet früher oder später wieder aus dem Bewußtsein. Er befindet sich somit vorher und nachher im Vorbewußtsein und läßt sich von da jederzeit mit mehr oder weniger großer Willensanstrengung oder Verschiebung der Aufmerksamkeit ins Bewußtsein holen.

> **Mit vorbewußt sind alle seelischen Vorgänge gemeint, um die wir nicht spontan wissen, die jedoch aufgrund einer Bemühung dem Bewußtsein wieder relativ voll zugänglich gemacht werden können.**

Zum Beispiel versucht man sich an einen Namen zu erinnern, der einem „auf der Zunge liegt", und nach einiger Zeit des Nachdenkens gelingt es, sich daran zu erinnern.

Vorbewußt ist also all das, was wir wissen, was wir aber im Augenblick nicht gegenwärtig haben, woran wir uns jedoch, wenn wir wollen, erinnern können. Es handelt sich dabei um relativ leicht zugängliche Gedächtnisinhalte.

Das **Unbewußte** dagegen ist die am wenigsten zugängliche Schicht. Seine Inhalte können nicht durch Willensanstrengungen, sondern nur unter ganz bestimmten Bedingungen ans Bewußtsein geholt werden. Es handelt sich dabei um Erlebnisse, Gefühle und Wünsche, die als beschämend oder bedrohlich erlebt und deshalb ins Unbewußte verdrängt wurden.

> **Seelische Vorgänge, um die wir nicht bzw. nicht mehr wissen, die aber immer wieder in das Bewußtsein drängen und unser Erleben und Verhalten in einem nicht unerheblichen Maße bestimmen, bezeichnen wir als unbewußt.**

Freud verglich das Verhältnis der drei Bewußtseinsschichten zueinander mit einem Eisberg, wobei lediglich der kleinere Teil, der sich oberhalb der Wasseroberfläche befindet, den bewußten Teil der Persönlichkeit ausmacht, während der sehr viel größere Teil, der unterhalb der Wasseroberfläche liegt,. den umfangreichen unbewußten Anteil der Psyche repräsentiert. Die ins Unbewußte verdrängten Wünsche, Erlebnisse und Konflikte liegen dort nicht brach, auch wenn sie noch so unterdrückt werden. Sie drängen immer wieder ins Bewußtsein und nehmen Einfluß auf das Denken, Fühlen und Handeln einer Person. Die unbewußten Erlebnisinhalte können aber nicht direkt beobachtet und erfragt werden, sondern können nur indirekt erschlossen werden.

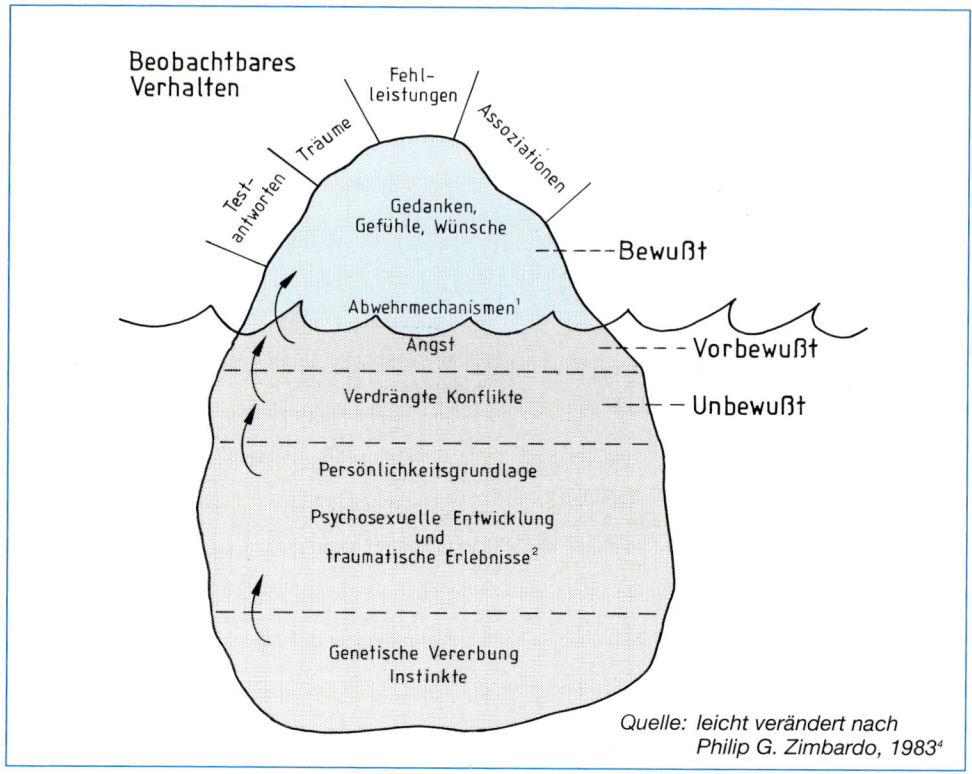

Quelle: *leicht verändert nach*
Philip G. Zimbardo, 1983[4]

In **Träumen** kommen verdrängte Wünsche und Konflikte in verschlüsselter und symbolhafter Sprache zum Ausdruck. Der verdrängte Erlebnisinhalt ist oft so gut versteckt, maskiert oder verzerrt, so daß der Traum erst der Deutung bedarf.

Unbewußte Absichten und Wünsche zeigen sich auch in den sogenannten **Fehlleistungen.**

Wenn man zum Beispiel „ungebetene" Gäste bei ihrer Ankunft mit den Worten begrüßt: „Schade – äh schön, daß sie kommen", kann dies die wahre Einstellung der Gastgeber ans Tageslicht bringen.

Ebenso werden in anderen Fehlleistungen, wie etwa beim Vergessen eines wichtigen Termins oder dem Verlegen eines einmaligen Dokuments, unbewußte Absichten und Wünsche deutlich, die sich durchsetzen wollen. Inzwischen hat sich der Begriff „Freudsche Fehlleistung" in der Umgangssprache eingebürgert.

> **Fehlleistungen sind Handlungen des Verlegens, des Vergessens, des Sich-Versprechens oder Verschreibens, die scheinbar versehentlich geschehen, die aber unbewußte Absichten zeigen.**

---

[1] Abwehrmechanismen: vgl. Abschnitt 7.2.6
[2] psychosexuelle Entwicklung: vgl. Abschnitt 7.2.7

7.2.5   Die Instanzen der Persönlichkeit

Um die **Dynamik der Persönlichkeit** erklären zu können, entwickelte Freud das Modell von den drei Persönlichkeitsinstanzen: **ES, ICH** und **ÜBER-ICH.** Diese Instanzen repräsentieren verschiedene Teilaspekte der Persönlichkeit und stehen miteinander in enger Wechselbeziehung. Die Gesamtheit und Dynamik der Beziehungen zwischen den drei Instanzen macht nach Freud die Persönlichkeit des Menschen aus.

Bei diesen Instanzen handelt es sich nicht um reale Gegebenheiten, sondern um nicht beobachtbare **Hilfskonstruktionen** zur Erklärung des menschlichen Erlebens und Verhaltens.

Das ES

Das ES, die elementarste Schicht, ist bereits vom ersten Lebenstag an vorhanden und beinhaltet alle Triebe, Wünsche und Bedürfnisse eines Individuums. Der Lebens- und der Todestrieb werden von Freud als Teil des ES angesehen.

> **Das ES ist die Instanz der Triebe, der Wünsche und der Bedürfnisse.**

Im ES gelten keine Gesetze des logischen Denkens, seine Impulse drängen rücksichtslos nach außen und wollen befriedigt werden, wobei es keine Rolle spielt, ob dieses Ziel realisierbar oder moralisch annehmbar ist. Es gehorcht allein dem **Lustprinzip:** Sein Ziel ist es, sofortige und totale Triebbefriedigung ohne Rücksicht auf Verluste zu erreichen, sowie Schmerz und Unbehagen zu vermeiden.

Thomas sieht bei seinem Freund Andreas ein neues und interessantes Spielzeug. Obwohl er weiß, daß es Thomas gehört, möchte er es sofort haben. Das ES will den Wunsch, Andreas das Spielzeug wegzunehmen, sofort befriedigen.

Das ICH

Unter dem Einfluß der Außenwelt, zum Beispiel durch die Anforderungen der Eltern an das Kind, entwickelt sich das ICH. Das ICH entsteht dabei aus der Notwendigkeit des Kindes, sich mit der realen Umwelt zu befassen, um die eigenen Bedürfnisse zu befriedigen. Die Aufgabe des ICH besteht darin, die Wünsche des ES zum Ausdruck zu bringen und im Einklang mit der Realität zu befriedigen. Es vermittelt sozusagen zwischen den Wünschen des ES und den Anforderungen der Außenwelt.

Das ICH wird deshalb auch als das eigentliche **Anpassungs- und Selbsterhaltungsorgan** des Menschen bezeichnet.

Während das ES nach dem Lustprinzip handelt, verhält sich das ICH gemäß dem **Realitätsprinzip** – die Triebbefriedigung wird bis zu einem günstigen Zeitpunkt aufgeschoben, an dem ein Maximum an Vergnügen mit den geringst möglichen negativen Konsequenzen oder Schmerzen verknüpft ist. Das ICH leistet also Triebverzicht oder zeitlichen Aufschub der Befriedigung (Triebaufschub) und läßt die vom ES geforderten Triebwünsche nur dann zu, wenn diese mit den Anforderungen der Realität vereinbar sind.

Thomas weiß nicht, wie Andreas reagiert, wenn er ihm das Spielzeug wegnimmt; Andreas könnte wütend werden und ihn schlagen. Auch ist die Mutter von Andreas in der Nähe; sie würde ihn bestimmt schimpfen. Thomas will eine bessere Gelegenheit abwarten.
Das ICH läßt in diesem Fall den Wunsch des ES nicht zu, da es mit den Anforderungen der Realität nicht vereinbar ist.

> **Das ICH ist die Instanz des bewußten Lebens, die die bewußte Auseinandersetzung mit der Realität leistet.**

Bei der Realitätsprüfung und Anpassung an die Umwelt helfen **ICH-Funktionen** wie Gedächtnis, Wahrnehmung, Beherrschung des Bewegungsapparates, Denken, Sprechen, Beurteilen usw. Alle diese Ich-Funktionen entwickeln sich erst im Laufe der individuellen Entwicklung. Erste ICH-Funktionen lassen sich bereits beim Säugling im Alter von sechs bis acht Monaten beobachten, zum Beispiel das Erkennen der Mutter. Deutlicher ausgeprägt sind sie jedoch im Alter von drei Jahren. Wie weit diese ICH-Funktionen entwickelt werden, hängt von den Möglichkeiten zur Selbstbestimmung und von den Anregungen durch die Umwelt ab.

Freud verwendete zur Illustration des Verhältnisses zwischen ICH und ES das Bild vom Reiter und Pferd. Das Pferd, das die Kraft und Energie liefert, ist das ES. Der Reiter, der das Pferd steuert und zügelt, also kontrolliert, ist das ICH. Erweist sich der Reiter als zu schwach, so geht das Pferd mit ihm durch.

Das ÜBER-ICH

Im deutlichen Gegensatz zum ES steht das ÜBER-ICH, das den moralischen Teil der Persönlichkeit darstellt. Es beinhaltet moralische und sittliche Gebote und Verbote und gesellschaftliche Wert- und Normvorstellungen, die durch Eltern, Erzieher, Lehrer und andere Bezugspersonen und Vorbilder an das Kind herangetragen und durch entsprechende Erziehungsprozesse verinnerlicht werden. Auf diese Weise bildet sich das ÜBER-ICH als dritte Instanz der Persönlichkeit heraus. Das ÜBER-ICH entspricht in etwa dem **Gewissen,** das das Verhalten in Übereinstimmung mit den gesellschaftlichen Regeln insofern kontrolliert, als es Belohnung für „gutes" und Bestrafung für „schlechtes" Verhalten verspricht. Das ÜBER-ICH beinhaltet aber auch das **Ich-Ideal**, das nach Perfektion und der Realisierung verinnerlichter Ideale strebt.

„So steht das ÜBER-ICH als Repräsentant der Gesellschaft häufig im Konflikt mit dem ES … Das ES will lediglich das, was angenehm ist, während das ÜBER-ICH darauf besteht, das zu tun, was richtig und ideal ist." (Philip G. Zimbardo, 1983[4])

> **Das ÜBER-ICH ist diejenige Instanz, welche die Wert- und Normvorstellungen, die moralischen Prinzipien umfaßt und das Verhalten und Handeln des ICH im Sinne der geltenden Moral führt.**

Die Aufgabe des ÜBER-ICH besteht also darin, unser Verhalten, aber auch unsere Wünsche und Gedanken an den verinnerlichten Normen zu prüfen. Es mißbilligt und bestraft, was diesen Normen nicht entspricht (Gewissensbisse, Schuldgefühle), und billigt und belohnt, was diesen Normen entspricht (Stolz, Eigenliebe).

Das ÜBER-ICH vertritt das **Moralitätsprinzip;** es bewertet die Triebwünsche, ob sie zugelassen werden oder nicht.

So hat Thomas möglicherweise die elterliche Norm verinnerlicht, daß man einem anderen Kind kein Spielzeug wegnimmt. Bei Zuwiderhandeln droht das ÜBER-ICH mit Strafe; Thomas bekommt Gewissensbisse.

Die Dynamik der Persönlichkeit

Das ICH wurde bereits als Vermittlungsinstanz zwischen den ES-Impulsen und den Anforderungen der Umwelt genannt. Nun kommt als dritte Kraft das ÜBER ICH ins Spiel, dessen Ansprüchen das ICH ebenfalls gerecht werden muß.

Das ES bringt bestimmte Wünsche oder Bedürfnisse an, die vom ÜBER-ICH bewertet werden. Das ICH versucht, zwischen ÜBER-ICH und ES zu vermitteln, und überprüft die Realität danach, ob Befriedigung möglich ist oder nicht. Je nach den Wert- und Normvorstellungen, die im ÜBER-ICH vorhanden sind, je nach der Stärke der Gefühle, die es entwickelt (Gewissensbisse, Schuldgefühle), entscheidet sich, ob das ICH die Wünsche des ES zulassen kann oder nicht. Zugelassene Ansprüche werden vom ICH gesteuert und, wenn es die Realität ermöglicht, verwirklicht; nicht zugelassene Wünsche oder Bedürfnisse müssen vom ICH abgewehrt, „unbewußt" gemacht, verdrängt werden.

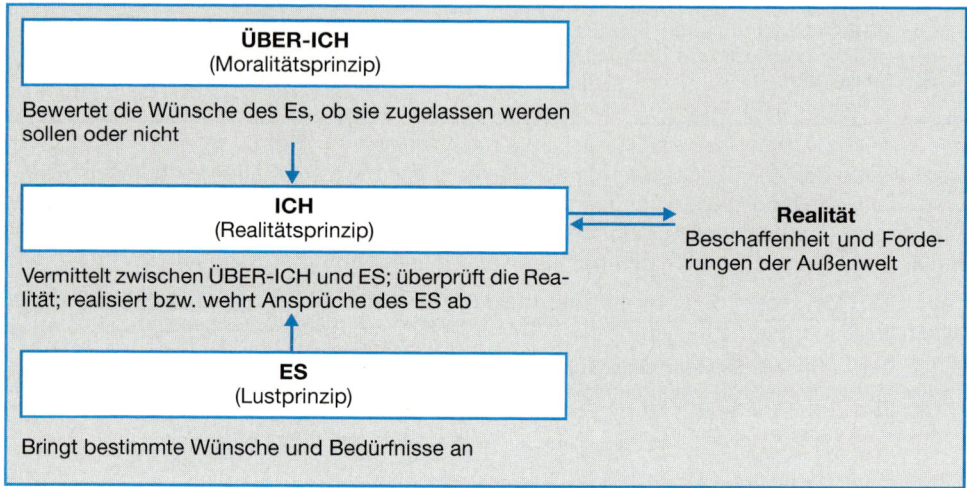

Thomas sieht bei seinem Freund Andreas ein neues und interessantes Spielzeug.

ES: Meldet den Wunsch an, das Spielzeug von Andreas sofort zu besitzen.

ÜBER-ICH: Bewertet den Wunsch entsprechend der verinnerlichten Norm:
             „Einem anderen Kind darf man dessen Spielzeug nicht wegnehmen!"

ICH: ● Überprüft die Realität: Die Mutter von Andreas ist zum Einkaufen gegangen; andere Erwachsene sind nicht in der Nähe; er ist bestimmt genauso stark wie Andreas; jetzt wäre eine gute Gelegenheit, Andreas das Spielzeug wegzunehmen.
             ● Vermittelt zwischen den ES-Ansprüchen und den Einschränkungen des ÜBER-ICH: Je nach der Stärke der Gefühle, die das ÜBER-ICH erzeugt (Gewissensbisse, Schuldgefühle), wird der Wunsch von Thomas zugelassen oder abgewehrt.

Das Wechselspiel zwischen den Wünschen des ES, den moralischen Bewertungen des ÜBER-ICH, den Anforderungen der Realität und den Vermittlungs- und Anpassungsleistungen des ICH bewirkt die **Dynamik der Persönlichkeit.** Entsprechend der individuellen Dynamik zwischen ES, ÜBER-ICH und ICH verhält sich eine Person in bestimmten Situationen charakteristisch:

● Ist die Person **ICH-stark,** dann wird sie einen Interessenausgleich zwischen den Wünschen des ES und den moralischen Bewertungen des ÜBER-ICH herbeiführen und entsprechend den Anforderungen der Realität einmal die Wünsche des ES zulassen und befriedigen, ein andermal Triebverzicht üben oder die Triebbefriedigung bis zu einem günstigeren Zeitpunkt aufschieben.

So könnte Thomas seinen Freund fragen, ob er ihm das Spielzeug für einen Tag ausleiht, oder seine Mutter bitten, ob sie ihm ein ähnliches Spielzeug schenkt.

Eine ICH-starke Person ist fähig, die eigenen Wünsche und Bedürfnisse wahrzunehmen und sie vor anderen Menschen zu vertreten. Sie ist aber auch fähig, auf die Wünsche und Bedürfnisse anderer Rücksicht zu nehmen und Kompromisse zu schließen. Wenn moralische Prinzipien, wie zum Beispiel Fairneß, Gleichbehandlung oder Solidarität es erfordern, ist die ICH-starke Person in der Lage, ihre Triebwünsche zurückzustellen, jedoch nicht, weil ein strenges ÜBER-ICH dies anordnet, sondern weil die Person sich hierzu selbstbestimmt entscheidet.

- Eine Person ist dagegen **ICH-schwach,** wenn entweder das ES, das ÜBER-ICH oder die Anforderungen der Realität vorherrschen.

Ist das ES vorherrschend, dann strebt die Person nach unmittelbarer Triebbefriedigung ohne Rücksicht auf die Bedürfnisse anderer oder den aktuellen Anforderungen der Situation.

Herrscht dagegen das ÜBER-ICH vor, dann wird das Verhalten und Erleben von den verinnerlichten Werten und Normen kontrolliert. Wünsche, Bedürfnisse und Gefühle, die gegen diese Werte und Normen verstoßen, werden als schlecht und unannehmbar verurteilt und müssen abgewehrt und verdrängt werden. Diese unterdrückten Erlebnisinhalte drängen aber immer wieder an die Oberfläche und beeinflussen das aktuelle Erleben und Verhalten, das zwanghaft werden kann.

Zwanghafte Menschen neigen dazu, perfektionistisch, streng und äußerst pedantisch zu sein. Sie können keinerlei Ungewißheit ertragen, haben Angst vor allem Neuen und streben übermäßig stark nach Dauer, Stabilität und Ordnung.

ICH-schwach ist auch eine Person, die sich beständig den Anforderungen der sozialen Umwelt anpaßt und nur tut und sagt, was „in" ist. Nicht anzuecken und von anderen anerkannt zu werden ist wichtiger, als die eigenen Wünsche und Bedürfnisse vorzutragen und, wenn nötig, „nein" zu sagen. Hier wird das ICH von den Anforderungen und Erwartungen der sozialen Umwelt beherrscht.

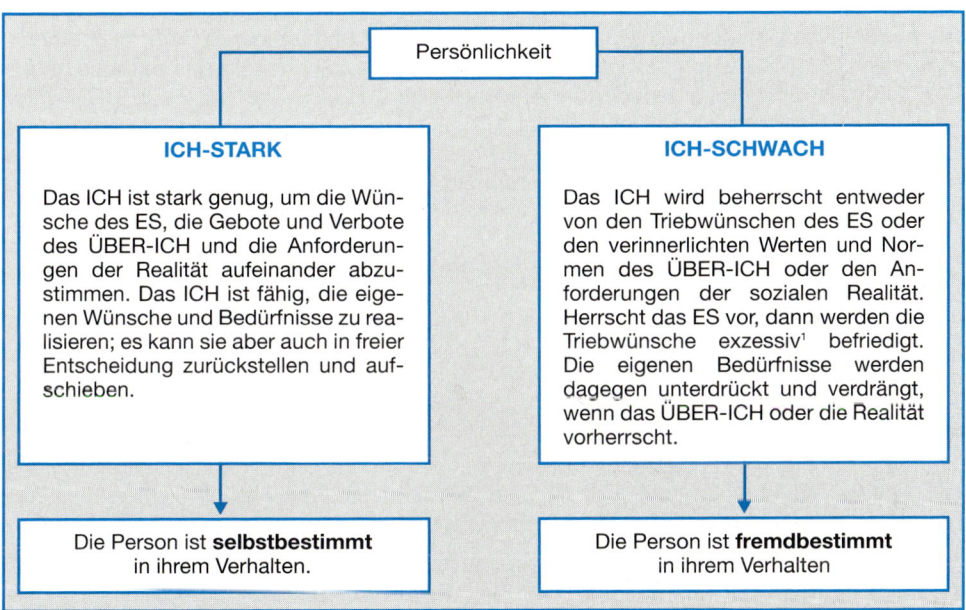

Persönlichkeit

ICH-STARK

Das ICH ist stark genug, um die Wünsche des ES, die Gebote und Verbote des ÜBER-ICH und die Anforderungen der Realität aufeinander abzustimmen. Das ICH ist fähig, die eigenen Wünsche und Bedürfnisse zu realisieren; es kann sie aber auch in freier Entscheidung zurückstellen und aufschieben.

ICH-SCHWACH

Das ICH wird beherrscht entweder von den Triebwünschen des ES oder den verinnerlichten Werten und Normen des ÜBER-ICH oder den Anforderungen der sozialen Realität. Herrscht das ES vor, dann werden die Triebwünsche exzessiv[1] befriedigt. Die eigenen Bedürfnisse werden dagegen unterdrückt und verdrängt, wenn das ÜBER-ICH oder die Realität vorherrscht.

Die Person ist **selbstbestimmt** in ihrem Verhalten.

Die Person ist **fremdbestimmt** in ihrem Verhalten

Das **ICH** steht eindeutig im Mittelpunkt des Freudschen Persönlichkeitsmodells und ist die **Vermittlungsinstanz** zwischen dem ES, dem ÜBER-ICH und den realen Anforderungen der Außenwelt. So hat das ÜBER-ICH die Funktion, die aus dem ES stammenden ungezügelten Triebe zu bewerten und zu kontrollieren. Konflikte zwischen ES und ÜBER-ICH sind daher unvermeidlich. Aufgabe des ICH ist es nun, den Konflikt derart zu lösen, daß ein Gleichgewicht zwischen beiden Kräften hergestellt wird.

---

[1] exzessiv: Über das Maß hinaus, im Übermaß

Gelingt es dem ICH nicht, zwischen den oftmals konkurrierenden Ansprüchen des ES, des ÜBER-ICH und der Realität zu vermitteln, dann treten Ängste auf (vgl. Abschnitt 7.2.6).

„In einer gut funktionierenden Persönlichkeit sollen die drei Systeme als Team zusammenwirken. Das ES sucht Vergnügen (Lust) in Form der unmittelbaren Bedürfnisbefriedigung, das ÜBER-ICH sucht Vollkommenheit, indem es sich hohen Wertmaßstäben unterwirft, und das ICH strebt danach, die Anforderungen des ES und des ÜBER-ICH unter einen Hut zu bringen und im Rahmen der realistischen Möglichkeiten zu erfüllen. Da nur eine begrenzte Menge an Energie zur Verfügung steht, werden, wenn ein System an Energie und Kraft gewinnt, automatisch die beiden anderen umso schwächer." *(Julian B. Rotter/Dorothy J. Hochreich, 1979)*

7.2.6   Angst und Abwehr

Die Angst ist eine Reaktion des ICH auf eine bevorstehende oder aktuelle Bedrohung. Als ICH-Funktion warnt die Angst vor drohenden Gefahren und veranlaßt die Person zu Handlungen, die die Angst reduzieren. Freud unterscheidet drei Arten der Angst, jede als Ergebnis einer bestimmten Bedrohung:

- Die **Realitätsangst** – sie tritt auf, wenn sich die Person durch Gefahren aus der realen Umwelt bedroht fühlt.

  Ältere Menschen haben Angst im dichten Straßenverkehr, von einem Auto überfahren zu werden. Die zunehmende Umweltzerstörung ängstigt viele Menschen.

- Die **neurotische Angst** – sie tritt auf, wenn die Person die Triebwünsche des ES als übermächtig und bedrohlich erlebt. Das ICH fühlt sich nicht mehr in der Lage, die Triebwünsche unter Kontrolle zu halten. Die Person hat Angst davor, von ihren Trieben überwältigt zu werden.

  Ein Mann erlebt den intensiven Wunsch, sich öffentlich nackt zur Schau zu stellen. Angst tritt auf, wenn er merkt, daß er diesen Wunsch nicht mehr kontrollieren kann.

- Die **moralische Angst** – sie tritt auf, wenn die Triebwünsche des ES gegen übermäch-
tige Gebote und Verbote des ÜBER-ICH verstoßen. Die Angst entsteht aus dem Konflikt zwischen dem Druck der Triebe aus dem ES und der Strafandrohung durch das
ÜBER-ICH.

  Thomas' ÜBER-ICH hat die Norm verinnerlicht, daß man einem anderen Kind kein Spielzeug weg-
  nehmen darf. Diese verinnerlichte Norm kann Gewissensbisse und Schuldgefühle auslösen.

Jede dieser Ängste hat die Aufgabe, die betroffene Person vor einer Bedrohung zu warnen und etwas gegen die drohende Gefahr zu unternehmen. Es ist die Aufgabe des ICH,
mit diesen Bedrohungen umzugehen und den Druck, der als Angst erlebt wird, abzubauen. Das ICH kann diese Aufgabe so erledigen, indem es nach einer **realistischen
Lösung** sucht.

Das ICH kann sich aber auch der sogenannten **Abwehrmechanismen** bedienen, die den
bedrohlichen und angstauslösenden Erlebnisinhalt den Zugang zum Bewußtsein verweh-
ren. Dadurch wird die Angst zumindest vorläufig gemindert.

Thomas wird lernen, seine Wünsche zu verdrängen, indem er die damit verbundenen Gefühle nicht
wahrnimmt und zuläßt.

> **Abwehrmechanismen sind Schutzmaßnahmen des ICH, die die Ansprüche des ES aus
> dem Bewußtsein ausschalten und unbewußt machen und somit drohende Konflikte ver-
> meiden und Angst reduzieren.**

Die Abwehrmechanismen laufen unbewußt ab, das heißt, die betreffende Person weiß
häufig nicht, daß sie bestimmte Gedanken, Wünsche oder Gefühle vom Bewußtsein aus-
schließt. Abwehrmechanismen sind bei jeder Person zu finden. Sie liefern einen vorläu-
figen Schutz für das ICH vor seelischen Konflikten, die sich vor allem aus dem Span-
nungsfeld zwischen den Ansprüchen des ES und den Anforderungen des ÜBER-ICH
ergeben.

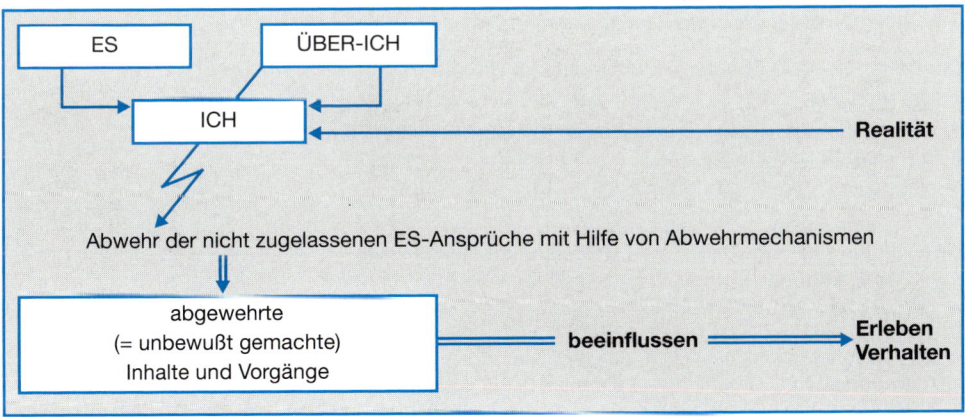

Die Weisung zur Abwehr kommt aus dem ÜBER-ICH, die abwehrende Instanz ist das ICH.
Die abgewehrten Impulse des ES bestehen im Unbewußten weiter und beeinflussen das
Erleben und Verhalten einer Person in erheblichem Maß. Je mehr das ICH abwehrt, desto
stärker wird der Druck aus dem ES; das ICH muß immer mehr psychische Energie für die
Abwehr aufbringen.

Beispiel für Abwehrmechanismen:

Wunsch: Der Sozialpädagoge A möchte liebend gerne einen ausgefallenen, supereleganten, sehr teuren, englischen Sportwagen fahren.

Angst: Als Sportwagenbesitzer würde er von seinen Bekannten belächelt und als nicht mehr glaubwürdig betrachtet werden. Sein „Sozialimage" würde zusammenbrechen.

Abwehr: Er gesteht sich seinen Wunsch nicht ein, vielmehr vertritt er die Überzeugung, daß alle Sportwagenbesitzer Snobs sind, die für die Umwelt nichts übrig haben. Viel vernünftiger ist es, einen benzinsparenden Mittelklassewagen zu fahren.

Die Triebwünsche werden abgewehrt: sie werden verdrängt und rationalisiert („viel vernünftiger ist es …"). Auch werden die „unerwünschten" Bedürfnisse nicht mehr an sich selber wahrgenommen, sondern einer anderen Personengruppe zugeschrieben (projiziert) und dort bekämpft.

Abwehrmechanismen helfen dem ICH momentan und vorübergehend, mit Angstsituationen fertig zu werden; langfristig werden durch Abwehrmechanismen seelische Konflikte und reale Probleme jedoch nicht gelöst. Eine Person, die bei der Bewältigung von Problemen beständig Abwehrmechanismen einsetzt, verliert mit der Zeit den Zugang zu ihrer seelischen Erlebniswelt oder zur realen Umwelt. **Realtitätsverlust** ist häufig der Ausgangspunkt für seelische Erkrankungen und fehlangepaßtes Verhalten.

Personen, die ständig ihre sexuellen Wünsche und Gefühle verleugnen, werden mit der Zeit unfähig, sich und andere zu lieben.
Menschen, die die zunehmende Umweltzerstörung und die damit verbundenen Bedrohungen nicht wahrnehmen, werden ihr Verhalten nicht ändern und weiterhin Energie, Rohstoffe usw. verschwenden. Durch ihr fehlangepaßtes Verhalten wird die Umwelt weiter zerstört.

Die bekanntesten **Abwehrmechanismen,** die die Psychoanalyse kennt, sind:

- die Verdrängung
- die Projektion
- die Reaktionsbildung
- die Fixierung
- die Verschiebung
- die Rationalisierung
- die Sublimierung
- die Regression

- **Verdrängung**

Die Abwehr der Angst geschieht durch das „Unbewußtmachen" angstauslösender Inhalte und Vorgänge, wie zum Beispiel von Triebwünschen, Gefühlen, Bedürfnissen, Strebungen, Ereignissen oder Erinnerungen, die der Mensch nicht wahrhaben will oder kann. Unbewußtmachung bedeutet aber nicht Auslöschung; die das ICH bedrohenden Inhalte bleiben im Unbewußten weiterbestehen und beeinflussen bzw. bestimmen das Erleben und Verhalten in einem nicht unerheblichen Maße.

- **Projektion**

Eigenschaften, die die eigene Person betreffen, die man aber an sich selbst nicht wahrhaben kann bzw. will, werden anderen Personen bzw. Personengruppen oder Gegenständen zugeschrieben. Unerwünschte Gefühle, Bedürfnisse, Neigungen oder unverarbeitete Probleme nimmt der Mensch nach gelungener Projektion nicht mehr an sich selber wahr, sondern bekämpft sie bei anderen „passenden" Personen, -gruppen oder Objekten. Ein Schüler beispielsweise, der in der Schule schlecht ist und dies nicht wahrhaben will, neigt dazu, den Lehrer für schlecht zu halten; die Angst vor geschlechtlichen Regungen, die sich auf das eigene Geschlecht richten, bewirkt, daß man anderen Personen Homosexualität unterstellt oder Homosexuelle stark bekämpft.

- **Reaktionsbildung**

Um Verdrängungen zu sichern, wird im Bewußtsein das Gegenteil des zu Verdrängenden fixiert; die Abwehr der Angst geschieht also durch die Verkehrung ins Gegenteil. So kann es beispielsweise möglich sein, daß unerwiderte Liebe und Zuneigung eines Menschen in Haß gegen die geliebte Person umschlagen kann, daß sich ein Mensch aus Schuldgefühlen heraus einer Person gegenüber besonders freundlich verhält oder daß sich ein Mann, verängstigt durch eigene gleichgeschlechtliche Regungen, rigoros gegen Homosexualität engagiert.

- **Verschiebung**

Wünsche und Bedürfnisse, die sich nicht am Original befriedigen können, werden an einem Ersatzobjekt realisiert. Ein Angestellter beispielsweise, der auf seinen Chef wütend ist, tobt aus nichtigem Anlaß bei seiner Frau. Pornographie, sexuelle Witze und Zoten stellen Ersatzobjekte für ein Bedürfnis dar, das nicht am Original verwirklicht werden kann.

- **Rationalisierung**

Für verpönte Wünsche und Bedürfnisse sowie für unangepaßte Verhaltensweisen werden vernünftige und plausible Erklärungen gefunden; sie werden verstandesmäßig mit „vernünftigen" Gründen gerechtfertigt, um die wahren Gründe, die man nicht wahrhaben kann oder will, zu vertuschen. Ein Schüler zum Beispiel, der in einer Prüfung schlecht abgeschnitten hat, sagt möglicherweise, daß der Unterricht schlecht oder er während der Prüfung in keiner guten Verfassung war; Fehler in der Erziehung werden mit der Anlage des Kindes begründet, die zudem vom Ehepartner herrührt; ein machtbesessener Napoleon wird immer Gründe finden, um eine „Abrüstung" unmöglich erscheinen zu lassen.

- **Identifikation**

Die Abwehr der Angst gelingt durch die Identifizierung mit einer anderen Person, zum Beispiel mit einer starken Persönlichkeit, einem aggressiven Menschen oder einem verrückten Sänger, Musiker bzw. Schauspieler.

- **Fixierung**

Unzureichende oder exzessive Befriedigung von Triebwünschen und Bedürfnissen kann es mit sich bringen, daß der Mensch auf einer bestimmten frühkindlichen Entwicklungsphase stehenbleibt und an entsprechenden Verhaltensweisen zur Befriedigung von Triebwünschen und Bedürfnissen festhält. So kann übermäßiges Essen oder Trinken zum Beispiel eine Fixierung an jenen Zeitabschnitt in der Entwicklung eines Menschen bedeuten, in welchem die Nahrungsaufnahme, das Schlucken oder Saugen eine wichtige Rolle gespielt haben.

- **Regression**

Enttäuschungen, Befürchtungen, Probleme oder Überforderungen können es mit sich bringen, daß der Mensch auf einen bereits überwundenen Entwicklungsabschnitt wieder zurückfällt. Übermäßiges Essen bei Liebeskummer beispielsweise kann als Rückfall in die kindlichen Wünsche einer bestimmten Entwicklungsphase bezeichnet werden, in der man sehr verwöhnt worden ist. Ein solcher Rückfall setzt jedoch voraus, daß wichtige Triebwünsche oder Bedürfnisse in der frühen Kindheit nicht ausreichend oder über die Maßen befriedigt wurden.

- **Widerstand**

Der Mensch wehrt sich gegen das Aufdecken verdrängter Inhalte und Vorgänge, wie zum Beispiel gegen das Ansprechen und Anrühren von unverarbeiteten Problemen und Konflikten. Ein Erzieher beispielsweise, der ungerecht ist, dies aber nicht wahrhaben will, wird sehr unangenehm reagieren, wenn ihm Ungerechtigkeit vorgeworfen wird. Vor allem Therapeuten haben mit Widerstand ihrer Klienten zu kämpfen; sehr häufig, wenn die Therapie in die entscheidende Phase tritt, wird die Behandlung aus nichtigen Gründen abgebrochen oder der Therapeut als unfähig hingestellt, um dem eigenen inneren Konflikt ausweichen zu können.

- **Sublimierung**

Nicht zugelassene Wünsche und Bedürfnisse werden umgesetzt in Leistungen, die sozial erwünscht sind oder sogar hoch bewertet werden. So zum Beispiel kann die Hingabe einer Krankenschwester an pflegerische Aufgaben als Sublimierung ihrer Sexualität verstanden werden; Sublimierung von aggressiven Triebimpulsen kann zur Berufswahl des Chirurgen führen. Nach psychoanalytischer Ansicht ist die gesamte menschliche Kultur ein Ergebnis von Sublimierungen. Die Entstehung von seelischen Fehlentwicklungen ist dann gegeben, wenn sich der Mensch mit seinen Problemen, Gefühlen, Wünschen, Bedürfnissen und dergleichen, die er nicht wahrhaben kann bzw. will, nicht bewußt auseinandersetzt, wenn er mit ihnen nicht fertig wird und deshalb ständig zu den letztlich nur vorübergehend entlastenden Abwehrmechanismen Zuflucht nehmen muß. Ein längeres starres und übertriebenes Einsetzen von Abwehrmechanismen führt nach psychoanalytischer Lehrmeinung zu seelischen Störungen.

7.2.7   Die Entwicklung der Libido

Für die Entwicklung der Persönlichkeit sind nach Freud vor allem die ersten fünf Lebensjahre entscheidend. In dieser Zeit werden die Grundlagen der Persönlichkeit gelegt.

„Das Kind ist der Vater des Menschen!" *(Sigmund Freud)*

Wichtig ist in diesem Lebensabschnitt vor allem, daß der Lebenstrieb des Kindes und die ihm zugrunde liegende Energie, die Libido, sich gemäß ihrem genetisch verankerten Verlauf entwickeln können und nicht von außen, insbesondere den Erziehungseinflüssen der Eltern und der Gesellschaft, gehemmt und unterdrückt werden. Die Entwicklung der Libido konzentriert sich in der frühen Kindheit auf verschiedene, im Laufe der Entwicklung wechselnde Körperregionen, die **erogene Zonen** genannt werden. Das Kind empfindet Lust und erlebt (Trieb-) Befriedigung zunächst über den Mund, später über den After und schließlich über die Genitalien. Das Lustempfinden des Kindes ist aber nicht nur auf die jeweilige Körperregion gerichtet, sondern auf alles, was mit dieser Region in unmittelbarer Verbindung steht. So gehört zum Mund das Saugen, Schlucken und Aufnehmen von Nahrung.

> **Mit erogenen Zonen bezeichnet Freud diejenigen Teile des Körpers, die Quelle für Lustempfinden und Triebbefriedigung sind.**
> **Libido ist die Bezeichnung für die Energien des Lebenstriebes, die nach Lust und Befriedigung strebt.**

Freud hat die Entwicklung der Libido auch **psychosexuelle Entwicklung** genannt, sie in Phasen eingeteilt und entsprechend der vorherrschenden erogenen Zone bezeichnet. In jeder dieser Phasen ereignen sich entscheidende Schritte in der Entwicklung der Persönlichkeit.

Phasen der psychosexuellen Entwicklung (Libidoentwicklung)

Phase	Erogene Zone	Entwicklung der Persönlichkeit
Orale Phase (lat., os, oris: Mund) *1. Lebensjahr*	• Mundzone und alles, was damit im Zusammenhang steht, z. B. Saugen, Schlucken, Beißen, Lutschen, Aufnehmen von Nahrung. • Stimulierung der Haut und der Sinnesorgane wird als befriedigend erlebt.	Über den Mund, die Haut, und die Sinnesorgane stellt der Säugling die **ersten Beziehungen zur sozialen Umwelt** her. Werden die Bedürfnisse des Kindes nach Nahrung, Ruhe, Wärme, Hautkontakt und Zärtlichkeit von einer liebevollen Bezugsperson konstant erfüllt, dann gewinnt das Kind Vertrauen zu sich selbst und zum Leben. Negative Erfahrungen bewirken eine pessimistische Lebensgrundeinstellung.
Anale Phase (lat., anus: After) *2.–3. Lebensjahr*	• Ausscheidungsorgane, der Ausscheidungsvorgang und das Ausscheidungsprodukt. • Das Hergeben und das Zurückhalten der Ausscheidungsprodukte; das Spielen mit den Ausscheidungsorganen und -produkten oder ähnlichen Dingen, wie z. B. Sand; Brei, Matsch usw.	Das **ICH** des Kindes beginnt sich zu entwickeln. Ein Mittel zur Erprobung und Durchsetzung des eigenen Willens ist es, eigenwillig mit den Ausscheidungsprodukten zu verfahren (zurückhalten, hergeben, spielen). Das Kind entwickelt in dieser Zeit das Streben nach **Autonomie;** es versucht sich gegen den Willen der Erwachsenen durchzusetzen. In der Auseinandersetzung mit den Eltern entwickelt das Kind das Bewußtsein der eigenen Wirksamkeit, aber auch der persönlichen Grenzen.
Phallische Phase (griech., phallos: Glied) *4.–5. Lebensjahr*	• Geschlechtsteile; Masturbieren, Spielen an und Herzeigen der eigenen Geschlechtsteile, Betrachten und Befassen der Geschlechtsteile anderer (Schau- und Zeigelust, Doktorspiele), sexueller „Wißtrieb".	Das Kind erkundet und entdeckt den eigenen Körper und die eigenen Geschlechtsteile und ihre lusterregende Eigenschaft. Dem Kind werden die Geschlechtsunterschiede bewußt. In dieser Zeit fühlt sich das Kind zum gegengeschlechtlichen Elternteil besonders hingezogen. Es hat den Wunsch, diesen Elternteil ganz für sich zu besitzen. Der andere Elternteil wird als Konkurrent und Rivale erlebt, den das Kind ersetzen oder dem es gleich sein möchte (Ödipus-Konflikt[1]). Allmählich identifiziert sich das Kind mit dem gleichgeschlechtlichen Elternteil, was zum **Erwerb der Geschlechtsrolle** führt. Das Kind **verinnerlicht die Werte und Normen der Eltern,** das **ÜBER-ICH** bildet sich aus.
Latenzzeit (lat., latere: verborgen sein) *6. bis etwa 12. Lebensjahr*	Ruhen, jedoch nicht völliges Verschwinden sexueller Wünsche und Interessen.	Triebregungen treten in den Hintergrund, andere Interessen gewinnen an Bedeutung. Das Kind wird fähig, auf unmittelbare Triebbefriedigung zu verzichten, diese auf einen anderen Zeitpunkt aufzuschieben.
Genitale Phase (lat., gens, gentis: das Geschlecht) *etwa ab dem 12. Lebensjahr*	• Sexualorgane; Küssen, Streicheln, Petting, Geschlechtsverkehr mit einem Partner. • Selbststimulierung der Sexualorgane.	Das sexuelle Erleben und Verhalten wandelt sich und bezieht sich auf einen Geschlechtspartner im Gegensatz zur selbstbezogenen Sexualität des Kindes. Die Sexualität tritt nun in den Dienst der menschlichen Partnerschaft und Fortpflanzung. Sie dient nicht mehr nur dem Lustgewinn, sondern wird ein wesentlicher Ausdruck intensiver zwischenmenschlicher Beziehung.

[1] Ödipus-Konflikt: „Freuds Bezeichnung für die sexuelle Hinwendung des Jungen zur Mutter und die Furcht vor Kastration durch den Vater, der als Rivale erlebt wird"(Lawrence A. Pervin, 1993[3]).

Die Entwicklung der Persönlichkeit hängt nun entscheidend davon ab, wie die soziale Umwelt, insbesondere die Eltern, auf die Wünsche und Bedürfnisse des Kindes in den jeweiligen Entwicklungsphasen eingehen und reagieren. Wird von den Eltern und Erziehern das Lusterleben und eine angemessene Befriedigung der für die einzelnen Phasen charakteristischen Triebwünsche gewährt und zugelassen, dann kann sich das Kind sowohl emotional als auch geistig gesund entwickeln und eine stabile und **ICH-starke Persönlichkeit** aufbauen.

Die Persönlichkeitsentwicklung wird gehemmt, wenn das Lusterleben des Kindes unterdrückt wird und die Triebwünsche des Kindes nicht oder nur unzureichend befriedigt werden. **Seelische Fehlentwicklungen** sind dann häufig die Folge. So kann die Persönlichkeitsentwicklung auf einer bestimmten Entwicklungsstufe stehen bleiben, Freud spricht in diesem Fall von **Fixierung.** Die davon betroffene Person hält auch im Erwachsenenalter an Verhaltensweisen fest, die für die entsprechende frühkindliche Entwicklungsphase charakteristisch sind.

> **Mit Fixierung bezeichnet Freud das Stehenbleiben auf einer bestimmten Phase der psychosexuellen Entwicklung, einschließlich des Festhaltens an entsprechenden Verhaltensweisen.**

Erfährt ein Kind im ersten Lebensjahr wenig Zärtlichkeit oder wird es plötzlich von der Brust oder Flasche entwöhnt, dann kann es zu einer oralen Fixierung kommen. Auch im Erwachsenenalter strebt diese Person nach oraler Befriedigung, etwa durch übermäßiges Essen, Trinken, Rauchen usw.; durch Einverleiben wird Lust erlebt. Die einverleibten Objekte sind ein Ersatz für den in der frühen Kindheit erlebten Mangel.

Fixierung tritt auch auf, wenn die Triebwünsche des Kindes über das Maß hinaus befriedigt werden (= exzessive Befriedigung) und wenn es den Eltern nicht gelingt, dem Kind realistische Grenzen zu setzen.

Personen, die als Kind laufend umsorgt und bemuttert wurden, können oral fixiert bleiben. Auch als Erwachsener erwarten sie, daß sie von anderen Menschen und vom Leben ständig verwöhnt werden.

Zu große Versagungen oder Verwöhnungen in der frühen Kindheit können auch dazu führen, daß das Kind zwar die psychosexuellen Entwicklungsphasen durchläuft, zu einem späteren Zeitpunkt aber auf bereits überwundene Entwicklungsabschnitte zurückfällt. Diesen Vorgang nennt die Psychoanalyse **Regression.** Lebenskrisen und Probleme sind häufig der Auslöser für regressives Verhalten; die eigentliche Ursache liegt aber in Defiziten in der frühkindlichen Entwicklung.

Eine Person, die sich mühsam das Rauchen abgewöhnt hat, greift in Krisensituationen wieder zu Zigaretten. Psychoanalytisch betrachtet liegt ein Rückfall in die orale Phase vor. Durch Einverleiben wird Lust erzeugt und Unlust abgebaut.

> **Regression meint ein Zurückfallen auf eine bereits überwundene Phase der psychosexuellen Entwicklung.**

Sowohl starke Versagungen der kindlichen Triebwünsche als auch eine uneingeschränkte Gewährung und exzessive Befriedigung der Bedürfnisse in den einzelnen Entwicklungsphasen können also zu einer Fixierung oder zu einer Regression führen.

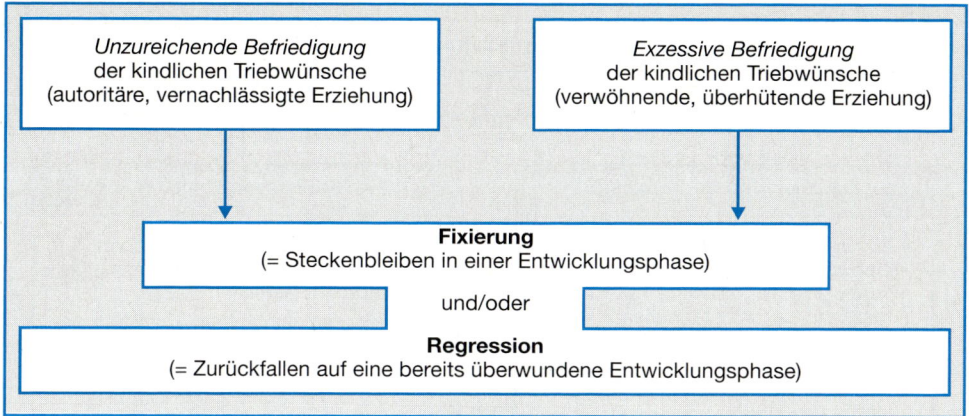

Unzureichende Befriedigung
der kindlichen Triebwünsche
(autoritäre, vernachlässigte Erziehung)

Exzessive Befriedigung
der kindlichen Triebwünsche
(verwöhnende, überhütende Erziehung)

Fixierung
(= Steckenbleiben in einer Entwicklungsphase)

und/oder

Regression
(= Zurückfallen auf eine bereits überwundene Entwicklungsphase)

★ Das psychosexuelle Entwicklungsmodell wurde von **Erik H. Erikson,** einem Schüler von Freud, erweitert. Nach Erikson sind nicht nur die ersten fünf Lebensjahre entscheidend für die Entwicklung der Persönlichkeit. Vielmehr kommt es darauf an, wie der Mensch bestimmte Krisen im Laufe seines gesamten Lebens bewältigt. Erik H. Erikson spricht von **psychosozialer Entwicklung.**

➡ **Materialien 3.**

7.2.8 Die Bedeutung der Psychoanalyse für die Erziehung

Eltern und Erzieher können die Libidoentwicklung des Kindes unterstützen, indem sie für eine **angemessene Befriedigung,** der für die einzelnen Entwicklungsphasen charakteristischen Triebwünsche sorgen und das Lusterleben des Kindes zulassen.

Im ersten Lebensjahr kommt es vor allem darauf an, die Bedürfnisse des Kleinkindes nach Nahrung, Wärme, Hautkontakt und Zärtlichkeit umfassend zu erfüllen und es keinen unnötigen Versagungen auszusetzen. In der analen Phase sollte die Reinlichkeitserziehung nicht zu früh einsetzen und zu streng gehandhabt werden. Eltern und Erzieher sollten sie mit viel Geduld und positiven Erziehungsmitteln, wie Lob, Anerkennung, Ermutigung, durchführen, damit sie das Kind als befriedigend erlebt. Erst wenn das Kind fähig ist, die Erklärungen der Eltern zu verstehen, können ihm Schritt für Schritt Grenzen seines Handelns erklärt und aufgezeigt werden. Durch verständnisvolles Eingreifen lernen Kinder Situationen zu unterscheiden, in denen sie ihre Triebwünsche angemessen befriedigen können, und solchen, in denen sie die Triebbefriedigung zurückstellen und aufschieben müssen. Auf diese Art und Weise lernen Kinder auch die Interessen anderer Personen zu verstehen und zu berücksichtigen.

Indem Eltern und Erzieher also einerseits die Triebwünsche des Kindes zulassen und ihm Freiräume gewähren, andererseits aber auch verständnisvoll Grenzen setzen, **stärken** sie **das ICH** des Kindes und **fördern** die Entwicklung des **Realitätsprinzips.** Die beginnende ICH-Entwicklung des Kindes kann durch folgende Maßnahmen unterstützt und gefördert werden:

```
                    ┌─────────────────────────────┐
                    │   Förderung von Ich-Stärke   │
                    └─────────────────────────────┘
```

Zulassen von Bedürfnissen	Setzen von Grenzen
• Lusterleben des Kindes zulassen, für eine angemessene Befriedigung der Triebwünsche sorgen, altersangemessene Sexualbetätigung erlauben.	• Dort, wo die Bedürfnisse anderer Personen eingeschränkt werden, verständnisvoll Grenzen setzen.
• Kinder dazu ermutigen, daß sie die eigenen Wünsche und Bedürfnisse wahrnehmen, anmelden und befriedigen.	• Kinder dazu befähigen, Kompromisse zwischen eigenen und fremden Bedürfnissen zu schließen.
• Den Kindern Freiräume für die eigenen Aktivitäten gewähren.	• Auf Zwang, übermäßige Gebote und Verbote, die Erzeugung von Angst und Schuldgefühlen verzichten.
• Kinder bei der Erprobung des eigenen Wollens und der Erfahrung der eigenen Wirksamkeit und Unabhängigkeit unterstützen.	• Kinder schrittweise an Triebaufschub heranführen und einüben.

Zusammenfassung der wichtigsten Aussagen der Psychoanalyse

▶ Alles Verhalten wird durch den Lebens- und Todestrieb erzeugt und gesteuert. Grundlage von Trieben ist eine psychische Energie, die sich beim Kind noch ungerichtet und völlig wahllos entlädt, im Laufe der Entwicklung jedoch in bestimmte Bahnen gelenkt wird. Inbegriff für alle Triebenergie, die dem Lebenstrieb zugrunde liegt, ist die Libido. Diese Quelle der Triebenergie ist angeboren. Der Mensch strebt nach Abfuhr der Triebenergie, nach Reduktion der Triebspannung; er sucht Triebbefriedigung.

▶ Die Abfuhr der Triebenergie wird in der frühen Kindheit über bestimmte Körperteile, dem Mund, After und den Genitalien und alles, was mit dem betreffenden Körperteil unmittelbar in Zusammenhang steht, erreicht. Im Laufe der frühkindlichen Entwicklung dominiert jeweils einer dieser Körperteile; die Entwicklung der Libido verläuft in bestimmten Phasen, die nach dem jeweiligen dominierenden Körperteil benannt sind:

  • Orale Phase: Reduktion der Triebspannung durch Stimulation des Mundes, und alles, was mit ihm in Zusammenhang steht (Saugen, Schlucken, Beißen, Lutschen, Nahrungsaufnahme, etc.). Vorherrschend sind Wünsche des Einverleibens; in dieser Phase wird die Beziehung zur Umwelt aufgebaut (optimistische, pessimistische Lebensgrundeinstellung).

  • Anale Phase: Reduktion der Triebspannung durch Stimulation der Afterregion. Vorherrschend sind Wünsche des Spielens mit den Ausscheidungsorganen, dem -produkt sowie des Gebens und Nehmens. In dieser Phase wird die Beziehung zum ICH, zur eigenen Person aufgebaut.

- Phallische Phase: Reduktion der Triebspannung durch Stimulation der Genitalien. Die geschlechtliche Andersgeartetheit kann beim Jungen eine Kastrationsangst, beim Mädchen einen Penisneid hervorrufen. Die Triebwünsche äußern sich vor allem im Begehren des gegengeschlechtlichen Elternteils (Ödipus-Konflikt), dessen Bedeutung in der Identifizierung mit der jeweiligen Geschlechtsrolle liegt. Folgen eines nicht überwundenen Ödipus-Konfliktes (= Ödipus-Komplex) können Nichtbejahung der eigenen Geschlechtsrolle, keine Identifizierung mit dem eigenen Geschlecht, sexuelle Probleme oder Homosexualität sein.

▶ Die Entwicklung der Libido vollzieht sich nach einem eigengesetzlichen, genetischen Verlauf, und sie tritt nach der phallischen Phase in den Hintergrund (Latenzperiode). Mit Beginn der Vorpubertät erwacht sie wieder zu neuer Macht, kann aber jetzt nicht mehr nur zur Lust, sondern auch zur Fortpflanzung eingesetzt werden. Zudem tritt sie in den Dienst der menschlichen Partnerschaft außerhalb der Familie und wird somit eine wichtige Form sozialer Interaktion und Kommunikation.

▶ Wie der Mensch diese Phasen durchläuft, ist von seiner Umwelt, insbesondere von seinen Bezugspersonen und seiner Erziehung abhängig. Bei einer angemessenen, der Realität angepaßten Befriedigung der für die einzelnen Phasen charakteristischen Triebwünsche ist eine seelisch gesunde Entwicklung gegeben.
Werden die Wünsche und Bedürfnisse des Kindes in den jeweiligen Phasen nicht oder nur unzureichend befriedigt, so tritt eine Fixierung oder eine Regression ein, was zu einer abweichenden Persönlichkeitsentwicklung führen kann. Fixierungen und Regression können auch eintreten, wenn die Wünsche und Bedürfnisse des Kindes über die Maßen hinaus (= exzessiv) befriedigt werden.

▶ Die Instanz, die das blinde Streben nach Befriedigung der Triebe, Wünsche und Bedürfnisse beinhaltet, ist das ES. Es vertritt das „Lustprinzip". In der Auseinandersetzung mit der Realität entsteht das ICH, welches die Instanz des bewußten Lebens und der bewußten Auseinandersetzung mit der Realität darstellt. Es vertritt das „Realitätsprinzip". Das ÜBER-ICH umfaßt die Wert- und Normvorstellungen und moralischen Prinzipien und führt das Verhalten und Handeln des ICH im Sinne der geltenden Moral. Es vertritt das „Moralitätsprinzip".

▶ Das ICH steht im Mittelpunkt des Freud'schen Persönlichkeitsmodells: Es versucht zwischen ES, das bestimmte Wünsche und Bedürfnisse anmeldet, und ÜBER-ICH, welches die Ansprüche des ES bewertet, zu vermitteln und überprüft die Realität, ob Befriedigung möglich ist oder nicht. Vom ÜBER-ICH zugelassene Ansprüche werden vom ICH gesteuert und, wenn es die Realität ermöglicht, verwirklicht. Nicht zugelassene Wünsche und Bedürfnisse müssen vom ICH abgewehrt werden.

▶ Ansprüche des ES, die vom ÜBER-ICH nicht zugelassen werden, lösen beim Menschen verschiedene Ängste aus. Um diese zu vermeiden oder zu verringern, werden Abwehrmechanismen eingesetzt, die die Ansprüche des ES unbewußt machen und somit drohende Konflikte vermeiden sollen. Solche Abwehrmechanismen sind zum Beispiel die Verdrängung, die Projektion, Reaktionsbildung, Verschiebung, Rationalisierung, Identifikation, Widerstand oder Sublimierung.
Ein längeres starres und übertriebenes Einsetzen von Abwehrmechanismen führt zur Leugnung und Verfälschung der Realität, so daß es zu einem der Realität nicht angepaßten Verhalten kommt, was der Ausgangspunkt für seelische Fehlentwicklungen ist.

7.3 Die personenzentrierte Theorie der Persönlichkeit von Carl R. Rogers

Die Persönlichkeitstheorie von Carl Rogers ist das Ergebnis seiner jahrzehntelangen therapeutischen Arbeit mit Menschen. Aus einer Therapiemethode und einer Lehre vom Prozeß der Veränderung des menschlichen Verhaltens hat Rogers eine umfassende Theorie der Persönlichkeit entwickelt.

7.3.1 Carl R. Rogers: Seine Person und sein Menschenbild

Carl R. Rogers

Carl Rogers wurde am 8. Januar 1902 in Oak Park, USA, geboren. Seine Eltern betrieben eine Landwirtschaft. Schon früh mußte Rogers lernen, hart und diszipliniert zu arbeiten. Auch wurde er von seinen Eltern streng religiös erzogen. Er studierte zunächst Agrarwissenschaft, später Theologie, bis er sich schließlich dem Studium der Psychologie zuwandte. Nach dem Studium arbeitete er in der Erziehungsberatung und als klinischer Psychologe. In dieser Zeit erprobte er neue therapeutische Techniken, die er zur **klientenzentrierten Therapie** zusammenfaßte. Seine vielfältigen Erfahrungen in der Therapie und seine zahlreichen Untersuchungen zum Prozeß der Veränderung des Verhaltens hat Rogers Jahre später zur **personenzentrierten Theorie der Persönlichkeit** weiterentwickelt.

Sowohl der Therapie als auch seiner Persönlichkeitstheorie liegt die Idee zugrunde, „daß das Individuum unermeßliche Quellen in sich trägt, um sein Leben zu ändern und daß diese Quellen im geeigneten Klima mobilisiert werden können." (Carl Rogers, 1992[9])

Klientenzentriert wird die von Carl Rogers entwickelte Methode und Lehre vom Prozeß der Veränderung des menschlichen Verhaltens bezeichnet. Entscheidende Bedingung für die Veränderung des Klienten ist das ihm zugewandte, echte, wertschätzende und einfühlende Verhalten des Therapeuten. Die klientenzentrierte Therapie wird auch **Gesprächspsychotherapie** genannt.

Seine Persönlichkeitstheorie bezeichnet Rogers als **personenzentriert.** Sie ist ein Ergebnis seiner Theorie der Therapie.

Rogers kritisierte immer eine Psychologie, die zu abstrakt und vom Menschen entfremdet ist. Er selbst wurde als übertrieben optimistisch beurteilt, vor allem sein Glaube, daß sich internationale Spannungen und Konflikte mit den Mitteln der klientenzentrierten Methode lösen lassen. Am 4. Februar 1987 starb Carl Rogers im Alter von 85 Jahren.

Das **Menschenbild** von Rogers unterscheidet sich deutlich von dem der Psychoanalyse. Während Freud die Triebkräfte hervorhebt, die Leben sowohl erzeugen und erhalten als auch zerstören können, ist nach Rogers die Natur des Menschen im wesentlichen positiv. So strebt der Mensch danach, zu wachsen und sich zu einer gesunden und selbstbestimmten Persönlichkeit zu entwickeln. Wenn er nicht zu sehr in seinem Selbstverwirklichungsstreben eingeschränkt wird und seinem Wesen gemäß handeln kann, ist er ein positives und soziales Wesen, dem man vertrauen kann. Allerdings sieht Rogers auch die irrationalen und zerstörerischen Kräfte im Menschen. Er schreibt:

„Ich habe kein euphorisches Bild von der menschlichen Natur. Ich weiß, daß Individuen aus Abwehr und innerer Angst sich unglaublich grausam, destruktiv, unreif, regressiv, asozial und schädlich verhalten können. Es ist dennoch einer der erfrischendsten und belebendsten Aspekte meiner Erfahrung, mit solchen Individuen zu arbeiten und die starken positiven Richtungsneigungen zu entdecken, die sich auf den tiefsten Ebenen bei ihnen wie bei uns allen finden." *(Carl Rogers, 1992⁹)*

Rogers Menschenbild ist geprägt von einem tiefen Respekt gegenüber dem Menschen und deutlich beeinflußt vom philosophischen Denken des Humanismus. Die von Rogers und anderen Psychologen, wie Kurt Goldstein und Abraham H. Maslow, begründete und geförderte **„humanistische Psychologie"** ist eine der großen psychologischen Schulen der Gegenwart.

7.3.2   Die Selbstaktualisierung

Nach Rogers wird der Organismus des Menschen nicht von irgendwelchen Trieben gesteuert, sondern von einer einzigen zentralen Energie und zwar der **angeborenen Tendenz zur Selbstaktualisierung, Selbsterhaltung** und **Selbstverwirklichung.**

> „Der Organismus hat eine grundlegende Tendenz, den Erfahrungen machenden Organismus zu aktualisieren, zu erhalten und zu erhöhen." *(Carl Rogers, 1992⁹)*

Obwohl das Krabbeln für das Kleinkind mühelos und leichter ist, lernt es unter Mühen und Anstrengung den aufrechten Gang.

Selbstaktualisierung ist das grundlegende Motiv für das Tätigwerden des Menschen und beinhaltet Erweiterung im Sinne von Wachstum und meint Entwicklung hin zu Autonomie und Selbstbestimmung, weg von Abhängigkeit und Kontrolle durch äußere Zwänge. Dabei entwickelt der Mensch die zunehmende Bereitschaft, sich für jede Art von Erfahrung zu öffnen und sich und andere so anzunehmen, wie sie sind.

„Man beklagt sich nicht über Wasser, weil es naß ist, noch über Felsen, weil sie hart sind. So wie das Kind die Welt mit großen, unkritischen und unschuldigen Augen beschaut, sich einfach merkt und beobachtet, was der Fall ist, ohne die Sache zu diskutieren oder zu verlangen, daß es anders sei, so betrachtet der sich selbst aktualisierende Mensch die menschliche Natur in ihm wie in anderen." *(Abraham Maslow, in: Carl Rogers, 1992⁹)*

> **Selbstaktualisierung ist das angeborene und beständige Bestreben des Menschen, seine Entwicklungsmöglichkeiten zu entfalten und zu verwirklichen.**

Im Prozeß der Selbstaktualisierung und der Selbstverwirklichung entfernt sich der Mensch von einem Sein, das er nicht ist, und nähert sich dem Selbst, das er wirklich ist, oder wie Rogers schreibt:

„Das Selbst zu sein, das man in Wahrheit ist!" *(Carl Rogers, 1992[9])*

Neben dem angeborenen Bedürfnis nach Selbstaktualisierung existieren aber noch weitere erworbene Bedürfnisse, die mit der Tendenz zur Selbstaktualisierung in Konflikt geraten können. Hier hebt Rogers vor allem das *Bedürfnis nach positiver Beachtung durch andere* und das *Bedürfnis nach Selbstachtung*[1] hervor. Überwiegen diese beiden Bedürfnisse, so können sie das Streben nach Selbstaktualisierung und Selbstverwirklichung beeinträchtigen, etwa in der Weise, daß nur Verhaltensweisen gezeigt werden, die von der sozialen Umwelt akzeptiert werden, um damit das Bedürfnis nach positiver Beachtung durch andere zu befriedigen.

Eine weitere Grundannahme von Rogers ist, daß der Organismus des Menschen, *die Erfahrungen,* die er macht, *in Beziehung setzt zu dem grundlegenden Streben nach Selbsterhaltung und Selbstaktualisierung.* Erfahrungen, die die Selbstaktualisierung ermöglichen, werden vom Organismus als positiv bewertet und weiterhin angestrebt. Erfahrungen, die die Selbstaktualisierung verhindern oder die Selbsterhaltung gar bedrohen, werden negativ bewertet und vermieden. Dieser Vorgang wird als **organismischer Bewertungsprozeß** bezeichnet.

Eltern, die ihr Kind zum Gehen anregen und ihm solange Hilfestellungen geben, bis es die ersten Schritte alleine machen kann, fördern die Selbstaktualisierung des Kindes. Der Organismus des Kindes wird diese Erfahrungen positiv bewerten. Selbstaktualisierung wird verhindert, wenn das Kind in seinem Bewegungsdrang eingeschränkt wird, indem die Eltern es immer bei der Hand nehmen und es nicht alleine gehen lassen. Der Organismus reagiert hierauf häufig mit Unbehagen und Trotz.

> **Organismischer Bewertungsprozeß ist der fortwährende Prozeß des Organismus, Erfahrungen aufzunehmen und dahingehend zu bewerten, inwieweit sie die Selbsterhaltung, die Selbstaktualisierung und die Selbstverwirklichung fördern bzw. einschränken.**

---

[1] Rogers spricht von dem Bedürfnis nach **Selbstbeachtung.** „Es entsteht aus der Verknüpfung von Selbsterfahrungen mit Befriedigungen oder Versagungen des Bedürfnisses nach positiver Beachtung. Das Individuum erlebt schließlich positive Beachtung oder dessen Verlust unabhängig von Austauschprozessen mit anderen. Es wird sozusagen sein eigenes Gegenüber." *(Carl Rogers, 1989[2])*

Basisannahmen der personenzentrierten Theorie von Carl Rogers	
Tendenz zur Selbsterhaltung, Selbstaktualisierung und Selbstverwirklichung	Das Streben nach Selbsterhaltung, Selbstaktualisierung und Selbstverwirklichung ist das grundlegende Motiv für das Tätigwerden des Menschen. Dieses Bestreben ist dem Menschen angeboren und besteht darin, die eigenen Entwicklungsmöglichkeiten zu entfalten und zu verwirklichen.
Organismischer Bewertungsprozeß	Der Mensch unterwirft seine Erfahrungen einem ständigen organismischen Bewertungsprozeß, dessen Urteilskriterium die Realisierung bzw. Nichtrealisierung von Selbsterhaltung, Selbstaktualisierung und Selbstverwirklichung ist.

7.3.3   Das Selbstkonzept

Carl Rogers sieht **den Menschen als ein bewußt handelndes Wesen, das von seinen Erfahrungen geleitet wird.** All die individuellen Erfahrungen, die eine Person im Laufe ihres Lebens gemacht hat und weiterhin macht, verdichten sich zu einem für diese Person charakteristischen Wahrnehmungsfeld. Dieses Wahrnehmungsfeld ist das individuelle Bezugssystem der Person. Es ist seine Realität, die einzigartig ist und von einem anderen nie vollständig verstanden werden kann.

Entsprechend den individuellen Wahrnehmungen werden andere Personen, Dinge und Ereignisse von einer Person als bedeutend, ängstigend oder bedrohlich eingestuft, von einer anderen Person dagegen als höchst erfreulich, willkommen oder bedeutungslos angesehen. Auch ist das Verhalten nicht einfach eine Reaktion auf Reize, sondern eine von Person zu Person sehr unterschiedlich ausfallende Verhaltensreaktion, die sich aus der individuellen Verarbeitung von Wahrnehmungen ergibt.

Für einen Hardrock-Fan ist laute Rockmusik ein Genuß. Für einen Liebhaber klassischer Musik ist diese Art von Musik nur lautes Gedröhne, von dem er Kopfschmerzen bekommt.

„Jedes Individuum existiert in einer ständig sich ändernden Welt der Erfahrung, deren Mittelpunkt es ist (…) Der Organismus reagiert auf das Feld, wie es erfahren und wahrgenommen wird. Dieses Wahrnehmungsfeld ist für das Individuum ‚Realität'. *(Carl Rogers, 1992)*

Ein Teil des gesamten Wahrnehmungsfeldes entwickelt sich nach und nach zum **Selbst** und bildet schließlich das **Selbstkonzept** einer Person, als die „zusammengefaßte, konzentrierte, aber änderbare Summe der tausendfachen Erfahrungen eines Menschen mit sich selbst und über sich selbst." *(Reinhard und Anne-Marie Tausch, 1991[10])*

Hat eine Person mehrfach die Erfahrung gemacht, daß es ihr leicht fällt in Kontakt mit anderen Menschen zu treten, dann wird sie sich bald als eine Person sehen, die aufgeschlossen und kontaktfreudig ist. Sie wird gerne auf andere Menschen zugehen, sich für deren Anliegen interessieren und gemeinsame Unternehmungen planen.

Das Selbstkonzept ist der Schlüsselbegriff in der Persönlichkeitstheorie von Carl Rogers.[1] Es besteht aus dem **Real-Selbst** und dem **Ideal-Selbst.**

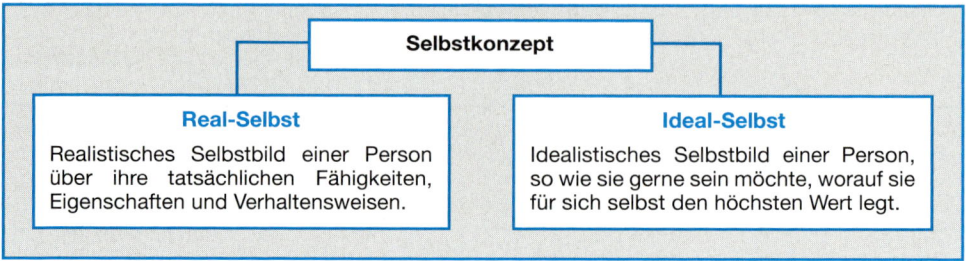

Erzieher A nimmt wahr, daß er ab und zu Konflikte mit den Zu-Erziehenden hat, die er in der Regel recht gut lösen kann. Bei manchen Konflikten ist er jedoch überfordert, sie bleiben ungelöst. Hat er ein realistisches Selbstbild, so wird er die Situation als solche erkennen und akzeptieren. Er kann aber auch das Ideal verfolgen, daß er ein perfekter Pädagoge sein will, der alle Konflikte beseitigen kann und der bei allen Zu-Erziehenden hoch angesehen ist.

Personen streben nach einer *Übereinstimmung zwischen Real-Selbst und Ideal-Selbst.* Sie sind glücklich und ausgeglichen, wenn das reale und ideale Selbstkonzept weitgehend übereinstimmen.

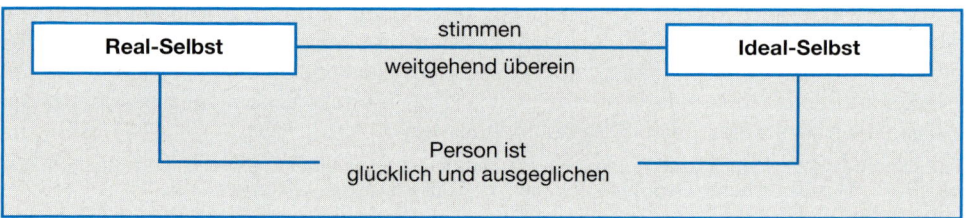

Innere Spannungen, Ängste und Depressionen entstehen dann, wenn das Real-Selbst und das Ideal-Selbst zu sehr auseinanderklaffen oder wenn die Person einen Teil ihres Real-Selbstes aufgrund überhöhter Ideale ablehnt.

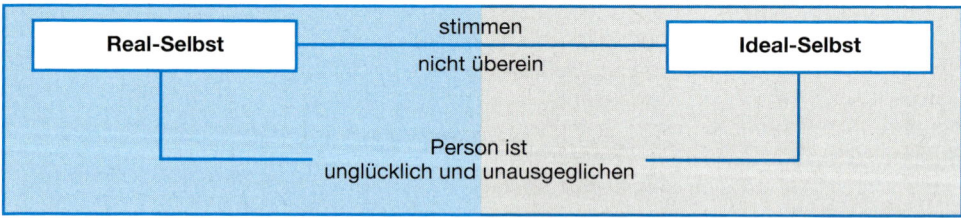

Will Erzieher A ein perfekter Pädagoge sein, wird er ständig unter dem Druck stehen, seinem eigenen Ideal zu entsprechen. Reichen seine Anstrengungen nicht aus, dann wird sich bald Niedergeschlagenheit und Frustration einstellen. Dauert dieser Zustand länger, kann es zu Depressionen und psychosomatischen Beschwerden, wie Magen- oder Kopfschmerzen, kommen.

---

[1] Das Persönlichkeitskonstrukt „Selbstkonzept" und seine Bedeutung für das Erleben und Verhalten wird ausführlich in Kapitel 6.2 dargestellt.

7.3.4 Die Bildung des Selbstkonzeptes

„Das Selbstkonzept, mit dem Kinder, Jugendliche und Erwachsene leben und dem gemäß sie gegenwärtig und zukünftig handeln, wird wesentlich durch die Erfahrungen bestimmt, die sie mit sich selbst und in der Begegnung mit den Personen ihrer sozialen Umwelt gemacht haben und weiterhin machen." *(R. und A. Tausch, 1991[10])*

Das Bewußtsein über sich selbst, über seine individuellen Fähigkeiten und Eigenschaften, Stärken und Schwächen erwirbt das Kind vor allem durch die Beziehungsbotschaften, die Eltern, Lehrer und Erzieher dem Kind senden.

Schon bevor ein Kind die Sprache versteht, erfährt es durch die Art und Weise, wie die Eltern mit ihm sprechen und umgehen, Grundbotschaften, wie „Du bist erwünscht" oder „Du bist unerwünscht". Diese Beziehungsbotschaften prägen das Selbstkonzept des Kindes grundlegend. Später werden diese Erfahrungen verdichtet sowohl durch ausdrückliche Aussagen, wie zum Beispiel „Aus dir wird sowieso nichts, du Dummkopf!" oder „Du kannst sehr gut malen!", als auch durch Botschaften zwischen den Zeilen, wie „Muß man dir denn alles dreimal sagen?"

So wie die Bezugspersonen das Kind sehen und achten, so wird es sich bald selbst sehen und achten. Wird das Kind von seinen Eltern und Erziehern **wertschätzend** behandelt, so wird es ein positives Selbstkonzept aufbauen und hohe Selbstachtung entwickeln. Gehen die Bezugspersonen dagegen mit dem Kind **geringschätzend** um, dann wird sein Selbstkonzept eher negativ sein und die eigene Person wird wenig geachtet.

> **Wertschätzung ist eine Haltung des Erziehers, die sich durch Achtung, Wärme und Rücksichtnahme auszeichnet. Geringschätzung ist gekennzeichnet durch Mißachtung, Kälte, Härte und Ablehnung.**
> **„Selbstachtung ist die gefühlsmäßig wertende Einstellung einer Person zu sich selbst, zu ihrer eigenen Person. Es ist die Achtung und Wertschätzung, die eine Person für sich selbst, für ihr Selbst empfindet." *(Reinhard und Anne-Marie Tausch, 1991[10])***

Entstehung eines positiven bzw. negativen Selbstkonzeptes

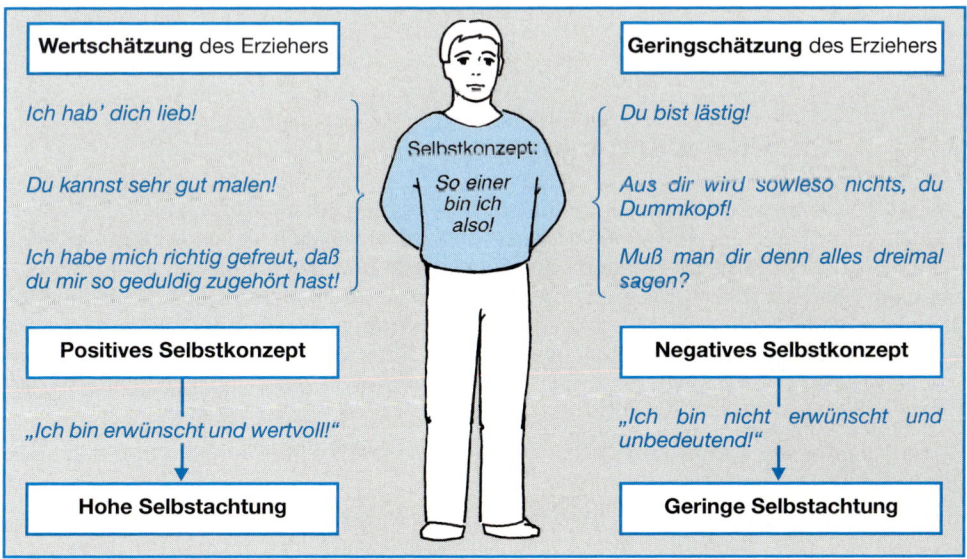

Wertschätzung des Erziehers		Geringschätzung des Erziehers
Ich hab' dich lieb!	Selbstkonzept: *So einer bin ich also!*	*Du bist lästig!*
Du kannst sehr gut malen!		*Aus dir wird sowieso nichts, du Dummkopf!*
Ich habe mich richtig gefreut, daß du mir so geduldig zugehört hast!		*Muß man dir denn alles dreimal sagen?*
Positives Selbstkonzept		**Negatives Selbstkonzept**
„Ich bin erwünscht und wertvoll!"		*„Ich bin nicht erwünscht und unbedeutend!"*
Hohe Selbstachtung		**Geringe Selbstachtung**

Das durch die Erziehung aufgebaute Selbstkonzept eines Kindes wird durch alle weiteren Erfahrungen mit der sozialen Umwelt verändert und erweitert. Im Umgang mit den Gleichaltrigen erfährt es, welche seiner Eigenschaften und Verhaltensweisen geschätzt oder abgelehnt werden. Auch Institutionen, wie der Kindergarten und die Schule haben Einfluß auf das Selbstkonzept des Heranwachsenden.

Die Selbsterfahrungen werden jedoch schon sehr früh von dem bereits vorhandenen Selbstkonzept beeinflußt: Der Heranwachsende wird sich eher auf Selbsterfahrungen einlassen, die sein bestehendes Selbstkonzept bestätigen und Erfahrungen vermeiden, die es zu sehr in Frage stellen.

Bildung und Entwicklung des Selbstkonzeptes

7.3.5   Kongruenz und Inkongruenz

Jeder Mensch wird immer wieder mit neuen Erfahrungen konfrontiert. Diese Erfahrungen können nun sehr stark von seinem Selbstkonzept abweichen. Im Individuum besteht jedoch die Tendenz, die Diskrepanz zwischen Realität und Selbstkonzept möglichst klein zu halten bzw. abzubauen. Dabei ist das Selbstkonzept dafür verantwortlich, wie nun mit diesen neuen Erfahrungen umgegangen wird, ob sie angenommen oder ignoriert werden. Das Selbstkonzept übernimmt also eine wichtige **Filterfunktion** und läßt nur Wahrnehmungen und Erfahrungen zu, die das Bild von der eigenen Person nicht zu sehr ins Wanken bringen.

Rogers spricht von **Kongruenz,** wenn das Selbstkonzept einer Person und die aktuelle Erfahrung weitgehend übereinstimmen.

Kongruent ist das Erleben und Verhalten eines Jugendlichen, der sich für einen guten Fußballspieler hält und der in seiner Mannschaft häufig die entscheidenden Tore schießt.

Besteht eine Diskrepanz zwischen dem Selbst und der Erfahrung, dann entsteht **Inkon-gruenz**; ganz bestimmte Erfahrungen stimmen mit dem Selbstkonzept einer Person nicht mehr überein.

Erzieher B hält sich für einen erfahrenen und kompetenten Pädagogen. In letzter Zeit hat er jedoch häufig Konflikte mit den Zu-Erziehenden, denen er entweder aus dem Weg geht oder die er autoritär löst.

Kongruenz bezeichnet die Übereinstimmung des Selbstkonzeptes mit den aktuellen Erfahrungen, die ein Individuum macht.
Von **Inkongruenz** spricht man, wenn die aktuellen Erfahrungen mit dem Selbstkonzept einer Person nicht übereinstimmen.

Menschen mit einem **positivem Selbstkonzept** sind in der Lage, über sich offen und umfassend nachzudenken, da sie ein breit angelegtes Selbstkonzept haben. Sie haben nicht das Bedürfnis, bestimmte Erfahrungen oder Wahrnehmungen zu ignorieren. Sie werden Konflikte mit der Realität wahrnehmen und nach Lösungsmöglichkeiten suchen. Naheliegend ist, daß die Person ihr Selbstkonzept und die entsprechenden Verhaltensweisen verändert.

Erzieher B gesteht sich seine Probleme mit den Zu-Erziehenden ein. Er spricht mit Kollegen darüber, besucht Fortbildungsveranstaltungen und erprobt neue Wege der Konfliktbewältigung.

Ein **positives Selbstkonzept** ist also flexibel genug, neue Erfahrungen anzunehmen und sich ihnen anzupassen. Dadurch kommt es zu einer weitgehenden Übereinstimmung zwischen dem Selbstkonzept und den gemachten Erfahrungen, was dazu führt, daß die Person ausgeglichen und zufrieden ist.

Bewältigung von Inkongruenz

Personen mit einem **beschädigten** und **negativ gefärbten Selbstkonzept** sind weniger offen für neue Wahrnehmungen und Erfahrungen. Jede Erfahrung, die das beschädigte Selbstkonzept in Frage stellt oder noch mehr abwertet, wird als bedrohlich erlebt.

Erzieher B. wird die Konflikte mit den Zu-Erziehenden dann als bedrohlich erleben, wenn er von sich insgeheim denkt, daß ihn die meisten Menschen nicht mögen und ablehnen.

Um die bestehende Selbststruktur zu schützen und aufrecht zu erhalten, werden die als bedrohlich erlebten Erfahrungen abgewehrt. Zwei wesentliche Abwehrreaktionen sind die **Verleugnung** und die **Verzerrung.** Bei der Verleugnung wird die Existenz einer Erfahrung völlig verneint. Bei der Verzerrung tritt die Erfahrung zwar in das Bewußtsein, ihre Bedeutung wird aber so entstellt und verändert, daß sie mit dem Selbstkonzept wieder übereinstimmt.

Erzieher B kann die ungelösten Konflikte mit den Jugendlichen völlig verneinen (Verleugnung) oder behaupten: Mit diesen Jugendlichen kommt auch kein anderer Erzieher aus, sie sind unverbesserliche Störenfriede (Verzerrung).

> **Verleugnung ist eine Abwehrreaktion, die bedrohliche Erfahrungen negiert und so vom Bewußtsein ausschließt.**
> **Verzerrung ist eine Abwehrreaktion, bei der die Bedeutung der Erfahrung so verändert und entstellt wird, daß sie, wenn sie in das Bewußtsein gelangt, mit dem Selbstkonzept wieder übereinstimmt.**

Beide Abwehrreaktionen bewahren die Person davor, daß ihr beschädigtes Selbstkonzept weiter verletzt wird und ihre Selbstachtung noch mehr verloren geht. Durch Verleugnung und Verzerrung läßt sich kurzfristig ein gewisser Grad an Übereinstimmung zwischen dem Selbstkonzept und den aktuellen Erfahrungen herstellen. Auseinandersetzung mit der Realität und Veränderungen des Selbstkonzeptes finden jedoch nicht statt.

Bewältigung von Inkongruenz

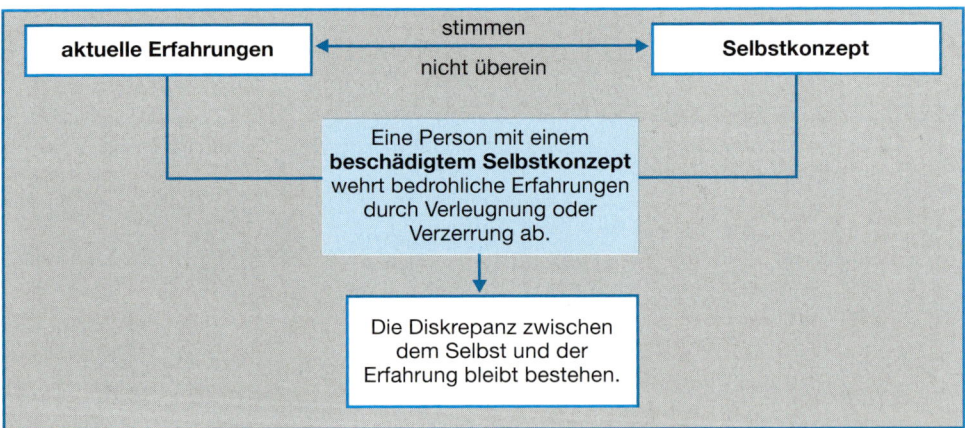

Wenn die aktuellen Erfahrungen einer Person ganz offensichtlich von ihrem Selbstkonzept abweichen, dann wird eine Abwehrreaktion gegen diese Bedrohungen immer schwieriger. „Angst ist dann die Antwort des Organismus auf die ‚unterschwellige Wahrnehmung‘ eine solche Diskrepanz könnte gewahr werden und würde in der Folge eine Veränderung des Selbstkonzeptes erzwingen." *(Carl Rogers, 1989[2])*

Eine Person, deren Selbstkonzept es ist, daß sie niemals haßt, wird Angst erleben, wenn die verleugneten Gefühle ganz offensichtlich in ihrer Phantasie und ihrem nonverbalen Verhalten in Erscheinung treten.

Gelingt die Abwehr der bedrohlichen Erfahrungen nicht mehr und drängen diese immer heftiger ins Bewußtsein, dann zerbricht schließlich die Selbststruktur. **Psychische Störungen** und eine **Fehlanpassung des Verhaltens** können die Folge sein.

➡ **Materialien 3. und 4.**

7.3.6 Die Bedeutung der personenzentrierten Theorie für die Entwicklung und Erziehung

Carl Rogers beschreibt den Weg der Persönlichkeitsentwicklung als einen, der wegführt von der „Fassade" zu einem Selbst, das die Person in Wahrheit ist. Eine Person, die sich verändert, wird zunehmend offener für ihre eigenen Gefühle und Wahrnehmungen. Auch Gefühle, die zunächst unbekannt sind und am Anfang Unbehagen und Unsicherheit auslösen, werden Schritt für Schritt zugelassen und bewußter erlebt.

„Der Betreffende horcht immer mehr in die tiefsten Winkel seines physischen und emotionalen Wesens hinein; und er entdeckt, daß er immer stärker bereit ist, mit größerer Genauigkeit und Tiefe jenes Selbst zu sein, das er am wahrhaftigsten ist." *(Carl Rogers, 1992[9])*

Der Prozeß der Entwicklung der Persönlichkeit vollzieht sich in sieben Bereichen:

Bereich 1: Beziehung zu Gefühlen und persönlichen Meinungen

Niedriges Stadium:	Gefühle werden nicht wahrgenommen oder nicht geäußert.
Hohes Stadium:	Gefühle werden spontan frei erfahren.

Bereich 2: Erfahrungsweise

Niedriges Stadium:	Das Individuum hält sich von Erfahrungen fern.
Hohes Stadium:	Die Erfahrung ist eine wichtige Erkenntnisquelle.

Bereich 3: Inkongruenz

Niedriges Stadium:	Das Individuum ist sich der dem Selbst widersprechenden Tatsachen nicht bewußt.
Hohes Stadium:	Das Individuum ist fähig, kurze Momente von Inkongruenz zu erkennen.

Bereich 4: Die Kommunikation des Selbst

Niedriges Stadium:	Das Individuum vermeidet es, sich zu enthüllen.
Hohes Stadium:	Das Individuum erfährt sein Selbst und ist fähig, sein Selbstbewußtsein mitzuteilen.

Bereich 5: Konstruktion der Erfahrung

Niedriges Stadium:	Das Individuum hat rigide Konstruktionen, die es als Tatsachen akzeptiert.
Hohes Stadium:	Die Konstruktionen werden als Erfahrungsmomente erkannt und sind offen für Veränderungen.

Bereich 6: Beziehung zu Problemen

Niedriges Stadium:	Probleme werden entweder nicht erkannt oder als außerhalb des Selbst liegend betrachtet und das Individuum ist zur Veränderung nicht bereit.
Hohes Stadium:	Das Individuum lebt mit seinen Problemen und versucht, damit zurecht zu kommen.

Bereich 7: Persönliche Beziehungen

Niedriges Stadium:	Enge Beziehungen werden als gefährlich betrachtet und vermieden.
Hohes Stadium:	Das Individuum riskiert, es selbst zu sein und läßt sich in die Beziehung mit anderen ein.

Quelle: Lawrence A. Pervin, 1993[3]

Während das Selbst sich entwickelt, braucht das Kind die Zuneigung, Liebe und Wertschätzung seitens seiner Bezugspersonen. Wertschätzung – Carl Rogers spricht von **positiver Beachtung** – ist notwendig, damit das Kind sich seelisch gesund entwickeln und sich selbst achten kann. Die ideale Umwelt des Kindes zeichnet sich dadurch aus, daß sie der Person des Kindes ein hohes Maß an **Wertschätzung** schenkt, **die an keine Bedingungen gebunden ist.**

Eltern machen zum Beispiel ihre Liebe, Zuneigung und Wertschätzung dem Kind gegenüber nicht davon abhängig, ob das Kind sein Zimmer aufräumt, den Teller leer ißt oder seine Geschwister nicht schlägt.

> **Bedingungslose Wertschätzung der Person besteht darin, daß Liebe, Zuneigung und Achtung nicht mit Bedingungen verknüpft oder davon abhängig gemacht werden. Die Person des Kindes wird bedingungslos akzeptiert und geachtet.**

Ein Kind, das sich als Person akzeptiert und angenommen fühlt, entwickelt ein hohes Maß an Selbstachtung. Es kann sich selbst sehen und achten so wie es ist, und es lernt, auf sein Erleben zu vertrauen und sein Handeln danach auszurichten.

Indem die Person auf ihr Erleben vertraut, folgt sie der Tendenz des Organismus zur Selbsterhaltung und Selbstaktualisierung. Macht sie neue Erfahrungen, dann kann sie diese in ihr Selbstkonzept aufnehmen und ihre Selbstbild entsprechend verändern.

Macht ein Jugendlicher die Erfahrungen, daß er verschiedene Verrichtungen des Alltags, wie zum Beispiel Essen zubereiten, Wäsche waschen und bügeln, Einkäufe erledigen usw. ganz gut selbst bewältigt, dann ändert sich sein Selbstbild des abhängigen Kindes dahingehend, daß er ein Bewußtsein von zunehmender Selbständigkeit und Unabhängigkeit entwickelt.

> Kinder, die erleben, daß ihre Person bedingungslos angenommen und geliebt wird, entwickeln sich zu einer selbstverwirklichenden Person. Ihr Selbstkonzept ist offen, und sie sind in Kontakt mit ihren Erfahrungen. Wenn erforderlich, können sie ihr Selbstkonzept verändern und es neuen Erfahrungen flexibel anpassen.

Die meisten Menschen wachsen aber nicht in dieser positiven und akzeptierenden Atmosphäre auf. Sie lernen eher, daß andere Menschen sie nur mögen und respektieren, wenn sie sich auf eine ganz bestimmte Art und Weise verhalten. Ein Kind, das sich nur unter ganz bestimmten Bedingungen angenommen fühlt, entwickelt **Bewertungsbedingungen** seines Verhaltens und seiner selbst.

Gewähren Eltern, Liebe, Zuneigung und Wertschätzung nur dann, wenn das Kind ganz bestimmte Bedingungen erfüllt, wie zum Beispiel den Teller leer essen, den Bruder nicht schlagen, zu anderen immer lieb und freundlich sein, dann entsteht das Selbstkonzept: „Ich bin nur dann liebenswert, wenn ich den Teller leer esse, den Bruder nicht schlage, immer lieb und freundlich bin."

> **Bewertungsbedingungen sind gelernte und verinnerlichte Wertmaßstäbe. Sie entwickeln sich, wenn die Wertschätzung und Annahme einer Person an Bedingungen geknüpft wird.**

Hat das Kind die Wertmaßstäbe für Zuneigung bzw. Abneigung erst einmal verinnerlicht, dann kann es sich selbst nur positiv sehen und als wertvoll erachten, wenn es sich im Sinne der Bewertungsbedingungen verhält. Werden die Bewertungsbedingungen nicht erfüllt, dann erlebt es sich als ablehnenswert.

Um sich die Anerkennung und Zuwendung der Eltern zu sichern, wird das Kind mit der Zeit die von den Eltern abgelehnten Verhaltensweisen ganz unterlassen und die damit verbundenen Gefühle leugnen und schließlich gar nicht wahrnehmen.

Fühlt ein Kind zum Beispiel, daß es nur Liebe und Anerkennung empfängt, wenn es immer lieb und freundlich ist, so wird es mit der Zeit Gefühle wie Haß, Wut, Trauer usw. als bedrohlich erleben. Sie bedrohen das Kind mit dem Verlust von Liebe und Zuwendung. Diese Gefühle müssen deshalb geleugnet werden. Mit der Zeit werden sie gar nicht mehr wahrgenommen.

„Dies ist aus unserer Sicht die grundlegende Entfremdung im Menschen. Er ist nicht er selbst; er ist seinen natürlichen organismischen Bewertungen der Erfahrungen untreu. Nur um sich die positive Beachtung der anderen zu erhalten, verfälscht er einige wertvolle Erfahrungen und nimmt sie lediglich auf der Ebene der Bewertungen anderer wahr. Jedoch ist dies keine bewußte Entscheidung, sondern eine natürliche, ja tragische Entwicklung während der Kindheit. Der Weg der Entwicklung Richtung psychischer Reife, der Weg der Therapie, besteht in der Aufhebung dieser Entfremdung des menschlichen Handelns, der Auflösung der Bewertungsbedingungen, der Erreichung eines Selbst, welches in Übereinstimmung mit der Erfahrung ist, die Wiederherstellung eines einheitlichen organismischen Bewertungsprozesses als dem Regulator des Verhaltens." *(Carl Rogers, 1992[9])*

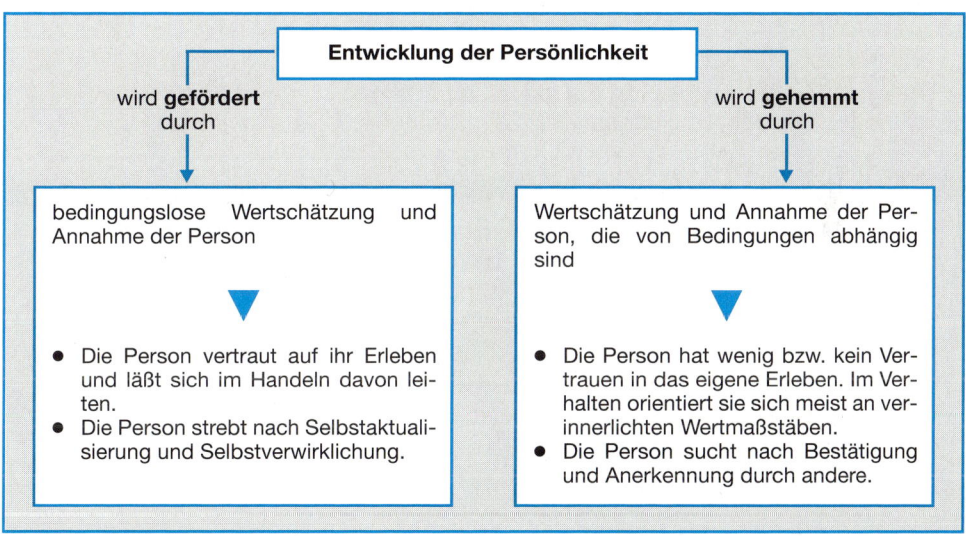

Reinhard und Anne-Marie Tausch, beide ehemalige Schüler von Carl Rogers, gingen der Frage nach: „Wie können Lehrer, Erzieher und Eltern in der alltäglichen Begegnung von Person zu Person bedeutungsvolle seelische Vorgänge und die konstruktive Persönlichkeitsentwicklung von Kindern und Jugendlichen fördern?" *(R. Tausch/A. Tausch, 1979[9])*.

Ihre vor allem im deutschsprachigen Raum durchgeführten Untersuchungen zeigen, daß bestimmte Grundhaltungen des Erziehers (sie sprechen von Dimensionen) die Persönlichkeitsentwicklung fördern, andere wirken dagegen hemmend.

Entwicklung der Persönlichkeit	
Förderliche Dimensionen des Erzieherverhaltens	**Hemmende Dimensionen des Erzieherverhaltens**
• **Wertschätzung** – Anteil nehmen, ermutigen, freundlich und rücksichtsvoll behandeln • **Autonomie** (geringe Lenkung) – Freiräume gewähren, Gebote begründen, Gefühle und Bedürfnisse akzeptieren, klare Grenzen setzen • **Echtheit** – ungekünstelt, natürlich, ehrlich • **Einfühlung** – auf Gefühle eingehen, nicht bewerten, zuhören, Annahme zeigen • **Anregungen geben** – informieren, Angebote bereitstellen, unterstützen, Hilfestellung geben	• **Geringschätzung** – entmutigen, abwerten, unfreundlich und mißtrauisch behandeln • **Kontrolle** (starke Lenkung) – befehlen, anordnen, ausfragen, häufig Liebesentzug und Zwang anwenden, bestimmte Gefühle und Bedürfnisse werden verboten • **Fassadenhaftigkeit** – gekünstelt, routinemäßig, mechanisch • **kein Verstehen** – kein Eingehen auf die Gefühle, ermahnen, belehren, bewerten, moralisieren • **keine Anregungen** – Vorschläge, Rückmeldungen, Hilfestellungen, Verbesserungsvorschläge werden nicht gemacht

 **Materialien 5.**

Zusammenfassung der wichtigsten Aussagen der personenzentrierten Theorie

▶ Das Verhalten eines Menschen wird durch seine subjektive Erlebniswelt bestimmt: Nicht die Umstände und Ereignisse, denen er ausgesetzt ist, als solche sind wesentlich, sondern die Art und Weise, wie er diese wahrnimmt und bewertet.

▶ Jeder Mensch besitzt die angeborene Tendenz, nach Selbstaktualisierung, -erhaltung und -verwirklichung zu streben. Selbstaktualisierung, -erhaltung und -verwirklichung stellen die Hauptantriebe menschlichen Handelns dar.

▶ Der Mensch unterwirft seine Erfahrungen einem ständigen Bewertungsprozeß, dessen Kriterium das Streben nach Selbstaktualisierung, -erhaltung und -verwirklichung ist. Verhaltensweisen, die dem Streben nach Selbstverwirklichung entsprechen, werden positiv bewertet und angestrebt, Verhaltensweisen, die ihm nicht entsprechen, werden negativ bewertet und verworfen.

▶ Der wichtigste Prozeß in der menschlichen Entwicklung ist die Bildung des Selbst. Der Mensch entwickelt ein Selbstkonzept, welches das mehr oder weniger bewußte Bild ist, das ein Mensch von sich selbst hat. Es umfaßt all die Wahrnehmungen und Bewertungen, die sich auf die eigene Person beziehen, und besteht aus dem Realselbst – das Bild, so wie sich die Person selbst wahrnimmt – und dem Idealselbst – das Bild, wie die Person gerne sein möchte.

► Bei einer gesunden Persönlichkeitsentwicklung stimmen Real- und Idealselbst weitgehend überein, bei psychischen Störungen klaffen sie in einem erheblichen Maße auseinander. Diese Diskrepanz wirkt sich auf den jeweiligen Menschen einschränkend aus, er verneint dadurch einen Teil seines Realselbst und damit einen Teil von sich selbst.

► Die Art der Erfahrungen mit der sozialen Umwelt (Wertschätzung, Geringschätzung) läßt bei einem Menschen ein positives oder ein negatives Selbstkonzept entstehen. Dieses hat einen entscheidenden Einfluß darauf, wie er sich selbst wahrnimmt und beurteilt. Der Mensch tendiert dazu, sich in Übereinstimmung mit seinem Selbstkonzept zu verhalten.

► Im Individuum besteht die Tendenz, die Diskrepanz zwischen den Erfahrungen aus der Realität und dem Selbstkonzept möglichst klein zu halten bzw. abzubauen. Dabei ist das Selbstkonzept dafür verantwortlich, wie mit diesen neuen Erfahrungen umgegangen wird. Es übernimmt eine Filterfunktion und läßt nur Wahrnehmungen und Gedanken zu, die das Bild von der eigenen Person nicht zu sehr ins Wanken bringen.

► Ein positives Selbstkonzept stimmt mit der Realität überein, es befindet sich in Einklang mit der Umwelt; es ist flexibel genug, neue Erfahrungen aufzunehmen und sich ihnen anzupassen. Dadurch kommt es zu einer weitgehenden Übereinstimmung zwischen dem Selbstkonzept und den gemachten Erfahrungen (der Realität), was zu einer seelischen Ausgeglichenheit führt.

► Ein negatives Selbstkonzept zeigt sich darin, daß es der Wirklichkeit nicht entspricht, sondern von ihr abweicht. Neue Erfahrungen werden als bedrohlich erlebt und abgewehrt. Zwei wesentliche Abwehrreaktionen sind die Verleugnung und Verzerrung. Dabei bleibt die Diskrepanz zwischen Selbstkonzept und der Realität bestehen, was zu psychischen Störungen und einer Fehlanpassung des Verhaltens führt.

► Während das Selbst sich entwickelt, braucht das Kind die Zuneigung, Liebe und Wertschätzung seitens seiner Bezugspersonen. Wertschätzung – Carl Rogers spricht von positiver Beachtung – ist notwendig, damit das Kind sich seelisch gesund entwickeln und sich selbst achten kann. Die ideale Umwelt des Kindes zeichnet sich dadurch aus, daß sie der Person des Kindes ein hohes Maß an Wertschätzung schenkt, die an keine Bedingungen gebunden ist.

Zusammenfassung:
Die Persönlichkeitstheorien von Sigmund Freud und Carl Rogers im Überblick

	Psychoanalyse	Personenzentrierte Theorie
Basisannahme	Das grundlegende Motiv für das Tätigwerden von Menschen ist das Streben nach Triebbefriedigung, Spannungsreduktion und Lustgewinn. Der Lebens- und Todestrieb sind dem Menschen angeboren.	Das grundlegende Motiv für das Tätigwerden von Menschen ist das Streben nach Selbsterhaltung, Selbstaktualisierung und Selbstverwirklichung. Dieses Bestreben ist dem Menschen angeboren.
Persönlichkeits-struktur	Schichten des Bewußtseins, Persönlichkeitsinstanzen: ES, ICH und ÜBER-ICH	Individuelles Wahrnehmungsfeld und Selbstkonzept, das aus dem Realselbst und Idealselbst besteht.
Ausgangspunkt der Persönlich-keitsentwicklung	Lebens- und Todestrieb, Libido als Quelle der Triebenergie	Bestreben, die eigenen Entwicklungsmöglichkeiten zu entfalten und zu verwirklichen.
Verlauf der Entwicklung bei günstigen Bedingungen	Abfuhr der Triebenergie über die Phasen der Libidoentwicklung ▼ Triebbefriedigung, Zufriedenheit, Ausbildung eines starken ICH ▼ Realitätsangepaßtes Verhalten ▼ Seelisches Gleichgewicht	Streben nach dem eigenen Selbst ▼ Aufbau eines positiven Selbstkonzeptes, Übereinstimmung von Selbst und Erfahrung (Kongruenz) ▼ Verhalten, das sich an der organismischen Bewertung von Erfahrungen orientiert ▼ Seelisches Gleichgewicht
Seelische Fehlentwicklung	Unzureichende bzw. exzessive Triebbefriedigung ▼ Ersatzbefriedigung, Objektverschiebung, Ausbildung eines schwachen ICH ▼ Erleben von Angst ▼ Einsatz von Abwehrmechanismen ▼ Realitätsunangepaßtes Verhalten ▼ Seelische Fehlentwicklungen	Entwicklung von Bewertungsbedingungen ▼ Aufbau eines verletzbaren Selbstkonzeptes, Diskrepanz zwischen dem Selbst und der Erfahrung (Inkongruenz) ▼ Erleben von Bedrohung und Angst ▼ Einsatz von Abwehrreaktionen (Wahrnehmungsverleugnung, -verzerrung) ▼ Inkongruentes, psychisch fehlangepaßtes Verhalten ▼ Seelische Fehlentwicklungen
Dynamik der Persönlichkeit	Entscheidend ist die ICH-Stärke bzw. ICH-Schwäche **ICH-starke** Personen können einen Interessenausgleich zwischen den Anforderungen des ES, des ÜBER-ICH und der sozialen Realität herstellen. Sie sind fähig ihre Wünsche	Entscheidend ist die Qualität des Selbstkonzeptes. Personen mit einem **positiven Selbstkonzept** vertrauen auf ihr Erleben und orientieren ihr Handeln an der organismischen Bewertung von Erfahrungen. Ihr Verhalten und

und Bedürfnisse angemessen zu befriedigen. Sie können diese aber auch in freier Entscheidung zurückstellen und aufschieben.

ICH-schwache Personen werden entweder von den Triebwünschen des ES oder den verinnerlichten Normen des ÜBER-ICH oder den Anforderungen der sozialen Realität beherrscht.
Herrscht das ES vor, dann werden die Triebwünsche exzessiv befriedigt. Die eigenen Bedürfnisse werden unterdrückt und nicht angemessen befriedigt, wenn das ÜBER-ICH oder die Realität vorherrschen.

Erleben ist kongruent. Sie sind offen für neue Erfahrungen und entwickeln sich, geleitet von diesen, kontinuierlich weiter. Sie entfalten und verwirklichen ihre Entwicklungsmöglichkeiten.

Personen mit einem **negativen Selbstkonzept** sind mit ihrem Erleben wenig im Kontakt. Sie orientieren sich im Handeln vorwiegend an verinnerlichten Werthaltungen. Neue Erfahrungen, die diesen Werthaltungen widersprechen werden abgewehrt. Insofern bleibt das Selbstkonzept unverändert; Inkongruenz und Entfremdung von der Erfahrung sind die Folge. Das Bedürfnis nach positiver Beachtung durch andere und nach Selbstachtung ist wichtiger als das Streben nach Selbstaktualisierung.

1. Die Theorie der psychosozialen Persönlichkeitsentwicklung nach Erik H. Erikson

1 Wie entwickelt sich ein „Ich-Gefühl"? Nach der Auffassung von *Erikson* (1968) entwickelt sich eine derartige persönliche Identität aus bestimmten Krisen im Verlaufe der psychosozialen Ent-
5 wicklung. Diese Krisen führen zu Fortschritten in der Persönlichkeitsentwicklung oder zu Regressionen. Sie bestimmen, ob die Persönlichkeit eher integriert oder eher diffus wird. *Eriksons* Vorstellungen liegt die Annahme zugrunde, daß der
10 heranwachsende Mensch dazu gezwungen ist, sich einer immer mehr ausweitenden sozialen Gemeinschaft bewußt zu werden und mit ihr zu interagieren. Im Verlaufe diese Interaktionen ist dem Kind, und später dem Erwachsenen, die
15 Möglichkeit gegeben, eine „gesunde" Persönlichkeit zu entwickeln – eine Persönlichkeit, die durch die Beherrschung der Umwelt, durch eine Übereinstimmung mit sich selbst und durch die Fähigkeit, die Welt und sich selbst zutreffend
20 wahrzunehmen, gekennzeichnet ist. Dies sind die Eigenheiten eines Menschen, der sich selbst

verwirklicht und seine Möglichkeiten voll ausschöpft, wie sie von humanistischen Psychologen, z. B. *Carl Rogers* und *Abraham Maslow*, beschrieben wurden. 25

Nach den Vorstellungen *Eriksons* kann diese Selbstverwirklichung nur dann stattfinden, wenn bestimmte Kreise oder grundlegende psychosoziale Probleme, die unten genauer erörtert und in Abbildung 8-1 aufgeführt sind, auf akzeptable 30 Weise gelöst worden sind. Eine Krise ist eine Zeit, in der ein bestimmtes psychosoziales Problem zu einer verstärkten Verwundbarkeit führt. Jede einzelne Krise steht mit anderen Krisen in Zusammenhang; sie ist immer in irgendeiner 35 Form vorhanden, bevor es zu dem entscheidenden Moment kommt, in dem eine Lösung erreicht werden muß; wenn sie auf günstige Weise gelöst wird, trägt sie letzten Endes immer dazu bei, daß die Stärke und Kraft der sich entwickelnden Per- 40 sönlichkeit zunimmt (*Erikson, 1963*).

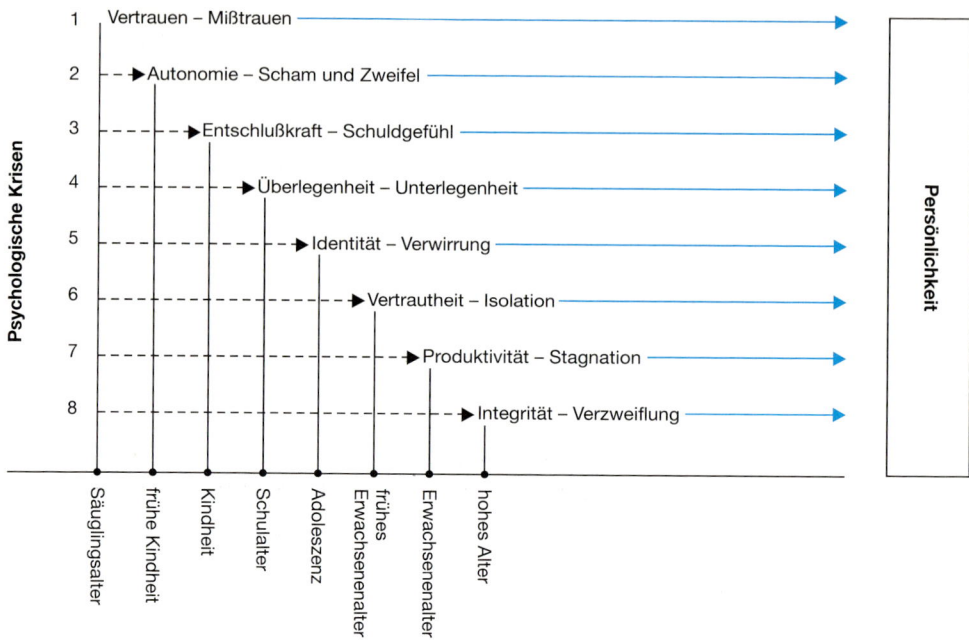

Psychologische Krisen

1 — Vertrauen – Mißtrauen ⟶
2 — Autonomie – Scham und Zweifel ⟶
3 — Entschlußkraft – Schuldgefühl ⟶
4 — Überlegenheit – Unterlegenheit ⟶
5 — Identität – Verwirrung ⟶
6 — Vertrautheit – Isolation ⟶
7 — Produktivität – Stagnation ⟶
8 — Integrität – Verzweiflung ⟶

Persönlichkeit

Säuglingsalter · frühe Kindheit · Kindheit · Schulalter · Adoleszenz · frühes Erwachsenenalter · Erwachsenenalter · hohes Alter

Alter bei Auftreten der Krise

Abbildung 8-1. Die Ausbildung der Persönlichkeit als Entwicklungssequenz von Krisen, die gelöst werden müssen

1. Die Krise **Vertrauen/Mißtrauen** kommt im Säuglingsalter zustande. Die Beschaffenheit des Lebens während des Säuglingsalters – die Liebe, Beachtung, der körperliche Kontakt und die Ernährungsverhältnisse – übt einen Einfluß darauf aus, ob sich beim Kind fundamentale und primitive Gefühle des Vertrauens oder des Mißtrauens in die Umwelt entwickeln. Diese Gefühle bestimmen das gesamte spätere Leben. Mit einem günstigen Verhältnis von Vertrauen zu Mißtrauen ist eine Form von psychosozialer Stärke gegeben.

2. Die Krise **Autonomie/Scham und Zweifel** tritt während der frühen Kindheit auf. Das Kind testet seine Eltern und seine Umwelt und lernt dabei, worüber es eine Kontrolle ausüben kann und worüber nicht. Es muß sich eine gewisse Selbstkontrolle ausbilden, ohne daß die Selbstachtung verlorengeht, damit das Gefühl entstehen kann, daß man einen freien Willen besitzt. Eine übermäßige Kontrolle durch die Eltern führt bei dem Kind zu anhaltenden Zweifeln über seine Fähigkeiten und zu Scham über seine Bedürfnisse oder seinen Körper. Das Gefühl der Autonomie, das das Kind entwickelt, entstammt seinen ersten Ansätzen zur Emanzipation von seiner Mutter. Es ist davon abhängig, daß sich Vertrauen früher als Mißtrauen entwickelt.

3. Die Krise **Entschlußkraft/Schuldgefühl** entsteht im mittleren Kindesalter. Sind Vertrauen und Autonomie vorhanden, so kann das Kind Entschlußkraft entwickeln. Es kann selbständig unbekannte Orte aufsuchen und seiner Neugier freien Lauf lassen. Gleichzeitig mit rudimentären Formen des Ehrgeizes entwickelt sich ein realistischer Sinn dafür, was zweckvoll ist. Die Entwicklung der Entschlußkraft und die in der Folge auftretende Erfahrung von Schuld führt allmählich zur Ausbildung des Gewissens. Die Eltern reagieren zum Teil auf den ungezügelten Forschungsdrang des Kindes dadurch, daß sie ihm die Erlaubnis versagen, bestimmte Dinge zu tun. Auf diese Weise lernt das Kind, welche Bedeutung das Wort „nein" hat. Übertritt das Kind diese Verbote, tatsächlich oder in der Vorstellung, so erlebt es Schuldgefühle. Eltern oder Lehrer, die die Initiative des Kindes zu häufig hemmen, können dadurch erreichen, daß das Kind Schuldgefühle und Hemmungen entwickelt. Tadeln die Eltern oder der Lehrer das Kind zu selten, so kann dies dazu führen, daß sich in dem Kind kein voll ausgebildetes Gewissen entwickelt. Das Ergebnis einer ausgeglichenen Lösung der Krise Entschlußkraft/Schuldgefühl besteht darin, daß das Kind die Möglichkeit hat, Initiative und einen Sinn für die Zweckmäßigkeit der Aufgaben, mit denen Erwachsene zu tun haben und in denen der eigene Fähigkeitsbe-

reich möglicherweise (jedoch nicht sicher) ausge-schöpft werden kann. Eine Vorbereitung auf diese Möglichkeit besteht in der festbegründeten, stän-dig wachsenden und von Schuldgefühlen freien Überzeugung, daß „ich das bin, was zu sein ich mir vorstellen kann" (*Erikson*, 1968, S. 122).

4. Die Krise **Überlegenheit/Unterlegenheit** tritt während der Jahre zwischen Kindergarten und Pubertät auf. Das Kind muß die Fähigkeit erwerben, manche Dinge gut oder sogar per-fekt erledigen zu können. Wird die Entstehung von Überlegenheitsgefühlen verhindert, so führt das zur Entwicklung eines Gefühls der Unterlegenheit und der Unzulänglichkeit. Der Lehrer hat während dieser Jahre die verant-wortungsvolle Aufgabe, dafür zu sorgen, daß jedes Kind Erfolgserlebnisse haben kann, so daß die Ausbildung eines Gefühls der Unfähig-keit verhindert wird. Das setzt voraus, daß man die Möglichkeit jedes einzelnen Schülers kennt und die Bedingungen, unter denen der Schüler arbeitet, unter Kontrolle hat. Dabei sieht *Erikson* eine besondere Gefahr darin, daß die Bewältigung einer Aufgabe zum Selbstzweck wird und so die weitere Entwicklung der Per-son beeinträchtigt wird. Selbstwertgefühle, die *nur* auf Arbeit beruhen und später zur Hetzjagd nach Erfolg im Berufsleben führen, müssen vermieden werden.

5. Die Krise **Identität/Verwirrung** tritt im Jugend-alter, jener Sturm- und Drangperiode, auf. Auf dieser Stufe kommt es zwangsläufig zu einer gewissen Verzögerung in der Integration der Persönlichkeitselemente. Jungen werden zu Männern und Mädchen zu Frauen, und es ist gar nicht anders möglich, als daß sie sich ver-wirrt, befremdet und vereinsamt fühlen. Physi-sche und hormonelle Veränderungen führen dazu, daß sexuelle Kräfte häufig andere Ansprüche in den Hintergrund drängen, die Vor-stellungskraft gefangen nehmen und zum Auf-tauchen verbotener Wünsche führen. Ein neuer, engerer Umgang mit dem anderen Geschlecht wird nun von dem unerfahrenen, jungen Men-schen gepflegt oder ihm auch manchmal auf-gedrängt und muß verwirrend für ihn sein.

Das zentrale Problem dieser Periode ist die Ausbildung eines Identitätsgefühls. Die Identität, die der Jugendliche anstrebt, soll geklärt werden, wer er ist, welche Rolle er in der Gesellschaft zu übernehmen hat. Ist er ein Kind oder ein Erwachsener? Hat der Jugendli-che das, was dazu erforderlich ist, um eines Tages ein Ehemann und Vater oder eine Ehe-frau und Mutter zu sein? Wie muß er als Arbei-ter und als Geldverdiener sein? Kann der Jugendliche trotz der Tatsache, daß seine Rasse oder seine Religion oder sein nationa-ler Hintergrund manche Leute auf ihn herab-schauen lassen, Selbstvertrauen haben? Wird

der Jugendliche alles in allem Erfolg haben oder ein Versager sein? Aufgrund dieser Fra-gen werden Jugendliche manchmal auf krank-hafte Weise von dem Gedanken beherrscht, was andere von ihnen halten, ob sie mit den Vorstellungen, die die Jugendlichen von sich selbst haben, übereinstimmen und wie sie erreichen können, daß früher erlernte Rollen und Fertigkeiten sich in das einfügen, was gerade Mode ist.

Das Unvermögen, sich selbst zu verstehen – die fehlende Identität – führt zur Verwirrung. Ein Mißerfolg bei der Lösung dieser Krise führt dazu, daß sich die Adoleszenz ausdehnt, daß sich die entsprechende Person nicht ange-messen verhält, daß sie die Rolle des Erwach-senen übernimmt, ohne über eine integrierte Persönlichkeit zu verfügen. Diese Menschen werden die Krisen des Lebenszyklus, die nach der Identitätskrise kommen, nicht bewältigen.

Gelegentlich erscheint uns die Adoleszenz als eine unbeschwerte Zeit. So verwirft etwa *Adelson* (1979) die heute verbreitete Auffas-sung, die Adoleszenz sei eine Zeit großer Bela-stung: „Heranwachsende sind, im großen und ganzen, nicht stark verunsichert, nicht ihren Impulsen hoffnungslos ausgeliefert; weder widersetzen sie sich den Werten der Elterng-neration noch sind sie politisch aktiv oder rebellisch." Unsere Einstellung zu dieser Frage entspricht eher der Position des Psychiaters *Solnit* (1979):

Die Beobachtung, daß ein Teenager in be-stimmten Bereichen – Schule, Sport, Gemein-schaft – gute Verhaltensweisen zeigt, korreliert nicht … mit dem, was wir über die geistigen und seelischen Erfahrungen eben dieses jun-gen Menschen wissen. Die Launen, Phanta-sien, Träume, heimlichen Ängste und Wün-sche, d. h. die schmerzhaften Konflikte mit den Normerwartungen des Heranwachsenden können in der psychoanalytischen Behand-lung aufgedeckt werden. Dort treten sie zuta-ge, selbst wenn sie auch bei sorgfältigen Untersuchungen, die sich auf ein bis zwei klini-sche Interviews stützen und Gruppenbeob-achtungen einschließen oder Fragebogenda-ten verwenden, nicht beobachtet werden kön-nen.

6. Die Krise **Vertrautheit/Isolation** beginnt nach Ausbildung der Identitätsfunktionen, die sich jedoch noch nicht verfestigt haben. Kann ein Mensch seine Identität mit einem anderen tei-len, ihm einige Teile davon überlassen, so daß beim Nachdenken über die Gegenwart und die Zukunft das „Wir" an die Stelle des „Ich" tritt? Das Unvermögen, vertraute Beziehungen auf-zubauen, führt zur psychischen Isolation, die, das weniger gesund, weniger wünschenswert für den Menschen ist.

7. Die Krise **Produktivität/Stagnation** ist die Krise des Erwachsenenalters. Mit Produktivität ist Kreativität, Effektivität und ein Interesse daran, die Entwicklung der nächsten Generation mit-
225 zubestimmen, gemeint. Reife setzt jemand Jüngeren voraus, einen Menschen, für den man reif ist. Sie setzt auch voraus, daß man für das, was in der Umwelt vorhanden ist – Ideen, Dinge und Menschen –, sorgen und es pflegen
230 kann. Ohne reichliche Gelegenheit dazu, produktiv zu reagieren, leidet der Erwachsene unter Langeweile, Apathie, Pseudovertrautheit, zwischenmenschlicher Verarmung und unter einem alles durchdringenden Gefühl der
235 Stagnation.

8. Die Krise **Integrität/Verzweiflung** tritt im hohen Alter auf. Die Persönlichkeit eines Menschen ist dann voll integriert, wenn er im Laufe seiner Entwicklung seine einmalige Chance, auf der Erde zu leben, und die für ihn wichtigen 240 Menschen, die auf ihr leben, akzeptiert. Die Menschen und die Ereignisse müssen so genommen werden, wie sie sind. Die Kinder, der Ehegatte, die Eltern und der Beruf sind so, wie sie eben sind. Dabei ist es besonders 245 wichtig, daß man, wenn man dies erkannt hat, sagen kann: „Ich bin, was ich bin!" Die Verantwortung dafür, was man ist, liegt bei einem selbst. Auf dieser Stufe kann man in den Besitz von Würde gelangen. Entwickelt sich jedoch 250 auf der anderen Seite Verzweiflung, Unzufriedenheit mit sich selbst und mit dem, was man vollbracht hat, so kann dies zu einem sorgenvollen, selbstzerstörerischen, verzweifelten Ende des Lebenszyklus führen. 255

Quelle: N. L. Gage/D. C. Berliner, 1986[4]

2. Die Theorie der Feldabhängigkeit

1 Ein großer Teil der neueren Theorien geht dabei von individuellen Unterschieden in der Art der Informationsverarbeitung aus. Genauer: Die zentrale Annahme in diesen Theorien ist, daß unter-
5 schiedliche Arten der Informationsverarbeitung die Ursachen für unterschiedliche Motiv- und Verhaltensstärken sind.
Unterschiede in der Art der Informationsverarbeitung bezeichnet man mitunter auch als *kognitive*
10 *Stile.* einer der bekanntesten kognitiven Stile ist Feldabhängigkeit (…). Der Begriff Feldabhängigkeit bezog sich zunächst nur auf Wahrnehmungsprozesse. Feldabhängige Wahrnehmung ist durch starke Kontextabhängigkeit gekenn-
15 zeichnet: Die Wahrnehmung von Einzelheiten wird stark von den umgebenden Reizen (dem „Feld") beeinflußt. Bei feldunabhängiger Wahrnehmung sind die Kontexteinflüsse gering. Der zunächst auf Wahrnehmungsprozesse bezogene
20 Begriff Feldunabhängigkeit wurde später aufgrund zahlreicher Untersuchungsergebnisse zu der Persönlichkeitseigenschaft *Differenzierung* erweitert. Differenzierung (oder Feldunabhängigkeit im neuen, weiteren Sinn) bedeutet nicht nur,
25 daß einzelne Wahrnehmungsinhalte schnell und klar unterschieden werden, sondern daß alle psychischen Prozesse klar voneinander getrennt (differenziert) sind. Feldabhängige Personen neigen zu globaler, undifferenzierter Informations-
30 verarbeitung. Sie beachten vor allem auffällige Reize, während feldunabhängige Personen auch unauffällige Reize beachten. Erzählungen und Berichte feldunabhängiger Personen sind klarer strukturiert. In ihrem Denken spielt die Verwendung und Prüfung von Hypothesen eine größere 35 Rolle. Im Sinn der Differenzierungsannahme ist bei Feldunabhängigen das Denken weniger von Gefühlen und Wünschen beeinflußt. Feldabhängige dagegen neigen stärker zu „Wunschdenken" und „Verdrängungen": Sie sind sich oft ihrer 40 eigenen triebhaften Impulse nicht bewußt.
Die Differenzierungsannahme bezieht sich nicht nur auf die Trennung der psychischen Prozesse innerhalb einer Person, sondern auch auf die Unterscheidung zwischen sich selbst und der 45 (sozialen) Umwelt. Feldunabhängige haben klarere Vorstellungen von ihren eigenen Wünschen und Zielen. Ihr Leben wird vorwiegend von ihren eigenen Plänen bestimmt. Feldabhängige dagegen sind leichter zu beeinflussen und achten 50 mehr auf soziale Reize (Verhalten anderer Menschen). Sie haben auch ein besseres Gedächtnis für Gesichter.
Witkins Theorie wurde wiederholt kritisiert. Manche Autoren meinen, daß Feldunabhängigkeit 55 kein kognitiver Stil, sondern eine Intelligenzkomponente (ähnlich Cattells sprachfreier flüssiger Intelligenz) ist. Andere Autoren betonen Ähnlichkeiten und Zusammenhänge zwischen Feldabhängigkeit und Extraversion. Trotz aller Kritik soll- 60 te aber nicht übersehen werden, daß Witkins Theorie – wie nur wenige andere Theorien – eine außerordentlich große Zahl von Untersuchungen mit sehr interessanten Ergebnissen angeregt hat.

Quelle: Werner Herkner, 1986

3. Das psychoanalytische Therapieverfahren

1 Die psychoanalytische Behandlungsmethode ist
ein Verfahren, das versucht, Konflikte, die aus der
frühen Kindheit stammen und für das neurotische
Verhalten verantwortlich sind, aufzudecken und zu
5 bearbeiten. Um Zugang zum verdrängten Material
zu gewinnen, wird die **Technik des freien Assozi-
ierens** angewandt. Der Patient wird aufgefordert,
seinen Gedanken und Gefühlen freien Lauf zu lassen und alles zu äußern, was ihm in den Sinn
10 kommt, so banal oder peinlich es ihm auch
erscheinen mag. Um den Vorgang des freien Asso-
ziierens zu erleichtern, liegt der Patient beim tradi-
tionellen Vorgehen auf einer Couch, und der Analytiker sitzt hinter ihm außerhalb seines Blickfeldes.
15 Auf diese Weise wird der Patient nicht irritiert.

> **Freies Assoziieren ist in der Psycho-
> analyse die wichtigste Methode, um
> verdrängte Inhalte offenzulegen. Sie
> besteht darin, daß der Patient aufgefor-
20 > dert wird, seinen Gedanken freien Lauf
> zu lassen und alle Gefühle und Gedan-
> ken zu äußern, ohne Rücksicht darauf,
> wie unwichtig, persönlich oder beschä-
> mend sie ihm erscheinen.**

25 Neben der freien Assoziation sind es vor allem die
Träume, die den Zugang zum Unbewußten öffnen
sollen. Es wird angenommen, daß im Traum unbewußte Bedürfnisse und Konflikte auftauchen, die
im Wachzustand nicht zugelassen werden, weil sie
30 Angst erzeugen. Im Traum tauchen sie in so verschlüsselter und symbolhafter Form auf, daß der
Träumer sie nicht versteht. Der Patient wird aufgefordert, von seinen Träumen zu berichten. Er
erzählt den **manifesten Inhalt** seiner Träume, daß
35 heißt die Bilder und Vorgänge, an die er sich noch
erinnert. Den Therapeuten interessiert jedoch der
latente Trauminhalt, der verborgene, unbewußte
Inhalt des Traumes. Dazu wird er den Patienten
wieder auffordern, frei zu assoziieren, das heißt,
40 der Patient soll sagen, was ihm zu bestimmten
Ereignissen oder Personen im Traum einfällt.

> **Manifester Trauminhalt ist das Traum-
> geschehen, an das sich der Klient erin-
> nert, wovon er berichten kann.
> Latenter Trauminhalt:** Darunter ver- 45
> steht man die unbewußten Bedürfnis-
> se, Ängste und Konflikte, die hinter
> dem manifesten Trauminhalt verborgen
> sind.

Das aus den Träumen und der freien Assoziation 50
gewonnene Material versucht der Therapeut zu
deuten: Er übersetzt dem Patienten bestimmte
Symbole und zeigt ihm bestimmte Zusammenhänge auf.
Der Analytiker teilt dem Patienten die Deutung 55
mit. Allerdings erst dann, wenn er annimmt, daß
dieser in der Lage ist, die Deutung anzunehmen
und zu verarbeiten. Erfolgt die Deutung zu früh,
so wehrt der Patient die Deutung ab. Er reagiert
mit **Widerstand,** den der Therapeut nun wieder 60
deuten und interpretieren kann. Unter Umständen ist der Abbau eines solchen Widerstandes
ein schwieriger und langwieriger Prozeß.

> **Widerstand ist die Abneigung gegen
> die Bewußtmachung unbewußter psy-** 65
> **chischer Inhalte.**

Ist der Patient in der Lage, die Deutung anzunehmen, so findet ein Prozeß der zunehmenden
Einsicht statt. Der Patient erkennt die eigenen
zugrundeliegenden, vorher unbewußten Motive. 70
Die Einsicht führt zu einer psychischen Besse-
rung. Dadurch, daß dem Patienten bewußt wird,
was vorher unbewußt war, kann er besser mit
seinen Problemen umgehen. Das Ich wird
gestärkt, und die Symptome bessern sich all- 75
mählich. Es findet eine Art emotionale Nachrei-
fung statt.

Doris Hax

Im Laufe der psychoanalytischen Behandlung kommt es in der Regel zu einer starken emotionalen Reaktion von seiten des Klienten auf den Therapeuten. Der Klient identifiziert den Therapeuten mit einer Person, die früher im Mittelpunkt seines heute unbewußten Konflikts stand – meist sind dies die Eltern – und überträgt die entsprechenden Gefühle auf den Therapeuten. Man nennt dieses Phänomen **Übertragung.**

> **Übertragung bezeichnet den Vorgang, daß man Einstellungen, Gefühle und Erwartungen, die man gegenüber früheren Bezugspersonen hatte, auf den Therapeuten projiziert.**

Der Klient verhält sich dem Therapeuten gegenüber, wie er es gegenüber den Bezugspersonen seiner Kindheit getan hat. Zunächst kommt es in der Mehrzahl der Fälle zu einer **positiven Übertragung:** Dem Therapeuten werden Gefühle der Zuneigung und Bewunderung entgegengebracht, was für den Therapieverlauf sehr nützlich ist, da sich der Patient sehr kooperativ zeigt. Es werden jedoch auch Gefühle der Feindseligkeit und Ablehnung auf den Therapeuten übertragen, die aus der Beziehung zur früheren Bezugsperson stammen. In diesem Fall spricht man von einer **negativen Übertragung.**

> **Positive Übertragung: Es werden positive Gefühle wie Bewunderung und Zuneigung auf den Analytiker übertragen.**
>
> **Negative Übertragung: Der Patient überträgt negative Gefühle wie Ablehnung und Feindseligkeit auf den Therapeuten.**

Häufig ist die Haltung des Patienten sehr unterschiedlich, er hat sowohl positive als auch negative Gefühle dem Therapeuten gegenüber. Überwiegt jedoch die negative Übertragung, so zeigt der Patient einen deutlichen Widerstand gegenüber der Therapiearbeit, im Extremfall kann dieser die Therapiearbeit völlig unmöglich machen. Die Aufarbeitung und Bewußtmachung von

Widerstand und Übertragung trägt schließlich zum besseren Verständnis der eigenen Kindheitserfahrungen und Probleme bei.

Daneben kann aber auch der Analytiker Gefühle auf den Patienten übertragen. Auch wenn er versucht, emotional unvoreingenommen zu bleiben, so geht er doch auf seine ganz persönliche Art auf die Probleme des Patienten ein. Es kann zu einer **Gegenübertragung** kommen, das heißt, der Therapeut seinerseits reagiert mit positiven oder negativen Gefühlen auf den Patienten. Früher wurde die Gegenübertragung als unangemessene Einstellung des Therapeuten und somit als Störfaktor innerhalb der Therapie angesehen.. Heute gilt die Gegenübertragung als eine übliche Erscheinung in der Therapie, die nicht unterdrückt, sondern bewußt verarbeitet werden sollte. Auf diese Weise trägt die Gegenübertragung ebenso wie die Übertragung zu Einsichten in frühkindliche Konstellationen und Konflikte bei. Der Therapeut erkennt zum Beispiel, daß das Verhalten des Patienten ähnliche Gefühle in ihm auslöst, wie früher bei den Bezugspersonen des Patienten.

> **Unter Gegenübertragung versteht man, daß de Therapeut seinerseits mit bestimmten Gefühlen und Wünschen auf die Patienten reagiert.**

Aus der Art dieser Gefühle lassen sich Rückschlüsse ziehen auf die Reaktionen, die der Patient vermutlich bei seinen früheren Bezugspersonen auslöste.

Der Übertragungsprozeß ist das Kernstück der klassischen psychoanalytischen Theorie. Seine Bearbeitung ermöglicht die eigentliche emotionale „Umerziehung", indem der Patient die Erfahrung macht, daß der Analytiker nicht in derselben Weise auf ihn reagiert wie früher die Eltern. Das heißt aber auch, daß der Therapeut die Gegenübertragung erkennt und richtig aufarbeitet. Voraussetzung dafür ist die **Eigenanalyse des Therapeuten,** die er während seiner Ausbildung durchläuft und die ihn befähigen soll, solche Übertragungsgefühle zu erkennen.

Quelle: Hermann Hobmair (Hg.), 1991

4. Die Gesprächspsychotherapie

Rogers weißt ausdrücklich darauf hin, daß nicht der Therapeut die Persönlichkeitsveränderung bewirken kann, sondern nur die betroffene Person selbst. Der Therapeut kann allerdings ein Klima schaffen, in dem der Hilfesuchende Kraft und Selbstvertrauen für die Lösung seiner Probleme entwickelt. In der **Gesprächspsychotherapie,** auch klientenzentrierte Therapie genannt, kommt es dann zu Veränderungen, wenn sich der Therapeut **echt, wertschätzend** und **einfühlend** gegenüber dem Klienten verhält:

- **Echtheit:** Der Therapeut ist sich seiner selbst und seiner Gefühle bewußt. Seine Gedanken, Gefühle und Handlungen stimmen überein. Er spielt dem Klienten keine Rolle vor, sondern gibt sich so, wie er ist und empfindet. Das bedeutet nicht, daß der Therapeut immer mitteilt, was in ihm vorgeht. Er äußert aber wichtige Gedanken und Gefühle, die die Beziehung zwischen Therapeut und Klienten betreffen.
- **Wertschätzung:** Der Therapeut bringt dem Klienten emotionale Wärme und Wertschät-

zung entgegen, die an keine Bedingungen gebunden sind. Das heißt der Klient fühlt sich
25 uneingeschränkt akzeptiert, egal was er fühlt, äußert oder wie er handelt. Deshalb enthält sich der Therapeut soweit wie möglich der Bewertung und Beurteilung der Person, was allerdings nicht heißt, daß er den Klienten nicht
30 auf Fehlformen des Verhaltens hinweist.

- **Empathie** (einfühlendes Verstehen): Der Therapeut versucht sich in die Erlebniswelt des Klienten einzufühlen und diese nachzuvollzie-hen. Dies gilt besonders für die Gefühle und deren Bewertung durch den Klienten. Das,
35 was der Therapeut wahrgenommen und verstanden hat, teilt er dem Klienten mit, damit dieser seine Gefühle besser verstehen und annehmen kann. Der Therapeut verzichtet dabei auf Bewertungen und Interpretationen
40 und versucht nur die Gefühle des Klienten zu verbalisieren. Der Therapeut muß jedoch er selbst bleiben und darf sich nicht mit der Welt des Klienten identifizieren.

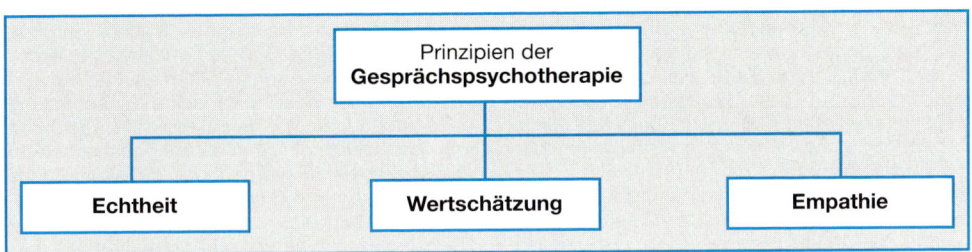

45 **Gesprächspsychotherapie, auch klientenzentrierte Therapie genannt, besteht darin, daß der Therapeut sich an der Erfahrungswelt des Klienten orientiert und ihm mit Echtheit, Wertschätzung und Empathie (einfühlendes Verstehen) begegnet. In dieser Athmosphäre kann sich der Klient verändern und weiterentwickeln.**

Verhält sich der Therapeut gemäß diesen Grund-
55 haltungen, dann fängt der Klient an, sich **selbst** zu **explorieren,** das heißt in sich hinein zu horchen und seine Innenwelt zu erforschen. In diesem wertschätzenden und einfühlsamen Klima kann sich der Klient mit seinen Empfindungen,
60 Einstellungen und seinem Erleben angstfrei auseinandersetzen. Dadurch entwickelt er ein neues

Verständnis von sich selbst und kann allmählich die eigene Person, so wie sie ist, verstehen und annehmen. Dies ist die Grundlage, daß die Person sich neuen Erfahrungen öffnet und ihr
65 Selbstkonzept langsam verändert.

Klient: Deshalb will ich gehen, weil ich mich nicht darum kümmere, was passiert.

Therapeut: m-hm, m-hm. Deshalb wollen Sie
70 gehen, weil Sie sich wirklich nicht um sich selbst kümmern. Es kümmert Sie nicht, was passiert. Aber ich möchte Ihnen sagen – ich kümmere mich um Sie. Mir ist nicht egal, was passiert. (Schweigen von 30 Sekunden) (Jim bricht in Tränen aus, schluchzt Unverständliches)
75

Therapeut: (sanft) Aus irgendeinem Grunde kommen jetzt die ganzen Gefühle heraus.

(Carl Rogers, 1992[9])

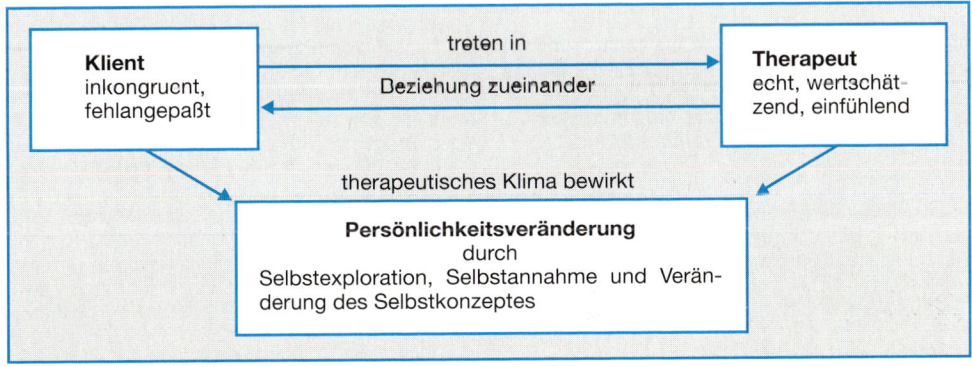

„Die letzte treibende Kraft in der Therapie ist der unnachgiebige Wille der Person, mit sich selbst fertig zu werden, der Wunsch, zu wachsen und nichts einfach bestehen zu lassen, was das
5 Wachsen behindert … Bei der überwältigenden

Mehrzahl aller Individuen ist die Vorwärts-Richtung des Wachsens mächtiger als die Zufriedenheit, die es mit sich bringt, infantil zu bleiben."

(Carl Rogers, 1992[9])

Quelle: Hermann Hobmair (Hg.), 1991

5. Wie der reife Mensch wertet

1 Der Wertungsprozeß, wie er sich bei der reiferen Person zu entwickeln scheint, ähnelt einerseits dem des Kindes, unterscheidet sich aber andererseits völlig davon. Er ist fließend, beweglich
5 und beruht auf dem jeweiligen besonderen Augenblick und auf dem Ausmaß, in dem dieser Augenblick als bereichernd und entwicklungsfördernd erfahren wird.
Werte werden nicht starr festgehalten, sondern
10 ändern sich ständig. Das Gemälde, das dem betreffenden Menschen im letzten Jahr bedeutungsvoll vorkam, scheint ihm jetzt eher uninteressant zu sein; die Art, wie er mit anderen zusammengearbeitet hat und die er als befriedigend
15 erfahren hat, kommt ihm jetzt inadäquat vor; die Überzeugung, die damals wahr zu sein schien, wird jetzt als nur teilweise wahr oder sogar als falsch erlebt.
Ein weiteres Merkmal der Art, wie dieser Mensch
20 Erfahrung bewertet, liegt in der starken Differenzierung (…). Auch die Studenten in meinen Seminar für zukünftige Lehrer mußten lernen, daß allgemeine Prinzipien nicht so nützlich sind wie differenzierte, sensible Reaktionen. Eine Studentin
25 sagt: „Bei diesem kleinen Jungen hatte ich einfach das Gefühl, ich sollte streng sein; und er schien das gern zu haben, und ich hatte ein gutes Gefühl dabei. Den übrigen Kindern gegenüber verhalte ich mich meistens ganz anders." Sie ver-
30 ließ sich darauf, wie sie die Beziehung zu jedem einzelnen Kind erlebte, und richtete danach ihr Verhalten ein. Ich habe schon, als ich die Beispiele durchging, darauf hingewiesen, wieviel differenzierter die Reaktionen des jeweiligen Men-
35 schen sind, wenn man sie mit den vorhergehenden, ziemlich harten, internalisierten[1] Werten vergleicht.
Andererseits ist die Art, wie ein reifer Mensch wertet, wie die eines Kindes. Der Bezugspunkt
40 seiner Wertung liegt wieder ganz in ihm selbst. Es ist seine eigene Erfahrung, die ihm Informationen zur Bewertung oder ein „Feedback" gibt. Das heißt nicht, daß er nicht für Informationen, die er aus anderen Quellen beziehen kann, offen wäre.
45 Aber es bedeutet, daß er sie als das sieht, was sie sind – eben Informationen von außen, die nicht dieselbe Bedeutung haben wie die eigenen Reaktionen. Z. B. mag er von einem Freund

hören, daß ein neues Buch sehr enttäuschend ist. Er liest dann zwei negative Kritiken darüber. 50 Aus diesem Grund wird seine vorläufige Hypothese lauten: das Buch gefällt mir nicht. Wenn er es dann aber liest, wird seine Einschätzung davon abhängen, wie es auf ihn wirkt, und nicht von dem, was andere ihm darüber gesagt haben. 55 Zur Werturteilsfindung gehört auch, sich auf das Unmittelbare einer momentanen Erfahrung einzulassen und sich zu bemühen, komplexe Bedeutungszusammenhänge zu spüren und aufzuklären. Ich denke an einen Patienten, der 60 gegen Ende der Therapie immer dann, wenn ihm etwas verwirrte, seinen Kopf auf die Hände stützte und sagte: „Also, was ist das jetzt, was ich gerade fühle? Ich möchte ganz nahe drankommen. Ich möchte herausbekommen, was es ist." 65 Dann wartete er immer mit Ruhe und Geduld und versuchte sich selbst zuzuhören, bis er die genaue Färbung seiner momentanen Gefühle spüren und unterscheiden konnte. Er versuchte – wie andere auch – sich selbst nahe zu sein. 70
Der Prozeß des Wertens ist, wenn man nahe an das herankommt, was in einem selbst vorgeht, viel komplexer als beim Kind. Bei der reifen Persönlichkeit gibt es viel mehr Möglichkeiten und einen größeren Spielraum; denn in dem jeweils 75 gegenwärtigen Erfahrungsmoment sind die Erinnerungsspuren aller relevanten Lernerfahrungen der Vergangenheit enthalten. Das Hier und Jetzt besteht nicht aus den unmittelbaren sinnlichen Eindruck, sondern es hat eine Bedeutung, die 80 aus ähnlichen Erfahrungen der Vergangenheit hervorgeht. Sowohl das Neue als auch das Alte sind darin enthalten. Wenn ich also ein Bild oder eine Person erlebe, enthält diese Erfahrung sowohl das, was ich aus früheren Begegnungen 85 mit Bildern oder Personen gelernt habe, als auch den neuen Eindruck dieser spezifischen Begegnung. Gleichermaßen enthält der Erfahrungsmoment für den reifen Erwachsenen Vermutungen über mögliche Folgen. „Jetzt habe ich das 90 Gefühl, daß mir ein drittes Glas schmecken würde, aber aus vergangenen Erfahrungen habe ich gelernt, daß ich das am nächsten Morgen vielleicht bereue."„Es ist nicht angenehm, diesem Menschen geradewegs meine negativen Gefühle 95 mitzuteilen, aber vergangene Erfahrungen zei-

---

[1] internalisieren: verinnerlichen

gen, daß das bei einer längeren Beziehung auf die Dauer besser ist." Vergangenheit und Zukunft sind beide in diesem Moment enthalten und fließen in die Wertung mit ein.

Ich glaube, daß bei dem Menschen, von dem hier die Rede ist, der Wertungsprozeß sich vor allem danach richtet, ob das Objekt der Erfahrung ihm zur Selbstverwirklichung verhilft. Macht es ihn zu einem erfüllteren, vollständigeren, reiferen Menschen? Das klingt vielleicht so, als handle es sich dabei um einen selbstsüchtigen oder unsozialen Maßstab, es stimmt aber nicht, da tiefe und hilfreiche Beziehungen zu anderen als Selbstverwirklichung erlebt werden. Wie das Kind vertraut und benutzt auch der reife Erwachsene die Weisheit seines Organismus, allerdings mit dem Unterschied, daß er fähig ist, es bewußt zu tun. Er erkennt, daß, wenn er sich selbst ganz vertrauen kann, seine Gefühle und Intuitionen vielleicht klüger sind als seine Gedanken. Er erkennt, daß er als ganze Person sensibler und adäquater handeln kann, als wenn er nur seine Gedanken zur Verfügung hat. Deshalb hat er keine Bedenken zu sagen: „Ich fühle, daß diese Erfahrung (oder diese Sache oder diese Richtung) gut ist.

Später werde ich wahrscheinlich wissen, warum ich dieses Gefühl hatte." Er hat totales Selbstvertrauen.

Aus dem, was ich bisher gesagt habe, sollte klar geworden sein, daß dieser Prozeß des Wertens beim reifen Menschen keine so leichte oder einfache Sache ist. Es ist ein komplexer Vorgang; die Wahlmöglichkeiten sind oft verwirrend und schwierig und es gibt keine Garantie dafür, daß die Entscheidungen, die man trifft, auch tatsächlich zur Selbstverwirklichung beitragen. Aber da dem hier beschriebenen Menschen jede nur existierende Information zur Verfügung steht und da er offen für seine eigenen Erfahrungen ist, können Fehler korrigiert werden. Wenn die Handlungsweise, die er sich ausgesucht hat, nicht der Selbstentfaltung dient, so wird er das spüren und sie ändern oder revidieren können. Er entwickelt sich auf der Basis größtmöglichen Informationsaustauschs und er kann so – wie der Gyroskopkompaß bei einem Schiff – seinen Kurs ständig im Hinblick auf sein eigentliches Ziel der Selbsterfüllung korrigieren.

Quelle: Carl Rogers, 1984[4]

Reproduktion von Informationen:

1. Bestimmen Sie den Begriff „Persönlichkeitstheorie", und stellen Sie die Kriterien, die eine Persönlichkeitstheorie erfüllen sollte, dar.
   (Abschnitt 7.1)

2. Beschreiben Sie die psychoanalytische Trieblehre.
   (Abschnitt 7.2.2)

3. Stellen Sie das Schichtenmodell von Sigmund Freud dar.
   (Abschnitt 7.2.4)

4. Beschreiben Sie Methoden, die Zugang zum Unbewußten ermöglichen.
   (Abschnitt 7.2.4)

5. Beschreiben Sie das psychoanalytische Persönlichkeitsmodell. Gehen Sie dabei auch auf die Funktion der einzelnen Persönlichkeitsinstanzen ein.
   (Abschnitt 7.2.5)

6. Erläutern Sie die Dynamik der Persönlichkeit aus psychoanalytischer Sicht.
   (Abschnitt 7.2.5)

7. Zeigen Sie verschiedene Möglichkeiten der ICH-Schwäche auf.
   (Abschnitt 7.2.5)

8. Bestimmen Sie den Begriff „Abwehrmechanismus", und erläutern Sie die Funktion von Abwehrmechanismen.
   (Abschnitt 7.2.6)

9. Stellen Sie die Entwicklung der Libido dar, und zeigen Sie auf, welche Persönlichkeitsmerkmale in den verschiedenen Phasen grundgelegt werden.
   (Abschnitt 7.2.7)

10. Beschreiben Sie Folgerungen für die Erziehung, die sich aus der psychoanalytischen Theorie ergeben.
    (Abschnitt 7.2.8)

11. Zeigen Sie auf, was Carl Rogers unter „Selbstaktualisierung" und „organismischer Bewertung" versteht.
    (Abschnitt 7.3.2)

12. Bestimmen Sie den Begriff „Selbstkonzept" und stellen Sie dar, was unter „Realselbst" und „Idealselbst" verstanden wird.
    (Kapitel 6.2.1 und Abschnitt 7.3.3)

13. Stellen Sie die Bildung des Selbstkonzeptes dar.
    (Abschnitt 7.3.4)

14. Verdeutlichen Sie den Zustand der Kongruenz bzw. der Inkongruenz.
    (Abschnitt 7.3.5)

15. Beschreiben Sie die Abwehrreaktionen „Wahrnehmungsverleugnung" und „Wahrnehmungsverzerrung".
    (Abschnitt 7.3.5)

16. Beschreiben Sie die Folgerungen für die Erziehung, die sich aus der personenzentrierten Theorie ergeben.
    (Abschnitt 7.3.6)

17. Stellen Sie dar, wie Eltern und Erzieher eine positive Persönlichkeitsentwicklung des Kindes unterstützen können.
    (Abschnitt 7.3.6)

Anwendungsaufgaben:

18. Stellen Sie das Menschenbild von Sigmund Freud und dessen Wirkung auf seine Theorie dar.
    (Abschnitt 7.2.1)

19. Formulieren Sie die Basisannahmen der Psychoanalyse von Sigmund Freud.
    (Abschnitt 7.2.2, 7.2.3 und 7.2.4)

20. Stellen Sie die wichtigsten Aussagen und Grundbegriffe der Psychoanalyse von Sigmund Freud dar.
    (Abschnitt 7.2.2 bis 7.2.7)

21. Freud'sche Fehlleistungen

> ● „Der Professor bemüht sich in der Anatomie um die Erklärung der Nasenhöhle … Auf seine Frage, ob die Hörer seine Ausführungen erfaßt haben, wird ein allgemeines ‚Ja' vernehmlich. Darauf bemerkt der bekannt selbstbewußte Professor:
> ‚Ich glaube kaum, denn die Leute, welche die Nasenhöhle verstehen, kann man selbst in einer Millionenstadt wie Wien an *einem Finger*, pardon, an den Fingern einer Hand wollte ich sagen, abzählen'."
> ● Frau F. erzählt über ihre erste Stunde in einem Sprachkurs: „Es ist ganz interessant, der Lehrer ist ein netter junger Engländer. Er hat mir gleich in der ersten Stunde durch die *Bluse* zu verstehen gegeben, daß er mir lieber Einzelunterricht erteilen möchte."
>
> *(Sigmund Freud, 1989)*

a) Welche unbewußten Absichten und Wünsche werden in den angeführten Fehlleistungen deutlich?

b) Erklären Sie anhand eines selbstgewählten Beispiels, wie verdrängte Erlebnisinhalte das Verhalten einer Person beeinflussen können.
(Abschnitt 7.2.4)

22. *August, 17 Jahre alt, möchte seiner Freundin Isabella imponieren und mit ihr eine Spritztour im neuen Auto seines Vaters unternehmen. Er hat jedoch noch keinen Führerschein. Eines Tages verreist sein Vater mit der Bahn zu einer mehrtägigen Geschäftsreise. Die Mutter ist zur Zeit auch nicht zu Hause. Vaters neuer Wagen steht in der Garage. Die Schlüssel liegen in der Diele.*

a) Beschreiben Sie mit Hilfe der Persönlichkeitsinstanzen ES, ICH und ÜBER-ICH die innerpsychischen Vorgänge, die in dem Jugendlichen vorgehen.

b) Welche Ängste können auftreten, und wie könnte das ICH diese Ängste abwehren?

c) Wie wird August den Konflikt zwischen den Persönlichkeitsinstanzen lösen, wenn er ICH-stark bzw. ICH-schwach ist?
(Abschnitt 7.2.5 und 7.2.6)

23. a) Begründen Sie, warum ein starkes ICH für die Persönlichkeitsentwicklung von Kindern und Jugendlichen notwendig ist.

b) Beschreiben Sie mögliche Konsequenzen für die Persönlichkeitsbildung, wenn entweder das ES oder das ÜBER-ICH zu dominant sind.

c) Zeigen Sie auf, wie der Erzieher durch sein Verhalten und durch pädagogische Maßnahmen das ICH des Zu-Erziehenden stärken kann.
(Abschnitt 7.2.7 und 7.2.8)

24. Zeigen Sie auf, wie aus psychoanalytischer Sicht psychische Störungen entstehen können.
(Abschnitt 7.2.5, 7.2.6 und 7.2.7)

25. Erläutern Sie die Bedeutung der Psychoanalyse für die Entwicklung und Erziehung eines Menschen.
(Abschnitt 7.2.7 und 7.2.8)

26. Stanley Milgram fand in einem Experiment heraus, daß Personen bereit sind, gegen andere Personen Gewalt anzuwenden, wenn sie von einer anerkannten Autorität dazu aufgefordert werden. Wie können Sie diesen Sachverhalt mit Hilfe der psychoanalytischen Theorie erklären?
(Abschnitt 7.2)

27. Psychologen kamen in Untersuchungen zu der Erkenntnis, daß Menschen, wenn sie zusammen mit anderen Leuten in einer Gruppe sind, die Wahrheit und ihren eigenen Charakter oft verleugnen und sich der Meinung der Gruppe anschließen. Versuchen Sie, diesen Sachverhalt aus psychoanalytischer Sicht zu erklären.
(Abschnitt 7.2)

28. Stellen Sie das Menschenbild von Carl Rogers und dessen Wirkung auf seine Theorie dar.
(Abschnitt 7.3.1)

29. Formulieren Sie die Basisannahmen der personenzentrierten Theorie von Carl Rogers.
(Abschnitt 7.3.1 und 7.3.2)

30. Stellen Sie die wichtigsten Aussagen und Grundbegriffe der personenzentrierten Theorie von Carl Rogers dar.
(Abschnitt 7.3.2 bis 7.3.5)

31. Begründen Sie, warum Personen mit einem sehr idealistischen Selbstbild weniger ausgeglichen sind und mehr psychische Konflikte haben als Menschen mit einem realistischen Selbstbild.
(Abschnitt 7.3.3)

32. Stellen Sie anhand des nachfolgenden Fallbeispiels dar, wie sich die Botschaften und Reaktionen der Mutter auf das Selbstkonzept von Jan auswirken.
(Abschnitt 7.3.4)

JAN:	Thomas will heute nicht mit mir spielen. Er will nie tun, was ich will.
MUTTER:	Du scheinst böse mit Thomas zu sein.
JAN:	Und wie. Ich will nie wieder mit ihm spielen. Ich will ihn nicht als Freund.
MUTTER:	Du bist so böse, daß du das Gefühl hast, ihn nie wiedersehen zu wollen.
JAN:	Stimmt. Aber wenn er nicht mein Freund ist, werde ich niemanden zum Spielen haben.
MUTTER:	Du würdest ungern ohne Freund sein.
JAN:	Ja. Ich glaube, ich muß mich irgendwie mit ihm vertragen. Aber es fällt mir so schwer, nicht mehr wütend auf ihn zu sein.
MUTTER:	Du möchtest dich lieber mit ihm vertragen, aber es fällt dir schwer, nicht wütend auf Thomas zu werden.
JAN:	Früher kam das nie vor – aber das war, als er immer bereit war, das zu tun, was ich wollte. Er will sich von mir nicht mehr herumkommandieren lassen.
MUTTER:	Thomas ist jetzt nicht mehr so leicht zu beeinflussen.
JAN:	Bestimmt nicht. Er ist kein solches Baby mehr. Es macht aber auch mehr Spaß mit ihm.
MUTTER:	Eigentlich gefällt er dir so besser.
JAN:	Ja. Aber es ist schwer, ihn nicht mehr herumzukommandieren – ich bin so daran gewöhnt. Vielleicht würden wir uns nicht so oft streiten, wenn ich ihm ab und zu seinen Willen lasse. Glaubst du, das würde gehen?
MUTTER:	Du meinst, es könnte helfen, wenn du gelegentlich nachgeben würdest.
JAN:	Ja, vielleicht. Ich versuch's mal.

Quelle: Thomas Gordon, 1989

33. Zeigen Sie auf, wie sich das Selbstkonzept eines Kindes entwickelt, wenn es von seinen Eltern ständig gesagt bekommt:

a) „Ein Junge weint nicht!"

b) „Mädchen sind technisch unbegabt!"

Wie wirkt sich das so beeinflußte Selbstkonzept auf das weitere Erleben und Verhalten der Person aus?
(Abschnitt 7.3.4)

34. Erläutern Sie, warum Personen mit einem beschädigtem Selbstkonzept

   a) bedrohliche Erfahrungen eher abwehren als sich damit auseinandersetzen;

   b) in einer entsprechenden therapeutischen Athmosphäre ihr Selbstkonzept verändern.
   (Abschnitt 7.3.5 und 7.3.6)

35. Zeigen Sie auf, wie aus der Sicht der personenzentrierten Theorie psychische Störungen entstehen können.
   (Abschnitt 7.3.3, 7.3.4 und 7.3.5)

36. Erläutern Sie die Bedeutung der personenzentrierten Theorie für die Entwicklung und Erziehung eines Menschen.
   (Abschnitt 7.3.4, 7.3.5 und 7.3.6)

37. Bestimmen Sie den Begriff Persönlichkeit, und stellen Sie den Aufbau der Persönlichkeit mit Hilfe einer Persönlichkeitstherorie dar.
   (Kapitel 6.1.1 und Abschnitt 7.2 oder 7.3)

38. Erstellen Sie Maßnahmen zur Förderung einer gesunden Persönlichkeitsentwicklung unter Berücksichtigung einer Ihnen bekannten Theorie.
   (Abschnitt 7.2 oder 7.3)

39. Erklären Sie mit Hilfe einer Ihnen bekannten Theorie die Entstehung einer psychischen Beeinträchtigung am Beispiel einer Phobie oder Depression.
   (Abschnitt 7.2 oder 7.3)

40. Verdeutlichen Sie mit Hilfe einer Theorie, auf welche Weise negative frühkindliche Erfahrungen die Entwicklung abweichender Verhaltensweisen beim Kind begünstigen können.
   (Abschnitt 7.2 oder 7.3)

Anregungen:

41. Beurteilen Sie die Persönlichkeitstheorie von Sigmund Freud und/oder Carl Rogers hinsichtlich ihrer Nützlichkeit für die sozialpädagogische Praxis.

42. *Jutta muß in drei Tagen eine schwierige Psychologieprüfung schreiben. Sie sitzt in ihrem Zimmer und bereitet sich auf die Prüfung vor. Draußen ist herrlichster Sonnenschein. Viele ihrer Freunde sind beim Baden.*

   a) Stellen Sie in einem Rollenspiel die Persönlichkeitsinstanzen ES, ÜBER-ICH und ICH dar und wie diese auf Jutta einwirken. Veranschaulichen Sie den „Kampf" zwischen den Instanzen.

   b) Überlegen Sie Situationen, in denen Sie ähnliche Konflikte erlebt haben wie Jutta. Welche der Persönlichkeitsinstanzen behielt meistens die Oberhand?

43. Lesen Sie folgende Gesprächsausschnitte durch, und kreuzen Sie dann von den 5 zur Auswahl stehenden Erwiderungen die Antwort an, die Sie als Zuhörer am ehesten geben würden. Bitte überlegen Sie nicht lange, denn in einem Gespräch wartet der Gesprächspartner auf Ihre Antwort!

Fall Nr. 1: Achtundzwanzigjährige Frau

Und das ist überhaupt das ganze Problem gewesen, wirklich, in meinem ganzen Leben, daß mir kein Mensch irgendetwas zugetraut hat. Noch nie, das war, mhm, immer schon früher so. Jetzt bin ich heute wieder furchtbar am jammern, aber, mhm:

Erwiderungen:

☐ A   Ja, das muß wirklich schlimm gewesen sein, aber „Kopf hoch", Sie werden es den anderen schon noch zeigen.

☐ B   Es wird Zeit, daß Sie darüber hinwegkommen was früher war. Sie müssen jetzt einfach versuchen, Schritt für Schritt mehr Selbstbewußtsein zu erlangen.

☐ C   Irgendwie macht Sie das furchtbar traurig, wenn Sie daran denken, daß man Ihnen da nie was zugetraut hat.

☐ D   Gab es da wirklich niemanden, der Sie richtig anerkannt hat? Weder in der Familie noch später im Beruf?

☐ E   Sie sollten wirklich nicht soviel jammern. Es gibt genug Leute, die haben es um einiges schwerer.

Fall Nr. 2: Sechzehnjähriger Junge

Ja, und da gibt es eben sehr viele, die mich nicht mögen, einfach so. Dabei kennen Sie mich eigentlich kaum. Ich weiß gar nicht, wieso das so ist.

Erwiderungen:

☐ A   War das schon immer so? Gibt es da wirklich niemanden, der Dich mag?

☐ B   Versuch doch einfach mal, auf die anderen zuzugehen. Womöglich stellst Du fest, daß die anderen Dich gar nicht so ablehnen, wie Du denkst.

☐ C   Du solltest nicht soviel rumgrübeln, ob die anderen Dich nun mögen oder nicht. Dadurch kapselst Du Dich doch nur immer mehr ab. Das ist das Verkehrteste, was Du tun kannst.

☐ D   Nimm das doch nicht so tragisch. Die werden Ihre Ansichten schon noch ändern.

☐ E   Das beschäftigt Dich ziemlich stark, warum Du so abgelehnt wirst.

Quelle: Sabine Weinberger, 1980

a) Finden Sie heraus, welche der Antwortmöglichkeit A–E wertschätzend und einfühlend ist (pro Fall nur eine Antwortmöglichkeit). Begründen Sie Ihre Vermutungen.

b) Stellen Sie dar, wie sich die verschiedenen Antworten auf das Selbstkonzept und die Selbstachtung des Gesprächspartners auswirken.

44. Lesen Sie Fall Nr. 3, und erarbeiten Sie ein Rollenspiel, in dem die Studentin ihr Problem einem Therapeuten vorträgt. Dieser versucht sich in die Situation der Studentin einzufühlen und ihr bei der Bewältigung des Problems weiterzuhelfen.

Fall Nr. 3: Vierundzwanzigjährige Studentin

Ich habe z. B. die ganzen 10 Semester viel getan. Ich war die ganzen Semester im Studentenheim und habe Tag für Tag immer gearbeitet, sogar sonntags. Die, die neben mir gewohnt haben, die haben eben Samstag, Sonntag nichts gemacht, die haben sich immer gewundert, daß ich das durchhalten kann. Aber, im Grunde genommen habe ich nämlich, mhm, ich habe zwar viel Wissen irgendwie aufgeschrieben, ich hab' immer alles aufgeschrieben und gesammelt, aber ich habe mir nichts gemerkt. Und jetzt stehe ich eben da und weiß eigentlich ziemlich wenig. Ich habe alles immer nur aufgeschrieben, ziemlich genau alles, viel zu genau eigentlich.

Quelle: Sabine Weinberger, 1980

45. Suchen Sie in verschiedenen Zeitschriften nach Tests, die Aussagen über die Persönlichkeit liefern wollen.

  a) Stellen Sie fest, ob diese Tests eher den Charakter von Persönlichkeitsfragebögen oder projektiven Tests haben.

  b) Untersuchen Sie auch, ob diese Tests objektive Aussagen über die Persönlichkeit liefern.

46. *„Was wir denken und fühlen, was wir als Person sind, wird maßgeblich von dem beeinflußt, was wir als Person tun!" (Erich Fromm)*
Diskutieren Sie diese Aussage aus der Perspektive der Persönlichkeitspsychologie.

Was wird aus dem drei Tage alten Ludwig einmal werden?

Wird er einmal ein reicher Mann oder ein Bettler, ein Arzt oder vielleicht ein Dieb?

Kurz, wie entwickelt sich Ludwig zu dem Menschen, der er in seinem späteren Leben einmal sein wird?

Quelle: Willy Breinholst, 1986

Diese Fragestellung ist zwar sehr umfassend, sie beinhaltet aber gewissermaßen alle grundsätzlichen Themen der Entwicklungspsychologie:

1. Was versteht man unter Entwicklung?
   Welche Merkmale kennzeichnen den Begriff Entwicklung?
   Womit beschäftigt sich die Entwicklungspsychologie?

2. Wie verläuft die Entwicklung von verschiedenen Teilbereichen der Persönlichkeit wie der Motorik, der Emotionen und der Bedürfnisse?

3. Welche Bedingungen lösen Entwicklungen aus und halten sie in Gang?
   Wie sieht das Zusammenspiel solcher Entwicklungsbedingungen aus?

Als wissenschaftliche Disziplin ist die Entwicklungspsychologie noch relativ jung, sie entstand erst im 19. Jahrhundert. Aber schon lange davor machten sich zahlreiche Philosophen Gedanken über die Entwicklung des Menschen und schrieben über die Eigenarten von Kindern und über die Ursachen, die ihre Entwicklung beeinflussen.

8.1   Der Gegenstand der Entwicklungspsychologie

Die wissenschaftliche Entwicklungspsychologie nahm ihren Ursprung in erster Linie mit der von Charles R. Darwin (1809–1882) begründeten Evolutionstheorie, die auch das Interesse für die psychische Entwicklung eines Menschen anregte. Heute bietet die Entwicklungspsychologie entsprechend den verschiedenen Richtungen und Schulen der Psychologie ein sehr vielfältiges Erscheinungsbild.

8.1.1   Der Begriff Entwicklung

Der Begriff Entwicklung wurde in der Psychologie von jeher unterschiedlich bestimmt. Ursprünglich meinte Entwicklung einen Vorgang, bei dem sich Erbanlagen weitgehend ohne äußere Umwelteinflüsse entfalten. Was hierbei jeweils zur Entfaltung kommt, ist nach dieser Vorstellung bereits in einem Lebewesen vorhanden und muß nur noch zum Vorschein gebracht werden – vergleichbar dem Ausfalten von Blättern und Blüten aus einer Knospe. Entwicklung wurde somit als ein Vorgang gesehen, der lediglich bereits Angelegtes hervorbringt, bei dem Umweltbedingungen jedoch keine wichtige Rolle spielen.

Eine Reihe von Psychologen lehnten diese Sichtweise als zu einseitig ab und betonten, Entwicklung sei nicht ein bloßes Hervortreten angeborener Eigenschaften, sondern das Ergebnis eines Zusammenspiels innerer Angelegenheiten mit äußeren Entwicklungsbedingungen. Eine solche Sichtweise ist zwar umfangreicher, übersieht jedoch unter anderem die Möglichkeit des Menschen, einen Teil seiner Entwicklung selbständig und aktiv zu gestalten.

> Ein Mann, der Herrn K. lange nicht gesehen hatte, begrüßte ihn mit den Worten: „Sie haben sich gar nicht verändert!" „Oh!", sagte Herr K. und erbleichte.
>
> Bertolt Brecht

Auch heute noch wird der Begriff Entwicklung nicht einheitlich festgelegt. Es herrscht aber weitgehende Übereinstimmung darüber, daß Entwicklung die **Veränderung eines Organismus** bedeutet.

Damit man von Entwicklung sprechen darf, müssen diese Veränderungen folgende Merkmale aufweisen:

- Die Veränderungen treten nicht unabhängig voneinander auf, sondern bilden **untereinander einen Zusammenhang.**

  Ein Beispiel von Herbert Selg soll verdeutlichen, was mit „miteinander zusammenhängenden Veränderungen" gemeint ist: „Die Grobmotorik des Kindes entwickelt sich unter anderem vom Strampeln zum Kriechen und Gehen. Diese Bewegungsmöglichkeiten treten in der Regel nacheinander auf; sie hängen miteinander zusammen" (D. Dörner/H. Selg, 1985).

- Die Veränderungen lassen sich auf bestimmte **Zeitpunkte** beziehungsweise **Abschnitte** innerhalb eines Lebenslaufs beziehen.

  So beginnt das Strampeln bereits von der Geburt an, während sich das Krabbeln und Gehen in den ersten 1 1/2 Lebensjahren entwickeln.

- Da sich die Psychologie mit dem Erleben und Verhalten beschäftigt (vgl. Kapitel 1.1.2), wird der Begriff Entwicklung in der Entwicklungspsychologie auf das **Erleben und Verhalten** eingeschränkt. Entwicklung im psychologischen Sinn bedeutet daher immer *Veränderungen des Erlebens und Verhaltens.*

★ Dabei wird das Handeln als Gegenstand der Entwicklungspsychologie in der Regel nicht eigens aufgeführt, da Handeln solches Verhalten bezeichnet, das zielgerichtet und bewußt gesteuert wird. In diesem Sinne ist Verhalten ein Oberbegriff, der Handeln miteinschließt (vgl. Kapitel 1.1.2).

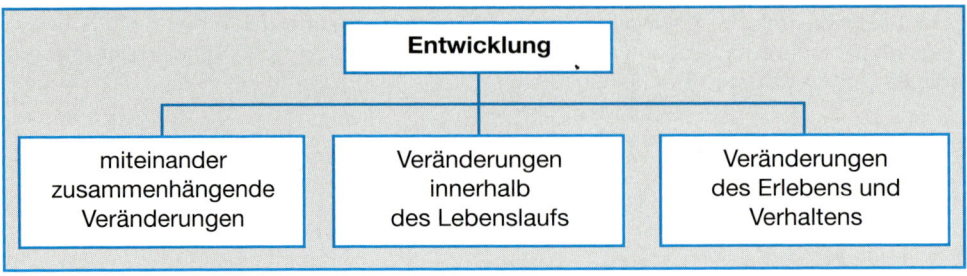

Unter Entwicklung versteht man eine Reihe von miteinander zusammenhängenden Veränderungen des Erlebens und Verhaltens, die sich auf bestimmte zeitliche Abschnitte im Lebenslauf des Organismus beziehen.

➡ **Materialien 1.**

8.1.2 Merkmale entwicklungsbedingter Veränderungen

Der Begriff Entwicklung läßt sich sehr vereinfacht beschreiben als eine Reihe von Veränderungen des Organismus. Diese Veränderungen weisen jedoch einige charakteristische Merkmale auf:

● Entwicklungsbedingte Veränderungen zeigen sich sowohl im **Aufbau** von Persönlichkeitsmerkmalen als auch in deren **Abbau.**

So beherrscht beispielsweise ein Kind mit zunehmendem Alter immer mehr und kompliziertere Bewegungen. Ebenso steigern sich seine Fähigkeiten zu intelligentem Handeln und zur differenzierten Wahrnehmung. Vergleicht man die durchschnittliche körperliche Leistungsfähigkeit von 50jährigen mit der eines 25jährigen, so zeigt sich hier ein deutlicher Unterschied, der bei 60- oder 70jährigen noch größer ausfällt. Im Bereich der Intelligenz läßt sich bei vielen Menschen ab einem bestimmten Alter eine Abnahme der intellektuellen Fähigkeiten feststellen, insbesondere dort, wo rasches und flexibles Denken für die schnelle Lösung von Problemen erforderlich ist. Auch klagen eine Reihe Älterer über den zunehmenden Verlust ihrer Seh- und Hörschärfe.

● Die Veränderungen treten immer in einer ganz bestimmten **Reihenfolge** auf, die nicht umkehrbar ist.

Jedes Kind krabbelt, bevor es geht, spricht erst einzelne Worte vor ganzen Sätzen, schreit, bevor es lacht und zeichnet Rechtecke erst, nachdem es Kreise aufmalen kann.

● Die Veränderungen erfolgen **kontinuierlich:** Die Übergänge von einem Ausgangszustand zum Endzustand verlaufen nicht sprunghaft oder in bestimmten Schüben, sondern stetig fortlaufend.

So wäre zum Beispiel beim Spracherwerb der Anfangszustand das Nicht-Sprechen-Können, das allmählich und stetig fortlaufend durch den Erwerb von Lauten über einzelne Worte und Sätze bis zum Beherrschen der Sprache führt.

- Die einzelnen Veränderungen laufen in den verschiedenen Altersspannen **unterschiedlich schnell** ab. Man unterscheidet hierbei unter anderem zwischen einer beschleunigten und einer *verlangsamten Verlaufsform* (vgl. Kurt Müller, 1984[7]). Als Verlaufsform bezeichnet man die Beziehung von Veränderungen zum Lebensalter.

Bei der beschleunigten Verlaufsform beginnt die Entwicklung zunächst sehr langsam, wird dann immer schneller, um schließlich ab einem gewissen Zeitpunkt wieder abgebremst zu werden.

So kann das Wachstum des Wortschatzes in den ersten Lebensjahren eines Kindes sehr langsam beginnen, ab einem bestimmten Zeitpunkt aber dann sehr schnell verlaufen.

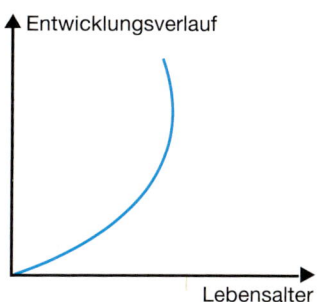

Eine verlangsamte (= gebremste) Verlaufsform liegt vor, wenn die Entwicklung zunächst sehr schnell verläuft, dann aber immer langsamer wird. Diese Verlaufsform ist sehr häufig anzutreffen.

Die Wortschatzerweiterung eines Kindes kann, um beim selben Beispiel zu bleiben, in den ersten Jahren ungewöhnlich schnell verlaufen, später wird dann die Wachstumsgeschwindigkeit wieder gebremst.

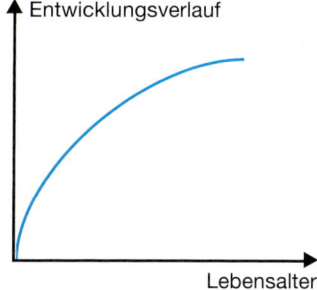

„Beschleunigte und gebremste Entwicklungsverläufe gelten nur für bestimmte Zeitabschnitte. Alle Verlaufsformen werden von einem bestimmten Lebensalter an gebremst; die Kurven verlaufen horizontal weiter oder fallen (...) mehr oder weniger stark ab." *(Kurt Müller, 1984[7])*

- Entwicklungsbedingte Veränderungen lassen sich ferner durch den **Zeitpunkt ihres Beginns** charakterisieren.

So beginnt zum Beispiel die Pubertät bei manchen Jungen schon mit elf Jahren, während sie bei anderen erst mit dreizehn Jahren einsetzt.

Der Zeitpunkt, ab dem bestimmte Entwicklungen einsetzen, kann *verfrüht, normal* oder *verspätet* sein.

- Ein weiteres Merkmal durch das sich Entwicklung charakterisieren läßt, stellt die **Zeitdauer** dar, über die sich Veränderungen erstrecken. Dieser Zeitraum kann sich prinzipiell als *kurz, normal* oder *lange* erweisen.

Bei einem Mädchen vollzieht sich die Pubertät in zwei Jahren, bei einem anderen dagegen in drei bis vier Jahren.

Unabhängig von der Zeitdauer, über die sich die Entwicklung eines Persönlichkeitsmerkmals erstreckt, können sich in diesem Zeitraum die oben beschriebenen Verlaufsformen ergeben.

So kann sich die Pubertät zweier Heranwachsende über den gleichen Zeitraum von 3 Jahren erstrecken. Beim einen Jugendlichen verläuft sie zu Beginn recht schnell, um dann langsamer zu werden, beim anderen zunächst recht zögernd, um schließlich an Geschwindigkeit zuzunehmen.

Die Kombination von Verlaufsform, Zeitpunkt des Verlaufsbeginns und Verlaufsgeschwindigkeit kennzeichnet die Entwicklung eines bestimmten Teilbereiches der Persönlichkeit bzw. eines Persönlichkeitsmerkmales wie beispielsweise der Sprach- oder der Intelligenzentwicklung.

„Die Pubertät setzt bei Knaben mit einem sehr kräftigen Wachstumsschub ein. Dieser Schub hat zunächst eine geradlinige, später jedoch gebremste Verlaufsform. Der Beginn des Schubes ist von Kind zu Kind sehr verschieden. Bei einigen Knaben setzt er mit zehn Jahren, bei anderen erst mit dreizehn Jahren ein. Unabhängig von seinem Beginn verläuft der Wachstumsschub beim einen Knaben sehr schnell, beim anderen langsam. Später Beginn kann (…) durchaus durch schnelleren Verlauf ausgeglichen werden. Allerdings sind solche Kompensationen[1] nicht die Regel, denn allgemein schließen Knaben, bei denen der Wachstumsschub früh einsetzt, ihr Größenwachstum auch früher ab.“ (Kurt Müller, 1984[7])

★ Eine Zeitlang glaubte man, die Veränderungen würden zu einem genau bestimmbaren Zeitpunkt im Leben eines jeden Menschen auftreten, völlig unabhängig davon, wo und wann diese Person lebt. Nach dieser Vorstellung würden prinzipiell alle Kinder um das erste Lebensjahr erste Worte sprechen, egal ob sie in der Bundesrepublik, den USA oder China aufwachsen. Ebenso gilt es als völlig unerheblich, ob sie heute, vor 100 Jahren oder zu noch früheren Zeiten leb(t)en. Diese Ansicht einer Universalität der Veränderungen ist mittlerweile überholt, da man die Bedeutung von Umwelteinflüssen auf die Entwicklung erkannt hat.

> „Die … Entwicklung der Kinder wurde bisher gewöhnlich unhistorisch verstanden, als ein natürlicher Prozeß, der sich unabhängig vom Inhalt der angeeigneten oder anzueignenden Kenntnis vollzieht. Wir sind der Auffassung, daß es keine … Entwicklung gibt, die außerhalb des historischen Prozesses verläuft. Es gibt keine absoluten Altersbesonderheiten. Die Kinder verschiedener Epochen unterscheiden sich ebenso, wie sich die Epochen unterscheiden.“ (Hans Dieter Schmidt, 1970)

● Die Veränderungen **hängen** – wie bereits erwähnt – **miteinander zusammen** und beziehen sich auf bestimmte **Zeitabschnitte** im Lebenslauf eines Organismus (siehe Abschnitt 8.1.1)

● Die Veränderungen lassen sich ferner unter dem Aspekt der **Differenzierung und Integration** beschreiben. Differenzierung meint den Vorgang der zunehmenden Ausgliederung von psychischen Merkmalen aus einem globalen, ungegliederten Anfangszustand. Integration bezeichnet den Vorgang, vorher zusammenhangslos und isoliert erlebte Einzelteile und Funktionen zueinander in Beziehung zu setzen und im Zusammenhang zu sehen. Diese beiden Aspekte werden wegen ihrer großen Bedeutung in der Entwicklungspsychologie in Abschnitt 8.2.1 ausführlicher dargestellt.

---

[1] Kompensation bedeutet Ausgleich.

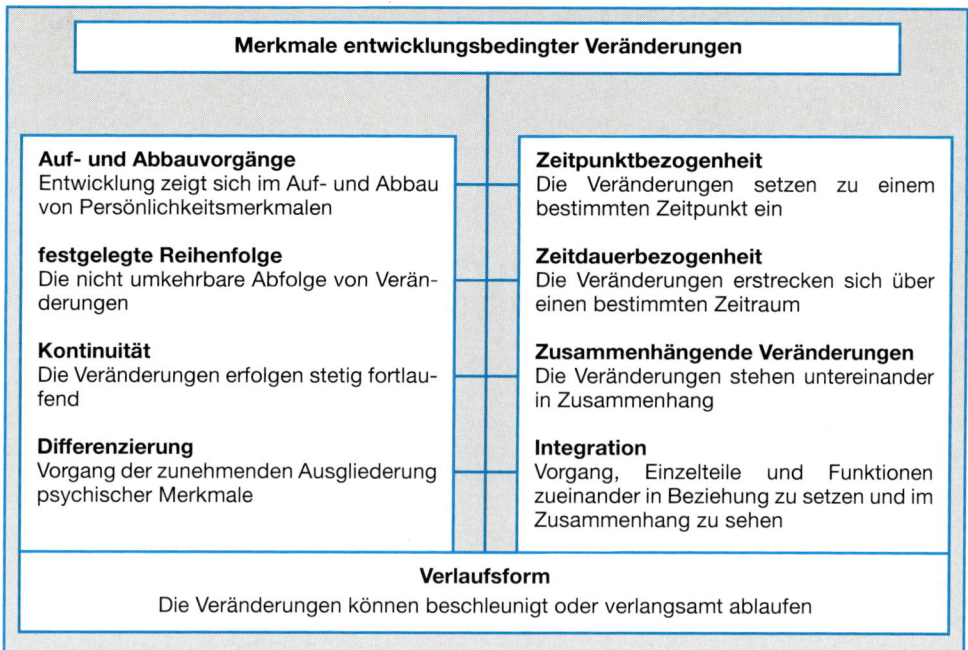

Merkmale entwicklungsbedingter Veränderungen

Auf- und Abbauvorgänge Entwicklung zeigt sich im Auf- und Abbau von Persönlichkeitsmerkmalen	**Zeitpunktbezogenheit** Die Veränderungen setzen zu einem bestimmten Zeitpunkt ein
festgelegte Reihenfolge Die nicht umkehrbare Abfolge von Veränderungen	**Zeitdauerbezogenheit** Die Veränderungen erstrecken sich über einen bestimmten Zeitraum
Kontinuität Die Veränderungen erfolgen stetig fortlaufend	**Zusammenhängende Veränderungen** Die Veränderungen stehen untereinander in Zusammenhang
Differenzierung Vorgang der zunehmenden Ausgliederung psychischer Merkmale	**Integration** Vorgang, Einzelteile und Funktionen zueinander in Beziehung zu setzen und im Zusammenhang zu sehen

Verlaufsform
Die Veränderungen können beschleunigt oder verlangsamt ablaufen

8.1.3   Ziele der Entwicklungspsychologie

Die Ziele der Entwicklungspsychologie decken sich natürlich mit den Zielen der Psychologie als Wissenschaft, wie sie in Kapitel 1.3 dargestellt sind. Die Entwicklungspsychologie hat es sich zur Aufgabe gemacht, die auftretenden Veränderungen im Erleben und Verhalten möglichst vielseitig zu erfassen. Aus diesem Anliegen ergeben sich vier wesentliche Ziele der Entwicklungspsychologie:

1. Die **Beschreibung des Entwicklungsverlaufs.** Hierher gehören zum Beispiel die Entwicklung psychischer Fähigkeiten wie Intelligenz und Gedächtnis, psychischer Funktionen wie Wahrnehmen und Denken und die Entwicklung psychischer Kräfte wie Emotionen und Bedürfnisse. Die Entwicklung einiger dieser Persönlichkeitsmerkmale ist unter dem Gesichtspunkt der Differenzierung und Integration in Abschnitt 8.2 dargestellt.

2. Die **Beschreibung der Ursachen und Bedingungen,** die Entwicklung auslösen und in Gang halten. Was beispielsweise verursacht die Entwicklung der Intelligenz und hält sie in Gang? (Siehe Abschnitt 8.3)

3. Die **Erklärung der beobachteten Zusammenhänge** mit Hilfe von Gesetzmäßigkeiten und theoretischen Aussagen (Siehe Kapitel 1.3.2)

4. Die **Anwendung entwicklungspsychologischer Erkenntnisse,** um beispielsweise Entwicklung und mögliche Entwicklungsstörungen vorherzusehen oder um kindliche Entwicklung zu fördern und Entwicklungsstörungen vorzubeugen.

   **Materialien 2.**

8.2 Entwicklung als Differenzierung und Integration

Wie in Abschnitt 8.1.2 bereits erwähnt, lassen sich entwicklungsbedingte Veränderungen unter dem Aspekt der Differenzierung und Integration beschreiben.

8.2.1 Entwicklungsbedingte Veränderungen als Differenzierung und Integration

Die Entwicklung stellt in allen Bereichen eine Ausgliederung der Details dar: Aus einem ungegliederten Ausgangszustand entstehen immer mehr Einzelteile und Funktionen, aus einem ursprünglich globalen Ganzen wird ein vielgestaltiges Gebilde. Diese Ausgliederung von Details wird in der Entwicklungspsychologie als **Differenzierung** bezeichnet.

> **Differenzierung meint in der Entwicklungspsychologie den Vorgang einer zunehmenden Ausgliederung psychischer Merkmale aus einem globalen, ungegliederten Anfangszustand.**

So treten beispielsweise aus den unkontrollierten, globalen Bewegungen des Säuglings im Laufe der Zeit gezielte und bewußt gesteuerte Bewegungsabfolgen hervor.

Bei der Sprachentwicklung entstehen aus den unklaren Lallmonologen immer feinere Lautgebilde und schließlich Wörter und sauber ausgegliederte Sätze.

Die Entwicklung der Intelligenz geht zunächst von einer Art ‚Globalintelligenz‘ aus, die sich im Laufe der Zeit immer mehr spezialisiert.

Aus dem Lust-Unlust-Erleben des Säuglings ergibt sich die vielschichtige Gefühlswelt des Erwachsenen, und aus den wenigen beim Säugling vorhandenen Grundbedürfnissen wie Nahrung, Schlaf, Wärme entstehen zahlreiche Bedürfnisse (vgl. Abschnitte 8.2.3 und 8.2.4).

Lebensleiter

Ein Mensch gelangt, mit Müh und Not,
Vom Nichts zum ersten Stückchen Brot.
Vom Brot zur Wurst gehts dann schon besser;
Der Mensch entwickelt sich zum Fresser
und sitzt nun, scheinbar ohne Kummer,
Als reicher Mann bei Sekt und Hummer.
Doch sieh, zu Ende ist die Leiter:
Vom Hummer aus gehts nicht mehr weiter.
Beim Brot, so meint er, war das Glück. –
Doch findet er nicht mehr zurück.

Eugen Roth

Zunächst kann das Kind die aus einem ungegliederten Anfangszustand hervorgetretenen Einzelteile und Funktionen nicht zueinander in Beziehung setzen. Das Kind erlebt sie als zusammenhanglose Einzelheiten, ohne Wesentliches zu erfassen und bestimmte Teile anderen über- bzw. unterordnen zu können. Erst im Laufe der Zeit entsteht die Fähigkeit, die vorher isoliert erlebten Einzelteile und Funktionen in Zusammenhang zu sehen, zueinander in Beziehung zu setzen und in komplexen Einheiten zu verstehen. Diesen Vorgang nennen wir **Integration,** er stellt einen gegenläufigen Prozeß zur Differenzierung dar.

> **Mit Integration bezeichnet man in der Entwicklungspsychologie den Vorgang, vorher isoliert erlebte Einzelteile und Funktionen zueinander in Beziehung zu setzen und im Zusammenhang zu sehen.**

Das Kind reiht nicht mehr nur einzelne Lallmonologe ohne Zusammenhang aneinander, sondern setzt Wörter zueinander in Beziehung. Motorische Bewegungen und Sinnesleistungen laufen zunächst getrennt nebeneinander, bewirken aber bald ein sinnvolles Zusammenwirken, was beispielsweise ein gezieltes Greifen ermöglicht.

➡ **Materialien 3.**

8.2.2 Die Entwicklung der Motorik

Die Gesamtheit aller Bewegungen eines Organismus wird als Motorik bezeichnet.

> **Der Begriff Motorik bezeichnet die Gesamtheit aller Bewegungsabläufe eines Organismus.**

Dabei wird unterschieden zwischen **Grobmotorik** und **Feinmotorik.**

> **Unter Grobmotorik versteht man die Bewegungen von Rumpf, Bauch, Becken, Rücken, Schultern, Armen, Beinen und Kopf.**
> **Zur Feinmotorik zählen die Bewegungen von Fingern und Zehen sowie des Gesichtes.**

Der amerikanische Psychologe Arnold Gesell konnte durch systematische Beobachtung fünf **Prinzipien der motorischen Entwicklung** erforschen (vgl. Walter J. Schraml, 1990[7]):

- **Entwicklungsrichtung:** Die Entwicklung der Motorik verläuft von oben nach unten; sie fängt beim Kopf an und endet bei den Füßen. Bewegungen im Kopfbereich sind damit eher möglich als Bewegungen im Fußbereich.
  „Die Muskeln, die dem Gehirn am nächsten liegen, können zuerst kontrolliert werden. Je kürzer der Weg zur Nervenzentrale ist, desto eher sind die Nervenbahnen für die ausreichende Muskelbeherrschung gereift." (R. Kohnstamm, 1984)

- **Wechselseitige Vorherrschaft:** Das Kleinstkind bewegt zunächst beide Arme und beide Beine gemeinsam, erst viel später lassen sie sich einzeln und unabhängig voneinander bewegen.
  So schleudert der Säugling zum Beispiel grundsätzlich immer beide Arme nach außen. Erst viel später gelingt es ihm, gleichzeitig den einen Arm nach innen und den anderen nach außen zu bewegen.

- **Funktionelle Asymmetrie:** Beim Vorherrschen von bestimmten Muskelpartien dominiert immer eine bestimmte Körperseite. Ein Beispiel hierfür ist die stärkere Beachtung der rechten Körperseite, auf der die Rechtshändigkeit aufbaut.

- **Individuelle Reifung:** Die Geschwindigkeit der motorischen Entwicklung sowie die Ausprägung von Körpergliedern und Organen nach Größe und Stärke sind individuell unterschiedlich.

- **Selbstregulierende Fluktuation:** Der Organismus gestaltet aufgrund von eigenen Informationen über den Stand der Entwicklung selbst das weitere Reifungsgeschehen.

Erste motorische Reaktionen zeigen sich schon während der Schwangerschaft. Dabei sind vornehmlich folgende Arten der Gesamtaktivität festzustellen (vgl. Eduard W. Kleber, 1978[2]):

- langsames Winden, Ausstrecken, Vorstoßen und Umdrehen,
- schnelle Tritte und Stöße von Armen und Beinen und
- rhythmische Folgen schneller Bewegungen.

Das Neugeborene verfügt neben unkoordinierten Bewegungen (zum Beispiel dem Strampeln) über eine Reihe spezifischer, gezielt auslösbarer Reaktionen. Solche Reaktionen werden als **Reflexe** bezeichnet.

> **Unter einem Reflex versteht man eine direkte, unmittelbare und nicht kontrollierbare Reaktion auf einen Reiz.**

Beispiele hierfür sind der Atmungsreflex, der Saugreflex, der Suchreflex (bei Berührung der Wange), der Greifreflex oder der Schreitreflex, der nach ca. acht Wochen wieder verschwindet.

Dabei können wir beobachten, daß der Säugling einerseits biologisch notwendige und lebenserhaltende Reflexe wie zum Beispiel den Atmungs- oder Saugreflex besitzt, andererseits Reflexe zeigt, die sich nur aus der Evolutionsgeschichte des Menschen verstehen lassen, aber heute keine Bedeutung mehr besitzen. Solche Reflexe sind zum Beispiel der Palma-Reflex, bei dem der Säugling eine Faust macht, sobald seine Handfläche berührt wird, oder der Moro-Klammer-Reflex, bei dem der Säugling Arme und Beine ausstreckt und wieder schließt, als wolle er sich an die Mutter klammern, sobald ihm die Unterlage auf der er liegt, scheinbar entzogen wird.

„Diese Reflexe sind nicht erst mit der Geburt vorhanden, sondern entwickeln sich bereits in utero[1], wie Fotos von lebenden Föten zeigen. Intrauterines[1] ‚Lernen‘ dieser Reaktionen allein (…) ist jedoch unwahrscheinlich, wenn auch ein gewisser ‚Übungseffekt‘ nicht völlig auszuschließen ist." (R. Oerter/L. Montada, 1987[2])

Das erste Lebensjahr ist die Zeit der intensivsten Bewegungsreifung. In dieser Zeit lernt das Kind neben anderen Bewegungen das Sitzen, das Stehen und das Gehen. Etwa im 4. Monat zeigen sich die ersten gesteuerten Bewegungen, es lernt erste Koordinationsbewegungen von Auge und Hand, die sich zum anfangs recht unkontrollierten Greifen entwickeln und sich später um gezielten „Pinzettengriff"[2] ausdifferenzieren.

➡ **Materialien 4.**

Hierbei handelt es sich um eine Verbindung von sensorischen und motorischen Leistungen, die unter dem Begriff **Sensomotorik** zusammengefaßt werden. Dabei ist entscheidend, daß aufgrund der Sinnesrückmeldungen die Bewegungen gesteuert und kontrolliert werden, wie dies beispielsweise beim Greifen der Fall ist.

> **Sensomotorik bezeichnet die Verbindung von sensorischen und motorischen Leistungen und bedeutet die Steuerung und Kontrolle von Bewegungen aufgrund von Sinnesrückmeldungen.**

---

[1] in utero (lat. uterus: die Gebärmutter) und intrauterin bedeuten ‚in der Gebärmutter‘
[2] Pinzettengriff: Der Mensch greift einen Gegenstand mit Daumen und Zeigefinger.

In der *frühen Kindheit* (2. bis 6. Lebensjahr) lernt das Kind eine Reihe von wichtigen Bewegungen wie das Laufen, das Treppensteigen, das Hüpfen oder Klettern. Dabei spielt die Erhaltung des Gleichgewichts eine wichtige Rolle. Diese sensomotorischen Leistungen differenzieren sich weiter aus: Das Kind lernt, selbständig zu essen, sich alleine anzuziehen, zu malen oder zu zeichnen. In der späten Kindheit gewinnen die motorischen Leistungen zunehmend an Sicherheit und Reaktionsgeschwindigkeit, die Bewegungskoordination wird verfeinert. Das Kind lernt, seine Bewegungen zu beherrschen. Als bedeutendste motorische Leistung gilt in diesem Alter das Schreiben, eine spezielle sensomotorische Leistung. Bis etwa zum siebten Lebensjahr ist die motorische Entwicklung grundgelegt.

Im *Jugendalter* kann man vor allem eine bemerkenswerte Zunahme der Muskelkraft beobachten. Vor allem aber wird in diesem Alter die Geschlechtsdifferenzierung der Motorik sichtbar. Damit sind einerseits jene Verschiedenheiten gemeint, die durch den unterschiedlichen Körperbau von Mann und Frau und die Unterschiede im Bau der Geschlechtsorgane bedingt sind, andererseits betrifft sie jene unterschiedlichen Bewegungen, welche durch die Rolle der Geschlechter in der jeweiligen Gesellschaft bestimmt sind.

Übersicht über die Entwicklung der Motorik

nach der Geburt:

– dreht in Bauchlage von allein Kopf zur Seite (Halsmuskeln reifen zuerst)
– bewegt in Rückenlage Arme und Beine gleichmäßig
– „schreitet", wenn Füße auf den Boden gestellt werden (Schreitreflex)
– Hände und Füße greifen bei Berührung (Greifreflex, Palma-Reflex)
– Arme und Beine sind angezogen, Hände und Füße geballt, da die Beugemuskeln besser gereift sind als die Streckmuskeln

bis Ende des 1. Monats:

– hebt den Kopf in Bauchlage kurz
– kann Kopf für einen Moment aufrecht halten
– führt ergriffenen Finger sofort zum Mund

bis Ende des 2. Monats:

– Kopf kann bis ca. fünf Sekunden aufrecht gehalten werden
– hebt Kopf in Bauchlage um ca. 45 Grad und hält ihn ca. 10 Sekunden
– zieht Knie nicht mehr an Bauch
– streckt sich mehr

bis Ende des 3. Monats:

– stützt sich in Bauchlage auf Unterarme
– hebt Kinn und Schultern von der Unterlage ab
– hält Kopf in Bauchlage ca. eine Minute
– hält Kopf sitzend ca. eine halbe Minute
– rollt sich allein von Seite auf Rücken
– kann besser greifen

bis Ende des 4. Monats:

– stützt sich in Bauchlage sicher auf Unterarme
– zieht den Kopf mit hoch, wenn es an den Händen zum Sitzen hochgezogen wird
– kann sich zur Seite drehen
– greift nach Gegenständen, die es sieht

bis Ende des 5. Monats:

– versucht, sich auf die Beine zu stellen, wenn es zum Sitzen hochgezogen wird, und stemmt sich mit den Zehen gegen die Unterlage
– es „schwimmt" in der Bauchlage
– es stemmt sich mit den Zehen gegen die Unterlage, wenn es hingestellt wird
– greift gezielter nach Spielsachen
– steckt alles in den Mund

bis Ende des 6. Monats:

– „Sphinxstellung": stützt sich in der Bauchlage mit gestreckten Armen ab
– rollt sich in der Rückenlage von einer Seite auf die andere
– bringt den Kopf sofort hoch und hebt die Beine an, wenn es an den Händen hochgezogen wird
– stützt sich im Sitzen mit den Armen seitlich ab, hält Balance
– ergreift mit den Händen die eigenen Füße und steckt sie in den Mund
– hält das Fläschchen selbst

bis Ende des 7. Monats:

– dreht sich von dem Rücken auf den Bauch
– kann mit einer Hand nach Spielzeug greifen und sich gleichzeitig mit der anderen Hand abstützen
– kann angelehnt allein sitzen
– beugt die Knie und stößt sich ab, sobald es hingestellt wird

bis Ende des 8. Monats:

– „Vierfüßlerstand": stützt sich in Bauchlage mit gestreckten Armen ab und hebt das Gesäß leicht an
– beginnt zu „robben"
– zieht sich zum Knien hoch

bis Ende des 9. Monats:

– kann frei sitzen und sich nach vorne beugen, ohne umzufallen
– ergreift Gegenstände mit Daumen und Zeigefinger im „Scherengriff"
– steht, an den Händen gehalten, ca. eine halbe Minute
– hält die Tasse selber

bis Ende des 10. Monats:

– setzt sich aus der Bauchlage allein auf
– setzt sich aus der Rückenlage auf, wenn es sich irgendwo festhalten kann
– zieht sich vom Sitzen zum Stehen hoch
– kann kurzzeitig stehen, wenn es sich festhält
– beginnt zu krabbeln
– greift im „Pinzettengriff"

bis Ende des 11. Monats:

– krabbelt gut
– zieht sich an Möbeln hoch
– macht mit Hilfestellung die ersten Schritte

bis Ende des 12. Monats:

– läuft mit Hilfestellung
– versucht die ersten freien Schritte, ohne sich festzuhalten
– hält sich mit einer Hand im Stehen fest und hebt mit der anderen Gegenstände auf

bis Ende des 15. Monats:

– kann frei stehen
– kann ohne Hilfe gehen
– fängt an, Ball zu rollen
– beginnt, Würfel aufeinander zu setzen

bis Ende des 18. Monats:

– steigt Treppen, wenn es sich festhalten kann
– setzt sich hin
– hüpft mit beiden Beinen
– bückt sich, ohne umzufallen
– klettert
– zieht beim Gehen einen Gegenstand hinter sich her oder schiebt etwas
– geht rückwärts
– baut Türme
– trinkt aus der Tasse
– ißt mit dem Löffel

bis Ende des 2. Lebensjahres:

– steigt Treppen, auch ohne sich festzuhalten, zieht jedoch noch ein Bein nach
– kann einen Gegenstand mit dem Fuß anstoßen, ohne umzufallen
– kann rasch laufen, hüpfen und sich drehen

zwischen 3 und 4 Jahren:

– Treppensteigen ohne festhalten und ohne Bein-nachziehen
– kann auf Zehenspitzen gehen
– kann Bewegungen abrupt beenden, ohne umzufallen
– kann um die Ecke biegen, ohne vorher anhalten zu müssen
– kann Dreirad fahren

5 bis 6 Jahre:

– kann auf einem Bein stehen und hüpfen
– kann Fahrrad fahren
– kann Purzelbäume schlagen und einen Kopfstand machen
– kann schreiben lernen, da nun die Muskeln des Handgelenkes so weit gereift sind, daß das Kind
  derartige feinmotorische Leistungen erbringen kann

Quelle: – Bundeszentrale für gesundheitliche Aufklärung, 1990
– Lotte Schenk-Danzinger, 1988[20]

Die Entwicklung der Motorik unter dem Gesichtspunkt der Differenzierung

In der Entwicklung der Motorik bedeutet Differenzierung eine Entwicklung von unkoordinierten und kontrollierten Bewegungen hin zu bewußt gesteuerten, ganz gezielten Bewegungen.

Im Mutterleib stößt das Ungeborene unkontrolliert, es schlägt mit seinen Beinen aus, trifft – wenn es größer ist – gewollt oder ungewollt die Bauchdecke der Mutter. Auch im Neugeborenenstadium sind die Beinbewegungen noch unkontrolliert. Das Neugeborene schreitet, sobald es Boden unter den Füßen spürt, oder es strampelt unkoordiniert, wenn es auf dem Rücken liegt. Aufgrund des Prinzips der wechselseitigen Vorherrschaft bewegen sich hier beide Beine symmetrisch.

Verfolgt man die weitere **Entwicklung der Beinmotorik**, so sieht man, daß sich aus diesen unkoordinierten und unkontrollierten Bewegungen immer gezieltere und sicherere entwickeln, die schließlich zum sicheren Gehen und gar Laufen führen:

Bis gegen Ende des 2. Lebensmonats beginnt der Säugling, seine Beine zu strecken, dann versucht er, sich auf die Beine zu stellen, wenn er zum Sitzen hochgezogen wird, und stemmt sich mit den Zehen gegen die Unterlage. Gegen Ende des achten Monats zieht sich das Kind zum Knien hoch und beginnt zu robben. Wochen später beginnt es zu krabbeln, zieht sich aus dem Sitzen zum Stehen hoch und kann kurzzeitig stehen, wenn es sich festhält. Es verbessert sein Krabbeln und kann bald mit Hilfestellung auch schon die ersten Schritte machen. Mit einem Jahr kann es gehen, zum Teil bereits ohne Hilfen.

Dieses Gehen verfeinert sich immer mehr; das Kind kann bald einen Gegenstand hinter sich herziehen und umsehen, ohne das Gleichgewicht zu verlieren. Es kann einen Gegenstand mit dem Fuß anstoßen, ohne umzufallen, es kann immer schneller gehen, abrupt anhalten, ohne nach vorne zu fallen, es kann um die Ecke gehen, ohne vorher anhalten zu müssen.

Das Kind lernt hüpfen, erst mit beiden Beinen, dann auf einem Bein. Es lernt Treppen steigen, erst mit Festhalten, dann ohne Festhalten, jedoch noch ein Bein nachziehend. Schließlich kann es Treppen steigen ohne Festhalten und ohne Beinnachziehen. Es lernt, mit dem Dreirad zu fahren, dann mit dem Fahrrad mit Stützen, dann mit dem Fahrrad ohne Stützen usw.

All diese Beispiele zeigen, wie sich die Art der Fortbewegung des Menschen *aus einem unkoordinierten und unkontrollierten Stoßen und Strampeln zu immer gezielteren, kontrollierten und sicheren Bewegungen* ausdifferenziert.

Dies trifft sowohl für alle Bewegungen der Grobmotorik als auch der Feinmotorik zu. In der Entwicklung der Feinmotorik, in der des Greifens zum Beispiel, wird diese Differenzierung auch sichtbar:

Das Kind greift anfangs nach einem Gegenstand, trifft ihn aber nicht, weil seine Arm- und Handbewegungen noch sehr unkontrolliert sind. Erst nach mehrmaligen Versuchen gelingt es dem Kind, den Gegenstand mit der Hand zu berühren. Um den Gegenstand dann zu ergreifen, nimmt ihn das Kind anfangs mit der ganzen Hand, es legt die geöffnete Handfläche darauf und krallt die Finger zusammen. Das Kind macht keine Unterschied, ob es sich bei dem Gegenstand um eine dünne Nadel oder einen Bauklotz handelt.

Je älter das Kind wird, desto besser funktionieren seine sensomotorischen Leistungen, was im Falle des Greifens bedeutet, daß das Kind immer genauer wahrnehmen und erkennen kann, zu einen, wo der Gegenstand exakt liegt, und entsprechend gezielter, kontrollierter und schneller mit der Hand den Gegenstand berühren bzw. treffen kann; zum anderen, welcher Gegenstand vor ihm liegt und welche Art des Greifens es anwenden muß, die ganze Hand, beide Hände oder den Pinzettengriff, daß heißt Daumen und Zeigefinger, um den Gegenstand zu erhalten. Den Pinzettengriff, den man benötigt, um zum Beispiel eine Nadel aufzuheben, beherrscht das Kind mit etwa einem Jahr.

➡ **Materialien 1.**

> Alle Bewegungen des Menschen, sowohl die grobmotorischen als auch die feinmotorischen, differenzieren sich aus unkoordinierten und unkontrollierten zu immer gezielteren, kontrollierteren und sicheren Bewegungen.

Die Entwicklung der Motorik unter dem Gesichtspunkt der Integration

Integration bedeutet in der Entwicklung der Motorik, daß die einzelnen Bewegungen immer mehr miteinander verbunden und in Zusammenhang gesetzt werden.

Will ein Kind selber essen, so muß es mehrere Bewegungen miteinander koordinieren: Es muß den Löffel richtig festhalten, es muß mit dem Löffel die Suppe im Teller „treffen", es muß mit dem Löffel die Suppe schöpfen und den Löffel so halten, daß es die Suppe nicht wieder ausschüttet, es muß den Löffel mit der Suppe dann zum Mund führen, den Mund aufmachen und die Suppe in dem Moment schlucken, in dem die Hand mit dem Löffel die Suppe in Mund und Rachen schüttet.

Dabei spielt die *Wahrnehmung* eine große Rolle: Es werden nicht nur die einzelnen Bewegungen miteinander koordiniert, sondern auch die Wahrnehmungen mit den Bewegungen.

Wenn das Kind die Suppe essen will, muß es sehen, wo der Teller mit der Suppe steht, um mit der Hand den Löffel an den richtigen Platz zu führen. Es muß wahrnehmen, wie heiß die Suppe ist, damit es sie mit der entsprechenden Geschwindigkeit mit dem Mund aufnehmen kann usw.

Grundsätzlich gilt, je gezielter der Mensch einen Bewegungsablauf durchführen will, desto mehr integriert er seine Wahrnehmungen und Bewegungen, sei es beim Greifen, wenn ein Kind lernt, sich selber anzuziehen, beim Schreiben, bei den verschiedenen Sportarten usw.

> Integration in der Entwicklung der Motorik bedeutet, daß der Mensch seine Wahrnehmungen und Bewegungen miteinander koordiniert.

Motorik

Ist die Gesamtheit aller Bewegungsabläufe eines Organismus.

Alle Bewegungen des Menschen, sowohl die grobmotorischen als auch die feinmotorischen, differenzieren sich aus unkoordinierten und unkontrollierten zu immer gezielteren, kontrollierteren und sichereren Bewegungen.

Integration in der Entwicklung der Motorik bedeutet, daß der Mensch seine Wahrnehmungen und Bewegungen miteinander koordiniert.

8.2.3   Die Entwicklung der Emotionen

Wie in Kapitel 5.1.1 ausgeführt, verstehen wir unter Gefühlen Ich-Zustände, „Befindlichkeiten und Erlebnisse, die den Körper, die Psyche und das Verhalten des Menschen umfassen". *(J. A. Keller/F. Novak, 1988[6])*

Die amerikanische Psychologin Carole Izard hat die Gefühle von Kleinkindern an ihren Gesichtsausdrücken erforscht und in eine Reihenfolge gebracht, in der Annahme, daß Kleinkinder zeigen, was sie fühlen, da sie noch nicht gelernt haben, wie Erwachsene ihre Gefühle zu kontrollieren und zu verbergen:

Die Emotionen des Kleinkindes und wann sie auftreten	
Ausdruck der Grundemotionen	Ungefähre Zeit des Auftretens
Interesse • Neugeborenen-Lächeln (ein „halbes" Lächeln, das spontan und ohne ersichtlichen Grund auftritt) • Erschrecken • Leid (als Reaktion auf Schmerzen) Widerwillen	bei der Geburt vorhanden
Soziales Lächeln	mit 4–6 Wochen
Zorn Überraschung Traurigkeit	mit 3–4 Monaten
Furcht Scham/Scheu/Selbstbewußtsein	mit 5–7 Monaten mit 6–8 Monaten
Verachtung Schuldgefühle	im 2. Lebensjahr
• Das Neugeborenen-Lächeln, das Erschrecken und das Leid als Reaktion auf Schmerzen sind Vorläufer des sozialen Lächelns und der Gefühle von Überraschung und Trauer, die später auftreten. Izard hat keine Beweise dafür, daß sie in den ersten Wochen des Lebens mit inneren Empfindungen verknüpft sind.	

Quelle: R. J. Trotter, 1984

Die Psychologen Katherine M. Bridges und René Spitz kamen nach ihren Beobachtungen zu folgenden Ergebnissen: Beim Neugeborenen ist lediglich eine allgemeine Störbarkeit bzw. **Erregbarkeit**, die sehr diffus und ungerichtet ist, zu beobachten.

Aus diesem anfänglichen Erregungszustand entwickeln sich in den ersten Wochen zwei Grundtendenzen emotionalen Verhaltens heraus: **Unlust und Lust.** Die unlustbetonte Tendenz tritt etwas früher hervor und läßt auch zuerst eine Differenzierung in spezifischere Gefühlsreaktionen erkennen wie Angst, Ekel, Wut, Zorn. Ein deutliches Zeichen der Erkennbarkeit von positiven Gefühlsäußerungen nennen Entwicklungspsychologen das **soziale Lächeln**, das durch bestimmte Reize wie Anschauen oder Ansprechen des Säuglings hervorgerufen wird.

Zwar kann das Kind vermutlich schon sehr früh **Angst und Furcht** empfinden, doch am deutlichsten treten sie auf, wenn das Kind gelernt hat, zwischen vertrauten und fremden Personen zu unterscheiden. Im Laufe der Entwicklung eröffnen sich dem Kind immer wieder neue Ereignisse und Situationen, die neue Ängste entstehen lassen. In diesen Veränderungen spiegelt sich der Einfluß der Umwelt, insbesondere seiner Bezugspersonen auf das Erleben des Kindes wider.

Ärger und Wut lassen sich, ähnlich wie die Furcht, schon sehr früh erkennen, und zwar als Reaktion auf Bedrohungen oder bei Versagung von Wünschen und Bedürfnissen.

Liebe und emotionale Zuwendung werden in den ersten Lebensjahren in der engen Beziehung zu (einer) festen Bezugsperson(en) grundgelegt. Die meisten Entwicklungstheorien betonen die Wichtigkeit von intensiven emotionalen Kommunikationsprozessen nicht nur für die Entwicklung von Liebe und Zuwendung, sondern für die weitere Entwicklung aller psychischen Funktionen, Fähigkeiten und Kräfte.

> Vor allem im ersten Lebensjahr wird der Grundstein für die Fähigkeit zu Liebe und emotionaler Zuwendung gelegt, je nachdem, ob der Säugling bzw. das Kleinkind intensive emotionale Zuwendung erhält oder nicht.

Bereits bis zum 2. Lebensjahr zeigt das Kleinkind alle „Grundemotionen" wie Interesse, Leid, Widerwillen, Freude, Zorn, Überraschung, Scham, Furcht, Verachtung und Schuldgefühl.

In den folgenden Jahren setzt sich die Entwicklung der Gefühle fort. Dabei ändert sich sowohl der Bereich der die Emotionen auslösenden Reize und Situationen als auch die Form des Ausdrucks dieser Emotionen und die Art des Reagierens auf diese Gefühle.

Der einjährige Niklas empfindet Interesse, wenn er einen Hund sieht. Als Fünfjähriger ist dieses Interesse geringer geworden, dafür überwiegt die Angst vor einem Hund, nachdem Niklas im Alter von zwei Jahren von einem Hund gebissen worden ist.

Während zum Beispiel der Säugling auf angstauslösende Reize mit Schreien reagiert, sucht der Zweijährige Schutz bei der Mutter oder er läuft davon.

Die Ausbildung weiterer Gefühle geschieht zunehmend in der Auseinandersetzung mit der Umwelt durch Nachahmung und durch Konditionierung.

So lernt ein Kind, Angst vor der Spinne zu haben, indem es die Mutter beobachtet, wie sie beim Anblick einer Spinne fürchterlich schreit und wegläuft.

Das Kind lernt, welche Gefühle und Arten des Gefühlsausdrucks von der Gesellschaft akzeptiert werden, und es lernt dadurch, welche Gefühle es zeigen darf und welche nicht.

Im Alter von zwei Jahren weint Ricardo, wenn er sich weh getan hat. Als Zehnjähriger weint er nicht mehr in der Öffentlichkeit, weil er gelernt hat, daß man als Junge nicht weint.

Die Entwicklung der Gefühle wird in den ersten Lebensjahren grundgelegt, im Laufe der Jahre vollzieht sich eine Erweiterung und Veränderung sowohl der Gefühle als auch der auslösenden Reize und Reaktionen. Die Entwicklung von Emotionen verläuft in jeder Gesellschaft unterschiedlich. Das Gefühl als solches wird nicht erlernt, sondern die Art und Weise, es zu äußern, und der Zeitpunkt, es zu zeigen.

Die Entwicklung der Gefühle unter dem Gesichtspunkt der Differenzierung

Differenzierung in der Entwicklung der Gefühle bedeutet zum einen, daß sich aus einem globalen Gefühl immer feinere und speziellere Gefühle entwickeln, zum anderen, daß auch die Reize, die ein Gefühl auslösen, sowie die Reaktionen, die auf ein Gefühl folgen bzw. ein Gefühl zum Ausdruck bringen, immer vielfältiger werden.

Aus dem Gefühl der globalen Erregung entwickeln sich zunächst die beiden Gefühle Unlust und Lust. Die Unlust differenziert sich weiter zu den negativen Gefühlen Ärger, Abscheu, Furcht, Angst, Ekel, Wut, Zorn, später Eifersucht, Neid, Scham, Verachtung, Schuldgefühl usw. Aus der Lust entstehen die positiven Gefühle wie Fröhlichkeit, Liebe, Freude, Neugierde, Interesse, usw.

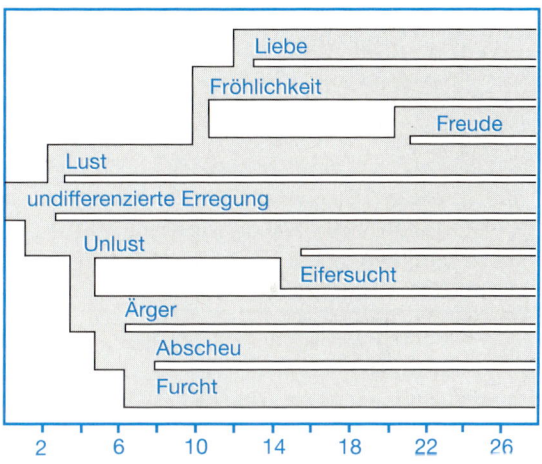

Lebensalter (Monate)

Quelle. in Anlehnung an H. Legewie/ W. Ehlers, 1992

Je mehr der Mensch von seiner Umwelt kennenlernt und je mehr Erfahrungen er macht, desto vielfältiger werden die Reize, die ein Gefühl bei ihm auslösen.

Hannes Aussage „Ich ruf Dich morgen an" macht die 16jährige Katharina glücklich. Im Alter von 30 Jahren fühlt Katharina stattdessen vor allem Mißtrauen, weil sie von vielen Männern, die ihr dasselbe versprochen hatten, bereits enttäuscht worden ist, und sie wird sogar ein bißchen wütend, weil in ihr die Erinnerungen an diese Enttäuschungen hochkommen. Sie fühlt sich aber auch ein bißchen geschmeichelt, weil Hannes ausgerechnet sie „ausgewählt" hat.

Je mehr der Mensch gesellschaftliche Normen und Werte vermittelt bekommt, je mehr Erfahrungen er macht und je besser er sich ausdrücken kann, desto gezielter, feiner, eindeutiger oder umgekehrt verhaltener werden auch seine Reaktionen auf seine Gefühle bzw. die Ausdrucksformen seiner Gefühle.

Von ihrer Reise nach Thailand haben Anna und Joshua gelesen, daß es bei den Thais verpönt ist, als Mann und Frau Arm in Arm zu gehen, und daß man gar ein Tabu bricht, wenn man sich in der Öffentlichkeit küßt. Folglich unterlassen Anna und Joshua während ihres Thailand-Aufenthaltes derartige Gefühlsäußerungen.

Differenzierung in der Entwicklung der Gefühle/Emotionen bedeutet:
- Entwicklung eines globalen Gefühls zu immer feineren und spezielleren Gefühlen,
- ein Vielfältiger-Werden der Reize, die ein Gefühl auslösen,
- ein Vielfältiger-Werden der Reaktionen, die auf ein Gefühl folgen bzw. ein Gefühl zum Ausdruck bringen.

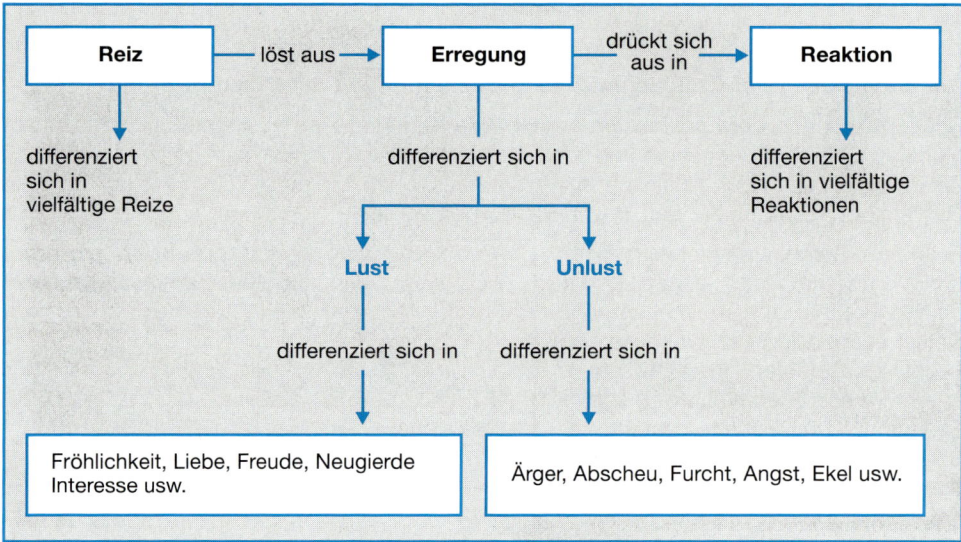

Die Entwicklung der Gefühle unter dem Gesichtspunkt der Integration

Bei der Integration in der Entwicklung der Gefühle bringt der Mensch die einzelnen Gefühle sowie die Reize, Gefühle und Reaktionen immer mehr in Zusammenhang. Je reifer der Mensch wird, desto mehr kann er die Zusammenhänge zwischen einzelnen Gefühlen, die ein Kind noch isoliert erlebt, erkennen und verstehen.

Der 25jährige Jochen weiß, daß ihn die Bemerkung seines Nachbarn über seine zurückgehenden sportlichen Leistungen eigentlich nur deshalb so wütend gemacht hat, weil er im Grunde genommen eifersüchtig ist auf seinen Nachbarn, der von Jochens Freundin in letzter Zeit so umschwärmt wird. Jochen ist sich der Tatsache bewußt, daß er über eine derartige Bemerkung gelächelt hätte, wenn er in seinem Nachbarn keinen Konkurrenten sehen würde. Jochen weiß auch, daß er in Folge seiner Wut bzw. Eifersucht rot im Gesicht wurde und lauter als normal sprach.

Der Dreijährige, den die überschwenglichen Bewunderungen seiner gerade erst zur Welt gekommenen Schwester seitens der Verwandten ebenso wütend machen, kann diesen Zusammenhang zwischen seiner Eifersucht, seiner Wut und seinen Reaktionen noch nicht herstellen.

Durch das In-Beziehung-Setzen mehrerer Gefühle hat der Mensch die Möglichkeit, seine Gefühle und seine Reaktionen nicht nur zu verstehen, sondern auch zu kontrollieren.

So kann Jochen im obigen Fall seine Wut und seine Reaktion auf den Nachbarn zügeln, da er weiß, daß seine Wut auf seine Eifersucht zurückzuführen und eigentlich übertrieben ist.

Integration in der Entwicklung der Gefühle bedeutet, daß der Mensch vorher isoliert erlebte Gefühle sowie deren auslösende Reize und folgende Reaktionen immer mehr im Zusammenhang sieht.

Gefühle

sind Ich-Zustände, „Befindlichkeiten und Erlebnisse, die den Körper, die Psyche und das Verhalten des Menschen umfassen".

Die Entwicklung der Gefühle wird in den ersten Lebensjahren grundgelegt, im Laufe der Jahre vollzieht sich eine Erweiterung und Veränderung sowohl der Gefühle als auch der auslösenden Reize und Reaktionen. Die Entwicklung von Emotionen verläuft in jeder Gesellschaft unterschiedlich. Das Gefühl als solches wird nicht erlernt, sondern die Art und Weise, es zu äußern, und der Zeitpunkt, es zu zeigen.

Differenzierung in der Entwicklung der Gefühle bedeutet Entwicklung eines globalen Gefühls zu immer feineren und spezielleren Gefühlen, ein Vielfältiger-Werden der Reize, die ein Gefühl auslösen, und ein Vielfältiger-Werden der Reaktionen, die auf ein Gefühl folgen bzw. ein Gefühl zum Ausdruck bringen.

Integration in der Entwicklung der Gefühle bedeutet, daß der Mensch vorher isoliert erlebte Gefühle sowie deren auslösende Reize und folgende Reaktionen immer mehr im Zusammenhang sieht.

8.2.4   Die Entwicklung der Bedürfnisse

Mit dem Begriff Bedürfnis wird ein physischer oder psychischer **Mangelzustand** bezeichnet. Das bedeutet, daß ein Bedarf – zum Beispiel nach Essen, Trinken, nach Zuwendung, Liebe – vorhanden sein muß.

Wer müde ist, will sich hinlegen und nicht auf eine Party gehen. Wer durstig ist, will etwas trinken, bevor er arbeitet. Setzt man diese Liste fort, so kommt man darauf, daß verschiedene Bedürfnisse menschlichen Handelns unterschiedliche Prioritäten haben. Manche Bedürfnisse werden vordringlicher befriedigt als andere.

So muß zum Beispiel das Bedürfnis nach Nahrung hinreichend befriedigt sein, ehe das Bedürfnis nach Geselligkeit oder persönlicher Entfaltung wichtig wird.

An diese Beobachtung hat der amerikanische Motivationsforscher *Abraham H. Maslow* angeknüpft und herausgefunden, daß die Entwicklung menschlicher Bedürfnisse nach ganz bestimmten psychologischen Gesetzmäßigkeiten und in einer festgelegten Reihenfolge abläuft:

Die „höheren" Bedürfnisse entwickeln sich erst, wenn die „niedrigeren" angemessen befriedigt sind.

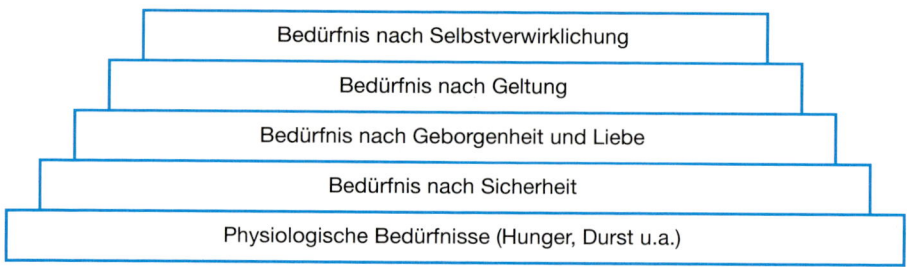

| Bedürfnis nach Selbstverwirklichung |
| Bedürfnis nach Geltung |
| Bedürfnis nach Geborgenheit und Liebe |
| Bedürfnis nach Sicherheit |
| Physiologische Bedürfnisse (Hunger, Durst u.a.) |

Die physiologischen Bedürfnisse, die sogenannten **primären Bedürfnisse,** sind angeboren und bestimmen weitgehend die Motivation des Säuglings. Im Laufe der Entwicklung werden jedoch noch mehr Bedürfnisse, die sogenannten **sekundären Bedürfnisse**, erlernt.

So ahmt ein Kind das starke Bedürfnis nach Geselligkeit, das seine Eltern, Geschwister oder später Freunde usw. zeigen, nach.
Auch lernt der Mensch, daß man sich mit Geld sehr viel kaufen kann, und so wird dieser für Kinder anfangs eigentlich recht unbedeutenden Reiz „Geld" zum Bedürfnis.
Das Bedürfnis nach Nahrung bleibt nicht gleich, sondern differenziert sich beispielsweise unter Einfluß einer vermögenden Umwelt zum Bedürfnis nach Kaviar und Champagner aus.

Aus den Grundbedürfnissen gehen nach Maslow Bedürfnisse nach Macht, Geselligkeit, Wissen, Leistung, nach aggressivem Verhalten usw. hervor.

Mit ca. drei bis vier Jahren entwickelt sich erstmals eine **Leistungsmotivation**[1] im Sinne der Gestaltung eines Werkes aus reiner Betätigungsfreude. Ab ca. vier Jahren sind Leistungsmotivation vorhanden, und ein Anspruchsniveau wird sichtbar. In den ersten beiden Schuljahren ist die Leistungsmotivation noch stark außengesteuert, vor allem durch die Imitation und die Identifikation mit dem elterlichen Vorbild und den Forderungen des Lehrers. Mit zunehmendem Alter findet dann ein allmählicher Übergang zur eigenen Steuerung, zum eigenen Leistungsbewußtsein statt.

Die Entwicklung der Bedürfnisse unter dem Gesichtspunkt der Differenzierung

Differenzierung in der Entwicklung der Bedürfnisse bedeutet, daß sich aus einem globalen und ungegliederten Anfangszustand, hier den primären, den biologisch-physiologischen Bedürfnissen, immer mehr Bedürfnisse herausgliedern und vielfältige Bedürfnisse entstehen.

Dies geschieht zum einen dadurch, daß sich – wie die Bedürfnispyramide von Abraham H. Maslow zeigt – aus den physiologischen Bedürfnissen nach deren Befriedigung die „höheren" Bedürfnisse entwickeln: Sind Hunger, Durst usw. befriedigt, so entsteht das Bedürfnis nach Sicherheit; ist dieses wiederum angemessen befriedigt, so entwickelt sich das Bedürfnis nach Geborgenheit und Liebe usw. Es entstehen immer mehr Bedürfnisse; der Mensch entwickelt mit der zunehmenden Erweiterung seines Lebensraumes und seiner Kenntnisse die vielfältigsten Bedürfnisse.

Ein 18jähriger entwickelt das Bedürfnis, den Führerschein zu machen, ein eigenes Auto zu kaufen, eine eigene Wohnung zu mieten, eigenes Geld zu verdienen, über das er selbst entscheiden kann usw.
Ein Schulkind hat derartige Bedürfnisse noch nicht, außer vielleicht den Wunsch, über das eigene Taschengeld selbst bestimmen zu können.
Einem 2jährigen sind derartige Bedürfnisse vollkommen unbekannt.

---

[1] Leistungsmotivation bezeichnet die von den persönlichen Erwartungen, Zielsetzungen und Ansprüchen abhängige Bereitschaft, eine bestimmte Tätigkeit durchzuführen. Diese persönlichen Erwartungen werden in erster Linie von den bisher gemachten Erfahrungen bestimmt und bilden den selbstgesetzten Maßstab, an dem das Individuum seine Leistungen bewertet.

Die Differenzierung vollzieht sich zum anderen dadurch, daß ein Bedürfnis immer vielfältigere Formen annimmt:

Schon das Bedürfnis nach Nahrung vervielfältigt sich: Der Säugling hat ganz einfach Hunger und will gefüttert werden. Je älter der Mensch jedoch wird, desto genauer kann er unterscheiden, ob er einen kleinen oder großen Hunger hat und worauf er Appetit hat. Je mehr Speisen und Nahrungsmittel der Mensch kennenlernt, desto spezifischer wird sein Hunger, zum Beispiel auf etwas Süßes oder Saures, auf italienische, griechische oder gut bürgerliche Küche, auf eine spezielle Weinsorte, auf einem, bestimmten Jahrgang usw.

Das Bedürfnis nach Sicherheit entspricht beim Säugling der Gewißheit, daß seine Bezugsperson immer für ihn da ist. Für einen Erwachsenen kann es die Sicherheit, den Job nicht zu verlieren, bedeuten, die Sicherheit beim Autofahren, die Sicherheit, vom Lebenspartner nicht verlassen zu werden usw.
Selbst das spezielle Bedürfnis nach Sicherheit beim Reisen differenziert sich wiederum: der Reisende will die Sicherheit, nicht mit dem Flugzeug abzustürzen, am Reiseziel ein Dach über dem Kopf zu haben, nicht bestohlen zu werden usw.

> Differenzierung in der Entwicklung der Bedürfnisse bedeutet:
> - Entwicklung von immer mehr und immer vielfältigeren sekundären Bedürfnissen aus den primären Bedürfnissen,
> - ständige Veränderung und Verfeinerung eines Bedürfnisses.

Die Entwicklung der Bedürfnisse unter dem Gesichtspunkt der Integration

Integration in der Entwicklung der Bedürfnisse bedeutet, daß der Mensch, je mehr er sich entwickelt, seine einzelnen Bedürfnisse immer mehr in Beziehung zueinander setzt und im Zusammenhang sieht.

Der unglücklich verheirateten Frau Meier ist klar, daß sie ihr Bedürfnis nach Zuwendung, das seitens ihres Mannes nicht befriedigt wird, mit einem übersteigerten Hunger zu kompensieren versucht und deshalb so übermäßig ißt.

Dieses Herstellen eines Zusammenhanges zwischen verschiedenen Bedürfnissen und den Reaktionen darauf beinhaltet zugleich auch eine gewisse Kontrolle.

Frau Meier „kontrolliert" ihr Bedürfnis nach Zuwendung, indem sie ein anderes ihrer Bedürfnisse (nach Essen) dafür umso stärker befriedigt.

> Integration in der Entwicklung der Bedürfnisse bedeutet, daß der Mensch vorher isoliert erlebte Bedürfnisse sowie die Reaktionen darauf immer mehr in Beziehung zueinander setzt.

Bedürfnis

ist die Bezeichnung für einen physischen oder psychischen Mangelzustand.

Die „höheren" Bedürfnisse entwickeln sich erst, wenn die „niedrigen" angemessen befriedigt sind.

Differenzierung in der Entwicklung der Bedürfnisse bedeutet Entwicklung von immer mehr und immer vielfältigeren sekundären Bedürfnissen aus den primären Bedürfnissen sowie eine ständige Veränderung und Verfeinerung eines Bedürfnisses.

Integration in der Entwicklung der Bedürfnisse bedeutet, daß der Mensch vorher isoliert erlebte Bedürfnisse sowie die Reaktionen darauf immer mehr in Beziehung zueinander setzt.

8.3 Die Bedingungen der Entwicklung

Eine wichtige Aufgabe der Entwicklungspsychologie besteht darin, jene Bedingungen zu beschreiben, die *Veränderungen des Organismus auslösen und in Gang halten,* und deshalb als die **Ursachen von Entwicklung** gelten. Diese Bedingungen lassen sich in drei Gruppen einteilen:

- die **genetischen Faktoren,**
- die **Umwelt,** und
- die **Selbststeuerung** des Menschen.

8.3.1 Die genetischen Faktoren

Ausgangspunkt menschlicher Entwicklung ist das Zusammentreffen einer Samenzelle mit einer Eizelle. Mit der Verschmelzung dieser Zellkerne bei der Befruchtung ist durch die Kombination der Chromosomen die genetische Ausstattung eines Menschen festgelegt. Die genetische Ausstattung eines Lebewesens, die bei der Befruchtung festgelegt wird, bezeichnen wir als **Anlage.** Die Übertragung der Anlagen, die nach bestimmten Erbgesetzen vor sich geht, wird als **Vererbung** bezeichnet; die Grundlagen, Vorgänge und Gesetze der Vererbung werden von der **Genetik,** der *Wissenschaft von der Vererbung*, erforscht.

> **Mit Anlage bezeichnen wir die genetische Ausstattung eines Lebewesens, die bei der Befruchtung festgelegt wird.**
> **Vererbung bezeichnet die Übertragung von bestimmten Anlagen auf die Nachkommenschaft nach bestimmten Erbgesetzen.**

Eine Schädigung oder Störung des genetischen Materials macht Entwicklung unmöglich oder hemmt das Entwicklungsgeschehen schwer; die genetischen Faktoren stellen das **Programm der Entwicklung** dar.
Die genetische Ausstattung verkörpert somit das Wachstums- und Entwicklungspotential eines Lebewesens. Seine Wirkung zeigt sich in vielfältiger Weise. Zum einen setzen sie bestimmte Prozesse des Organismus in Gang, wie zum Beispiel Zell- und Organaufbau, Stoffwechsel, Wachstum, Bewegung, Reizbarkeit oder Fortpflanzung, und bedingen die Entwicklung von Organen, des Nervensystems und der Muskel. Außerdem bewirken sie, daß Veränderungen immer in einer bestimmten *Reihenfolge, die nicht umkehrbar* ist, ablaufen.

Jedes Kind beispielsweise sitzt, bevor es gehen kann und lallt bevor es einzelne Wörter spricht.

Schließlich sind genetische Faktoren auch für die Existenz bestimmter Zeitspannen verantwortlich, in denen ein Lebewesen gewisse Verhaltensweisen und Persönlichkeitsmerkmale optimal erwerben kann.

★ Es ist genau zu unterscheiden zwischen **(v)ererbt, angeboren und erworben:** Vererbt bedeutet, daß ein Individuum von seinen Eltern bestimmte Erbanlagen erhalten hat. Angeboren heißt wörtlich: bei der Geburt vorhanden. Damit sind alle vererbten und alle im vorgeburtlichen Leben erworbenen Eigenschaften gemeint, also auch Einflüsse, denen der Embryo bzw. Fötus von der Zeit der Empfängnis bis zur Geburt ausgesetzt ist. Mit erworben meint man, durch Umwelteinflüsse zustande gekommen. Ebenso werden in diesem Zusammenhang oft die beiden Begriffe **endogen** und **exogen** gebraucht. Endogen bedeutet: von innen verursacht, also aus den Anlagen entstanden; exogen dagegen meint: von außen verursacht, aufgrund von Umwelteinflüssen hervorgerufen.

8.3.2   Die Umwelt

Wenn nicht extreme Anlagebedingungen vorliegen und man selbst die Entwicklung nicht hemmt, so gibt die **Umwelt** den Ausschlag für die Entwicklung der Persönlichkeit.

> **Umwelt meint alle direkten und indirekten Einflüsse, denen ein Lebewesen von der Befruchtung der Eizelle (= Empfängnis) bis zu seinem Tode von außen her ausgesetzt ist.**

Oft ist es die Umwelt, die eine gesunde Entwicklung ermöglicht beziehungsweise Entwicklungsstörungen hervorruft. Es handelt sich somit um Bedingungen, die unter anderem dafür sorgen, ob sich Erbanlagen eher gut oder schlecht entfalten können. Umwelteinflüsse stellen daher den **Schrittmacher der Entwicklung** dar.

Bezüglich der Umwelteinflüsse lassen sich zwei bedeutsame Bereiche unterscheiden, die sich zum Teil überschneiden (vgl. C. B. Germain/A. Gitterman, 1988[2]): Die **materielle** und die **soziale Umwelt**. Die materielle Umwelt umfaßt die *natürliche Welt* wie zum Beispiel die Art der Landschaft, das Klima, die Ernährung und die vom Menschen geschaffene bzw. *gestaltete Welt* wie etwa die Sprache, Wert- und Normvorstellungen, Sitte und Brauchtum, Massenmedien, Zeitgeist, der Wohnbezirk, der Wohnraum oder die Wohnungseinrichtung. Die soziale Umwelt umfaßt den Menschen in seinen verschiedenen Organisationsformen und Beziehungen wie beispielsweise in der Familie, im Bekannten- und Freundeskreis, in bürokratischen Einrichtungen, in der Gemeinde, im Stadtteil, in der Gesellschaft. Dabei kommt dem *sozialen Netzwerk* des einzelnen große Bedeutung zu (siehe Kapitel 9.3.4).

Umwelteinflüsse sind in ihrer Wirkung auf die genetische Ausstattung eines Menschen angewiesen und legen zudem fest, was, wann, in welchem Umfang und auf welche Art und Weise gelernt wird.

Dies kann vor allem am Beispiel der Sprachentwicklung deutlich gemacht werden: Umwelteinflüsse legen fest, welche Sprache erlernt wird, in welchem Alter das Kind etwa mit bestimmten Begriffen konfrontiert wird, ob es eine bestimmte Sprache sehr differenziert lernt, oder ob es sich die Sprache durch Nachahmung, mehr durch Lob und Anerkennung oder aufgrund von Tadel und Strafe aneignet.

> „Eine Erkenntnis, die aus den Forschungsergebnissen der letzten Jahrzehnte resultiert, bringt eine weitere Verpflichtung für Lehrer und Erzieher: Das Kind entwickelt sich nicht nur, es wird vor allem entwickelt. Alle Bezugspersonen des Kindes (...) werden deshalb ‚Entwicklungshelfer' sein" *(Eduard W. Kleber, 1978[2])*

8.3.3　Die Selbststeuerung des Menschen

Das Kind setzt sich von vorneherein aktiv mit seiner Umwelt auseinander, es erforscht „von sich aus" die Umwelt. Als nicht nur reaktives, sondern insbesondere als **aktives Wesen** führt der Mensch bestimmte Entwicklungsprozesse herbei und nimmt somit Einfluß auf seine Entwicklung. Man spricht in diesem Zusammenhang von der **Selbststeuerung des Menschen.**

> **Mit Selbststeuerung werden alle Kräfte bezeichnet, mit denen das Individuum als aktives Wesen „von sich aus" Entwicklungsprozesse herbeiführt und seine Entwicklung beeinflußt.**

Die Selbststeuerung dient der Befriedigung von Bedürfnissen, der schöpferischen Expansion – zum Beispiel Neugierdeverhalten – und der Anpassung an vorgegebene Lebensbedingungen.

„Ohne Expansionstendenzen können keine neuen Lebensräume erobert werden, gibt es keine Möglichkeit, Probleme des von außen eingeengten Lebensraumes zu überwinden; im weitesten Sinne unterbleibt jedoch Evolution, eine Art, die hier versagt, stirbt aus." *(Eduard W. Kleber, 1978[2])*

Die Selbststeuerung eines Menschen ist auch verantwortlich für die Herstellung eines Gleichgewichtszustandes. Dieser ist vorhanden, wenn der Mensch mit sich selbst und mit seiner Umwelt stimmig ist und in Harmonie lebt. Gerät das Individuum in ein Ungleichgewicht, so wird es von sich aus aktiv, um dieses zu beseitigen. Die Selbststeuerung kann zudem die Wirkung von Anlage und Umwelteinflüssen verstärken oder aber auch beeinträchtigen, sie kann auch die eigene Entwicklung sowohl fördern als auch hemmen.

★　In der neueren Psychologie wird immer mehr der Mensch selbst als Gestalter seiner Entwicklung betrachtet. „Er wird als erkennendes und selbstreflektierendes Wesen aufgefaßt, das ein Bild von sich und seiner Umwelt hat und beides im Zuge der Auswertung neuer und vorausgehender Erfahrungen modifiziert[1]. Dieser reflexive Mensch reagiert nicht mechanisch auf äußere Reize, seine Entwicklung ist nicht nur biologische Reifung, er handelt ziel- und zukunftsorientiert und gestaltet damit seine eigene Entwicklung mit." *(R. Oerter/L. Montada, 1987[2])*

---

[1] modifizieren bedeutet ändern, abändern, umgestalten, umändern.

8.3.4 Das Zusammenspiel von Anlage, Umwelt und Selbststeuerung

Im individuellen Leben kann die eine oder die andere Gruppe von Bedingungen stärker wirksam werden. Individuell-genetische Anlagen werden dort entscheidend sein, wo beispielsweise eine sehr hohe Intelligenz oder eine sehr hohe Musikalität zum Vorschein kommt. Fehlen andererseits in den ersten Lebensjahren emotionale Zuwendung und eine Beziehungsperson, so führt dies zu nicht wiedergutzumachenden Schädigungen insbesondere in der emotionalen und sozialen Entwicklung eines Menschen. In anderen Fällen machen sich sehr starke Tendenzen der aktiven Selbststeuerung bemerkbar, die es zum Beispiel ermöglichen, gesellschaftliche Barrieren zu durchbrechen, Vorurteile abzustreifen oder neue und originelle Ziele anzustreben (vgl. Lotte Schenk-Danzinger, 1988[20]).

Die Auffassungen, ob der Mensch beispielsweise mehr von seinen Anlagen oder mehr von seinen Umwelteinflüssen abhängig ist, sind jedoch aus wissenschaftlicher Sicht nicht bewiesen; über die Wirkanteile von Anlage- und Umweltfaktoren gibt es keine zuverlässigen Aussagen. Ergebnisse der Zwillings- und Adoptionsforschung lassen nur den Schluß zu, daß die Ausbildung der Persönlichkeit *sowohl von den Anlagefaktoren als auch von Umwelteinflüssen abhängt.*

Untersuchungen bezüglich der Wirkanteile von Anlage und Umwelt sind deshalb kaum möglich, weil der Mensch – um die Wirkung von Anlageeinflüssen festzustellen – ohne Umwelteinflüsse aufwachsen müßte. Dies ist aber nicht möglich, der Mensch ist auf Mitmenschen angewiesen und kann nur durch das Zusammenleben mit anderen existieren und zum Menschen im humanen Sinne werden. Er wird von vorneherein in eine Umwelt hineingeboren und entwickelt sich schon in der Schwangerschaft unter ganz bestimmten Einflüssen der Umwelt; er ist von dieser nicht isolierbar.

Die meisten Wissenschaftler stellen denn auch nicht mehr die Frage nach den *Wirkanteilen* von Anlage-, Umweltfaktoren und Selbststeuerung – also ob menschliche Entwicklung mehr von den Anlagen, von Umwelteinflüssen oder mehr von der eigenen Selbststeuerung abhängig ist –, sondern nach dem *Zusammenspiel zwischen Anlage, Umwelt und Selbststeuerung:* **Erbanlagen, Umwelt und aktive Selbststeuerung des Individuums bedingen und beeinflussen sich wechselseitig;** alle drei Faktorengruppen sind voneinander abhängig und lassen gleichwertig miteinander im Zusammenspiel die Entwicklung des Menschen voranschreiten:

- Gleiche Anlagen und gleiche Umweltbedingungen wirken aufgrund der Selbststeuerung in unterschiedlicher Weise, ebenso wie die Art und Weise der Selbststeuerung von den Anlage- und Umweltfaktoren abhängig ist.

  So können eineiigen Zwillingen, die bekanntlich gleiche Anlagen haben und beide sehr streng erzogen werden, aufgrund der Selbststeuerung durchaus verschiedene Persönlichkeitsmerkmale entwickeln. Andererseits kann eine stark autoritäre Erziehung ein schwaches Ich erzeugen, während ein partnerschaftliches, wohlwollendes Erzieherverhalten ein starkes Ich zur Folge haben kann, mit dem Ergebnis, „sein Leben selbst in die Hand zu nehmen".

- Gleiche genetische Ausstattung und/oder die gleiche Art und Weise der Selbststeuerung hat unter der Einwirkung verschiedener Umweltbedingungen unterschiedliche Wirkung, ebenso wie gleiche Umwelteinflüsse und/oder die gleiche Art und Weise der Selbststeuerung bei unterschiedlicher Anlage verschiedene Wirkungen hervorrufen.

  So zum Beispiel kann die Anlage zur Entstehung der Selbständigkeit bei einer sehr autoritären Erziehung mehr zur Gefügigkeitshaltung führen, bei einem partnerschaftlichen Erzieherverhalten eher zu einem gesunden Selbstwertgefühl, Eigenwillen und Durchsetzungsvermögen. Andererseits kann sehr autoritäre Erziehung bei einer Anlage zur Sensibilität Erlebensweisen wie Ängstlichkeit und völlige Gehemmtheit bewirken, sie kann aber auch bei einer Anlage zur Vitalität eher Machtstreben und Herrschsucht hervorrufen.

- Die Auswirkungen von Umwelteinflüssen sind von der genetischen Ausstattung und der individuellen Selbststeuerung abhängig, ebenso wie die Auswirkungen von den Anlagefaktoren auf Umwelteinflüsse und die Art und Weise der Selbststeuerung angewiesen sind.

  Bemühungen einer Mutter beispielsweise, das Kind schon vor dem 18. Monat zur Reinlichkeit zu bringen, bleiben erfolglos, weil es von seiner Reifung her noch nicht fähig dazu ist; ebenso wird die Mutter ihr Ziel der Reinlichkeit kaum erreichen, wenn sich das Kind von sich aus dagegen sträubt. Auf der anderen Seite wird ein Kind, das von seinen Eltern wenig gefördert wird und kaum Anregungen erhält, seine Anlage zur Intelligenz kaum entwickeln können, es sei denn, daß es von sich aus versucht, möglichst viel Erfahrungen zu sammeln.

„Was er (der Mensch) im Laufe seines Lebens wird, ist nicht nur ‚Werk der Natur', sondern auch ‚Werk der Gesellschaft' und ‚Werk seiner Selbst'". *(Wolfgang Brezinka, 1990[5])*

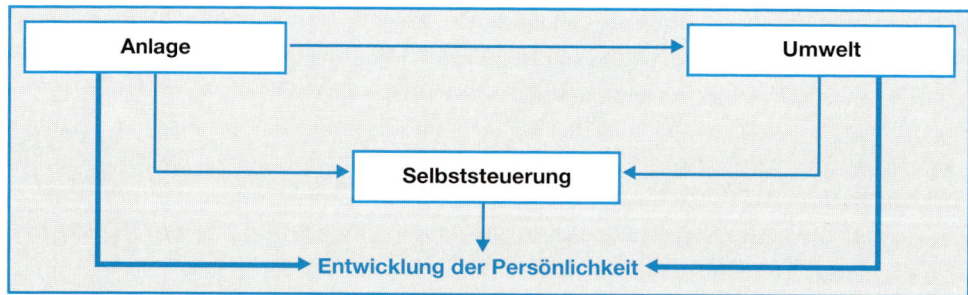

★ Gerade in der moderneren Psychologie wird der Gedanke, daß Mensch und Umwelt im Austausch stehen und sich gegenseitig beeinflussen, wieder sehr stark betont: Der Mensch und seine Umwelt bilden ein Gesamtsystem und sind aktiv und in Veränderung begriffen. Die Aktivitäten und Veränderungen beider Systemteile – Mensch und Umwelt – sind verschränkt, die Veränderungen eines Teils führen zu Veränderungen anderer Teile und/oder des Gesamtsystems (vgl. R. Oerter/L. Montada, 1987[2]).

8.4 Prozesse der Entwicklung

Durch das Zusammenwirken von Anlage, Umwelt und Selbststeuerung werden bestimmte Entwicklungsprozesse in Gang gesetzt. Mit Hilfe der beiden Prozesse **Reifung und Lernen** können Wirkungen dieser genannten Bedingungen *erklärt* werden.

8.4.1 Der Begriff Reifung

In der Entwicklungspsychologie wird mit Reifung der Prozeß der Änderung des Erlebens und Verhaltens bezeichnet, der von **genetischen Faktoren** bestimmt und gesteuert wird. Diese Veränderungen sind immer auf ein Ziel hin gerichtet.

Zudem ist die Reifung selbst ein Prozeß, der nicht beobachtbar ist. Mit dem Begriff Reifung will man Veränderungen aufgrund von primär genetischen Faktoren erklären.

> **Mit Reifung wird in der Entwicklungspsychologie der nicht beobachtbare Prozeß der Änderung des Erlebens und Verhaltens aufgrund von genetischen Faktoren bezeichnet.**

Es handelt sich also um einen genetisch gesteuerten Entwicklungsvorgang, der nach inneren Gesetzmäßigkeiten verläuft. Jedoch ist kein Reifungsvorgang völlig unabhängig von Umwelteinflüssen (vgl. Abschnitt 8.4.3).

★ Reifung darf nicht mit **Wachstum** gleichgesetzt werden: Mit Wachstum meint man eine rein quantitative Zunahme, Vergrößerung oder Vermehrung eines Lebewesens, wie zum Beispiel die Zellteilung, die Zunahme der Körpergröße oder des Gewichtes eines Kindes oder die Vermehrung des Wortschatzes beim Erlernen der Sprache (vgl. Kurt Müller, 1984[7]).

➡ **Materialien 5.**

8.4.2 Der Begriff Lernen

In der Psychologie wird der Lernbegriff weit gefaßt. Man versteht darunter den **Erwerb neuer und/oder die Änderung bestehender Verhaltensweisen** als Folge von Erfahrung und Übung. Mit dem Begriff Lernen will man Veränderungen des Erlebens und Verhaltens aufgrund **von Umwelteinflüssen** erklären.

Man spricht also nur dann von Lernen, wenn die Verhaltensänderungen durch die Auseinandersetzung mit bestimmten Umweltsituationen zustande kommen. Damit wird der Begriff Lernen abgegrenzt von Reifungsvorgängen und von vorübergehenden oder andauernden Zuständen des Organismus wie Ermüdung, Streß, Rausch, Drogen, Krankheit oder ähnliches.

Dieses veränderte Verhalten darf nicht nur einmal gelingen, zum Beispiel nicht nur zufällig zustande kommen, es muß den Augenblick überdauern, also **relativ beständig** sein.

Wenn ein Kind beispielsweise zufällig einmal den Löffel in die rechte Hand nimmt, so spricht man hier nicht von Lernen.

Das Lernen selbst ist ein Prozeß, der **nicht beobachtbar** ist. Unmittelbar beobachtbar ist die Ursache, die diesen Prozeß ausgelöst hat, und die neue bzw. geänderte Verhaltensweise als Ergebnis des Lernvorganges. Wir können beobachten, wie sich ein Mensch in einer früheren Situation A und in einer späteren Situation B verhält. Daraus schließen wir auf dazwischenliegende Lernprozesse, die mit Hilfe von verschiedenen Lerntheorien erklärt werden können.

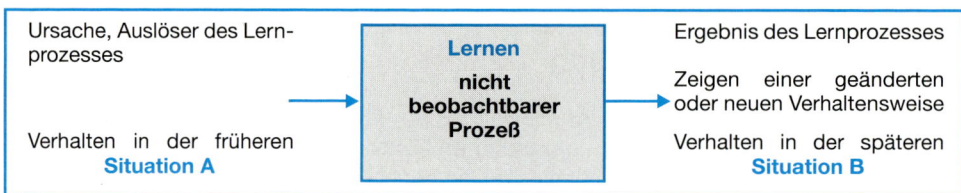

Lernen bezeichnet man deshalb als ein **hypothetisches Konstrukt für nicht beobachtbare Prozesse.**

Beim menschlichen Lernen ist davon auszugehen, daß bei einem Lernvorgang eine überdauernde Veränderung der **kognitiven Struktur** stattfindet, die sich dann im Erwerb neuer bzw. in einer Änderung bestehender Verhaltensweisen zeigt. Lernen kann demnach als ein nicht beobachtbarer Prozeß bezeichnet werden, der durch Erfahrung und Übung zustande kommt und durch den aufgrund der Änderung der kognitiven Struktur Verhalten relativ dauerhaft entsteht oder verändert wird.

> **Lernen ist ein nicht beobachtbarer Prozeß, der durch Erfahrung und Übung zustande kommt und durch den aufgrund einer überdauernden Veränderung der kognitiven Struktur Verhalten relativ dauerhaft entsteht oder verändert wird.**

Neuere Ansätze der Entwicklungspsychologie vertreten mehr die Auffassung, daß Entwicklung in erster Linie einen Lernprozeß darstellt und beschreiben Verhalten in seinem Ausprägungsgrad als erworben.

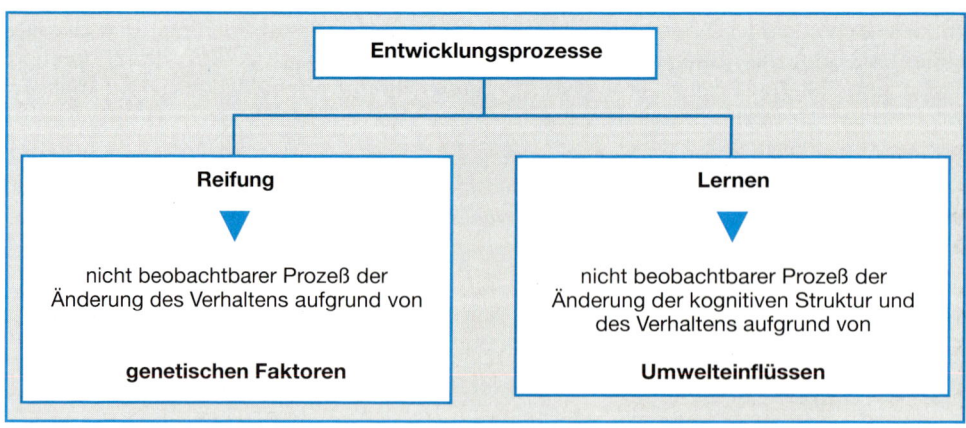

8.4.3 Die Wechselwirkung von Reifung und Lernen

Vor noch nicht allzu langer Zeit wurde Entwicklung vorwiegend als ein Reifungsgeschehen betrachtet, das nach einem in der Genstruktur festgelegten Programm abläuft.

In letzer Zeit hat sich die Vorstellung von der Entwicklung gewandelt. Man hat erkannt, daß es nur wenige Veränderungen gibt, die auf reine Reifungsprozesse zurückzuführen sind. Reifung vollzieht sich vielmehr in enger Verknüpfung mit Lernprozessen, die ihrerseits auf bestimmte Reifungsprozesse angewiesen sind.

Reifung und Lernen bedingen sich gegenseitig und sind voneinander abhängig: Für bestimmte Lernvorgänge ist eine bestimmte Funktionsreife Voraussetzung. Lernprozesse, die nun einsetzen, bewirken ein Voranschreiten des Reifungsgeschehens. Dies hat zur Folge, daß die vorangeschrittenen Reifungsvorgänge neue, differenziertere Lernprozesse ermöglichen, was wiederum das Reifungsgeschehen beeinflußt.

Am Beispiel der Sprachentwicklung läßt sich die Wechselwirkung von Reifung und Lernen aufzeigen: Voraussetzung für den Spracherwerb ist die Funktionsreife (Nervengewebe in den Sprachzentren des Gehirns, Sprachmuskulatur usw.), ohne die Sprechenlernen nicht möglich ist. Ist diese vorhanden, so ist das Kind auf Anreize von außen angewiesen. Bleiben sie aus oder sind sie zu undifferenziert, so entwickelt sich das Sprachzentrum nicht mehr weiter. Andererseits lösen sprachliche Reize Lernprozesse aus, die das Reifungsgeschehen voranschreiten lassen. Diese Gegebenheit hat zur Folge, daß differenziertere Sprachreize möglich werden, die wiederum das Reifungsgeschehen beeinflussen. Auf diese Art lassen Reifung und Lernen in Wechselwirkung die Sprachentwicklung voranschreiten.

> Wo keine Funktionsreife vorhanden ist, kann kein Lernprozeß wirksam werden; wo kein Lernvorgang vorhanden ist, bleiben Reifungsvorgänge zurück.

Für den Erzieher bedeutet dies, daß Lernen dann am erfolgreichsten ist, wenn die Reifung es zuläßt. Zu früh beginnende Lernprozesse zeigen keine Wirkung, sie überfordern eher das Kind. Zu spät beginnende Förderung kann bewirken, daß der Zeitraum, in welchem das Kind für den Erwerb von bestimmten Verhaltensweisen besonders empfänglich ist, bereits verstrichen und eine optimale Förderung deshalb nicht mehr möglich ist.

Zusammenfassung:

▶ Mit Entwicklung ist eine Reihe von miteinander zusammenhängenden Veränderungen des Erlebens und Verhaltens gemeint, die sich auf bestimmte zeitliche Abschnitte im Lebenslauf des Organismus beziehen. Dabei erstreckt sich Entwicklung über den Zeitraum von der Zeugung eines Lebewesens, bis zu dessen Tod.

▶ Typische Merkmale entwicklungspsychologischer Veränderungen sind unter anderen die Reihenfolge, in der sie auftreten, ihre Kontinuität, ihre verschiedenen Verlaufsformen, der unterschiedliche Zeitpunkt ihres Beginns, sowie die unterschiedliche Zeitdauer ihres Verlaufs.

▶ Entwicklung läßt sich außerdem unter dem Aspekt der Differenzierung und Integration beschreiben. Mit Differenzierung ist der Vorgang einer zunehmenden Ausgliederung psychischer Merkmale aus einem globalen ungegliederten Anfangszustand gemeint, während Integration den Vorgang bezeichnet, vorher isoliert erlebte Einzelteile und Funktionen zueinander in Beziehung zu setzen und im Zusammenhang zu sehen.

▶ Differenzierung bedeutet in der Entwicklung der Motorik, daß sich aus den unkontrollierten Bewegungen des Neugeborenen immer exaktere und bewußt gesteuerte Bewegungen entwickeln. Integration heißt, daß der Mensch seine Wahrnehmungen und Bewegungen immer mehr miteinander verbindet und koordiniert.

▶ Die Entwicklung der Gefühle verläuft von recht globalen und diffusen Erregungen des Neugeborenen über die Auseinandersetzung mit der Umwelt hin zu immer mehr und konkreteren Gefühlen. Dabei verändern sich sowohl die gefühlsauslösenden Reize als auch die Ausdrucksformen der Gefühle und die Reaktionsformen auf die Gefühle. Die Entwicklung von immer feineren und spezielleren Gefühlen aus einem globalen Gefühl zum einen, und das immer Vielfältiger-Werden der Reize, die ein Gefühl auslösen, sowie der Reaktionen, die auf ein Gefühl folgen bzw. es zum Ausdruck bringen, zum anderen stellen die Differenzierung in der Entwicklung der Gefühle dar. Integration bedeutet hierbei, daß der Mensch vorher isoliert erlebte Gefühle sowie deren Reize und folgende Reaktionen immer mehr im Zusammenhang sieht.

▶ Die Entwicklung der Bedürfnisse unterliegt nach Abraham H. Maslow einer bestimmten Hierarchie: Die „höheren" Bedürfnisse entwickeln sich erst, wenn die „niedrigeren" Bedürfnisse hinreichend befriedigt sind. Unter Differenzierung versteht man hier, daß sich aus den primären Bedürfnissen immer mehr und vielfältigere sekundäre Bedürfnisse entwickeln, und daß sich ein Bedürfnis immer mehr verfeinert. Daß der Mensch vorher isoliert erlebte Bedürfnisse sowie die Reaktionen darauf immer mehr in Beziehung zueinander setzt, zeugt von einer Integration.

▶ Alle Bedingungen, die Entwicklung verursachen, lassen sich in drei Gruppen einteilen, die genetischen Faktoren, die Umwelt und die Selbststeuerung des Menschen. Diese drei sind voneinander abhängig und lassen gleichwertig miteinander im Zusammenspiel die Entwicklung des Menschen voranschreiten.

▶ Mit Reifung wird in der Entwicklungspsychologie der nicht beobachtbare Prozeß der Änderung des Erlebens und Verhaltens aufgrund von genetischen Faktoren bezeichnet. Lernen dagegen ist ein nicht beobachtbarer Prozeß, der durch Erfahrung und Übung zustandekommt und durch den Verhalten relativ dauerhaft entsteht oder verändert wird. Reifung und Lernen bedingen sich gegenseitig und sind voneinander abhängig.

1. Wo Darwin irrte

1 Daß der Tüchtigere überleben konnte, dafür sorgen nach Darwin die beiden großen Konstrukteure der Evolution, die Abwandlungen der Erbanlagen (Mutationen) und die natürliche Auslese
5 (Selektion), in stetem Wechselspiel. Sie erzeugen Neues und erhalten den Fortschritt der Evolution aufrecht. Es war wiederum Darwin, der in seinem zweiten großen Werk „Über die Abstammung des Menschen" uns selbst in diesen Prozeß der Evo-
10 lution einband. Sogar die Geschichte scheint ihm in diesen Tagen der Entstehung einer „neuen Weltordnung" recht zu geben. …
Darwins Sicht der Evolution löste gleich beim Erscheinen des Hauptwerkes heftige Kontrover-
15 sen aus. Diese Auseinandersetzungen sind heute keineswegs beendet, auch wenn die Evolution selbst längst nicht mehr umstritten ist. Es ist der Mechanismus, um den es geht. Von ihm hängt unser Verständnis der Welt ab und nicht von der
20 Erkenntnis, daß sich alles entwickelt hat. Ob wir die weltgeschichtlichen Veränderungen unserer Zeit mit dem biologischen Evolutionskonzept verstehen können und beurteilen dürfen, ohne in eine andere Ideologie zu verfallen, hat nichts mit
25 der Tatsache dieser Veränderungen zu tun. Wichtiger ist, wie wir ihre Ursachen deuten. …
Die neue Kernthese lautet: Nicht zunehmende Anpassung an die Umwelt, sondern fortschreitende Loslösung von ihr kennzeichnet den Evolu-
30 tionsweg der Lebewesen. Evolution ist Emanzipation vom Diktat der Umwelt. Die Neuerungen vollziehen sich revolutionär aus Ungleichgewichten.

NATUR IST NICHT IDEAL

35 Was Darwin sah, war das Gekräusel an der Oberfläche. Sein Modell der Evolution trifft dann zu, wenn sich neue Stammeslinien bereits durchgesetzt haben und Mangel die Vielfalt erzwingt. Erreicht der Evolutionsprozeß Gleichgewichtszu-
40 stände, geht so gut wie nichts mehr voran.
Wenn jede Pflanze und jedes Tier eine ökologische Nische gefunden haben, in der sie dauerhaft existieren können, werden Veränderungen sinnlos. Fortschritt lebt von Ungleichgewicht.
45 Die Suche nach den Gleichgewichten entspringt unseren eigenen Wunschvorstellungen und nicht der Wirklichkeit.
Wie Faust wollen wir „dem Augenblick Dauer verleihen". Dabei ist das „Alles fließt" des Heraklit
50 viel realistischer. Eine Evolution, die immer nur Gleichgewichte verschiebt, könnte nie wirklich Neues hervorbringen. Wenn die natürliche Selektion unablässig und von Anbeginn an die Lebewesen modelliert hätte, müßte sie längst die
55 beste aller Welten geschaffen haben. Doch die Natur mit ihren Organismen ist genauso wenig

optimal und ideal wie der Mensch, auch wenn eine andere, weit verbreitete Wunschvorstellung unserer Zeit dies nicht wahrhaben will. Eine idealisierte Natur ist nichts weiter als ein Wunschbild. 60 Wir wissen, daß sich die Umwelt ändert; mal schneller, mal langsamer. Beständig bleibt sie nie. Folgen die Lebewesen tatsächlich – wie das die Darwinsche Sicht der Evolution fordert – den Umweltveränderungen durch Anpassung? 65
Das ist sehr zu bezweifeln: Tausende von Arten ursprünglich wildlebender Tiere und Pflanzen sind dem Mensch in seine „Kulturlandschaft" gefolgt. Sie haben sich angepaßt, so die lapidare Feststellung der Biologen. Beweise hierfür gibt 70 es nicht. Im Gegenteil: Die Befunde sprechen vielmehr dafür, daß all die Kulturfolger, die in den menschengemachten Lebensräumen vorkommen, geblieben sind, was sie waren. Sie nutzen die neuen Möglichkeiten – mehr nicht. 75
Wenn nun aber, wie in der Kulturlandschaft, die Umwelt neue Rahmenbedingungen setzt, müßten sie sich nach Darwins Theorie eigentlich dieser Umwelt anpassen. Neue Formen müßten entstehen, die optimal auf die veränderten Bedin- 80 gungen zugeschnitten sind.
Wer meint, dazu wäre einfach die Zeit zu kurz, übersieht, daß sich ja Tausende von Arten in den neuen Lebensräumen eingefunden haben. Viele davon kommen dort sogar weit häufiger vor als in 85 ihren angestammten Lebensräumen. Warum sollten diese Arten mit irgendwelchen Anpassungen nach Hunderttausenden von Jahren nachziehen, wenn sie ohne diese ebensogut leben und überleben können? Woher sollte, anders 90 gefragt, der Selektionsdruck kommen? Bei erneut verschlechterten Bedingungen?
Wenn das Konzept der Anpassung in diesem Zusammenhang schon so wenig erklärt, wie verhält es sich damit dann, wenn es um die Entste- 95 hung ganz neuer Stammeslinien geht? Völlig neue Formen entstehen ja schrittchenweise. Das heißt, sie entwickeln sich über lange Zeit. Wie sollte der Druck der Auslese die allerersten Anfangsstadien begünstigen, wenn diese noch 100 gar keine Überlebensvorteile mit sich bringen?
Am Anfang der Entwicklung der Vogelfeder stand eine kaum merkliche Vergrößerung von Schuppen bei einigen Kriechtieren. Zum Flug taugten erst die weitgehend ausgebildeten 105 Federn.
Wären die anfänglichen Vergrößerungen der Schuppen zufällig zustandegekommen und ohne Bedeutung gewesen, hätte auch die Selektion sich ihrer nicht bemächtigen und sie weiter aus- 110 bauen können. Wie sollte die Umwelt über Hunderttausende von Jahren die Weiterentwicklung der Schuppen zu Federn selektiert haben, wenn damit kein Erfolg verbunden war?

115 Und noch eine Frage läßt der klassische Darwinismus offen: Wie können zahlreiche verschiedene Arten im gleichen Lebensraum vorkommen und doch verschieden bleiben?
Die herkömmliche Antwort klingt so einleuchtend,
120 daß sie selten kritisch beleuchtet wird: Alle Arten sind ausgeklügelt an die besonderen Bedingungen angepaßt. Weil in der Natur eben jede Art so ihren Platz hat. Dann darf sich diese Natur aber nicht verändern, weil die feinen Abstimmungen
125 sonst vielleicht gar zur Last werden.
Benötigen die Anpassungen sehr lange Zeiträume, bis sie zustande kommen – das heißt, bis sie im Erbgut festgelegt sind –, dann dürfen sich die Lebensbedingungen nicht schnell verändern.
130 Einer Artbildung, die nur im Laufe von Jahrmillionen möglich ist, steht aber eine dynamische Erde entgegen, die sich hundertmal so schnell, in Zehntausenden von Jahren, wandelt. Das Klima etwa schwankt in weit kürzeren Abständen, als
135 angeblich zur Herausbildung neuer Arten notwendig wäre.
Und wir Menschen? Sind wir nicht auch ein Sproß der Evolution? Die Anfänge unserer Gattung reichen gerade zwei bis drei Millionen Jahre zurück.
140 Unsere Art, Homo sapiens, bildete sich höchstwahrscheinlich erst in den letzten 200 000 Jahren während der Eiszeit. Sind wir deshalb der Natur so sehr in die Quere gekommen, weil wir aus dem allgemeinen Evolutionsprozeß „ausgestiegen" sind 145 und eine neue Dimension des Veränderungstempos verursacht haben? Oder sollten wir nicht wenigstens einen ernsthaften Versuch machen, unsere eigene Entstehung und unsere „Loslösung von der Natur" als etwas ganz Normales zu 150 betrachten, das jede andere Art auf ihre Weise und mit ihren Möglichkeiten gemacht hat?
Solange wir am Dogma vom Gleichgewicht der Natur festhalten, so lange werden wir unweigerlich gezwungen sein, uns selbst als biologische Fehlentwicklung einzustufen. Wenn wir aber den 155 Normalfall repräsentieren, weil Evolution eben so verläuft, daß Neues nur aus Ungleichgewichten entstehen kann, dann muß sich auch unser Weltbild dramatisch verändern. Wir haben dann für unsere Zukunft nach überlebensfähigen Modellen des Ungleichgewichts zu suchen und das 160 Wunschbild vom Gleichgewicht, vom Einklang mit der Natur, aufgeben. Das wäre fürwahr mehr als nur eine neue Sicht der Evolution.
Übertragen auf die Welt der politischen Systeme, 165 würde das bedeuten, daß alle Modelle, die Harmonie versprechen, zur Erstarrung und zum Untergang verurteilt sind. Egal ob sie sich Gottesstaat, Kommunismus oder Nationalismus nennen. Neue, bessere Problemlösungen sind 170 nur dort möglich, wo Widersprüche offen ausgetragen werden.

Quelle: Josef Reichholf; in: Natur, Nr. 3, 3/1992

2. Methoden der Entwicklungspsychologie

1 Die Entwicklungspsychologie ergänzt die Methoden der wissenschaftlichen Psychologie, wie sie in Kapitel 2 dargestellt sind, um einen wesentlichen Aspekt: Um den Verlauf des Entwicklungs-
5 geschehens über einen längeren Zeitraum hinweg zu erfassen, bedient sich die Entwicklungspsychologie der Längsschnitt- und der Querschnittmethode.
Im Falle der Längsschnittmethode wird ein und
10 dieselbe Stichprobe, zum Beispiel Kinder einer Altersstufe, hinsichtlich ihrer Entwicklung über einen längeren Zeitraum hinweg immer wieder zu verschiedenen Zeitpunkten – beispielsweise alle Monate – beobachtet. Bei der Querschnittme-
15 thode nimmt man insgesamt mehrere Stichproben, jedoch aus jeweils verschiedenen Altersstufen, beispielsweise eine von Vierjährigen, eine von Fünfjährigen, eine von Siebenjährigen usw. Diese werden zum gleichen Zeitpunkt auf ihren Entwicklungsstand untersucht. 20
Die Querschnittsmethode läßt sich relativ leicht anwenden und führt schnell zu Erebgnissen. Es ist dabei aber nicht möglich, Aussagen über den Entwicklungsverlauf zu machen, wie dies bei Längsschnitten der Fall ist. Die Längsschnittme- 25 thode ermöglicht es, den Entwicklungsverlauf viel genauer zu erfassen als bei Querschnittuntersuchungen. Als Nachteil muß jedoch zum einen der extreme Zeitaufwand einer solchen Vorgehensweise gesehen werden, – ihre Ergeb- 30 nisse liegen erst nach vielen Jahren vor. Zum anderen läßt sich in den langen Untersuchungszeiträumen ein Ausscheiden von Personen aus der Stichprobe (aufgrund von Krankheit, Wegzug in eine andere Stadt, Todesfällen …) nicht ver- 35 meiden.

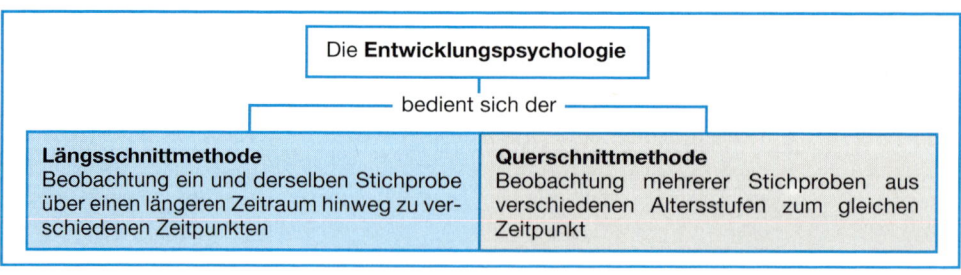

Die **Entwicklungspsychologie**	
bedient sich der	
Längsschnittmethode Beobachtung ein und derselben Stichprobe über einen längeren Zeitraum hinweg zu verschiedenen Zeitpunkten	**Querschnittmethode** Beobachtung mehrerer Stichproben aus verschiedenen Altersstufen zum gleichen Zeitpunkt

3. Differenzierung und Integration

1 Als (...) Beispiel für Differenzierungsprozesse können Kinderzeichnungen herangezogen werden, vor allem die Darstellung der menschlichen Figur.

5 Man kann gut an der Zeichnung verfolgen, wie dem Kind immer mehr Details bewußt werden (...) und wie die zuerst global-symbolische Darstellung immer detailliertere Aussagemöglichkeiten erhält.

Ein weiteres Beispiel fortschreitender Differenzie- 10 rung bietet die Baumzeichnung.

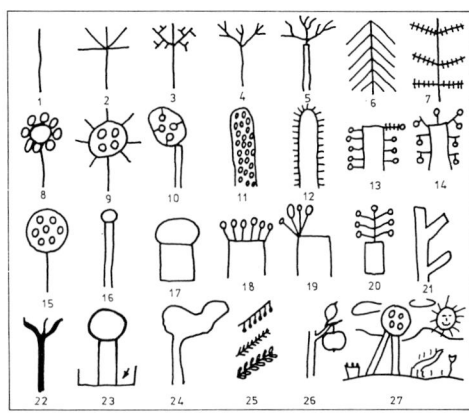

3   4   5/6   7   8 Jahre

9   11   12/13 Jahre

Es scheint, daß sich Differenzierung und Integration in der Entwicklung ablösen oder abwechseln.

(...) Im allgemeinen kann anscheinend plötzlich 15 vorher isoliert und vielfältig Erlebtes im Zusammenhang ja als Eines aufgefaßt und verstanden werden.

Nehmen wir als Beispiel ein Bild, wie es in älteren Intelligenztests verwendet wird, an dem sich die 20 Vorgänge veranschaulichen lassen

Bildbetrachtungsaufgabe aus einem *Binet*-Intelligenztest

Auf einer sehr frühen Stufe wird es dem Kind nicht gelingen, irgend etwas auf dem Bild zu erkennen. Bald erkennt es Personen – Mama –, etwas später Gegenstände. Mit drei Jahren wird
25 erwartet, daß das Kind auf die Frage „Was geschieht da? Was machen die Leute?" mehrere Einzelheiten nennen kann. Mit fünf, sechs Jah-

ren kann das Kind bereits größere Einheiten in Form von Handlungszusammenhängen ange- 30 ben, z. B.: Ein Junge zieht an der Tischdecke, da läuft das Mädchen weg – Der Mann schimpft mit dem Jungen u. ä. – Im neunten Lebensjahr wird eine integrierte Erfassung des Inhaltes verlangt, z. B. „Da wird der Falsche bestraft." 35

Quelle: Eduard W. Kleber, 1978²

287

4. Die Entwicklung des Greifens

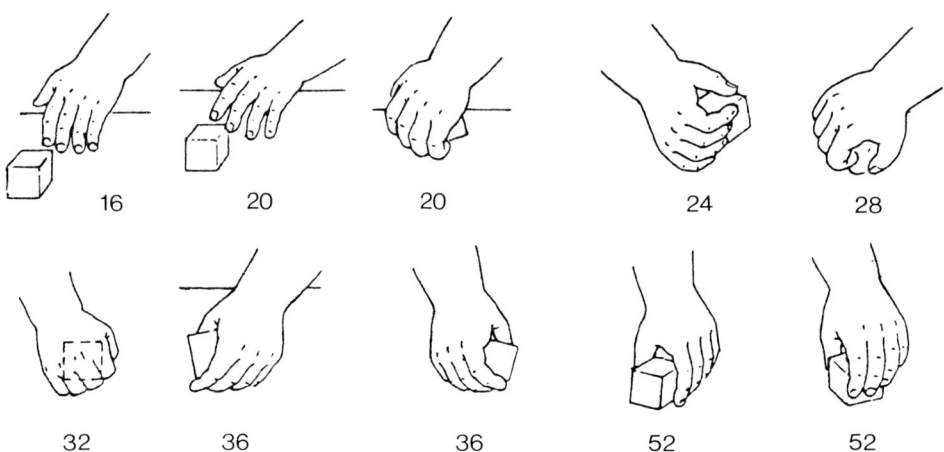

16   20   20   24   28

32   36   36   52   52

Zehn Stationen in der Entwicklung des Greifverhaltens zwischen der 16. und 52. Lebenswoche (die Ziffern geben das jeweilige Lebensalter des Kindes in Wochen an).

Quelle: Gerd Mietzel, 1989

Zur Erläuterung der obigen Abbildung:

- mit 16 Wochen: das Kind greift daneben, da seine sensomotorischen Leistungen erst grob funktionieren. Die Koordination zwischen der Wahrnehmung, wo genau der Bauklotz liegt, und der Arm- und Handbewegung nach dem Bauklotz funktioniert noch nicht richtig.
- mit 20 bis 32 Wochen: das Kind greift mit der ganzen Hand. (Es würde dies auch bei einer Stecknadel tun.)
- mit 52 Wochen: das Kind greift im Pinzettengriff, das heißt, es nimmt den Bauklotz mit Daumen und Zeigefinger (eventuell auch noch Mittelfinger).

5. Der Prozeß der Reifung

1 Speziell im motorischen Bereich zeigt sich Entwicklung auf Grund von endogenen Reifevorgängen am deutlichsten. Neurophysiologische und neuromuskuläre Reifungsschritte führen zu immer 5 neuen Verhaltensformen beim Kleinkind. (…)
Von Carmichaels (1954) stammt der klassische Versuch, in dem eine Verhaltensreifung klar nachgewiesen wurde. Carmichaels beobachtete, daß Salamanderlarven allmählich ein immer besseres 10 Schwimmverhalten zeigen. Wenn dieses Schwimmverhalten ein Reifungs- und kein Lernprodukt ist, müßte es ohne jede Lerngelegenheit zur bestimmten Zeit, nämlich wenn „die Zeit" reif ist, in seinem vollen Ausprägungsgrad hervortre- 15 ten. Zu der Zeit, als sich bei einer größeren Gruppe von Salamanderlarven erste Schwimmbewegungen zeigten, teilte Carmichaels diese Gruppe in zwei Untergruppen, von denen er die eine in Wasser brachte, das eine anästhesierende Sub- 20 stanz enthielt, die andere blieb in normalem Wasser. Nachdem die letztere Gruppe kräftige ausdauernde Schwimmbewegungen zeigte, wurden die eingeschläferten Tiere ebenfalls wieder in normales Wasser gebracht. Es zeigte sich, daß sie nach dem Erwachen innerhalb einer Minute 25 Schwimmbewegungen durchführten. Innerhalb einer halben Stunde waren sie nicht mehr von den Tieren der Kontrollgruppe zu unterscheiden. Ähnliche Versuche im Humanbereich führten Gesell und Thompson (1929) sowie McGraw 30 (1940) durch. Sie machten Versuche mit eineiigen Zwillingen bei sensumotorischen Leistungen wie Treppensteigen, Schneiden mit Scheren, Einknöpfen von Knöpfen u. a. m. Sie gaben z. B. einem der Zwillinge früh ausgiebig Gelegenheit, 35 das Treppensteigen zu üben, während der Bruder ausschließlich in einer niveaugleichen Wohnung spielte und aufwuchs. Zu dem Zeitpunkt in dem das Treppensteigen im allgemeinen von Kindern als kontinuierliche Fortbewegung be- 40 herrscht wird und der erste Zwillingsbruder entsprechend eine Treppe begehen konnte, wurde der zweite Zwillingsbruder, der bisher keinerlei Übungsmöglichkeiten hatte, zum Treppensteigen veranlaßt. Es zeigte sich, daß dieser nun 45 nicht unmittelbar eine Treppe kontinuierlich

begehen konnte, daß er allerdings jetzt, nachdem „die Zeit reif war", nur einen Bruchteil der Übungen benötigte, um es seinem Bruder gleichzutun. Es war hier keine perfekte Verhaltensreifung wie bei Carmichaels nachzuweisen, aber die Reifevorgänge stellten einen erheblichen Erleichterungsfaktor für die entsprechenden Lernvorgänge dar. Verhaltensreifung bei sprachlichem oder kognitiven Verhalten konnte bisher nicht gleich deutlich nachgewiesen werden. Es ist aber zu vermuten, daß auch in diesen Bereichen Reifevorgänge die Lernvorgänge erleichtern. Hier wäre an das Phänomen der sog. sensiblen Phasen zu erinnern. (…)

Neben der intensiven Verschränkung von endogener Reifung und der Wirkung von Außenreizen von Reifen und Lernen fällt im Verhaltensbereich ein jeweils gleichbleibender (…) Ablauf der Verhaltensveränderungsreihe, die man Entwicklung nennt, auf. Kein Kind wird laufen lernen, bevor es stehen kann, kein Kind wird rennen lernen, bevor es gehen kann. Eine solche aus der Sache selbst ableitbare notwendige Aufeinanderfolge nennt Heckhausen (1964) „sachimmanente Entfaltungslogik". „Die Fähigkeit zu addieren macht erst das Multiplizieren möglich und letztere erst das Dividieren. Diese Implikationen eines Entwicklungsganges liegen offensichtlich in der Natur der Sache, sie sind sachlogisch." Solche Implikations-Verschachtelungen, Sequenzen sachimmanenter Logik, hat Piaget zuerst sorgfältig analysiert.

Quelle: Eduard W. Kleber, 1978²

Reproduktion von Informationen:

1. Bestimmen Sie den Begriff Entwicklung.
   (Abschnitt 8.1.1)

2. Beschreiben Sie Merkmale entwicklungsbedingter Veränderungen.
   (Abschnitt 8.1.2)

3. Beschreiben Sie Ziele der Entwicklungspsychologie.
   (Abschnitt 8.1.4)

4. Beschreiben Sie Entwicklungsveränderungen als Differenzierung und Integration.
   (Abschnitt 8.2.1)

5. Bestimmen sie die Begriffe „Motorik" und „Sensomotorik", und beschreiben Sie die Prinzipien der motorischen Entwicklung.
   (Abschnitt 8.2.2)

6. Beschreiben Sie die Entwicklung der Motorik unter dem Gesichtspunkt der Differenzierung und Integration.
   (Abschnitt 8.2.2)

7. Beschreiben Sie die Entwicklung der Emotionen unter dem Gesichtspunkt der Differenzierung und Integration.
   (Abschnitt 8.2.3)

8. Beschreiben Sie die Entwicklung der Bedürfnisse unter dem Gesichtspunkt der Differenzierung und Integration.
   (Abschnitt 8.2.4)

9. Zeigen Sie die Wirkungen von Entwicklungsbedingungen auf.
   (Abschnitt 8.3.1, 8.3.2 und 8.3.3)

10. Zeigen Sie die Problematik der Frage nach der Größe des Einflusses von Anlage, Umwelt und Selbststeuerung auf.
(Abschnitt 8.3.4)

11. Beschreiben Sie das Zusammenspiel von Entwicklungsbedingungen.
(Abschnitt 8.3.4)

12. Stellen Sie die Prozesse Reifung und Lernen sowie deren Wechselwirkungen dar.
(Abschnitt 8.4.1, 8.4.2 und 8.4.3)

Anwendungsaufgaben:

13. Bestimmen Sie den Begriff „Entwicklung", und stellen Sie am Beispiel der Entwicklung eines Persönlichkeitsmerkmales (zum Beispiel Entwicklung der Motorik, der Gefühle, der Bedürfnisse) Merkmale entwicklungsbedingter Veränderungen dar.
(Abschnitt 8.1.1, 8.1.2 und 8.2.2 oder 8.2.3 oder 8.2.4)

14. Bestimmen Sie den Begriff Motorik, und verdeutlichen Sie anhand konkreter Beispiele die Prinzipien der motorischen Entwicklung.
(Abschnitt 8.2.2)

15. Beschreiben Sie mit Hilfe von Beispielen, welche die motorische Entwicklung anhand der Differenzierung und Integration darstellen.
(Abschnitt 8.2.2)

16. Stellen Sie die Leistungen eines Kindergartenkindes in der (Senso-)Motorik dar und zeigen Sie an Beispielen auf, wie sich die Motorik im Kindergartenalter immer mehr ausdifferenziert.
(Abschnitt 8.2.2)

17. Beschreiben Sie mit Hilfe von Beispielen, welche die Entwicklung der Gefühle anhand der Differenzierung und Integration darstellen.
(Abschnitt 8.2.3)

18. Stellen Sie Gefühle dar, die ein Kind im Alter von 0 bis ca. 3 Jahren äußert, und zeigen Sie an Beispielen auf, wie sich die Gefühle eines Kindes in diesem Alter immer mehr ausdifferenzieren.
(Abschnitt 8.2.3)

19. Beschreiben Sie mit Hilfe von Beispielen, welche die Entwicklung der Bedürfnisse anhand der Differenzierung und Integration darstellen.
(Abschnitt 8.2.4)

20. Stellen Sie die Bedürfnisse dar, die ein Kleinkind (1. bis 7. Lebensjahr) äußert, und zeigen Sie an Beispielen auf, wie sich die Bedürfnisse seines Kleinkindes immer mehr ausdifferenzieren.
(Abschnitt 8.2.4)

21. Bestimmen Sie die Begriffe „Entwicklung", „Differenzierung" und „Integration", und beschreiben Sie die Entwicklung eines Persönlichkeitsmerkmales unter dem Gesichtspunkt der Differenzierung und Integration.
(Abschnitt 8.1.1, 8.2.1 und 8.2.2 oder 8.2.3 oder 8.2.4)

22. Beschreiben Sie die Entwicklungsbedingungen, und stellen Sie anhand eines Beispiels aus der Entwicklung des Menschen das Zusammenspiel dieser Entwicklungsbedingungen dar.
(Abschnitt 8.3)

23. Bestimmen Sie die beiden Begriffe „Reifung" und „Lernen", und stellen Sie an einem Beispiel die Wechselwirkung von Reifung und Lernen dar.
(Abschnitt 8.4)

Anregungen:

24. Im Volksmund kann man oft die beiden folgenden Sprichwörter hören:
„Im Leben kommt alles, wie es vom Schicksal bestimmt ist."
Jeder ist seines Glückes Schmied."
Diskutieren Sie diese beiden Sprichwörter unter Berücksichtigung von entwicklungspsychologischen Erkenntnissen.

25. Vor noch nicht allzu langer Zeit wurde Entwicklung vorwiegend als ein Reifungsgeschehen betrachtet, das nach einem in der Genstruktur festgelegten Programm abläuft. In der heutigen Zeit wird Entwicklung mehr als ein Lernvorgang gesehen.
Nehmen Sie im Rahmen eines Rollenspiels beide Standpunkte ein, und diskutieren Sie die Konsequenzen, die sich aus dem jeweiligen Standpunkt für die Förderung eines Kindes im Elternhaus und in der Schule ergeben.

26. Fragen sie Ihre Eltern oder Erzieher, wie bei Ihnen die Entwicklung der verschiedenen Teilbereiche Ihrer Persönlichkeit verlaufen ist.
Notieren Sie Ihren Entwicklungsverlauf, und vergleichen Sie ihn mit denen Ihrer Mitschüler/innen.

27. Beobachten Sie ein Kind in Ihrem Praktikum oder aus Ihrer Verwandtschaft bzw. Bekanntschaft, und beschreiben Sie seinen Entwicklungsstand.

28. Rollenspiel:
Erläutern Sie als erfahrene Kollegin der Erzieherin Laura, ob und inwieweit ihre neuen Kinder wirklich Entwicklungsrückstände aufweisen.

9 Entwicklungsaufgaben und -probleme im Jugendalter

Briefe an den „Briefkastenonkel" einer Zeitschrift:

Susanne (16) schreibt:

„Bitte helfen Sie mir. Seit ich mit meinem neuen Freund (26) zusammen bin, habe ich keine große Lust mehr, nach Hause zu gehen. Meine Eltern sind gegen unsere Freundschaft und haben mir auch schon verboten, mich weiter mit ihm zu verabreden. Seither treffen wir uns immer heimlich bei einem Freund von ihm. Warum verstehen meine Eltern nicht, daß er für mich die große Liebe ist?"

Maximilian (18) schreibt:

„Ich bin in der 12. Klasse und soll im Sommer die Prüfung absolvieren. Aber die Schule macht mir zur Zeit überhaupt keinen Spaß. Obwohl ich lieber arbeiten und endlich Geld verdienen möchte, zwingen mich meine Eltern, dazu, weiter in die Schule. Was soll ich tun? Ich bin zwar schon volljährig, aber finanziell völlig von zu Hause abhängig."

Briefe dieser Art kennt jeder von uns, sie finden sich in vielen Zeitschriften. Verfolgt man solche Rubriken über längere Zeit, stellt man fest, daß sich die angesprochenen Probleme eigentlich immer wiederholen. Für die Sechzehnjährige werden sich die Probleme vielleicht mit dem Älterwerden lösen, für den Achtzehnjährigen wohl erst mit der Loslösung vom Elternhaus.

Jeder Lebensabschnitt stellt den Menschen vor besondere Herausforderungen, die er bewältigen muß. Im folgenden Kapitel geht es um die Entwicklung des Jugendlichen und die dabei zu bewältigenden Aufgaben.

Für das Kapitel lassen sich folgende Aufgaben ableiten:

1. Was versteht man unter dem Begriff „Jugend"?
2. Welche Entwicklungsaufgaben muß der Jugendliche bewältigen? Welche Bedeutung hat die Bewältigung von Entwicklungsaufgaben im Jugendalter?
3. Welche Bewältigungsstrategien werden von Jugendlichen angewandt? Welche Bewältigungsstrategien sind günstig, welche weniger günstig?
4. Was sind kritische Lebensereignisse? Wie werden kritische Lebensereignisse erlebt?

9.1 Das Jugendalter

Das Jugendalter wird oft in unterschiedliche Phasen, zum Beispiel in Vorpubertät, Pubertät und Adoleszenz, unterteilt. Als Vorpubertät bezeichnet man die Zeitspanne zwischen dem ersten Erscheinen der sekundären Geschlechtsmerkmale und dem ersten Funktionieren der Geschlechtsorgane. Die Pubertät endet mit dem Abschluß der Ausbildung der sekundären Geschlechtsmerkmale, die Zeitspanne bis etwa zum zwanzigsten Lebensjahr bezeichnet man als Adoleszenz.

Eine derartige Einteilung von Entwicklungsabschnitten wird den Vorgängen im Jugendalter aber nicht gerecht; sie verführt zur Beurteilung jugendlicher Entwicklungsstufen und läßt außer acht, daß es große individuelle und kulturell-gesellschaftliche Unterschiede gibt (vgl. L. J. Stone/J. Church, 1978).

9.1.1 Der Begriff „Jugend"

Die Rolle des Kindes oder eines Erwachsenen ist in unserer Gesellschaft genau beschrieben. Das gilt nicht für die Rolle, die der Jugendliche inne hat. Das Jugendalter ist eine Phase, in der der Jugendliche *nicht mehr die Rolle des Kindes* aber auch *noch nicht die Rolle des Erwachsenen* hat. Jugend kann also als Zeitraum beschrieben werden, in dem das Kind zum Erwachsenen wird, das Jugendalter ist also eine **Phase des Übergangs.** Aus diesem Grund sind auch – im Gegensatz zu den Rollen des Kindes und des Erwachsenen – die Erwartungen, die an einen Jugendlichen gestellt werden, nicht eindeutig festgelegt, was zu Problemen führen kann.

Der siebzehnjährige Max unterhält sich im Unterricht mit seinem Banknachbarn. Für den Lehrer ist dies eine Störung des Unterrichts, und er ermahnt Max: „In Ihrem Alter sollten Sie langsam in der Lage sein, sich nicht mehr so kindisch zu benehmen!" Max' Lehrer erwartet also von seinen siebzehnjährigen Schülern ein Verhalten wie bei Erwachsenen – nämlich die Fähigkeit über längere Zeit ruhig zu sitzen und einem bestimmten Thema zu folgen. Am Abend möchte Max mit seinen Freunden eine Party besuchen, deren Ende offen ist. Als er seine Eltern um Erlaubnis fragt, sagt sein Vater: „Du kannst die Party gerne besuchen, aber um Mitternacht bist Du wieder zu Hause!" Auf Max' Widerspruch antwortet er: „In Deinem Alter wäre ich froh gewesen, wenn ich schon solange weggehen hätte können." Die Eltern von Max halten ihn – ganz im Gegensatz zu seinem Lehrer – noch lange nicht für erwachsen. Sie sehen in ihm eher das Kind, auf das sie noch achtgeben müssen.

> „Wie alt ich bin? Nun, mal 18, mal 28, auch wenn auf meiner Geburtsurkunde Jahrgang 1969 verzeichnet ist, womit ich genau in der Mitte der beiden Extreme liege. ‚Jungerwachsen' so heißt es im Fachjargon, nicht Fisch, nicht Fleisch." *(23jährige Redakteurin)*

Der Jugendliche ist in einem Alter der Veränderung, er ist dabei, sich zum Erwachsenen zu entwickeln. Dabei ändert sich zwangsläufig nicht nur die Rolle, die er für die Umwelt einnimmt, sondern auch das Verständnis der eigenen Rolle. Er ist sozusagen „im Aufbruch zum Erwachsenenalter", auf der Suche nach einer zu ihm passenden Lebensform und einer gefestigten Persönlichkeit.

> **Das Jugendalter ist die Zeit des Übergangs, in welcher der Jugendliche nicht mehr die Rolle des Kindes und noch nicht die Rolle des Erwachsenen inne hat.**

➡️ **Materialien 1.**

9.1.2   Aspekte des Jugendalters

Der Jugendliche hat eine Menge Aufgaben zu bewältigen, die ihn gelegentlich „aus der Bahn werfen" können. Wie er diese Aufgaben löst und welche Probleme dabei auftauchen, hängt von zwei Aspekten ab:

Biologischer Aspekt

Das **Wirksamwerden bestimmter Hormone** bewirkt einschneidende *körperliche Veränderungen*: Rasches Größenwachstum, Streckung der Gesamtfigur, Ausbildung von Muskeln, Ausbildung der primären und sekundären Geschlechtsmerkmale, endgültige Gestaltbildung des weiblichen bzw. männlichen Körpers. Die Hormone bewirken zudem auch die **Geschlechtsreife:** Die Sexualität wird aktiviert, der junge Mensch wird fähig zur Fortpflanzung.

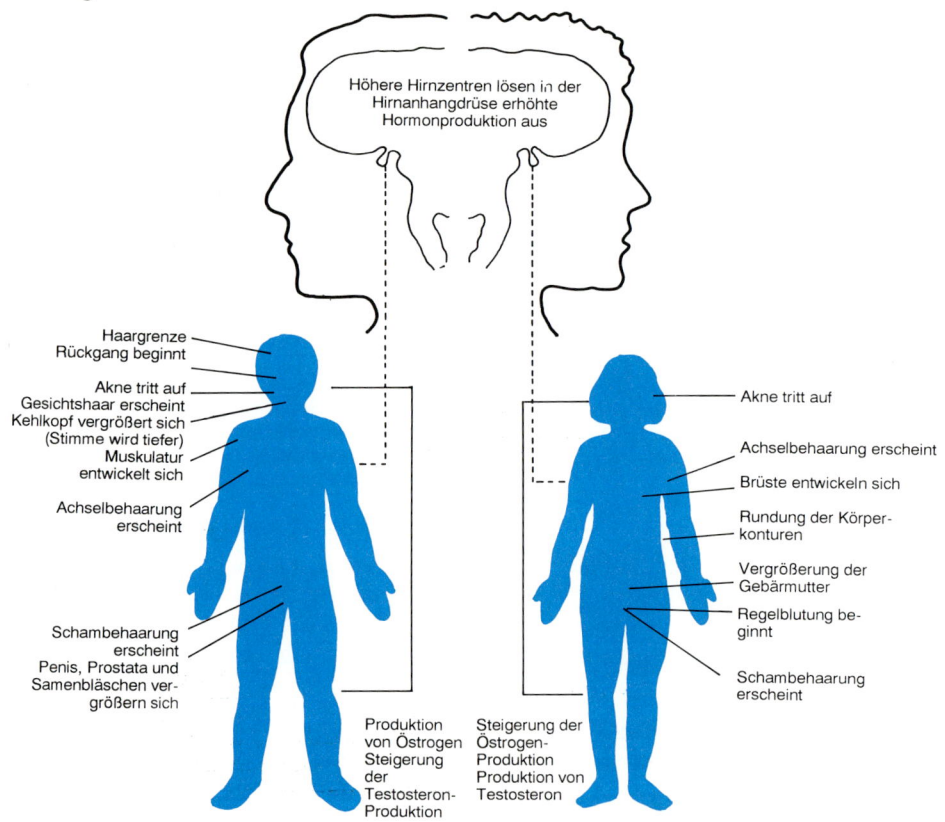

Körperliche Veränderungen durch Hormonausschüttung während der Adoleszenz

Quelle: Gerd Mietzel, 1989

★ In der Vergangenheit wurde den körperlichen Veränderungen im Jugendalter häufig die „Schuld" an dem veränderten psychischen Erleben des Jugendlichen gegeben. Untersuchungen (z. B. F. Steinwachs 1964, A. Degenhardt 1971) bei Jugendlichen haben allerdings keinen signifikanten Zusammenhang zwischen der körperlichen Entwicklung und dem psychischen Erleben nachweisen können. Das veränderte Verhalten und Erleben entsteht erst über den Umweg einer veränderten Wahrnehmung. Durch die körperliche Entwicklung nimmt die Umwelt den Jugendlichen anders wahr und reagiert folglich auch anders auf ihn.

Soziokultureller Aspekt

Die Dauer des Jugendalters ist in erster Linie von der jeweiligen **Kultur und Gesellschaftsform** abhängig.

Lotte Schenk-Danzinger (1988[20]) weist darauf hin, daß es in sogenannten „Primitivkulturen" kein Jugendalter gibt, sondern das Kind mit der biologischen Reife nach Absolvierung von Initialriten gleich in die Erwachsenengemeinschaft aufgenommen wird. Alles, was zur Erhaltung der eigenen Existenz und der Gemeinschaft notwendig ist, wird in der späten Kindheit erlernt. Ebenso wird das bestehende Wert- und Normensystem der geschlossenen Gesellschaft schon während der Kindheit vermittelt. Auch die Gründung der Familie ist sofort nach der Kindheit möglich.

In unserer Gesellschaft braucht der Jugendliche eine lange Vorbereitungszeit, um als Erwachsener anerkennt zu sein. Die sexuelle Reife tritt heute wesentlich früher ein, andererseits erreicht der junge Mensch seine emotionale und wirtschaftliche Selbständigkeit und Unabhängigkeit oft erst in der Mitte seines dritten Jahrzehntes.

> Das Jugendalter „ist nicht nur ein biologisches, sonder wesentliche auch ein psychologisches und soziologisches Phänomen. Wie die Aufgaben des Erwachsenwerdens gelöst werden, hängt von der gesellschaftlichen Situation ab. … In unserer Gesellschaft ist die Pubertät eine Periode des Lernens und damit wesentlich auch ein pädagogisches Problem." *(Lotte Schenk-Danzinger, 1988[20])*

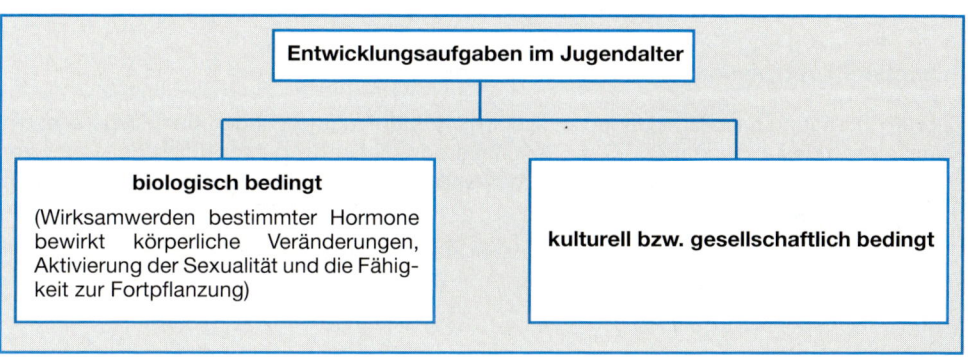

9.1.3   Entwicklungsaufgaben im Jugendalter

Nach dem neueren Verständnis der Entwicklungspsychologie vollzieht sich Entwicklung als ein nicht endender Prozeß von Aufgaben, die das Individuum zu lösen hat. Das Jugendalter als Phase des Übergangs verlangt vom Jugendlichen die Bewältigung einer ganzen Reihe von Entwicklungsaufgaben.

Die Vorstellung von Entwicklung als Bewältigung bestimmter Entwicklungsaufgaben wurde wesentlich von dem Pädagogen und Soziologen *Robert J. Havighurst* bestimmt und beschrieben.

> **Unter einer Entwicklungsaufgabe versteht man eine Anforderung, die zu einem bestimmten Lebensabschnitt eines Individuums entsteht und deren erfolgreiche Bewältigung zum Glücklichsein und zu Erfolg mit späteren Anforderungen führt, während Versagen ein Unglücklichsein, Mißbilligung durch die Gesellschaft und Schwierigkeiten mit späteren Aufgaben nach sich ziehen kann (vgl. Robert J. Havighurst; in: Dieter Ulich, 1987).**

Im folgenden werden die wesentlichen Entwicklungsaufgaben des Jugendalters nach Robert J. Havighurst dargestellt:

Akzeptieren der „neuen" körperlichen Gestalt.

Die Beschäftigung mit dem eigenen Aussehen und den Veränderungen des Körpers ist ein Kennzeichen des Jugendalters. Das Bewußtwerden dieser Körperveränderungen und vor allem das Akzeptieren der eigenen Erscheinung sind wichtige Aufgaben (vgl. Abschnitt 9.1.1).

„Tom (16): ‚Als ich 15 war, fing mein Körper plötzlich an, verrückt zu spielen!' Pablo (15): ‚Ich habe mir immer Gedanken darum gemacht, wie sehr mein Körper sich noch verändern könne, ob ich einmal eine männliche Gestalt, breite Schultern und einen hübschen Hintern bekommen würde … Denn im Moment kann ich mein Äußeres nicht ausstehen.' "(Ruth Bell, 1991[2])

Erwerb der Geschlechterrollen

Zur Selbstfindung des Jugendlichen trägt der Erwerb der männlichen oder weiblichen Rolle bei, der bereits in der frühen Kindheit beginnt und mit der Pubertät endet. Er muß seine persönliche Lösung für das geschlechtsgebundene Verhalten und für die Ausgestaltung seiner Geschlechtsrolle finden.

„Jungs spielen mit Autos, Mädchen mit Puppen; Jungs spielen wilde Spiele und machen sich schmutzig, Mädchen sind hübsch und spielen Mutter und Kind; Jungs wollen einen interessanten Beruf haben, Mädchen wollen heiraten … (Ruth Bell, 1991[2])

★   Beim Erwerb der Geschlechterrolle stellt sich die Frage nach typisch „männlichem" bzw. „weiblichem" Verhalten. Biologische Unterschiede existieren fraglos – inwieweit sich dadurch bestimmte, typische Verhaltensweisen ableiten ließen, ist nicht nachweisbar. Männliche beziehungsweise weibliche Verhaltensweisen gibt es nicht aufgrund angeborener Merkmale, sondern aufgrund erlernten Rollenverhaltens. Entsprechend dieser Rollenerwartungen verhalten sich auch die Erzieher.

Männer nehmen in den Arm
Männer geben Geborgenheit
Männer weinen heimlich
Männer brauchen viel Zärtlichkeit

Männer sind so verletzlich
Männer sind auf dieser Welt einfach unersetzlich

Männer kaufen Frauen
Männer stehn ständig unter Strom
Männer baggern wie blöde
Männer lügen am Telefon

Männer sind allzeit bereit
Männer bestechen durch ihr Geld und ihre Lässigkeit

Männer haben's schwer, nehmen's leicht
außen hart und innen ganz weich
werden als Kind schon auf Mann geeicht
wann ist ein Mann ein Mann …

Ausschnitt aus: „Männer" von Herbert Grönemeyer

Aufbau neuer und verantwortungsbewußter Beziehungen zu den Altersgenossen

Der Aufbau von neuen und verantwortungsbewußteren Beziehungen zu Gleichaltrigen, aber auch zu Erwachsenen stellt eine andere Qualität in den Beziehungen her. Die **Gruppe der Gleichaltrigen (= peer group)** gewinnt an enormer Bedeutung, doch wichtig werden auch die Beziehungen zum anderen Geschlecht, die sich zunehmend entwickeln. Der Jugendliche wird geschickter im Umgang mit anderen, er verhält sich zunehmend verantwortungsbewußter.

Emotionale Ablösung von den Eltern und anderen Erwachsenen

Einer der typischen Konflikte zwischen Elternhaus und Jugendlichem in diesem Zeitraum ist der zunehmende Wunsch nach Unabhängigkeit. Der Jugendliche wird mit dem Aufbau neuer Beziehungen zu Gleichaltrigen in steigendem Maße emotional unabhängig von seinen Eltern (Bezugspersonen), was von vielen als Ablehnung mißverstanden wird. Der Prozeß der Ablösung ist deshalb für die meisten Eltern ein beunruhigendes und unangenehmes Ereignis. Die Ablösung ist aber notwendig, da wesentliche Bedürfnisse nicht mehr in der Ursprungsfamilie befriedigt werden können.

Eine Mutter meint: „Innerhalb der letzten sechs Monate ist es passiert: Ich schaue mir meine beiden Söhne an, und sie kommen mir vor wie Fremde, die in meinem Haus wohnen. Ich kenne sie überhaupt nicht mehr, ich weiß nicht einmal mehr, was sie gerne essen … Man könnte noch verrückt werden." Eine 13jährige: „Man fängt an, mehr zu unternehmen, ist seltener zu Hause, weil man neue Menschen kennenlernt und neue Freunde findet. Du kannst Dich jetzt außerhalb des Hauses frei bewegen und möchtet gern etwas unternehmen. Du willst nicht immer nur mit deiner Familie zusammensein." *(Ruth Bell, 1991²)*

Vorbereitung des beruflichen Werdegangs

Der Jugendliche macht sich im Gegensatz zum Kind Gedanken über seine Lebensziele und überlegt, wie sein zukünftiges Leben aussehen soll. Sehr eng damit hängt die **Berufsfindung** zusammen, die Jugendlichen in der Regel einige Schwierigkeiten bereitet.

★ In der heutigen Industrie- und Dienstleistungsgesellschaft ist eine fundierte Ausbildung von entscheidender Bedeutung für den einzelnen. Die Ausübung eines Berufes ermöglicht letztlich erst die völlige Ablösung vom Elternhaus.

Der Beruf dient auch der sozialen und gesellschaftlichen Anerkennung des einzelnen und wirkt sich damit auf das Selbstbewußtsein und das Selbstwertgefühl aus. Die soziale Einstufung nach Leistung und Einkommen ist in der modernen Gesellschaft der Bundesrepublik Deutschland selbstverständlich.

Obwohl die Wahl des Berufs für den Jugendlichen sehr bedeutend ist, trifft er sie in den seltensten Fällen alleine. Er wird von einer Reihe von Personen beeinflußt – von Eltern, Lehrern, Freunden, Bekannten und Verwandten, Berufsberatern des Arbeitsamtes.

Vorbereitung auf die Gründung von Ehe und Familie

Mit der Berufsfindung werden bereits wesentliche Voraussetzungen für die spätere Gründung einer Familie geschaffen. In den westlichen Industriegesellschaften hat sich das Heiratsalter und der Zeitpunkt der Familiengründung, sehr weit „nach oben" verschoben, das dritte Lebensjahrzehnt ist meist erreicht oder schon überschritten. Der Grund hierfür liegt sicherlich auch in den langen Ausbildungszeiten. Bei universitären Abschlüssen liegt das Alter des Berufseintritts inzwischen bei über 25 Jahren, entsprechend spät erfolgt dann die Gründung einer Familie. Außerdem spielen heute Vorstellungen von persönlicher Freiheit und Unabhängigkeit sowie die Möglichkeiten, sein Leben individuell gestalten zu können, eine große Rolle.

Erreichen eines sozial verantwortungsvollen Verhaltens

Jugendprotest war und ist zu allen Zeiten eine Ausdrucksform der Ablehnung dessen, was Erwachsene tun. Vor fast einhundert Jahren schlossen sich Jugendliche in der sogenannten „Wandervogelbewegung" zusammen, um in fast schwärmerischer Form wieder zurück zur Natur zu finden. Ende der 60er Jahre war die Studentenbewegung Ausdruck des Jugendprotest, danach kamen Popper und Punks. Heute spielen Atomkrieg oder Umweltzerstörung eine zentrale Rolle im Jugendprotest.

Die Ablehnung der Handlungen der Erwachsenen hängt mit dem Bewußtwerden des Ausmaßes und der Folgen dieser Handlungen und der Reflexion darüber zusammen. Je mehr sich der Jugendliche mit den aktuellen Problemen auseinandersetzt, desto mehr kommt er zu eigenen Überzeugungen und Einstellungen. Häufig sind diese sehr idealistisch und radikal. Sie können dann zu sozialem Engagement oder, nach Enttäuschungen, auch zum zeitweisen Rückzug aus der Gesellschaft führen.

> „Die Welt der alltäglichen Erwachsenentätigkeit, die Welt der politischen Machenschaften, über die er (der Jugendliche) in den Zeitungen liest, erscheint ... verderbt und abgenutzt. Der junge Heranwachsende, der sich hauptsächlich von innen her betrachtet, erfährt sich, ... als rein geistig und so, als wären die einzig würdigen Gegenstände seines Erlebens in dem majestätischen und strengen Charakter der Religion, der Schönheit der Natur, gewissen idealisierten öffentlichen oder fiktiven Persönlichkeiten, in der Poesie oder Musik, in politischen Abstraktionen zu finden, kurz indem er die Realität aus weiter Ferne betrachtet." *(L. J. Stone/J. Church, 1978)*

Schaffung eines eigenen Wertesystems als Grundlage des Handelns

Der Jugendliche sucht nach neuen für ihn verbindlichen Wertvorstellungen, was zu häufigen Konflikten mit der Familie führt. Er verhält sich kritisch gegenüber Gesellschaft, Kultur, Religion, Erziehungssystem Arbeitswelt und dergleichen.

„Die Wertsetzungswidersprüche, die er dabei erfahren muß, und die Unfähigkeit, aus sich heraus ein eigenes Wertnormsystem aufzubauen ..., veranlassen den Pubertierenden vielfach zu zwiespältigen Urteilen und ambivalenten[1] Verhaltensweisen." *(Kurt Müller, 1984[7])*

★ Bei der Betrachtung von diesen Entwicklungsaufgaben muß berücksichtigt werden, daß es sich dabei auch um typische Werte der amerikanischen Mittelschicht handelt, die nicht so ohne weiteres auf andere Kulturen übertragen werden können.

9.1.4 Die Suche nach der Identität als zentrale Aufgabe

Nach dem Psychoanalytiker *Erik Erikson* besitzt das Kind noch kein Bewußtsein seiner Identität, es identifiziert sich mit seinen Eltern und anderen Personen seiner Umgebung, die für es bedeutsam sind, ohne näher darüber nachzudenken und sich nach seinem eigenen Selbst zu fragen.

> „In einigen Situationen verhält sich ein Kind ... gegenüber anderen Menschen ebenso zurückhaltend wie seine Mutter, in anderen imitiert es die soziale Aufgeschlossenheit seines Vaters. ... Durch Identifikation übernimmt das Kind zwar wichtige Merkmale von anderen. Die damit verbundene Identität ist aber eher mit einer Reihe einzelner Stoffstücke zu vergleichen, die noch nicht zusammengenäht wurden, vielleicht auch gar nicht zueinander passen ... "*(Gerd Mietzel, 1989)*

Erst im Jugendalter beginnt der Mensch sich seiner eigenen Person zuzuwenden, die Entdeckung und Schaffung einer eigenen Identität wird zur zentrale Aufgabe. Dabei ist das Jugendalter eine Zeitspanne, in der vieles *ausprobiert* wird, um zu einer eigenen Identität oder einem eigenen Selbstkonzept zu finden. Der Psychologie Erik Erikson sieht in diesem Ausprobieren einen entscheidenden Schritte hin zu einer eigenständigen Identität.

---

[1] ambivalent: doppelwertig, doppeldeutig

Faßt man die in 9.1.3 beschriebenen Entwicklungsaufgaben, zusammen, dann steht die **Suche nach der Identität**, die **Selbstfindung**, im Mittelpunkt der Entwicklungsaufgaben des Jugendalters.

Der Begriff „Identität" wird in der Psychologie nicht einheitlich verwendet. Übereinstimmung besteht jedoch darin, daß Identität *das ist, was jemand „wirklich" ist*, und durch folgende Komponenten näher gekennzeichnet ist:

- Die Person, für die man sich selbst hält,
- die Person, die man gerne sein und werden möchte, und wie sie zu werden glaubt,
- die Person, für die einen andere halten, und wie diese einen selbst haben möchten.

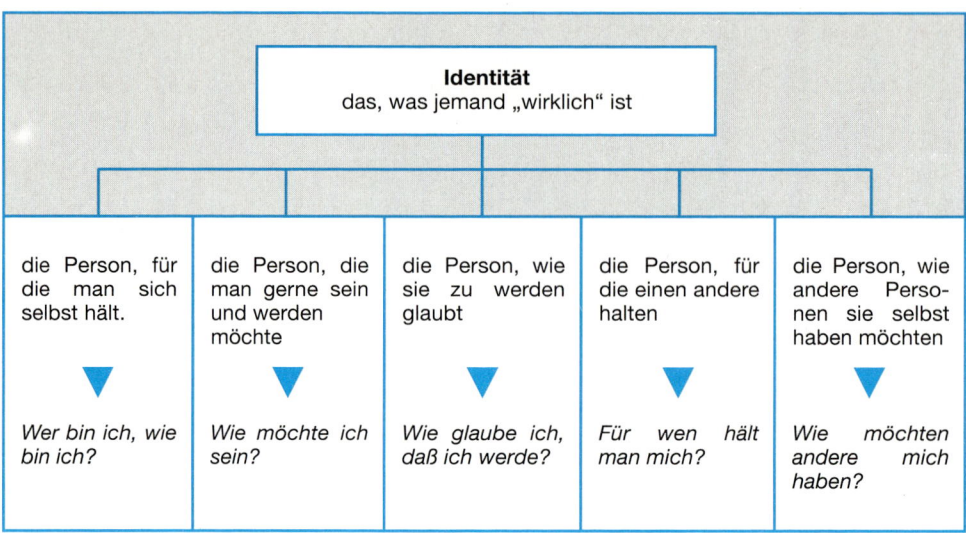

Identität
das, was jemand „wirklich" ist

die Person, für die man sich selbst hält.	die Person, die man gerne sein und werden möchte	die Person, wie sie zu werden glaubt	die Person, für die einen andere halten	die Person, wie andere Personen sie selbst haben möchten
Wer bin ich, wie bin ich?	*Wie möchte ich sein?*	*Wie glaube ich, daß ich werde?*	*Für wen hält man mich?*	*Wie möchten andere mich haben?*

Identität meint die Beschaffenheit des Selbst als einmalige und unverwechselbare Person durch die soziale Umgebung und durch das Individuum selbst.

➡ **Materialien 2.**

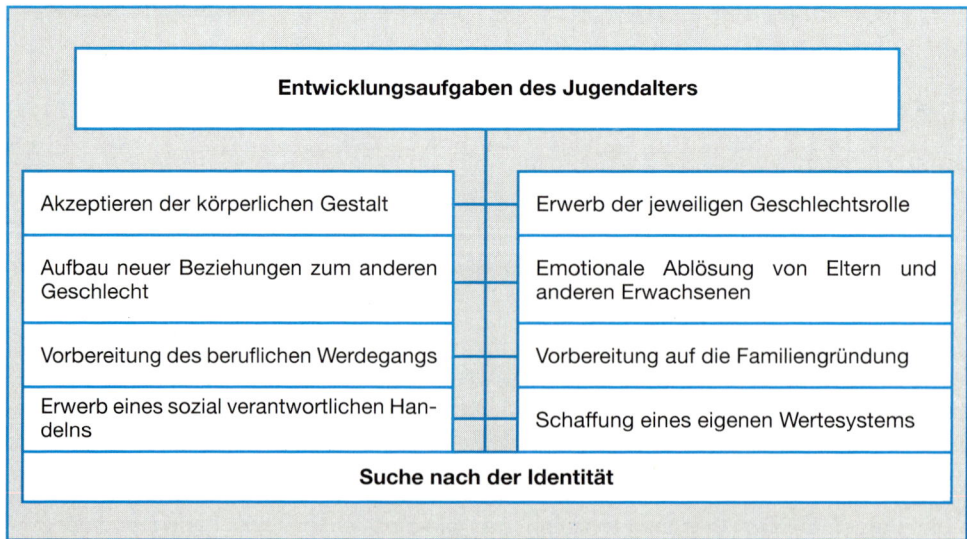

Entwicklungsaufgaben des Jugendalters

Akzeptieren der körperlichen Gestalt	Erwerb der jeweiligen Geschlechtsrolle
Aufbau neuer Beziehungen zum anderen Geschlecht	Emotionale Ablösung von Eltern und anderen Erwachsenen
Vorbereitung des beruflichen Werdegangs	Vorbereitung auf die Familiengründung
Erwerb eines sozial verantwortlichen Handelns	Schaffung eines eigenen Wertesystems

Suche nach der Identität

9.2 Die Bewältigung von Entwicklungsaufgaben

Jugendliche haben – wie in Abschnitt 9.1.3 gezeigt – eine Vielzahl von Entwicklungsaufgaben zu bewältigen. In der Regel werden die Entwicklungsaufgaben von der überwältigenden Mehrzahl der Jugendlichen erfolgreich bewerkstelligt – sie gleiten relativ problemlos ins Erwachsenenalter hinüber.

Trotzdem gibt es genug Jugendliche, die große Probleme haben. Für die Psychologie ist nun nicht nur die Erforschung von Aufgaben in der menschlichen Entwicklung von Bedeutung, sondern auch die Frage, wie man die Aufgaben der Entwicklung lösen kann.

➡ **Materialien 3.**

Die Bewältigung von Entwicklungsaufgaben hängt stark von der subjektiven Einstellung dazu ab. Werden sie nicht oder nur sehr schwer bewältigt, dann stellen sie für die entsprechende Person eine streßreiche Situation, ein kritisches Lebensereignis oder eine emotionale Belastung dar[1].

9.2.1 Günstige und ungünstige Bewältigungsstrategien

Zwei verschiedene Arten der Bewältigung von schwierigen Lebenssituationen können unterschieden werden: Einmal der aktive Versuch einer Person, die Situation zu bewältigen, und zum anderen die Anstrengungen eines Individuums, die der Abwehr von solchen Situationen dienen. Der Versuch, eine schwierige Situation zu bewerkstelligen wird in der Psychologie als **Coping** bezeichnet, der aus der Streßforschung übernommen wurde (vgl. Kapitel 5.4.6). Dagegen werden alle Arten von Bewältigungsversuchen, die eine krisenhafte Situation abwehren sollen, **Defending** genannt.

Während beim Coping eine aktive Auseinandersetzung des Individuums mit seiner Umwelt stattfindet, mit dem Ziel, das anstehende Problem zu bewältigen, kommt es beim Defending zu einer Abwehrreaktion, mit dem Ziel, dem Problem auszuweichen, daß heißt, das Problem wird letztlich nicht erfolgreich bewältigt. Defending setzt immer dann ein, wenn ein Mensch eine Situation als nicht mehr überschaubar oder so verwirrend erlebt, daß er keine Lösungs- oder Handlungsmöglichkeiten erkennt.

> **Defending bezeichnet alle Arten von Bewältigungsversuchen, die auf eine krisenhafte Situation mit Abwehr reagieren und sie letztlich nicht lösen.**

★ Die sicherlich extremste Form des Defending ist die Selbsttötung. Untersuchungen belegen, daß Jugendliche häufiger als Erwachsene, diese „Bewältigungsform" als Ausweg aus ihren Problemen suchen.

Tina (16): „Ich konnte einfach nichts mehr schreiben. Meine Gefühle waren stärker, als ich das hätte beschreiben können. Ich konnte noch nicht einmal erklären, wie ich mich fühlte, und ich hörte ganz mit dem Schreiben auf. Es hatte einfach keinen Sinn mehr."
Barbara (17): „Manchmal kommst du wirklich an einen Punkt, wo es dir ganz egal ist, wie sich jemand fühlt. Du willst einfach raus … Flüchten. Du hast das Gefühl, die Welt ist furchtbar grausam. Als ich mich so fühlte, dachte ich an keinen mehr. Ich dachte nur noch daran, daß ich da raus wollte aus dem Leben … Da denkst du, daß es keinen anderen Ausweg mehr gibt als den Tod." (*Ruth Bell, 1991*[2])

---

[1] Emotionale Belastung und das Phänomen „Streß" sind in Kapitel 5.4 dargestellt, kritische Lebensereignisse sind in Abschnitt 9.3 ausgeführt.

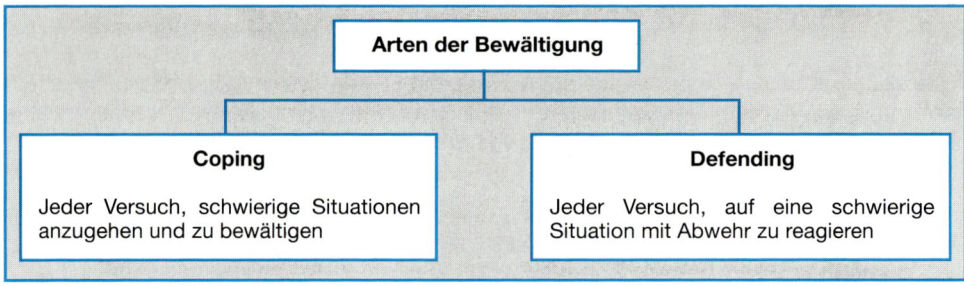

Beide Bewältigungstechniken – Coping und Defending – gelten für alle Arten von kritischen Lebenssituationen, also auch für die Bewältigung von Entwicklungsaufgaben des Jugendalters.

Coping-Strategien werden eher als günstig, Defending-Strategien eher als ungünstig angesehen: Bei Defending wird das Ereignis nicht bewältigt, so daß als Folge psychische, soziale und somatische[1] Auffälligkeiten auftreten können.

Günstige Strategien

Neue Aufgaben werden in der Regel zunächst immer als Gefährdung, als Herausforderung oder Bedrohung erlebt. Entscheidend ist, ob der Jugendliche fähig ist, die Situation richtig einzuschätzen, zu bewerten und seine Handlungsmöglichkeiten realistisch zu betrachten.

Eine Entwicklungsaufgabe des Jugendalters ist die Aufnahme sexueller Beziehungen zum anderen Geschlecht. Ein 17jähriges Mädchen lernt auf einer Party einen gleichaltrigen Jungen kennen. Sie unterhalten sich und finden sich beide sympathisch. Nach zwei Stunden schlafen die beiden miteinander. Kurz darauf bereut das Mädchen, daß sie sich nicht mehr Zeit genommen hat, sie schämt sich und fühlt sich elend und schlecht. Um die Krise zu bewältigen, reflektiert sie die vergangene Situation, um sich über ihre Gefühle und ihr Verhalten klar zu werden, mit dem Ziel, in Zukunft besser damit umgehen zu können. Außerdem bespricht sie ihr Erlebnis mit ihrer älteren Schwester und ihrer besten Freundin, die sie beide trösten und ihr ihre Unterstützung zusichern. Sie kommt schließlich zu dem Schluß, daß sie noch einmal mit dem Jungen darüber sprechen möchte, um das eigene Verhalten zu erklären.
Das Beispiel zeigt, wie versucht wird, eine krisenhafte Situation zu bewältigen. Vermutlich wird es dem Mädchen gelingen, zukünftig mit solchen Situationen überlegter umzugehen, sie hat aus dieser Situation gelernt. Sie begegnet der Krise offensiv, indem sie sich aktiv damit auseinandersetzt und damit ein erfolgreiches Coping praktiziert.

Für Jugendliche erscheinen Probleme, wenn sie das erste Mal erlebt werden, oftmals riesig und unüberwindbar. Eine Hilfe ist deshalb die **Unterstützung**, die der Jugendliche von seiner Umgebung erhält. Eltern, Freunde (die peer-Group), der Freund oder die Freundin können zur erfolgreichen Bewältigung beitragen.

> „Je stärker eine Person in ein soziales Beziehungsgefüge mit wichtigen Bezugspersonen eingebunden ist, desto besser kann diese Person mit ungünstigen sozialen Lebensbedingungen, kritischen Lebensereignissen und andauernden Lebensbelastungen umgehen …" *(Klaus Hurrelmann, 1988)*

Bewältigungsstrategien sind generell erfolgreich und günstig, wenn eine Person die Bedrohung, Gefährdung oder Herausforderung so bewertet und erlebt, daß daraus realistische Handlungsmöglichkeiten gefolgert werden.

---

[1] somatisch: den Körper, das Körperliche betreffend

Ungünstige Strategien

Die Nichtbewältigung von Entwicklungsaufgaben kann zu erheblichen Beeinträchtigungen des individuellen Wohlbefindens führen; angefangen von typischen Streßreaktionen bis hin zu gesundheitlichen Schwierigkeiten und psychischen Störungen. Dabei ist sehr schwierig, einheitliche Vorgehensweisen bei der Bewältigung krisenhafter Situationen zu entwickeln, denn jeder Mensch reagiert auf bestimmte Veränderungen in seinem Lebensbereich unterschiedlich.

Werden die Probleme vom Jugendlichen so erlebt und bewertet, daß sein eigenes Handlungspotential nicht ausreicht, kommt es zu den typischen Defending- oder Abwehrreaktionen.

Das 17jährige Mädchen, das nach zwei Stunden mit einem Jungen schläft, fühlt sich schlecht und beschämt. Sie versucht die Krise zu bewältigen, indem sie sich vornimmt, einfach nicht mehr daran zu denken. Aus Scham spricht sie mit niemandem über ihr Erlebnis. Sie zieht sich teilweise aus ihrem Freundeskreis zurück, weil sie fürchtet, durch die Freunde an den Abend erinnert zu werden. Sie nimmt sich vor, wenig auszugehen, um dem Jungen nicht zu begegnen.

Das Mädchen reagiert auf die Krise mit einer defensiven Bewältigungsstrategie. Sie versucht dem Problem aus dem Weg zu gehen und erwartet auch keine Unterstützung aus dem Familien- oder Freundeskreis. Im Gegenteil, sie vermeidet den Kontakt. Die Krise wird dadurch vermutlich nicht bewältigt werden, sondern nur verdrängt. Bei der nächsten ähnlichen Situation wird das Mädchen wieder nicht wissen, wie sie damit umgehen soll. Vielleicht handelt sie wieder genauso, oder sie reagiert übertrieben ablehnend auf die Annäherungsversuche eines Jungen. Die gestellte Entwicklungsaufgabe ist dann nicht bewältigt.

Folgende Aussagen bezüglich der **Bewältigung von Entwicklungsaufgaben** lassen sich zusammenfassen:

- Entwicklungsaufgaben werden normalerweise relativ problemlos bewältigt.

- Entwicklungsaufgaben können, wenn sie nicht bewältigt werden, zu kritischen Lebensereignissen werden (vgl. Abschnitt 9.3).

- Eine erfolgreiche Bewältigungsstrategie (= Coping) erfordert von der betroffenen Person eine realistische Bewertung der Krisensituation, der eigenen Handlungsmöglichkeiten und eine aktive und offensive Auseinandersetzung mit der Krise. Hilfreich ist die Unterstützung durch Personen aus dem sozialen Umfeld (Eltern, Freunde).

- Eine ungünstige Bewältigungsstrategie (= Defending) beginnt mit der verzerrten, unrealistischen Einschätzung der Situation und der eigenen Handlungsmöglichkeiten. Die Krise wird als nicht bewältigbar eingeschätzt und alle „Lösungswege" sind Abwehrreaktionen, die letztlich das Problem nicht lösen, sondern ihm nur ausweichen.

9.2.2 Die eingeschränkte Gültigkeit von Entwicklungsaufgaben

Entwicklungsaufgaben verändern sich im Lauf der Zeit, sie sind **historischen Veränderungen** und **kulturellen Bedingungen** unterworfen, zum anderen werden sie **individuell** verschieden erlebt.
Diese Unterschiede machen eine differenzierte Betrachtungsweise der Entwicklungsaufgaben notwendig und stellen ihre Allgemeingültigkeit in Frage.

• Kulturelle Differenzierung

Wie bereits in Abschnitt 9.1.3 erwähnt, hatte Robert J. Havighurst bei seinen Untersuchungen stets die amerikanischen Jugendlichen im Blickfeld. Die genannte Auswahl von Entwicklungsaufgaben trifft deshalb vor allem für Mittelschichtsangehörige in Amerika – bestenfalls in der industrialisierten Welt – zu.

Türkische Kinder, die in der Bundesrepublik aufwachsen, erleben eine vollkommen andere Geschlechtsrollenerziehung als ihre deutschen Kameraden. Entsprechend anders sind dann auch die zu bewältigenden Entwicklungsaufgaben im Hinblick auf den Erwerb der Geschlechtsrolle. Der Mann hat in der türkischen Gesellschaft einen anderen Stellenwert als in der deutschen.
Die Kinder von sog. „Naturvölkern" erreichen sehr viel schneller die Selbständigkeit und Unabhängigkeit vom Elternhaus als Kinder oder Jugendliche in Industriegesellschaften, da sie schnell lernen müssen, in einer eher feindlichen Umwelt (zum Beispiel Steppen oder Dschungel) zurechtzukommen (vgl. dazu Abschnitt 9.1.2).

Selbst innerhalb der westlichen Kulturen gibt es Unterschiede.

Mädchen und Jungen, die in südeuropäischen Ländern aufwachsen, lernen ein anderes geschlechtstypisches Verhalten als Teenager, die in den nördlichen Industriestaaten groß werden. Japanische Jugendliche erleben andere Probleme als amerikanische usw.

• Historische Veränderungen

Im Laufe der Entwicklung einer Gesellschaft ändern sich die Aufgaben, die Jugendliche bewältigen müssen, um erwachsen zu werden. Ein Beispiel hierfür ist die Schaffung eines eigenen Wertesystems.

In den fünfziger Jahren waren Werte wie Arbeitsamkeit, Pünktlichkeit, Pflichterfüllung und Sauberkeit hohe Ziele. In der heutigen Gesellschaft werden dagegen mehr Eigenverantwortung und Mündigkeit gefordert.

Auch das Sexualverhalten unterliegt einem gesellschaftlichen Wandel.

„Das Sexualverhalten der heutigen Jugend unterscheidet sich gewiß von dem früherer Generationen. Der Jugendliche spricht und handelt viel freier." *(R. Oerter/L. Montada, 1987[2])*

Nicht nur die Normen und Werte unterliegen einer Veränderung, auch die körperliche Reife vollzieht sich anders als vor 150 Jahren. Maßstab ist zum Beispiel die Entwicklung des *Menarchealters* (= Alter der ersten Regelblutung) bei Mädchen.

Übersicht über die Veränderung des Menarchealters

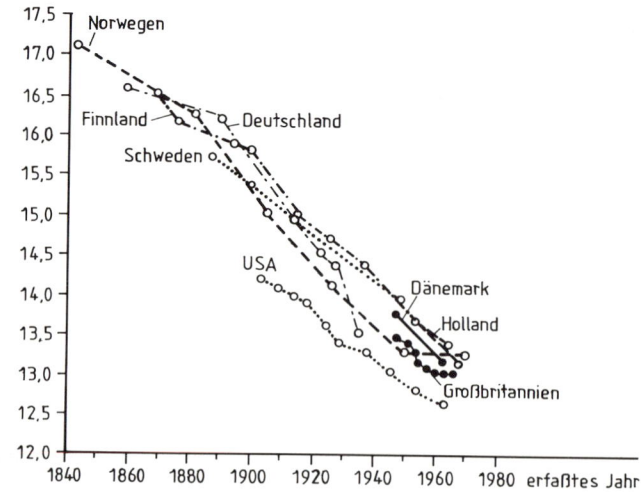

Quelle:
R. Oerter/
L. Montada, 1987[2]

● Individuelle Unterschiede

Entwicklungsaufgaben werden auch innerhalb einer Gesellschaft und innerhalb einer Gruppe von Gleichaltrigen unterschiedlich erlebt.

Für den einen Jugendlichen ist zum Beispiel der Beginn einer Lehre der erste Schritt zur ersehnten materiellen Unabhängigkeit von den Eltern, der nur geringe Anpassungsleistungen erfordert; für den anderen ist sie das Ergebnis einer gescheiterten Schulausbildung am Gymnasium, entsprechend negativ besetzt und deswegen krisenhaft.

Entwicklungsaufgaben werden zwar von allen Jugendlichen gleichermaßen durchlaufen, aber trotzdem sehr unterschiedlich erlebt.

Robert H. Havighurst ist der Meinung, daß von der Bewältigung der einzelnen Entwicklungsaufgaben das Glücklichsein bzw. Unglücklichsein eines Menschen abhängt (vgl. Abschnitt 9.1.3). Auch diese Ansicht darf nicht absolut gesehen werden. Nicht jedes Nicht-Erfüllen muß zwangsläufig zu einem persönlichen Unglück führen; es kommt sehr stark auf das Selbstwertgefühl des einzelnen, den Mut und die subjektive Einstellung dazu an.

So zum Beispiel kann eine Person glücklich sein, auch wenn sie keine neuen Beziehungen zum anderen Geschlecht aufbaut oder keine Familiengründung vorbereitet.

9.3 Formen und Merkmale kritischer Lebensereignisse

In der Entwicklung jedes Menschen gibt es Ereignisse, die ihn nachhaltig prägen und verändern; so wird das Leben zum Beispiel nach einer Heirat anders verlaufen als vorher, der Tod des Lebensgefährten wird einschneidende Änderungen mit sich bringen.

Solche Ereignisse können positiv oder negativ für den einzelnen sein – auf jeden Fall verändern sie das Verhalten des Menschen. Bisher waren derartige Lebensereignisse in erster Linie das Thema von Romanen oder Filmen. Seit Beginn der 80er Jahre werden sie zunehmend zu einem Forschungsgegenstand der Psychologie.

„Mit ihrem wachsenden Anspruch, menschliches Handeln auch in ‚sehr komplexen Realitätsbereichen‘ ... zu erforschen, ... kommt auch die Psychologie nicht umhin, sich mit ‚Lebensereignissen‘ zu beschäftigen ...“ *(Sigrun-Heide Filipp, 1990[2])*

Der folgende Abschnitt befaßt sich mit **kritischen Lebensereignissen**. Da kritische Lebensereignisse immer auch mit der Entwicklung des Menschen zu tun haben, werden sie im Kontext dieses Kapitels behandelt. Auf den Zusammenhang mit Kapitel 5.4 wird besonders hingewiesen, da das Erleben und Bewältigen kritischer Lebensereignisse häufig als emotionale Belastung oder Streß empfunden wird.

★   Die Erforschung der kritischen Lebensereignisse erscheint in der Literatur auch unter den Begriffen *„life-stress-Forschung“, „life-event-Forschung“, „Lebenskrise“* oder *„psychosozialer Streß“*.

9.3.1 Der Begriff „kritische Lebensereignisse"

Für die Vielfalt der möglichen kritischen Ereignisse im Leben eines Menschen gibt es keine angegebene Höchstzahl.

Sitzenbleiben in der Schule, Trennung der Eltern, eine gerichtliche Bestrafung, ein Wohnortwechsel, eine schwere Erkrankung, der Tod eines Familienmitglieds, die Heirat, die Geburt des ersten Kindes, die Scheidung, der Verlust des Arbeitsplatzes, die Verwicklung in einen Verkehrsunfall, ein Erdbeben, eine kriegerische Auseinandersetzung, die Versetzung in den Ruhestand, die Abschiebung ins Altersheim, die Konfrontation mit dem eigenen Tod ...

Es wurde in der Psychologie immer wieder versucht, Lebensereignisse zusammenzufassen und zu bestimmen (vgl. Holmes Rahe Skala, Materialien 4.). Eine endgültige Aufzählung kritischer Lebensereignisse ist aber unmöglich, deshalb bleibt für eine Begriffsbestimmung nur, die Gemeinsamkeiten und übergreifenden Bestimmungsfaktoren herauszuarbeiten.

➡ **Materialien 4.**

Betrachtet man die oben genannte Liste solcher Ereignisse, dann lassen sich Übereinstimmungen und Ähnlichkeiten erkennen:

- Die meisten Ereignisse führen zu einer relativ **plötzlichen und unvermittelten Veränderung** (Krankheit, Unfall, Tod) des bisherigen Lebens und sind in der Regel **unvorhersehbar;**

- sie können der **Höhepunkt einer längeren Vorgeschichte** sein (Krankheit, Schwangerschaft oder Scheidung);

- sie stellen einen Zustand des **Ungleichgewichts zwischen Person und Umwelt** dar; die Wiederherstellung des Gleichgewichts (oder Wiederanpassung an den gewohnten Lebensrhythmus) kann mit der Bewältigung[1] der krisenhaften Situation gleichgesetzt werden;

- sie müssen nicht zwangsläufig **negativen Charakter** haben, sondern können auch **positive Erfahrungen** (Geburt des ersten Kindes, Heirat) darstellen;

- sie sind für die Person auf jeden Fall **gefühlsmäßig bedeutsam.**

> **Als kritische Lebensereignisse bezeichnet man die Veränderungen der bisherigen Lebenssituation einer Person; diese Veränderungen verkörpern einen Zustand des Ungleichgewichts zwischen der Person und ihrer Umwelt, sie sind von gefühlsmäßigen Reaktionen begleitet und erfordern eine Neuanpassung der Person an die veränderte Lebenslage.**

---

[1] Die Bewältigung von krisenhaften Situationen ist unter dem Stichwort Coping in Kapitel 5.4.6 abgehandelt.

für Günter war die Fete bei Corinna schon um Halbelf gelaufen:
Kein Schwein mit 'ner Lebenskrise! Nicht mal ein kleiner Beziehungs-
konflikt! Alle gut drauf!! Worüber soll man sich da den ganzen
Abend unterhalten !?!

Kritische Lebensereignisse können **altersabhängig oder altersunabhängig** sein. Es gibt Ereignisse, die vom biologischen Alter bestimmt werden.

Dazu gehören zum Beispiel die sexuelle Reife oder der Beginn der Menopause[1].

Auch die Bedeutung, die einzelnen Ereignisse beigemessen wird, ist vom Alter abhängig.

Die nichteheliche Schwangerschaft einer Minderjährigen zum Beispiel wird gesellschaftlich anders bewertet, als die einer erwachsenen Frau.

Daneben gibt es Ereignisse, die nicht vom Alter abhängen – wie etwa einen Autounfall, den man erleidet.

Zudem können kritische Lebensereignisse **kulturabhängig oder kulturunabhängig** sein. Schuleintritt, Übertritt ins Rentenalter, Heiratsalter usw. sind durch die jeweilige Gesellschaft bestimmt, in der wir leben.

In den westlichen Industriegesellschaften ist das Heiratsalter nahezu gleich, nicht dagegen in den Entwicklungsländern Asiens, Afrikas oder Südamerikas.

★ Die Betrachtung kritischer Lebensereignisse muß folglich immer unter dem Vorbehalt des jeweiligen gesellschaftlichen Systems gesehen werden und kann keinesfalls kulturübergreifend Anwendung finden.

Neben den kulturbedingten Ereignissen gibt es auch solche, die in keinem direkten Zusammenhang mit der jeweiligen Kultur stehen, wie zum Beispiel der plötzliche Verlust einer liebgewonnenen Person.

Alters- und kulturabhängige kritische Lebensereignisse haben gemeinsam, daß man sie *relativ gut vorhersagen* und sich damit auch darauf einstellen kann. Doch nicht alle Ereignisse im Leben sind vorhersehbar, wie dies zum Beispiel beim plötzlichen Tod durch Unfall eines liebgewordenen Menschen der Fall sein kann.

Kritische Lebensereignisse, die vorhersehbar sind, werden als **normative Lebensereignisse** oder Entwicklungsaufgaben gesehen (vgl. dazu Abschnitt 9.1). Kritische Lebensereignisse, die unvermittelt eintreten, bezeichnet man als **nonnormative Lebensereignisse.**

Normative Lebensereignisse treten beabsichtigt auf, sind vorhersehbar, alters- oder kulturabhängig; sie werden auch als Entwicklungsaufgaben bezeichnet.
Nonnormative Lebensereignisse treten unvermittelt auf, sind nicht kulturabhängig oder vom Alter her bestimmt und deshalb auch keine Entwicklungsaufgaben.

---

[1] Die Menopause ist der Zeitraum nach der letzten Regelblutung.

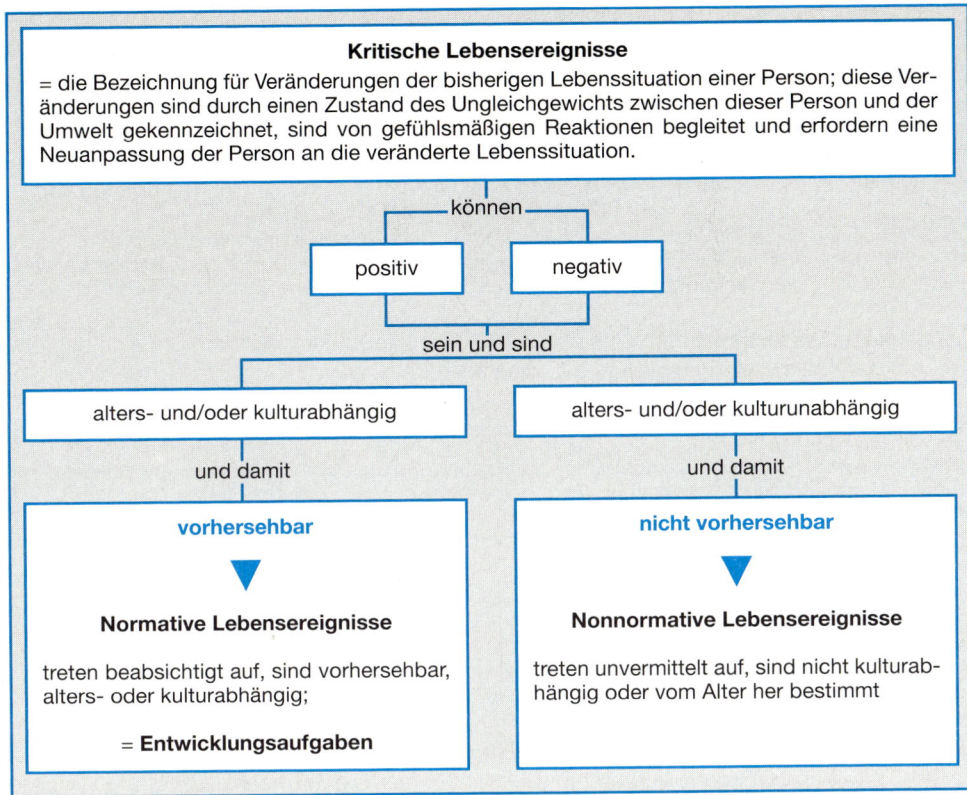

Kritische Lebensereignisse

= die Bezeichnung für Veränderungen der bisherigen Lebenssituation einer Person; diese Veränderungen sind durch einen Zustand des Ungleichgewichts zwischen dieser Person und der Umwelt gekennzeichnet, sind von gefühlsmäßigen Reaktionen begleitet und erfordern eine Neuanpassung der Person an die veränderte Lebenssituation.

können

positiv   negativ

sein und sind

alters- und/oder kulturabhängig   alters- und/oder kulturunabhängig

und damit   und damit

vorhersehbar   **nicht vorhersehbar**

▼   ▼

Normative Lebensereignisse   **Nonnormative Lebensereignisse**

treten beabsichtigt auf, sind vorhersehbar, alters- oder kulturabhängig;   treten unvermittelt auf, sind nicht kulturabhängig oder vom Alter her bestimmt

= Entwicklungsaufgaben

9.3.2 Kritische Lebensereignisse als Belastungen

Kritische Lebensereignisse stellen in jedem Fall eine **emotionale Belastung** im Leben eines Menschen dar mit *kurz- oder langfristigen Auswirkungen* (vgl. hierzu Kapitel 5.4.2). Je nachdem, wie stark eine Belastung für den Menschen ist, wird sie zu unterschiedlichen Reaktionen führen.

In den letzten Jahren sind eine ganze Reihe von Untersuchungen zu kritischen Lebensereignissen durchgeführt worden, die zum Ergebnis sogenannte **Rating-Skalen** hatten. Auf diesen ist in einer Punkteskala aufgeführt, welche Lebensereignisse besonders belastend und welche wenig belastend sind.

In den Materialien 4. befindet sich eine solche Skala, die Holmes/Rahe-Skala. Sie entstand bereits 1967, hat aber nichts von ihrer Bedeutung oder Aktualität verloren. Sie wurde nach ihren Begründern T. H. Holmes und R. H. Rahe benannt.

➡️ **Materialien 4.**

Die Schwere des subjektiven Erlebens einer Belastung hängt in erster Linie von der **Vorher-sehbarkeit,** die in Abschnitt 9.3.1 dargestellt ist, und von der **Kontrollierbarkeit** von sol-chen Ereignissen ab. Mit Kontrollierbarkeit ist die subjektive Überzeugung eines Menschen gemeint, ob und inwieweit er eine Situation beeinflussen und in den Griff bekommen kann.

Erlebt sich zum Beispiel ein Mensch bei einem eingetretenen Ereignis als sehr hilflos und ist er davon überzeugt, diese nicht beeinflussen zu können, so wird er die Situation als sehr belastend empfinden. Glaubt er jedoch, diese in den Griff zu bekommen, so wird die Belastung sehr gering sein.

Dabei handelt es sich nicht um eine objektive Kontrollierbarkeit, sondern um eine subjek-tive, bei der das Individuum glaubt, daß dies so ist.

> **Kontrollierbarkeit meint die subjektive Überzeugung eines Menschen in einer bestimm-ten Situation, ob und inwieweit er diese beeinflussen und in den Griff bekommen kann.**

In einer vielbeachteten Studie konnte nachgewiesen werden, daß die Bewältigung der Umsiedlung von alten Menschen in ein Altenheim in einem sehr entscheidenden Maße von der Vorhersehbarkeit und Kontrollierbarkeit von Kontaktmöglichkeiten abhängig ist. Unfallopfer mit Querschnittslähmung verkraften ihr Schicksal besser, wenn sie sich als mitverantwortlich und damit die Situation als kon-trollierbarer erleben (vgl. R. Oerter/L. Montada, 1987[2]).

„Im allgemeinen gilt, daß die pathogene[1] Wirkung belastender Ereignisse mit ihrer Unvor-hersehbarkeit und Unkontrollierbarkeit wächst." *(R. Oerter/: Montada, 1987[2]).*

Es ist also von Vorteil zu wissen, daß und wann ein bestimmtes Ereignis eintritt, doch die-ses Wissen alleine genügt nicht, man muß auch glauben, es beeinflussen zu können.

➡️ **Materialien 5.**

---

[1] pathogen: krankheitserregend

Ich kann nicht zu
Jimmy nach Hause gehen.

Jimmy ist nämlich an der Reihe,
zu mir nach Hause zu kommen.

Ich bin nämlich das letzte Mal zu
Jimmy gegangen.

Ich gehe aber gerne
zu Jimmy.

Und Jimmy kommt nicht gerne
zu mir.

Aber wenn er nicht zu mir
kommt, kann ich auch nicht zu
ihm gehen.

Denn Gerechtigkeit
muß sein.

Dann werde ich Jimmy also nie
mehr wiedersehen.

Ach, das Leben mit sieben ist
schwer.

Abdruck nach Jule Feiffer, Dist. Publisher-Hall Syndicate

Quelle: Kegan, Robert: Die Entwicklungsstufen des Selbst. Kindt-Verlag, München 1991²

9.3.3 Die Bewältigung von kritischen Lebensereignissen

Bei der Bewältigung können wir grundsätzlich unterscheiden zwischen **Prävention und Intervention.**

Prävention heißt „Vorbeugung" und meint in diesem Zusammenhang alle Möglichkeiten zur Verhinderung von kritischen Lebensereignissen bzw. zum wirksamen Umgang mit ihnen. Während die präventiven Maßnahmen *vor* dem Eintritt einer kritischen Lebenssituation wirken sollen, versteht man unter der Intervention das helfende (= therapeutische) Eingreifen *bei* einer akuten Krise oder krisenhaften Zuspitzung einer psychischen Erkrankung, sowie alle Formen der Nachbehandlung der Folgen.

Bei der Bewältigung kritischer Lebensereignisse spielen sogenannte **Ressourcen** eine wichtige Rolle. Damit sind Kräfte eines Individuums gemeint, die ihm zur Bewältigung einer bestimmten Situation zur Verfügung stehen.

> **Ressourcen ist eine allgemeine Bezeichnung für Kräfte eines Individuums, die zur Bewältigung einer bestimmten Situation zur Verfügung stehen.**

Es ist jedoch entscheidend, ob und inwieweit das Individuum selbst davon *überzeugt* ist, daß es über Kräfte zur Bewältigung eines kritischen Ereignisses verfügt. Aus diesem Grund werden in der Fachliteratur mit Ressourcen gelegentlich Kräfte eines Individuums bezeichnet, über die es zur Bewältigung einer bestimmten Situation zu verfügen glaubt.

Dabei unterscheidet man zwischen **personalen und sozialen Ressourcen.** Damit sind Bewältigungskräfte gemeint, die zum einen bei der Person selbst, zum anderen in ihrem sozialen Umfeld zu suchen sind.

Personale Ressourcen sind die **individuellen Kräfte,** die einer Person bei der Bewältigung kritischer Lebensereignisse zur Verfügung stehen. Solche persönlichen Kompetenzen und Handlungskapazitäten sind bei jedem Menschen unterschiedlich stark ausgeprägt und vorhanden.

Hat zum Beispiel jemand schon einmal eine krisenhafte Situation erlebt und gemeistert, dann wird er bei ähnlichen Situationen in Zukunft gelassener und souveräner reagieren, als wenn er die Krise zum ersten Mal erlebt, oder bereits beim letzten Mal gescheitert ist.

Soziale Ressourcen sind die unterstützenden Kräfte, die einer Person durch die **sozialen Beziehungen** zu ihrer Umwelt zur Verfügung stehen. Soziale Bindungen erfüllen eine Schutzfunktion gegenüber krisenhaften Lebensereignissen (vgl. Abschnitt 9.3.4).

Untersuchungen haben ergeben, daß beispielsweise eine funktionierende Ehe eine der besten Voraussetzungen zur Bewältigung krisenhafter Situationen ist. Auch Selbstmordraten liegen zum Beispiel bei Verheirateten deutlich unter denen Lediger.

Die Wirksamkeit sozialer Ressourcen ist abhängig von der Beschaffenheit der sozialen Beziehungen.

„Je stärker eine Person in ein soziales Beziehungsgefüge mit wichtigen Bezugspersonen eingebunden ist, desto besser kann diese Person mit ungünstigen sozialen Lebensbedingungen, kritischen Ereignissen und andauernden Belastungen umgehen..." *(Klaus Hurrelmann, 1988)*

314

9.3.4   Das Konzept des sozialen Netzwerkes

Am Beispiel des Konzepts des sozialen Netzwerkes soll nun die Unterstützungsfunktion der sozialen Ressourcen genauer dargestellt werden.

Jeder Mensch ist eingebunden in eine Vielzahl unterschiedlicher sozialer Beziehungen. Dazu zählen zum Beispiel alle Beziehungen innerhalb der Familie, zu Freunden oder zu Arbeitskollegen. Alle Beziehungen eines Individuums zusammengenommen werden als **soziales Netzwerk** bezeichnet.

> **Soziales Netzwerk bezeichnet das Gefüge von sozialen Beziehungen, in das eine Person einbezogen ist und das sich aus dem Gesamt der Kontakte, die eine Person zu anderen Menschen hat, bildet. (vgl. Klaus Hurrelmann, 1988)**

Dabei ist es notwendig, zwischen den Begriffen *sozialem Netzwerk* und *sozialer Unterstützung* zu unterscheiden: Während der Begriff „Netzwerk" das gesamte Gefüge der Beziehungen meint, versteht man unter sozialer Unterstützung die Teile eines Netzwerkes, die in krisenhaften Situationen wirklich helfend wirken, im Gegensatz zu denen, die nicht helfen oder bei der Bewältigung von Krisen eher schaden. Helfende Netzwerke werden auch als Unterstützungsnetzwerke bezeichnet.

Untersuchungen haben ergeben, daß das Vorhandensein sozialer Netzwerke grundsätzlich eine positive Grundeinstellung der Personen bewirkt. Das heißt aber nicht, daß ein Netzwerk, sozusagen automatisch, die Gewähr dafür bietet, daß kritische Lebensereignisse bewältigt werden können. Im Gegenteil, aufgrund der *Wechselwirkung* zwischen der Person und ihrer sozialen Umwelt (Netzwerk) können Krisen noch verschärft werden.

Ein Beispiel hierfür bietet die Immunschwächekrankheit AIDS. Viele AIDSkranke berichten, daß sich Freunde und Arbeitskollegen, teilweise sogar Familienangehörige von ihnen abwandten, als bekannt wurde, daß sie erkrankt sind. Statt helfend zu wirken, hat das Netzwerk das Gegenteil bewirkt und Isolation und Stigmatisierung noch verstärkt. Das kritische Lebensereignis bewirkt in diesem Fall eine Veränderung des sozialen Umfelds, denn der Kranke muß sich neue Beziehungen aufbauen, zum Beispiel in Selbsthilfegruppen.

„Soziale Netzwerke sind also nie bedingungslos hilfreich, sondern können auch Konflikte und Belastungen schaffen ..." *(Klaus Hurrelmann, 1988)*

> **Soziale Unterstützung meint den Austausch von Hilfsquellen zwischen den Mitgliedern eines sozialen Netzwerkes mit dem Ziel der gegenseitigen Aufrechterhaltung oder Verbesserung des Wohlbefindens.**

Funktioniert ein soziales Netzwerk unterstützend, dann können aufgrund der bisherigen Forschungen im wesentlichen drei Wirkungen ausgemacht werden (vgl. Klaus Hurrelmann, 1988):

- **Abschirmwirkung:** Soziale Unterstützung kann die Auftretenswahrscheinlichkeit kritischer Lebenssituationen vermindern, wenn eine Person fest in soziale Beziehungen (ihr Netzwerk) eingebunden ist. Das Netzwerk wirkt dann wie eine Art von Schutzschild.
- **Pufferwirkung:** Soziale Unterstützung kann den Umgang mit kritischen Lebensereignissen verbessern und das Selbstwertgefühl stärken. Dadurch werden die negativen Folgen einer bestehenden Streßreaktion gemildert und abgeschwächt.
- **Toleranzwirkung:** Soziale Unterstützung kann das Ertragen belastender Situationen erleichtern und damit ihre Wirkung mildern.

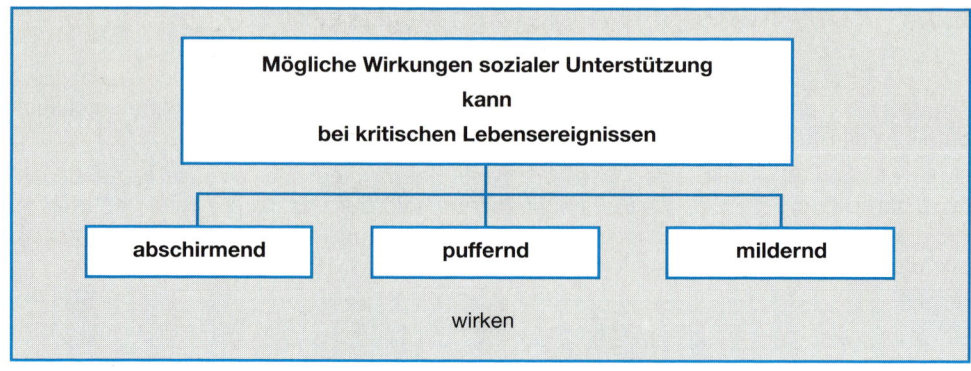

9.3.5 Strategien der Ressourcenstärkung

Maßnahmen, die dazu dienen, die individuellen Kompetenzen und sozialen Kräfte einer Person bzw. eines Netzwerkes zu unterstützen, zu erhöhen oder zu verbessern, dienen der Stärkung dieser Ressourcen. Grundsätzlich geht man davon aus, daß eine Person um so besser in der Lage ist, kritische Lebensereignisse zu bewältigen, je mehr ihr Ressourcen zur Verfügung stehen.

Bei der Stärkung der *individuellen (= personalen) Ressourcen* nehmen, je nach Alter der Person, **Erziehung, Beratung und Therapie** eine zentrale Rolle ein.

Die Strategien der personalen Ressourcenstärkung dienen vor allem der Stärkung **individueller Handlungskompetenzen.** Sie alleine reichen aber nicht aus, um zum Beispiel Probleme, die außerhalb der Person in ihrem sozialen Umfeld liegen, zu lösen. Deshalb muß die Stärkung der personalen Ressourcen mit Maßnahmen der *sozialen Ressourcenförderung* verbunden werden.

Von zentraler Bedeutung bei der Betrachtung sozialer Netzwerke ist die **Familie.** Sie hat den größten Einfluß auf die Persönlichkeitsentwicklung einer Person und damit auf die Entwicklung von Handlungskompetenzen. Die moderne Kleinfamilie heute ist jedoch nicht mehr in der Lage, alle ihr auferlegten sozialen Funktionen alleine zu erfüllen, im Gegenteil, sie ist zunehmend darauf angewiesen, sogenannte „externe" soziale Versorgungsleistungen in Anspruch zu nehmen.

In vielen Familien ist es heute üblich und wegen der teilweise hohen Lebenshaltungskosten in Großstädten auch notwendig, daß beide Ehepartner einer dauerhaften Berufstätigkeit nachgehen. Entschließt sich das Ehepaar, Kinder zu bekommen, wird es schwer werden, den Lebensstandard mit nur einem Verdienst aufrechtzuerhalten. Folglich wird versucht, daß beide so schnell wie möglich wieder arbeiten. Dies ist aber nur möglich, wenn für das Kind ein geeigneter Krippen- oder Kindergartenplatz vorhanden ist, der von der Gemeinde oder Kirche zur Verfügung gestellt werden muß.

Bleiben geeignete Versorgungsleistungen aus, kann die Kleinfamilie in eine entsprechende Krise geraten. Es wird deutlich, daß es sich bei der Stärkung des sozialen Netzwerkes in erster Linie um **Maßnahmen staatlicher Jugend- und Sozialpolitik** handelt.

Der Staat bietet Familien mit Kindern eine Reihe von Unterstützungen an: Kindergeld, Erziehungsgeld oder Erziehungsurlaub sind solche Maßnahmen, die allerdings vielfach nicht ausreichen, um die Bedürfnisse der Familien zu befriedigen.

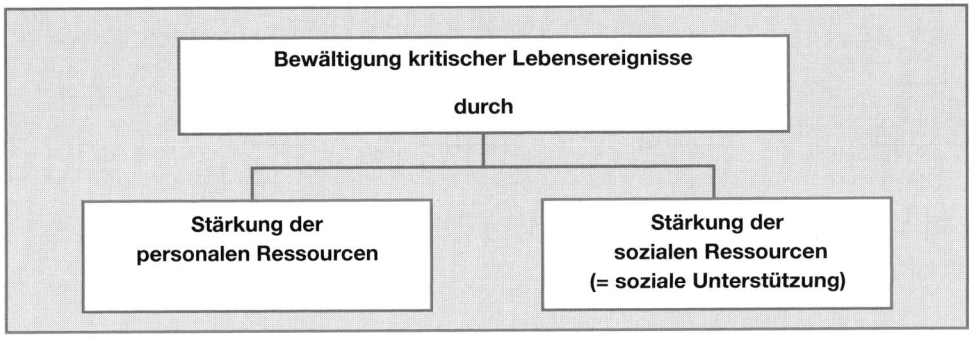

Bewältigung kritischer Lebensereignisse durch

- Stärkung der personalen Ressourcen
- Stärkung der sozialen Ressourcen (= soziale Unterstützung)

Zusammenfassung

▶ Das Jugendalter ist gekennzeichnet durch eine Reihe von Entwicklungsaufgaben, die der Jugendliche zu bewältigen hat. Dies sind Aufgaben, deren erfolgreiche Bewältigung zu Glück und Erfolg mit späteren Aufgaben führt.
Typische Entwicklungsaufgaben sind:
  - das Akzeptieren der neuen körperlichen Gestalt,
  - der Erwerb der Geschlechterrollen,
  - der Aufbau neuer und reiferer Beziehungen zu den Altersgenossen,
  - die emotionale Ablösung vom Elternhaus und anderen Erwachsenen,
  - die Vorbereitung auf die Gründung von Ehe und Familie,
  - das Erreichen eines sozial verantwortungsvollen Verhaltens und
  - die Schaffung eines eigenen Wertesystems als Grundlage des Handelns
Zentrale Aufgabe des Jugendalters ist die Suche nach der Identität – das, was jemand „wirklich" ist – beziehungsweise die Selbstfindung, die gekennzeichnet ist von zunehmender Differenzierung, Stabilisierung und realistischer Selbsteinschätzung und Selbstkonzeptbildung.

▶ Entwicklungsaufgaben verändern sich im Laufe der Zeit, sie sind historischen und kulturellen Bedingungen unterworfen und werden auch individuell unterschiedlich erlebt.

▶ Entwicklungsaufgaben können, wenn sie nicht bewältigt werden, zu kritischen Lebensereignissen werden. Eine erfolgreiche Bewältigungsstrategie (= Coping) erfordert von der betroffenen Person eine realistische Bewertung der Krisensituation, der eigenen Handlungsmöglichkeiten und eine aktive und offensive Auseinandersetzung mit der Krise. Hilfreich ist die Unterstützung durch Personen aus dem sozialen Umfeld (Eltern, Freunde). Eine ungünstige Bewältigungsstrategie (= Defending) beginnt mit der verzerrten, unrealistischen Einschätzung der Situation und der eigenen Handlungsmöglichkeiten. Die Krise wird als nicht bewältigbar eingeschätzt und alle „Lösungswege" sind Abwehrreaktionen, die letztlich das Problem nicht lösen, sondern ihm nur ausweichen.

▶ Kritische Lebensereignisse sind Veränderungen der bisherigen Lebenssituation einer Person; diese Veränderungen verkörpern einen Zustand des Ungleichgewichts zwischen der Person und ihrer Umwelt, sie sind von gefühlsmäßigen Reaktionen begleitet und erfordern eine Neuanpassung der Person an die veränderte Lebenslage.

▶ Möglichkeiten der Bewältigung kritischer Lebenssituationen sind zum einen die Stärkung der personalen Ressourcen und zum anderen die Erweiterung der sozialen Ressourcen. Personale Ressourcen sind die individuellen Kompetenzen, soziale Ressourcen die unterstützenden Kräfte, die durch die sozialen Beziehungen zur Umwelt vorhanden sind. Bei der Bewältigung kritischer Lebensereignisse ist der Mensch immer auf beide Ressourcen angewiesen.

▶ Soziale Netzwerke sind das Gesamt der Beziehungen eines Menschen zu seinem sozialen Umfeld. Man unterscheidet zwischen unterstützenden und nicht-unterstützenden Netzwerken. Nur die Teile eines Netzwerkes die helfend in krisenhaften Situationen wirken, bezeichnet man als soziale Unterstützung. Netzwerke haben eine abschirmende, puffernde und tolerierende Wirkung bei kritischen Lebensereignissen.

▶ Um Menschen frühzeitig den konstruktiven Umgang mit Lebenskrisen zu ermöglichen, ist es notwendig, personale und soziale Ressourcen zu stärken. Strategien der personalen Ressourcenstärkung bezeichnet man als Gesundheitsförderung. Ihr Hauptaugenmerk ist auf Erziehung, Beratung und Therapie gerichtet. Strategien der sozialen Ressourcenstärkung sind vor allem sozialstaatliche Maßnahmen.

1. Jugend in Selbstbildern. Was Jugendliche zum Thema „Jugend" schreiben und zeichnen ...

Die Jugend zerfällt in viele Gruppen

*Ich glaube, die Jugend von heute gibt es nicht mehr als einheitlich
festgeprägten Begriff, weil sie in viele Teile zersplittert ist.
Da gibt es Popper, Punks, Teds, Skinheads, Mods, Rocker,
New Waver, ja, und schließlich „die Normalen", zu denen ich mich
eigentlich auch zähle.
Das Problem der heutigen Jugend besteht meiner Meinung nach darin,
daß sich die Gruppen nicht gegenseitig tolerieren.*

(Eine Schülerin)

(Schüler, 18 Jahre)

Das Wichtigste: mein Freund

*Das, was für mich aber am wichtigsten ist ... Es ist — wie für viele
Mädels in meinem Alter — natürlich mein Freund. Wir sind zwar
in vielen Dingen sehr verschieden, aber es gibt nichts, was stärker
ist als Liebe.*

(Realschülerin mit Abschluß, 17 Jahre)

Wo ist das Leben?

*Ich denke an das große Sterben, das sich auf unserer Welt ausgebreitet hat:
Das Sterben von Millionen von Menschen durch Hunger und Krieg, das Sterben der
Bäume, das Sterben der Flüsse, das Sterben der Fische...
und das Sterben der Phantasie, des Geistes und der Liebe.
Wo finden wir bei soviel Sterben das Leben?
Wir, die wir leben wollen!
Das ist für mich die zentrale Frage — und eine Antwort geben mir weder die lauten Reden
unserer Politiker, noch die Aussicht auf ein „Jahr der Jugend" ...*

(Eine Berufstätige, 19 Jahre)

*Ein Gefühl
Wie tot zu sein
Ausgestoßen
Unerwünscht
Fehl am Platz
Überflüssig zu sein.
Das Leben läuft weiter ohne mich
Ich werde nicht gebraucht.
Man geht an mir vorüber
Ich bin durchsichtig
Uninteressant
Unnütz
Aber oft will ich es garnicht anders*

(Schüler, 17 Jahre)

Träume   *No Future*

Ich träume davon,   *Ich bin so 'ne ‚No Future' Type, dazu stehe ich ganz offen.*
viele Reisen in   *Ich habe auf alles eine stink Wut! Alle haben sie gute Reden*
fremde Länder zu   *parat, wie z. B. „Wird schon werden! Mußt dich nur anstrengen!"*
unternehmen. Ein   *und „Wer Arbeit sucht, findet auch welche!" Na klar, die Arbeit,*
Alptraum ist es   *die einem keinen Spaß macht. Die einen kalt werden läßt und*
mir, einen geregelten   *Trost im Alkohol oder anderen Drogen suchen läßt.*
Tagesablauf
zu haben, wobei man   (16jährige)
überhaupt nichts
Neues erlebt.   *Die Reifeprüfung*

      (17jähriger)   *Ich wurde gemessen
in Zahlen, mit Punkten
an Worten, die nicht die meinen waren
durchgecheckt, auf Tauglichkeit geprüft
und als Mittelmäßiger abgestempelt*

(Schülerin, 19 Jahre)

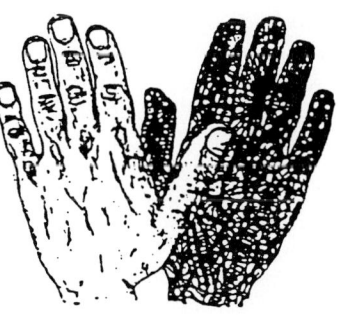

Mich regt es oft auf, wenn ältere Leute abfällig über „die Jugend von heute" sprechen. Kennen sie uns denn richtig? Verstehen sie uns? In den meisten Fällen wohl nicht, sonst würden sie anders über uns sprechen. Wissen sie etwas von unseren Ängsten?
Ich glaube nein.

(Schülerin)

Eiszeit

eine Rose — achtlos zertreten
ein Kind — aus Versehen totgefahren
ein Lächeln — mit Absicht vermieden

Autos jagen durch die Straßen
Fernsehapparate flimmern in den
Stuben
Computer flüstern in den Büros

Ein kalter Wind weht durch die
Straßen
das Leben ist erstarrt
vereist sind die Fassaden

Doch die Uhren ticken
die Maschinen surren
Mechanik braucht keine Wärme

eine Liebe — zu Eis erstarrt
wozu lächelnde Kinder mit Rosen?

(Berufstätige, 19jährig)

Optimismus

Ich bin ein Mensch, der sich ziemlich viel für sein Leben später einmal wünscht. Ich verstehe die Jugendlichen, die an keine Zukunft mehr glauben, auch wenn ich ganz und gar nicht dazu gehöre. Ich glaube nur, daß sich viele dort hineinsteigern oder zu faul sind, sich eine Zukunft aufzubauen und sich nur in diese Ausrede hineinflüchten.

(Realschülerin mit Abschluß, 17 Jahre)

Jungsein macht Spaß

Eigentlich sehe ich sehr zuversichtlich in die Zukunft, denn da es mir Spaß macht jung zu sein, habe ich auch Spaß am Leben. Ich finde, daß ich sehr viele Möglichkeiten als Jugendliche habe.

(Schülerin, 15 Jahre)

Quelle:
Jugendwerk der Deutschen
Shell (Hrsg.), 1985

„Eine äußerst pessimistische Einstellung!" bekomme ich von Erwachsenen oft gesagt, „traurig für ein 16jähriges Mädchen." Da frage ich mich, warum die sich wundern. Überall, ob in Zeitungen, in der Schule oder im Fernsehen, bekommen wir nur negative Dinge über die Welt mitgeteilt (Saurer Regen, atomare Waffen, Arbeitslosigkeit usw.). Und zu sagen haben wir auch (noch!) nichts. Da sage ich: Ganz schön hilflos. Wir dürfen nur sehen, wie sich die Erde entwickelt.
Persönlich bin ich echt zufrieden und brauche mich wirklich nicht zu beklagen. Aber das ist eben nicht alles . . .

(Schülerin, 16 Jahre)

(Student, 23 Jahre)

Jungsein heute und in den 60er Jahren

So wie die Älteren aus ihrer Jugend erzählen, könnte man fast meinen, es wäre paradiesisch gewesen. Wie so voller Energie und Tatkraft sie waren, wie sie aus dem Nichts — nach dem Krieg — sich eine Existenz aufgebaut haben. Wo doch alles in Trümmern lag, wo dieser schreckliche Krieg ungnädig vernichtete, was einem Zuflucht war und wo man Geborgenheit fand. Jugend gleichbedeutend mit Schaffenskraft, Mut, Energie und vor allem mit Hoffnung. Und diese Hoffnung, so scheint es, hat die Jugend von heute verloren. Ist es aber gerecht, wenn der Jugend vorgehalten wird, es ginge ihr zu gut?

(Mädchen, 18 Jahre, berufstätig)

Meine Eltern

Daß das Elternhaus den Menschen formt, sagt man nicht umsonst. Ein Genuß ist für mich, Wochenenden gemeinsam mit meinen Eltern zu verbringen, gemeinsam in der Freizeit aktiv zu sein, zusammen Vereinsarbeit zu machen. Das Elternhaus ist eine Institution, zu der man kommen und die Tür hinter sich zuschlagen kann und damit im privaten Bereich ist.

2. Wie realistisch ist die Selbsteinschätzung?

1 Die Autoren untersuchten 341 Schüler aus der vierten, achten und zwölften Klasse sowie College-Studenten. Die Probanden gaben auf Skalen ihre Einschätzung der eigenen schulischen Lei-
5 stung an. Dabei schätzten sie ihren „realen" (gegenwärtigen) Leistungswert und den „idealen" Wert (welche Leistungen sie zu erreichen hofften). Außerdem wurde die intellektuelle Leistungsfähigkeit mit einem Intelligenztest ermit-
10 telt. Die Ergebnisse sind aus den Abbildungen 1 und 2 ersichtlich.

Abbildung 1 veranschaulicht die Entwicklungs- oder Altersunterschiede bei der Real-Ideal-Dis-
15 krepanz. Damit ist die Differenz zwischen „realem" und „idealem" Selbst gemeint. Man erkennt, daß in der zwölften Klasse die Differenz am geringsten ist. Bis zu dieser Klasse hin gleichen sich Wunschvorstellungen und Wahrnehmungen der aktuellen Leistungsfähigkeit immer
20 mehr an. Danach aber erfolgt wieder ein Anstieg der Diskrepanz. Die Mädchen stecken offenkundig ihre Ziele näher an die aktuell eingeschätzte Leistungshöhe, denn diese Kurve verläuft flacher.

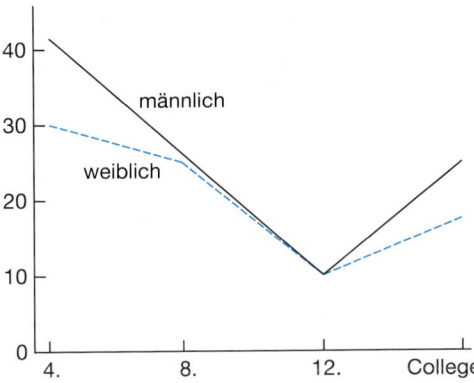

Abb. 1 Durchschnittswerte der Real-Ideal-Diskrepanz auf verschiedenen Altersstufen (nach Bailey & Bailey 1974)

25 Abbildung 1 zeigt die Veränderung in der Differenz zwischen „realer" Einschätzung und tatsächlich gemessenem Intelligenzwert. Interessanterweise steigt die Diskrepanz nach der zwölften Klasse wieder an, d. h. daß College-Stu-
30 denten unrealistischer waren als Zwölftkläßler.

Quelle: R. Oerter/L. Montada 1987[2]

Große Unterschiede bestehen zwischen den Geschlechtern. Die Mädchen sind in der zwölften Klasse weitaus genauer in ihren Schätzwerten als die männlichen Jugendlichen. Aber auch sie zeigen einen Anstieg in der Diskrepanz, werden also 35 „unrealistischer".

Zur Interpretation. Zwei Aspekte müssen besonders hervorgehoben werden: Geschlechtsrolle und Umweltwechsel. Bezüglich der Geschlechtsrolle wird deutlich, daß 40 Mädchen zur schulischen Leistung ein realistischeres Verhältnis haben. Möglicherweise bedeutet für sie (zumindest in den erfaßten Stichproben) die Schule mehr und füllt sie mehr aus. Darin spiegelt sich auch die größere (und 45 leichtere) Anpassung der Mädchen an Anforderungen der Umwelt wider. Aber gerade die größere Anpassungsleistung ist wiederum ein Charakteristikum der weiblichen Geschlechtsrolle. 50

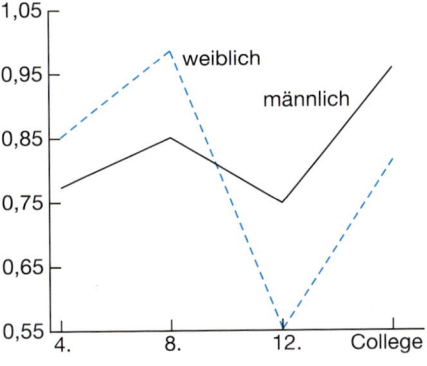

Abb. 2 Differenzen zwischen „realer" Einschätzung und tatsächlich gemessener Intelligenz (nach Bailey & Bailey 1974)

Von Mädchen wird weniger erwartet, daß sie aktiv experimentierend sind und sich eigene Ziele stecken, sondern eher, daß sie eine passive Flexibilität entwickeln, die eine spätere Anpas- 55 sung an die Erwartungen des Mannes ermöglichen soll. Vielleicht überträgt sich dieses geschlechtsspezifische Rollenverständnis schon frühzeitig auf geschlechtsunspezifische Anforderungen (wie schulische Leistung) und deren Einschätzung. 60

321

3. Krise und Entwicklung

a) Entwicklungsaufgaben verschiedener Perioden der menschlichen Biographie

Entwicklungsperiode	Entwicklungsaufgaben
Frühe Kindheit (0–2 Jahre)	1. Anhänglichkeit (social attachment) 2. Objektpermanenz 3. Sensumotorische Intelligenz und schlichte Kausalität 4. Motorische Funktionen
Kindheit (2–4 Jahre)	1. Selbstkontrolle (vor allem motorisch) 2. Sprachentwicklung 3. Phantasie und Spiel 4. Verfeinerung motorischer Funktionen
Schulübergang und frühes Schulalter (5–7 Jahre)	1. Geschlechtsrollenidentifikation 2. Einfache moralische Unterscheidungen treffen 3. Konkrete Operationen 4. Spiel in Gruppen
Mittleres Schulalter (6–12 Jahre)	1. Soziale Kooperation 2. Selbstbewußtsein (fleißig, tüchtig) 3. Erwerb der Kulturtechniken (Lesen, Schreiben etc.) 4. Spielen und Arbeiten im Team
Adoleszenz (13–17 Jahre)	1. Körperliche Reifung 2. Formale Operationen 3. Gemeinschaft mit Gleichaltrigen 4. Heterosexuelle Beziehungen
Jugend (18–22 Jahre)	1. Autonomie von den Eltern 2. Identität in der Geschlechtsrolle 3. Internalisiertes moralisches Bewußtsein 4. Berufswahl
Frühes Erwachsenenalter (23–30 Jahre)	1. Heirat 2. Geburt von Kindern 3. Arbeit/Beruf 4. Lebensstil finden
Mittleres Erwachsenenalter (31–50 Jahre)	1. Heim/Haushalt führen 2. Kinder aufziehen 3. berufliche Karriere
Spätes Erwachsenenalter (51 und älter)	1. Energien auf neue Rolle lenken 2. Akzeptieren des eigenen Lebens 3. Eine Haltung zum Sterben entwickeln

Quelle: Dieter Ulich, 1987

b) Idealtypischer Verlauf des Familienzyklus in der Bundesrepublik Deutschland

	Alter der Frau (Jahre)	Partnerwahl / Partnerbindung	Alter des Mannes (Jahre)	
Eheschließung	ca. 23		ca. 25	
Geburt des 1. Kindes	ca. 25–26		ca. 27–28	Ausscheiden der Frau aus dem Beruf spätestens nach Geburt des 2. Kindes
Geburt des 2. Kindes	ca. 28		ca. 31	
Einschulung des 1. Kindes	ca. 32		ca. 34	mögl. Aufnahme der Berufstätigkeit der Frau (Teilzeit)
Schulentlassung des 1. Kindes	ca. 44		ca. 46	mögl. Wiederaufnahme der Ganztagsarbeit
(Ende der Ausbildung ⌀ 18 Lebensjahre)*				
Schulentlassung des 2. Kindes	ca. 47		ca. 49	
Ausscheiden der Kinder	ca. 48–52		ca. 50–54	
	60–63		63–65	Beendigung des Arbeitsverhältnisses (Frau 60, Mann 65)
			ca. 69	Tod des Mannes Auflösung der Ehe nach ⌀ 42 Ehejahren Alleinleben der Frau
Tod der Frau	ca. 75			

* kann durchschnittlich bis zum 26. Lebensjahr dauern

Quelle: Claus Mühlfeld, 1982

4. Lebensveränderungseinheiten nach Holmes /Rahe 1967

(LVE = Lebensveränderungseinheit)

Ereignis	LVE-Werte	Ereignis	LVE-Werte
Familie:		Einschneidende Veränderung der persönlichen Gewohnheiten	24
Tod des Partners	100	Wechsel in eine neue Schule	20
Scheidung	73	Wohnungswechsel	20
Trennung vom Ehepartner	65	Gravierende Veränderung im Freizeitverhalten	19
Tod eines nahen Familienmitglieds	63	Gravierende Veränderung in kirchlicher Betätigung	19
Eheschließung	50	Gravierende Veränderung in den Schlafgewohnheiten	16
Eheliche Versöhnung	45	Gravierende Veränderung in den Eßgewohnheiten	15
Einschneidende Veränderung des Gesundheitszustands der Familie	44	Urlaub	13
Schwangerschaft	40	Weihnachten	12
Hinzukommen eines neuen Familienmitglieds	39	Kleinere Gesetzesübertretungen	11
Einschneidende Veränderung in Streitigkeiten mit (dem Partner)	35	*Arbeit:*	
Sohn oder Tochter verlassen das Haus	29	Verlust des Arbeitsplatzes	47
Schwierigkeiten mit den Schwiegereltern	29	Eintritt in den Ruhestand	45
Ehefrau beginnt oder hört auf zu arbeiten	26	Gravierende geschäftliche Veränderung	39
Einschneidende Veränderung bei Familientreffen	15	Wechsel in einen anderen Beruf	36
		Gravierende Veränderung in den beruflichen Aufgaben	29
Persönliches:		Schwierigkeiten mit dem Chef	23
Gefängnisaufenthalt	63	Gravierende Veränderung in den Arbeitsbedingungen	20
Schwerer persönlicher Unfall oder Krankheit	53	*Finanzielles:*	
Sexuelle Schwierigkeiten	39	Gravierende Veränderung in der finanziellen Situation	38
Tod eines engen Freundes/ einer Freundin	37	Hypothek oder Darlehen über 10 000,00 $*	31
Hervorragende persönliche Leistung	28	Verfallserklärung der Hypothek	30
Beginn oder Ende der formalen Schulbildung	26	Hypothek oder Darlehen unter 10 000,00 $*	17
Gravierende Veränderung in den Lebensbedingungen	25		

* Sicher hat sich die Inflation auf die LVE dieser Dollarbeträge ausgewirkt (Holmes u. Rahe 1967).

Quelle: D. Krech/R. S. Crutchfield, 1992

5. Präventivmaßnahmen im Umfeld kritischer Lebensereignisse

1 Für viele Menschen ist in den späteren Lebensabschnitten die Einweisung in ein Altersheim ein unausweichliches Lebensereignis, das zu so tiefgreifenden Veränderungen in der Lebenssi-
5 tuation führt, daß man bei allen davon Betroffenen kaum einen problemlosen und glatten Übergang erwarten kann. Die bevorstehende Institutionalisierung liefert deshalb einen geeigneten Brennpunkt für eine Reihe vorbereitender
10 und/oder begleitender präventiver Maßnahmen.

Lawton (1977) berichtet über eine Studie von Bourestom und Pastalan (o. J.), in der Altersheimaspiranten in zwei Gruppen eingeteilt und sehr gut bzw. sehr schlecht auf die Einweisung in das Altersheim vorbereitet wurden. Im ersteren Falle 15 hatten die alten Menschen die Möglichkeit, insgesamt vier Mal ihren künftigen Wohnbereich zu besuchen und mit Bediensteten sowie anderen Bewohnern Kontakt aufzunehmen; im zweiten Falle konnten sie sich nur über Fotografien ein 20

Bild von ihrer künftigen Wohnumwelt machen. Nach einem Jahr wurde die Sterblichkeitsrate ermittelt, die für die gut vorbereitete Gruppe 27 % und für die schlecht vorbereitete Gruppe 52 % betrug.

Einen anderen Zugang, die mit der Institutionalisierung verbundene Streßbelastung bei alten Menschen zu reduzieren, wählte Rodin (1980). Die Autorin berichtet über ein Programm zum Training von Bewältigungsfertigkeiten (coping skills), das auf dem Selbstmodifikationsansatz aufbauend zu positiven Selbsteinschätzungen und effektiver Problemlösung führen soll. Sorgfältig geplante Evaluationsstudien zeigen, daß die Trainingsgruppen im Vergleich zu unterschiedlichen Kontrollgruppen (ohne Training, Aufmerksamkeitstraining, Verantwortlichkeitsinduktion) nach der Trainingsphase signifikante Veränderungen zeigten, und zwar bezüglich ihrer Kontrollüberzeugung, ihres Aktivitätsmaßes und bezüglich ihrer allgemeinen Anpassung (Fremdbeurteilung durch das Personal). Einen guten Überblick über die Effekte der Umsiedelung alter Menschen geben Lawton (1977) sowie Schulz und Brenner (1977).

Ein anderes Beispiel für einen ereignisspezifischen Präventionszugang liefert Beatt (1976). Er definierte Heirat als bevorstehende Entwicklungsaufgabe und führt ein Trainingsprogramm zur Verbesserung individuellen Kommunikationsverhaltens resp. zum Aufbau einer effizienten Kommunikation in der Dyade durch.

Quelle: Sigrun-Heide Filipp; in: R. Oerter/L. Montada, 1982

AUFGABEN UND ANREGUNGEN   Kapitel IX

Reproduktion von Information:

1. Bestimmen Sie den Begriff „Jugendalter".
   (Abschnitt 9.1.1)

2. Beschreiben Sie biologische und soziokulturelle Aspekte des Jugendalters.
   (Abschnitt 9.1.2)

3. Was versteht man unter „Entwicklungsaufgaben"?
   (Abschnitt 9.1.3)

4. Erläutern Sie die Entwicklungsaufgaben des Jugendalters nach Robert J. Havighurst.
   (Abschnitt 9.1.3)

5. Bestimmen Sie den Begriff „Identität".
   (Abschnitt 9.1.4)

6. Stellen Sie Möglichkeiten der Bewältigung von Entwicklungsaufgaben dar.
   (Abschnitt 9.2.1)

7. Erläutern Sie die eingeschränkte Gültigkeit von Entwicklungsaufgaben.
   (Abschnitt 9.2.2)

8. Was versteht man unter kritischen Lebensereignissen? Zeigen Sie kritische Lebensereignisse des Jugendlichen auf.
   (Abschnitte 9.3 und 9.3.1)

9. Zeigen Sie die Alters- und Kulturabhängigkeit kritischer Lebensereignisse auf.
   (Abschnitt 9.3.1)

10. Beschreiben sie normative und nonnormative Lebensereignisse.
    (Abschnitt 9.3.1)

11. Stellen Sie kritische Lebensereignisse als emotionale Belastung dar.
    (Abschnitt 9.3.2)

12. Bestimmen Sie den Begriff „Ressourcen", und beschreiben Sie personale und soziale Ressourcen.
(Abschnitt 9.3.3)

13. Bestimmen Sie die beiden Begriffe „soziales Netzwerk" und „soziale Unterstützung".
(Abschnitt 9.3.4)

14. Stellen Sie das Konzept des sozialen Netzwerkes dar.
(Abschnitt 9.3.4)

15. Zeigen Sie Strategien der Ressourcenstärkung auf.
(Abschnitt 9.3.5)

Anwendungsaufgaben:

16. Bestimmen Sie den Begriff „Jugendalter", und beschreiben Sie mit Hilfe von Beispielen, warum das Jugendalter als Phase des „Übergangs" bezeichnet wird.
(Abschnitt 9.1.1)

17. Erläutern Sie den Begriff „Entwicklungsaufgabe", und verdeutlichen Sie ihn durch konkrete Beispiele aus dem Jugendalter.
(Abschnitt 9.1.3)

18. Beschreiben Sie Entwicklungsaufgaben im Jugendalter, und stellen sie Möglichkeiten der Bewältigung dieser dar.
(Abschnitt 9.1.3 und 9.2.1)

19. Zeigen Sie an ausgewählten Beispielen günstige und ungünstige Bewältigungsstrategien von Entwicklungsaufgaben auf.
(Abschnitt 9.2.1)

20. Stellen Sie an Beispielen von verschiedenen Entwicklungsaufgaben die eingeschränkte Bedeutung von Aufgaben in der Entwicklung des Jugendlichen dar.
(Abschnitt 9.2.2)

21. Erläutern sie die Begriffe „kritische Lebensereignisse" und „emotionale Belastung", und zeigen Sie mit Hilfe von Beispielen den Zusammenhang dieser beiden Begriffe auf.
(Abschnitt 9.3.1 und Kapitel 5.4.1)

22. Verdeutlichen Sie an Beispielen den Unterschied zwischen Prävention und Intervention.
(Abschnitt 9.3.3)

23. Stellen Sie an zwei Beispielen die Bewältigung von kritischen Lebensereignissen dar.
(Abschnitt 9.3.3)

24. Bestimmen Sie den Begriff „Ressourcen", und beschreiben Sie Maßnahmen der personalen und sozialen Ressourcenstärkung.
(Abschnitt 9.3.3)

25. Zeigen Sie an geeigneten Beispielen die Wirkungen sozialer Netzwerke auf.
(Abschnitt 9.3.4)

26. Stellen Sie anhand eines kritischen Lebensereignisses (zum Beispiel Verlust der Freundin, Nicht-Versetzung in die nächst höhere Klasse) die Bedeutung der sozialen Unterstützung auf.
(Abschnitt 9.3.4)

27. Zeigen Sie an geeigneten Beispielen Strategien der Ressourcenstärkung auf.
(Abschnitt 9.3.5)

Anregungen:

28. Aufgaben und Herausforderungen auf meinem Lebensweg.
    a) Entwerfen Sie eine Liste von Aufgaben und Herausforderungen auf Ihrem Lebensweg in letzter Zeit.
    b) Ordnen Sie diese Aufgaben und Herausforderungen nach ihrer Wichtigkeit.
    c) Überlegen Sie in Gruppen, wie Sie diese Aufgaben und Herausforderungen möglichst optimal bewältigen können.

29. Überlegen Sie in Gruppenarbeit konkrete Verhaltensweisen zur günstigen Bewältigung einer ausgewählten Entwicklungsaufgabe. Wie können Sie eventuell kritische Ereignisse in der Schule besser bewältigen?

30. Welche Entwicklungsaufgabe haben Sie persönlich eher krisenhaft erlebt? Sammeln Sie Beispiele in Ihrer Klasse (anonym). Diskutieren Sie in Kleingruppen mögliche, günstigere Bewältigungsstrategien.

31. Welche sozialen Bindungen existieren für sie? Zeichnen Sie ein Schaubild „Ihres" sozialen Netzwerkes, und sprechen Sie in der Klasse darüber.

32. Sammeln Sie Informationen über Präventions- und Interventionsmaßnahmen in Ihrer Gemeinde. Laden Sie einen Mitarbeiter einer solchen Einrichtung in den Unterricht ein und lassen sich seine Erfahrungen schildern. Überlegen Sie einen Fragenkatalog.

„Wir alle entwickeln uns, haben uns entwickelt und werden uns weiterentwickeln. Es ist uns sogar ein Anliegen, uns weiter zu entwickeln. Als Mitmenschen sind wir auch dazu bereit, die Entwicklung unserer Partner zu fördern. Auf jeden Fall möchten wir häufig ihre Entwicklung besser verstehen, vielleicht sogar vorhersagen. In noch stärkerem Maße der Entwicklungsprozesse sind wir daran interessiert, Entwicklungen zu steuern oder zu unterstützen oder gewisse Entwicklungen zu verändern. Viele Menschen haben solche Aufgaben, nämlich Eltern, Politiker, Lehrer, Psychiater, Sozialarbeiter, Personalchefs, gerichtliche Vollzugspersonen etc. Sie alle stehen immer wieder vor einer sehr großen Vielfalt von Erscheinungsbildern. Das Erkennen von oft wiederkehrenden Mustern von Veränderungen öffnet den Durchblick, der planmäßiges und besonders professionelles Handeln erst ermöglicht. Genau das ist das Anliegen von Theorien: die Sensibilisierung für wiederkehrende Erscheinungen und Zusammenhänge der Entwicklung. Theorien artikulieren solche Muster von wiederkehrenden Erscheinungen und Zusammenhängen."

Quelle: A. Flammer, 1988 (etwas abgeändert)

Diese Zeilen aus dem Vorwort von August Flammers „Entwicklungstheorien" werfen folgende Fragen auf:

1. Welche Entwicklungstheorien gibt es?
Von welchem Menschenbild gehen sie aus?

2. Welche Aussagen beinhalten einzelne Entwicklungstheorien?
Wie lassen sich damit Entwicklungsveränderungen erklären?

3. Welche Bedeutung haben diese Entwicklungstheorien für die Erziehung?

Der Entwicklungspsychologie der Vergangenheit ging es vornehmlich um eine genaue Beschreibung der Veränderung von psychischen Fähigkeiten, Funktionen und Kräften sowie deren Ursachen. Ein weiteres, erst sehr viel später entwickeltes Ziel der Entwicklungspsychologie besteht in der *Erklärung der beobachteten Ursache-Wirkung-Zusammenhänge*, warum bestimmte Ursachen zu bestimmten Wirkungen führen.

10.1 Die Vielzahl von Entwicklungstheorien

Entwicklungsbedingte Veränderungen des Erlebens und Verhaltens können mit Hilfe von verschiedenen Theorien erklärt werden. Von Bedeutung sind dabei die **exogenistischen Theorien,** wie zum Beispiel die *Lerntheorien*, die **tiefenpsychologischen Theorien** wie zum Beispiel die *Psychoanalyse* bzw. die *Individualpsychologie,* **strukturgenetische Theorien** wie zum Beispiel die *Theorie der kognitiven Entwicklung* von Jean Piaget und **kontextualistische Theorien** wie zum Beispiel *ökologische Entwicklungstheorien.*

Exogenistische Entwicklungstheorien messen den exogenen Bedingungen eine Schlüsselrolle in der Entwicklung bei (vgl. Kapitel 8.3.1). Tiefenpsychologische Theorien betonen dagegen die Bedeutung des Unbewußten in der Entwicklung (vgl. Materialien 1. von Kapitel 1). Strukturgenetische Theorien gehen davon aus, daß im Laufe der Entwicklung bei jedem Menschen eine Reihe von Möglichkeiten zur Verarbeitung von Umwelteindrücken entstehen. Solche Verarbeitungsmöglichkeiten werden Strukturen genannt. Der Genese (= Entstehung) solcher Strukturen gilt die Hauptaufmerksamkeit dieser Theorien. Nach Ansicht kontextualistischer Theorien läßt sich die Entwicklung eines Menschen nur im Kontext (= Zusammenhang) mit der sich ebenfalls ständig verändernden Umwelt sehen.

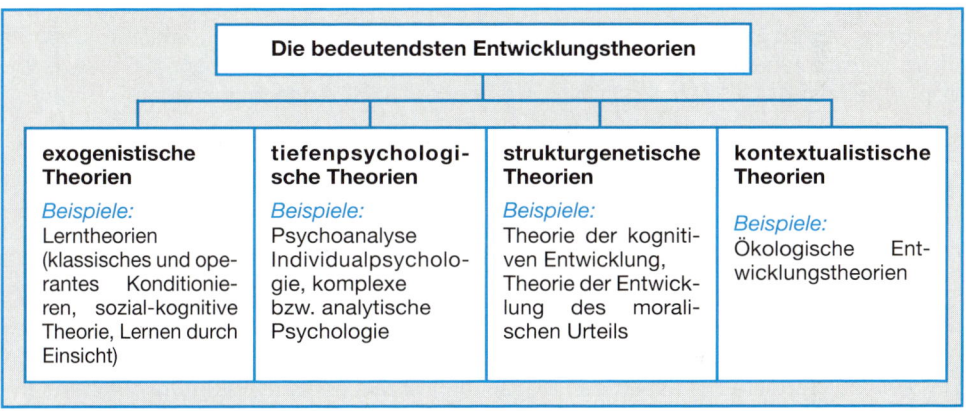

Die bedeutendsten Entwicklungstheorien			
exogenistische Theorien	**tiefenpsychologische Theorien**	**strukturgenetische Theorien**	**kontextualistische Theorien**
Beispiele: Lerntheorien (klassisches und operantes Konditionieren, sozial-kognitive Theorie, Lernen durch Einsicht)	*Beispiele:* Psychoanalyse Individualpsychologie, komplexe bzw. analytische Psychologie	*Beispiele:* Theorie der kognitiven Entwicklung, Theorie der Entwicklung des moralischen Urteils	*Beispiele:* Ökologische Entwicklungstheorien

★ Diese Einteilung darf nicht absolut gesehen werden, es gibt Überschneidungen. So zum Beispiel läßt sich die sozial-kognitive Theorie von Albert Bandura durchaus auch den strukturgenetischen Theorien zuordnen, da auch in ihr die Verarbeitung von Umwelteindrücken eine Rolle spielt.

➡ **Materialien 1.**

Die Psychoanalyse ist in Kapitel 7.2 ausgeführt. In Kapitel 7, Materialien 2. befindet sich die Theorie der psychosozialen Persönlichkeitsentwicklung nach Erik H. Erikson. Im Abschnitt 10.2 ist als Entwicklungstheorie die sozial-kognitive Theorie von Albert Bandura dargestellt, und in Abschnitt 10.3 findet sich als Vertreterin der strukturgenetischen Sichtweise die Theorie der kognitiven Entwicklung von Jean Piaget. Abschnitt 10.4 beschreibt mit Hilfe einer ökologischen Entwicklungstheorie die kontextualistische Vorstellung von Entwicklung.

10.2 Die sozial-kognitive Theorie

Menschen erlernen eine Vielzahl von Verhaltensweisen durch **Beobachtung und Nachahmung anderer Personen,** die ihnen als Vorbild dienen. Als Vorbilder dienen dabei *natürliche Modelle* (= Menschen, die real anwesend sind), sowie *symbolische Modelle,* zum Beispiel Personen aus Filmen, Fernsehen, Büchern, Comics und anderen Massenkommunikationsmitteln.

Innerhalb der Psychologie gibt es verschiedene Theorien des Modellernens. Als besonders bedeutsam hat sich dabei die **sozialkognitive Lerntheorie** von Albert Bandura erwiesen, in der Denkprozesse eine wichtige Rolle spielen.

Sieht man von den symbolischen Modellen ab, so findet Modellernen grundsätzlich im Zusammensein von Menschen, also in sozialen Situationen, statt. Deshalb spricht man in diesem Zusammenhang auch vom **sozialen Lernen** und einer sozial (-kognitiven) Lerntheorie.

10.2.1 Albert Bandura: Seine Person und sein Menschenbild

Albert Bandura wurde 1925 geboren; sein großer Verdienst ist es, daß er – im Gegensatz zu den behavioristischen Theorien Denk- und Wahrnehmungsprozesse wieder mit einbezog. Ursprünglich wollte seine Theorie lediglich menschliches Lernen erklären, doch er entwickelte sie zusammen mit Walter Mischel zu einer umfassenden Theorie. Er hat sie vor allem in seinem Buch „Sozialkognitive Lerntheorie" (1979) niedergeschrieben.

Albert Bandura sieht den Menschen als ein **leistungsorientiertes Wesen**, das ständig nach Leistungssteigerung strebt. Auch wenn Personen schon hohen Ansprüchen genügt haben, geben sie sich auf Dauer nicht damit zufrieden. Ihre künftige Selbstbewertung knüpfen sie immer wieder an das Erreichen noch höherer Ziele.

Albert Bandura sieht den Menschen als aktives Wesen, das seine **Selbststeuerung** einsetzt, um sich die Umwelt seinen Zielen dienlich zu machen. Menschen üben nicht nur ein gewisses Maß an Gegenkontrolle über ihre Umwelt aus, sie agieren in ihrem Umfeld und gestalten es. Bandura betrachtet den Menschen also als ein **aktives und problemlösendes Wesen,** das überlegt handelt und entsprechend der jeweiligen Umweltsituation sein Handeln gezielt einsetzt.

Dabei sind **Person und Umwelt ständig aufeinander bezogen** und stehen in einer kontinuierlichen Wechselbeziehung. Das Erleben und Verhalten eines Menschen entsteht und verändert sich im Wechselspiel von Faktoren, die einerseits in der Person liegen und die andererseits von der jeweiligen Situation (Umwelt) ausgehen.

Im Gegensatz zu den Konditionierungstheorien ist für Albert Bandura ein Lernen ohne ein **Mitwirken geistiger Vorgänge** unvorstellbar. Kognitive Vorgänge bestimmen mit darüber, welche Ereignisse beobachtet und wie sie wahrgenommen werden und wirken anschließend beim Kodieren und Speichern von Informationen weiter. Um beobachtetes Verhalten zeigen zu können, müssen kognitive Vorstellungen aktiviert werden. Bandura betont also vor allem die besondere **Rolle von Denkprozessen** für den Neuerwerb und die Änderung menschlichen Verhaltens.

> „Eine Theorie, die in Abrede stellt, daß Gedanken Handlung steuern können, wird sich schwertun, komplexes menschliches Verhalten zu erklären" *(Albert Bandura, 1979)*

10.2.2 Effekte des Modellernens

Nach Bandura können sowohl natürliche als auch symbolische Modelle eine Reihe von Effekten bewirken:

Modellierende Effekte

An Vorbildern lernen Menschen **neue, ihnen bisher nicht bekannte Verhaltensweisen,** sowie Einstellungen, Vorurteile, Verhaltensvorschriften, Gefühle, Bedürfnisse usw.

Kinder erlernen negative Einstellungen gegenüber Ausländern, Homosexuellen, Arbeitslosen oder Behinderten, weil die Eltern oder ein Elternteil immer wieder abwertend über diese Personengruppen reden.

Enthemmende und hemmende Effekte

Bereits erlerntes Verhalten kann durch wahrgenommene Konsequenzen beeinflußt werden. Sehen Menschen, wie ein bestimmtes Verhalten anderer keine negativen Folgen oder sogar Belohnung nach sich zieht, so kann dies ihre bisherige Hemmschwelle, ein ähnliches Verhalten an den Tag zu legen, entscheidend herabsetzen. Bei dieser Enthemmung muß es jedoch nicht zu einem unmittelbaren Nachahmen kommen.

Ein Kind sieht im Straßenverkehr, wie ein Erwachsener, ohne Schaden zu nehmen, bei rot die Ampel überquert. Es entschließt sich daraufhin, bei nächster Gelegenheit ebenso zu handeln.

Hemmende Effekte entstehen in der Regel in solchen Fällen, in denen das Modellverhalten negative Konsequenzen nach sich zieht. Dabei sinkt die Bereitschaft, dem Vorbild nachzueifern.

Ein Jugendlicher beobachtet einen Passanten, der beim Überqueren der roten Ampel von einem Auto schwer verletzt wird und nimmt sich deshalb ein gewissenhafteres Beachten der Verkehrsregeln vor.

Auslösende Effekte

Das Verhalten eines Modells veranlaßt andere Menschen, es unmittelbar nachzuahmen.

Eine Gruppe von Wartenden steht an einer roten Ampel. Sobald eine Person die Straße überquert, folgen ihr die anderen.

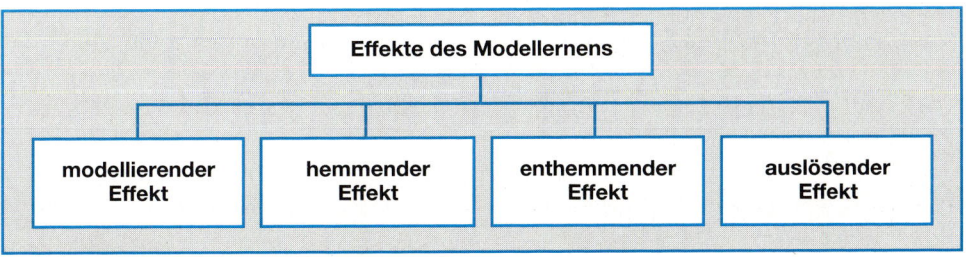

10.2.3 Phasen und Prozesse des Modellernens

Bandura unterteilt den Vorgang des Modellernens in zwei Phasen, in die Phase der Aneignung von Verhalten, die **Aneignungsphase**, und in die Phase der Ausführung des Verhaltens, die **Ausführungsphase.** Jede dieser Phasen enthält zwei wichtige Teilprozesse: Die Aneignungsphase beinhaltet **Aufmerksamkeitsprozesse** und **Gedächtnisprozesse,** in der Ausführungsphase laufen **motorische Reproduktionsprozesse** sowie **Motivations- und Verstärkungsprozesse**[1] ab.

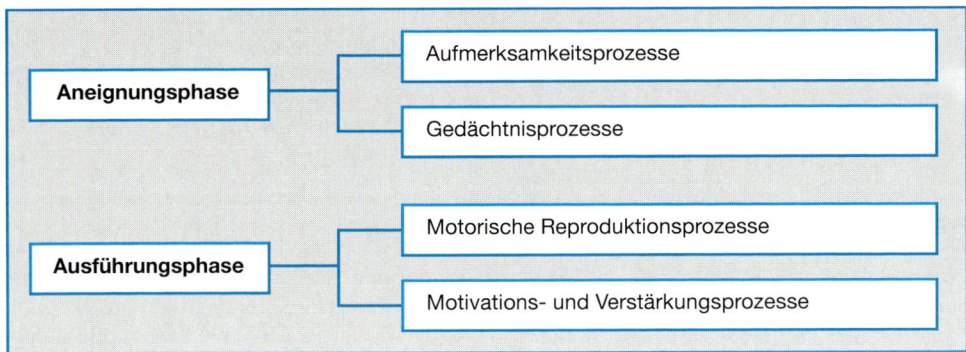

Diese Unterteilung in Aneignungs- und Ausführungsphase zeigt, wie Albert Bandura zwischen dem *Lernen einer Verhaltensweise* und deren *Durchführung* unterscheidet. Folglich enthält seine Theorie eine Vielzahl von Aussagen darüber, wie Menschen lernen; gleichzeitig beschäftigt er sich aber auch mit der Frage, weshalb sich Personen in einer bestimmten Weise verhalten.

„Die sozial-kognitive Lerntheorie unterscheidet zwischen Erwerb und Ausführung, weil Menschen nicht alles in die Tat umsetzen, was sie lernen." *(Albert Bandura, 1979)*

Die Aneignungsphase

● **Aufmerksamkeitsprozesse**

Sie übernehmen eine wichtige Funktion beim Modellernen. Aus der Vielzahl von Informationen, die das Verhalten eines Vorbilds enthält, wählt der Lernende die für ihn wichtigen Bestandteile aus und beobachtet sie exakt. Die Aufmerksamkeitsprozesse entscheiden also darüber, was aus der Fülle der auf den Beobachter einwirkenden Einflüsse aufgenommen wird.

Quelle: Angermeier u. a. 1991[2]

---

[1] Da Bandura seine Erkenntnisse überwiegend an Menschen gewonnen hat, wird häufig der Begriff „Bekräftigung" anstatt Verstärkung benutzt.

Ob ein Modell viel oder wenig Aufmerksamkeit geschenkt bekommt, hängt von einer Reihe von Faktoren ab, unter anderem von den *Persönlichkeitsmerkmalen des Modells und des Beobachters,* von der *Art der Beziehung zwischen Modell und Beobachter* und von den gegebenen *Situationsbedingungen.* Diese Bedingungen werden im nächsten Abschnitt 10.2.4 näher dargestellt.

- **Gedächtnisprozesse**

Bevor Verhaltensweisen gezeigt werden können, müssen sie erst gespeichert werden. Die Speicherung ist auch von Bedeutung, weil beobachtbares Verhalten nicht unmittelbar gezeigt werden muß. Der Beobachter kann es mit Hilfe seines Gedächtnisses solange speichern, bis er sich einen Nutzen vom Zeigen der erlernten Verhaltensweise verspricht. Beim Speichern wird nun das beobachtete Verhalten *verschlüsselt,* entweder in Form **bildhafter Vorstellungen** oder als **sprachliche Codierung.** Letztere kann als eine mehr oder weniger ausführliche Beschreibung erfolgen, aber auch als sehr knappe begriffliche Kennzeichnung.

Der Zuschauer eines Turnwettbewerbes kann beispielsweise den gestreckten Salto eines Athleten auf unterschiedliche Art und Weise speichern:
- als bildhafte Vorstellung des gestreckten Körpers,
- als sprachliche Kodierung in beschreibender Weise, wie „der ganze Körper muß gestreckt sein", als begriffliche Kennzeichnung, wie „kerzengerade Haltung"

Durch diese Arten der Speicherung entsteht nach Bandura eine **symbolische Repräsentation** des Gesehenen, die für den Lernprozeß enorm wichtig ist.

Neben dieser symbolischen Verschlüsselung stellen *geistige Wiederholungen* eine wichtige Gedächtnisstütze dar. Wiederholen Menschen im Geiste das beobachtete Verhalten, vergessen sie es weniger leicht, als wenn sie nicht mehr an das Geschehene denken. Noch effektiver kann das Verhalten gelernt werden, wenn es nach seiner Speicherung und geistigen Wiederholung in die Tat umgesetzt, also *motorisch reproduziert* wird.

Die Ausführungsphase

Die oben genannten Persönlichkeitsmerkmale des Modells und des Beobachters, ihre Beziehung sowie Situationsfaktoren wirken nicht nur in der Aneignungsphase, sondern beeinflussen auch die Ausführung des Verhaltens.

- **Motorische Reproduktionsprozesse**

Damit eine beobachtete Handlung gezeigt werden kann, bedarf es eines Umsetzens des Gespeicherten in angemessene Tätigkeiten. Sie setzen ein, sobald die Nachahmung eines Verhaltens beginnt. Hierbei werden aus einer Vielzahl der im Gedächtnis gespeicherten Kodierungen solche ausgewählt und organisiert, die für das beabsichtigte Verhalten relevant sind. Jedoch lassen sich diese kognitiven Vorstellungen nur selten gleich beim ersten Mal richtig umsetzen. Nur wenn der Betrachter über die entsprechenden *motorischen Fähigkeiten* verfügt, besteht für ihn die Möglichkeit des exakten Nachahmens. Häufig muß er solche Fähigkeiten erst üben, korrigieren und wiederholen, bis sich ein Erfolg einstellt. Beim Üben und Korrigieren vergleicht der Lernende immer wieder die Ergebnisse seiner Handlungen mit den gespeicherten Kodierungen.

- **Motivations- und Verstärkungsprozesse**

Der Beobachter wird Verhaltensweisen nur dann zeigen, wenn er dazu motiviert ist. Die Motivation einer Person beeinflußt beim Modellernen sowohl die Aneignungs- als auch die Ausführungsphase. Nur wer sich vom Beobachten und Durchführen einer Verhaltensweise einen Erfolg bzw. Vorteil verspricht oder einen Mißerfolg bzw. Nachteil abzuwenden glaubt, wird entsprechende Aktivitäten entfalten. Motivation ist daher eng mit der **Aussicht auf Bekräftigung bzw. Verstärkung** oder ihren **tatsächlichen Eintreten** verbunden.

> „Verstärkungsvariablen regulieren nicht nur den offenen Ausdruck des Nachbildungsverhaltens, sondern beeinflussen das Beobachtungsverhalten selbst, indem sie selektiv bestimmen, welche Ereignistypen von Menschen beachtet werden."
> *(Albert Bandura, 1976)*

Da die Bekräftigungs- und Motivationsprozesse sehr differenzierte und umfangreiche Vorgänge darstellen, sollen sie in den beiden Abschnitten 10.2.5 und 10.2.6 gesondert betrachtet werden.

10.2.4 Bedingungen, die die Aufmerksamkeit des Beobachters erhöhen

Ob ein Modell viel oder wenig Aufmerksamkeit geschenkt bekommt, hängt von einer Reihe von Faktoren ab, unter anderem von den *Persönlichkeitsmerkmalen des Modells,* den *Persönlichkeitsmerkmalen des Beobachters,* von der *Art der Beziehung zwischen Modell und Beobachter* und von den *gegebenen Situationsbedingungen.*

Persönlichkeitsmerkmale des Modells, die die Aufmerksamkeit des Beobachters erhöhen

Als besonders beachtete Personen gelten solche, die *soziale Macht* besitzen, also Belohnung und Bestrafung erteilen können, ferner Menschen mit *hohem Ansehen,* sowie Leute die dem Beobachter *sympathisch und attraktiv* erscheinen. Diese Attraktivität kann zum Beispiel im Geschlecht, Alter und in der Herkunft oder anderen Merkmalen begründet liegen. Ein Modell zieht auch dann Aufmerksamkeit auf sich, wenn es *Bedürfnisse des Lernenden* befriedigt. Derselbe Effekt läßt sich durch ein Belohnen der Modellverhaltensweisen erzielen.

> „Betrachten wir ... die Eigenschaften der Modelle. Wenn diese einen hohen Status besitzen, wenn sie fähig und mächtig sind, sind sie besser in der Lage, andere zu einem ähnlichen Verhalten zu veranlassen. Weniger begünstigte Modelle haben weniger Erfolg." *(Albert Bandura, 1979)*

Persönlichkeitsmerkmale des Beobachters

Persönlichkeitsmerkmale des Betrachters, wie *fehlendes Selbstvertrauen* und *geringe Selbstachtung* begünstigen die Aufmerksamkeit einem Modell gegenüber. Zudem steuert eine Reihe von Faktoren die menschliche Wahrnehmung, wie zum Beispiel die Erfahrungen, die der Beobachter gemacht hat, seine Interessen und Wertvorstellungen, seine Bedürfnisse und Triebe, Gefühle und Stimmungen und vieles andere mehr (vgl. Kapitel 3.2).

Tätigkeiten der Erzieherin wie zum Beispiel das Basteln werden eher die Aufmerksamkeit eines Kindes auf sich ziehen, wenn dieses sich dafür interessiert, als wenn das nicht der Fall ist.

> „Selektive Voreingenommenheit veranlaßt Menschen, nur zu sehen, was sie wollen."
> (*Albert Bandura, 1979*)

Beziehungen zwischen Modell und Beobachter

Hat ein Beobachter die Möglichkeit, ein real anwesendes Modell wahrzunehmen, so entsteht zwischen diesen beiden Personen eine wechselseitige Beeinflussung ihres Verhaltens (vgl. Kapitel 10.1.1). Die Häufigkeit, sowie die Art und Weise solcher wechselseitigen Beeinflussung von Modell und Beobachter lassen eine Beziehung zwischen diesen Personen entstehen, deren Beschaffenheit die Aufmerksamkeitsprozesse beeinflußt. Ist das Verhältnis von Vorbild und Betrachter von *hoher Wertschätzung und gegenseitigem Verständnis* geprägt, erhält das Modell in der Regel mehr Aufmerksamkeit. Ebenso kann die *Abhängigkeit des Beobachters* vom Modell aufmerksamkeitsfördernd wirken.

In der Regel ist in einer Familie die Beziehung der Eltern zum Kind von Wärme, Zuneigung und Verständnis gekennzeichnet, so daß die Eltern von ihren Kindern als Modell betrachtet werden.

Gegebene Situationsfaktoren

Wenn Menschen real anwesende Personen beobachten, so findet diese Wahrnehmung immer in sozialen Situationen eingebunden statt. Die momentanen *emotionalen Befindlichkeiten* eines Beobachters, die von einer bestimmten Situation ausgehen, wirken sich dabei auf seine Wahrnehmung aus: Befindet er sich in einem mittleren Erregungszustand, so beeinflußt dies positiv seine Wahrnehmungsleistungen, die Aufmerksamkeit erhöht sich. Fühlen sich Menschen dagegen von einer Situation stark bedroht, so haben sie Schwierigkeiten, ihre Aufmerksamkeit auf die wichtigen Aspekte zu konzentrieren. Erzeugt das gesehene Verhalten sehr viel Angst, wenden sie sich sogar davon ab.

So zum Beispiel ahmen Kinder in einer Streßsituation eher und bereitwilliger nach, als wenn die Situation entspannt ist.

★ Die bisher beschriebenen Faktoren wirken sich nicht nur beim Betrachten von natürlichen Modellen aus, sondern auch bei symbolischen Modellen in **Massenkommunikationsmittel**. Das Fernsehen zum Beispiel steuert in einem erheblichen Maße die Aufmerksamkeit von Menschen. Die dort dargestellten Modelle besitzen eine Vielzahl aufmerksamkeitsfördernder Eigenschaften wie Macht, hohes Ansehen und Erfolg.

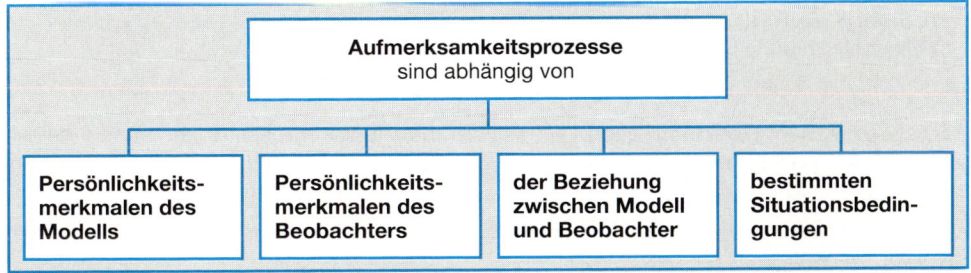

Aufmerksamkeitsprozesse
sind abhängig von

| Persönlichkeitsmerkmalen des Modells | Persönlichkeitsmerkmalen des Beobachters | der Beziehung zwischen Modell und Beobachter | bestimmten Situationsbedingungen |

10.2.5 Die Bedeutung der Bekräftigung in der sozial-kognitiven Lerntheorie

Ebenso wie bei der Theorie des operanten Konditionierens gilt auch für die sozial-kognitive Theorie der Grundsatz, nach dem die Konsequenzen einer Verhaltensweise deren Auftretenswahrscheinlichkeit bestimmen. Bandura unterscheidet vier Arten solcher Konsequenzen, die entweder den Beobachter oder das Modell betreffen:

- die externe Bekräftigung,
- die stellvertretende Bekräftigung,
- die direkte Selbstbekräftigung,
- die stellvertretende Selbstbekräftigung.

Erfährt ein Mensch eine angenehme Konsequenz auf eine bestimmte Handlung an seiner eigenen Person, oder kann er dadurch eine negative Konsequenz für sich selbst vermeiden, so handelt es sich um eine **externe Bekräftigung.**

Ein Kind ahmt beispielsweise die gesehene prosoziale Verhaltensweise seiner Mutter nach und erhält dafür deren Zuwendung oder kann dadurch einer drohenden Strafe entgehen.

> **Unter externer Bekräftigung versteht man den Prozeß, in dessen Verlauf ein Lebewesen für eine Verhaltensweise durch äußere Umstände oder durch andere Personen Konsequenzen erfährt, die dazu führen, daß dieses Verhalten öfters gezeigt wird.**

Häufig beobachten Menschen aber auch andere Personen, wie diese für ein bestimmtes Verhalten Belohnungen erhalten. In diesem Zusammenhang spricht man von **stellvertretender Bekräftigung.**

Ein Jugendlicher sieht im Fernsehen, wie ein Filmheld für seine aggressive Vorgehensweise die Anerkennung seiner Freunde erfährt.

> **Die externe Bekräftigung eines beobachteten Modells bezeichnet man als stellvertretende Bekräftigung.**

Manchmal belohnen sich Menschen nach erfolgreichem Handeln auch selbst. Ein solcher Vorgang wird als **direkte Selbstbekräftigung** bezeichnet.

Frau Jürgens zum Beispiel fürchtet zwar eine Spinne, die sich im Haus befindet, läuft aber nicht davon. Anschließend belohnt sie sich selbst mit einer Tafel Schokolade für ihren Mut.

> **Bekräftigt sich eine handelnde Person selbst für ein Verhalten, so wird dies direkte Selbstbekräftigung genannt.**

Schließlich sehen Personen auch, wie sich Modelle nach bestimmten Taten selbst erwünschte Dinge zuführen. In diesem Fall liegt eine **stellvertretende Selbstbekräftigung** vor.

Frau Jürgens Tochter, die sich auch im Zimmer befindet, sieht, wie ihre Mutter ihre Angst überwindet und sich anschließend an der Schokolade erfreut.

> **Sieht ein Beobachter, wie sich ein Modell für ein bestimmtes Verhalten selbst belohnt, so spricht man von stellvertretender Selbstbekräftigung.**

★ Nach Bandura fördern Bekräftigungen zwar das Lernen am Modell und erhöhen somit die Wahrscheinlichkeit, mit der beobachtetes Verhalten angeeignet und ausgeführt wird. Es handelt sich dabei aber um keine notwendige Bedingungen für das Modellernen. Dieses findet auch statt, wenn Bekräftigungseinflüsse fehlen.

„In der sozial-kognitiven Lerntheorie gelten Bekräftigungen als förderlicher Faktor, nicht als notwendige Bedingung." *(Albert Bandura, 1979)*

➡ **Materialien 2.**

Banduras Vorstellungen von der Wirkungsweise der Bekräftigungen unterscheiden sich von den Annahmen des operanten Konditionierens: Für ihn bewirkt nicht die angenehme Konsequenz, die direkt auf ein Verhalten folgt, den Lernprozeß, sondern ihre *gedankliche Vorwegnahme*. Das entscheidende ist, daß bei der Ausführung des Gespeicherten eine positive Konsequenz oder ein Vermeiden negativer Folgen **erwartet** wird.

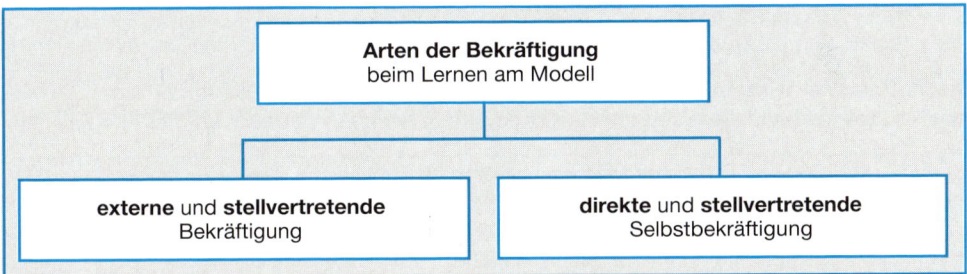

Arten der Bekräftigung
beim Lernen am Modell

externe und **stellvertretende** Bekräftigung

direkte und **stellvertretende** Selbstbekräftigung

10.2.6 Die Rolle der Motivation beim Ausführen von Verhaltensweisen

Bestimmte Erwartungshaltungen sind es, die den Beobachter dazu motivieren, ein bestimmtes Verhalten zu zeigen oder nicht zu zeigen. Dabei ist diese Motivation von drei unterschiedlichen Erwartungshaltungen abhängig:

- den Ergebniserwartungen
- den Kompetenzerwartungen und
- der Aussicht auf Selbstbekräftigung

Motivation und Ergebniserwartungen
Eine Person wird dann das Verhalten eines Modells nachahmen, wenn es sich davon angenehme Konsequenzen verspricht, bzw. glaubt, unangenehme Folgen vermeiden oder verhindern zu können. Auf diese Weise werden erwartete Verhaltenskonsequenzen zu einem Anreiz für Verhalten.

Erhofft sich ein Jugendlicher vom Nachahmen eines angesehenen Popstars mehr Anerkennung in seiner Gruppe, so zeigt er sehr wahrscheinlich dieses Verhalten. Nimmt er aber an, es bringe ihm Spott und Ablehnung ein, so unterläßt er es mit ziemlicher Sicherheit.

Das von einer Person noch vor ihrem tatsächlichen Handeln vorgenommene Abschätzen der wahrscheinlichen Konsequenzen bestimmt also darüber, ob sie das Verhalten zeigt oder unterläßt. Diesen Sachverhalt bezeichnet man als **Ergebniserwartung**[1].

> **Ergebniserwartungen werden jene Konsequenzen genannt, die sich eine Person vom Nachahmen einer Verhaltensweise verspricht.**

Nach Bandura erwerben Menschen Ergebniserwartungen auf verschiedene Art und Weise, durch **externe und stellvertretende Bekräftigung** sowie durch **Instruktionen**.

Ein Schüler lernt viel auf eine Schulaufgabe und erzielt eine gute Leistung. Er hofft nun auch in Zukunft darauf, durch seinen Fleiß wieder gute Noten zu schreiben (= externe Bekräftigung). Ein Mensch sieht, wie ein Vorbild jemanden in einer Notsituation hilft und dafür eine Belohnung erhält. Er erwartet sich in einer entsprechenden Situation nun ebenfalls eine positive Konsequenz (= stellvertretende Bekräftigung).

Erhält eine Person eine Vielzahl von Informationen über eine bestimmte Verhaltensweise, etwa bezüglich ihre Schwierigkeitsgrades, ihres nötigen Aufwands, ihrer allgemeinen Erfolgsaussichten und dgl., so kann sie abschätzen, ob sie selbst das Verhalten ausführen kann. In diesem Zusammenhang spricht man von Instruktionen.

Erfährt eine Sekretärin beispielsweise von ihrer Arbeitskollegin, wie leicht und mühelos sich das neue vollautomatische Kopiergerät bedienen läßt, so erwartet sie, ebenfalls damit zurecht zu kommen.

Nach Bandura wird bei diesen drei Lernprozessen gelernt, *welchen Erfolg* man mit bestimmten Verhaltensweisen erzielen kann und *in welchen Situationen* dies der Fall ist.

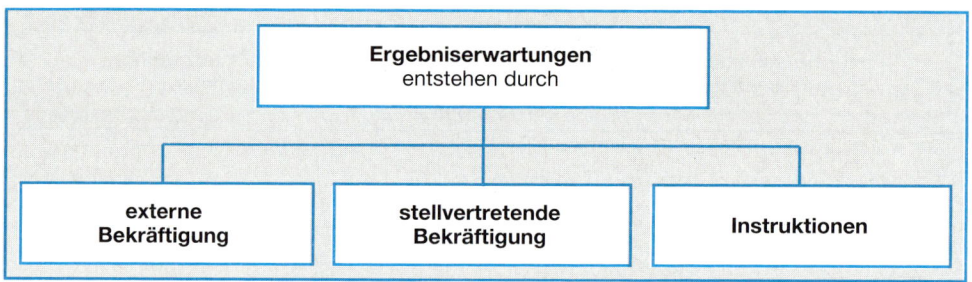

Motivation und Kompetenzerwartung

Es reicht in der Regel nicht aus, sich vom Nachahmen einer Verhaltensweise Erfolg zu versprechen. Zusätzlich muß sich der Beobachter zutrauen, das gesehene und gespeicherte Verhalten ausführen zu können. Er wird Handlungen, die er nicht so kompetent auszuführen vermag, eher unterlassen und solche, bei denen er sich kompetent fühlt, bevorzugt zeigen. Der Beobachter nimmt also eine subjektive Einschätzung der eigenen Fähigkeiten vor, die er zum Nachahmen eines Verhaltens benötigt. Wir sprechen hier von **Kompetenzerwartung**[2].

---

[1] Der von Bandura in der amerikanischen Originalliteratur verwendete Begriff outcome expectation wurde zum Teil unterschiedlich in das Deutsche übersetzt. So finden sich als weitere Übersetzungsvarianten in der deutschen Literatur die Begriffe „Erfolgserwartung" und „Konsequenzerwartung".

[2] Der im Amerikanischen gebräuchliche Begriff „efficacy expectation" wurde zum Teil unterschiedlich ins Deutsche übersetzt. Es finden sich in der Literatur auch noch die Begriffe „Leistungseffizienzerwartung" und „Effizienzerwartung" für diesen Sachverhalt.

Soll ein Jugendlicher beispielsweise bestimmte Verhaltensweisen seines geschätzten Freundes nach-ahmen, so muß er sich auch zutrauen, diese ausführen zu können.

> **Unter Kompetenzerwartung versteht man die von einem Beobachter vorgenommene subjektive Einschätzung eigener Fähigkeiten, die er zum Nachahmen eines Verhaltens benötigt.**

Kompetenzerwartungen entstehen nach Bandura auf drei verschiedene Weisen, durch **konkrete Leistungen,** durch **stellvertretende Erfahrungen** und durch **verbale Überzeugungen.**

Ein junger Mann hat beim Flirten mehrmals Erfolg und glaubt deshalb, auch weiterhin bei jungen Frau-en anzukommen (= konkrete Leistungen).
Ein Junge sieht, wie seine Schwester durch geschicktes Argumentieren ihren Willen bei den Eltern durchsetzt und ist nun ebenfalls von seinen Überredungskünsten überzeugt (= stellvertretende Erfah-rungen).
Ein Trainer redet seiner Mannschaft so lange ein, sie sei stark genug, um das entscheidende Spiel zu gewinnen, bis die Sportler schließlich selbst an ihre Fähigkeiten glauben (= verbale Überzeugungen).

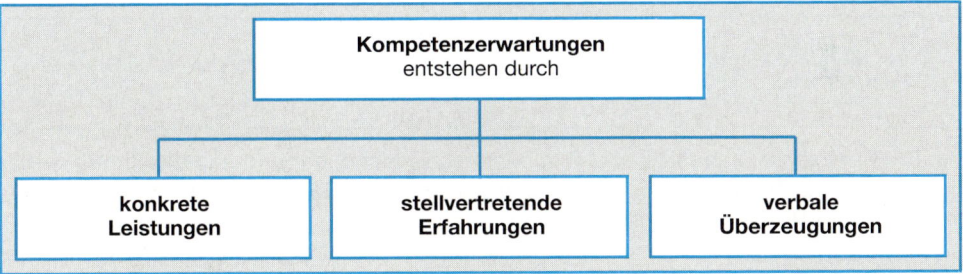

★ Auf die Kompetenzerwartungen wirken sich auch Situationsfaktoren aus. Menschen machen gewöhnlich die Erfahrung bei hohen emotionalen Erregungszuständen wie zum Beispiel großer Angst leicht zu versagen oder schlechtere Leistungen zu erbringen. Deshalb schätzen sie ihre Kompetenzerwartungen bei starker Erregung eher geringer ein, als wenn sie sich ent-spannt fühlen.

Motivation und Selbstbekräftigung

Neben Ergebnis- und Kompetenzerwartungen entscheidet eine weitere Bedingung dar-über, ob ein beobachtetes Verhalten gezeigt wird oder nicht. Wenn diese beiden Erwar-tungen hoch sind, der Beobachter aber das zu zeigende Verhalten ablehnt – etwa weil sie gegen seine eigene Einstellung ist – so sinkt die Wahrscheinlichkeit, das Verhalten nach-zuahmen.

Eine Person, die Gewalt aus tiefster Überzeugung ablehnt, wird sich durch das Beobachten eines gewalttätigen Vorbilds nicht ohne weiteres zur Nachahmung dieses Verhaltens bringen lassen, selbst wenn ihr eine externe Belohnung dafür in Aussicht steht.

Aus der Vielzahl seiner persönlichen Einstellungen, Werthaltungen und Vorstellungen ergibt sich für jeden Menschen ein **Selbstbild**, gegen das er in der Regel nicht ohne wei-teres verstößt. Er überprüft deshalb, inwieweit ein zu zeigendes Verhalten mit seinem Selbstbild in Einklang steht.
„Auch die Art, wie Menschen ihr Verhalten selbst einschätzen, entscheidet darüber, wel-che durch Beobachtung erlernten Reaktionen tatsächlich ausgeführt werden. Menschen zeigen die Verhaltensweisen, die sie selbst als befriedigend empfinden, und lehnen diejeni-gen ab, die sie persönlich mißbilligen." *(Albert Bandura, 1979)*

Entspricht das Verhalten dem Selbstkonzept, so reagiert die Person mit Zufriedenheit und/oder Selbstbelohnung, stimmt es nicht überein, so können Unzufriedenheit mit sich selbst und/oder Selbstbestrafung als Konsequenzen folgen. Bandura spricht in diesem Zusammenhang von **Selbstbekräftigung und Selbstregulierung des Verhaltens.**

> **Unter Selbstbekräftigung versteht man einen Prozeß, in dessen Verlauf ein Mensch sein eigenes Verhalten fördert und beibehält (vgl. Albert Bandura, 1979).**
> **Mit Selbstregulierung meint man sowohl die verhaltensfördernden als auch die verhaltenseinschränkenden Konsequenzen einer Selbstreaktion. Diese beinhaltet also Selbstbelohnung und Selbstbestrafung.**

➡ **Materialien 3.**

Menschen stellen an sich selbst bestimmte Leistungsanforderungen, wobei bestimmte Gütemaßstäbe als Orientierung dienen, und bekräftigen sich nach deren Erreichen. Bandura bezeichnet diese persönlichen Leistungsansprüche bzw. Ziele als **Standards.**

Ein Läufer möchte beispielsweise an einer deutschen Meisterschaft teilnehmen. Der Gütemaßstab ist die erforderliche Qualifikationszeit, sein persönliches Ziel kann aber der Gewinn des Meistertitels sein.

> **Unter Standard versteht man das persönliche Ziel, das sich ein Mensch aufgrund seines Gütemaßstabes setzt.**

Der Erwerb solcher Standards erfolgt auf unterschiedliche Weise, durch **direkte Bekräftigung,** durch Modellernen in Form von **stellvertretender Bekräftigung** und in Form von **stellvertretender Selbstbekräftigung.**

Produzieren die Mitarbeiter eines Betriebes monatlich mehr als eine bestimmte Menge an Gütern, so erhalten sie dafür eine zusätzliche Prämie und übernehmen schließlich diesen Standard (= direkte Bekräftigung).
Im selben Betrieb sehen andere Teams, wie die besonders fleißige Gruppe am Monatsende ihre Prämie erhält (= stellvertretende Bekräftigung).

Falls Beobachter sehen, wie ein Modell für das Erreichen ihrer Standards sich selbst belohnt, so können sie diese übernehmen (= stellvertretende Selbstbekräftigung).

Registrieren Kinder immer wieder, daß Eltern sich bereits nach mittelmäßigen Leistungen belohnen, so bekräftigen sie sich für das Erreichen dieses Standards.

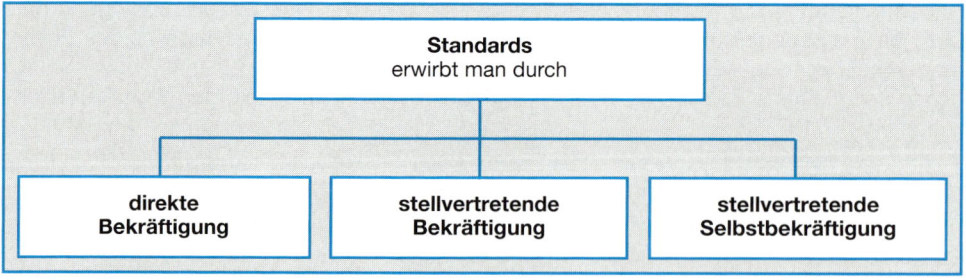

Erreichen Menschen ihre Standards dagegen nicht, so erteilen sie sich *Selbstbestrafungen* bzw. üben *Selbstkritik.*
Durch die beschriebenen Fähigkeiten, sich selbst zu bekräftigen und selbst zu bestrafen, kann der Mensch bestimmte Anteile seines Verhaltens eigenständig lenken und gelangt so zur **Selbststeuerung**. Auf diesen Sachverhalt legt Albert Bandura in seiner Theorie besonderen Wert.

10.2.7 Die Bedeutung der sozial-kognitiven Lerntheorie für die Erziehung

Die Erkenntnisse von Albert Bandura lassen sich entsprechend den verschiedenen Modelleffekten zum Erlernen neuer Verhaltensweisen, sowie zum Hemmen und Enthemmen von Handlungen in Erziehung nutzen. Dabei gilt es, folgende Aspekte zu beobachten:

- Der Zu-Erziehende muß Gelegenheit zum **Beobachten von Modellen** haben, die ihm die entsprechenden Verhaltensweisen zeigen. Dabei sollte das Modell das gewünschte Verhalten relativ sicher beherrschen, ohne daß dieses negative Folgen nach sich zieht.

  Hat beispielsweise ein Kind Angst vor einem Hund, so ist es sinnvoll, daß das Modell sicher mit einem Hund umgeht, ihn streichelt und dgl., ohne daß das Modell Angst zeigt oder sein Verhalten zu negativen Konsequenzen führt.

- Dabei wirkt sich soziale Macht und hohes Ansehen, Sympathie und Attraktivität des Modells gegenüber dem Zu-Erziehenden positiv auf das Nachmachen der gewünschten Verhaltensweise aus. Zudem erhöht es die Nachahmungsbereitschaft, wenn das Modell Bedürfnisse des Lernenden befriedigt.

  Eltern erfüllen in der Regel diese Voraussetzungen: Sie haben gegenüber dem Kind soziale Macht, genießen Ansehen, Sympathie und Attraktivität und befriedigen die wichtigsten Bedürfnisse ihres Kindes.

- Derselbe Effekt läßt sich auch erzielen, wenn
  - das Modell mit dem gewünschten Verhalten zum Erfolg kommt,
  - der Lernende mit dem übernommenen Verhalten angenehme Konsequenzen erreichen oder unangenehme vermeiden kann,
  - wenn der Zu-Erziehende davon überzeugt ist, daß er das Verhalten auch beherrscht.

  Will ein Psychologe ein Kind von Hundeängsten befreien, so zeigt ein Modell erste Schritte in Richtung auf das erwünschte Verhalten und wird dafür belohnt. Traut sich das Kind daraufhin nun ebenfalls einen ihm angsteinflößenden Hund aus sicherer Entfernung zu betrachten, so erhält auch er eine Anerkennung.

- Soll das Verhalten über einen längeren Zeitraum beibehalten werden, wirkt *direkte Bekräftigung* des Beobachters besser als stellvertretende Bekräftigung. Will der Erzieher, daß es zum Zeigen einer erlernten Verhaltensweise kommen soll, so muß er eine Bekräftigung in Aussicht stellen.

- Ferner gilt, daß der Erzieher eine **positive Beziehung** zu den Kinder aufbaut, da dies seine Modellwirkung steigert.

- Die Auswahl entsprechender Situationen ermöglicht ein positives Beeinflussen der Aufmerksamkeit des Lernenden.

  Eine Erzieherin wird im Morgenkreis mehr Aufmerksamkeit für Ihr Verhalten ernten, als wenn Sie während der Freispielzeit eine bestimmte Handlung vormacht.

- Der Erzieher muß sein eigenes Modellverhalten **ständig kritisch reflektieren**. Es wirkt sich ungünstig aus, falls er Verhaltensweisen von den Kindern verlangt, die er selbst oft oder gelegentlich vermissen läßt. Das ständige Bewußtsein, für die Kinder ein äußerst wirksames Modell zu verkörpern, erleichtert ihm ein korrektes Verhalten. Dabei ist es sehr entscheidend, daß sich Eltern und andere Erzieher sich ihrer **Vorbildwirkung ständig bewußt** sind.

  So ist es sehr entscheidend, wie beispielsweise Eltern Konflikte lösen, wie sie sich verhalten, wenn sie sich ärgern oder eine Auseinandersetzung miteinander haben, wie das Kind bestraft wird, wie sie über Ausländer, Homosexuelle und dgl. reden usw.

- Eltern und andere Erzieher können nicht immer selbst Vorbild für den Lernenden sein. In diesen Fällen empfiehlt sich eine wohlüberlegte **Auswahl anderer Modelle**. Hierbei kann man als Kriterium die Ähnlichkeit zwischen Vorbild und Beobachter heranziehen, mächtige und angesehene Modelle wählen oder diese Bedingungen kombinieren, indem man mehrere Modelle einsetzt. Dabei läßt sich auch auf symbolische Modelle aus Medien zurückgreifen. Das Heranziehen mehrerer Modelle, die gleiches oder ähnliches Verhalten zeigen, gibt insbesondere Kindern Verhaltenssicherheit.

  So führt man zum Beispiel Verkehrserziehung mit Hilfe eines angesehenen Polizisten als Modell durch, als weitere Vorbilder können ältere Kinder fungieren und Eltern hinzugezogen werden. Ein Bilderbuch oder ein entsprechender Film in dem ein Junge oder Mädchen sich an die entsprechenden Verkehrsregeln hält, ergänzt den Unterricht.

- Nachdem ein Erzieher ein erwünschtes Verhalten gezeigt hat, wirken sich **Übungsmöglichkeiten** für den Lernenden positiv aus. Handelt es sich dabei um komplexe Verhaltensweisen, so empfiehlt es sich, das gesamte Verhalten in *Teilschritte* zu zerlegen, die für den Lernenden schneller und leichter erreichbar sind. Auf diese Weise stellen sich Erfolgserlebnisse ein, die wiederum die Kompetenzerwartungen steigern. Somit bleibt die Lernmotivation erhalten.

  Ein Sportlehrer lehrt beispielsweise eine bestimmte Weitsprungtechnik, indem er sie zunächst vormacht, in einfache und leicht erlernbare Teilschritte zerlegt und dies anschließend üben läßt.

- Indem man auf sehr schwierige Leistungsanforderungen zunächst verzichtet, und den Zu-Erziehenden nicht durch Androhen von negativen Konsequenzen im Falle seines Scheiterns unter großen Druck setzt, lassen sich *starke emotionale Erregungen beim Lernenden in der Regel vermeiden.* Diese würden die Kompetenz- und Erfolgserwartungen und damit auch die Leistungsmotivation senken.

  So wirkt es sich negativ auf das Ausführen von bestimmten Verhaltensweisen aus, falls Schüler zum Beispiel vor sehr schwierige Aufgaben gestellt werden oder ihnen bei Fehlleistungen schlechte Noten, hohe Strafen und großer Prestigeverlust drohen.

- Betrachtet man die Vielzahl von Modellen, denen Menschen in den Medien ausgesetzt sind, sollten Erzieher im Rahmen der Medienerziehung Kinder und Jugendliche zu kritischen Konsumenten heranziehen. Dabei kann ihr Wissen aus der sozial-kognitiven Theorie als Grundlage einer Analyse dienen, deren Ziel es sein kann, Manipulationen des Konsumenten zu erschweren. Ferner können symbolische Modelle im schulischen Lernen gut eingesetzt werden.

  Filme beispielsweise sind oft in sich motivierend und stellen weniger Ansprüche an die sprachlichen Fähigkeiten der Kinder als Bücher.

- Angesichts der Tatsache, daß nicht nur Eltern und andere Erzieher als Modell wirken, ist es erforderlich, daß sie die **Umwelteinflüsse ihren Ansichten gemäß gestalten.**

  So überlegen sich beispielsweise Eltern genau, welche Fernsehsendungen oder Videos sie (mit ihren Kindern) anschauen, was und wie lange das Kind fernsehen darf, welche Zeitschriften und Bücher es liest usw.

- Da jedoch ein völliges Fernhalten von unerwünschten Modellen nicht möglich und auch gar nicht erstrebenswert ist, ist es erforderlich, sich mit dem Zu-Erziehenden über mögliche Modelle auseinanderzusetzen, ihm zu verarbeiten helfen.

Zusammenfassung der sozial-kognitiven Theorie

▶ Für die sozial-kognitive Lerntheorie finden Veränderungen im Erleben und Verhalten statt, wenn Menschen Modelle beobachten. Der Lernprozeß läßt sich dabei in zwei verschiedene Phasen einteilen: in die Aneignungsphase und die Ausführungsphase.

▶ Die Aneignungsphase enthält Aufmerksamkeits- und Gedächtnisprozesse. Ob ein beobachtetes Verhalten Beachtung findet und erlernt wird, hängt entscheidend von den Persönlichkeitsmerkmalen des Modells und des Beobachters ab, ferner von ihrer Beziehung, sowie von Situationseinflüssen. Die Ausführungsphase setzt sich aus motorischen Reproduktionsprozessen, sowie Motivations- und Verstärkungsprozessen zusammen.

▶ Bandura unterscheidet verschiedene Arten von Bekräftigungen, die das Modelllernen fördern, jedoch nicht unbedingt Voraussetzungen für ein Lernen darstellen. Dabei kommt besonders der Motivation eine entscheidende Rolle zu. Diese setzt sich aus drei Kriterien zusammen. Eine Person muß sich vom Ausführen eines Verhaltens Erfolg versprechen (= Ergebniserwartung). Außerdem braucht sie die Überzeugung, das Verhalten entsprechend ausführen zu können (= Kompetenzerwartung). Jedoch zeigt ein Mensch bestimmte Verhaltensweisen nur dann, wenn sie mit seinem Selbstbild übereinstimmen und Zufriedenheit bzw. Selbstbekräftigung bei ihm erzeugen.

▶ Die sozial-kognitive Lerntheorie postuliert außerdem eine Reihe von kognitiven Vorgängen sowohl in der Aneignungs- als auch in der Ausführungsphase. So stellt das Speichern von gesehenen Verhaltensweisen einen geistigen Vorgang dar; ebenso wird der Zusammenhang von Verhalten und entsprechenden Konsequenzen kognitiv vermittelt. Zum Ausführen von Handlungen müssen schließlich Gedächtnisinhalte aktiviert werden.

▶ Die Erkenntnisse der sozial-kognitiven Lerntheorie lassen sich in der Erziehung umsetzen, indem man verschiedene Effekte von Modellen nutzt, insbesondere beim Aufbau neuer Verhaltensweisen, zur Hemmung oder Enthemmung von Handlungen. Dabei kann der Erzieher selbst als Modell agieren, oder andere Modelle einsetzen. Insgesamt sieht Bandura im Menschen ein stark leistungsorientiertes Wesen, das die Fähigkeit zur Selbststeuerung besitzt und bei dem Verhalten, Persönlichkeit und Umwelt sich gegenseitig bedingen.

10.3 Die Theorie der kognitiven Entwicklung

Jean Piaget hat sich vor allem um die kognitive[1] Entwicklung des Kindes große Verdienste gemacht. In zahlreichen Arbeiten hat er die kindliche Gedankenwelt untersucht und damit sowohl der Entwicklungspsychologie als auch der Pädagogik wichtige Grundlagen gegeben.

10.3.1 Jean Piaget: Seine Person und sein Menschenbild

Jean Piaget wurde 1896 in der französischen Schweiz geboren. Er war zunächst Professor für Psychologie an den Universitäten Genf und Lausanne und an der Sorbonne, später war er Leiter des Internationalen Erziehungsbüros und stellvertretender Direktor am Institut des sciences de l'éducation in Genf. Im Alter von knapp 84 Jahren starb er in Genf.

Für Piaget ist der Mensch ein Wesen, das sich durch spontane und konstruktive Aktivitäten auszeichnet. Diese Aktivitäten zeigen sich in seinen **ständigen Austauschprozessen** mit der Umwelt sowie im Aufbau neuer kognitiver Strukturen. Hier unterscheidet sich Piaget deutlich von anderen Sichtweisen, unter anderem vom Behaviorismus, der den Menschen im wesentlichen durch äußere Umweltreize geleitet sieht. Für Piaget stellt Entwicklung – vereinfacht ausgedrückt – den Erwerb von Neuem dar, das in bereits Vorhandenes integriert wird und dieses dabei verändert. In diesem Entwicklungsprozeß betont er im wesentlichen endogene Faktoren, ohne dabei die Umweltbedingungen zu übersehen. Der Organismus bleibt nach seiner Ansicht auf entwicklungsfördernde Umweltreize angewiesen, die erst den notwendigen Austauschprozeß mit der Umwelt in Gang setzen. Man rechnet Piaget daher zu den Interaktionstheoretikern (vgl. Kapitel 6.1.3).

---

[1] Der Begriff „kognitiv" ist in Kapitel 4 erläutert.

10.3.2 Die Grundlagen der Theorie Piagets

Piaget hat die Theorie der kognitiven Entwicklung entworfen, die im folgenden dargestellt wird:

- Alle lebenden Organismen haben die angeborene Tendenz, einerseits Umweltgegebenheiten an ihren Organismus und andererseits den Organismus an die Erfordernisse der Umwelt anzugleichen.

  So wird zum Beispiel vom Kleinkind ein Karton als Auto verwendet, was eine Angleichung von Gegebenheiten der Umwelt an die eigenen Handlungsmöglichkeiten bedeutet; bei der Differenzierung aller Vierbeiner in verschiedene Tierarten – nicht alle Vierbeiner sind „Wau-Wau“ – gleicht sich das Kind den Umwelterfordernissen an.

  Diese *gegenseitige Anpassung* zwischen Organismus und Umwelt bezeichnet Piaget als **Adaptation.**

- Ebenso besitzen lebende Organismen die angeborene Tendenz zur Organisation, wie beispielsweise die Fähigkeit zu strukturieren, Ganzheiten zu bilden, zu ordnen, zu systematisieren und so Beziehungen zwischen einzelnen Teilen und dem Ganzen herzustellen.

  > „Organisation wird definiert als Beziehung zwischen den Teilen und dem Ganzen.“
  > *(Jean Piaget, 1992)*

- Eine Form der Organisation ist die Einordnung und Verarbeitung von Umwelteindrücken, die nach Piaget mit Hilfe von **kognitiven Schemata** geschieht.

  Ludwig, zweieinhalb Jahre alt, sieht einen Hund. Die Mutter sagt zu ihm: „Schau, das ist ein Wau-Wau!“ Nun kann es möglich sein, daß Ludwig das Schema bildet: „Alle Vierbeiner sind Wau-Wau.“

  Weitere Beispiele für kognitive Schemata:

  „Löffel fallen lassen bedeutet Geräusche erzeugen.“
  „Auf die heiße Herdplatte greifen erzeugt Schmerz.“
  „Uniformierte Menschen sind Polizisten.“

  > **Kognitive Schemata sind Einrichtungen des Organismus, die eine Einordnung von Umwelteindrücken ermöglichen und mit deren Hilfe das Individuum Erfahren systematisieren kann (vgl. Rolf Oerter, 1987[21]).**

- Das Individuum verbindet verschiedene Schemata miteinander, wodurch ein befriedigender Austausch mit der Umwelt möglich wird.

  So ermöglicht zum Beispiel die Verbindung der Schemata „fragen“, „zuhören“, „antworten“, „mitteilen“ usw. eine Konversation.

  Organisierte Verbindungen von Schemata bezeichnet Piaget als **Strukturen.**

  „Mit einem einzigen Schema kann ein Individuum nicht viel zustande bringen, und mit einer unverbundenen Menge von einzelnen Schemata ist nur wirre Aktivität möglich. Erst die geordnete Verbindung von verschiedenen Schemata ermöglicht einen befriedigenden Austausch mit der Welt.“ *(August Flammer, 1988)*

Piaget sieht einen engen Zusammenhang zwischen Adaptation und Organisation, da sich diese beiden Prozesse gegenseitig ergänzen. Indem sich menschliches Denken den Erfordernissen der Umwelt allmählich anpaßt, entstehen Strukturen. Durch diese neuen Strukturen kann sich der Mensch nun wiederum in komplizierteren Umweltbedingungen zurecht finden.

Das Erlernen des Rechnens beispielsweise stellt einen wichtigen Anpassungsprozeß dar, bei dem viele neue Strukturen entstehen. Die damit verbundenen Fähigkeiten helfen nun einem Menschen zum Beispiel zu ermitteln, wieviele Quadratmeter Tapete er zum Tapezieren eines Zimmers benötigt.

- Die gegenseitige Anpassung zwischen Organismus und Umwelt besteht nach Piaget in der Herstellung eines **Gleichgewichtszustandes zwischen Individuum und Außenwelt.** Das Individuum möchte sich in Einklang mit der Umwelt empfinden. Dieses Streben nach Gleichgewicht ist ein biologisches Prinzip der Entwicklung.

Die Herstellung eines Gleichgewichtszustandes ist dann erforderlich, wenn der Mensch in ein **Ungleichgewicht** gerät. Dies kann grundsätzlich eintreten, wenn sich die Anforderungen und Bedingungen der Außenwelt verändern und die Umwelt mit den vorhandenen kognitiven Schemata nicht mehr bewältigt bzw. eingeordnet werden kann.

Ludwig, der das Schema gebildet hat: „Alle Vierbeiner sind Wau-Wau", kommt nun mit seiner Mutter auf die Wiese hinaus, wo eine Kuh weidet. Aufgrund seines Schemas deutet Ludwig auf die Kuh und sagt: „Wau-Wau!" Die Mutter verneint jedoch. Das Kind gerät in einen Ungleichgewichtszustand, weil sich die Anforderungen der Außenwelt verändert haben und die Umwelt mit den vorhandenen kognitiven Schemata nicht mehr bewältigt werden kann.

Ein Ungleichgewichtszustand kann auch zwischen verschiedenen Schemata sowie zwischen Schema und Struktur auftreten. Doch auch dieser wird durch Begegnungen und Erfahrungen mit der Außenwelt verursacht.

Ein Beispiel für ein Ungleichgewicht zwischen verschiedenen Schemata ist, wenn ein Kind die zwei Schemata gebildet hat „Alle Gegenstände fallen nach unten" und „Eine Feder fliegt nach oben". August Flammer (1988) führt als Beispiel für ein Gleichgewicht zwischen Schema und Struktur an, wenn jemand im Zug zurück zum Speisewagen geht und kein Problem darin sieht, daß er sich im fahrenden Zug dennoch insgesamt vorwärts bewegt.

- Die Anpassung an die Veränderungen der Außenwelt geschieht nach Piaget mit Hilfe zweiter verschiedener gegenläufiger Prozesse, der **Assimilation** und der **Akkommodation.**

Das Kind verarbeitet seine Umwelteindrücke mit Hilfe der schon vorhandenen kognitiven Schemata. Dabei paßt es seine Umwelteindrücke seinen schon vorhandenen Schemata an. Dieses Vorgang bezeichnet Piaget als **Assimilation.**

> **Assimilation ist ein Prozeß der Anpassung der Umwelt an den Organismus, an bereits bestehende kognitive Schemata.**

Dieser Prozeß findet immer dann statt, wenn das Kind auf Personen, Objekte oder Sachverhalte aus der Umwelt mit früher gebildeten Schemata reagiert.

Ludwig paßt die Umwelt seinem Schema an, indem er auf die Kuh deutet und meint: „Wau-Wau." Er paßt alle Vierbeiner seinem Schema an.

„Pa-pa"

Fällt nun das Kind aufgrund neuer Erfahrungen in ein Ungleichgewicht, so ist es gezwungen, vorhandene Schemata zu korrigieren, abzulegen bzw. neue hinzuzunehmen.

Ludwig kann mit seinem Schema „Alle Vierbeiner sind Wau-Wau" seiner Umwelt nicht mehr gerecht werden, er fällt in ein Ungleichgewicht. Um wieder einen Gleichgewichtszustand herzustellen, ändert er sein Schema (zum Beispiel „Alle kleinen Vierbeiner sind Wau-Wau, alle großen Vierbeiner sind Muh-Muh"). Er paßt sich der Umwelt an.

Diesen Angleichungsprozeß des Individuums an die Umweltbedingungen nennt Piaget **Akkommodation.**

> **Akkommodation ist ein Prozeß der Anpassung des Organismus an die Umwelt.**

Dieser Vorgang findet immer dann statt, wenn sich ein Mensch aufgrund neuer Erfahrungen in einem Ungleichgewichtszustand befindet und die Umwelt mit den vorhandenen Schemata nicht mehr eingeordnet werden kann.

- Assimilation und Akkommodation sind zwei gegenläufige Prozesse, die zusammenspielen, einander ergänzen und die Entwicklung voranschreiten lassen. Bei Auftauchen einer neuen Situation wird erst versucht, die neuen Informationen an sich, an bereits vorhandene Lösungsmöglichkeiten anzupassen. Da jedoch auf diese Weise die Situation nicht bewältigt werden kann und das Individuum deshalb in einen Ungleichgewichtszustand fällt, werden die Lösungsmöglichkeiten verandert, abgelegt bzw. neue hinzugenommen. Auf diese Weise kann wieder ein Gleichgewicht hergestellt werden. Nun kann ein nächster Assimilationsvorgang unternommen werden, der wiederum einen Akkommodationsprozeß erforderlich macht, sobald das Individuum in ein neues Ungleichgewicht fällt (vgl. Rolf Oerter, 1987[21]).

Ludwig, zweieinhalb Jahre alt, sieht einen Hund. Die Mutter sagt zu ihm: „Schau, das ist ein Wau-Wau!" Ludwig bildet das Schema: „Alle Vierbeiner sind Wau-Wau." Nach diesem Schema handelt Ludwig in Zukunft, er hat die Information assimilicrt. Auf der Woide sagt nun plötzlich die Mutter, als Ludwig eine Kuh sieht, auf sie deutet und „Wau-Wau!" schreit, „Nein, nein, das ist eine Muh!" Ludwig kann nun aufgrund seiner vorhandenen Schemata die Situation nicht mehr bewältigen, er fällt in einen Ungleichgewichtszustand. Um wieder ins Gleichgewicht zu kommen, paßt er seine Schemata der Umwelt an: „Alle kleinen Vierbeiner sind Wau-Wau, alle großen Vierbeiner sind Muh-Muh." Damit wurde bereits ein nächster Assimilationsvorgang unternommen, der wiederum einen erneuten Akkommodationsvorgang erforderlich macht.

„Assimilation kann nie in ausschließlicher Weise geschehen, denn indem beispielsweise die Intelligenz die neuen Elemente den vorhandenen Schemata einverleibt, modifiziert sie fortwährend diese Schemata, um sie den neuen Gegebenheiten anzupassen." *(Jean Piaget, 1992)*

● Das Wechselspiel von Assimilation und Akkommodation wird so lange fortgesetzt, bis durch ihr Zusammenspiel ein **Gleichgewichtszustand** erreicht werden kann.

Herr Huber hat das Schema gebildet, daß alle Neger weniger intelligent sind als Weiße. Macht nun Herr Huber die Erfahrung, daß ein Neger eine sehr intelligente Leistung vollbringt, so entsteht eine Diskrepanz zwischen seinem bisherigen Schema und seiner konkreten Erfahrung. Er fällt in einen Ungleichgewichtszustand. Um wieder ein Gleichgewicht herzustellen, wird er möglicherweise versuchen, eine Erklärung für das intelligente Verhalten dieses einen Schwarzen zu finden, beispielsweise: „Mit geringen Ausnahmen sind Neger unintelligenter als Weiße". Es kann nun möglich sein, daß Herr Huber häufig Erfahrungen mit Schwarzen macht und sich deshalb das Wechselspiel von Assimilation und Akkomodation bis zu der logischen Erklärung fortsetzt, daß Hautfarbe und Intelligenzniveau unabhängig voneinander sind. Da nun Realität und Schemata übereinstimmen, ist hier die höchste Gleichgewichtsform erreicht.

„Aber in allen Fällen ist die Anpassung erst dann vollendet, wen sie zu einem stabilen System führt, d. h. wenn ein Gleichgewicht existiert zwischen Akkommodation und Assimilation." *(Jean Piaget, 1992)*

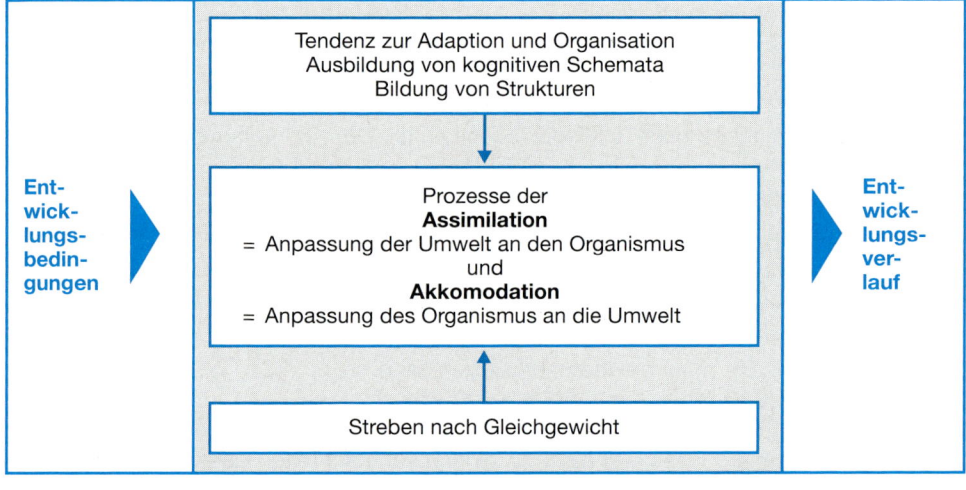

➡ **Materialien 4.**

10.3.3 Beispiele für das Vorkommen von Adaptationsprozessen in verschiedenen Lebensbereichen

Die von Piaget beschriebenen Prozesse der Assimilation, Akkommodation und Strukturbildung finden in allen menschlichen Lebensbereichen statt:
Der Einsatz neuer bislang unbekannter Maschinen **in der Arbeitswelt** zwingt die Beschäftigten sich ständig den neuen Anforderungen zu stellen. Sie geraten ins Ungleichgewicht. Wo Assimilationsvorgänge allein nicht mehr ausreichen, um sich den veränderten Gegebenheiten anzupassen, vermittelt berufliche Weiterbildung neue Arbeitstechniken an neuen Maschinen. Dabei verändern oder erweitern sich die kognitiven Strukturen der Lernenden oder es kommen völlig neue hinzu. Auf diese Weise sind sie allmählich den zusätzlichen Anforderungen gewachsen und kommen wieder ins Gleichgewicht.

Die Veränderungen **im politischen Leben** in der ehemaligen DDR erzeugten in hohem Maße Ungleichgewichtszustände in der Bevölkerung. Plötzlich wurden andere politische Tugenden verlangt, die Art der politischen Auseinandersetzung wandelt sich grundlegend.

Wer gestern noch als Staatsfeind galt, war schon am nächsten Tag vielleicht ein Held.

Die Anpassung der Menschen an die Veränderungen lassen sich ebenfalls mit den Erkenntnissen Piagets erklären.

Ein Wechsel des Hobbies **im Freizeitbereich** ruft Assimilations- und Akkommodationsprozesse hervor: bisher praktizierte Handlungsstrategien werden teilweise verändert, und ganz neue müssen eingeübt werden.

Wer vom Fußballspiel zum Handball wechselt, kann zwar weiterhin viel laufen, muß jetzt aber Fang- und Wurftechniken erlernen.

Eine Reise in ein unbekanntes Land verlangt vom Betroffenen eine Reihe von Adaptationsleistungen an die veränderte Situation. Die Orientierung in den unbekannten Straßen beispielsweise, wird Denk- und Verhaltensmuster sowohl aktivieren als auch verändern.

Die Geburt eines Kindes verändert den **Lebensbereich Familie.** Sie aktiviert das Wissen der Eltern über Säuglingspflege und führt zu ständig neuen Erfahrungen, die sich in der Veränderung kognitiver Schemata niederschlagen.

10.3.4 Die Bedeutung der Theorie Piagets für die Erziehung

Da sich die Theorie Piagets im wesentlichen um Adaptation und den Aufbau von kognitiven Strukturen im Laufe der Entwicklung dreht, bleibt ihre erzieherische Relevanz eine recht allgemeine, die sich auch aus anderen pädagogischen und psychologischen Erkenntnissen ableiten läßt (vgl. August Flammer, 1988).

Möglichkeiten der Umsetzung von Piagets Gedanken bieten alle Bereiche, in den der Zu-Erziehende sich lernend mit seiner Umwelt auseinandersetzt: in der Familie, in sozial-pädagogischen Einrichtungen wie Kindergärten, Horte und im verstärkten Maß in der Schule.

Dabei besteht eine wesentliche Aufgabe des Erziehers im **Anregen von Lernprozessen.** Das Kind erhält dadurch viele Möglichkeiten einer Begegnung mit der Umwelt, was zahlreiche Assimilations- und Akkommodationsvorgänge ermöglicht. Solche Anregungen ergeben sich teilweise aus der pädagogisch gestalteten Umgebung.

Bereits das Zimmer eines Säuglings kann sein Neugierverhalten anregen und eine Vielzahl von einfachen Reizen bieten, wie zum Beispiel Rasseln an der Wiege, Kuscheltiere, Mobile usw., welche dem Kind erste Erfahrungen mit seiner Umwelt ermöglichen.

Der Erzieher selbst kann im Umgang mit dem Kind dessen Interesse an vielfältigen Dingen wecken, und auch durch sein Vorbild zu neuem Verhalten ermutigen.

Das Spiel mit dem Erwachsenen bietet für das Kind viele Erfahrungen, eine gezielte Beschäftigung, wie beispielsweise die Bilderbuchbetrachtung oder die Wahrnehmungsübung steigert den kindlichen Entdeckungsdrang.

Neben solchen Anregungen stellen **gezielte Lernhilfen** wichtige entwicklungsbegünstigende Elemente dar. Eine Unterstützung des Lernprozesses läßt sich erreichen, wenn man folgende **didaktische Prinzipien** beachtet:

- Anschaulichkeit
- Lebensnähe
- Entwicklungsgemäßheit
- Individualisierung

- Aktivität
- Übung
- Aufteilung in Teilschritte

- **Anschaulichkeit** bezieht sich sowohl auf die Sprache des Erziehers, als auch auf die Umwelt. Der Lernende soll den zu begreifenden Sachverhalt nach Möglichkeiten **mit mehreren Sinnesorganen** wahrnehmen können.

  Ein Lehrer, der mit seinen Schülern das Entstehen von Brot bespricht, kann zum Beispiel im Unterricht Korn mahlen, Brotteig herstellen, eine Backstube mit den Kindern anschauen und schließlich das Brot dort backen lassen.

- **Lebensnähe** läßt sich erreichen, wenn der Erzieher den Kindern ihre unmittelbare Umgebung näher bringt. Alles wichtige der kindlichen Umwelt wird zum Gegenstand des Lernens, nicht die Personen Objekte und Sachverhalte die sich seinem Lebensbereich entziehen. Dabei soll der Erzieher stets vom Einfachen zum Komplizierten und vom bereits Bekannten zum Unbekannten vorgehen.

  Der Lehrer stellt beispielsweise einheimische Getreidesorten vor und wird zum Dorfbäcker mit den Kinder gehen, anstatt ihnen einen Film über das Brotbacken in China zu zeigen.

- Unter **Entwicklungsgemäßheit** versteht man das Berücksichtigen der in der Regel alterstypischen Besonderheiten des Zu-Erziehenden. Soll erzieherische Unterstützung ihr Ziel erreichen, so muß der Erzieher die Erkenntnismöglichkeiten des Zu-Erziehenden richtig einschätzen. Macht er die Aufgaben zu schwer, überfordert er das Kind, und die Adaptation mißlingt. Bei zu kognitiver niedriger Anforderung verliert das Kind schnell seine Motivation. Dies gilt vor allem auch für die Auswahl von Spielzeug, das unbedingt altersgemäß sein muß.

  Jeder Erzieher sollte deshalb den Verlauf der individuellen Entwicklung seines Zu-Erziehenden kennen und entsprechend berücksichtigen. Außerdem ist es wichtig, daß er den kindlichen Interessen, Wünschen und Neigungen Rechnung trägt.

  Eine Mutter, die mit ihrem dreijährigen Kind ein Puzzle mit 40 Teilen machen will, wird es wohl überfordern, während diese Aufgabe für 12jährige bereits viel an Anreiz eingebüßt hat.

- **Individualisierung** bedeutet, die einzigartige Persönlichkeit eines jeden Menschen berücksichtigen. Trotz gleichen oder ähnlichen Alters machen Heranwachsende in ihrer Umgebung unterschiedliche Erfahrungen. Ihre Lebensgeschichte ist von verschiedenartigen Ereignissen geprägt, sie sind unterschiedlichen Familienverhältnissen ausgesetzt und haben persönliche Interessen, Stärken oder Schwächen entwickelt. Diese zu beachten fordert der Grundsatz der Individualisierung.

  Der Erzieher stellt in einer Beschäftigung einem Kind schwierigere Aufgaben als seinem gleichaltrigen Spielgefährten und orientiert sich dabei auch an den unterschiedlichen Interessen der Kinder.

- **Aktivität als didaktisches Prinzip** bedeutet, dem Kind den nötigen Freiraum zum Lernen durch eigenes Handeln ermöglichen. Soll das Kind sich mit der Umwelt beschäftigen, so muß es die dazu nötigen **Freiräume** zur Aktivität bekommen. Sehr autoritäres Erziehungsverhalten kann hierbei genauso schaden, ebenso wie eine Überbehütung des Kindes, während eine angemessene Unterstützung der Selbständigkeit des Kindes angebracht erscheint.

  Ein Lehrer, der seine Schüler für ihre Ideen wenig lobt oder sie im Keim erstickt, auf strenge Disziplin achtet und keine Entscheidungsspielräume läßt, wird kaum selbständige und interessierte Schüler haben. Ein Chef kann bei autoritären Führungsstil kein Interesse für die Probleme des Betriebes erwarten, da seine Mitarbeiter ja keinen Einfluß auf ihre Arbeitsbedingungen nehmen können. Ein überängstliche Mutter schränkt die Entfaltungsmöglichkeiten ihres Kindes stark ein.

- Erarbeitete Sachverhalte brauchen **Übung** und sollen auf konkrete Lebenssituationen der Lernenden übertragen werden. Als vorteilhaft erweist es sich dabei, wenn fehlerhaftes Verhalten vom Kind selbst bemerkt werden kann.

  So bieten zum Beispiel viele Montessori-Materialien eine eingebaute Fehlerkontrolle. Ein Kind ordnet verschieden hohe Metallklötzchen in richtiger Reihenfolge zu einer Treppe an, läßt dann eine Metallkugel die Treppe hinabrollen, die als Kontrolle eine bestimmte Tonfolge bzw. Melodie erzeugt.

- Das Zerlegen von Aktivitäten in einzelne **Teilschritte** erleichtert Erfolgserlebnisse für die Kinder.

  So wird die Aufgabe 15 + 13 in die Teilschritte „Einer addieren" und „Zehner zusammenzählen" zerlegt und erst anschließend das Gesamtergebnis gebildet.

- Bloßes Reproduzieren von Wissen verhindert Adaptationsvorgänge und ist deshalb aus der Sicht der Theorie der kognitiven Entwicklung wenig sinnvoll.

  In vielen Schulen werden Schüler auch heute noch mit guten Noten belohnt, wenn sie auswendig Gelerntes „abspulen". Oft haben sie dessen praktische Bedeutung weder verstanden, noch können sie das Wissen anwenden. Bereits wenige Tage später ist das meiste vergessen.

„Piaget will Verbesserung der Erkenntnis, nicht auswendig gelernte Reproduktion fremder Erkenntnisse." *(R. Oerter/L. Montada, 1987[2])*

Zusammenfassung der Theorie der kognitiven Entwicklung

▶ Die von Piaget entworfene strukturgenetische Theorie sieht in der Entwicklung einen ständigen Prozeß der Adaptation, im Sinne einer gegenseitigen Anpassung zwischen Organismus und Umwelt. Solche Anpassungsprozesse sind auf verschiedene Weise möglich. Jeder Organismus besitzt Einrichtungen, mit denen er Umwelteindrücke einordnen kann, die sog. kognitiven Schemata. Organisierte Verbindungen von Schemata heißen Strukturen.

▶ Verarbeitet ein Mensch Umwelteindrücke mit Hilfe seiner kognitiven Schemata widerspruchsfrei, spricht Piaget von Assimilation. Dabei paßt der Organismus die Umwelt seinen kognitiven Schemata an. Ist diese Anpassung nicht widerspruchslos möglich, so müssen die Schematas so lange verandert werden, bis sie für den Menschen wieder stimmig sind. Man spricht hier von Akkommodation und meint den Prozeß, in dem sich das Individuum an die Umwelt anpaßt. Neue, nicht mehr stimmig verarbeitete Umwelteindrücke lassen den Menschen in ein Ungleichgewicht fallen. Durch Akkommodation kann wieder ein Gleichgewichtszustand zwischen Individuum und Umwelt erreicht werden.

▶ Solche Anpassungsprozesse finden im täglichen Leben häufig statt, insbesondere im schulischen Lernen. Die Anwendung von Piaget Kenntnissen schlagen sich vor allem im Beachten pädagogischer verschiedener Prinzipien nieder, die dem Zu-Erziehenden Lernprozesse und damit kognitive Entwicklung erleichtern sollen.

10.4 Die ökologische Theorie als Beispiel einer kontextualistischen Entwicklungstheorie

In der Vergangenheit hat die Entwicklungspsychologie häufig menschliche Entwicklung „für sich" erforscht und beschrieben. Heute setzt sich die Erkenntnis durch, daß das Lebewesen grundsätzlich von seiner Umwelt und diese wiederum von ihm abhängig ist. Diesen Gesichtspunkt der Wechselwirkung zwischen Individuum und Umwelt stellen vor allem **ökologische Ansätze** heraus.

10.4.1 Das Grundverständnis der ökologischen Betrachtungsweise

Ausgangspunkt ökologischer Überlegungen ist also die Tatsache, daß *der Mensch nicht isoliert von seiner Umwelt existiert, sondern in ihr lebt, von ihr beeinflußt wird, und sie seinerseits verändert.* Betrachtet man diesen wechselseitigen Beeinflußungsprozeß genauer, so läßt er sich durch zwei Aspekte charakterisieren: Zum einen beeinflussen Menschen ihre Lebensverhältnisse, indem sie sich der Umwelt anpassen oder sie verändern; zum anderen wirken die so entstandenen neuen Umweltbedingungen ihrerseits auf die Lebensbedingungen zurück.

Menschen passen sich zum Beispiel ihrer Umwelt an, indem sie Transportmittel wie Autos oder Flugzeuge herstellen und damit große Distanzen schnell überwinden können. Dabei verändern sie gleichzeitig ihre Umwelt durch den Bau von Straßen, Gebäuden und Flughäfen. Diese Anpassungen und Veränderungen wirken dann wieder auf die Lebensverhältnisse zurück in Form von Verkehrslärm, Abgasen, erhöhten Risiken für Unfälle usw.

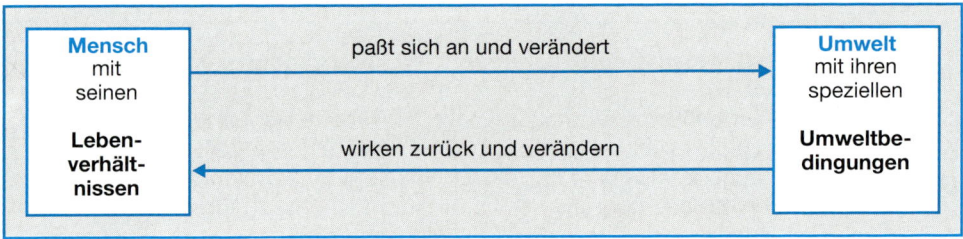

„Erst wenn
der letzte Baum gerodet,
der letzte Fluss vergiftet,
der letzte Fisch gefangen,
werdet ihr feststellen,
daß man Geld
nicht essen kann!"

Weissagung der Cree[1]

„So leben wir, so leben wir, so leben wir alle Tage..."

---

[1] Die Cree sind eine große Gruppe der indianischen Algonkinstämme in Kanada.

„Wenn wir als den Gegenstand der Ökopsychologie die wissenschaftliche Analyse von Ökosystemen, d. h. wechselseitigen Mensch-Umwelt-Regulierungen bezeichnen, bedeutet dies: Erfassung der Prozesse wechselseitiger Beeinflussung von Individuum und Umwelt sowie ihrer Bedingungen und Auswirkungen." *(Hans Mogel; in: D. Dörner/H. Selg, 1985)*

Solche ökopsychologisch orientierte Forschungen stecken jedoch noch weitgehend in ihren Anfängen. Versuche, sie voranzutreiben, finden sich in jüngerer Vergangenheit vermehrt, unter anderem durch den Psychologen *Urie Bronfenbrenner.*

10.4.2 Urie Bronfenbrenner: Seine Person und sein Menschenbild

Urie Bronfenbrenner wurde 1917 in Moskau geboren. Sechs Jahre später wanderte seine Familie in die USA aus. Dort wuchs Bronfenbrenner auf und studierte Psychologie. Im Laufe dieses Studiums erwarb er den Doktortitel und arbeitete anschließend 10 Jahre als praktischer Psychologe, danach als Professor für Psychologie an der Universität Michigan. Bronfenbrenner nahm immer wieder zu sozial- und familienpolitischen Problemen Stellung und hatte Einfluß auf Frühförderprogramme für Vorschulkinder. Zur Zeit arbeitet er als Professor für menschliche Entwicklung und Familienstudien. (Vgl. August Flammer, 1988)

Urie Bronfenbrenner entwirft ein Menschenbild, in dessen Mittelpunkt der Mensch als ein **soziales Wesen** steht. Er ist in verschiedene Systeme eingebunden, beeinflußt diese und wird seinerseits von ihnen in seinem Verhalten gelenkt. In den einzelnen Systemen zeigt sich seine soziale Eingebundenheit, insbesondere dort, wo es durch Tätigkeiten, zwischenmenschliche Beziehungen und Rollen gekennzeichnet ist.

10.4.3 Die Grundlagen einer ökologischen Theorie von Urie Bronfenbrenner

Bronfenbrenners Ansatz einer ökologischen Entwicklungstheorie beruht auf zwei wesentlichen Grundlagen:

- der Forderung nach einer **exakten Erforschung von Umwelt und Person,**
- der genauen Unterteilung der Umwelt in verschiedene Bereiche, die er **Systeme** nennt, um die Umwelt genauer als bisher erforschen zu können.

Nach Bronfenbrenner muß die Entwicklungspsychologie Person und Umwelt gleichermaßen erforschen. Er sieht dabei Entwicklung als einen Vorgang, der durch die Wechselwirkung der jeweiligen Person (mit ihren Anlagen und Tendenzen zur Selbststeuerung) und ihrer Umwelt bestimmt wird. Will man verläßliche Aussagen über die menschliche Entwicklung gewinnen, so müssen sowohl Person als Umwelt gleichermaßen betrachtet werden. Urie Bronfenbrenner spricht denn auch bei der *menschlichen Entwicklung vom sich verändernden Individuum in einer sich wandelnden Umwelt.*

„Die Ökologie der menschlichen Entwicklung befaßt sich mit der fortschreitenden gegenseitigen Anpassung zwischen dem aktiven, sich entwickelnden Menschen und den wechselnden Eigenschaften seiner unmittelbaren Lebensbereiche." *(Urie Bronfenbrenner, 1981)*

Hierbei versucht Bronfenbrenner insbesondere die Umwelt in ihrer Vielschichtigkeit darzustellen. Er teilt sie dazu in mehrere Bereiche ein und bezeichnet diese jeweils als **ökologische Systeme.** Dabei beeinflussen sich die verschiedenen Elemente in einem System gegenseitig, so daß die Veränderung eines Elements zu Veränderungen bei den anderen Elementen führen kann.

So bewirkt zum Beispiel die Geburt eines Kindes in einer Familie oft eine Veränderung des gesamtes Systems.

Insgesamt unterscheidet Bronfenbrenner fünf ökologische Systeme:
- das Mikrosystem
- das Mesosystem
- das Chronosystem
- das Makrosystem
- das Exosystem

> „Man muß sich die Umwelt aus ökologischer Perspektive topologisch[1] als eine ineinandergeschachtelte Anordnung konzentrischer, ineinandergebetteter Strukturen vorstellen. Diese Strukturen werden als Mikro-, Meso-, Exo-, Makro- und Chronosystem bezeichnet …" *(Urie Bronfenbrenner; in: L. Kruse/K. F. Graumann/E.-D. Lantermann, 1990)*

Das Mikrosystem

Das Mikrosystem stellt vereinfacht gesehen den **unmittelbaren Lebensbereich** des sich entwickelten Menschen dar. Ein Lebensbereich ist dabei ein Ort, an dem Personen leicht in Kontakt miteinander treten können.

Beispiele für solche Lebensbereiche wären das Zimmer, in dem ein Kind spielt, die Klasse in dem ein Jugendlicher lernt, die Familie in der er aufwächst.

Ein Lebensbereich setzt sich aus einer Vielzahl von *Tätigkeiten, Rollen* und zwischenmenschlichen *Beziehungen* zusammen. Diese bilden die **Bausteine** eines Mikrosystems.

In der Schule beispielsweise erlebt das Kind eine Reihe von Tätigkeiten (lesen, schreiben, tanzen, singen,...), erfährt verschiedene Rollen (die des Schülers, Lehrers, Hausmeisters,...) sowie zwischenmenschliche Beziehungen (die zwischen den Schülern, die zwischen Lehrern und Schülern,...)

Als Mikrosystem bezeichnet man daher ein Muster von Tätigkeiten, Rollen und zwischenmenschlichen Beziehungen die eine sich entwickelnde Person in einem Lebensbereich erlebt.

> **Ein Mikrosystem ist ein Muster von Tätigkeiten, Rollen und zwischenmenschlichen Beziehungen, die eine sich entwickelnde Person in einem Lebensbereich erlebt.**

★ Wichtig ist hierbei, wie eine Person Tätigkeiten, Rollen und zwischenmenschliche Beziehungen *subjektiv* wahrnimmt, nicht wie diese tatsächlich sind. Diese persönliche und oft nicht ganz der Wirklichkeit entsprechende Wahrnehmungen beeinflussen das Erleben und Verhalten und damit auch die menschliche Entwicklung. (Vgl. Kapitel 3.2)

---

[1] topologisch heißt gestaltmäßig

Bronfenbrenner mißt den einzelnen Bausteinen des Mikrosystems große Bedeutung für die Entwicklung zu und betrachtet sie deshalb genauer.

- ### 1. Baustein: Die Tätigkeiten

Innerhalb des Mikrosystems ist eine bestimmte Art von Aktivitäten für die Entwicklung besonders wichtig. Diese Aktivitäten bezeichnet Bronfenbrenner als **molare Tätigkeiten**. Sie zeichnen sich durch drei Merkmale aus:

- Sie sind von **längerer Dauer,** wie beispielsweise ein Buch lesen, einen Turm bauen, eine Grube graben.
- Sie haben ein **Beharrungsvermögen,** daß heißt man verfolgt gewisse Ziele mit diesen Tätigkeiten, und läßt sich auch durch auftretenden Schwierigkeiten nicht davon abbringen.
- Sie **stiften Beziehungen** zu anderen Menschen, Objekten und Sachverhalten wie zum Beispiel der Bau eines Hauses oder das gemeinsame Spiel von Kindern.

> **Molare Tätigkeiten sind Aktivitäten, die sich über einen längeren Zeitraum erstrecken, Beharrungsvermögen besitzen und Beziehungen zu anderen Menschen, Objekten und Sachverhalten stiften.**

- ### 2. Baustein: Die zwischenmenschlichen Beziehungen

Sie kommen in ihrer einfachsten Form als Zweierbeziehungen – den sogenannten **Dyaden** – vor, und zwar dann, wenn die Beziehung in beide Richtungen besteht, also eine Person A eine Beziehung zu einer Person B hat und umgekehrt.

Bronfenbrenner unterscheidet drei Arten von Dyaden, wobei die Unterscheidungen nicht immer scharf sind:

- **Die Beobachtungsdyade:** Hier sieht eine Person A einer Person B bei einer Tätigkeit zu und B nimmt dies zur Kenntnis.
  Ein Kind beobachtet seine Mutter beim Kochen, die Mutter erkennt dies.

- **Die Dyade gemeinsamer Tätigkeit:** Die beiden Personen nehmen sich gemeinsam tätig wahr.
  Die Mutter liest dem Kind ein Bilderbuch vor, das Kind beantwortet die von der Mutter gestellten Fragen.

- **Die Primärdyade:** Sie besteht im Bewußtsein der beiden Personen, und zwar auch dann, wenn diese Personen nicht zusammen sind.
  Die Mutter denkt an ihr Kind das im Krankenhaus ist und umgekehrt.

- ### 3. Baustein: Die Rollen

Unter Rolle versteht Bronfenbrenner nicht, wie im herkömmlichen Sinn, nur die Erwartung an eine Person in einer sozialen Position, sondern es gehören auch die Erwartungen dazu, wie sich andere dieser Person gegenüber zu verhalten haben. Diese Erwartungen beziehen sich in einem Mikrosystem auf Aktivitäten und Beziehungen von Menschen.

So sind an die Rolle des Lehrers unter anderem Erwartungen gebunden wie interessante Unterrichtsgestaltung, Fachkompetenz, faire Behandlung der Schüler und gerechte Noten. Gleichzeitig haben Schüler pünktlich zum Unterricht zu erscheinen, Störungen zu unterlassen und Leistungsnachweise zu erbringen.

„Eine Rolle ist ein Satz von Aktivitäten und Beziehungen, die von einer Person in einer bestimmten Gesellschaftsstellung und von anderen ihr gegenüber erwartet werden."
(Urie Bronfenbrenner, 1981)

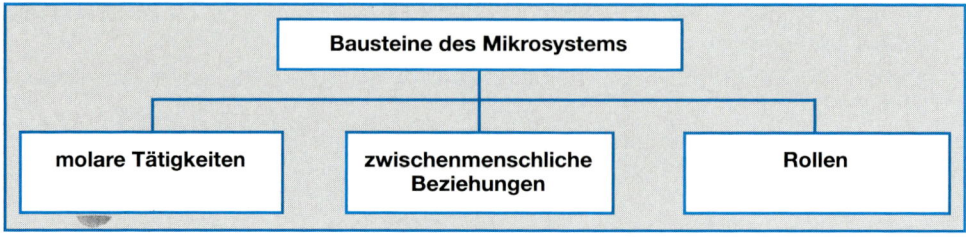

Das Mesosystem

Die Umwelt eines Menschen setzt sich aus vielen Mikrosystemen/Lebensbereichen wie Familie, Nachbarschaft, Kindergarten, Schule, Arbeitsplatz zusammen. Diese verschiedenen Mikrosysteme bestehen jedoch nicht isoliert voneinander, sondern stehen miteinander in Verbindung und beeinflussen sich gegenseitig.

Besucht ein Kind den Kindergarten, so entstehen vielfältige Kontakte zwischen den beiden Lebensbereichen Elternhaus und Kindergarten, die gegenseitige Beeinflussungen nach sich ziehen. So legt die Erzieherin zum Beispiel Wert auf die Einhaltung der Gruppenregeln und der Öffnungszeiten. Das Kind bringt bestimmte Wünsche und Bedürfnisse und Persönlichkeitsmerkmale mit, auf die die Erzieherin eingehen muß.

Diese Wechselbeziehungen zwischen zwei oder mehreren Lebensbereichen/Mikrosystemen, an denen eine Person beteiligt ist, werden *Mesosysteme* genannt.

„Ein Mesosystem umfaßt die Wechselbeziehungen zwischen den Lebensbereichen, an denen die sich entwickelnde Person aktiv beteiligt ist ..." *(Urie Bronfenbrenner, 1981)*

Solche Wechselbeziehungen bzw. Verbindungen zwischen den Lebensbereichen können auf verschiedene Art und Weise erfolgen:

- Ein und dieselbe Person ist nacheinander in mehreren Lebensbereichen beteiligt.
  Ein Kind besucht am Vormittag die Schule und verbringt den Nachmittag zu Hause.

- Durch Kommunikation zwischen den Lebensbereichen.
  Eine Mutter ruft in der Schule an und spricht den Lehrer.

- Durch Kenntnisse über andere Lebensbereiche.
  Eine Mutter weiß aus eigener Erfahrung, wie ein Schulalltag aussieht.

Das Chronosystem

Während ihrer Entwicklung treten Personen immer wieder in neue Lebensbereiche ein und übernehmen neue Rollen. Der Eintritt in Kindergarten, Schule, Berufsleben, aber auch Heirat oder Scheidung sind Beispiele dafür. Solche „Lebensübergänge" werden als Chronosysteme bezeichnet.

> **Ein Chronosystem ist ein „Lebensübergang (...), der stattfindet, wenn eine Person ihre Position in der ökologisch verstandenen Umwelt durch einen Wechsel ihrer Rolle oder ihres Lebensbereiches verändert..."** *(Urie Bronfenbrenner, in: L. Kruse/C.-F. Graumann/E.-D. Lantermann, 1990)*

Das Exosystem

Einen weiteren Umweltausschnitt stellt das Exosystem dar. Es gibt Lebensbereiche, die die Entwicklung einer Person beeinflussen, obwohl dieser Person gar nicht an ihnen teilhat. Umgekehrtes gilt genauso: Eine Person beeinflußt einen Lebensbereich, an dem sie gar nicht teilnimmt. Die wechselseitige Beeinflussung erfolgt dabei über andere Personen.

So stellt zum Beispiel der Arbeitsplatz der Eltern ein Exosystem für das Kind dar, da es an ihm nicht beteiligt ist. Arbeitsbedingungen wie Arbeitszeit, Lärm, körperliche und psychische Beanspruchung wirken sich auf die Eltern aus und haben Einfluß auf das Erzieherverhalten der Eltern ihren Kindern gegenüber und somit auf die kindliche Entwicklung. Andererseits können zum Beispiel Krankheiten des Kindes die Eltern schwer belasten und sich auf ihr Leistungsvermögen auf ihrem Arbeitsplatz niederschlagen.

> **Unter Exosystem versteht man einen oder mehrere Lebensbereiche an denen die sich entwickelnde Person nicht beteiligt ist, die aber indirekt diese Person beeinflussen und umgekehrt durch diese Person beeinflußt werden.**

Das Makrosystem

In der Vielzahl von Mikro-, Meso- und Exosystemen, aus der sich die Kultur/Umwelt zusammensetzt, lassen sich Bestandteile finden, die gleich oder sehr ähnlich sind. Solche gemeinsamen Bestandteile können zum Beispiel politische oder religiöse Weltanschauungen sein, die Art und Weise, wie Menschen miteinander umgehen, wie Einrichtungen funktionieren ...

„In einer gegebenen Gesellschaft – sagen wir: in Frankreich – sieht (...) ein Spielplatz im Park, ein Café oder ein Postamt aus wie alle anderen, und sie funktionieren auch ähnlich, unterscheiden sich aber alle erheblich von den entsprechenden Einrichtungen in (...) den Vereinigten Staaten " *(Urie Bronfenbrenner, 1981)*

Solche typischen Übereinstimmungen oder Ähnlichkeiten innerhalb einer Kultur oder eines ihrer Teilbereiche bilden das sogenannte Makrosystem.

> **Als Makrosystem bezeichnet man die grundsätzlich formalen und inhaltlichen Übereinstimmungen und Ähnlichkeiten, die innerhalb einer Kultur oder einer Subkultur bestehen.**

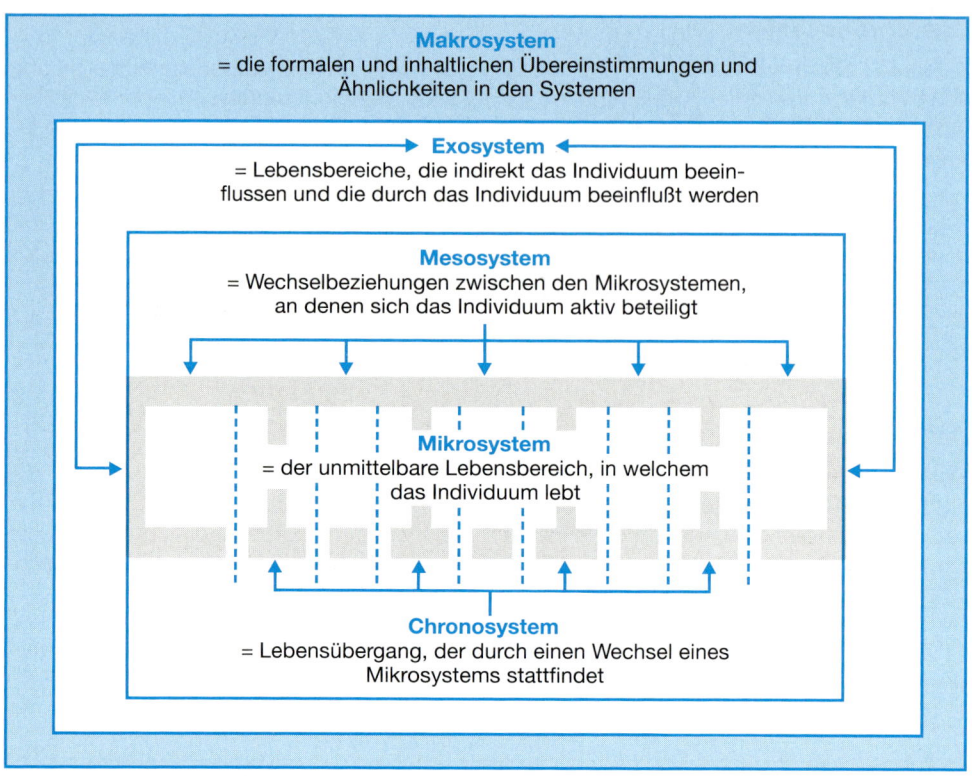

Makrosystem
= die formalen und inhaltlichen Übereinstimmungen und Ähnlichkeiten in den Systemen

Exosystem
= Lebensbereiche, die indirekt das Individuum beeinflussen und die durch das Individuum beeinflußt werden

Mesosystem
= Wechselbeziehungen zwischen den Mikrosystemen, an denen sich das Individuum aktiv beteiligt

Mikrosystem
= der unmittelbare Lebensbereich, in welchem das Individuum lebt

Chronosystem
= Lebensübergang, der durch einen Wechsel eines Mikrosystems stattfindet

➡ **Materialien 4.**

Urie Bronfenbrenners ökologische Theorie läßt eine hervorragende Beschreibung der menschlichen Entwicklung zu, die vor allem das sich verändernde Individuum in einer sich wandelnden Umwelt berücksichtigt. Sie liefert Vorschläge, wie man die Merkmale der Umwelt, die das Individuum verändert und durch die es verändert wird, genau beschreiben kann.

Die ökologische Theorie rückt nach Rolf Oerter zwei bisher kaum beachtete Aspekte in den Mittelpunkt der **wissenschaftlichen Erforschung von Entwicklung** (vgl. R. Oerter/L. Montada, 1987[2]): Der Mensch kann sich zum einen nur entwickeln, wenn er immer wieder neue Muster von Tätigkeiten, Rollen und zwischenmenschlichen Beziehungen kennenlernt und damit sein Wissen, seine Fähigkeiten und Fertigkeiten auf die neuen Umweltbedingungen ausweitet. Zum anderen besteht Entwicklung in der Eroberung neuer Umweltausschnitte und im Durchwandern von neuen Lebensbereichen (Mikrosystemen). Gesunde Entwicklung findet nämlich nur statt, wenn sich das Individuum neuen Umweltausschnitten zuwendet und sie mit den bisherigen verbindet.

> Die „Bewältigung von Umweltanforderungen ist in der Tat ein Gradmesser für den Erfolg der Entwicklung des Individuums. Schulischer und beruflicher Erfolg bzw. sozialer Erfolg bei Partnern sind nicht anderes als die Bewältigung von Anforderungen in bestimmten Settings[1]." *(R. Oerter/L. Montada, 1987[2])*

---

[1] Setting bedeutet hier vereinfacht Lebensbereiche.

Auf der anderen Seite darf nicht übersehen werden, daß der Erklärungswert eines solchen Zusammenhangmodells noch nicht sonderlich groß ist. Bronfenbrenner formuliert eine Vielzahl meist noch unbestätigter Ursache-Wirkungs-Zusammenhänge für die menschliche Entwicklung. Falls sich diese Vermutungen als richtig erweisen, bilden sie wichtige Elemente zum Aufbau einer Theorie. Bis dahin ist es sinnvoll, lediglich von einem Ansatz einer ökologischen Entwicklungstheorie zu sprechen.

➡ **Materialien 5.**

10.4.4 Die Bedeutung der Theorie Bronfenbrenners für die Erziehung

Die **Anwendungsmöglichkeiten,** die sich durch eine wissenschaftlich gut fundierte und bewährte ökologische Entwicklungstheorie in Zukunft ergeben können, lassen sich zum heutigen Zeitpunkt nur andeuten:

- Untersucht man einzelne **Mikrosysteme** auf ihre Bedeutung für die Entwicklung des Zu-Erziehenden genauer, so lassen sich hieraus pädagogische Maßnahmen für den Zu-Erziehenden ableiten. Solche Untersuchungen ermöglichen verschiedene Fragestellungen, etwa nach den Auswirkungen der Raumgestaltung einer Einrichtung, nach der Bedeutung der verfügbaren Spielfläche oder der Anzahl von Erziehern in einer Gruppe für die soziale und intellektuelle Entwicklung der Kinder.

  So trägt zum Beispiel die Aufteilung des Gruppenraums im Kindergarten in verschiedene „Ecken" wie Bauecke, Puppenecke und Kuschelecke dazu bei, den Kindern Rückzugsbereiche zu sichern. Sie erleichtern außerdem den neu in die Einrichtung gekommenen Kindern eine Orientierung im ungewohnt großen Raum und damit ein leichteres Eingliedern in die Gruppe.
  Werden in Gruppenräumen zu viele Kinder gleichzeitig betreut, so steigt ihre Aggressivität. Mehrere Erzieher pro Gruppe ermöglichen ein individuelles Eingehen auf die Bedürfnisse des einzelnen. Dies kann das Gruppenklima verbessern und sich arbeitserleichtern für die Erzieherinnen auswirken. Eine zufriedene Betreuerin wird aber in der Regel auch mehr Engagement zeigen.

- Bandura und Walters legten Untersuchungen vor, die Vorgänge auf der **Mesoebene** widerspiegeln: Bestraften Eltern ihre Kinder zu Hause für aggressives Verhalten, so zeigten diese dort weniger Aggressionen. Jedoch nahm die Aggressivität dieser Kinder dafür in der Schule beträchtlich zu. Will man diese Verhaltensweisen abbauen, so genügt es nicht, im Mikrosystem Schule aktiv zu werden, sondern es ist die Zusammenarbeit mit den Eltern nötig, die in diesem Fall als Modelle dienten. Erzieherische Maßnahmen müssen daher auch auf der Mesoebene ansetzen.

- Der Übergang vom Kindergarten zur Schule stellt ein **Chronosystem** dar. Eine genaue Kenntnis der sich für die Kinder ergebenden Anforderungen macht pädagogisch Übergangshilfen möglich.

  So kann beispielsweise der Lehrer mehrere Male in den Kindergarten eingeladen werden, um gegenseitig miteinander Bekanntschaft zu machen. Ein Besuch der Kinder in der Schule läßt erste Kontakte zur neuen Umgebung entstehen. Schließt sich noch eine Unterrichtseinheit an lassen sich falsche Vorstellungen der Kinder korrigieren und damit verbundene Ängste abbauen.

- Im Bereich des **Exosystems** ergeben sich vielfältige pädagogische Zusammenhänge, unter anderem auch zwischen der Wirtschaft und dem Erziehungswesen.

  So versuchen zum Beispiel Wirtschaftsverbände durch ihr Mitwirken am Festlegen von Erziehungszielen die Lernbedingungen und Lerninhalte von Schülern zu beeinflussen. Die Lernenden bestimmen ihrerseits durch ihre Berufswahl die Ausbildungsmöglichkeiten der Industriebetriebe. Werden beispielsweise manche Berufe nur sehr selten gewählt, so kann dies zu einer Senkung der Ausbildungsanforderungen führen, da diese Berufszweige mit der Zeit gezwungen sind, auch weniger qualifizierte Auszubildende einzustellen.

- Veränderungen auf der **Makroebene** wirken sich in der Regel stark auf pädagogische und psychologische Fragestellungen aus.

  So werfen beispielsweise die politischen und wirtschaftlichen Veränderungen in der ehemaligen DDR eine Reihe von noch zu bewältigenden Problemen auf wie zum Beispiel: Welche Auswirkungen hat der wirtschaftliche Zusammenbruch vieler Betriebe und die damit verbundene Arbeitslosigkeit auf die Bereitschaft von Eltern ihre Erziehungsaufgaben verantwortlich wahrzunehmen? Muß das gesamte Erziehungswesen der ehemaligen DDR völlig neu aufgebaut werden oder nur Teile davon?

Zusammenfassung der ökologischen Theorie nach U. Bronfenbrenner

▶ Bronfenbrenners kontextualistisch orientierte ökologische Theorie geht aus von der Tatsache, daß der Mensch nicht isoliert von seiner Umwelt existiert, sondern sich ständig beeinflußt und seinerseits von ihr beeinflußt wird. Folglich sieht er Entwicklung als einen Vorgang, der sich durch Wechselwirkung zwischen Person und Umwelt ergibt. Er stellt in seinem Ansatz die Umwelt in ihrer Vielschichtigkeit stärker in den Mittelpunkt des Forschungsinteresses, als dies bisher geschah. Dazu teilt er sie in verschiedene Bereiche ein, die sogenannten ökologischen Systeme. Es lassen sich insgesamt fünf solcher Systeme unterscheiden.

▶ Das Mikrosystem besteht auf einer Vielzahl von Tätigkeiten, Rollen und zwischenmenschlichen Beziehungen, die eine Person in einem Lebensbereich erlebt. Solche Mikrosysteme stehen untereinander in Wechselbeziehung und bilden das Mesosystem. In ihrer Entwicklung treten Menschen immer wieder in neue Lebensbereiche ein und füllen die dort vorhandenen Rollen aus. Der Übergang von einem Bereich in einen anderen wird als Chronosystem bezeichnet. Ein vierter Umweltausschnitt stellt das Exosystem dar. Hierunter versteht man einen oder mehrere Lebensbereiche, an denen die sich entwickelnde Person nicht beteiligt ist, aber trotzdem von diesen Bereichen beeinflußt wird und sie ihrerseits beeinflußt. Innerhalb eines Kulturkreises gibt es typische Übereinstimmungen oder Ähnlichkeiten im Bereich des Verhaltens, der politischen und wirtschaftlichen Institutionen, der Sitten und Gebräuche usw. in welche die bisher genannten Systeme eingebettet sind. Solche Übereinstimmungen/Ähnlichkeiten heißen Makrosysteme.

▶ Der in diesen Systemen lebende Mensch ist nach Bronfenbrenner in erster Linie ein soziales Wesen und in soziale Gegebenheiten eingebunden. An Bedeutung für die Erziehung gewinnt die ökologische Theorie dann, wenn genauer als bisher die Wechselbeziehungen zwischen Person und Umwelt untersucht sind. Weiß man Näheres wie die Umwelt Menschen beeinflußt, lassen sich entwicklungsschädliche Gegebenheiten besser kontrollieren als bisher, indem der Mensch die auf ihn wirkende Umgebung nach pädagogischen Gesichtspunkten gestaltet.

Zusammenfassung

▶ Entwicklungsbedingte Veränderungen des Erlebens und Verhaltens können mit Hilfe von verschiedenen Theorien erklärt werden. Von Bedeutung sind dabei die exogenistischen Theorien, wie zum Beispiel die Lerntheorien, die tiefenpsychologischen Theorien wie zum Beispiel die Psychoanalyse bzw. die Individualpsychologie, strukturgenetische Entwicklung von Jean Piaget und kontextualistische Theorien wie zum Beispiel ökologische Entwicklungstheorien.

▶ Exogenistische Entwicklungstheorien, wie zum Beispiel das klassische und operante Konditionieren, messen den exogenen Bedingungen eine Schlüsselrolle in der Entwicklung bei und gehen im wesentlichen davon aus, daß äußere Reize entscheidend die Entwicklung bestimmen. Dabei wird kognitiven Prozessen wenig Bedeutung beigemessen.

▶ Die sozial-kognitive Theorie sieht den Menschen als aktives Wesen, der seine Selbststeuerung einsetzt, um sich die Umwelt seinen Zielen dienlich zu machen. Menschen üben nicht nur ein gewisses Maß an Gegenkontrolle über ihre Umwelt aus, sie agieren in ihrem Umfeld und gestalten es. Dabei sind Person und Umwelt ständig aufeinander bezogen und stehen in einer kontinuierlichen Wechselbeziehung. Im Gegensatz zu den Konditionierungstheorien ist für Albert Bandura ein Lernen ohne ein Mitwirken geistiger Vorgänge unvorstellbar.

▶ Strukturgenetische Theorien gehen davon aus, daß im Laufe der Entwicklung bei jedem Menschen eine Reihe von Möglichkeiten zur Verarbeitung von Umwelteindrücken entstehen. Solche Verarbeitungsmöglichkeiten werden Strukturen genannt. Der Genese (= Entstehung) solcher Strukturen gilt die Hauptaufmerksamkeit dieser Theorien. Für Piaget ist der Mensch ein Wesen, das sich durch spontane und konstruktive Aktivitäten auszeichnet. Diese Aktivitäten zeigen sich in seinen ständigen Austauschprozessen mit der Umwelt sowie im Aufbau neuer kognitiver Strukturen. Hier unterscheidet sich Piaget deutlich von anderen Sichtweisen, unter anderen vom Behaviorismus, der den Menschen im wesentlichen durch äußere Umweltreize geleitet sieht.

▶ Nach Ansicht kontextualistischer Theorien läßt sich die Entwicklung eines Menschen nur im Kontext (= Zusammenhang) mit der sich ebenfalls ständig verändernden Umwelt sehen. Bronfenbrenners kontextualistisch orientierte ökologische Theorie geht aus von der Tatsache, daß der Mensch nicht isoliert von seiner Umwelt existiert, sondern sich ständig beeinflußt und seinerseits von ihr beeinflußt wird. Folglich sieht er Entwicklung als einen Vorgang, der sich durch die Wechselwirkung zwischen Person und Umwelt ergibt. Er stellt in seinem Ansatz die Umwelt in ihrer Vielschichtigkeit stärker in den Mittelpunkt des Forschungsinteresses, als dies bisher geschah. Dazu teilt er sie in verschiedene Bereiche ein, die sogenannten ökologischen Systeme.

1. Ansprüche an eine Entwicklungstheorie

1 Folgende Kriterien sollte eine Entwicklungstheorie gerecht werden:

1 Menschenbild

5 Welchem Menschenbild ist die Entwicklungstheorie verpflichtet? Dies ist aus zwei Gründen wichtig: erstens bestimmt das Menschenbild in beträchtlichem Maß, worauf der Theoretiker sein Augenmerk richtet und welche generellen Interpretationstendenzen er hat (Menschenbild als 10 erkenntnisleitende Vorannahmen, was nach der Rezeption einer Theorie allenfalls auch für die Rezipienten gilt); zweitens determiniert das Menschenbild auch schon voraus, was mit einer Theorie geleistet werden kann oder soll. Wenn 15 ein Menschenbild hinter einer Theorie gar nicht meinem eigenen entspricht, dann wird diese Theorie bei mit schwerlich handlungsleitend werden.

2 Beschreibungsumfang

20 Welche Phänomene versucht die Theorie zu klären? Es gibt z. B. ,rein' kognitive Theorien, die wenig über die Entwicklung sportlicher Fähigkeiten aussagen. Diese Dimension läßt sich als die synchrone bezeichnen: Welche gleichzeitig 25 ablaufenden Prozesse werden beschrieben?

3 Erfaßte Lebensspanne

Ältere Entwicklungsauffassungen hatten nur Kindheit und Jugend im Blick und nicht auch das Erwachsenenleben und Alternsprozesse. Diese 30 Dimension läßt sich als die diachrone bezeichnen: Welche nacheinander ablaufenden Prozesse werden beschrieben; welches ,Zeit'-Intervall wird erfaßt?

4 Entwicklungsrichtung

35 Wohin bewegt sich die Entwicklung? Wenn die Theorie überhaupt eine generelle Richtung beschreibt, wie beschreibt sie die Zustände, auf die Entwicklung zustrebt? Da wir doch immer wieder versuchen, die Entwicklung zu fördern, ist 40 es bedeutsam, wohin die Fahrt geht, wenn wir uns bei solchen Einflußnahmen von den Konzepten einer bestimmten Entwicklungstheorie leiten lassen. Normen und Werte spielen hier eine große Rolle.

45 ### 5 Art der Veränderungen

Unterstellt eine Theorie qualitative oder quantitative Veränderungen? Oder damit korreliert: Beschreibt sie Entwicklungsveränderungen als kontinuierliche oder als Sprünge?

Quelle: August Flammer, 1988

6 Entwicklungsprozesse   50

Wie detailliert werden Veränderungsprozesse beschrieben? Gewisse Theorien stellen nur fest, daß bestimmte Zustandsbilder von andern abgelöst werden; für die praktische Unterstützung von Entwicklungsprozessen wäre es aber 55 hilfreich, mehr über die Übergänge von Zustand zu Zustand zu erfahren, d. h. präziser zu wissen, welche Prozesse oder Prozeßketten ablaufen (vgl. Hoppe-Graff, 1987).

7 Entwicklungsmotoren und Richtunggeber   60

Was treibt die Entwicklung voran, was löst Entwicklungsprozesse aus, was sorgt für die Einhaltung einer allfälligen Entwicklungsrichtung? Ist das alles als vererbtes ,Anlage-Programm' angelegt, oder braucht es Kräfte und Anstöße von 65 außen? Ergeben sie sich von selbst, oder muß jemand dafür sorgen (z. B. Schule)?

8 Möglichkeiten externer Beeinflussung

Gerade weil wir an Entwicklung zum Positiven interessiert sind und ,ungünstige' Entwicklung 70 auch für möglich halten, interessieren wir uns für die Möglichkeiten der gezielten Einflußnahme, sei es durch die sich entwickelnde Person selbst, sei es durch Bezugspersonen.

9 Erzieherische Relevanz   75

Was bietet die Theorie den Erziehern (allenfalls auch einer pädagogischen Theorie)? Dieser Punkt und Punkt 10 stellen Spezialisierungen des Punkts 8 dar.

10 Relevanz für Beratung und Therapie   80

Gibt das Entwicklungskonzept Anstöße für Beratung und Therapie?

11 Bewährung

Theorien können sich auf verschiedene Arten bewähren. Die klassische Bewährung besteht darin, daß aus der Theorie abgeleitete Hypothesen in 85 Experimenten bestätigt oder doch nicht falsifiziert werden. Eine Theorie kann sich aber auch in der praktischen Anwendung bewähren. Es kommt vor, daß eine Theorie Heerscharen von Therapeuten 90 begeistert und ihre Tätigkeit nach ihrem Urteil interessanter oder wirkungsvoller (oder beides) macht. Theorien können aber auch weitere Theoretiker beflügeln und sich als Rahmen oder Ausgangspunkt bewähren. Sie können sogar bessere Theorie- 95 riekonstruktionen anregen und sich selbst widerlegen.

2. Rocky: ein klassisches Experiment

1 An den Einzelversuchen nahmen je 33 Jungen und Mädchen im Alter von 3 1/2 bis 6 Jahren teil, die alle den gleichen Kindergarten besuchten. Zu Beginn des Experiments wurden die Kinder nach
5 dem Zufallsprinzip in 3 Gruppen mit je 11 Jungen und Mädchen eingeteilt. Ein weiblicher Versuchsleiter führte alle Experimente durch.

● In der ersten Phase, der Lernphase (Beobachtungsphase), sah jedes Kind einen speziell für
10 diesen Zweck gedrehten Film der mit Hilfe technischer Tricks über den Fernsehschirm ablief. Alle Kinder sahen den gleichen Film; lediglich der Ausgang des Films war für jede der 3 Gruppen verschieden. Der Film enthielt
15 vier physische und vier verbale Aggressionsäußerungen, also 8 Aggressionen; diese wurden im Film zweimal wiederholt.

(1+2) „Rocky", die Modellperson, ging auf eine lebensgroße aufgeblasene Pla-
20 stikpuppe zu, setzte sich darauf und boxte sie mehrmals auf die Nase. Die begleitende verbale Aggression dazu war: „Puh, direkt auf die Nase, bumbum."

25 (3+4) Rocky stellt die Puppe senkrecht auf und schlug mit einem großen Holzhammer auf ihren Kopf ein. Dazu die Worte: „Verdammt … bleib stehen."

(5+6) Mit gut gezielten Fußtritten befördert er
30 die Puppe quer durch den Raum. Sein Kommentar dazu, in aggressiven Tonfall: „Flieg weg".

(7+8) Schließlich warf Rocky Gummibälle nach der Puppe und rief lauthals bei
35 jedem Wurf „päng".

Der Film fand, je nach experimenteller Gruppe, ein unterschiedliches Ende.
– Die 22 Kinder der ersten Gruppe sahen, daß Rockys Aggressionen belohnt wurden, d. h.
ein Erwachsener überschüttete ihm mit 40 Süßigkeiten und lobenden Worten („großer Held", „starker Champion" usw.)
– Bei der 2. Gruppe wurde Rocky bestraft: der Erwachsene schlug ihn mit einer aufgerollten Zeitung, bezeichnete ihn als „brutalen Kerl". 45
– Bei der 3. Gruppe blieben Rockys Aggressionen ohne jegliche Konsequenz, er wurde weder bewundert und gelobt noch bestraft.

● In der zweiten Phase (spontane Imitationsphase) wurden die Kinder einzeln in ein Spielzimmer gebracht, in dem sich neben neutralem 50 Spielzeug (Plastiktiere, Puppenstube usw.) auch die Gegenstände befanden, die vorher im Film zu sehen gewesen waren (lebensgroße, aufblasbare Plastikpuppe, 3 Gummibälle, Holzhammer). Jedem Kind wurde 55 ausdrücklich erklärt, daß es mit allen Gegenständen spielen dürfe. Daraufhin verließ der Versuchsleiter den Raum und ließ das Kind 10 Minuten lang durch eine Einwegscheibe von 60 einer Person beobachten, die nicht wußte, zu welcher experimentellen Gruppe das Kind gehörte.

● In der dritten Phase (Verstärkungsphase) forderte der Versuchsleiter das Kind ausdrück- 65 lich auf, Rockys Aggressionsverhalten zu imitieren; außerdem wurde ein motivierender Anreiz gesetzt, d. h. für jede imitative Reaktion erhielt das Kind ein hübsches Abziehbild usw. Die Befunde (= durchschnittliche Anzahl der 70 imitierten aggressiven Verhaltensweisen) zeigen deutlich, daß in der spontanen Imitationsphase (Phase 2) weniger Aggressionen aufgetreten sind als in der Verstärkungsphase (Phase 3), obwohl die Kinder keine Gelegenheit 75 gehabt hatten, den Film zwischen diesen beiden Phasen noch einmal zu sehen. Dieser Unterschied wird bei den Mädchen der 2. Experimentalgruppe (Modellperson wird bestraft) besonders deutlich. 80

Quelle: N. Posse/J. Falk, 1986

3. Die biologische Anpassung als Wechselspiel von Assimilation und Akkommodation

1 Es ist auf der biologischen Ebene offensichtlich, daß ein Organismus seiner Umwelt nicht passiv ausgeliefert ist, sondern diese seinerseits aktiv gestaltet. Ein wichtiger Aspekt des Lebens liegt
5 in der Fähigkeit, sich im Wechsel der Umwelt als Organismus zu behaupten, die eigene Struktur oder Identität zu bewahren. Der Organismus schafft durch aktives Einwirken auf die Umwelt die Bedingungen, die er zu seiner Weiterexistenz
10 braucht. Daneben gibt es offenbar auch Möglichkeiten, die eigene Organisationsweise zu verändern, um besser an die Umwelt angepaßt zu sein. Auf der Ebene der Verhaltensforschung zeigt es
sich indessen, daß das Tier Möglichkeiten der Veränderung, des (Re-)Agierens auf die Umwelt 15 hat, die nicht den Organismus an die Umwelt, sondern die Umwelt an den Organismus anpassen. Beispiele sind das Markieren des Territoriums, das Spinnen von Netzen, bis hin zur Schaffung des eigenen Biotops, etwa beim Biber. 20 Während in der herkömmlichen Lernpsychologie die Möglichkeiten der Anpassung des eigenen körperlichen und geistigen Verhaltens an neue Gegebenheiten untersucht und im Begriff des erworbenen, bedingten Reflexes dargestellt wür- 25 den, hat uns die Ethologie gezeigt, wie sehr die

Umwelt in bereits vorgeformten, „instinktiven" Verhaltensformen des Organismus erfaßt und wahrgenommen wird. Beim Menschen wird
30 deutlich, daß Intelligenz in beiden Grundhaltungen des Organismus beobachtet werden kann, sowohl bei der Anpassung seiner selbst an eine veränderte Umwelt wie auch bei deren Einbezug in die eigenen Ziele. Intelligenz kann – um
35 nochmals zum Tier zurückzukehren – dadurch bestimmt werden, wie rasch das eigene Verhalten einer neuen Situation angepaßt werden kann, oder aber ob es gelingt, eine bestehende Absicht auch unter veränderten Bedingungen zu verwirk-
40 lichen. Dieser Aspekt des Verhaltens und der Intelligenz erscheint etwa beim Affen, der sich eine vor dem Käfig liegende Banane mit einem Stock erangelt, wenn sich die Reichweite der

Arme als zu kurz erwiesen hat. In vielen Fällen lassen sich die beiden Tendenzen, Veränderung 45 des eigenen Verhaltens oder geschickter Einbezug der Umwelt in bestehende Verhaltensformen und Ziele, gar nicht voneinander trennen. Derselbe Intelligenzakt schließt oft beides ein, eine Anpassung des eigenen Verhaltens an eine 50 gegebene Situation *und* eine Eingliederung der Umwelt in bestehende Verhaltensformen.
Den ersten Aspekt, die Anpassung an die Umwelt, bezeichnet Piaget als *Akkommodation*, den Einbezug der Umwelt in bestehende Verhal- 55 tensformen als *Assimilation*. Die beiden Grundtendenzen, Assimilation und Akkommodation, zeichnen nicht nur biologische Vorgänge aus, sondern ebensosehr oder gar hauptsächlich intelligentes Verhalten. 60

Quelle: F. Kubli, 1983

4. Ökologische Sozialisationsforschung

1 Das Merkmal eines ökologischen Paradigmas[1] der Sozialisationsforschung ist die Untersuchung von Entwicklung in der aktuellen Umwelt, in der der Mensch aufwächst.
5 Die Hauptmerkmale dieser Orientierung sind folgende: Erstens wird die in der Entwicklung begriffene Person nicht als tabula rasa[2] betrachtet, auf der die Umwelt ihre Eindrücke hinterläßt, sondern als wachsende dynamische Einheit, die das Milieu,
10 in dem sie lebt, fortschreitend in Besitz nimmt und umformt (→ Aneignung). Da aber auch die Umwelt Einfluß ausübt, und so ein Prozeß „gegenseitiger Anpassung" nötig wird, muß – zweitens – beachtet werden, daß die Interaktion zwischen Person und
15 Umwelt in beide Richtungen wirkt, daß sie durch Reziprozität[3] charakterisiert ist … Und drittens entspricht die für die Entwicklungsprozesse relevante Umwelt, wie sie hier definiert ist, nicht nur einem einzigen, dem unmittelbaren Lebensbereich um die
20 Person; sie umfaßt mehrere Lebensbereiche und die Verbindungen zwischen ihnen, auch äußere Einflüsse aus der weiteren Umwelt. Schließlich hat das ökologische Entwicklungssystem auch eine zeitliche Dimension, die nicht nur das Individuum,
25 sondern auch die Umwelt umfaßt.
Diese erweiterte Umweltvorstellung ist erheblich breiter und differenzierter als die der Psychologie im allgemeinen und der Entwicklungspsychologie im besonderen. Man sich die Umwelt aus
30 ökologischer Perspektive topologisch[4] als eine ineinandergeschachtelte Anordnung konzentri-

scher, ineinandergebetteter Strukturen vorstellen. Diese Strukturen werden als *Mikro-, Meso-, Exo-, Makro-* und *Chronosysteme* bezeichnet und wie folgt definiert: 35
1. Ein *Mikrosystem* ist ein Muster von Tätigkeiten und Aktivitäten, Rollen und zwischenmenschlichen Beziehungen, das die in Entwicklung begriffene Person in einem gegebenen Lebensbereich mit seinen eigentümlichen 40 physischen und materiellen Merkmalen erlebt. Ein Lebensbereich ist ein Ort, an dem ein Mensch direkte Interaktionen mit anderen eingehen kann.
2. Ein *Mesosystem* umfaßt die Wechselbezie- 45 hungen zwischen den Lebensbereichen, an denen die sich entwickelnde Person aktiv beteiligt ist (für ein Kind etwa die Beziehungen zwischen Elternhaus, Schule, und Spielkameraden; für einen Erwachsenen die 50 Beziehungen zwischen Familie, Arbeit und Bekanntenkreis)…
3. Unter *Exosystem* verstehen wir einen Lebensbereich oder mehrere Lebensbereiche, an denen die sich entwickelnde Person nicht 55 selbst beteiligt ist, in denen aber Ereignisse stattfinden, die ihren Lebensbereich beeinflussen oder davon beeinflußt werden. Beispiele eines Exosystems eines kleinen Kindes sind der Arbeitsplatz der Eltern, die Schulklasse 60 älterer Geschwister oder der Bekanntenkreis der Eltern.

---

[1] Paradigma bedeutet Betrachtungsweise
[2] Tabula rasa meint hier „unbeschriebenes Blatt".
[3] Reziprozität bedeutet Wechselseitigkeit.
[4] Topologisch bedeutet gestaltmäßig.

4. Der Begriff des *Makrosystems* bezieht sich auf grundsätzliche formale und inhaltliche Ähnlichkeiten in den Systemen niedriger Ordnung (Mikro-, Meso- und Exosystem), die in der Subkultur oder der ganzen Kultur bestehen oder bestehen könnten, einschließlich der ihnen zugrundeliegenden Weltanschauungen und Ideologien.

5. Der Begriff *Chronosystem* bezieht sich auf langfristige Forschungsmodelle, in denen die zeitliche Veränderung oder Stabilität nicht nur der sich entwickelnden Person, sondern auch des Umweltsystems in Betracht gezogen werden können. Es können zwei Formen von Wandel unterschieden werden. Der Prototyp eines Chronosystems ist ein *Lebensübergang*... der stattfindet, wenn eine Person ihre Position in der ökologisch verstandenen Umwelt durch einen Wechsel ihrer Rolle oder ihres Lebensbereichs verändert; z. B. die Geburt eines Kindes, Eintritt in den Kindergarten oder die Schule, Bestehen der Abschlußprüfung oder vorzeitiges Verlassen der Schule, Suche nach einer Anstellung, deren Wechsel oder Verlust – Heirat, der Entschluß, ein Kind zu bekommen – Ferien, Reisen – Scheidung, neue Heirat, Berufswechsel usw.

Quelle: L. Kruse/K.-F. Graumann/E. D. Lautermann (Hrsg.), 1990

5. Die Wirkung der Interaktion im Mikrosystem

Klaus et al. (1970) untersuchten die kurz- und langfristige Wirkung eines intensiveren Mutter-Kind-Kontaktes unmittelbar nach der Geburt. Sie ermöglichten, daß die Mütter auf der Entbindungsstation ihr Kind kurz nach der Geburt nackt erhielten und es etwa eine Stunde lang haben konnten. In den darauffolgenden Tagen wurde der Kontakt auf mehrere Stunden ausgedehnt. Die Kontrollgruppe hatte den auf amerikanischen (und deutschen) Entbindungsstationen üblichen Kontakt mit ihren Babys, nämlich 20 bis 30 Minuten alle vier Stunden zum Stillen der Säuglinge.[1] Die Ergebnisse waren in der Tat verblüffend. Die Mutter mit unmittelbarem Kontakt zu ihren Kindern nach der Geburt begannen, den Säugling an den Gliedmaßen und am Rumpf zu berühren und die Haut zu massieren und suchten Blickkontakt mit ihrem Kind, wobei sie die „en face"-Position innerhalb von vier bis fünf Minuten herstellten. Fünf Jahre später hatten die Kinder mit frühzeitigem Kontakt im Vergleich zur Kontrollgruppe einen signifikant höheren IQ und ein differenzierteres Sprachverständnis (Ringler 1977). Dieser Befund ist nur durch einen fortlaufenden wechselseitigen Vorgang der Einflußnahme zu erklären. Die Kinder, die stärkere Zuwendung und mehr Blickkontakt erfuhren, reagierten ihrerseits mit Signalen, die die Mutter zu erneuten Kontakten veranlaßte. Die wechselseitig anregende Wirkung führte dann zu einem wesentlich späteren Zeitpunkt, nämlich als die Kinder sich bereits von dem engen Kontakt zur Mutter gelöst hatten, zu Entwicklungsvorteilen.

Die Langzeitwirkung der Qualität des Bindungsverhaltens (attachment) fand Sroufe (1983) in systematischen Längsschnittuntersuchungen bestätigt. Kinder mit fünf Jahren, die im ersten Lebensjahr ein positives Bindungsverhalten zur Mutter (bzw. zur Pflegeperson) aufgebaut hatten, erwiesen sich im Kontakt mit Gleichaltrigen im Kindergarten als sozial kompetent, umweltzugewandt und neugierig. Kinder mit Störungen im Bindungsverhalten hatten auch häufiger Schwierigkeiten im Kontakt mit Gleichaltrigen im Kindergarten.

Über der intensiven Untersuchung der Mutter-Kind-Dyade hat man lange Zeit die Wirkung anderer Erwachsenenpersonen, insbesondere des Vaters vergessen. Parke (1978) beobachtete Väter und Mütter im Kontakt mit Neugeborenen im einem Krankenhaus. Die Anwesenheit des Ehegatten veränderte das Verhalten der Mutter. Beide zeigten stärker positive Gefühle dem Kind gegenüber und waren neugierig, mehr über die Reaktionen des Kindes zu erfahren. Pederson (1976) beobachtete die Wirkung des Ehemannes beim Füttern des Babys. Zeigte der Vater der Mutter gegenüber emotionale Unterstützung, so verlief das Füttern erfolgreich. Spannungen in der Ehe führten häufig dazu, daß die Mutter unfähig war, ihr Kind zu stillen.

Quelle: R. Oerter/L. Montada, 1987

---

[1] Heute wird allerdings das „rooming-in" mehr und mehr in den Entbindungsstationen gebräuchlich.

365

Reproduktion von Informationen:

1. Fassen Sie die bedeutendsten Entwicklungstheorien zusammen.
   (Abschnitt 10.1)

2. Stellen Sie das Menschenbild der sozial-kognitiven Theorie von Albert Bandura dar.
   (Abschnitt 10.2.1)

3. Erläutern Sie die Effekte des Modellernens.
   (Abschnitt 10.2.2)

4. Beschreiben Sie die einzelnen Phasen und Prozesse des Modellernens.
   (Abschnitt 10.2.3)

5. Stellen Sie die Bedingungen dar, die die Aufmerksamkeit des Beobachters erhöhen.
   (Abschnitt 10.2.4)

6. Erläutern Sie die Bedeutung der Bekräftigung in der sozial-kognitiven Theorie.
   (Abschnitt 10.2.5)

7. Zeigen Sie die Rolle der Motivation in der sozial-kognitiven Theorie auf.
   (Abschnitt 10.2.6)

8. Beschreiben Sie die wichtigsten Begriffe und Aussagen der sozial-kognitiven Theorie.
   (Abschnitt 10.2.2 bis 10.2.6)

9. Stellen Sie die Bedeutung der sozial-kognitiven Theorie für die Erziehung dar.
   (Abschnitt 10.2.7)

10. Stellen Sie das Menschenbild der Theorie der kognitiven Entwicklung von Jean Piaget dar.
    (Abschnitt 10.3.1)

11. Beschreiben Sie die wichtigsten Begriffe und Aussagen der Theorie der kognitiven Entwicklung.
    (Abschnitt 10.3.2)

12. Stellen Sie die Bedeutung der Theorie der kognitiven Entwicklung für die Erziehung dar.
    (Abschnitt 10.3.4)

13. Beschreiben Sie das Grundverständnis der ökologischen Betrachtungsweise.
    (Abschnitt 10.4.1)

14. Stellen Sie das Menschenbild des ökologischen Ansatzes von Urie Bronfenbrenner dar.
    (Abschnitt 10.4.2)

15. Stellen Sie die einzelnen Systeme der ökologischen Theorie Bronfenbrenners dar.
    (Abschnitt 10.4.3)

16. Zeigen Sie die verschiedenen Bausteine des Mikrosystems auf.
    (Abschnitt 10.4.3)

17. Beschreiben Sie die wichtigsten Begriffe und Aussagen der ökologischen Theorie Bronfenbrenners.
    (Abschnitt 10.4.3)

18. Stellen Sie die Bedeutung des ökologischen Ansatzes nach Bronfenbrenner für die Erziehung dar.
    (Abschnitt 10.4.4)

Anwendungsaufgaben:

19. Eltern, Erzieher und Lehrer stellen insbesondere für Grundschulkinder sehr bedeutende Modelle dar. Erläutern Sie, weshalb gerade diese Personen sehr häufig von Kindern nachgeahmt werden.
(Abschnitt 10.2.4)

20. Erklären Sie die Entstehung und Beibehaltung aggressiven Verhaltens mit Hilfe der sozial-kognitiven Lerntheorie. Stellen Sie dabei die grundlegenden Aussagen dieser Theorie dar.
(Abschnitt 10.2.2 bis 10.2.6)

21. Erklären Sie die Entstehung und Entwicklung eines Gefühls (zum Beispiel Angst) mit Hilfe der sozial-kognitiven Lerntheorie. Stellen Sie dabei die grundlegenden Aussagen dieser Theorie dar.
(Abschnitt 10.2.2 bis 10.2.6)

22. Erklären Sie den Erwerb von negativen Einstellungen gegenüber Ausländern mit Hilfe der sozial-kognitiven Lerntheorie. Stellen Sie dabei die grundlegenden Aussagen dieser Theorie dar.
(Abschnitt 10.2.2 bis 10.2.6)

23. Erklären Sie mit Hilfe der sozial-kognitiven Theorie, warum sich das Verhalten im Sinne der Entwicklung ändert. Stellen Sie dabei die grundlegenden Aussagen dieser Theorie dar.
(Abschnitt 10.2.2 bis 10.2.6)

24. Erklären Sie mit Hilfe der sozial-kognitiven Theorie die Entwicklung *eines* Persönlichkeitsmerkmales. Stellen Sie dabei die grundlegenden Aussagen dieser Theorie dar.
(Abschnitt 10.2.2 bis 10.2.6 und ein Abschnitt aus Kapitel 8.2.2 bis 8.2.4)

25. Stellen Sie am Beispiel *eines* Lebensbereiches (zum Beispiel Familie, Kindergarten, Schule) die Bedeutung der sozial-kognitiven Theorie für die Erziehung dar.
(Abschnitt 10.2.7)

26. Ermutigung als Grundprinzip jeder Erziehung. Begründen Sie dieses Prinzip mit Hilfe von Erkenntnissen der sozial-kognitiven Theorie.
(Abschnitt 10.2.6)

27. Erklären Sie mit Hilfe der kognitiven Theorie von Piaget die Entwicklung einer kognitiven Funktion oder Fähigkeit (zum Beispiel die Entwicklung der Intelligenz bzw. des Denkens).
Stellen Sie dabei die grundlegenden Aussagen dieser Theorie dar.
(Abschnitt 10.3.2)

28. Stellen Sie am Beispiel *eines* Lebensbereiches (zum Beispiel Familie, Kindergarten, Schule) die Bedeutung der kognitiven Theorie von Piaget für die Erziehung dar.
(Abschnitt 10.3.3)

29. Erläutern Sie an einem Beispiel den Entwicklungsbegriff aus ökologischer Sicht.
(Abschnitt 10.4.3)

30. Stellen Sie an Beispielen die ökologischen Systeme und ihren Zusammenhang nach Urie Bronfenbrenner dar.
(Abschnitt 10.4.3)

31. Zeigen Sie mit Hilfe geeigneter Beispiele die Wirkungsweise des Meso- und Exosystems in der menschlichen Entwicklung auf.
(Abschnitt 10.4.3)

32. Beschreiben Sie den Einfluß ökologischer Bedingungen auf sozialbezogene Aktivitäten des Kleinkindes.
(Abschnitt 10.4.3)

33. Erläutern Sie aus ökologischer Sicht, wann eine gesunde Entwicklung zu erwarten ist.
(Abschnitt 10.4.3)

34. Verdeutlichen Sie mit Hilfe des ökologischen Ansatzes, wie es zu Entwicklungsstörungen kommen kann.
(Abschnitt 10.4.3)

35. Erklären Sie mit Hilfe der ökologischen Theorie nach Bronfenbrenner, warum sich das Verhalten im Sinne der Entwicklung ändert. Stellen Sie dabei die grundlegenden Aussagen dieser Theorie dar.
(Abschnitt 10.4.3)

36. Erklären Sie mit Hilfe der ökologischen Theorie nach Bronfenbrenner die Entwicklung *eines* Persönlichkeitsmerkmales. Stellen Sie dabei die grundlegenden Aussagen dieser Theorie dar.
(Abschnitt 10.4.3 und ein Abschnitt aus Kapitel 8.2.2 bis 8.2.4)

37. Stellen Sie am Beispiel *eines* Lebensbereiches (zum Beispiel Familie, Kindergarten, Schule) die Bedeutung der ökologischen Theorie nach Bronfenbrenner für die Erziehung dar.
(Abschnitt 10.4.4)

Anregungen:

38. Sehen Sie sich eine bekannte Fernsehserie an, und versuchen Sie die dargestellten Persönlichkeitsmerkmale der Hauptdarsteller herauszufinden. Diskutieren Sie in Ihrer Klasse die möglichen Auswirkungen der Modellverhaltensweisen auf zusehende Kinder.

39. Überprüfen Sie Ihr eigenes Erzieherverhalten während der fachpraktischen Ausbildung im Hinblick auf positiven oder negativen Vorbildcharakter für die Kinder und Jugendlichen.

40. Was in der Theorie gut funktioniert, erweist sich in seiner praktischen Durchführung oft als schwieriger. Suchen Sie nach Grenzen und Schwierigkeiten, die sich bei der Anwendung der Entwicklungstheorie, die Sie im Unterricht behandelt haben, ergeben können, und diskutieren Sie diese Aspekte.

41. Diskutieren Sie die Behauptung von H. Liebel, das prosoziale Modell sei ein Konkurrent zum antisozialen, jedoch dem schlechten Modell meist unterlegen.

42. Entwerfen Sie ein gezieltes Beschäftigungsangebot, zum Beispiel eine Bilderbuchbetrachtung, und versuchen Sie in der Planung didaktische Prinzipien zu beachten, wie sie sich aus der Theorie von Piaget ableiten lassen.

43. Versuchen Sie aufzuzeichnen, welchen ökologischen Bedingungen Sie als Schüler/in ausgesetzt sind. Diskutieren Sie dann in der Klasse über Zusammenhänge von solchen Umwelteinflüssen und Ihrer Entwicklung.

Ein Gespräch zwischen Robert und Ursel

Ursel, 18 Jahre alt, und Robert, 19, sind seit etwa einem Jahr befreundet. In der letzten Zeit ist es zwischen ihnen immer häufiger zum Streit gekommen.

Ursel hat an Robert auszusetzen, daß er wenig Gefühle zeigt und sich ihr gegenüber sehr distanziert verhält. Nie würde er etwas „Positives" zu ihr sagen oder ihr Komplimente machen. Robert hingegen fühlt sich von den emotionalen Ansprüchen Ursels überfordert. Er möchte sich, wenn sie zusammen sind, entspannen und bei Bedarf auch zurückziehen können, was aber Ursel nicht akzeptiert. Auf ihn wirkt sie manchmal aufdringlich, was ihn dann nervt.

Eines Tages spielt sich folgendes Gespräch zwischen den beiden ab:

Robert: Ich werde am Wochenende mit Freunden zum Campen an den Kolarsee fahren. Das wird sicher schön.

Ursel: Was? Und das erzählst du mir erst jetzt? Wir hatten doch eigentlich ausgemacht, daß wir miteinander ins Kino gehen wollen!

Robert: Was heißt hier „ausgemacht"? Du hast mal irgendwann so nebenbei geäußert, daß wir mal wieder ins Kino gehen könnten. Aber von einem „Ausmachen" konnte gar keine Rede sein.

Ursel: Siehst du, jetzt haben wir wieder einmal den Beweis: Du gehst einfach auf mich gar nicht ein, ich bin dir egal!

Robert: So, egal bist du mir?

Ursel: Ja, egal bin ich dir! Du kümmerst dich überhaupt nicht um mich! Und das Schönste ist, daß ich gar nicht mehr erfahre, was du so über meinen Kopf hinweg mit deinen Freunden ausmachst!

Robert: Wenn du dich so aufführst, hat das sowieso keinen Sinn, mit dir zu reden. Ich will auch jetzt gar nicht streiten mit dir.

Ursel: Ja, ja, das kennen wir schon! Wenn ich dir mal sage, was ich meine, dann paßt es dir wohl nicht! Du machst es dir sehr einfach: Ich soll geduldig deine Gemeinheiten über mich ergehen lassen! Nein, mein Lieber, den Gefallen tue ich dir nicht, ich möchte jetzt eine Antwort von dir haben!

Robert: Laß' mich jetzt in Ruhe! Deine Tour kenn' ich schon, die zieht nicht mehr!

Ursel: Ich möchte jetzt sofort von dir eine Antwort, sonst hat das Konsequenzen für uns!

Robert: Jetzt reicht es mir! (Er steht auf und knallt die Wohnungstür hinter sich zu)

Dieses Gespräch hat wohl seinen Sinn verfehlt, oder wie die Psychologen sagen würden: Es handelt sich hier um eine gestörte Interaktion und Kommunikation. Dieses Beispiel wirft einige Fragen auf:

1. Was versteht man unter sozialer Kommunikation und Interaktion?
   Welche Bedeutung haben soziale Kommunikation und Interaktion?

2. Wann spricht man von einer erfolgreichen, wann von einer gestörten Kommunikation?
   Was können mögliche Folgen einer solchen Störung sein?

3. Welche grundlegenden Erkenntnisse über Kommunikation kennt die Psychologie?
   Welche Kommunikationstheorien können erfolgreiche bzw. erfolglose Kommunikation erklären?

4. Wie kann man Störungen in der Kommunikation vorbeugen bzw. beheben?
   Welche Möglichkeiten gibt es, um erfolgreich miteinander kommunizieren zu können?

Der Mensch als ein soziales Wesen ist auf Beziehungen mit seinem Mitmenschen angewiesen, ohne sie könnte er kaum leben oder überleben. Ohne Kontakte mit anderen Menschen könnte er viele Bedürfnisse nicht befriedigen, er wäre nicht imstande, ein für ihn lebensnotwendiges Selbstwertgefühl aufzubauen.

Beziehungen zu Mitmenschen können aber auch Quelle echten Unglücks und psychischer Störungen sein. Vielfach sind gestörte, erfolglose Beziehungen zu beobachten, sei es in der Ehe und Familie, bei Freunden oder Nachbarn oder auch zwischen ganzen Völkern und Gesellschaften.

11.1 Grundlagen sozialer Interaktion und Kommunikation

Für das Verständnis des menschlichen Lebens haben die beiden Begriffe *soziale Interaktion* und *soziale Kommunikation* eine zentrale Bedeutung; sie sind Grundlage eines jeden menschlichen Zusammenlebens. Ohne Interaktion und Kommunikation ist ein geregeltes Zusammenleben nicht möglich.

11.1.1 Begriffsbestimmung von sozialer Interaktion und Kommunikation

Soziale Interaktion bezieht sich auf alle Vorgänge, die zwischen Menschen ablaufen. Dieser Begriff meint das wechselseitig aufeinander bezogene, aneinander orientierte und sich ergänzende Verhalten zwischen zwei oder mehreren Personen (vgl. Dieter Ulich, 1989).

Am Beispiel eines Gespräches zwischen zwei Personen kann man diesen Begriff veranschaulichen: Die beiden Gesprächspartner gehen aufeinander ein, sie beziehen sich aufeinander und orientieren sich aneinander; jeder reagiert auf den anderen, die Äußerungen und Handlungen des einen sind oft zugleich Ergebnis und Ursache für die Äußerungen und Handlungen des anderen.

In dem Moment, in welchem Menschen miteinander in Beziehung treten, beeinflussen und steuern sie sich gegenseitig. Damit bedeutet Interaktion auch ein Geschehen zwischen Menschen, die wechselseitig aufeinander reagieren, sich gegenseitig beeinflussen und steuern.

„Soziale Interaktionen sind – vereinfacht formuliert – dadurch gekennzeichnet, daß das Handeln eines jeden beteiligten Individuums wesentlich durch das Handeln der jeweils anderen Individuen beeinflußt wird." *(Theo Herrmann; in: Hans Spada, 1990)*

> **Soziale Interaktion gilt als Bezeichnung für das wechselseitig aufeinander bezogene, aneinander orientierte und sich ergänzende Verhalten zwischen Menschen, für das Geschehen zwischen Personen, die wechselseitig aufeinander reagieren, sich gegenseitig beeinflussen und steuern.**

Wer den anderen beeinflußt und steuert, teilt ihm auch zugleich etwas mit, das heißt bei jeder sozialen Interaktion werden Informationen ausgetauscht. Diesen Teil der sozialen Interaktion bezeichnen wir als **soziale Kommunikation.**

> **Unter sozialer Kommunikation versteht man den Austausch, die Vermittlung und Aufnahme von Informationen zwischen Menschen.**

Der Begriff Information umfaßt nicht nur sachliche Inhalte, wie zum Beispiel Nachrichten, sondern auch Gefühle, Empfindungen, Wünsche, Bedürfnisse.

Kommunikation bezeichnet auch eine einzelne Mitteilung an eine oder mehrere Personen, doch von *sozialer Kommunikation* spricht man nur, wenn es sich um einen *wechselseitigen Ablauf von Mitteilungen zwischen zwei oder mehreren Personen* handelt (vgl. P. Watzlawick/J. H. Beavin/D. D. Jackson, 1990[8]). Von der sozialen Kommunikation, die sich immer in einer sozialen Situation abspielt, sind denn auch das Selbstgespräch und das Denken zu unterscheiden, die als **intrapersonale Kommunikation** aufgefaßt werden. Auch ist von der sozialen Kommunikation die **Massenkommunikation** zu trennen, bei der der *gegenseitige* Informationsaustausch und die *wechselseitige* Beeinflussung und Steuerung fehlen.

Soziale Kommunikation ist ohne soziale Interaktion nicht denkbar: Wer dem anderen Informationen mitteilt, beeinflußt und steuert ihn zugleich. Ebenso ist soziale Interaktion ohne soziale Kommunikation unmöglich: Wer mit dem anderen in Beziehung tritt, übermittelt ihm zugleich Informationen.

> Wer interagiert, kommuniziert gleichzeitig.
> Wer kommuniziert, interagiert gleichzeitig.

In dem Moment, in welchem eine oder mehrere Personen anwesend sind, ist *alles Verhalten kommunikativ.* Jede Verhaltensweise teilt dem bzw. den anderen eine bestimmte Information mit – selbst wenn man nicht Lust zum Sprechen hat, sagt man dem anderen, daß man keine Kommunikation will (vgl. Abschnitt 11.2.1).

> „Ja, es läßt sich allgemein sagen, daß *alles* Verhalten, nicht bloß der Gebrauch von Wörtern, Kommunikation ist (...), und da es so etwas wie Nichtverhalten nicht gibt, ist es unmöglich, *nicht* zu kommunizieren. (...) Alles Verhalten ist Kommunikation (...). Alles Verhalten hat eine Wirkung als Kommunikation, manchmal eine sehr starke." (*P. Watzlawick/J. Beavin; in: P. Watzlawick/J. H. Weakland (Hrg.), 1990*)

Soziale Kommunikation ist also **Verhalten im weitesten Sinne des Wortes:** „Worte und ihre nichtverbalen Begleiterscheinungen, Körperhaltung, Gesichtsausdruck, sogar Schweigen. All dies übermittelt anderen Personen eine Nachricht und wird in unserem Terminus „Kommunikation" zusammengefaßt." (*P. Watzlawick/J. Beavin; in: P. Watzlawick/J. H. Weakland (Hrg.), 1990*)

Somit sind soziale Interaktion und Kommunikation **Grundlage eines jeden Zusammenlebens:** Nur durch den Austausch von Informationen und die wechselseitige Beeinflussung erfährt der einzelne, was von ihm erwartet wird, und er weiß dadurch, wie er sich verhalten muß, um ein geordnetes Zusammenleben zu ermöglichen; nur durch soziale Interaktion und Kommunikation können Beziehungen hergestellt und aufrechterhalten werden; nur durch den Informationsaustausch und die gegenseitige Steuerung ist es möglich, bestimmte, zum Teil lebensnotwendige, Bedürfnisse zu befriedigen.

Solche Bedürfnisse, zu deren Zwecke wir mit anderen Menschen in Kommunikation treten und sie zu beeinflussen versuchen, können zum Beispiel das Bedürfnis nach Sicherheit, Wärme, Geborgenheit, Zuwendung, Liebe, Sicherheit, Anerkennung oder Selbsteinschätzung sein.

Ohne soziale Interaktion und Kommunikation wäre der Mensch nicht lebens- und überlebensfähig, es gäbe keine Kultur, und es wäre kein gesellschaftliches Zusammenleben möglich. So gesehen sind *Interaktion und Kommunikation ein Wesensmerkmal des Menschseins.*

11.1.2   Soziale Kommunikation als ein Regelkreis

Zu jeder sozialen Kommunikation gehören eine **Information,** ein **Sender,** der mit einer bestimmten **Absicht** diese Information gibt, und ein **Empfänger,** der diese Information aufnimmt.

So fragt zum Beispiel Kurt (= Sender) seinen Freund Paul (= Empfänger), ob er mit ihm weggehen will (= Information), weil Kurt heute abend nicht alleine sein will (= Absicht).

Der Sender **codiert** (= verschlüsselt) seine Information in bestimmte Zeichen – beispielsweise in Wörter, Sätze, Mimik, Gestik, Töne – die nach ganz bestimmten Regeln miteinander verbunden werden.

Bei der Sprache zum Beispiel erfolgt diese Verbindung nach grammatikalischen Regeln.

Der Sender schickt nun die Information über ein **Medium** und einen **Kanal** dem Empfänger zu. Medium bezeichnet den Code, mit dem eine bestimmte Information gegeben wird – zum Beispiel die Sprache, die Musik, die Mimik oder Gestik, das Berühren, das Gemälde, den Blick. Kanal meint, über welches Sinnesorgan die Übermittlung der Information geschieht: über das Hören, das Sehen, das Fühlen.

Die gesendeten Informationen werden vom Empfänger **decodiert,** das heißt entschlüsselt. Sender und Empfänger müssen jedoch die gleichen Zeichen und die gleiche Art, wie diese Zeichen miteinander verbunden werden, beherrschen, damit der Empfänger die vom Sender übermittelte Botschaft auch verstehen kann.

So werden sich zwei Personen nur sehr schwer verständigen können, wenn jede der beiden eine andere Sprache spricht oder wenn für sie bestimmte nonverbale Botschaften wie etwa Mimik, Gestik, Blick- oder Hautkontakt unterschiedliche Bedeutung haben. Auch wenn eine Lehrkraft beispielsweise einen Satz in griechischen Buchstaben an die Tafel schreibt, die Schüler/innen diese Schreibweise aber nicht kennen, so werden sie die griechisch geschriebene Information nicht entschlüsseln können.

Jede Botschaft löst nun beim Empfänger eine bestimmte Reaktion aus, die dem Sender zu verstehen gibt, ob und wie diese bei ihm angekommen ist. Der Empfänger wird damit zum Sender und der Sender zum Empfänger. Auch der Empfänger wird wiederum reagieren, und so findet in einem Kommunikationsablauf ein **ständiger Wechsel der Rollen** statt.

Das eingangs in diesem Kapitel geschilderte Gespräch zwischen Robert und Ursel zeigt den Rollenwechsel deutlich auf.

Soziale Kommunikation bildet also immer ein System und stellt einen Regelkreis dar, in welchem es eigentlich keinen Anfang und kein Ende gibt. Diese Sichtweise läßt zwischenmenschliche Verhaltensweisen nicht mehr in erster Linie aus den Eigenarten des einzelnen Individuums erklären, sondern aus dem *Wechselspiel zwischen den an der Kommunikation beteiligten Personen.*

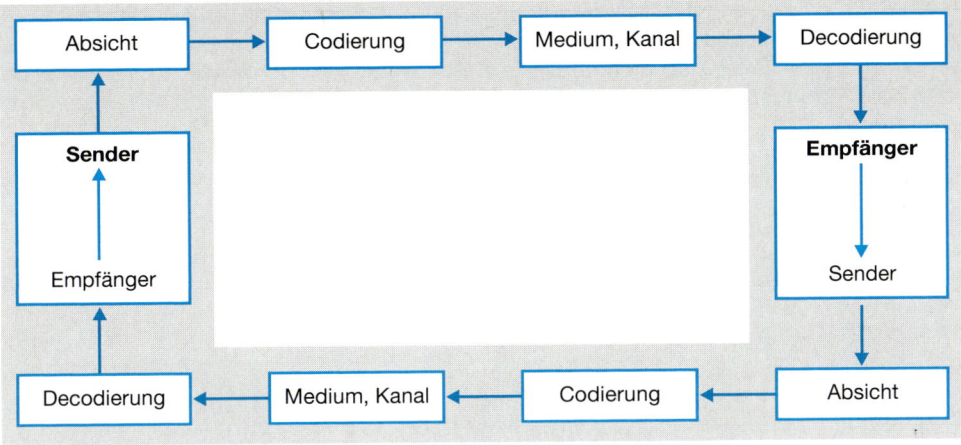

11.1.3 Erfolgreiche und gestörte Kommunikation

Wenn Menschen mit anderen in Beziehung treten, so tun sie das – wie in Abschnitt 11.1.2 schon erwähnt – immer mit einer bestimmten Absicht, sie verfolgen ein Ziel. Und um dieses Ziel zu erreichen, tauschen sie miteinander Informationen aus und beeinflussen und steuern sich gegenseitig.

So zum Beispiel belehrt die Mutter ihr Kind mit der Absicht, daß es nicht mehr auf die Straße läuft; Person A diskutiert mit B über Politik, um ihn zum Eintritt in eine bestimmte Partei zu bewegen; zwei Menschen kuscheln sich aneinander, weil sie Wärme und Geborgenheit haben möchten; eine Gruppe junger Leute singt miteinander Lieder, weil sie Gesellligkeit haben wollen.

> Menschen interagieren und kommunizieren miteinander, um eine bestimmte Absicht, ein bestimmtes Ziel zu erreichen.

Vorrangiges Ziel in jeder sozialen Kommunikation ist das **Erfüllen von bestimmten Erwartungen,** die ein Partner an den anderen stellt sowie die **Befriedigung der eigenen Bedürfnisse und der des (der) anderen.**

Ein Lehrer beispielsweise erwischt einen Schüler beim Abschreiben. Nach der Prüfungsarbeit versucht der Schüler, mit dem Lehrer zu sprechen. Dabei verspricht sich der Schüler von dieser Unterredung, daß er keine Sechs für die Prüfungsarbeit erhält.
Wenn sich zwei Menschen aneinanderkuscheln, so möchten sie ihre Bedürfnisse nach Wärme und Geborgenheit befriedigen.

Erreichen nun die an der Kommunikation beteiligten Personen ihr Ziel, tritt die gewünschte und beabsichtigte Wirkung ein, können in einer Kommunikation ihre Erwartungen erfüllt und ihre Bedürfnisse befriedigt werden, so ist die Kommunikation mit Erfolg verlaufen. Man spricht in einem solchen Fall von einer **erfolgreichen Kommunikation.**

Kann zum Beispiel ein Liebespaar durch Kommunikation seine Ziele nach Sicherheit, Wärme, Geborgenheit oder Zuwendung realisieren, so hat es mit Erfolg kommuniziert.

> **Von einer erfolgreichen Kommunikation spricht man, wenn die an einer Kommunikation beteiligten Personen ihr Ziel erreichen und die gewünschte und beabsichtigte Wirkung eintritt.**

In vielen Fällen jedoch wird das Ziel der sozialen Kommunikation nicht erreicht und die gewünschte bzw. beabsichtigte Wirkung bleibt aus; die in einer Kommunikation gesteckten Erwartungen können oft nicht erfüllt und die Bedürfnisse der an der Kommunikation beteiligten Personen nicht befriedigt werden. Es handelt sich hier um eine **gestörte Kommunikation.**

So beginnen zwei Menschen miteinander ein Gespräch, weil sie eine in der Luft liegende Spannung lösen wollen. Doch das Gespräch endet in einen bösen Streit; die beiden gehen auseinander, ohne ihre Absicht realisiert haben zu können.

In dem eingangs in diesem Kapitel geschilderten Gespräch zwischen Robert und Ursel handelt es sich ebenfalls um eine gestörte Kommunikation: Die beiden erreichen ihr Ziel nicht, die gewünschte und beabsichtigte Wirkung bleibt aus.

> **Von einer gestörten Kommunikation spricht man, wenn die an einer Kommunikation beteiligten Personen ihr Ziel nicht erreichen und die gewünschte und beabsichtigte Wirkung ausbleibt.**

Kommunikationsstörungen begegnen uns in allen Lebensbereichen: in der Ehe, wenn zum Beispiel das Zärtlichkeitsbedürfnis eines Partners nicht befriedigt wird; in der Familie, wenn beim Kind die Reinlichkeitserziehung nicht gelingt; in der Schule, wenn der Durchschnitt einer Prüfungsarbeit äußerst schlecht ist; im Betrieb, wenn der Angestellte seine Gehaltserhöhung nicht durchsetzen kann; zwischen Nationen, wenn alle Friedensbemühungen fehlschlagen.

Folgen einer gestörten Interaktion und Kommunikation können **individuelle und soziale Probleme** sein, wie zum Beispiel Schwierigkeiten im Umgang mit anderen, Konflikte, Streit, Auseinanderbrechen von Beziehungen, Erziehungsschwierigkeiten, Ärger, Zorn, Aggression, Feindseligkeit, Unzufriedenheit, Schulversagen, Unglücklichsein, Einsamkeit, Depressionen, psychische Störungen, Krankheit, Selbstmord.

Die Beziehungen zu anderen Menschen können „eine Quelle tiefster Befriedigung und schwärzesten Elends sein. ... Viele Menschen sind einsam und unglücklich, manche sind psychisch krank, weil sie nicht fähig sind, soziale Beziehungen zu anderen aufrechtzuerhalten. Viele Alltagsbegegnungen sind unangenehm, peinlich und fruchtlos, weil Menschen sich unpassend verhalten." *(Michael Argyle, 1972)*

Erfolgreiche Kommunikation	**Gestörte Kommunikation**
Das Ziel der Kommunikation wird erreicht und die gewünschte bzw. beabsichtigte Wirkung tritt ein:	Das Ziel der Kommunikation wird nicht erreicht und die gewünschte bzw. beabsichtigte Wirkung bleibt aus:
• die Erwartungen können durch sie erfüllt werden, • die eigenen Bedürfnisse und die der (des) Partner(s) können durch sie befriedigt werden.	• die Erwartungen können durch sie nicht erfüllt werden. • weder die eigenen Bedürfnisse noch die der (des) Partner(s) können durch sie befriedigt werden.
	Auswirkungen: individuelle und soziale Probleme

11.2 Die Kommunikationstheorie nach Paul Watzlawick und seinen Mitarbeitern

Paul Watzlawick und seine Mitarbeiter haben zwar keine vollständige Theorie, sondern bestimmte Annahmen zur Kommunikation vorgelegt, die „sehr einfach und selbstverständlich erscheinen, die aber nichtsdestoweniger, wenn sie bis zu den notwendigen Folgerungen durchdacht werden, einen fundamental neuen und sehr produktiven Ausblick ergeben." *(P. Watzlawick/J. Beavin; in: P. Watzlawick/J. H. Weakland (Hg.), 1990).* Seine wichtigsten Annahmen sind in den von ihnen formulierten **Axiomen[1] der Kommunikation** sowie in den Ausführungen über **Paradoxie und Doppelbindung** dargestellt. Diese Erkenntnisse werden in diesem Abschnitt ausgeführt.

Paul Watzlawick, geboren 1921 in Villach (Kärnten), studierte Philosophie, Philologie und Psychologie und promovierte 1949. Von 1957 bis 1960 war er Professor für Psychologie in El Salvador; seit 1960 ist er Forschungsbeauftragter am Mental Research Institute in Palo Alte (Kalifornien). Seit 1976 hat er zudem auch einen Lehrstuhl an der Stanford University inne.
Seine Veröffentlichungen u. a.: Menschliche Kommunikation (1969), Lösungen (1974), Wie wirklich ist die Wirklichkeit? (1976), Die Möglichkeit des Andersseins (1977), Die erfundene Wirklichkeit (1981), Anleitung zum Unglücklichsein (1983), Vom Schlechten des Guten (1986), Interaktion (1990).

---

[1] Ein Axiom ist ein Grundsatz, der keines Beweises bedarf.
Die ursprünglich fünf formulierten Axiome verringerten Watzlawick und seine Mitarbeiter später auf drei wesentliche Annahmen, doch sollen in diesem Zusammenhang alle fünf Axiome dargestellt werden, da sie sehr nützlich sind für eine erfolgreiche Kommunikation im Alltag und für die Therapie.

11.2.1 Die Axiome der Kommunikation

Grundlegende kommunikationspsychologische Erkenntnisse stellen die Axiome der Kommunikation dar. Sie können verdeutlichen, warum eine bestimmte Kommunikation erfolgreich bzw. erfolglos verlaufen ist.

> *1. Axiom:*
> In einer sozialen Situation kann man nicht nicht kommunizieren.

In Gegenwart eines oder mehrerer anderen ist alles Verhalten kommunikativ, jedes Verhalten in einer sozialen Situation hat Mitteilungscharakter. Auch wenn man sich von jemandem abwendet oder im Wartezimmer des Arztes auf den Boden starrt, teilt man dem anderen etwas mit.

„Man kann sich nicht *nicht* verhalten. Wenn man also akzeptiert, daß alles Verhalten in einer zwischenpersönlichen Situation Mitteilungscharakter hat, d. h. Kommunikation ist, so folgt daraus, daß man, wie immer man es auch versuchen mag, nicht *nicht* kommunizieren kann." *(P. Watzlawick/J. H. Beavin/D. D. Jackson, 1990[8])*

Wird dieser Grundsatz des Nicht-Kommunizieren-Könnens in sozialen Situationen beachtet, so ist eine erfolgreiche Kommunikation zu erwarten; wer dagegen gegen diesen Grundsatz verstößt und glaubt, nicht kommunizieren zu können, der ruft Störungen in der Kommunikation hervor.

Störungen, die sich aus diesem Axiom ableiten lassen:

- Ein Ignorieren der Kommunikation – etwa durch das Nicht-Antworten oder Nicht-Eingehen auf das, was der Partner gesagt hat – kann einen negativen Kommunikationsablauf zur Folge haben.
- Eine widerwillige Annahme der Kommunikation kann sich auf die Kommunikation problematisch auswirken.
- Eine Abweisung wie „Mit Dir will ich nichts zu tun haben!" ist in sich widersprüchlich.
- Einseitige Beendigung einer Kommunikation durch Aussagen wie „Ich will jetzt meine Ruhe haben!", „Ich will davon nichts hören!", „Mir reicht es jetzt!" kann Störungen hervorrufen.
- Eine Entwertung der Aussagen des Partners wie zum Beispiel häufiger Themawechsel, Nicht-bei-der-Sache-sein, Bagatellisierung durch Ratschläge („Das wird schon wieder!") verstößt ebenfalls gegen dieses Axiom.
- Das Bestreben, eine stattgefundene Kommunikation ungeschehen zu machen, wie dies beispielsweise in Aussagen „Ich habe nur gemeint!" oder „Das war nicht so wichtig!" der Fall ist, kann Probleme aufwerfen.
- Flucht in Symptome wie Müdigkeit, Kopfschmerzen, Magenverstimmung, Flucht in eine Krankheit wollen eine Kommunikation einseitig beenden.

Billiger Rat

Ein Mensch nimmt alles viel zu schwer.
Ein Unmensch naht mit weiser Lehr
Und rät dem Menschen: „Nimms doch leichter!"
Doch grad das Gegenteil erreicht er:
Der Mensch ist obendrein verstimmt,
Wie leicht man seine Sorgen nimmt.

Eugen Roth

> *2. Axiom*
> Jede Kommunikation hat einen Inhalts- und einen Beziehungsaspekt

In einem Gespräch kommt es nicht nur darauf an, *was* man sagt, sondern auch, *wie* man etwas sagt. Das Was einer Mitteilung nennen Paul Watzlawick und seine Mitarbeiter den Inhaltsaspekt und das Wie bezeichnet er als den Beziehungsaspekt.

Ein Vater zum Beispiel, der zu seinem Sohn sagt: „Hast du das gemacht?" (= Inhaltsaspekt), tut in seinem Verhalten kund, ob er dem Sohn Bewunderung, Ärger oder Mißtrauen kundtun will (= Beziehungsaspekt).

> **Der Inhaltsaspekt stellt das Was einer Mitteilung dar, der Beziehungsaspekt sagt darüber etwas aus, wie der Sender diese Mitteilung vom Empfänger verstanden haben möchte.**

Dabei charakterisiert der Beziehungsaspekt die *emotionale Beziehung,* die zwischen den Kommunikationspartnern herrscht.

Ein Lehrer beispielsweise, der einen Schüler fragt, ob er diese Arbeit selber angefertigt habe, signalisiert in seiner Art, wie er fragt – in seinem Tonfall, in der Stärke seiner Stimme, in seiner Mimik, Gestik, Haltung – Freundschaft, Anerkennung, Bewunderung, Argwohn oder Ironie. Dieser Hinweis klärt, wie der Lehrer die Beziehung zwischen sich und dem Schüler verstanden wissen will.

Jede Information teilt also dem anderen etwas über die Beziehung der Kommunikationspartner mit.

„Es gibt in jeder Kommunikation viele Informationsebenen, und eine davon betrifft stets die Beziehung, innerhalb der die Kommunikation stattfindet." *(P. Watzlawick/J. Beavin; in: P. Watzlawick/J. H. Weakland (Hrg.), 1990)*

Für eine erfolgreiche Kommunikation bedeutet es den Idealfall, wenn sich die Kommunikationspartner sowohl über den Inhalt ihrer Kommunikation als auch über ihre Beziehung einig sind. Eine erfolgreiche Kommunikation ist jedoch auch dann zu erwarten, wenn sich die Partner zwar auf der Inhaltsebene uneins sind, doch diese Meinungsverschiedenheit ihre Beziehung nicht beeinträchtigt, also auf der Beziehungsebene Einigkeit vorherrscht. Sind sich dagegen die Partner auf der Beziehungsebene oder auf beiden Ebenen – Inhalts- und Beziehungsebene – uneins, so treten in der Regel Störungen auf. Kommunikationsstörungen sind vor allem auch dann zu erwarten, wenn die beiden Ebenen miteinander verwechselt werden.

Störungen, die sich aus diesem Axiom ableiten lassen:

- Die Tatsache, daß eine negative Beziehung auf der Inhaltsebene ausgetragen wird, kann eine gestörte Kommunikation zu Folge haben.

  Kurt zum Beispiel wertet in einer Gruppendiskussion die Argumente von Karin ab, weil er sie nicht leiden kann.

- Auch der umgekehrte Vorgang, daß Uneinigkeit auf der Inhaltsebene auf die Beziehungsebene übertragen wird, kann sich auf die Kommunikation problematisch auswirken.

  Weil beispielsweise ein Freund eine andere Meinung vertritt, findet man ihn „blöd", unsympathisch, oder man meidet ihn.

- Eine negative Beziehung oder eine Beziehung, in der Unklarheit über diese herrscht, verursacht Spannungen.

  Wenn zum Beispiel ein Partner den anderen liebt, dieser aber das gar nicht weiß, werden Störungen auftreten; unbewußte Ablehnung führt ebenfalls zu Spannungen.

- Eine Beziehung, die durch ungleiche Emotionen bestimmt ist, führt zu Problemen.

  Es könnte zum Beispiel sein, daß das Mädchen den Jungen sehr liebt, der Junge aber für das Mädchen lediglich Sympathie empfindet.

- Der Versuch, den Beziehungsaspekt aus der Kommunikation herauszuhalten, kann Kommunikation fehlschlagen lassen.

  Dies ist zum Beispiel der Fall, wenn ein Lehrer eine Diskussion mit seinen Schülern hat und dann fordert: „Solche Diskussionen bringen nichts, wir werden in Zukunft nur noch Mathematik machen!"

- Eine Vernachlässigung des Beziehungsaspektes kann zu einer gestörten Kommunikation führen.

  Eltern könnten beispielsweise bei ihrem Kind sehr großen Wert auf die inhaltliche Ebene legen – etwa daß das Kind immer ordentlich und höflich ist, in der Schule fleißig lernt – dabei aber kaum die emotionale Seite berücksichtigen.

  Sehr viele Freundschaften, Partnerschaften oder Ehen fallen erst dann auseinander, wenn Uneinigkeiten auf der Inhaltsebene überwunden sind, weil dabei der Beziehungsaspekt vernachlässigt wurde.

---

3. Axiom
In einem Kommunikationsablauf ist das Verhalten des einzelnen Teilnehmers sowohl Reaktion auf das Verhalten des anderen, gleichzeitig aber auch Reiz und Verstärkung für das Verhalten des anderen.

In einer sozialen Situation löst das Verhalten eines einzelnen eine bestimmte Reaktion bei dem (den) anderen aus. Diese Reaktion ist aber zugleich wiederum Ursache für das Verhalten des (der) anderen, ja sie kann dieses Verhalten sogar verstärken.

Dies wird am Beispiel einer Auseinandersetzung sehr deutlich: Hanna stürmt etwas ärgerlich ins Arbeitszimmer von Norbert, der konzentriert vor einer Aufgabe sitzt, und sagt: „Wann kommst du denn jetzt endlich?" Norbert reagiert darauf und antwortet: „Pssst!" Dieses „Pssst!" ist zugleich Ursache für das Verhalten von Hannah, ja es wird sogar verstärkt, indem sie jetzt etwas noch ärgerlicher fragt: „Ja, wie lange soll ich denn jetzt noch warten?" Diese Äußerung von Hannah ist Ursache und Verstärkung für Norberts Reaktion: „Kannst du denn jetzt nicht still sein?" Und auch diese Reaktion löst bei Hannah wieder ein bestimmtes Verhalten aus und verstärkt es, indem sie laut brüllt und die Tür hinter sich zuschlägt.

Auf diese Art und Weise bildet – wie in Abschnitt 11.1.2 bereits erwähnt – soziale Kommunikation immer ein **System** und stellt einen **Regelkreis** dar, in welchem es eigentlich keinen Anfang und kein Ende gibt.

In einer Kommunikation neigen jedoch die Teilnehmer dazu, deren Ablauf eindeutig zu gliedern und genau zu bestimmen, welche Information bzw. welches Verhalten welche Reaktion auslöst. Dabei legt jeder Kommunikationsteilnehmer die Ursache-Wirkungs-Folge auf seine Art und Weise fest, Ursache und Wirkung werden meist unterschiedlich gesehen.

Die Freundin sagt zum Beispiel zu ihrem Freund, „Du hast mich beschimpft, dann war ich beleidigt, dann wurdest Du ausfällig!". Der Freund kann das ganz anders sehen: „Du hast beleidigt gespielt, dann habe ich geschimpft, dann warst Du noch mehr eingeschnappt." Jeder von beiden nimmt sein eigenes Verhalten nur als Reaktion auf das Verhalten des anderen wahr („Du hast ja angefangen!", „Du bist schuld!", „Ich habe das nur deshalb gemacht, weil Du ...!").

Vorangegangene Verhaltensweisen bzw. Mitteilungen des Partners werden also oft als Ursache für die Art und Weise der eigenen Kommunikation interpretiert. Diese Gliederung eines Kommunikationsablaufes bezeichnen Paul Watzlawick und seine Mitarbeiter als **Interpunktion.**

> **Mit Interpunktion wird in der Kommunikationspsychologie die Interpretation vorange-gangener Verhaltensweisen bzw. Mitteilungen als Ursache für die Art und Weise der eigenen Kommunikation verstanden.**

„Von außen gesehen, ist weder der eine noch der andere Standpunkt stichhaltig, da die Interaktion der Partner nicht linear, sondern kreisförmig ist. In dieser Beziehungsform ist kein Verhalten Ursache des anderen; jedes Verhalten ist vielmehr sowohl Ursache als auch Wirkung." *(P. Watzlawick/J. H. Beavin/D. D. Jackson, 1990⁸).*

Eine erfolgreiche Kommunikation ist dann zu erwarten, wenn Kommunikation als Regelkreis begriffen wird und/oder wenn die einzelnen Partner in einem Kommunikationsablauf als Ursache und Wirkung die gleichen Sachverhalte festlegen. Eine Störung kann sich dann ergeben, wenn die einzelnen Teilnehmer subjektiv an irgendeinem Punkt der kreisförmigen Kommunikation einen Einschnitt vornehmen und sagen: Hier hat es angefangen, das ist die Ursache.

Störungen, die sich aus diesem Axiom ableiten lassen:

● Eine erfolglose Kommunikation ist sehr wahrscheinlich, wenn Ursache und Wirkung von einem oder den Kommunikationspartner(n) subjektiv bzw. unterschiedlich festgelegt werden. Die Kommunikation wird um so erfolgloser sein, je mehr der einzelne in unerschütterlicher Weise seine Interpunktion für die einzig richtige hält.

Internationale Beziehungen verlaufen nur zu oft nach derselben Struktur, wie dies zum Beispiel beim Wettrüsten zwischen den Großmächten der Fall ist: „... wenn, wie behauptet wird, die Vorbereitung auf den Krieg das beste Mittel zur Erhaltung des Friedens ist, so ist es keineswegs klar, weshalb dann alle Nationen im Rüsten anderer Nationen eine Bedrohung des Friedens sehen. Aber eben dies sehen sie darin, und infolgedessen fühlen sie sich veranlaßt, durch eigene Aufrüstung jene Rüstungen zu übertreffen, durch die sie sich bedroht fühlen. Diese Aufrüstung bedeutet umgekehrt eine Bedrohung für Nation A, deren angeblich defensive Rüstungen sie ursprünglich auslösen, und dient nun Nation A zum Vorwand, sich zum Schutz gegen diese Bedrohung noch stärker zu bewaffnen. Diese zusätzlichen Aufrüstungen aber werden von den Nachbarstaaten ihrerseits als Bedrohung aufgefaßt usw." *(P. Watzlawick/J. H. Beavin/D. D. Jackson, 1990⁸).*

● Das eigene Verhalten wird als Entschuldigung oder Rechtfertigung für das Verhalten des anderen gesehen.

● Auch **selbsterfüllende Prophezeiungen** *(self-fulfilling-prophecy)* verstoßen nach Paul Watzlawick und seinen Mitarbeitern gegen dieses Axiom. Es handelt sich dabei um Behauptungen,
  – die von einer oder mehreren Personen über eine andere getroffen werden,
  – die nicht der Wahrheit entsprechen (müssen),
  die aber dazu geeignet sind, ein Verhalten bei diesem Menschen zu erzeugen, das diesen Behauptungen entspricht.

Solche selbsterfüllende Prophezeiungen sind zum Beispiel „Du wirst es in Deinem Leben zu nichts bringen!", „Du wirst einmal im Gefängnis landen!", „Du wirst sicher mal ein schwieriger Mensch werden!". Alle diese Behauptungen sind dazu geeignet, daß sie Wahrheit werden.

> **Eine selbsterfüllende Prophezeiung – oft auch „self-fulfilling-prophecy" genannt – ist eine Behauptung von einer oder mehreren Personen über einen anderen Menschen, die nicht unbedingt der Wahrheit entspricht, die aber bei diesem ein Verhalten erzeugt, das dieser Behauptung entspricht.**

Dabei haben wir es mit einer Kommunikation zu tun, in der tatsächlich ein Anfangspunkt gesetzt wird, indem ein Mensch einem anderen ein gewisses Verhalten mehr oder weniger aufzwingt.

- Auch das Ausüben von Zwang und Druck ruft insofern Kommunikationsstörungen hervor, als auch hier ein Anfangspunkt in der Kommunikation gesetzt wird.

> **4. Axiom**
> Menschliche Kommunikation bedient sich digitaler und analoger Modalitäten.

Es gibt zwei verschiedene Weisen, in denen etwas mitgeteilt werden kann: entweder durch ein Wort, das dem Objekt zugeordnet ist – Paul Watzlawick und seine Mitarbeiter sprechen hier von **digitaler Modalität**[1] – oder durch Entsprechung, zum Beispiel in der Form einer Zeichnung, im Ausdrucksverhalten. Die zweite Mitteilungsmöglichkeit nennen sie **analoge Modalität.**

Möchte man zum Beispiel jemanden seine Zuneigung ausdrücken, so kann dies digital in einem Satz „Ich mag Dich sehr!" und analog in Form eines Geschenkes, eines Blumenstraußes oder eines Kusses geschehen.

„Der Unterschied zwischen digitaler und analoger Kommunikation wird vielleicht etwas klarer, wenn man sich vor Augen hält, daß bloßes Hören einer unbekannten Sprache, z. B. im Radio, niemals zum Verstehen dieser Sprache führen kann, während sich oft recht weitgehende Informationen relativ leicht aus der Beobachtung von Zeichensprachen und allgemeinen Ausdrucksgebärden ableiten lassen, selbst wenn die sie verwendende Person einer fremden Kultur angehört." *(P. Watzlawick/J. H. Beavin/D. D. Jackson, 1990[8])*

Digitales Mitteilungsmaterial ist sehr komplex und auch vielseitig, so daß in der Regel mit ihm eindeutiger und klarer kommuniziert werden kann als mit analogem – vorausgesetzt, man beherrscht es. Dafür aber besitzt die digitale Kommunikation ihrerseits kein ausreichendes Vokabular zur klaren Definition von Beziehungen. Deshalb bedienen wir uns auf dem Gebiet der Beziehungen dagegen oft analoger Kommunikation.

Liebe oder Zuneigung beispielsweise kann man nur sehr schwer allein mit Worten ausdrücken.

★ Vermutlich wird der Inhaltsaspekt in einer Kommunikation digital übermittelt, während der Beziehungsaspekt vorwiegend analoger Natur ist.

Eine erfolgreiche Kommunikation ist aus der Sicht dieses Axioms dann gegeben, wenn sowohl digitale und analoge Kommunikation eindeutig sind und diese beiden Modalitäten auch übereinstimmen. Als günstig hat sich auch eine Ausgeglichenheit zwischen diesen beiden Modalitäten in einer Kommunikation erwiesen. Störungen treten auf bei Unklarheit einer der beiden Kodierungsarten, bei Nicht-Übereinstimmung dieser beiden oder bei der „Übersetzung" digitaler in analoge bzw. analoger in digitale Kodierung.

Störungen, die sich aus diesem Axiom ableiten lassen:

- Analoge Kommunikation ist – wie bereits ausgeführt – mehrdeutig und kann unterschiedlich entschlüsselt werden.

  Ein Küßchen beispielsweise, das das Kind von den Eltern auf die Wange bekommt, kann heißen, „Wir mögen dich sehr gerne!", aber auch, „Laß uns bitte jetzt in Ruhe!"

- Auch digitales Mitteilungsmaterial ist nicht immer klar und eindeutig zu codieren, so daß es zu Störungen kommen kann.

  Dies ist beispielsweise bei mangelnder Codierungsfähigkeit des Senders der Fall, wenn dieser die Sprache nur unzureichend beherrscht oder seine Ausdrucksfähigkeit eingeschränkt ist. Viele Begriffe wie zum Beispiel „Freiheit" sind vieldeutig und können verschieden interpretiert werden.

★ Oft werden bestimmte Informationen lediglich maskiert, verschleiert, indirekt oder verborgen zum Ausdruck gebracht, so daß die Botschaft für den Empfänger oft nicht klar und eindeutig ist. Auf diese Art von Botschaften wird in Abschnitt 11.2.2 eingegangen.

---

[1] Modalität bedeutet so viel wie „Ausführungsart".

- Wenn in einer Beziehung entweder digitale oder analoge Kommunikation überwiegt, so kann dies zu Störungen führen. Digitale Kommunikation zum Beispiel besitzt kein ausreichendes Vokabular zur klaren Definition von Beziehungen, andererseits ist die analoge Kommunikation zu mehrdeutig.

- Eine Störung kann sich auch ergeben, wenn digitale und analoge Kommunikation nicht übereinstimmen.

  Wenn zum Beispiel ein Mann zu seiner Freundin sagt: „Ich freue mich, bei dir zu sein!", aber nebenbei unruhig auf die Uhr und im Zimmer herumschaut, so wird die Freundin diesen Satz nicht annehmen können.

„Ich mache meine Hausaufgaben wirklich gerne!"

- Problematisch auf den Kommunikationsablauf kann sich auch auswirken, wenn sich ein Partner seiner analogen Kommunikation nicht bewußt ist.

---

5. Axiom:
Zwischenmenschliche Kommunikationsabläufe können symmetrisch und/oder komplementär sein.

Eine Beziehung kann einmal durch die Tendenz gekennzeichnet sein, gleiche, sozusagen spiegelbildlich Beziehungen zu erreichen oder zu erhalten bzw. Ungleichheiten zu vermindern oder zu beseitigen. Paul Watzlawick und seine Mitarbeiter sprechen hier von einer **symmetrischen Beziehungsform.**

So zum Beispiel bemühen sich zwei Eheleute, in Stärke wie Schwäche, Härte wie Güte und in jedem anderen Verhalten ebenbürtig zu sein.

Eine Beziehung kann sich aber auch durch Beziehungsformen auszeichnen, deren Grundlage die Unterschiedlichkeit der beteiligten Kommunikationspartner darstellt, die auf Ergänzung hin ausgerichtet sind. Hierbei handelt es sich um eine **komplementäre Beziehungsform.**

Partner A beispielsweise ist sehr aufbrausend, während Partner B „die Ruhe selbst" ist.

„Symmetrische Beziehungen zeichnen sich also durch Streben nach Gleichheit und Verminderung von Unterschieden zwischen den Partnern aus, während komplementäre Interaktionen auf sich gegenseitig ergänzenden Unterschiedlichkeiten basieren." *(P. Watzlawick/J. H. Beavin/D. D. Jackson, 1990[8])*

Eine gesunde Kommunikation ist dann zu erwarten, wenn in einer Beziehung beide Kommunikationsabläufe – die symmetrischen und die komplementären – vorhanden sind. Störungen ergeben sich dann, wenn eine Beziehung entweder nur symmetrisch oder nur komplementär verläuft.

Störungen, die sich aus diesem Axiom ableiten lassen:

- In einer symmetrischen Beziehung besteht die Gefahr, daß ein Kommunikationspartner „etwas gleicher" als der andere sein will. Dadurch entstehen bei den „Ungleichen" Bestrebungen, die vorherige Symmetrie wiederherzustellen. Dies kann zu einer sogenannten **symmetrischen Eskalation** führen, das heißt, die Partner schaukeln sich in dem Kampf „Jeder will etwas gleicher sein als der andere" hoch.

  Dies kann beispielsweise in einer Freundschaft der Fall sein, wenn ein Freund den anderen abwerten will und der darauf ebenfalls mit Abwertung antwortet. So kann sich daraus ein „Wettstreit" entwickeln, in dem Abwertung zu mehr Abwertung führt und so fort.

- Bei einer starren Komplementarität besteht die Gefahr, daß eine Abhängigkeit vom anderen beibehalten bleibt oder auch Unselbständigkeit, Unmündigkeit und Fremdbestimmung entstehen.

  Eine Mutter zum Beispiel, die ihr Kind nicht „loslassen" und deshalb die ungleiche Beziehung nicht aufgeben will, macht das Kind von sich abhängig und verhindert beim Kind die Selbstbestimmung.

> Suum cuique –
> Jedem das Gleiche?
> Nein,
> **Jedem das Seine!**

Axiom	erfolgreiche Kommunikation	gestörte Kommunikation
1. In einer sozialen Situation kann man nicht nicht kommunizieren.	Bewußtsein, daß in jeder sozialen Situation kommuniziert wird, daß alles Verhalten Mitteilungscharakter hat Annahme der Kommunikation	Ignorieren, Abweisung oder einseitige Beendigung einer Kommunikation Widerwillige Annahme einer Kommunikation Entwertung der Aussagen des Partners Ungeschehenmachen einer stattgefundenen Kommunikation Flucht in Symptome oder Krankheit
2. Jede Kommunikation hat einen Inhalts- und einen Beziehungsaspekt.	Einigkeit auf der Inhalts- und Beziehungsebene bzw. auf der Beziehungsebene allein Positive emotionale Beziehung, in der Klarheit herrscht	Eine negative Beziehung wird auf der Inhaltsebene ausgetragen. Uneinigkeit auf der Inhaltsebene stört die Beziehung. Eine negative Beziehung oder eine Beziehung, in der Unklarheit besteht Heraushalten bzw. Vernachlässigung des Beziehungsaspektes

3. *In einem Kommunikationsablauf ist das Verhalten des einzelnen sowohl Reaktion auf das Verhalten des anderen, gleichzeitig aber auch Reiz und Verstärkung für das Verhalten des anderen.*	Begreifen eines Kommunikationsablaufes als Regelkreis Gleiche Interpunktion der Kommunikationspartner	Ursache und Wirkung werden subjektiv bzw. unterschiedlich festgelegt. Eigenes Verhalten wird als Entschuldigung und Rechtfertigung für das Verhalten des anderen gesehen. Selbsterfüllende Prophezeiungen Ausüben von Druck und Zwang in der Kommunikation
4. *Menschliche Kommunikation bedient sich digitaler und analoger Modalitäten.*	Eindeutige digitale und analoge Kodierung Übereinstimmung der digitalen und analogen Modalität in einer Kommunikation Ausgeglichenheit in den beiden Modalitäten bei einer Kommunikation	Analoge Kommunikation ist mehrdeutig. Keine eindeutige Kodierung von digitalem Mitteilungsmaterial; es überwiegt analoge oder digitale Kommunikation. Analoge und digitale Kommunikation stimmen nicht überein. Der Partner ist sich seiner analogen Kommunikation nicht bewußt.
5. *Zwischenmenschliche Kommunikationsabläufe können symmetrisch und/oder komplementär sein.*	Vorhandensein von symmetrischen und komplementären Kommunikationsabläufen in einer Beziehung	Symmetrische Eskalation: Jeder will etwas gleicher sein als der andere. Starre Komplementarität: Es entstehen Abhängigkeit, Unselbständigkeit und Fremdbestimmung.

11.2.2 Die Art von Botschaften

Wie vor allem aus dem 4. Axiom hervorgeht, trägt die Art und Weise, wie man bestimmte Botschaften kodiert, sehr viel zu einem erfolgreichen bzw. erfolglosen Verlaufen einer Kommunikation bei. Dabei kommt es darauf an, wie klar und eindeutig bzw. wie mehrdeutig Botschaften verschlüsselt werden.

★   Die Art und Weise, wie Kommunikationspartner miteinander sprechen, ist eine Folge der Persönlichkeitsmerkmale und vor allem der Art der Beziehung zwischen Sender und Empfänger. Doch können Botschaften selbst verheerende Folgen für den Verlauf einer sozialen Kommunikation haben.

Bedürfnisse, Wünsche, Gefühle und dergleichen kommen häufig nur *verschleiert, verborgen oder geleugnet* zum Ausdruck.

Ein Kind beispielsweise boxt andere Kinder an, weil es Kontakt haben möchte. Ein junger Mann sagt zu seiner Freundin: „Was ich dazu meine, weißt du ja, aber du kannst ja tun, was du willst!" Eltern sagen zu ihrem Kind: „Du brauchst nicht zu lernen, aber deinen nächsten Urlaub kannst du vergessen."

Solche Äußerungen werden als **versteckte Botschaften** bezeichnet.

> **Äußerungen, in denen eigene Bedürfnisse, Wünsche, Gefühle und dergleichen eher maskiert, verschleiert, oder verborgen zum Ausdruck kommen oder gar geleugnet werden, bezeichnen wir als versteckte Botschaften.**

Durch **versteckte Botschaften** bleiben die wahren Gefühle, Bedürfnisse und Beeinflussungstendenzen unklar, das Ziel der sozialen Interaktion und Kommunikation kann somit nur sehr schwer oder gar nicht erreicht werden.

Auch in der **indirekten Ausdrucksweise** finden wir meist versteckte Botschaften.

So sagt zum Beispiel der junge Mann zu seiner Freundin: „Findest du es gut, daß du dich heute so aufgeführt hast?" Durch eine solche Äußerung werden die eigenen Empfindungen nicht bewußt, der Partner kann sie nur sehr schwer erkennen und wird in eine Verteidigungsposition gebracht. Offen gesprochen müßte der junge Mann sagen: „Ich hatte heute mit dir große Schwierigkeiten."

Auch bei Äußerungen wie „Man tut das nicht!" oder „Eine Frau geht abends nicht alleine fort!" handelt es sich um versteckte Botschaften: Der Partner versteckt sich hinter einer Verhaltensnorm, um sich nicht dazu bekennen zu müssen, daß er es ist, den etwas stört.

Einladungen

Ein Mensch, der einem, den er kennt,
Gerade in die Arme rennt,
Fragt: „Wann besuchen Sie uns endlich?!"
Der andre: „Gerne, selbstverständlich!"
„Wie wär es", fragt der Mensch, „gleich morgen?"
„Unmöglich, Wichtiges zu besorgen!"
„Und wie wärs Mittwoch in acht Tagen?"
„Da müßt ich meine Frau erst fragen!"
„Und nächsten Sonntag?" „Ach wie schade,
Da hab ich selbst schon Gäste grade!"
Nun schlägt der andre einen Flor
Von hübschen Möglichkeiten vor.
Jedoch der Mensch muß drauf verzichten,
Just da hat er halt andre Pflichten.
Die Menschen haben nun, ganz klar,
Getan, was menschenmöglich war
Und sagen drum: „Auf Wiedersehn,
Ein andermal wirds dann schon gehen!"
Der eine denkt, in Glück zerschwommen:
„Dem Trottel wär ich ausgekommen!"
Der andre, auch in siebten Himmeln:
„So gilts, die Wanzen abzuwimmeln!"

Eugen Roth

„Der indirekte Ausdruck von negativen Gefühlen neigt dazu, den anderen anzuklagen, und dieser wird versucht sein, sich zu rechtfertigen und zu verteidigen. Auf diese Weise wird häufig vom eigentlichen Problem abgelenkt, und das Gespräch gleitet auf Ebenen ab, die für das eigentliche Problem unwichtig sind." *(L. Schwäbisch/M. Siems, 1974)*

Das Ziel sozialer Interaktion und Kommunikation kann auch nur sehr schwer oder gar nicht erreicht werden, wenn Kommunikationspartner in einer Sprache sprechen, in der sie über den anderen eine Mitteilung machen, und nicht ihre eigenen Empfindungen, Gefühle, Bedürfnisse und dergleichen ausdrücken.

Beispiele hierfür sind Sätze wie: „Du bist schuld", „Du bist völlig unfähig!" „Du hörst mir ja nie zu!".

> **Äußerungen, in denen über den anderen eine Mitteilung gemacht wird, nennen wir Du-Botschaften; Äußerungen, die persönliche Empfindungen, Gefühle, Bedürfnisse und dergleichen ausdrücken, bezeichnen wir als Ich-Botschaften.**

Zu den **Du-Botschaften** gehören Mitteilungen, die urteilen, verurteilen, werten, nörgeln, beschimpfen, verhöhnen, beschämen, herabsetzen, demütigen, polemisieren, beschuldigen, warnen, ermahnen, drohen, predigen moralisieren usw. - sie alle verbergen die eigenen Bedürfnisse und drängen den anderen in eine Verteidigungshaltung. Auf diese Weise wird vom eigentlichen Problem abgelenkt, und das Gespräch gleitet auf Ebenen ab, die für das Erreichen der tatsächlichen Ziele hinderlich sind.

Du-Botschaft:	Ich-Botschaft:
„Du redest vielleicht einen Unsinn daher!"	„Ich kann nicht verstehen, was du meinst."
„Du redest zuviel, du Egoist, sei einmal still!"	„Ich würde dir auch gerne etwas sagen wollen."
„Du bist einfach gemein und rücksichtslos!"	„Was du jetzt gesagt hast, hat mich seh getroffen."
„So etwas Gefühlloses wie Du gibt es auf der ganzen Welt nicht mehr!"	„Ich würde gerne mehr Einfühlungsvermögen von dir brauchen."
„Du drehst mir immer das Wort im Mund um!"	„Ich fühle mich von dir nicht verstanden."

Du-Botschaften werden vom anderen meist als Bewertung seiner selbst aufgefaßt, während Ich-Botschaften einfach als Mitteilung über sich selbst verstanden werden. Ein Beispiel soll dies verdeutlichen:

| Bedürfnis der Mutter: sie möchte ihre Ruhe haben. | sie sagt: | **Du-Botschaft:** „Du gehst mir auf die Nerven!" | Kind entschlüsselt: „Ich bin der Mutter lästig, sie will mich nicht." |
| | | **Ich Botschaft:** „Ich bin sehr müde." | Kind entschlüsselt: „Mutter ist müde." |

„Du-Botschaften können eine katastrophale Wirkung auf die Vorstellung von sich selbst haben: sie ziehen den Charakter des anderen in Zweifel, lehnen ihn als Mensch ab, betonen seine Unzulänglichkeiten, fällen ein Urteil über seine Persönlichkeit. Auf diese Weise wird Tag für Tag zur Zerstörung des Ichs und der Selbstachtung beigetragen" *(Thomas Gordon, 1989).*

➡ **Materialien 1 und 2.**

> Musikalisches
>
> Ein Mensch, will er auf etwas pfeifen,
> Darf sich im Tone nicht vergreifen.
>
> *Eugen Roth*

11.2.3 Paradoxien und Doppelbindungen

Paul Watzlawick und seine Mitarbeiter heben als besondere form einer Kommunikationsstörung Paradoxien und Doppelbindungen hervor.

Bei **Paradoxien** handelt es sich um Botschaften, die widersprüchlich sind und den Kommunikationspartner deshalb in eine Situation bringen, die für ihn nicht lösbar ist. Innerhalb einer Beziehung wird eine Handlungsaufforderung gegeben, die „befolgt werden muß, aber nicht befolgt werden darf, um befolgt zu werden." *(P. Watzlawick/J. H. Beavin/D. D. Jackson, 1990[8])*

Die Eltern sagen zum Beispiel zu ihrem Kind: „Du brauchst nicht alles befolgen, was andere Menschen dir sagen!" Kommt das Kind dieser Aufforderung nach, so befolgt es ja doch, was ihm andere sagen, was aber der Aufforderung widerspricht.

In einer paradoxen Botschaft wird also etwas gefordert, was aber in der gegebenen Situation nicht gezeigt werden darf, weil es dann nicht mehr das ist, was gefordert wurde (vgl. Klaus Heinerth, 1979).

Die logische Sinnlosigkeit wird auch in Äußerungen deutlich wie „Lach doch mal!", „Sei lustig!", „Sei spontan!", „Sei nicht so verkrampft!".

„Der Prototyp dieser Aufforderung ist daher: 'Sei spontan!'. Diese Art von Aufforderung versetzt den Empfänger in eine unhaltbare Situation, da er, um ihr nachzukommen, spontan in einem Kontext von Gehorsam, von Befolgung, also von Nichtspontanität, sein müßte." *(P. Watzlawick/J. H. Beavin/D. D. Jackson, 1990[8])*

Paradoxien treten im menschlichen Leben sehr häufig auf; eine Störung in der Kommunikation rufen sie jedoch nur dann hervor, wenn folgende Voraussetzungen erfüllt sind – Paul Watzlawick und seine Mitarbeiter nennen sie die wesentlichen **Bestandteile einer Paradoxie:**

- Eine bindende Beziehung, in der ein Abhängigkeitsverhältnis herrscht – die also komplementär ist – und die nicht ohne weiteres verlassen werden kann.

  Eine solche Beziehung kann zum Beispiel in der Schule, im Beruf, bei der Bundeswehr, in einer engen Freundschaft bzw. Partnerschaft oder die Ehe und die Familie sein.

- Es wird eine Botschaft gegeben – in der Regel handelt es sich um eine Handlungsaufforderung –, die befolgt werden muß, aber nicht befolgt werden darf, um befolgt zu werden.

  Beispiele (aus P. Watzlawick/J. H. Beavin/D. D. Jackson, 1990[8]):
  – „Du solltest mich lieben!"
  – Die Frau sagt zu ihrem recht passiven Mann: „Ich möchte, daß du mich mehr beherrscht!"
  – „Es sollte dir ein Vergnügen machen, mit den Kindern zu spielen, wie anderen Vätern auch!"
  – „Du weißt, daß es dir freisteht zu gehen; kümmere dich nicht, wenn ich sehr traurig bin."

- Diese widersprüchliche Situation kann nicht durch eine Kommunikation gelöst werden.

  Dies ist beispielsweise der Fall, wenn man mit demjenigen, der die Botschaft gibt, überhaupt nicht sprechen kann, wenn dieser das Gespräch verweigert bzw. nicht mit sich reden läßt, oder wenn ein Hinweis auf den Widerspruch negative Konsequenzen nach sich ziehen würde – etwa eine (Schul-) Strafe, ein Disziplinarverfahren oder eine Kündigung.

Unter diesen Voraussetzungen sind Paradoxien ein Verstoß gegen das 1. Axiom („In einer sozialen Situation kann man nicht nicht kommunizieren"), da der Empfänger mit dem Sender kommunizieren müßte, um die Situation lösen zu können, der Sender aber das Gespräch nicht zuläßt.

Eine Paradoxie ist eine Handlungsaufforderung, die befolgt werden muß, aber nicht befolgt werden darf, um befolgt zu werden.

Paul Watzlawick und seine Mitarbeiter geben ein treffendes Beispiel für eine Paradoxie: Einem Soldat, der Barbier ist, wird von seinem Hauptmann befohlen, alle Soldaten der Kompanie zu rasieren, die sich nicht selbst rasieren, aber keine anderen. Der Soldat kommt folgerichtig zu dem Schluß, daß es den Kompaniebarbier im definierten Sinn nicht geben kann und darf: Der Befehl definiert den Barbier als Selbstrasierer, wenn und nur wenn er sich nicht selbst rasiert, und umgekehrt.

Um **Doppelbindungen** im engeren Sinne handelt es sich, wenn eine Information gegeben wird, die etwas Bestimmtes aussagt, – etwa ein gesprochener Satz – und die zusätzlich etwas über diese Aussage aussagt – zum Beispiel die Haltung, die zu dieser Aussage eingenommen wird –, sich aber diese beiden Aussagen nicht miteinander vereinbaren lassen *(P. Watzlawick/J. H. Beavin/D. D. Jackson, 1990⁸)*.

Beispielsweise kommt ein großer starker Junge auf einen kleinen schmächtigen Jungen zu, pöbelt ihn an, stellt sich in voller Größe mit angespannten Muskeln vor den kleinen Jungen und sagt: „Du brauchst dich nur zu wehren!"

Im weiteren Sinne spricht man aber auch von einer Doppelbindung, wenn ein Sender in einer Kommunikation einem Empfänger gegenüber zwei Aussagen tätigt, die sich miteinander nicht vereinbaren lassen.

Eltern zum Beispiel wollen erreichen, daß ihr Kind selbständig wird; doch andererseits geben die Eltern dem Kind in verschiedenster Weise in ihrem Verhalten zu verstehen, daß es unfähig zu selbständigen Entscheidungen sei, daß es Eltern brauche, ohne die es nicht zurecht komme.

> **Eine Doppelbindung liegt vor, wenn sich die Aussagen, die ein Sender in einer bestimmten Information bzw. in einer Kommunikation gibt, nicht miteinander vereinbaren lassen.**

Auch Doppelbindungen treten im menschlichen Leben häufig auf. Zu Störungen in der Kommunikation kommt es jedoch nur dann, wenn – wie bei der Paradoxie – eine bindende und komplementäre Beziehung, die nicht ohne weiteres verlassen werden kann, vorliegt und die Situation durch Kommunikation nicht beseitigt werden kann.

Aus dieser Sicht sind auch Doppelbindungen ein Verstoß gegen das 1. Axiom („In einer sozialen Situation kann man nicht nicht kommunizieren"); sie können aber zugleich eine Verletzung des 2. Axioms („Jede Kommunikation hat einen Inhalts- und einen Beziehungsaspekt") bzw. des 4. Axioms („Menschliche Kommunikation bedient sich digitaler und analoger Modalitäten") sein, da Inhalt- und Beziehungsaspekt bzw. digitale und analoge Kommunikation bei manchen Doppelbindungen nicht übereinstimmen.

Auch zu den Doppelbindungen gibt es ein beeindruckendes Beispiel aus der Therapie: Ein junger Mann, der in einer Psychiatrie untergebracht war, sich dort aber schon recht gut erholt hatte, erhielt Besuch von seiner Mutter. Er freute sich sehr, sie zu sehen, und legte ihr spontan seinen Arm um ihre Schulter. Als er das tat, erstarrt sie. Daraufhin zog er seinen Arm wieder zurück, doch die Mutter fragte dann. „Liebst Du mich nicht mehr?" Er wurde rot und verlegen, und die Mutter sagte dann: „Junge, Du mußt nicht so leicht verlegen werden und Angst vor Deinen Gefühlen haben." Der junge Mann war daraufhin nicht in der Lage, noch länger als ein paar Minuten mit seiner Mutter zu verbringen, und nachdem sie weggegangen war, zeigte er wieder akute schizophrene Schübe (vgl. G. Bateson u. a., 1969).

Besondere Formen einer Kommunikationsstörung	
Paradoxie	**Doppelbindung**
• ist eine Handlungsaufforderung, die befolgt werden muß, aber nicht befolgt werden darf, um befolgt zu werden; • sie wird in einer bindenden Beziehung gegeben, in der ein Abhängigkeitsverhältnis herrscht (komplementäre Beziehung) und die nicht ohne weiteres verlassen werden kann; • die widersprüchliche Situation kann nicht durch eine Kommunikation beseitigt werden.	• die Aussagen, die ein Sender in einer bestimmten Information bzw. in einer Kommunikation gibt, lassen sich nicht miteinander vereinbaren; • diese Information wird in einer bindenden Beziehung gegeben, in der ein Abhängigkeitsverhältnis herrscht (komplementäre Beziehung), und die nicht ohne weiteres verlassen werden kann; • die unhaltbare Situation kann nicht durch eine Kommunikation beseitigt werden.

11.2.4 Vorbeugung und Behebung von Kommunikationsstörungen

Allzu häufig passiert es, daß einiges „schiefgeht", wenn wir miteinander sprechen. Eine erfolgreiche Kommunikation hängt nicht nur vom „guten Willen" der an einer Kommunikation beteiligten Personen ab, sondern auch von der Fähigkeit, den komplizierten Vorgang einer Kommunikation zu durchschauen und das „Miteinander-Sprechen" zu beherrschen.

Hierzu gehört einmal der Erwerb von **kommunikativen Grundfähigkeiten** wie zum Beispiel zu sich selbst und seine eigenen Gedanken, Gefühle, Wünsche, Bedürfnisse, Erwartungen, Befürchtungen und dergleichen zu akzeptieren und offen anzusprechen, zu äußern, was einem nicht gefällt und paßt, zuhören und auf das Gesagte eingehen können, sich verständlich ausdrücken und vieles andere mehr[1].

Zum anderen ist für eine befriedigende Kommunikation die Fähigkeit erforderlich, Störungen in der Kommunikation zu erkennen, ihre Ursachen zu durchschauen und mit Hilfe von kommunikationspsychologischen Erkenntnissen zu analysieren, um diese Störungen beseitigen zu können.

Paul Watzlawick und seine Mitarbeiter halten es für das Wichtigste, daß man laufend über die Beziehung spricht, nicht nur, um Klarheit über diese zu bekommen, sondern um überhaupt fast allen Kommunikationsstörungen vorzubeugen bzw. diese zu beheben. Die genannten Kommunikationsforscher meinen sogar, daß nahezu alle Störungen in der Unfähigkeit begründet liegen, über die jeweilige Art und Weise der Beziehung zu sprechen.

Da – wie aus dem 2. Axiom („Jede Kommunikation hat einen Inhalts- und einen Beziehungsaspekt") hervorgeht – jede Kommunikation Auskunft gibt über die Beziehung zwischen Kommunikationspartner, ist es zudem sehr förderlich, über die abgelaufene Kommunikation zu sprechen. Die Kommunikation über die Beziehung zwischen Kommunikationspartnern und über die Kommunikation selbst bezeichnet man in der Psychologie als **Metakommunikation.**

Es ist der Beziehungsaspekt einer Kommunikation, der die emotionale Beziehung zwischen Kommunikationspartner charakterisiert. Insofern stellt auch der *Beziehungsaspekt eine Kommunikation über eine Kommunikation* dar und ist deshalb auch Metakommuni-

---

[1] Solche kommunikativen Grundfähigkeiten werden in Abschnitt 11.4 näher ausgeführt.

kation. Der Beziehungsaspekt einer Information, der verdeutlicht, wie der Sender diese Information verstanden haben möchte, fällt also neben der Kommunikation über die Kommunikation und über die Beziehung ebenfalls unter den Begriff „Metakommunikation".

> Metakommunikation bedeutet einmal die Kommunikation über die Kommunikation und zum anderen die Kommunikation über die Beziehung zwischen Kommunikationspartnern; Metakommunikation ist mit dem Beziehungsaspekt identisch und meint deshalb auch die Verdeutlichung einer Information, wie diese verstanden werden möchte.

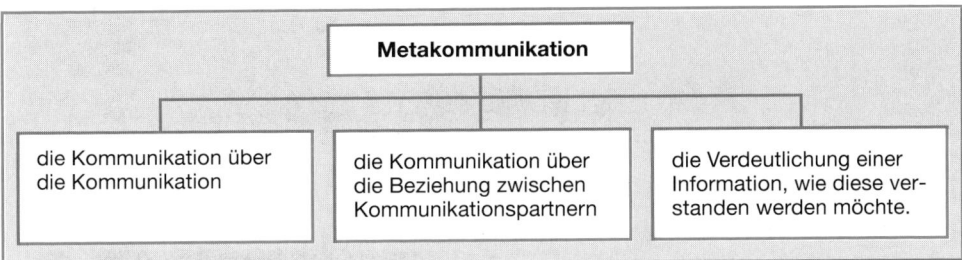

Zusammenfassung der Kommunikationstheorie nach Paul Watzlawick und seinen Mitarbeitern

▶ Als theoretische Grundlagen erfolgreicher bzw. gestörter Kommunikation werden die „Axiome der Kommunikation" von Paul Watzlawick und seinen Mitarbeitern herangezogen:

- In einer sozialen Situation kann man nicht nicht kommunizieren.
- Jede Kommunikation hat einen Inhalts- und einen Beziehungsaspekt
- In einem Kommunikationsablauf ist das Verhalten des einzelnen sowohl Reaktion auf das Verhalten des anderen, gleichzeitig aber auch Reiz und Verstärkung für das Verhalten des anderen.
- Menschliche Kommunikation bedient sich digitaler und analoger Modalitäten.
- Zwischenmenschliche Kommunikationsabläufe können symmetrisch und/oder komplementär sein.

▶ Als besondere Form einer Kommunikationsstörung heben Paul Watzlawick und seine Mitarbeiter Paradoxien und Doppelbindungen hervor. Bei einer Paradoxie handelt es sich um eine Handlungsaufforderung, die befolgt werden muß, aber nicht befolgt werden darf, um befolgt zu werden; von Doppelbindungen spricht man, wenn sich die Aussagen, die ein Sender in einer bestimmten Information bzw. in einer Kommunikation gibt, nicht miteinander vereinbaren lassen. Zu Störungen können Paradoxien und Doppelbindungen führen, wenn es sich um eine bindende und komplementäre Beziehung handelt, die nicht ohne weiteres verlassen werden kann, und wenn die unhaltbare Situation durch Kommunikation nicht beseitigt werden kann.

▶ Zur Vorbeugung und Behebung von Kommunikationsstörungen sind einmal bestimmte kommunikative Grundfähigkeiten erforderlich, zum anderen die Fähigkeit, Störungen in der Kommunikation zu erkennen, ihre Ursachen zu durchschauen und mit Hilfe von kommunikationspsychologischen Erkenntnissen zu analysieren, um diese Störungen beseitigen zu können.

▶ Paul Watzlawick und seine Mitarbeiter halten es für das Wichtigste, daß man laufend metakommuniziert, nicht nur, um Klarheit über die Beziehung zu bekommen, sondern um überhaupt fast allen Kommunikationsstörungen vorzubeugen bzw. diese zu beheben. Metakommunikation bedeutet einmal die Kommunikation über die Kommunikation und zum anderen die Kommunikation über die Beziehung zwischen Kommunikationspartner; Metakommunikation ist mit dem Beziehungsaspekt identisch und meint deshalb auch die Verdeutlichung einer Information, wie diese verstanden werden möchte.

11.3 Die Kommunikationstheorie nach Friedemann Schulz von Thun

Friedemann Schulz von Thun hat eigentlich keine vollständige, in sich geschlossene Kommunikationstheorie entwickelt, sondern Annahmen formuliert, um typische Kommunikationsstörungen analysieren sowie Möglichkeiten erfolgreicher Kommunikation aufbauen zu können. Voraussetzung hierzu ist die genaue Kenntnis über die Beschaffenheit einer Nachricht, die die Grundlage seiner Aussagen bildet. Dabei versuchte er, Erkenntnisse von *Alfred Adler, Carl Rogers, Ruth Cohn, Friedrich Perls* und *Paul Watzlawick*[1] „unter einen Hut" zu bringen. Erkenntnisse der Kommunikationspsychologie gehören nach ihm nicht „in die Geheimfächer der Psychologie eingeschlossen, sondern in die Hand von jedermann."

Friedemann Schulz von Thun, Kommunikationspsychologe, wurde 1944 geboren und ist heute Professor im Fachbereich Psychologie an der Universität Hamburg. Zugleich ist er Leiter des Arbeitskreises „Kommunikation und Klärungshilfe im beruflichen Bereich", der eine Verbindung von Forschung, Lehre und Praxis sucht. Einer seiner Arbeitsschwerpunkte ist die verständliche Informationsvermittlung und die Weiterentwicklung von Methoden des Verhaltenstrainings. Zudem ist er Autor und Moderator von zahlreichen Fernsehsendungen zu Themen der Kommunikationspsychologie.

Bekannt wurde Friedemann Schulz von Thun durch das zusammen mit Christoph Thomann herausgegebene Sachbuch **„Klärungshilfe – Handbuch für Therapeuten, Gesprächshelfer und Moderatoren in schwierigen Gesprächen"** sowie durch sein zweibändiges Werk **„Miteinander reden"**. Im 1. Band geht es dabei um allgemeine Erkenntnisse der Kommunikationspsychologie, der 2. Band stellt unterschiedliche Kommunikationsstile samt den aus ihnen folgenden Verhaltensweisen dar.

---

[1] Alfred Adler (1870–1937) ist Begründer der Individualpsychologie, eine tiefenpsychologische Richtung; Carl Rogers (* 1902) begründete die Selbst–Theorie (vgl. Kapitel 7.3) und die Gesprächspsychotherapie; Ruth Cohn (* 1912) ist die Mutter der Themenzentrierten Interaktion, eine gruppendynamische Methode, die darauf abzielt, zwischen dem einzelnen, der Gruppe und dem gemeinsamen Sachthema ein dynamisches Gleichgewicht zu erhalten; Fritz Perls (1893–1970) ist der Vater der Gestalttherapie; und Paul Watzlawick ist einer der bekanntesten Kommunikationstheoretiker. Seine wichtigsten Aussagen sind in Abschnitt 11.2 dargestellt.

11.3.1 Das Modell der zwischenmenschlichen Kommunikation

Friedemann Schulz von Thun hat sich in erster Linie auf die Beschaffenheit einer Nachricht konzentriert. Dabei bezeichnet er als **Nachricht** das, was ein Sender von sich gibt, also die vom Sender verschlüsselte Information, die an einen Empfänger gerichtet ist. Die Nachricht muß jedoch nicht immer sprachlich – also **verbal**– gesendet werden, sie kann auch auf nicht–sprachlichem – **nonverbalem** – Wege übermittelt werden. Er hat erkannt, daß ein und **dieselbe Nachricht** immer viele Botschaften gleichzeitig enthält.

„Dies ist eine Grundtatsache des Lebens, um die wir nicht herumkommen. Daß jede Nachricht ein ganzes Paket mit vielen Botschaften ist, macht den Vorgang der zwischenmenschlichen Kommunikation so kompliziert und störanfällig, aber auch so aufregend und spannend." *(Friedemann Schulz von Thun, Band 1, 1990)*

Um die Vielfalt der Botschaften, die eine Nachricht enthält, ordnen zu können, unterscheidet Friedemann Schulz von Thun **vier Seiten einer Nachricht,** die

- Sachinhaltsseite,
- Selbstoffenbarungsseite,
- Beziehungsseite,
- Appellseite.

Der Sachinhalt

Hier wird die Frage geklärt, worüber berichtet wird; es geht um die *Sachinformation.* Der Sachinhalt enthält Informationen über die mitzuteilenden Geschehnisse und Dinge.

Die Selbstoffenbarung

Nachrichten enthalten nicht nur Sachinformationen, sondern auch *Informationen über die Person des Senders.* Die Frage, was der Sender von sich selbst kundgibt, steht hierbei im Vordergrund.

„In jeder Nachricht steckt ein Stück Selbstoffenbarung des Senders. Ich wähle den Begriff der Selbstoffenbarung, um damit sowohl die gewollte Selbstdarstellung als auch die unfreiwillige Selbstenthüllung einzuschließen." *(Friedemann Schulz von Thun, Band 1, 1990)*

Die Beziehung

Aus einer Nachricht kann man ferner entnehmen, *wie der Sender zum Empfänger steht und was der Sender vom Empfänger hält.* Die Beziehungsseite der Nachricht klärt also einmal, wie der Sender den Empfänger sieht, und zum anderen, wie der Sender die Beziehung zwischen sich und dem Empfänger betrachtet. Jede Information teilt dem anderen etwas über ihn und über die Beziehung der Kommunikationspartner mit.

„Eine Nachricht senden heißt auch immer, zu dem Angesprochenen eine bestimmte Art von Beziehung auszudrücken. Genaugenommen sind auf der Beziehungsseite der Nachricht zwei Arten von Botschaften versammelt. Zum einen solche, aus denen hervorgeht, was der Sender vom Empfänger hält, wie er ihn sieht. (...) Zum anderen enthält die Beziehungsseite aber auch eine Botschaft darüber, wie der Sender die Beziehung zwischen sich und dem Empfänger sieht (‚so stehen wir zueinander')." *(Friedemann Schulz von Thun, Band 1, 1990)*

Der Appell

Jede Nachricht will auf den Empfänger *Einfluß nehmen.* Hier handelt es sich um den Aspekt, wozu der Sender den Empfänger veranlassen will (vgl. hierzu auch Abschnitt 11.1.3).

„Die Nachricht dient also (auch) dazu, den Empfänger zu veranlassen, bestimmte Dinge zu tun oder zu unterlassen, zu denken oder zu fühlen. Dieser Versuch, Einfluß zu nehmen, kann mehr oder minder offen oder versteckt sein – im letzteren Falle sprechen wir von Manipulation." *(Friedemann Schulz von Thun, Band 1, 1990)*

Ein Beispiel von Friedemann Schulz von Thun soll diese vier Seiten der Nachricht verdeutlichen: Der Mann (= Sender) sagt zu seiner am Steuer sitzenden Frau (= Empfänger): „Du, da vorne ist grün!"

Die Nachricht enthält eine Sachinformation über den Zustand der Ampel, daß sie auf grün steht (= Sachinhaltsseite). Außerdem gibt die Nachricht Auskunft über den Sender – etwa daß er deutschsprachig ist, daß er aufpaßt und in Gedanken mitfährt, daß er es vielleicht eilig hat (= Selbstoffenbarungsseite). Aus der Nachricht geht ferner hervor, wie der Sender zum Empfänger steht: Der Mann traut möglicherweise seiner Frau nicht zu, den Wagen alleine optimal zu fahren, er hält sie für reaktionslangsam oder auch für hilfsbedürftig (= Beziehungsseite). Und schließlich fordert der Mann die Frau zum Losfahren auf, um bei Grün über die Ampelanlage zu kommen (= Appellseite).

Die vier Seiten einer Nachricht nach Friedemann Schulz von Thun[1]

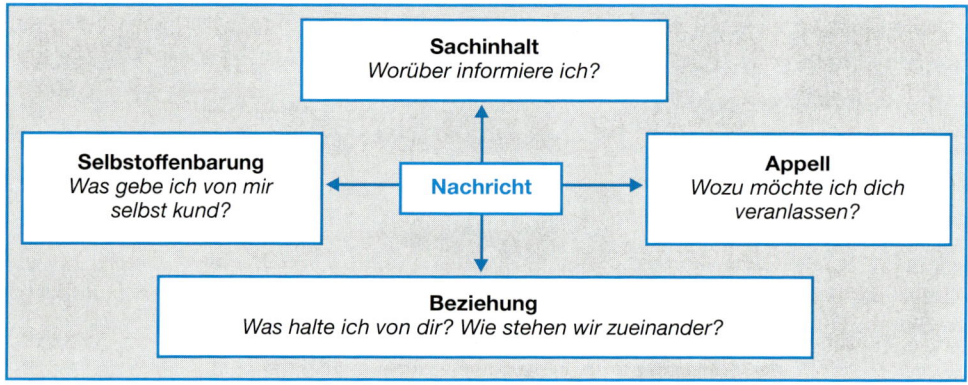

➡ **Materialien 3.**

Nach Schulz von Thun sendet der Sender – ob er will oder nicht – immer gleichzeitig auf allen vier Seiten. Selbst wenn er nur eine Sachinformation mitteilen oder sich lediglich offenbaren will, so muß er sich bewußt sein, daß bei seiner Nachricht grundsätzlich alle vier Seiten mit im Spiele sind.

Je nach Aspekt verfolgt der Sender **unterschiedliche Ziele:** Er beabsichtigt Sachinformationen zu liefern, Information über sich zu geben und das Verhältnis zwischen sich selbst und dem Empfänger zu beschreiben sowie Einfluß auf den Empfänger zu nehmen.

---

[1] Dieses Modell ist angeregt durch Karl Bühler und Paul Watzlawick; Bühler unterscheidet drei Aspekte der Sprache, die *Darstellung,* die dem Sachinhalt entspricht, der *Ausdruck,* der die Selbstoffenbarung verkörpert, und den *Appell.* Watzlawick unterscheidet zwischen dem Inhalts- und dem Beziehungsaspekt (siehe Abschnitt 11.2.1), wobei ersterer dem Sachinhalt entspricht, der Beziehungsaspekt jedoch Selbstoffenbarung, Beziehung und Appell beinhaltet. Den Vorteil seines Modells sieht Schulz von Thun in der besseren Einordnung der Vielfalt von Kommunikationsstörungen.

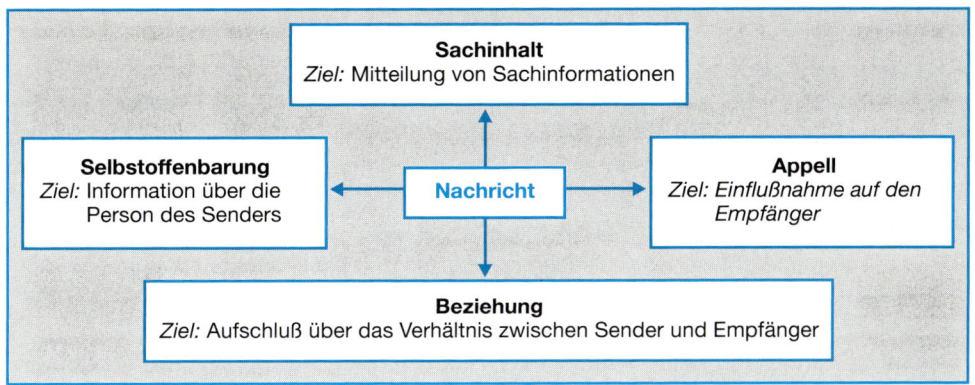

Der Sender „teilt Sachinformationen mit; stellt sich dabei gleichzeitig selbst dar; drückt aus, wie er zum Empfänger steht, so daß sich dieser in der einen oder anderen Weise behandelt fühlt; und versucht Einfluß auf das Denken, Fühlen und Handeln des anderen zu nehmen." *(Friedemann Schulz von Thun, Band 1, 1990)*

Bisher wurde die Kommunikation überwiegend aus der Sicht des Senders betrachtet. Von **sozialer Kommunikation** spricht man jedoch nur, wenn die gesendete Nachricht beim Empfänger eine bestimmte Reaktion auslöst. Dabei besitzt natürlich auch die Rückmeldung eine Nachricht mit allen vier Botschaften; Der Empfänger teilt eine bestimmte Sachinformation mit; dabei gibt er von sich selbst etwas kund, nämlich wie *er* auf die Nachricht des Senders reagiert, was er hineinlegt und was sie bei ihm auslöst; zudem drückt er aus, wie er zum Sender steht; und nicht zuletzt beinhaltet seine Reaktion einen Appell.

Das Modell der zwischenmenschlichen Kommunikation nach Friedemann Schulz von Thun:

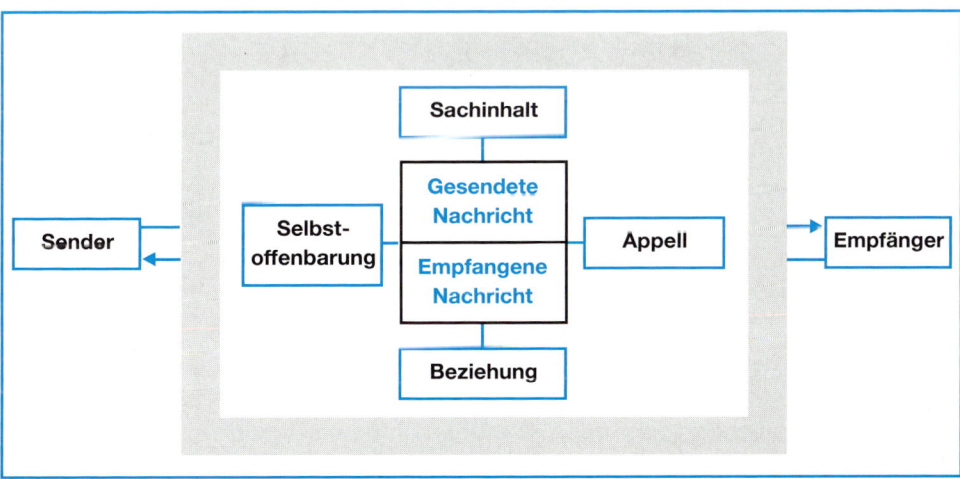

11.3.2   Die Interpretation der Nachricht

Es ist nicht unerheblich, wie der Empfänger eine Nachricht aufnimmt. Schulz von Thun geht von der Annahme aus, daß die Nachricht, wie sie beim Empfänger ankommt, zu einem guten Teil sein „eigenes Werk" – oder wie er es selbst bezeichnet, sein **Machwerk** – ist. Wenn also die Nachricht anders ankommt als sie gemeint war, so muß das nicht unbedingt an der Unfähigkeit des Senders liegen, dies kann auch durch den Empfänger verursacht sein.

„In die ankommende Nachricht investiert der Empfänger gleichsam seine ganze Person – sie ist zu einem gut Teil ‚sein eigenes Werk'. (...) Das, was die Nachricht ‚anrichtet', richtet der Empfänger also teilweise selbst an." *(Friedemann Schulz von Thun, Band 1, 1990)*

Friedemann Schulz von Thun unterscheidet drei verschiedene Empfangsvorgänge, aus denen sich die Reaktion des Empfängers aufbaut: die **Wahrnehmung** einer Nachricht, ihre **Interpretation** und das **Fühlen.**

Wahrnehmen meint in diesem Zusammenhang, etwas mit den Sinnesorganen aufnehmen, zum Beispiel etwas sehen bzw. hören. *Interpretieren* bedeutet, dem Wahrgenommenen seine Bedeutung zuschreiben. *Fühlen* heißt, auf das Wahrgenommene und Interpretierte mit bestimmten Gefühlen zu reagieren.

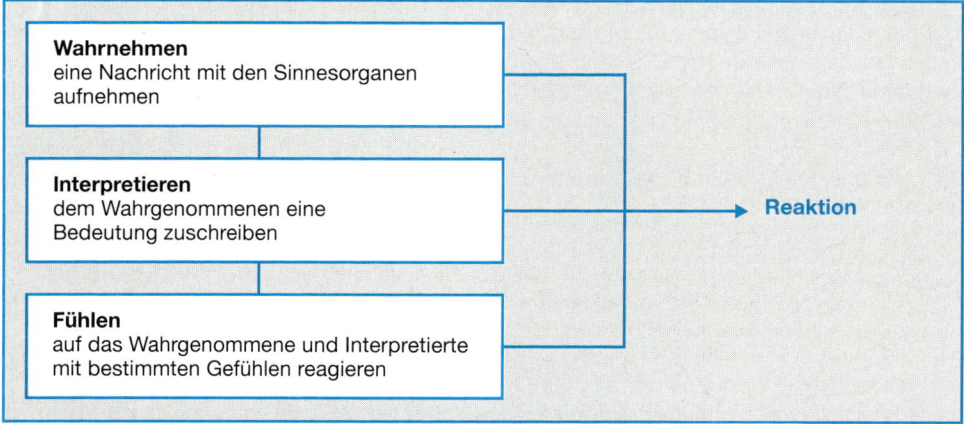

Ein Beispiel soll diese Empfangsvorgänge veranschaulichen:
Petra erzählt ihrem Freund, daß sie ihn gerne begleiten möchte; er verzieht nur seinen Mund, worauf sie sagt: „Willst du nicht, daß ich mitgehe?"

Da die Reaktion des Empfängers zu einem guten Teil sein eigenes Werk ist, ist es angebracht, wenn er die Verantwortung für seine Gefühle und Reaktionen selbst übernimmt und sie nicht dem Sender zuschiebt. Diese **Übernahme der Verantwortung** erleichtert eine erfolgreiche Kommunikation.

Schulz von Thun meint, daß man oft nicht auf die Menschen reagiert wie sie sind, sondern auf die **Phantasien,** die man sich von ihnen macht. Sie treten bei der Interpretation eines Empfangsvorganges auf.

Beispiele für Phantasien:
„Gerd schaut müde aus, ich kann ihn nicht mit meinen Problemen belasten." Vielleicht aber ist Gerd gar nicht müde, sondern man denkt es nur von ihm. Dieses Phantasieren bestimmt dann wiederum die Reaktion: „Ich werde ihn nicht mit meinen Problemen belasten."
Ein Schüler schreibt schlechte Noten. Der Lehrer meint (phantasiert): „Der Schüler ist faul, er ist an der Schule gar nicht interessiert". Vielleicht ist der Schüler gar nicht faul, vielleicht hat er im Moment ein Problem, das ihn am Mitlernen hindert.

„Ich spreche von „Phantasien" an Stelle von „Interpretationen", wenn meiner Vermutung über Gedanken und Gefühle des anderen keine klar angebbare Wahrnehmung zugrunde liegt." *(Friedemann Schulz von Thun, Band 1, 1990).*

Es geht in der Kommunikation nicht darum, Phantasien so gut als möglich auszuschalten – sie können sowohl zu Erfolgen als auch zu Störungen in der Kommunikation führen. Indem der Empfänger seine Phantasien als zutreffend und wahr annimmt und für sich behält, unterbricht er den Kontakt und bleibt isoliert von seinen Mitmenschen. Wenn der Empfänger jedoch begreift, daß Phantasien etwas von ihm selbst sind, dem anderen mitteilt und auf die Realität hin überprüft, so kann dies zu intensiven Kontakt mit ihnen führen.

So könnte es möglich sein, daß der Lehrer, der den Schüler für faul hält, mit dem Schüler darüber spricht. Daraus kann sich eine erfolgreiche Kommunikation ergeben, die sowohl dem Lehrer als auch dem Schüler nützt. Hält dagegen der Lehrer seine Phantasie als zutreffend und spricht er sie nicht an, so wird sich möglicherweise noch zusätzlich die Beziehung zwischen dem Lehrer und dem Schüler verschlechtern. Der Lehrer hat den Schüler „abgeschrieben".

„Es ist wundersam, wie grundverschieden wir mit unseren Phantasien umgehen können, einem Baumaterial, daß sich gleichermaßen zur Herstellung von Käfigen wie von Kontaktbrücken verwenden läßt." *(Friedemann Schulz von Thun, Band 1, 1990)*

Folgende **Aussagen über „Phantasien"** können gemacht werden:

- Phantasien über andere Personen sind grundsätzlich von einem selbst und können richtig oder falsch sein.
- Unausgesprochene Phantasien belasten die zwischenmenschliche Kommunikation.
- Phantasien kann man für sich behalten und sein Verhalten danach ausrichten; dies kann zu Isolation von Mitmenschen führen.
- Phantasien können anderen mitgeteilt und auf die Realität hin überprüft werden; dies kann zu einem intensiven Kontakt zu Mitmenschen führen.
- Nur der Empfänger kann entscheiden, ob die Phantasien zutreffend sind oder nicht

„Ob meine Phantasien zutreffen, kann nur der andere entscheiden. Ich bin nicht Fachmann für seine Innenwelt, kann nicht wissen, was er wirklich fühlt und wirklich möchte. Jede Botschaft von der Art ‚Ich weiß besser als du, was mit dir los ist' schadet der Kommunikation ..." *(Friedemann Schulz von Thun, Band 1, 1990)*

Eine erfolgreiche Kommunikation ist demnach dann zu erwarten, wenn man Phantasien anspricht, sie auf die Realität hin überprüft und gegebenenfalls auch bereit ist, sie zu korrigieren; Kommunikationsstörungen treten in der Regel dann auf, wenn Phantasien für sich behalten, nicht auf die Realität hin überprüft werden und man sein Verhalten danach ausrichtet.

11.3.3 Erfolgreiche und gestörte Kommunikation

Nach Schulz von Thun sendet der Sender immer gleichzeitig auf allen vier Seiten – auf der Sachinhalts-, Selbstoffenbarungs-, Beziehungs- und Appellseite. Demnach ist eine erfolgreiche Kommunikation nur dann gewährleistet, wenn er alle diese Seiten beherrscht. Selbst wenn er nur eine sachliche Information geben oder sich nur offenbaren will, muß er sich bewußt sein, daß bei seiner Nachricht grundsätzlich alle vier Seiten mit im Spiel sind. Eine Beherrschung nur einer dieser Seiten führt zwangsläufig zu Kommunikationsstörungen.

So zum Beispiel treten Störungen auf, wenn man zwar von der Sache her recht hat und gut argumentiert, auf der Beziehungsseite aber Unheil stiftet; man kann auch auf der Selbstoffenbarungsseite eine gute Figur machen, es werden aber vermutlich Störungen auftreten, wenn man unverständlich in der Sachbotschaft bleibt, indem man geistreich und kompliziert spricht (vgl. Friedemann Schulz von Thun, Band 1, 1990).

Entsprechend muß natürlich auch der Empfänger imstande sein, alle vier Seiten der Nachricht aufzunehmen. Doch das ist in der Regel nicht der Fall, der Empfänger nimmt meist nur eine Seite der Nachricht wahr und reagiert auf diese.

„Der Empfänger ist mit seinen zwei Ohren biologisch schlecht ausgerüstet: Im Grunde braucht er ‚vier Ohren‘ – ein Ohr für jede Seite. (...) Je nachdem, welches seiner vier Ohren der Empfänger gerade vorrangig auf Empfang geschaltet hat, nimmt das Gespräch einen sehr unterschiedlichen Verlauf. Oft ist es dem Empfänger gar nicht bewußt, daß er einige seiner Ohren abgeschaltet hat und dadurch die Weichen für das zwischenmenschliche Geschehen stellt.“ *(Friedemann Schulz von Thun, Band 1, 1990)*

| **Selbstoffenbarungsohr:** Was ist das für einer? Was ist mit ihm? | | **Beziehungsohr:** Wie redet der mit mir? Was hält der von mir? |
| **Sachinhaltsohr:** Wie ist der Sachverhalt zu verstehen? | | **Appellohr:** Was soll ich denken, fühlen, tun? |

Störungen in der Kommunikation können sich dann ergeben, wenn der Empfänger auf einer Seite der Nachricht reagiert, auf die der Sender gar keinen Wert legen wollte, oder wenn der Empfänger auf einem bestimmten Ohr, das dem Sender wichtig ist, nicht hört bzw. hören will, oder wenn der Empfänger überwiegend nur auf einem Ohr hört und für alle anderen Botschaften, die sonst noch ankommen, taub ist. Eine erfolgreiche Kommunikation ist bei einer ausgewogenen „Vierohrigkeit“ vorhanden, bei der dann von Situation zu Situation entschieden wird, auf welcher(n) Seite(n) zu reagieren ist.

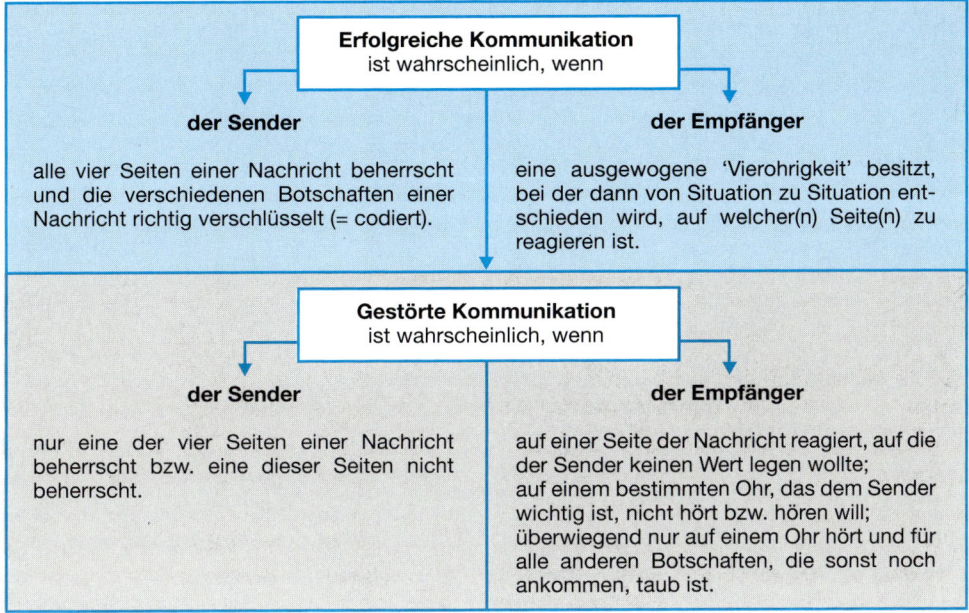

Erfolgreiche Kommunikation ist wahrscheinlich, wenn	
der Sender	**der Empfänger**
alle vier Seiten einer Nachricht beherrscht und die verschiedenen Botschaften einer Nachricht richtig verschlüsselt (= codiert).	eine ausgewogene 'Vierohrigkeit' besitzt, bei der dann von Situation zu Situation entschieden wird, auf welcher(n) Seite(n) zu reagieren ist.

Gestörte Kommunikation ist wahrscheinlich, wenn	
der Sender	**der Empfänger**
nur eine der vier Seiten einer Nachricht beherrscht bzw. eine dieser Seiten nicht beherrscht.	auf einer Seite der Nachricht reagiert, auf die der Sender keinen Wert legen wollte; auf einem bestimmten Ohr, das dem Sender wichtig ist, nicht hört bzw. hören will; überwiegend nur auf einem Ohr hört und für alle anderen Botschaften, die sonst noch ankommen, taub ist.

11.3.4   Der einseitige Empfang einer Nachricht

Was nun nach Schulz von Thun die soziale Kommunikation so kompliziert macht, ist die prinzipielle **freie Auswahl** des Empfängers, auf welche Seite der Nachricht er reagieren will – ob er auf die Sachinhalts-, auf die Selbstoffenbarungs-, die Beziehungs- oder auf die Appellseite eingehen will.

Im Kindergarten bringt der vierjährige Oliver ein Puzzle durcheinander. Ein anderes Kind der Gruppe geht zum Fachoberschulpraktikanten und sagt zu ihm: „Du, Dieter, der Oliver hat das Puzzle zerstört!" Je nachdem, mit welchem Ohr der Fachoberschulpraktikant hört, wird er unterschiedlich reagieren:
- Wenn er mit dem Sachinhaltsohr hört: „Hat Oliver das Puzzle absichtlich kaputt gemacht?"
- Wenn er mit dem Selbstoffenbarungsohr hört: „Nun bist du von Oliver enttäuscht!"
- Wenn er mit dem Beziehungsohr hört: „Warum erzählst du mir das und nicht Oliver?"
- Wenn er mit dem Appellohr hört: „Ich komme gleich und werde sehen, was los ist!"

Diese freie Auswahl des Empfängers kann zu Störungen in der Kommunikation führen – je nachdem, auf welche Seite der Nachricht der Empfänger reagiert:

Empfang auf dem Sachinhaltsohr

Oft nimmt der Empfänger lediglich die Sachinhaltsseite eine Nachricht wahr; Störungen entstehen dann, wenn das eigentliche Problem auf einer ganz anderen Seite der Nachricht liegt, es aber auf der Sachebene ausgetragen wird. Schulz von Thun hebt dabei insbesondere die Bezie-

> **Sachinhaltsohr:**
> Wie ist der Sachverhalt zu verstehen?

hungsseite hervor: *Probleme werden auf der Sachinhaltsseite diskutiert, obwohl sie die zwischenmenschliche Ebene betreffen.*

Die Tochter, 16 Jahre alt, will weggehen, um sich mit Freunden zu treffen. Dabei ergibt sich zwischen Mutter und Tochter folgendes Gespräch:

Mutter: „Und zieh dir'ne Jacke über, ja! – Es ist kalt draußen."

Tochter: (in etwas „patzigem" Tonfall): „Warum denn? Ist doch gar nicht kalt!"

Die Mutter ist nun ein bißchen ärgerlich; nicht nur über den patzigen Ton, sondern auch über soviel Unvernunft der Tochter, und ist mehr denn je davon überzeugt, daß sie dafür sorgen muß, daß sich die Tochter vernünftig verhält.

Mutter: „Aber Moni, wir haben nicht einmal 10 Grad, und windig ist es auch."

Tochter: (heftig) „Wenn du mal aufs Thermometer geguckt hättest, dann wüßtest du, daß es sehr wohl 10 Grad sind – es sind sogar 11 1/2!"

Neben der sachlichen Korrektur steckt in dieser Nachricht auf der Beziehungsseite ein Gegenangriff. Die Mutter ist denn auch sehr verärgert über den „unverschämten" Ton und über den „Trotz" und über die kleinliche Rechthaberei der Tochter. Sie beschließt, der „unfruchtbaren Diskussion" ein Ende zu setzen:

Mutter: „Du hörst je, was ich dir sage: Du ziehst jetzt die Jacke an"!

Tochter: (Ist stark empört über einen derartigen Befehlston und verläßt in hochgradigem Zorn die Wohnung – natürlich ohne die Jacke.)

Diese Kommunikation ist deshalb gescheitert, weil der Konflikt auf der Sachinhaltsseite und nicht auf der Beziehungsseite ausgetragen wurde. Die Ablehnung der Tochter richtet sich eigentlich gegen die Botschaft auf der Beziehungsseite (Tochter fühlt sich wie ein kleines Kind behandelt), sie reagiert jedoch auf den Sachinhalt („ist doch gar nicht kalt"). Der Konflikt wurde dort ausgetragen, wo er überhaupt nicht vorhanden war, nämlich auf der Sachinhaltsseite.

Erfolgreiche Kommunikation ist dann zu erwarten, wenn „mehrseitig" kommuniziert wird.

So hätte die Tochter in einer ersten Reaktion beispielsweise antworten können: „Ich finde deinen Vorschlag zwar richtig, doch ich fühle mich wie ein kleines Kind behandelt."

Empfang auf dem Selbstoffenbarungsohr

Wer Nachrichten lediglich unter dem Aspekt der Selbstoffenbarung aufnimmt, betrachtet den Gesprächspartner lediglich als ein Objekt, das es zu analysieren gilt.

> **Selbstoffenbarungsohr**
> Was ist das für einer?
> Was ist mit ihm?

Der Vater sagt zum Beispiel zu seiner Tochter „Räum endlich dein Zimmer auf!" Die Tochter ‚hört' nur, daß ihr Vater schlecht gelaunt ist und möglicherweise einen anstrengenden Tag in der Arbeit hatte.

Hierher gehört auch das **Psychologisieren:** Eine Nachricht wird nur danach untersucht, welcher „psychische Motor" hinter dieser steckt, ohne auf das Gesagte sachlich zu reagieren.

So sagt beispielsweise Anita zu Christian, der in einem Gespräch das kapitalistische Gesellschaftssystem kritisiert hat: „Weil du persönlich mit deinem Leben nicht klarkommst, suchst du die Schuld jetzt an unserem Gesellschaftssystem!"

Erfolg in der Kommunikation kann dann erwartet werden, wenn man sich bemüht, sich nicht-wertend in die Gedanken- und Gefühlswelt des anderen hineinzuversetzen.

Empfang auf dem Beziehungsohr

Häufig nimmt der Empfänger alles „persönlich": Er bezieht alles auf sich, fühlt sich leicht angegriffen und beleidigt. Oft wird auf die Beziehungsseite gewechselt, um einer anderen Seite der Nachricht – etwa der Sachinhaltsseite – auszuweichen.

> **Beziehungsohr**
> Wie redet der mit mir?
> Was hält der von mir?

So zum Beispiel sagt ein Schüler zum Lehrer: „Ich finde den Stoff nicht interessant!". Der Lehrer wechselt in seiner Reaktion auf die Beziehungsebene und sagt: „Sie werden nächstes Schuljahr dann schon einen anderen Lehrer bekommen!"

Erfolgreich wird eine Kommunikation dann verlaufen, wenn man sich der Auseinandersetzung auf der „zuständigen" Seite der Nachricht – zum Beispiel der Sachauseinandersetzung – stellt.

Empfang auf dem Appellohr

Werden Nachrichten lediglich auf den Appellcharakter hin untersucht, reagiert man, *ohne seine eigene Person einzubringen.* Es besteht die Gefahr, daß der Empfänger selbst nicht weiß, was er will und fühlt.

> **Apellohr:**
> Was soll ich denken,
> fühlen, tun?

Ein Gast beispielsweise guckt sich im Zimmer um, und der Gastgeber reagiert sofort: „Suchst du einen Aschenbecher? Warte, ich hole einen!"

„Von dem Wunsch beseelt, es allen recht zu machen und auch den unausgesprochenen Erwartungen der Mitmenschen zu entsprechen, ist manchem Empfänger ein übergroßes Appell-Ohr gewachsen. Sie hören auf der Appellseite gerade ‚das Gras wachsen', sind dauernd auf dem ‚Appell-Sprung'." *(Friedemann Schulz von Thun, Band 1, 1990)*

Eine erfolgreiche Kommunikation wird dann zu erwarten sein, wenn man sich von „Schnellreaktionen" befreien kann und statt dessen zu Reaktionen kommt, „die nicht nur außengeleitet, sondern auch innengeleitet und gleichsam mit dem ganzen Gewicht der eigenen Persönlichkeit versehen sind." *(Friedemann Schulz von Thun, Band 1, 1990)*

Empfangsohr	erfolgreiche Kommunikation	gestörte Kommunikation
Sachinhaltsohr	„mehrseitiges" Kommunizieren	Austragen von nicht sachbezogenen Problemen auf der Sachebene
Selbstoffen-barungsohr	Nicht-wertendes Hineinversetzen in die Gedanken- und Gefühlswelt des anderen	Betrachtung des anderen als Objekt, das es zu analysieren gilt
Beziehungsohr	Kein Ausweichen vor Auseinandersetzungen auf den anderen Ebenen	Verlagerung beziehungsneutraler Probleme auf die Beziehungsebene
Appellohr	Innengeleitete Reaktionen, in denen die eigene Person eingebracht wird	Versuch, ständig den Erwartungen der Mitmenschen zu entsprechen

11.3.5   Probleme der zwischenmenschlichen Kommunikation

Auf jeder Seite einer Nachricht können sich psychologische Probleme ergeben, die Störungen in der Kommunikation nach sich ziehen.

Die Sachinhaltsseite der Nachricht

Zwei Probleme treten vornehmlich auf der Sachinhaltsseite auf, die **Unsachlichkeit** und die **Schwerverständlichkeit** der Information.

Mit Sachlichkeit meint Schulz von Thun den auf ein Sachziel bezogene Austausch von Informationen und Argumenten, das Abwägen und Entscheiden, frei von menschlichen

Gefühlen und Strebungen. Doch Gespräche und Auseinandersetzungen verlaufen oft „unsachlich" und den Kommunikationspartner fällt es schwer, „ganz bei der Sache" zu bleiben.

So geht es in einer Diskussion Menschen oft nicht um eine sachliche Auseinandersetzung, sondern darum, das Gesicht zu wahren und recht zu behalten, sich selbst darzustellen, sich zu rächen oder es dem anderen zu zeigen, sich lieb Kind zu machen usw.

„Tatsächlich gehört es hierzulande zu den ungeübtesten Fähigkeit, eine Sachkontroverse ohne Feindseligkeiten und Herabsetzungen auf der Beziehungsseite zu führen: Der Meinungsgegner wird als Feind und lästiges Übel erlebt und entsprechend behandelt." *(Friedemann Schulz von Thun, Band 1, 1990)*

Die Schwerverständlichkeit von Büchern, Texten und Verordnungen, in Diskussionen und politischen Kommentaren sowie die komplizierte Ausdrucksweise mancher Menschen, die oft gespickt ist mit überflüssigen Fremdwörtern für ganz banale Sachverhalte, können ebenfalls zu Kommunikationsstörungen führen. Sehr häufig geht es dabei nicht um die Sache, sondern um ein Stück Imponiergehabe, das auf die Ehrfurcht des Empfängers abzielt.

★   Sehr häufig können wir auch in wissenschaftlichen Diskussionen und Büchern einen unangemessenen Fachjargon feststellen, der weniger der Klarheit und Eindeutigkeit dient, sondern dem Ganzen mehr „Wissenschaftlichkeit" verleihen will.

> „Es trifft tatsächlich zu, daß das schaumschlägerisch sprachliche Imponiergehabe Minderwertigkeitsgefühle erzeugt und bereit macht, sich den vermeintlich Überlegenen anzupassen." *(Rudolf Kausen, 1977)*

Sachlichkeit und damit erfolgreiche Kommunikation kann dann erreicht werden, wenn die Information klar, eindeutig und verständlich verschlüsselt wird und die Verständigung auf der Sachinhaltsseite weiterkommt, ohne daß die Botschaften auf den anderen drei Seiten der Nachricht störend die Oberhand gewinnen.

Die Selbstoffenbarungsseite der Nachricht

Der Sender weiß, daß alle seine Nachrichten auch unter dem Aspekt oder Selbstoffenbarung empfangen und vor allem vom Empfänger gewertet werden. Dies löst in der Regel beim Sender Ängste aus. Diese Angst, sich selbst zu öffnen, bezeichnet Friedemann Schulz von Thun als **Selbstoffenbarungsangst.**

Der Sender läßt deshalb immer einen Teil seiner Energien in die Gestaltung der Selbstoffenbarungsseite fließen. Die Vielzahl der Techniken, die ihm dabei zur Verfügung stehen, lassen sich nach Schulz von Thun in drei Gruppen einteilen:

- **Imponiertechniken,** die darauf abzielen, sich von seiner besten Seite zu zeigen und beim Empfänger einen guten Eindruck zu machen.

- **Fassadentechniken,** die darauf abzielen, negativ empfundene Anteile der eigenen Person zu verbergen bzw. zu tarnen.

    ★   Hierher gehören auch die sogenannten *„Man-Sätze"* und *„Wir-Sätze"*. Sowohl hinter dem „man als auch hinter dem „wir" kann man sein eigenes Ich verbergen, und man braucht sich nicht persönlich zu offenbaren. Auch *Fragen* haben oft die Funktion, mit der eigenen Meinung hinter dem Berg zu halten. Die häufigste sprachliche Technik, um eine gefühlsmäßige Aussage zu vermeiden, besteht in den *„Du-Botschaften"*, die ausführlich in Abschnitt 11.2.2 dargestellt sind.

- **Selbstverkleinerungstechniken,** die darauf abzielen, sich selbst als klein, ohnmächtig und hilflos darzustellen.

Eine erfolgreiche Kommunikation auf der Selbstoffenbarungsseite ist am ehesten möglich, wenn man sich selbst akzeptiert und zu sich selbst steht sowie sich nach außen hin so gibt, wie einem innerlich zumute ist.

> „Um mich nach außen hin so geben zu können, wie mir innerlich zumute ist, bedarf es (...) der Fähigkeit, dieses inneren Zumuteseins überhaupt gewärtig zu sein, zu wissen, 'was mit mir los ist'. (...) Selbstoffenbarung in diesem Sinne (...) bedeutet, sich selbst nichts vormachen und hellhörig zu werden für die eigene Innenwelt." *(Friedemann Schulz von Thun, Band 1, 1990)*

 Materialien 3.

Die Beziehungsseite der Nachricht

Beziehungsbotschaften machen grundsätzlich *persönlich betroffen*. Doch die Bedeutung von Botschaften auf der Beziehungsseite liegt nicht nur in der gefühlsmäßigen Betroffenheit, sondern vor allem darin, daß sie langfristig weitgehend das **Selbstkonzept** des Empfängers bestimmen: *„So einer bin ich also"*![1]

Hört beispielsweise ein Kind ständig von seinen Eltern bzw. Lehrern „Aus dir wird einmal bestimmt nichts!", so kann es möglich sein, daß das Kind diese „Meinung" in sein Selbstkonzept aufnimmt und davon überzeugt ist, daß aus ihm nichts wird.

> „Das Selbstkonzept bildet sich als Folge von definierenden Erfahrungen. Bei diesen definierenden Erfahrungen handelt es sich überwiegend um Du-Botschaften, die von wichtigen Bezugspersonen oder von Institutionen und gesellschaftlichen Einrichtungen ausgesendet werden. Da das Kind dazu tendiert, sich in Übereinstimmung mit seinem Selbstkonzept zu verhalten, haben die definierenden Akte somit eine Realität erst geschaffen." *(Friedemann Schulz von Thun, Band 1, 1990)*

Auf der Beziehungsseite einer Nachricht kommt auch immer zum Ausdruck, was der Sender vom Empfänger hält. Was man jedoch vom anderen hält, hängt im starken Maße davon ab, *welches Bild* man sich von ihm gemacht hat.

Hält zum Beispiel ein Lehrer von einem bestimmten Schüler nicht viel, so wird er ihn anders behandeln, als wenn er sehr viel von ihm hält.

Es ist nun für den Sender wichtig zu wissen, daß das Bild, das er sich vom anderen macht, von ihm selbst stammt. Beziehungsstörungen können sich nun ergeben, wenn der Sender den Empfänger ganz anders wahrnimmt als der Empfänger sich selbst.

Die Appellseite der Nachricht

Die Wirksamkeit von Appellen hängt sehr stark mit der Beziehung zwischen dem Sender und dem Empfänger zusammen: Die Zurückweisung eines Appells kann eine „Ehrenrettung" des Empfängers auf der Beziehungsseite bedeuten.

So kommt zum Beispiel die Tochter, die die Wohnung verlassen möchte, um Freunde zu besuchen, der Aufforderung der Mutter „Und zieh dir 'ne Jacke über, ja!" (= Appell) nicht nach, weil sie sich nicht wie ein kleines Kind behandelt fühlen möchte (= Beziehungsseite).

---

[1] Das Selbstkonzept und seine Entstehung wird in Kapitel 6.2 und 7.3.3 bis 7.3.4 näher dargestellt.

In vielen Fällen bleiben Appelle auch deshalb erfolglos, weil sie sich nicht zur Lösung des Problems eignen.

So wird die Aufforderung eines Lehrers „Ihr braucht vor der Klassenarbeit keine Angst zu haben" wenig nützen, weil sie das Problem der Prüfungsangst nicht lösen kann.
Ebenso wird der Appell „Du darfst nicht so mißtrauisch und eifersüchtig sein!" für einen Menschen, der sehr eifersüchtig ist und seinen Lebenspartner auf Schritt und Tritt überwacht, erfolglos bleiben.

„Wenn jemand Probleme mit sich selbst hat, wenn er aufgrund gefühlsmäßiger innerer Vorgänge sich ungünstig verhält, dann nützen keine Ratschläge, Empfehlungen und Ermahnungen. Sie nützen nicht nur nichts, sondern schaden sogar." *(Friedemann Schulz von Thun, Band 1, 1990)*

Ein Appell kann auch eine bestimmte Handlung, die man ausführen will, entwerten und dazu führen, daß man sie nicht macht.

So zum Beispiel will ein 16jähriger Junge seinen Eltern eine Freude machen und die Wohnung säubern, während diese das Wochenende auswärts verbringen. Der Appell des Vaters bei seinem Abschied „Und wenn du Langeweile hast, kannst du ja vielleicht einmal die Wohnung sauber machen!" entwertet jedoch die Handlung, und der Junge will die Wohnung nicht mehr säubern.

Schulz von Thun bezeichnet solche Appelle als **Diebstahl eines Urhebererlebnisses** und folgert weiter: Wenn durch ein lückenloses System von Regeln und Geboten die „guten Taten" vorgeschrieben sind, werden sie auf diese Weise eher gehindert als gefördert – die „Heldentat" erträgt keine Weisung.

Nicht zuletzt machen **Appelle spontanes Verhalten unmöglich.**

So erzählt Schulz von Thun von einem Mann, der seiner Frau nur selten Blumen mitbrachte – und wenn, dann nur, wenn sie ihn ausdrücklich darum gebeten hatte. Nun sagt sie: „Ich würde gerne wollen, daß du mir auch mal freiwillig, von dir aus, Blumen mitbringst!" Ein appellgemäßes Verhalten ist dem Mann gerade durch den Appell unmöglich gemacht worden.

In einem Appell wird also oft etwas gefordert, was aber in der gegebenen Situation nicht gezeigt werden darf, weil es dann nicht mehr das ist, was gefordert wurde[1]. Appelle verhallen auch deshalb oft erfolglos, weil ihr Befolgen den Seelenfrieden des Empfängers stören und ihn in ein Ungleichgewicht – in einen **dissonanten Zustand** – bringen würde.

Carina liegt gerne lange in der prallen Sonne, um braun zu werden. Nun liest sie: „Stundenlang in der Sonne liegen erzeugt Hautkrebs!". Carina kann den in dieser Nachricht enthaltenen Appell („Du sollst dich nicht lange in die pralle Sonne legen!") nur sehr schwer oder gar nicht akzeptieren, weil sie in einen dissonanten Zustand gerät. Sie wird vielleicht eine Ausrede finden und sagen: „Ach, nach den Gesundheitsaposteln dürfte man ja gar nichts mehr machen!"

11.3.6 Vorbeugung und Behebung von Kommunikationsstörungen

Häufig „geht etwas schief", wenn wir miteinander sprechen. Eine erfolgreiche Kommunikation hängt nicht nur vom „guten Willen" der an einer Kommunikation beteiligten Personen ab, sondern auch von der Fähigkeit, den komplizierten Vorgang einer Kommunikation zu durchschauen und das „Miteinander-Sprechen" zu beherrschen.

---

[1] Paul Watzlawick und seine Mitarbeiter sprechen in diesem Zusammenhang von einer Paradoxie, die in Abschnitt 11.2.3 näher ausgeführt ist.

Hierzu gehört einmal der Erwerb von **kommunikativen Grundfähigkeiten,** wie zum Beispiel zu sich selbst zu stehen und sich selbst nichts vorzumachen, sich selbst und seine eigenen Gedanken, Gefühle, Wünsche, Bedürfnisse, Erwartungen, und dergleichen zu akzeptieren und offen anzusprechen, zu äußern, was einem nicht gefällt und paßt, zuhören und auf das Gesagte eingehen können und vieles andere mehr[1].

Zum anderen ist für eine befriedigende Kommunikation die Fähigkeit erforderlich, Störungen in der Kommunikation zu erkennen, ihre Ursachen zu durchschauen und mit Hilfe von kommmunikationspsychologischen Erkenntnissen zu analysieren, um diese Störungen beseitigen zu können.

Erforderlich ist also, daß *die Art der zwischenmenschlichen Kommunikation selbst zum Gegenstand der Kommunikation* wird. Diese Kommunikation über die Kommunikation, also die Auseinandersetzung über die Art, wie wir miteinander umgehen und wie wir die gesendeten Nachrichten gemeint und die empfangenen entschlüsselt und darauf reagiert haben, bezeichnet Friedemann Schulz von Thun als **Metakommunikation.**

> Metakommunikation bezeichnet die Kommunikation über die Kommunikation, insbesondere die Auseinandersetzung über die Art, wie Menschen miteinander umgehen sowie wie der Sender die gesendete Nachricht gemeint und der Empfänger die Nachricht entschlüsselt und darauf reagiert hat.

Gute Metakommunikation verlangt nach Schulz von Thun in erster Linie einen vertieften Einblick in die eigene Innenwelt und den Mut zur Selbstoffenbarung. „Als Preis winkt allerdings eine Befreiung von unausgedrückter Spannung und die Chance, aus der Störung dadurch herauszukommen, daß man wirklich ‚hindurchgegangen' ist." *(Friedemann Schulz von Thun, Band 1, 1990)*

> **Zusammenfassung der Kommunikationstheorie nach Friedemann Schulz von Thun**
>
> ▶ Grundannahme der Kommunikationstheorie ist, daß jede Nachricht eine Sachinhalts-, Selbstoffenbarungs-, Beziehungs- und Appellseite hat. Der Sender sendet immer gleichzeitig auf allen vier Seiten. Je nach Aspekt verfolgt er unterschiedliche Ziele: Er beabsichtigt, Sachinformationen zu liefern, Informationen über sich zu geben und das Verhältnis zwischen sich selbst und dem Empfänger zu beschreiben sowie Einfluß auf den Empfänger zu nehmen. Auch die Rückmeldung seitens des Empfängers besitzt eine Nachricht mit Botschaften auf allen vier Seiten.
>
> ▶ Drei Empfangsvorgänge sind es, aus denen sich die Reaktion des Empfängers aufbaut: die Wahrnehmung einer Nachricht, ihre Interpretation und das Fühlen. Wahrnehmen meint, etwas mit den Sinnesorganen aufnehmen, Interpretieren bedeutet, dem Wahrgenommenen eine Bedeutung zuschreiben, und Fühlen heißt, auf das Wahrgenommene und Interpretierte mit bestimmten Gefühlen zu reagieren. Oft reagiert man nicht auf die Menschen wie sie sind, sondern auf die Phantasien, die man sich von ihnen macht. Sie treten bei der Interpretation eines Empfangsvorganges auf. Phantasien können sowohl zu einer erfolgreichen als auch zu einer gestörten Kommunikation beitragen.

---

[1] Solche kommunikativen Grundfähigkeiten werden in Abschnitt 11.4 näher ausgeführt.

► Eine erfolgreiche Kommunikation ist dann zu gegeben, wenn der Sender alle vier Seiten einer Nachricht beherrscht und die verschiedenen Botschaften einer Nachricht richtig verschlüsselt und wenn der Empfänger eine ausgewogene 'Vierohrigkeit' besitzt, bei der dann von Situation zu Situation entschieden wird, auf solcher(n) Seite(n) zu reagieren ist.

► Erfolglos wird eine Kommunikation dann verlaufen, wenn der Sender nur eine der vier Seiten beherrscht bzw. eine nicht beherrscht und wenn der Empfänger auf einer Seite der Nachricht reagiert, auf die der Sender keinen Wert legen wollte, oder wenn der Empfänger auf einem bestimmten Ohr, das dem Sender wichtig ist, nicht hört bzw. hören will, oder wenn der Empfänger überwiegend nur auf einem Ohr hört und für alle anderen Botschaften, die sonst noch ankommen, taub ist. Was die soziale Kommunikation so kompliziert macht, ist die prinzipielle freie Auswahl des Empfängers, auf welche Seite der Nachricht er reagieren will. Bei einseitigem Empfang sind Störungen in der Kommunikation zu erwarten.

► Auf jeder Seite einer Nachricht können Probleme auftreten, die zu Störungen in der Kommunikation führen. Ihre Beachtung läßt Kommunikation erfolgreicher verlaufen.

► Zur Vorbeugung und Behebung von Kommunikationsstörungen sind einmal bestimmte kommunikative Grundfähigkeiten erforderlich, zum anderen die Fähigkeit, Störungen in der Kommunikation zu erkennen, ihre Ursachen zu durchschauen und mit Hilfe von kommunikationspsychologischen Erkenntnissen zu analysieren, um diese Störungen beseitigen zu können. Erforderlich ist vor allem Metakommunikation, die Kommunikation über die Kommunikation, insbesondere die Auseinandersetzung über die Art, wie Menschen miteinander umgehen sowie wie der Sender die gesendete Nachricht gemeint und der Empfänger die Nachricht entschlüsselt und darauf reagiert hat.

11.4 Möglichkeiten erfolgreicher Kommunikation

Erfolgreiche Kommunikation in verschiedenen Lebensbereichen, wie zum Beispiel in der Ehe oder Familie, in der Schule, im Betrieb oder in der Freundesgruppe, ist lebenswichtig. Aus den in den vorigen Abschnitten dargestellten Erkenntnissen über soziale Kommunikation lassen sich wichtige Möglichkeiten zur Vorbeugung und Behebung von Kommunikationsstörungen ableiten:

● **Sich selbst und die eigenen Gefühle akzeptieren.**

Das Ja-Sagen zu sich selbst bildet die entscheidende Voraussetzung für eine erfolgreiche Interaktion und Kommunikation. Erst dann, wenn ein Mensch sich selbst, so wie er ist, annimmt und akzeptiert, kann er den Forderungen, die eine Beziehung an ihn stellt, gerecht werden. Sich selbst akzeptieren bedeutet auch, zu seinen Verhaltensweisen, Gedanken, Gefühlen und Bedürfnissen – auch zu den „negativen" – zu stehen. Nur so ist es möglich, eindeutig und unmißverständlich zu kommunizieren und auftretende Probleme in den Griff zu bekommen.

> „Damit der Mensch aber dieses Große vermöge, muß er erst von all dem Drum und Dran seines Lebens zu seinem Selbst gelangen, er muß sich selber finden, nicht das selbstverständliche Ich des egozentrischen Individuums, sondern das tiefe Selbst der mit der Welt lebenden Person." *(Martin Buber)*

- **Die Existenz von Konflikten akzeptieren.**

  Es geht darum, die Realität nicht zu verdrängen, sondern wahrzunehmen. Dazu gehört auch – im Gegensatz zu dem weitverbreiteten, aber realitätsfremden „Harmoniemodell", nach dem Konflikte als nicht „normal", als etwas, was nicht sein darf, betrachtet werden – die Existenz von Problemen und Konflikten zu akzeptieren, einschließlich der damit verbunden, als unangenehm empfundenen Spannungen. Problemen und Konflikten darf also nicht ausgewichen, sie dürfen nicht umgangen, bagatellisiert oder verschleiert werden.

- **Sich der eigenen Ängste bewußt werden.**

  Bewußte oder unbewußte Ängste, wie zum Beispiel die Angst zu verletzen oder verletzt zu werden, die Angst mit unangenehmen Konflikten und Spannungen konfrontiert zu werden, die Angst vor Entzug der Anerkennung, davor, den Partner zu verlieren oder aus der Gruppe ausgeschlossen zu werden und deshalb zu vereinsamen, oder die Angst, sein Gesicht zu verlieren und sich zu blamieren, behindern einen befriedigenden Gesprächsaustausch. Ängste lösen Abwehr, ein „Mauern", Widerstand und dergleichen aus. Es ist daher wichtig, sich der eigenen Ängste und deren Folgen für die Beziehung zum anderen bewußt zu werden und sie abzubauen.

- **Über die Beziehung und die Kommunikation in der Beziehung sprechen (Metakommunikation)**

  Bedeutende Kommunikationsforscher halten es für das Wichtigste, daß man ständig über die Art und Weise, wie man miteinander kommuniziert und über die Beziehung spricht, nicht nur um Klarheit über diese zu bekommen, sondern um überhaupt fast allen Kommunikationsstörungen vorzubeugen bzw. diese zu beheben. Nahezu alle Störungen liegen vermutlich in der Unfähigkeit begründet, über die jeweilige Art und Weise der Beziehung zu sprechen.[1]

  Es ist einer Kommunikation immer wieder erforderlich, den **Mut** zur Metakommunikation aufzubringen und sich beispielsweise zu fragen:

  - Wie stehen wir zueinander?
  - Was bewegt mich, dem anderen immer gleich zu widersprechen?
  - Warum habe ich Angst, meinen wirklichen Standpunkt zu sagen?
  - Wie fühle ich mich?

> „Störungen haben den Vorrang, ... Störungen fragen nicht nach Erlaubnis, sie sind da: als Schmerz, als Freude, als Angst, als Zerstreutheit; ... Verstörtheiten können den einzelnen versteinern ...; unausgesprochen und unterdrückt bestimmen sie Vorgänge in Schulklassen, in Vorständen, in Regierungen. ... Die Resultate sind dementsprechend geist- und sinnlos und oft destruktiv... Das Postulat, das Störungen ... den Vorrang haben, bedeutet, daß wir die Wirklichkeit des Menschen anerkennen." *(Ruth Cohn, 1988)*

---

[1] Zur Metakommunikation vgl. auch die Abschnitte 11.2.4 und 11.3.6

- **Eine positive Atmosphäre ermöglichen.**

  Voraussetzung für den Abbau von Ängsten und eine erfolgreiche Interaktion und Kommunikation ist eine positive Atmosphäre, die durch den Verzicht darauf begünstigt werden kann, den Partner zu bedrängen oder gar Zwang auszuüben. Offenheit darf nicht erzwungen, sondern muß ermöglicht werden; es sind Bedingungen notwendig, unter denen Masken des Partners nicht mehr nötig sind.

- **Den anderen akzeptieren und verstehen**

  Eine erfolgreiche Interaktion und Kommunikation sind auf Dauer nur möglich, wenn der andere in seiner Art und Weise, so wie er ist - mit all seinen Gefühlen, Empfindungen und Befürchtungen, mit all seinen Schwächen und Problemen - akzeptiert und angenommen wird. Das bedeutet, daß man "Ja" zum Partner sagt, auch wenn er anders reagiert, wie man selbst meint, auch wenn ein Konflikt oder eine Spannung eine harmonische Beziehung im Moment stört.

  > „Du bist anders als ich, in Deinem Verhalten, Denken und Fühlen. Durch die Begegnung mit Dir kann mein Horizont weiter werden. Ich brauche den anderen, um „ich selbst" sein zu können.
  > Ich brauche Dein Anderssein, um so sein und werden zu können, wie ich gemeint bin." *(aus: Peter Rohner o. J.)*

  Die Bereitschaft, den anderen zu akzeptieren, hängt sehr eng mit der Bereitschaft zusammen, auf den anderen einzugehen und ihn zu verstehen. Seinen Partner verstehen heißt, die Art und den Inhalt seiner bewußten Erlebnisse (Empfindungen, Gefühle, Wahrnehmungen usw.) wahrzunehmen, sich diese vorstellungsmäßig zu vergegenwärtigen und nachzuvollziehen. Dies bedeutet ein Sich-Hineinversetzen in die Rolle des anderen und die Angelegenheit aus seinem Blickwinkel zu betrachten.

  > „Wenn Konflikte sich zu einem endlosen Streit hinziehen, so hat dies meist seinen Grund darin, daß diese Menschen niemals gelernt haben, mit den Augen des anderen zu sehen, mit den Ohren des anderen zu hören und mit dem Herz des anderen zu fühlen." *(Alfred Adler; zitiert nach Hobmair/Treffer, 1979)*

- **Signalisieren der Kommunikationsbereitschaft**

  Wer seinen Partner nicht ausreden läßt - auch wenn man schon zu glauben weiß, was er sagen will -, wer ständig selbst spricht und zu Monologen neigt, wer ständig auf die Uhr schaut, sich mit anderen Dingen beschäftigt und den Blickkontakt zu häufig abbricht, gibt ihm das Gefühl, daß man an seinen Aussagen bzw. am Gespräch nicht interessiert ist. Auch wenn man momentan nicht in der Stimmung ist, mit dem anderen zu kommunizieren, so sollte man die Kommunikation nicht einfach abbrechen oder gar ignorieren, sondern dem Partner mitteilen, daß man im Moment nicht in der Lage ist, miteinander zu sprechen. Vielleicht ist es möglich, einen anderen Zeitpunkt für das Gespräch festzulegen.

- **Aktiv und hilfreich zuhören**

  In einem Gespräch, vor allem, wenn es sich um ein Konfliktgespräch handelt, ist es nicht nur wichtig, passiv zuzuhören im Sinne von Schweigen und Konzentriertsein auf das, was der Partner sagt, sondern man sollte sich als Zuhörer aktiv am Gespräch beteiligen, ohne das Gespräch an sich zu reißen. Eine solche Möglichkeit ist einmal dadurch gegeben, daß der Zuhörende die Aussage seines Gesprächspartners mit seinen eigenen Worten wiederholt, um sicherzugehen, daß er dessen Aussagen auch richtig verstanden hat.

Beispielsweise könnte ein Schüler zu seinem Lehrer sagen: „Ich kann das einfach nicht, ich bin dazu zu unbegabt. Mein Bruder war in Mathematik genauso schlecht." Der Lehrer könnte sagen: „Sie glauben, daß Sie in Mathematik unbegabt sind."

Das Wiederholen der Aussagen des Gesprächspartners mit eigenen Worten wird in der Psychologie als **Paraphrasieren** bezeichnet.

Eine weitere Möglichkeit ist die Technik des **Verbalisierens emotionaler Erlebnisinhalte.** Anders als beim Paraphrasieren wird hier nicht der Inhalt wiederholt, sondern es werden die Gefühle, die der Kommunikationspartner nur *indirekt* ausdrückt, *direkt* angesprochen.

Dies ist zum Beispiel der Fall, wenn das Kind zur Mutter kommt und sagt: „Anton hat mir das Spielzeug weggenommen!" und die Mutter darauf antwortet: „Das hat dich aber geärgert!".

Auf diese Weise wird dem Sender gezeigt, welche Gefühle man bei ihm wahrnimmt; er fühlt sich besser verstanden und weiß, daß seine Gefühle akzeptiert werden.

> „Hören – Hinhören – Zuhören – ohne hörig zu werden!"
> *(aus: Peter Rohner, o. J.)*

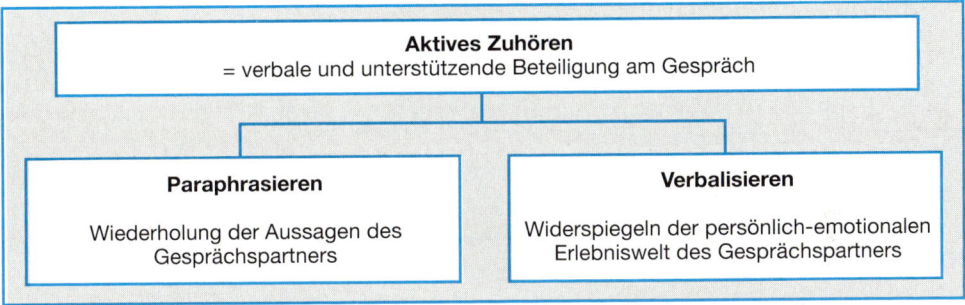

Aktives Zuhören
= verbale und unterstützende Beteiligung am Gespräch

Paraphrasieren	**Verbalisieren**
Wiederholung der Aussagen des Gesprächspartners	Widerspiegeln der persönlich-emotionalen Erlebniswelt des Gesprächspartners

- **Die eigene Zielsetzung überprüfen.**

Oft geht es Interaktions- und Kommunikationspartner nicht um eine wirkliche Lösung eines Problems, sondern darum, beispielsweise Aggressionen abzureagieren, dem anderen „eins auszuwischen", etwas „heimzuzahlen" oder selbst gut dazustehen, sein eigenes Gesicht zu wahren und keine Niederlage einstecken zu müssen, oder einfach nur darum, sich selbst vor möglichen Schuldgefühlen zu entlasten. Vor jedem Konfliktgespräch empfiehlt es sich deshalb, die eigenen Zielsetzungen zu überprüfen, wie zum Beispiel: Worum geht es mir? Was will ich eigentlich? Geht es mir wirklich um die Beziehung oder nur um mich selbst? Welche Ziele, welche Absichten will ich unbedingt erreichen, was ist mir wichtig, und wo sehe ich Möglichkeiten, dem Partner entgegenzukommen?

Vielleicht kann ich mich trotz der heute üblichen Rivalitätskämpfe dazu durchringen, mehr das WIR – die Beziehung – im Auge zu haben als das eigene ICH:
„DIE TREUE ZUM WIR MUSS STÄRKER SEIN ALS DIE TREUE ZUM ICH." *(Fritz Künkel)*

- **Sich so geben, wie einem zumute ist**

Voraussetzung für eine effektive Kommunikation ist, daß man dem anderen nichts vormacht, sondern sich nach außen hin so gibt, wie einem innerlich zumute ist. Man muß nicht alles sagen, doch was man sagt, soll stimmig sein mit dem eigenen Erleben, Denken, Fühlen und dem, was man anderen mitteilt und nach außen hin sichtbar werden läßt. Je stimmiger der Sender kommuniziert, desto klarer und eindeutiger ist die Nachricht für den Empfänger zu verstehen - der Empfänger weiß, „woran er ist".

- **Gefühle, Bedürfnisse, Erwartungen und dergleichen offen mitteilen, Ich-Botschaften verwenden.**

Gefühle, Empfindungen, Gedanken, Bedürfnisse, Erwartungen, Wünsche, Befürchtungen und dergleichen sollten dem Partner *klar, offen und verständlich* mitgeteilt werden. Nur so nämlich kann der Partner erkennen, was in dem anderen vorgeht und was der andere will, nur so kann er sich angemessen verhalten und auf den anderen eingehen.

> „Klar sagen, was ich empfinde und was ich brauche - und auch dem Partner Gelegenheit geben, dies zu tun!" *(aus: Peter Rohner, o. J.)*

Man sollte sich sowohl die positiven Gefühle mitteilen, die den anderen erfreuen und ihn ermutigen, aber auch die negativen, die an Belastung verlieren, wenn sie erst einmal offen zur Sprache gekommen sind. Ich-Botschaften, in welchen die eigenen Bedürfnisse, Gefühle, Wünsche und dergleichen mitgeteilt werden, sind für den Verlauf einer Kommunikation am erfolgreichsten.

Vorteile von Ich-Botschaften:

- Man wird sich selbst seiner eigenen Gefühle, Wünsche, Befürchtungen, Bedürfnisse und dergleichen bewußt.
- Der Partner erkennt genau, was in einem vorgeht, was man will und braucht, und er kann deshalb angemessen reagieren.
- Ich-Botschaften rufen keine Verteidigungshaltung oder Abwehr, kein „Mauern" oder Widerstand, keine Schuldgefühle, Feindseligkeit, keinen Rückzug oder Flucht hervor.
- Die Partner können sich Klarheit über ihre Beziehung verschaffen.
- Uneinigkeit auf der Inhaltsebene wird nicht so leicht auf die Beziehung übertragen.

> „Sprich für Dich und nicht für andere!" *(aus: Peter Rohner, o. J.)*

➡ **Materialien 4.**

- **Sich auf das Wahrnehmbare konzentrieren.**

Statt Unterstellungs-, Verallgemeinerungs- und eigenwilligen subjektiven Interpretationsversuchen von Äußerungen des Kommiunikationspartner ist es nützlicher, sich auf das wirklich Wahrnehmbare zu konzentrieren. Durch die Vergewisserung, ob man das Gesagte richtig verstanden hat, und durch die Mitteilung, wie das soeben Geäußerte auf einen gewirkt hat, wären viele Mißverständnisse von vornherein ausgeschlossen.

> „Mich interessiert nicht, was Du aus den Äußerungen anderer „heraushörst" und was Du anderen unterstellst, sondern mich interessiert, was Du selber erlebst, fühlst oder denkst." *(aus: Peter Rohner, o. J.)*

● **Konflikte selbst lösen.**

Für eine erfolgreiche Interaktion und Kommunikation ist es wenig sinnvoll zu versuchen, den anderen zu ändern, sondern mit der Änderung sollte man bei sich selber anfangen: „Was mache ich mit mir, damit ich dich so ertragen und leben lassen kann, wie du bist." *(Peter Rohner, o. J.)*

Bei sich selber anfangen heißt auch, nicht auf den anderen zu warten und darauf, was der sich einfallen läßt und tut, und selber nur zu reagieren, sondern sich zu überlegen, *was und wie man selbst zur Lösung des Problems oder des Konfliktes beitragen kann.* Dies erfordert vom einzelnen Kreativität und Phantasie und ein Aufgeben der rein egoistischen Interessen.

> „Wir brauchen den Mut,
> das zu ändern, was wir ändern können.
> Wir brauchen die Gelassenheit,
> das hinzunehmen und zu ertragen,
> was wir nicht ändern können.
> Und wir brauchen die Weisheit,
> das eine vom anderen unterscheiden zu können."
>
> *(aus einem Gebet unbekannter Herkunft)*

➡ **Materialien 5.**

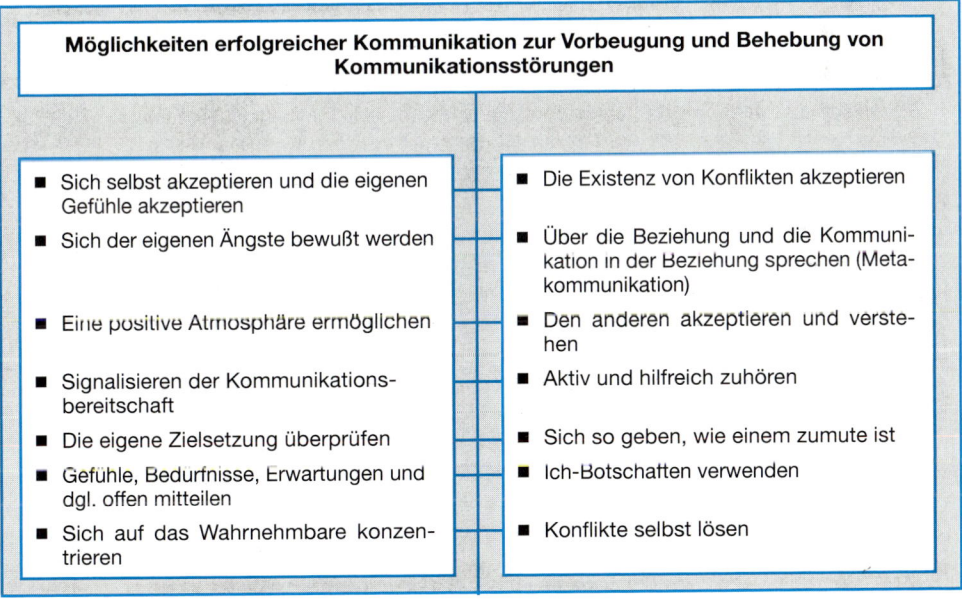

Möglichkeiten erfolgreicher Kommunikation zur Vorbeugung und Behebung von Kommunikationsstörungen

■ Sich selbst akzeptieren und die eigenen Gefühle akzeptieren	■ Die Existenz von Konflikten akzeptieren
■ Sich der eigenen Ängste bewußt werden	■ Über die Beziehung und die Kommunikation in der Beziehung sprechen (Metakommunikation)
■ Eine positive Atmosphäre ermöglichen	■ Den anderen akzeptieren und verstehen
■ Signalisieren der Kommunikationsbereitschaft	■ Aktiv und hilfreich zuhören
■ Die eigene Zielsetzung überprüfen	■ Sich so geben, wie einem zumute ist
■ Gefühle, Bedürfnisse, Erwartungen und dgl. offen mitteilen	■ Ich-Botschaften verwenden
■ Sich auf das Wahrnehmbare konzentrieren	■ Konflikte selbst lösen

Zusammenfassung

▶ Soziale Interaktion gilt als Bezeichnung für das wechselseitig aufeinander bezogene, aneinander orientierte und sich ergänzende Verhalten zwischen Menschen; für das Geschehen zwischen Personen, die wechselseitig aufeinander reagieren, sich gegenseitig beeinflussen und steuern.

▶ Unter sozialer Kommunikation versteht man den Austausch, die Vermittlung und Aufnahme von Informationen zwischen zwei oder mehreren Personen. Von sozialer Kommunikation spricht man nur wenn es sich um einen wechselseitigen Ablauf von Mitteilungen zwischen zwei oder mehreren Personen handelt. von der sozialen Kommunikation sind denn auch das Selbstgespräch und das Denken sowie die Massenkommunikation zu unterscheiden.

▶ Interaktion ist ohne Kommunikation nicht denkbar, ebenso ist Kommunikation ohne Interaktion unmöglich. In dem Moment, in welchem eine oder mehrere Personen anwesend sind, ist alles Verhalten kommunikativ. Soziale Kommunikation ist also Verhalten im weitesten Sinne des Wortes.

▶ Soziale Interaktion und Kommunikation sind Grundlage eines jeden Zusammenlebens; ohne soziale Interaktion und Kommunikation wäre der Mensch nicht lebens- und überlebensfähig, es gäbe keine Kultur, und es wäre kein gesellschaftliches Zusammenleben möglich. So gesehen sind Interaktion und Kommunikation ein Wesensmerkmal des Menschseins.

▶ In einem Kommunikationsablauf findet ein ständiger Wechsel der Rollen statt. Soziale Kommunikation bildet also immer ein System und stellt einen Regelkreis dar, in welchem es keinen Anfang und kein Ende gibt.

▶ Von einer erfolgreichen Kommunikation spricht man, wenn die an einer Kommunikation beteiligten Personen ihr Ziel erreichen und die gewünschte und beabsichtigte Wirkung eintritt. Von einer gestörten Kommunikation spricht man, wenn die an einer Kommunikation beteiligten Personen ihr Ziel nicht erreichen und die gewünschte und beabsichtigte Wirkung ausbleibt. Folgen einer gestörten Interaktion und Kommunikation können individuelle und soziale Probleme sein.

▶ Zur Verdeutlichung, warum eine soziale Kommunikation erfolgreich oder erfolglos verläuft, werden verschiedene Kommunikationstheorien herangezogen. Die zwei bekanntesten sind die Kommunikationstheorie von Paul Watzlawick und seinen Mitarbeitern und die von Friedemann Schulz von Thun.

▶ Sowohl Paul Watzlawick und seine Mitarbeiter als auch Friedemann Schulz von Thun betonen in ihren Ausführungen die Bedeutung der Metakommunikation für eine erfolgreiche Kommunikation. Metakommunikation bedeutet einmal die Kommunikation über die Kommunikation und zum anderen die Kommunikation über die Beziehung wischen Kommunikationspartnern; Metakommunikation ist mit dem Beziehungsaspekt identisch und meint deshalb auch die Verdeutlichung einer Information, wie diese verstanden werden möchte.

> Möglichkeiten erfolgreicher Kommunikation zur Vorbeugung und Behebung von Kommunikationsstörungen sind:

- sich selbst und die eigenen Gefühle akzeptieren,
- die Existenz von Konflikten akzeptieren,
- sich der eigenen Ängste bewußt werden,
- über die Beziehung und über die Kommunikation in der Beziehung sprechen (Metakommunikation),
- eine positive Atmosphäre ermöglichen,
- den anderen akzeptieren und verstehen,
- Kommunikationsbereitschaft signalisieren,
- aktiv und hilfreich zuhören,
- die eigene Zielsetzung überprüfen,
- sich so geben, wie einem zumute ist,
- Gefühle, Bedürfnisse und dergleichen offen mitteilen,
- Ich-Botschaften verwenden,
- sich auf das Wahrnehmbare konzentrieren,
- Konflikte selbst lösen.

MATERIALIEN Kapitel XI

1. Du-Botschaften und versteckte Botschaften

1 **a) Beispiele für Lösungsbotschaften:**

1. Anordnen, Befehlen, Kommandieren
„Geh und such dir etwas zum Spielen."
„Hör auf, die Zeitung zu zerknittern."
5 „Räum die Töpfe und Pfannen wieder fort."

2. Warnen, Ermahnen, Drohen
„Wenn du nicht aufhörst, schreie ich."
„Mutter wird böse, wenn du nicht aus dem Weg gehst."
10 „Wenn du nicht machst, daß du rauskommst, und die Küche wieder in ihren alten Zustand versetzt, wird es dir leid tun."

3. Zureden, Predigen, Moralisieren
„Stör niemals jemanden beim Lesen."
15 „Spiel bitte anderswo."
„Du mußt nicht herum spielen, wenn Mutter so eilig hat."
„Räum immer auf, wenn du fertig bist."

4. Raten, Vorschläge machen oder Lösungen
20 *geben*
„Warum gehst du nicht nach draußen und spielst?"
„Laß mich mal etwas anderes vorschlagen, was du tun könntest."
25 „Kannst du die Sachen denn nicht wegräumen, nachdem du sie gebraucht hast?"

Diese Arten von verbalen Erwiderungen teilen dem Kind die Lösung mit, die Sie für es haben – genau das, was es *Ihrer* Meinung nach tun sollte. Sie sind der Schiedsrichter; Sie haben die 30
Kontrolle; Sie nehmen die Sache in die Hand; Sie knallen mit der Peitsche. Sie schließen es aus. Die erste Art von Botschaft befiehlt ihm, *Ihre* Lösung anzuwenden; die zweite droht ihm; die dritte redet ihm zu; die vierte rät ihm. Die Eltern 35 fragen: „Was ist daran so falsch, die eigene Lösung zu senden – ist es denn nicht schließlich das Kind, das mir ein Problem verursacht?" Gewiß ist es das. Ihm aber die Lösung für Ihr Problem zu geben, kann diese Auswirkungen haben: 40

1. Kinder wehren sich dagegen, gesagt zu bekommen, was sie tun sollen. Ihre Lösung mag ihnen auch nicht zusagen. Jedenfalls wehren Kinder sich dagegen, ihr Verhalten modifizieren zu müssen, wenn ihnen genau gesagt 45 wird, wie sie sich ändern „müßten", „sollten" oder „besser daran täten", sich zu ändern.

2. Das Senden der Lösung übermittelt auch noch eine andere Botschaft: „Ich traue dir nicht zu, dich für eine Lösung zu entscheiden", oder „Ich 50 halte dich nicht für einfühlig genug, einen Weg zu finden, um mir bei meinem Problem zu helfen".

3. Das Senden der Lösung sagt dem Kind, daß Ihre Bedürfnisse wichtiger als seine sind, daß es genau das tun muß, was es, ungeachtet seiner 55 Bedürfnisse, Ihrer Meinung nach tun sollte. („Du tust etwas für mich Unannehmbaren, darum ist die einzige Lösung das, was ich sage.")

b) Beispiele für herabsetzende Botschaften

60 Jedermann weiß, wie es ist, durch eine Botschaft „herabgesetzt" zu werden, die Schuld, Urteil, Hohn, Kritik oder Schande übermittelt. Bei der Konfrontation mit Kindern verlassen sich Eltern weitgehend auf derartige Botschaften. „Herab-
65 setzende" Botschaften können in eine der folgenden Kategorien fallen:

1. Urteilen, Kritisieren, Beschuldigen
„Du müßtest es besser wissen."
„Du bist sehr gedankenlos."
70 „Du bis sehr ungezogen."
„Du bist das rücksichtsloseste Kind, das ich kenne."
„Du wirst noch einmal der Nagel zu meinem Sarg sein."

75 *2. Beschimpfen, Verhöhnen, Beschämen*
„Du bist ein verzogenes Gör."
„Schon gut, Herr Naseweis."
„Gefällt es dir, hier zu Hause ein selbstsüchtiger Nassauer zu sein?"
80 „Schäm dich."

3. Interpretieren, Diagnostizieren, Psychoanalysieren
„Du willst nur Aufmerksamkeit erregen."
„Du willst mich nur auf die Palme bringen."
85 „Du siehst nur zu gern, wie weit du es treiben kannst, bevor ich wütend werde."
„Du willst immer da spielen, wo ich arbeite."

4. Belehren, Anleiten
„Es gehört sich nicht, jemanden zu unterbre-
90 chen."
„Artige Kinder tun das nicht."
„Was würdest du sagen, wenn ich dir das antäte?"

Quelle: Thomas Gordon, 1989

„Warum bist du zur Abwechslung nicht einmal artig?" 95
„Was du nicht willst, das man dir Tu' ... usw."

Das sind alles Herabsetzungen - sie ziehen den Charakter des Kindes in Zweifel, lehnen es als Mensch ab, zerstören seine Selbstachtung, betonen seine Unzulänglichkeiten, fällen ein 100 Urteil über seine Persönlichkeit. Sie geben dem Kind die Schuld.

Welche Wirkungen rufen diese Botschaften wahrscheinlich hervor?
1. Kinder fühlen sich oft schuldbewußt und voll 105 Reue, wenn sie verurteilt oder beschuldigt werden.
2. Kinder haben das Gefühl, daß der Elternteil nicht fair ist - sie empfinden Ungerechtigkeit: „Ich habe nicht Böses getan" oder „Ich wollte 110 nicht unartig sein".
3. Kinder fühlen sich oft ungeliebt, zurückgestoßen: „Sie mag mich nicht, weil ich etwas Böses getan habe."
4. Kinder reagieren oft sehr widerspenstig auf 115 derartige Botschaften - sie stellen sich auf die Hinterbeine. Das die Eltern störende Verhalten aufzwingen, würde ein Eingeständnis der Stichhaltigkeit des elterlichen Vorwurfs oder Urteils sein. Die typische Reaktion eines Kin- 120 des würde sein: „Ich störe doch nicht" oder „Die Teller sind niemanden im Weg".
5. Kinder zahlen oft mit gleicher Münze heim: „Du bist auch nicht immer so ordentlich" oder „Du bist ständig müde", „Du bist ein schreck- 125 licher Miesepeter, wenn Besuch kommt" oder „Warum kann das Haus nicht so sein, daß wir darin leben können?"
6. Herabsetzungen geben dem Kind das Gefühl der Unzulänglichkeit. Sie reduzieren seine 130 Selbstachtung.

2. Wie man andere dazu bringt, sich schuldig zu fühlen

1 *„Gehst Du heute abend noch einmal weg?" fragt die Ehefrau ihren Mann.*
„Ja um halb Sieben ich habe noch eine Besprechung."
5 *„Ich kann es nicht glauben, daß Du noch etwas vorhast", erwidert sie pikiert.*
„Willst du Dich denn überhaupt nicht um Deinen Sohn kümmern?"
„Natürlich will ich das. Doch diese Besprechung
10 *ist wichtig, ich muß dorthin."*
Daraufhin wendet sich die Frau an den Sohn:
„Schau Dir Deinen Vater gut an, sonst vergißt Du doch noch irgendwann, wie er aussieht!"

Wie glauben Sie, wird sich dieser Ehemann
15 fühlen, wenn er das Haus verläßt, um zu seinem wichtigen Treffen zu gehen? Natürlich: schuldig.

Durch ihre spitzen Bemerkungen hat seine Frau es geschafft, daß er nicht mehr unbefangen seinen Verpflichtungen nachkommen kann. Dies ist eine ganz alltägliche Szene, meinen Anita L. Van- 20 gelisti und John A. Daly von der University of Texas, Austin, sowie ihre Kollegin Janine Rae Rudnick von der University of Texas, El Paso. Das Forscherteam hat in einer Reihe von Untersuchungen herausgefunden, daß sich die von 25 ihnen Befragten ohne Schwierigkeiten an Gespräche erinnern konnten, nach denen sie sich schuldig fühlten oder glaubten, dem anderen Schuldgefühle bereitet zu haben. *(Human Communication Research, 1 1991)*. Auch konn- 30 ten sie Techniken identifizieren, die Menschen im Gespräch benutzen, wenn sie im anderen das Gefühl der Schuld hervorrufen wollen. Schuldig

fühlen sich Menschen danach vor allem nach
35 Äußerungen, die

– sie an eine Verpflichtung innerhalb der Beziehung erinnern:
  A: „Paßt Du morgen auf das Baby auf?"
  B: „Nein, ich wollte fischen gehen."
40 A: „Gut. Wenn das Kind groß ist, werde ich
  ihm sagen, daß sein Vater nie Zeit dafür hatte."

– klarmachen, daß der andere ein Opfer bringen
  muß:
45 A: „Ich kann morgen nicht zur Arbeit kommen."
  B: „Geht in Ordnung. Wenn ich keinen Ersatz
  für Dich finde, verzichte ich eben auf meine
  Mittagspause."

50 – Vergleiche anstellen:
  A: „Wann bist Du heute aufgestanden?"
  B: „Etwa gegen Mittag."
  A: „Zu der Zeit hatte ich schon vier Stunden
  gearbeitet."

55 – Widersprüche aufdecken:
  A: „Willst Du wirklich das Eis essen?"
  B: „Ja."
  A: „Ich dachte, Du willst abnehmen?"

Quelle: Psychologie Heute 3/1992

Diese Techniken (die häufigsten von insgesamt
12 in den verschiedenen Studien identifizierten), 60
funktionieren allerdings nur, wenn zwischen den
Gesprächspartnern eine enge Beziehung
besteht. Unter Fremden führen derartige Bemerkungen kaum zu Schuldgefühlen, wie Vangelisti,
Daly und Rudnick feststellten. 65
Warum aber, so fragten die Wissenschaftler weiter, setzen Freunde oder gar Liebespartner derartige manipulative Techniken überhaupt ein, warum wollen sie im anderen Schuldgefühle hervorrufen? In den meisten Fällen, so gaben die Unter- 70
suchungsteilnehmer zu Protokoll, weil sie den
anderen überzeugen wollen („Um ihn dazu zu
bringen, etwas zu tun, was er sonst nicht tun
würde."). Aber auch Aggression („Um den anderen zu verletzen") und Rache („Um ihm etwas 75
zurückzuzahlen") spielen eine Rolle.
Grundsätzlich aber stellen sich die meisten
Befragten häufiger als passive Opfer denn als
aktive Täter dar: es sind eher die anderen, die
Schuldgefühle bei ihnen hervorrufen. Die selbst 80
greifen laut eigenen Aussage seltener zu diesem
Mittel der Manipulation.
Die Forscher bezweifeln aber, daß ihre Stichprobe moralischer als der Durchschnitt ist; sie glauben eher, daß es als verwerflich angesehen wird, 85
im andere Schuldgefühle hervorzurufen und sich
deshalb nur wenige freiwillig dazu bekennen.

3. Zwei Beispiele für die vielfältigen Botschaften einer Nachricht

a) Das Weinen

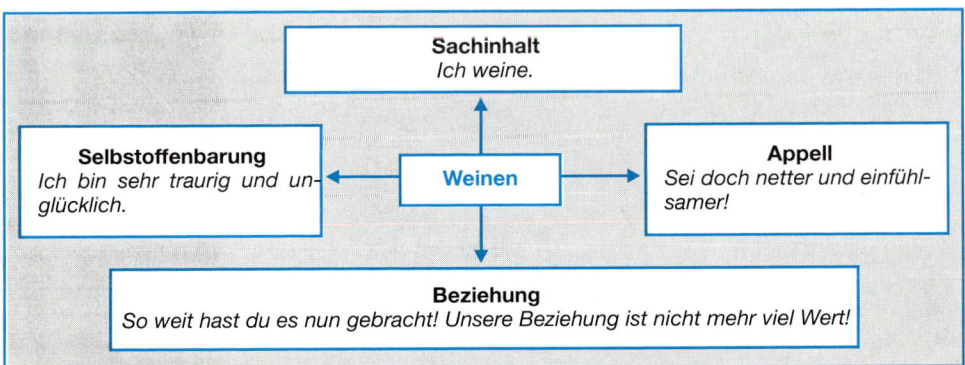

b) Das Schweigen

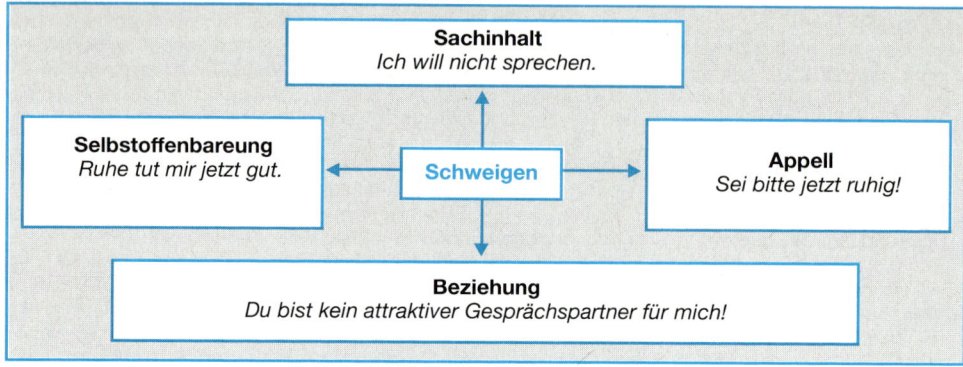

Quelle: Friedemann Schulz von Thun, Band 1, 1990 (abgeändert)

4. Warum Ich-Botschaften wirksamer sind

1 „Ich-Botschaften" sind wirksamer, um ein Kind zu beeinflussen, ein Verhalten zu modifizieren, das für den Elternteil unannehmbar ist, und dessen Modifizierung für das Kind und die Eltern-Kind-Beziehung gesünder ist. Die „Ich-Botschaft" ist viel weniger geeignet, Widerstand und Rebellion zu provozieren. Es ist weitaus weniger bedrohlich, einem Kind aufrichtig die Wirkung seines Verhaltens auf *Sie* zu übermitteln, als anzudeuten, daß irgend etwas an *ihm* böse ist, weil es sich diesem Verhalten nicht hingibt. Denken Sie an den signifikanten Unterschied in der kindlichen Reaktion auf diese zwei Botschaften, die ein Elternteil sendete, nachdem ihn ein Kind vor das Schienbein tritt: „Au. Das hat mir wirklich weh getan – ich mag nicht, wenn man mich tritt." „Du bist ein sehr unartiger Junge. Untersteh dich, jemanden so zu treten."

Die erste Botschaft sagt dem Kind nur, was Sie durch seinen Tritt fühlten, eine Tatsache, die es kaum bestreiten kann. Die zweite sagt ihm, daß es „unartig" war, und warnt es davor, das wieder zu tun; gegen beides kann es Einwände erheben und sich wahrscheinlich heftig sträuben.

Quelle: Thomas Gordon, 1989

25 „Ich-Botschaften" sind auch unendlich viel wirksamer, weil sie die Verantwortung für die Modifizierung seines Verhaltens in die Hände des Kindes legen. „Au! Das hat mir wirklich weh getan" und „Ich mag nicht, wenn man mich tritt" sagen dem Kind, wie Sie fühlen, überlassen es jedoch ihm, etwas zu tun. Folglich helfen „Ich-Botschaften" dem Kind, voranzukommen, helfen ihm Verantwortung für sein eigenes Verhalten zu übernehmen. Eine „Ich-Botschaft" sagt dem Kind, daß Sie ihm die Verantwortung überlassen, ihm zutrauen, auf konstruktive Weise mit der Situation fertig zu werden, ihm zutrauen, daß es Ihre Bedürfnisse respektiert, ihm eine Chance geben, damit zu beginnen, sich konstruktiv zu verhalten. Weil „Ich-Botschaften" aufrichtig sind, neigen sie dazu, das Kind zu beeinflussen, ähnlich aufrichtige Botschaften zu senden, wann *immer es eine Empfindung hat.* „Ich-Botschaften" des einen Menschen in einer Beziehung fördern, „Ich-Botschaften" des anderen. Das ist der Grund, warum in sich verschlechternden Beziehungen Konflikte häufig in gegenseitige Beschimpfungen und wechselseitige Beschuldigungen ausarten.

5. Fördernde und hemmende Reaktionen in einer sozialen Kommunikation

1 Mit welchen konkreten Verhaltensweisen können sie einem Gesprächspartner helfen, sein Problem zu klären und eventuell eine Lösung zu finden? Und durch welche Verhaltensweisen kann Ihr Gesprächspartner gehemmt werden, seine Gefühle und Gedanken auszudrücken, um sie in einen neuen Zusammenhang stellen zu können? Diese Verhaltensweisen, die als Anwendung der in den vorangegangenen Kapiteln dargestellten Einstellungen aufzufassen sind, sollen hier noch einmal zusammenfassend dargestellt werden.

1. Fördernde Reaktionsweisen
sind alle Reaktionen, die dem Gesprächspartner vermitteln,

- daß seine Gefühle und Gedanken verstanden, 15 akzeptiert und nicht-wertend gehört und aufgenommen werden;
- daß man aktiv engagiert und beteiligt am Gespräch ist;
- daß man sich selbst offen mit seinen eigenen 20 Gedanken und Gefühlen in das Gespräch einbringt.

Solche fördernden Reaktionsweisen sind zum Beispiel:

25 *Aktives aufmerksames und akzeptierendes Zuhören. Gemeint ist hier kein passives Schweigen, sondern ein engagiertes Zuhören*
(...)

Paraphrasieren. Sie wiederholen den Inhalt der
30 Aussage Ihres Gesprächspartners noch einmal in Ihren Worten, um sicherzugehen, ob Sie ihn auch richtig verstanden haben.
Verbalisierung der gefühlsmäßigen Erlebnisinhalte. Sie teilen Ihrem Gesprächspartner mit, welche
35 Gefühle Sie aus seiner Äußerung herausgehört haben. Sie paraphrasieren also den gefühlsmäßigen Inhalt seiner Aussage und nicht die Darstellung äußerer Sachverhalte (siehe Stufe III des partnerzentrierten Gesprächs).
40 *Warhnehmungsüberprüfung.* Sie sagen Ihrem Gesprächspartner, wie Sie sein Verhalten hier und jetzt wahrnehmen, und fragen, ob Ihre darauf beruhenden Vermutungen zutreffen. Beispiel: „Ich habe den Eindruck, daß du jetzt aufgeregt
45 bist, stimmt das?"
Informationssuche. Gemeint sind hier Fragen, die sich genau auf das beziehen, was Ihr Gesprächspartner geäußert hat. Fragen, die neue Themenbereiche anschneiden, würden den Gesprächs-
50 partner in seinem Gedankenfluß hemmen.
Mitteilung der eigenen Gefühle. Sie äußern, wie Sie selbst dem besprochenen Problem gegenüber fühlen. Sie machen damit transparent, wie Sie darüber denken und fühlen. Der Versuch
55 aber, den Gesprächspartner zu überzeugen, daß er diese Gedanken und Gefühle übernehmen sollte, wird ihn in seinem Gefühlsausdruck hemmen. Hilfreich kann auch die Mitteilung der eigenen Gefühle dem Gesprächspartner gegenüber
60 sein (Feed-back).

2. Hindernde Reaktionsweisen
sind alle Reaktionsweisen, die
- dem Gesprächspartner seine Gefühle ‚nehmen', das heißt, ihm vermitteln, daß er diese
65 Gefühle gar nicht haben und äußern dürfe;
- dem Gesprächspartner Gefühle der Unterlegenheit und Bedeutungslosigkeit vermitteln;
- dem Gesprächspartner vermitteln, daß man ihm nicht zutraut, daß er mit Hilfe unserer part-
70 nerzentrierten Reaktion allein eine Lösung für sein Problem finden wird.
Solche Reaktionsweisen sind zum Beispiel:
Wechsel des Themas ohne Erklärung. Damit vermitteln Sie an seinen Äußerungen nicht interes-
75 siert sind.

Quelle: Lutz Schwäbisch/Martin Siems, 1974

Beenden des Blickkontaktes. Gemeint ist hier die optische Beschäftigung mit anderen Menschen oder Dingen und nicht das Wegschauen, damit Ihr Gesprächspartner sich beim Nachdenken besser konzentrieren kann.
80

Interpretationen. Wenn Sie Ihrem Gesprächspartner belehren, welche Motive hinter seinem Handeln stehen („Das tust du, weil..."), dann spielen Sie sich damit zu einem ‚Guru' auf, der schon weiß, was mit dem anderen los ist.
85
Ratschläge und Überredung. Ihr Gesprächspartner will zunächst verstanden werden und nicht mit Rezepten überschüttet werden. Alle Befehle und Aufforderungen („Sei doch mal...", tu doch mal...") bringen ihn dazu, seine Gefühle dem Pro-
90 blem gegenüber nicht mehr zu äußern, und vermitteln ihm ein Gefühl der Unterlegenheit und des Versagens. Außerdem entmündigen Sie Ihren Gesprächspartner mit diesen Verhaltensweisen und schwingen sich zu seinem Vormund
95 auf. Hilfreich kann es aber sein, wenn Sie im Verlauf des Gesprächs äußern, wie Sie selbst solch ein Problem einmal gelöst haben oder lösen würden, und es dem Gesprächspartner überlassen, zu entscheiden, ob Ihre Lösungen für seine
100 Situation nützlich sind.

Verneinung der Gefühle. Hemmend wirken sich Äußerungen aus, wie beispielsweise: „Du hast gar keinen Grund, diese Gefühle zu haben!" oder auch das gutgemeinte: „Du brauchst gar keine
105 Angst zu haben!" Ihr Gesprächspartner wird das Gefühl erhalten, daß er keine Berechtigung zu seinen Gefühlen hat. Er wird seine Gefühle dann unterdrücken oder Scheingründe suchen, damit diese Gefühle eine ‚Berechtigung' erhalten. Er
110 muß dann seine Zeit und Kraft dafür einsetzen, seine Gefühle zu rechtfertigen, anstatt diese Kraft für die Klärung und Lösung des Problems einzusetzen.

Emotionale Verpflichtungen. Äußerungen wie:
115 „Wie kannst du nur so schlecht über ... denken, wo er doch immer so nett zu dir war?" erzeugen beim Gesprächspartner Scham- und Minderwertigkeitsgefühle, und er wird vor Ihnen nicht mehr offen äußern mögen, was er denkt und fühlt. *Die*
120 *Benutzung der offenen Äußerungen als Kampfmittel.* Wenn Sie die Information, die Ihnen Ihr Gesprächspartner in einem offenen Gespräch anvertraut, später gegen ihn verwenden (z. B.: „Aber damals hast du mir doch gesagt...", „Wie
125 kannst du jetzt nur...“), dann erschüttern Sie das Vertrauen Ihres Gesprächspartners, und er wird sich vor Ihnen nicht mehr offen äußern können.

Reproduktion von Informationen:

1. Bestimmen sie die Begriffe „soziale Interaktion" und „soziale Kommunikation".
   Abschnitt 11.1.1)

2. Stellen sie den Unterschied dar zwischen „Kommunikation" und „sozialer Kommunikation".
   (Abschnitt 11.1.1)

3. Beschreiben Sie soziale Kommunikation als Regelkreis.
   (Abschnitt 11.1.2)

4. Zeigen Sie auf, wann man von einer erfolgreichen Kommunikation sprechen kann.
   (Abschnitt 11.1.3)

5. Bestimmen Sie, was man unter einer gestörten Kommunikation versteht, und stellen
   Sie mögliche Folgen einer Kommunikationsstörung dar.
   (Abschnitt 11.1.3)

6. Erläutern Sie die Axiome der Kommunikation von Paul Watzlawick und seinen Mitarbeitern.
   (Abschnitt 11.2.1)

7. Beschreiben sie mit Hilfe der Axiome der Kommunikation von Paul Watzlawick und
   seinen Mitarbeitern, wann eine Kommunikation erfolgreich verläuft.
   (Abschnitt 11.2.1)

8. Erläutern Sie mit Hilfe der Axiome der Kommunikation von Paul Watzlawick und seinen
   Mitarbeitern, wie es möglicherweise zu Kommunikationsstörungen kommen kann.
   (Abschnitt 11.2.1)

9. Stellen Sie Paradoxien und Doppelbindungen als eine besondere Form der Kommunikationsstörung dar.
   (Abschnitt 11.2.2)

10. Stellen Sie die vier Seiten einer Nachricht und deren Ziele nach Friedemann Schulz
    von Thun dar.
    (Abschnitt 11.3.1)

11. Erläutern Sie das Modell der zwischenmenschlichen Kommunikation nach Friede-
    mann Schulz von Thun.
    (Abschnitt 11.3.1)

12. Zeigen Sie die Empfangsvorgänge auf, aus denen sich die Reaktion des Empfängers
    aufbaut.
    (Abschnitt 11.3.2)

13. Beschreiben Sie die Aussagen, die nach Friedemann Schulz von Thun über Phantasi-
    en des Empfängers gemacht werden können.
    (Abschnitt 11.3.2)

14. Beschreiben Sie mit Hilfe des Modells zwischenmenschlicher Kommunikation von
    Friedemann Schulz von Thun, wann eine Kommunikation erfolgreich verläuft.
    (Abschnitt 11.3.3 und 11.3.4)

15. Erläutern Sie mit Hilfe des Modells zwischenmenschlicher Kommunikation von Friede-
    mann von Schulz, wie es möglicherweise zu Kommunikationsstörungen kommen kann.
    (Abschnitt 11.3.3 und 11.3.4)

16. Stellen Sie dar, wie es auf seiten des Empfängers zu möglichen Störungen in der Kommunikation kommen kann.
(Abschnitt 11.3.4)

17. Zeigen Sie psychologische Probleme auf der Sachinhaltsseite auf, die Störungen in der Kommunikation nach sich ziehen.
(Abschnitt 11.3.5)

18. Erläutern Sie psychologische Probleme auf der Selbstoffenbarungsseite, die Störungen in der Kommunikation nach sich ziehen.
(Abschnitt 11.3.5)

19. Beschreiben Sie psychologische Probleme auf der Beziehungsseite, die Störungen in der Kommunikation nach sich ziehen.
(Abschnitt 11.3.5)

20. Stellen Sie psychologische Probleme auf der Appellseite dar, die Störungen in der Kommunikation nach sich ziehen.
(Abschnitt 11.3.5)

21. Bestimmen Sie den Begriff „Metakommunikation".
(Abschnitt 11.2.4 oder 11.3.6)

22. Zeigen Sie Möglichkeiten zur Vorbeugung und Behebung von Kommunikationsstörungen auf.
(Abschnitt 11.2.4 bzw. 11.3.6 und 11.4)

Anwendungsaufgaben:

23. Bestimmen Sie die Begriffe „soziale Interaktion" und „soziale Kommunikation" und erläutern Sie an Beispielen, daß alles Verhalten im weitesten Sinne des Wortes soziale Kommunikation ist.
(Abschnitt 11.1.1)

24. Zeigen Sie an einem Beispiel auf, daß soziale Interaktion und Kommunikation Grundlage eines jeden Zusammenlebens sind.
(Abschnitt 11.1.1)

25. Beschreiben Sie am Beispiel eines Gespräches, daß soziale Kommunikation einen Regelkreis darstellt.
(Abschnitt 11.1.2)

26. Formulieren Sie in folgenden Beispielen die mögliche Absicht der Kommunikation:
    a) ein Kind belehren
    b) einen Menschen streicheln
    c) auf den Boden starren
    d) über Politik diskutieren
    e) miteinander singen
    f) jemanden in den Arm nehmen
    (Abschnitt 11.1.3)

27. Bestimmen Sie die Begriffe "soziale Kommunikation" und "soziale Interaktion" und beschreiben Sie am Beispiel der Familie oder der Schule eine erfolgreiche Kommunikation.
(Abschnitt 11.1.1 und 11.1.3)

28. Beschreiben Sie am Beispiel einer Freundschaft eine gestörte Kommunikation und zeigen Sie an diesem Beispiel mögliche Folgen einer Kommunikationsstörung auf.
(Abschnitt 11.1.3)

29. Ordnen Sie folgende Beispiel dem jeweiligen Axiom zu, gegen das sie verstoßen:

- *Der Vater sagt zu seinem Sohn: „Ich werde dir schon zeigen, wer hier der Herr im Hause ist!"*
- *Die Lehrerin sagt zu einer ihrer Schülerinnen: „Wenn du den Mund aufmachst, dann weiß ich, daß lauter Unsinn herauskommt!"*
- *„Ich will jetzt nicht mit dir darüber reden!"*
- *„Hättest du mich nicht so blöd angeredet, wäre ich nicht gegangen."*
- *Klaus wird im Internat abgeliefert. Der Vater zieht DM 100,00 aus der Tasche und will Klaus damit eine Freude machen. Klaus ist beleidigt und geht.*
- *„Da brauchen wir doch gar nicht darüber reden, das ist noch sonnenklar!"*
- *„Aug' um Aug', Zahn um Zahn!"*
- *„Das bißchen Haushalt ist doch kein Problem", sagt mein Mann.*

(Abschnitt 11.2.1)

30. Erläutern Sie an Beispielen die Axiome von Paul Watzlawick und seinen Mitarbeitern. (Abschnitt 11.2.1)

31. Beschreiben Sie an je einem Beispiel eine Paradoxie und eine Doppelbindung und zeigen Sie an diesen Beispielen auf, wie es dadurch zu möglichen Kommunikationsstörungen kommen kann. (Abschnitt 11.2.2)

32. Zeigen Sie an folgenden Beispielen die vier Seiten einer Nachricht nach Friedemann Schulz von Thun auf:
- Lachen
- die Augenbrauen hochziehen
- Streicheln
- Singen

(Abschnitt 11.3.1)

33. Erläutern Sie an einem selbstgewählten Beispiel aus ihrem Erfahrungsbereich die vier Seiten einer Nachricht und ihre Ziele nach Friedemann Schulz von Thun. (Abschnitt 11.3.1)

34. Stellen Sie an einem Beispiel das Modell der zwischenmenschlichen Kommunikation nach Friedemann Schulz von Thun dar. (Abschnitt 11.3.1)

35. Zeigen Sie an einem geeigneten Beispiel die Empfangsvorgänge auf, aus denen sich die Reaktion des Empfängers aufbaut und welche möglichen Folgen diese Reaktion nach sich ziehen kann. (Abschnitt 11.3.2)

36. Verdeutlichen Sie mit Hilfe von Beispielen die Aussagen, die nach Friedemann Schulz von Thun über Phantasien des Empfängers gemacht werden können. (Abschnitt 11.3.2)

37. Beschreiben Sie am Beispiel einer Situation im Praktikum mit Hilfe des Modells zwischenmenschlicher Kommunikation von Friedemann Schulz von Thun, wann eine Kommunikation erfolgreich verläuft. (Abschnitt 11.3.3 und 11.3.4)

38. Stellen Sie an Beispielen dar, wie es auf Seiten des Empfängers zu möglichen Störungen in der Kommunikation kommen kann. (Abschnitt 11.3.4)

39. Erläutern Sie an Beispielen psychologische Probleme, die sich aus den vier Seiten einer Nachricht ergeben und Störungen in der Kommunikation nach sich ziehen können. (Abschnitt 11.3.5)

40. Beschreiben Sie am Beispiel einer typischen Erziehungssituation, welche Störungen der Kommunikation häufig zu beobachten sind, und erläutern Sie die Entstehung dieser Störungen mit Hilfe der Axiome von Paul Watzlawick und seinen Mitarbeitern oder mit Hilfe des Modells zwischenmenschlicher Kommunikation von Friedemann Schulz von Thun. (Abschnitt 11.2.1 oder 11.3.2 bis 11.3.5)

41. Erläutern Sie anhand eines selbstgewählten Beispiels die Entstehung und den wahrscheinlichen Ablauf gestörter Kommunikationsprozesse. Verdeutlichen Sie Ihre Aussagen mit Hilfe geeigneter kommunikationspsychologischer Erkenntnisse. (Abschnitt 11.2.1 oder 11.3)

42. Beispiele für versteckte Botschaften:

- *Die Mutter sagt zu ihrem Kind: „Du brauchst nicht zu sparen, aber mit dem Fahrrad wird es dann wohl auch nichts!"*
- *Der Lehrer sagt zum Schüler: „Ich wollte Ihnen nur Bescheid sagen. Ob sie es tun wollen, ist Ihre Sache!"*
- *Der Ehemann sagt zu seiner Frau: „Meine Meinung kennst du ja, mach' was du willst!"*
- *Die Freundin sagt zu ihrem Freund: „Du kannst es ja ruhig probieren, aber beschwere dich dann nicht!"*

a) Finden sie die eigentlichen Wünsche, Bedürfnisse, Befürchtungen und dergleichen heraus.

b) Formulieren Sie die Beispiele in „offene" Botschaften um.
(Abschnitt 11.2.2)

43. Ein Gespräch zwischen Frau und Herrn Glücklos:

> *Herr Glücklos kommt gerade nach Hause. Er geht in die Küche, in der sich seine Frau aufhält.*
>
> *Herr G.: Guten Abend. (Schaut auf den Tisch) Ja, gibt's denn heute nichts zum Abendessen?*
>
> *Frau G.: Warum kommst du jetzt erst heim? Willst du uns schon wieder den Abend kaputt machen?*
>
> *Herr G.: Ich wollte anrufen, aber es war ständig belegt. Was mußt du auch ständig telefonieren!*
>
> *Frau G.: Aha, jetzt habe ich wieder die Schuld, wie immer. Schau dir mal den Auflauf an, er war vor einer Stunde fertig.*
>
> *Herr G.: Warum hast du mit dem Auflauf überhaupt so früh angefangen?*
>
> *Frau G.: Also schon wieder, es ist also mein Fehler! Jetzt sage ich dir mal was: Unsere Beziehung gefällt mir schon seit längerem nicht mehr! Ständig diese Streitereien, die gehen mir schon lange auf den Nerv!*
>
> *Herr G: Ich bin jetzt nicht in der Stimmung, mich mit dir herumzuschlagen. Da kommt man müde und abgespannt nach Hause, freut sich und dann sowas!*
>
> *Frau G.: Du könntest ja selbst mal die Initiative ergreifen, daß wir beide etwas unternehmen, aber ständig soll ich etwas machen!*
>
> *Herr G.: Ja, Du sagst ja ständig, ich kann das nicht, das paßt Dir ja nie. (Kleine Pause)*
>
> *Frau G.: Ja, das war einmal schön mit dir, aber jetzt!*
>
> *Herr G.: (Steht auf und will aus dem Zimmer gehen.)*
>
> *Frau G.: Du kannst ruhig gehen! Wenn ich wieder depressiv bin, dann wird Martha schon kommen!*
>
> *Herr G.: Ja, ja (geht aus dem Zimmer, schlägt die Tür hinter sich zu und ruft noch in die Küche zurück:) Ich geh' zum „freudigen Esel" und esse dort zu Abend, da habe ich wenigstens meine Ruhe!*

a) Analysieren Sie dieses Gespräch nach möglichen versteckten Botschaften, Du-Botschaften, Paradoxien und Doppelbindung.
(Abschnitt 11.2.2)

b) „Übersetzen" Sie diese in offene Botschaften bzw. in Ich-Botschaften.
(Abschnitt 11.2.2)

c) Zeigen Sie an den einzelnen Botschaften jeweils die vier Seiten einer Nachricht auf.
(Abschnitt 11.3.1)

d) Verdeutlichen Sie mit Hilfe kommunikationspsychologischer Erkenntnisse nach Friedemann Schulz von Thun, warum es im obigen Beispiel zu einer Kommunikationsstörung gekommen ist.
(Abschnitt 11.3)

44. Beschreiben Sie wichtige kommunikationspsychologische Erkenntnisse und leiten Sie aus diesen Erkenntnissen ab, wie es möglicherweise zu Kommunikationsstörungen kommen kann.
(Abschnitt 11.2 oder 11.3)

45. Stellen Sie eine Kommunikation zwischen zwei Freunden dar und beschreiben Sie an dieser Kommunikation den Begriff „Metakommunikation".
(Abschnitt 11.2.4 oder 11.3.6)

46. Zeigen Sie verschiedene Möglichkeiten erfolgreicher Kommunikation in Konfliktsituationen auf.
(Abschnitt 11.2.4 bzw. 11.3.6 und 11.4)

47. Stellen Sie diejenigen Erkenntnisse über erfolgreiche Kommunikation dar, die dem Sozialpädagogen bei der Anwendung einer Methode der Sozialarbeit/-pädagogik hilfreich sein können.
(Abschnitt 11.2.4 bzw. 11.3.6 und 11.4)

48. Fragen zu dem eingangs geschilderten Gespräch zwischen Robert und Ursel:

a) Beschreiben Sie an diesem Dialog die beiden Begriffe „soziale Interaktion" und „soziale Kommunikation" und erläutern Sie an diesem Gespräch Kommunikation als Regelkreis.
(Abschnitt 11.1.1 und 11.1.2)

b) Beschreiben sie die in diesem Dialog vorliegende Kommunikationsstörung, und zeigen Sie auf, welche möglichen Folgen diese gestörte Kommunikation für die beteiligten Personen haben könnte.
(Abschnitt 11.1.3)

c) Verdeutlichen Sie die in diesem Gespräch vorliegende Kommunikationsstörung mit Hilfe kommunikationspsychologischer Erkenntnisse.
(Abschnitt 11.2 oder 11.3)

d) Stellen Sie Möglichkeiten dar, wie die beiden Partner ihre Kommunikationsstörung beheben könnten.
(Abschnitt 11.2.4 bzw. 11.3.6 und 11.4)

Anregungen

49. Übung: Unwirksame Botschaften erkennen

Anleitung: Lesen Sie jede der unten aufgeführten Situationen und die vom Elternteil gesendete Botschaft. Auf ein Blatt Papier schreiben Sie die Gründe dafür auf, warum die Botschaft des Elternteils als Sendung nicht wirksam war, indem Sie die folgende Liste von „Sendefehlern" verwenden:

Untertreiben

Beschuldigen, verurteilen

Indirekte Botschaft, Sarkasmus[1]

Lösungen, Befehle senden

Sekundären Empfindungen Luft machen

Beschimpfungen

Antippen und weglaufen

---

[1] Sarkasmus: beißender Spott

Beispiel:

Situation und Botschaft	Mangelhaftes Senden, weil
Zehnjähriger läßt offenes Fahrtenmesser auf dem Boden des Kinderzimmers liegen. „Das war so dumm, das Baby hätte sich schneiden können."	*Beschuldigen, verurteilen*

1. *Die Kinder streiten sich darüber, welches Fernsehprogramm sie sehen. „Hört mit dem Streiten auf, und stellt augenblicklich den Apparat ab."*

2. *Tochter kommt um 1.30 Uhr nachts nach Hause, nachdem sie zugestimmt hat, um 12 Uhr zurück zu sein. Der Elternteil ist sehr besorgt gewesen, daß ihr etwas geschehen sein könnte. Elternteil erleichtert, als sie schließlich kommt. „Man kann dir also nicht vertrauen, das sehe ich. Ich bin so böse auf dich. Du wirst einen Monat lang Hausarrest haben."*

3. *Zwölfjähriger ließ die Tür zum Schwimmbecken offenstehen und brachte damit Zweijährigen in Gefahr. „Was wolltest du? Deinen kleinen Bruder ertrinken lassen? Ich bin wütend mit dir."*

4. *Lehrer schickt den Eltern einen Brief, in dem er erklärt, der Elfjährige führe zu viele laute und „schmutzige" Reden in der Klasse. „Komm mal her und erkläre mir, warum du deine Eltern mit deinem ungewaschenen Mundwerk in Verlegenheit bringen willst?"*

5. *Mutter ist böse und sehr frustriert, weil das Kind trödelt und sie zu einer Verabredung zu spät kommen läßt. „Mutter wäre es lieb, wenn du ihr gegenüber rücksichtsvoller wärst."*

6. *Mutter kommt nach Hause und findet das Wohnzimmer in großer Unordnung vor, nachdem sie die Kinder gebeten hatte, es in Anbetracht zu erwartenden Besuchs sauberzuhalten. „Ich hoffe, ihr beiden hattet auf meine Kosten viel Spaß heute nachmittag."*

7. *Vater fühlt sich vom Anblick und Geruch der schmutzigen Füße seiner Tochter abgestoßen. „Wäschst du dir denn niemals wie andere Leute die Füße? Marsch, unter die Dusche."*

8. *Das Kind stört Sie, weil es durch Purzelbaumschlagen die Aufmerksamkeit Ihres Besuchs auf sich lenkt. Mutter sagt: „Du kleiner Angeber".*

9. *Mutter ist ärgerlich mit dem Kind, weil es das Geschirr nach dem Abwaschen nicht fortgeräumt hat. Als das Kind zum Schulbus rennt, ruft die Mutter: „Weißt du auch, daß ich heute morgen sehr ärgerlich mit dir bin?"*

Vergleichen Sie Ihre Antworten mit diesen:
1. *Lösungen senden.*
2. *Beschuldigen, verurteilen, sekundären Empfindungen Luft machen. Lösungen senden.*
3. *Beschuldigen, verurteilen, sekundären Empfindungen Luft machen.*
4. *Beschuldigen, verurteilen.*
5. *Beschuldigen, verurteilen, untertreiben.*
6. *Indirekte Botschaft.*
7. *Indirekte Botschaft, Lösung senden, beschuldigen, verurteilen.*
8. *Beschimpfen.*
9. *Antippen und weglaufen.*

Quelle: Thomas Gordon, 1989

Schreiben Sie unter Vermeidung aller „Sendefehler" für jede der oben angeführten Situationen passende „Ich-Botschaften".

50. Lesen Sie bitte die in Materialien 1. genannten Du-Botschaften und versteckten Botschaften. „Übersetzen" Sie diese Botschaften in Ich-Botschaften bzw. in offene Botschaften.

51. Rollenspiel:
Eine oder mehrere Personen spielen den Sender, eine oder mehrere andere Personen den Empfänger. Sender und Empfänger sprechen über ihre Erlebnisse vom gestrigen Tag.
Analysieren Sie anschließend in der Klasse das Gespräch nach den vier Seiten einer Nachricht sowie nach den vier „Empfangsohren" (Sachinhalts-, Selbstoffenbarungs-, Beziehungs- und Appellohr) des Empfängers.

52. Führen Sie in Zweier- oder Dreiergruppen ein Gespräch. Hören und reagieren Sie dabei nur auf eine Seite der Nachricht - zum Beispiel auf die sachlichen Anteile. Diskutieren Sie anschließend den Verlauf des Gespräches.

53. Bilden Sie Dreiergruppen. Eine Person spielt den Sender, die andere Empfänger. Die dritte Person beobachtet. Der Sender hat nun die Aufgabe, den Empfänger anzusprechen und harmlose Dinge zu sagen. Der Empfänger soll auf der „Beziehungslauer" liegen und in jeder Nachricht eine gegen ihn gerichtete Botschaft wittern. Anschließend diskutieren Sie über den Gesprächsverlauf und wechseln die Rollen.

55. Übung: Sprechen und Zuhören

Nachfolgend wird eine Methode beschrieben, mit der die Wahrnehmung für Vorgänge in der „Kommunikation" geschafft und eingeübt wird:
Die Übung bezieht sich wesentlich darauf, an der Realität zu lernen, wie man einerseits sich präzise ausdrückt, andererseits aber auch genau zuhört.

Zweck dieser Übung:

– Die Teilnehmer sollen einüben, anderen genau zuzuhören, um an dem Gehörten ihre eigene Zusammenfassung kontrollieren zu können.
– Die Teilnehmer sollen einüben, sich selbst genau auszudrücken.
– Das Verständnis für die Komplexität und die Schwierigkeiten, die mit jeder Kommunikation schlechthin verbunden sind, soll erweitert werden.

Material und Aufbau:

– Tafel und Kreide.
– Bequeme Sitzmöglichkeiten in einem ausreichend großen Raum, der es ermöglicht, durch Verschiebung der Stühle Dreiergruppen zu bilden.

Praktisches Vorgehen:

Der Leiter beginnt eine Diskussion über die Probleme des Verstehens anderer und des Verstandenwerdens durch andere. Es empfiehlt sich, hierzu ein lebensnahes, dringliches Alltagsthema zu wählen. Zwei Mitglieder der Gesamtgruppe werden zunächst zur Demonstration aufgrund ihrer freiwilligen Meldung ausgewählt. Sie sollen sich in eine offene Diskussion über das Thema begeben. Die Bedingung der Übung ist jedoch, daß jeder eine den anderen jeweils befriedigende Zusammenfassung des Gehörten gibt, bevor er antwortet. Nach einer kurzen Analyse dieser Demonstration wird die restliche Gruppe in Untergruppen von je drei Mitgliedern aufgeteilt. In jeder Gruppe dient ein Mitglied als Beobachter, während die beiden anderen die Übung durchführen. Diese Rollen werden so lange gewechselt, bis jedes Mitglied in der Beobachterrolle war. Nach Beendigung der Übung beginnt eine allgemeine Diskussion und Auswertung der Beobachtungen.

Quelle: Tobias Brocher, 1980[15]

56. Feed-back: „Heißer Sitz"

Die Gruppenmitglieder sitzen im Kreis. In ihrer Mitte steht ein leerer Stuhl. Ein Gruppenmitglied setzt sich auf diesen ‚heißen Sitz' und bittet nacheinander vier Gruppenmitglieder um Feed-back. Er soll die Gruppenmitglieder auswählen, von denen ihm im Augenblick das Feedback am wichtigsten ist. Die Gruppenmitglieder fangen ihr Feed-back mit den stereotypen Einleitungen an: „Mit gefällt an dir..." und „Mir mißfällt an dir...". Beide Aspekte sollten in dem Feed-back enthalten sein, und es sollte alle Gefühle und Gedanken einschließen, die ein Gruppenmitglied dem Mitglied auf dem heißen Sitz gegenüber hat. Oft klären sich diese Gefühle erst beim Aussprechen, und der Feed-back-Geber wird sich dabei seiner Gefühle bewußter.

Ist auf diese Weise viermal Feed-back gegeben worden, berichtet das Gruppenmitglied in der Mitte von seinen augenblicklichen Gefühlen und entscheidet, ob es von den restlichen Gruppenmitgliedern noch Zusätze oder Ausführungen zu den verschiedenen Rückmeldungen erhalten will. Auch die Mitglieder im Außenkreis können von sich aus jetzt noch Zusätze machen, müssen das Gruppenmitglied aber zunächst fragen, ob es dieses Feed-back hören will.

Wenn das geschehen ist, setzt sich das Gruppenmitglied wieder auf seinen alten Platz, berichtet noch einmal kurz von seinem momentanen Gefühl, und das nächste Gruppenmitglied setzt sich in die Mitte auf den heißen Sitz.

Jedes Gruppenmitglied hat ungefähr 12 Minuten Zeit und eine Zeitüberschreitung kann andere Gruppenmitglieder daran hindern, später ihr Feed-back zu erhalten.

Regeln
Diese Regeln sind für das Gelingen der Übung sehr wichtig. Sie sind unbedingt einzuhalten.
1. Das Gruppenmitglied in der Mitte darf auf das Feed-back nicht inhaltlich antworten. Es soll den Feed-back-Geber nur anschauen und zuhören. Am Schluß des Feed-back soll das Gruppenmitglied zum Feed-back-Geber einzig und allein sagen: „Ich danke dir und will darüber nachdenken und prüfen, was davon für mich wichtig ist."
2. Nach dem gesamten Feed-back darf das Gruppenmitglied auf dem heißen Stuhl nur von seinen momentanen Gefühlen sprechen (Betroffenheit, Freude, Erleichterung, Verwunderung, Nachdenklichkeit usw.). Es darf nicht inhaltlich Stellung nehmen. Der Gruppenteilnehmer soll das Feed-back erst einmal ‚sacken' lassen und in sich aufnehmen. Das Nachdenken und Verarbeiten des Feed-back wird durch eine inhaltliche Diskussion nur behindert.
3. Es sollte akzeptiert werden, wenn ein Gruppenmitglied im Moment kein Feed-back geben kann, besonders wenn es vorher auf dem heißen Sitz war. Dieser Gruppenteilnehmer kann dann als vierter Feed-back geben oder es zu einem späteren Zeitpunkt nachholen.

Quelle: Lutz Schwäbisch/Martin Siems, 1974

12 Soziale Einstellung und Einstellungs-änderung

Die Elektrowaren-Vertreter und die Bauern

Vor ein paar Jahren reisten einige seriös gekleidete Herren in ein abgelegenes Tal in den Tiroler Bergen. Sie waren Vertreter von Elektrowaren und schlossen überall, wo sie in dem Tal hinkamen, Kaufverträge für Kühlschränke und -truhen, Radioapparate, Fernseher und allerhand moderne Küchengeräte ab. Sie machten ein gutes Geschäft und konnten die Bauern dort von der Notwendigkeit ihrer Geräte überzeugen. Die Bauern unterschrieben bereitwillig die Verträge und freuten sich, daß sie nun endlich auch alle die Dinge bekommen sollten, die überall den Menschen das Leben und die Arbeit leichter machen.

Doch die Sache hatte einen Haken: Es gab in diesem Tal keinen elektrischen Strom, und es war auch nicht abzusehen, wann es ihn einmal geben würde.

Quelle: Josef Kirschner, 1974

Es ist zwar nicht immer so leicht, die Menschen von einem Sachverhalt zu überzeugen, doch sind sehr viele Menschen oder Menschengruppen daran interessiert, Einstellungen anderer zu beeinflussen und zu ändern. Produkthersteller zum Beispiel wollen mit Hilfe der Werbung unsere Einstellung zugunsten ihres Produktes ändern, politische Parteien wollen den Bürger von ihrem Programm überzeugen.

Aus diesen Tatsachen ergeben sich mehrere Fragen:

1. Was versteht man unter dem Begriff Einstellung?
   Wie sind Einstellungen strukturiert, wie stehen sie zueinander?
   Welche Funktionen erfüllen sie?

2. Was versteht man unter einem Vorurteil?
   Welcher Zusammenhang besteht zwischen Vorurteil und Einstellung?

3. Wie entstehen Einstellungen?
   Wie läßt sich die Entstehung von Einstellungen erklären?

4. Wie lassen sich Einstellungen ändern?
   Welche theoretischen Erkenntnisse sind für Einstellungsänderungen hilfreich?

12.1 Der Begriff soziale Einstellung und seine Funktionen

Die vielfältigen Bestimmungsbemühungen zum Begriff „soziale Einstellung" lassen sich auf zwei Richtungen zurückführen, auf die **behavioristische** (= verhaltensorientierte) und die **kognitive** (= erkenntnismäßige) Richtung.

Aus behavioristischer Sicht wird Einstellung gleichgesetzt mit Verhalten, das durch entsprechende Reize ausgelöst wird. Einstellung wird hier definiert als **beobachtbares Verhalten,** das mit Hilfe von Lerntheorien erklärt werden kann.

Im folgenden wird jedoch die *kognitive Einstellungsbegriff* verwendet, auf den sich der weitaus größere Teil der Einstellungsforschung beruft.

12.1.1 Merkmale des Begriffs „Einstellung"

Durch folgende **Merkmale** ist der kognitive Begriff der sozialen Einstellung gekennzeichnet:

- Einstellungen beziehen sich auf **bestimmte Objekte.** Einstellungsobjekt können Personen bzw. Personengruppen (Ausländer, Frauen, Homosexuelle, Kriegsdienstverweigerer, Lehrer), Einrichtung (Kirche, Schule, Bundeswehr) und Gegenstände (Auto, Eigenheim Waffen) oder Sachverhalte (Religion, Ideologie, Politik, Umweltschutz) sein.

- Einstellungen sind **relativ lang andauernd.** Eine gewonnene Einstellung hat die Tendenz, nicht nur einmal gezeigt, sondern beibehalten zu werden, oft ein Leben lang.

- Einstellungen sind **erworben**: Einstellungen werden im Laufe des Lebens erlernt und sind nicht Ergebnis eines Reifungsprozesses. Ihre Entstehung und Änderung läßt sich mit Hilfe von Verhaltenstheorien wie beispielsweise den Lerntheorien erklären.

- Einstellungen betreffen **Kognition, Gefühl und Verhalten:** Einstellungen zeigen sich in kognitiven Funktionen wie Wahrnehmung, Denken, im Gefühl und Verhalten gleichermaßen. Diese Dreiteilung entspricht der klassischen Sichtweise des psychischen Geschehens seit Platon („Denken, Fühlen, Wollen") und hat auch in der Einstellungsforschung Tradition. Darauf wird im nächsten Abschnitt noch näher eingegangen.

- Einstellung ist ein **hypothetisches Konstrukt,** das nur indirekt erschlossen werden kann. Bei dem Begriff Einstellung handelt es sich um gedanklich Konstruiertes, um ein *Denkmodell* zur Erklärung, warum sich Menschen gegenüber bestimmten Objekten über einen längeren Zeitraum hinweg gleichbleibend und beständig in unterschiedlicher Weise verhalten. Einstellungen werden deshalb als **Bereitschaften** bezeichnet und können nicht direkt beobachtet werden. Lediglich das Verhalten läßt Rückschlüsse auf eine bestimmte Einstellung zu.

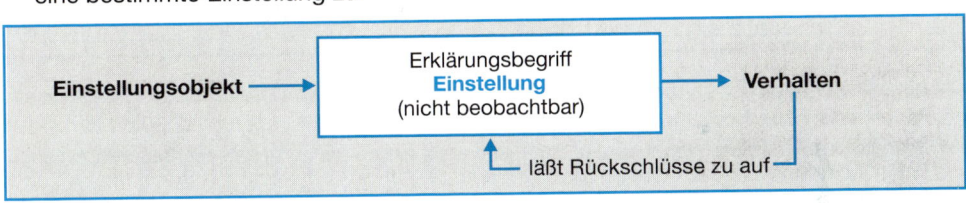

Einstellungen sind relativ lang andauernde, im Verlauf des Lebens erworbene Bereitschaften, auf bestimmte Objekte aus der Umwelt mit kognitiven Vorgängen und Gefühlen sowie mit offenen Verhaltensweisen in einer bestimmten beständigen Weise zu reagieren.

12.1.2 Die Struktur von sozialen Einstellungen

Jede soziale Einstellung läßt sich in drei Komponenten, die Einstellungskomponenten, aufgliedern. Diesen Sachverhalt bezeichnen wir als **Einstellungsstruktur:**

- Die **kognitive Einstellungskomponente** äußert sich in der Wahrnehmung, dem Wissen, der Meinung, der Vorstellung der Überzeugung oder im Glauben in Bezug auf das Einstellungsobjekt,

- Die **affektive Einstellungskomponente** bezieht sich auf das mit dem Einstellungsobjekt verknüpfte Gefühl. Das Objekt, auf das sich die Einstellung bezieht, „läßt einen nicht kalt".

- Die **konative Einstellungskomponente** beinhaltet das Verhalten eines Individuums, das das Einstellungsobjekt hervorruft.

Ein Beispiel soll die Einstellungsstruktur verdeutlichen:
In dem Haus, in welchem Herr Feindlich im Erdgeschoß wohnt, will in den ersten Stock eine Wohngemeinschaft einziehen. Herr Feindlich ist jedoch dagegen, weil er der Meinung ist, die jungen Leute würden die gesamte Moral untergraben, die Nacht zum Tag machen und auch sehr laut sein (= kognitive Einstellungskomponente). Zugleich ärgert sich Herr Feindlich, ja er ist sogar wütend darüber, daß über ihm eine Wohngemeinschaft einziehen soll (= affektive Einstellungskomponente). Er legt beim Hausbesitzer Protest ein, indem er ihm zunächst einen Brief schreibt und ihn daraufhin zu einem Gespräch aufsucht (= konative Einstellungskomponente).

Bei der konativen Einstellungskomponente handelt es sich in erstere Linie um eine mit dem Einstellungsobjekt verbundene Bereitschaft zum Verhalten. Es ist also nicht unbedingt erforderlich, daß ein bestimmtes Verhalten oder eine Handlung auch tatsächlich ausgeführt wird.

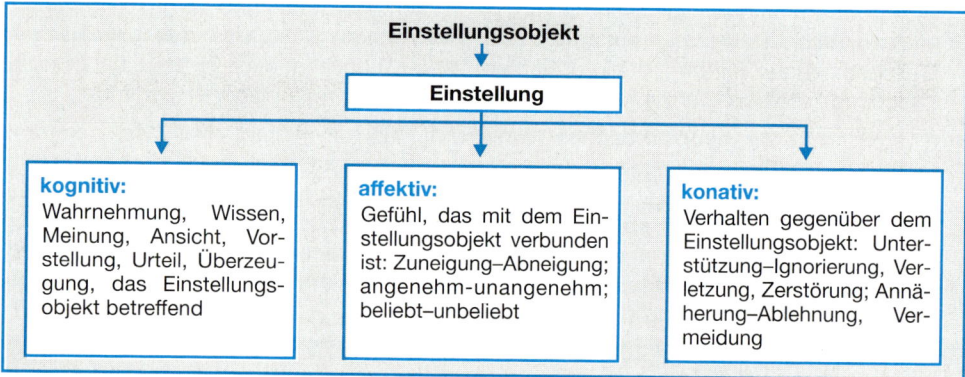

Die einzelnen Einstellungskomponenten stimmen in der Regel überein, sie stehen in einem **konsistenten**[1] bzw. **konsonanten Zustand** zueinander.

Herr Feindlich, der zu einer Wohngemeinschaft eine ablehnende Meinung hat, zeigt auch Abneigung und unternimmt alles, um ihren Einzug zu verhindern.

Falls ein inkonsistenter bzw. dissonanter Zustand besteht, wird der Mensch bestimmte Mechanismen zur Abwehr entwickeln oder die Neigung zeigen, seine Einstellung zu ändern, um wieder einen Konsistenzzustand herbeizuführen.

Trifft Herr Feindlich zufällig auf einer Veranstaltung die Frau, die mit in die Wohngemeinschaft ziehen will, so kann es möglich sein, daß er sie meidet, oder aber er nimmt Kontakt mit ihr auf und verliebt sich beispielsweise in sie. Dann wird die Änderung in der affektiven Einstellungskomponente auch zu einer Änderung in der kognitiven Komponente („Die sind ja gar nicht so übel, wie ich dachte.") und der konativen Einstellungskomponente (keinen Protest beim Hausbesitzer einlegen) führen.

Der amerikanische Psychologe *M. J. Rosenberg* führte einen Versuch durch, der zeigte, daß die drei Einstellungskomponenten miteinander verbunden sind und daß eine Änderung in der einen Einstellungskomponente zu einer Änderung in den übrigen beiden führen kann, um die interne Konsistenz innerhalb der gesamten Einstellungsstruktur wiederherzustellen.

 **Materialien 1.**

---

[1] konsistent: ohne Widerspruch

Diese gegenseitige Abhängigkeit der einzelnen Einstellungskomponenten untereinander wird als **Systemcharakter von Einstellungen** oder auch als **Einstellungssystem** bezeichnet.

Diese Konsistenz trifft nicht nur innerhalb der einzelnen Einstellungskomponenten zu, sondern auch auf verschiedene Einstellungen, die untereinander in einem Zusammenhang stehen und voneinander abhängig sind.

Frau Müller zum Beispiel ist sehr umweltbewußt. Diese positive Einstellung gegenüber der Umwelt bildet ein ganzes System mit anderen Einstellungen wie gegenüber der Abfallbeseitigung, Tierversuche, Straßenbau, Naturschutz, Waldsterben, Abtreibung, Rauchen usw.

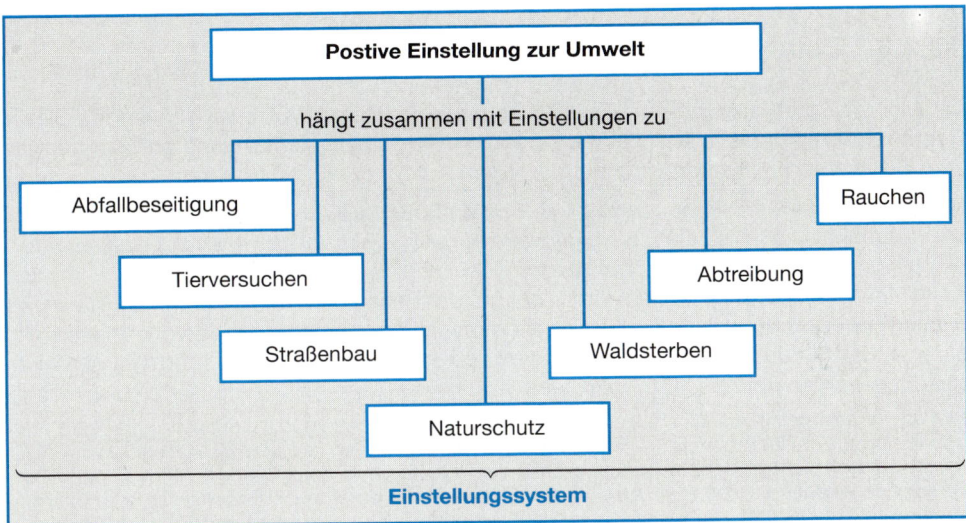

Der Systemcharakter von Einstellungen trifft also nicht nur auf die Beziehung der einzelnen Einstellungskomponenten untereinander zu, sondern auch auf den Zusammenhang von einzelnen Einstellungen.

> **Die Beziehung der einzelnen Einstellungskomponenten untereinander und den Zusammenhang von einzelnen Einstellungen bezeichnet man als Systemcharakter von Einstellungen bzw.. als Einstellungssystem (vgl. Roger Mucchielli, 1976).**

Es ist oft zu beobachten, daß sich Menschen nicht immer entsprechend ihren Ansichten verhalten, daß Einstellung und Verhaltensweisen oft in Widerspruch zueinander stehen.

Gründe für die Unstimmigkeit von Einstellungen und Verhaltensweisen können sein:

- Verhaltensweisen werden nicht nur von Einstellungen, sondern auch von außerhalb der Einstellung liegenden Faktoren in der unmittelbaren Situation bestimmt.

  Ein Schüler zum Beispiel lernt trotz negativer Einstellung zum Fach Psychologie sehr viel und arbeitet im Unterricht rege mit, um eine gute Note zu erhalten.

- Ein aktiver Umweltschützer raucht, weil er dem Gruppendruck ausgesetzt ist oder ein großes Bedürfnis nach Anerkennung hat.

- Mehrere Einstellungen können für ein und dieselbe Verhaltensweise relevant sein.

  Frau Aktiv geht entgegen ihrer Einstellung zu einer Frauengruppe, weil dort über Friedenssicherung gesprochen wird, die ihr sehr am Herzen liegt.

- Das Verhalten wird in einer bestimmten Situation auch durch gesellschaftliche Normen und Barrieren sowie durch die erwartete Belohnung bzw. Bestrafung beeinflußt.

  Herr Feindlich zum Beispiel hat zwar etwas gegen eine Wohngemeinschaft, unternimmt aber nicht gegen sie, weil er die Norm der Gastfreundlichkeit nicht verletzen will oder weil er Angst hat, er könnte von den Nachbarn ausgelacht werden.

➡ **Materialien 2.**

12.1.3   Einstellung und Vorurteil

Oft wird im Zusammenhang mit Einstellung auch der Begriff **Vorurteil** verwendet. Dieser Begriff wird sehr uneinheitlich gebraucht und die Abgrenzung zu verwandten Begriffen wie zum Beispiel zu Einstellung wird fast bei jedem Autor anders gehandhabt.

Einigkeit in allen Definitionen besteht jedoch darüber, daß es sich bei einem Vorurteil um ein vorgefaßtes Urteil handelt, *welches nicht auf seine Richtigkeit hin an der Realität über-prüft ist und das durch neue Erfahrungen oder Informationen nicht oder kaum verändert wird.* Eine Überzeugung, die lediglich nicht mit der Realität übereinstimmt, bezeichnen wir als **Voreingenommenheit,** und Voreingenommenheiten werden dann zu Vorurteilen, wenn sie – wie es Gordon W. Allport (1971) formuliert – „angesichts neuer Informationen nicht geändert werden können."

Statistisch gesehen finden sich beispielsweise zwischen Deutschen und Italienern nur geringe Unter-schiede bezüglich der Arbeitszeit. Wenn nun ein Mensch behauptet, Italiener seien fauler als die Deut-schen, so stimmt diese Überzeugung nicht mit der Realität überein. Es handelt sich hierbei um eine Voreingenommenheit. Kann nun diese Voreingenommenheit durch neue Erfahrungen oder Informa-tionen nicht bzw. nur schwer verändert werden, so spricht man von einem Vorurteil.

★ Manche Psychologen schränken den Begriff Vorurteil ein auf kognitive Überzeugungen und die damit verbundenen, emotional gefärbten Wertungen. Vorurteile betreffen nach dieser Auffas-sung mehr die kognitive und affektive Komponente einer Einstellung. Das Handeln aufgrund dieses Vorurteils bezeichnen sie als **Diskriminierung.** Diese wenig ergiebige begriffliche Tren-nung wird in den folgenden Ausführungen nicht aufrechterhalten. Gelegentlich wird auch zwi-schen Einstellung und Vorurteil dahingehend unterschieden, daß einem Vorurteil eine bestimmte Einstellung zugrunde liegt.

Die meisten Forscher sehen in einem Vorurteil *eine besondere Form der Einstellung* gegenüber Personen bzw. Personengruppen (Ausländern, Frauen). Einrichtungen (Kirche, Schule), Gegenständen (Auto, Waffen) oder Sachverhalten (Religion, Ideologie), die nicht auf ihre Richtigkeit hin an der Realität überprüft ist und die durch neue Erfahrungen oder Informationen auch nicht oder kaum verändert wird.

★ Oft wird der Begriff Vorurteil auf negative bzw. ablehnende Einstellungen eingeschränkt. Dies ist jedoch wenig sinnvoll, da es auch positive Einstellungen gibt, die nicht mit der Realität übe-reinstimmen und angesichts neuer Erfahrungen oder Informationen kaum geändert werden.

> **Vorurteil bezeichnet eine Einstellung gegenüber Personen bzw. Personengruppen, Ein-richtungen, Gegenständen oder Sachverhalten, die nicht auf ihre Richtigkeit hin an der Realität überprüft ist und durch neue Erfahrungen oder Informationen nicht oder kaum verändert wird.**

Vieles, was in den folgenden Abschnitten über Einstellung gesagt wird, trifft auch auf das Vorurteil zu.

12.1.4   Funktionen von Einstellungen

Die Aufrechterhaltung bzw. Änderung sozialer Einstellungen ist für den Menschen sehr bedeutsam, sie erfüllen nämlich für ihn folgende wichtige Funktionen:

Anpassungsfunktion (Nützlichkeitsfunktion)

Das Individuum vertritt bestimmte Einstellungen, um damit kundzutun, daß es einer bestimmten Gruppe angehört und sich von anderen Gruppen abhebt. Dadurch kann es einen angenehmen Zustand – zum Beispiel Anerkennung von den Mitmenschen, Erfolg in der Partei, im Betrieb – erreichen.

Das bekannte „Mitläufer-Problem" ist hierfür ein Beispiel: Man vertritt eine bestimmte Meinung nicht, weil man wirklich davon überzeugt ist, sondern weil man auf diese Weise seine Beziehungen zu anderen besser herstellen kann.

„Leitende Angestellte und Beamte sind von der Richtigkeit einzelner Aktionen, Anordnungen und Normen des Unternehmens oder der Organisation weit mehr überzeugt als niedriggestellte Berufserfolg und Anerkennung hängt vom Grad der Anpassung an bestehende Formen ab, was wiederum Neuerungen im Betrieb oder anderen Organisationen erschwert." *(Ch. Michel/F. Novak, 1990)*

> „Wes' Brot ich esse,
> des' Lied ich singe."

Selbstverwirklichungsfunktion

Ein wesentlicher Weg der Identitätsfindung liegt darin, daß man einen „eigenen" Standpunkt hat und nach „eigenen" Vorstellungen und Überzeugungen handelt. Auf diese Weise können wir uns von anderen Menschen abheben und unsere Individualität herausstellen sowie unser Selbstwertgefühl stärken.

Wissensfunktion (Orientierungsfunktion)

Die Wirklichkeit mit ihren Problemen ist gewöhnlich so komplex und vielschichtig, daß wir ihr kaum gerecht werden können. Einstellungen vereinfachen diese Komplexität, ja sie reduzieren sie oft auf ein einfaches „gut" oder „böse". Damit vermitteln sie uns das Gefühl des Orientiertseins, der Überschaubarkeit und Sicherheit, der Kompetenz und der Handlungsfähigkeit.

Jeder glaubt beispielsweise politische Entscheidungen beurteilen zu können, obwohl Politik für den einzelnen nur sehr schwer durchschaubar ist.

„Die Absicht, sich mit jedem Detail unserer (sozialen) Umgebung auseinanderzusetzen, würde vermutlich in einer vollständigen Informationsüberlastung resultieren. Einstellungen erlauben es uns, neue Informationen und Erfahrung (...) zu klassifizieren, und helfen auf diese Weise, die komplexe Welt, in der wir leben, zu vereinfachen und besser verständlich zu machen." *(D. Stahlberg/D. Frey; in: Wolfgang Stroebe u. a., 1990)*

Abwehrfunktion (Ich-Verteidigungsfunktion)

Einstellungen ermöglichen eine Rechtfertigung und eine Abwehr von unerwünschten und unangenehmen Erfahrungen, Gefühlen, Wünschen und Bedürfnissen.

Ein Schüler zum Beispiel entwickelt eine negative Einstellung gegenüber denjenigen Mitschülerinnen und -schülern, die gute Noten schreiben, und schützt sich damit selbst vor dem Eingeständnis, daß er möglicherweise nicht so begabt ist.

Abwehrreaktionen erkennt man meist an verrationalisierten und verzerrten Einstellungen wie beispielsweise an den Vorurteilen gegenüber Minderheitsgruppen wie Asylanten, Homosexuellen oder Behinderten. Die Abwehrfunktion, häufig auch Ich-Verteidigungs-funktion genannt, wird häufig mit psychoanalytischen Abwehrmechanismen oder mit indi-vidualpsychologischem Sicherungsverhalten erklärt.

Funktion	Einstellungsobjekt	Bedürfnisse, die befriedigt werden
Anpassungsfunktion	erfolgversprechend, gewinnbringend	angenehme Zustände wie Anerkennung
Selbstverwirklichungs-funktion	wertvoll, sozial erwünscht	Selbstwertgefühl, Selbstver-wirklichung
Wissensfunktion	unbekannt, vielschichtig, kaum durchschaubar	Ordnung, Sicherheit, Über-schaubarkeit
Abwehrfunktion	bedrohend, unangenehm	Vermeidung bzw. Beendigung von unangenehmen Zuständen

Quelle: Handreichung für Psychologie an Fachoberschulen 1980 (abgeändert)

12.2 Der Erwerb von sozialen Einstellungen

Soziale Einstellungen sind nicht vererbt, sie werden im Laufe des Lebens erworben. Die Frage ist nun, wie soziale Einstellungen entstehen und wie sich ihr Erwerb erklären läßt.

Es gibt in der Psychologie nicht die eine wahre Theorie, sondern eine Vielzahl von Theori-en, die die Entstehung und Änderung von Einstellungen erklären. Dabei spielen die **Lern-theorien** eine wichtige Rolle. Im folgenden werden Erklärungsbeispiele auf der Grundlage der *Konditionierungstheorien* und der *sozial-kognitiven Theorie* gegeben.

12.2.1 Die Erklärung des Einstellungserwerbs mit Hilfe des klassischen Konditionierens

Eine positive Einstellung wird gelernt, wenn das Einstellungsobjekt mehrmals zeitlich und räumlich gleichzeitig mit einem Reiz, der schon eine positive Einstellung, angenehme Gefühle oder ein Bedürfnis auslöst, dargeboten wird. Dadurch entsteht zwischen dem Ein-stellungsobjekt und dem dargebotenen Reiz eine Verknüpfung, und das Einstellungsob-jekt selbst löst die gleiche Reaktion aus, die bereits der dargebotene Reiz zeigt.

Die Werbung zum Beispiel koppelt ihr Produkt (= Einstellungsobjekt) mit einem Reiz, der bereits eine positive Einstellung besitzt: Ein Urlaubsangebot wird mit „Freiheit und Abenteuer" verbunden, eine Zahnpasta mit Gesundheit, eine Automarke mit Karriere und beruflichem Erfolg, Skier mit einer nack-ten Frau, ein Getränk mit einem glücklichen und gut aussehenden Paar, ein bestimmtes Kleidungs-stück mit „Individualität".

Entsprechend gilt auch Umgekehrtes: Eine negative Einstellung wird erlernt, wenn das Einstellungsobjekt mehrmals zeitlich und räumlich gleichzeitig mit einem Reiz, der schon eine negative Einstellung oder unangenehme Gefühle auslöst, dargeboten wird.

Das Ausfragen in der Schule zum Beispiel erlebt ein Schüler als unangenehm, er hat eine negative Einstellung zum Ausfragen. Da es immer der Lehrer ist, der prüft, werden die unangenehmen Gefühle beim Ausfragen und die negative Einstellung mit dem Lehrer verbunden.

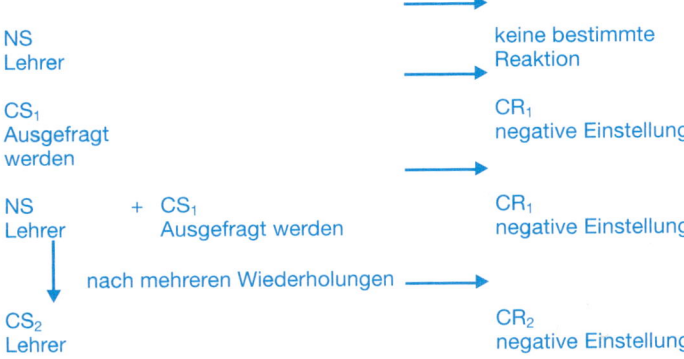

Das Einstellungsobjekt verknüpft sich nur dann mit dem Reiz, der schon eine positive bzw. negative Einstellung auslöst, wenn Einstellungsobjekt und Reiz *mehrmals miteinander oder in einem zeitlich kurzen Abstand nacheinander in der leichten Situation* auftreffen (**Gesetz der Kontiguität**).

Man kann beobachten, daß Menschen die gelernte Einstellung zunächst auch auf andere Einstellungsobjekte übertragen, die dem eigentlichen Einstellungsobjekt ähnlich ist (**Reizgeneralisierung**).

Macht ein Schüler beispielsweise negative Erfahrungen mit einem Lehrer, so wird er zunächst die negative Einstellung auf alle Lehrer übertragen.

Allmählich aber lernt ein Individuum je nach seinen Erfahrungen unterscheiden zwischen ähnlichen Einstellungsobjekten, die unterschiedliche Einstellungen hervorrufen (**Reizdifferenzierung**).

Erst später differenziert der Schüler zwischen verschiedenen Lehrern und wird etwa gegenüber dem Psychologielehrer eine positive und gegenüber dem Mathematiklehrer eine negative Einstellung entwickeln.

12.2.2 Die Erklärung des Einstellungserwerbs mit Hilfe des operanten Konditionierens

Folgende Aussagen des operanten Konditionierens lassen sich zusammenfassen:

- **Gesetz der Bereitschaft**

Eine bestimmte Einstellung wird nur erlernt, wenn eine Bereitschaft zum Lernen vorhanden ist. Dies ist der Fall, wenn ein Bedürfnis vorliegt, das im Individuum eine bestimmte Spannung erzeugt, wenn es einen angenehmen Zustand herstellen und aufrechterhalten oder einen unangenehmen Zustand vermeiden, beseitigen oder vermindern will.

Liegt eine Bedürfnisspannung vor, so geht der Mensch zunächst probierend vor.

- **Effektgesetz**

Führen die auf ein bestimmtes Einstellungsobjekt bezogenen Verhaltensweisen mehrmals zum Erfolg, so wird eine bestimmte (positive oder negative) Einstellung gegenüber diesem Objekt aufgebaut. Gezeigte Einstellungen, die zum Erfolg führen, werden wiederholt, Einstellungen, die nicht zum Erfolg führen, werden nicht wiederholt.

Wird beispielsweise ein Kind für seine Hilfe und Unterstützung von Ausländerkindern des öfteren gelobt und bekommt es Zuwendung, wenn es mit diesen spielt, so wird es diese Verhaltensweisen wiederholen und allmählich eine positive Einstellung gegenüber diesen erwerben. Erntet das Kind dagegen Lob und Anerkennung, wenn es über Ausländer schimpft und sich gegenüber Ausländerkindern ablehnend verhält, so wird es im Laufe der Zeit eine negative Einstellung gegenüber Ausländern zeigen.

- **Prinzip der Verstärkung**

Kann ein Individuum durch ein Einstellungsobjekt des öfteren eine angenehme Situation herbeiführen bzw. aufrechterhalten oder eine unangenehme Situation verringern, beenden oder vermeiden, so erwirbt es eine positive Einstellung gegenüber diesem Objekt.

Wenn es zum Beispiel dem internationalen Jugendaustausch gelingt, Jugendlichen mit bestimmten Ausländern schöne Erlebnisse zu vermitteln (= angenehmer Zustand), so wird vermutlich gegenüber diesen Ausländern eine positive Einstellung aufgebaut.
Oder wenn man durch das Verwenden eines bestimmten Weichspülers (= Einstellungsobjekt) ein schlechtes Gewissen (= unangenehmer Zustand) vermeiden kann, so wird gegenüber diesem Produkt eine positive Einstellung erworben werden.

Wird mit Hilfe eines bestimmten Einstellungsobjektes des öfteren ein angenehmer Zustand aufgehoben bzw. verhindert oder ein unangenehmer Zustand erzeugt, so erwirbt das Individuum eine negative Einstellung gegenüber diesem Objekt.

Ein Kind will beispielsweise von seiner Mutter Zuneigung. Doch jedesmal, wenn die Freundin der Mutter kommt, schenkt die Mutter ihre ganze Aufmerksamkeit ihrer Freundin (= Aufhebung oder Verhinderung eines angenehmen Zustandes). Die Freundin wird bald vom Kind mit einer negativen Einstellung besetzt sein.

Es ist möglich, daß man mit einem Menschen schlechte Erfahrungen sammelt – er ist recht unzuverlässig, hat oft ausgemachte Termine vergessen, hat Versprochenes nicht gehalten (= Hervorrufen eines unangenehmen Zustandes). Dies führt dazu, daß man gegenüber diesem Menschen eine negative Einstellung entwickelt.

Dabei wird eine Einstellung gegenüber einem Objekt effektiv gelernt, wenn schon kleinste Ansätze und Schritte, die in Richtung der gewünschten Einstellung zeigen, verstärkt werden **(shaping).**

● **Frequenzgesetz**

Eine zum Erfolg führende Einstellung bzw. Verhaltensweise, die sich auf ein bestimmtes Einstellungsobjekt bezieht, werden durch Wiederholung und Übung aufgebaut und erlernt, durch mangelnde Wiederholung und Übung werden sie abgebaut bzw. verlernt.

Kann zum Beispiel die Hausfrau durch das Verwenden eines bestimmten Weichspülers *des öfteren* ein schlechtes Gewissen vermeiden, so wird eine positive Einstellung gegenüber diesem Produkt aufgebaut und erlernt. Ebenso wird eine negative Einstellung gegenüber einem bestimmten Menschen erworben, wenn man mit diesem *des öfteren* schlechte Erfahrungen sammelt.

12.2.3 Die Erklärung des Einstellungserwerbs mit Hilfe der sozial-kognitiven Theorie[1]

Menschen erlernen Einstellungen auch durch **Beobachtung anderer Personen,** die ihnen als Vorbild dienen. Als Vorbilder fungieren dabei *natürliche Modelle* (= Menschen, die real anwesend sind), sowie *symbolische Modelle*, zum Beispiel Personen aus Filmen, Fernsehen, Büchern, Comics und anderen Massenkommunikationsmitteln. So wird denn auch das Modellernen häufig in der Werbung als Strategie zum Aufbau und Erwerb von Einstellungen benutzt.

> „Wenn berühmte Stars aus Film und Sport im Werbefernsehen auftreten und für eine bestimmte Seifenmarke oder für ein Raslerwasser Reklame betreiben, kann dies aus unterschiedlichen Gründen eine positivere Einstellung der Zuschauer gegenüber dem Produkt bewirken." *(W. Stroebe/K. Jonas; in: Wolfgang Stroebe u. a. (Hg.), 1990)*

Der Erwerb einer bestimmten Einstellung hängt einmal von deren Aufnahme mit Hilfe von kognitiven Prozessen ab **(Aneignung),** und zum anderen davon, ob das Individuum motiviert ist, eine Einstellung zu übernehmen und zu zeigen **(Ausführung).** Bezüglich der Beobachtung von Einstellungen konzentriert sich der Lernende nur auf diejenigen, die seine **Aufmerksamkeit** erregen. Die Aufmerksamkeitsprozesse entscheiden darüber, welche Einstellungen überhaupt „registriert" und aufgenommen werden.

So wird man zum Beispiel nur Werbeprodukte, die die Aufmerksamkeit auf sich ziehen, erfassen und aufnehmen.

---

[1] Die wichtigsten Aussagen der sozial-kognitive Theorie sind in Kapitel 10.2 dargestellt.

Die Aufmerksamkeit hängt von einer Reihe von Faktoren ab, unter anderem von den **Persönlichkeitsmerkmalen des Modells und des Beobachters,** von der **Art der Beziehung zwischen Modell und Beobachte**r und von den **gegebenen Situationsbedingungen.** Dabei spielt die Beschaffenheit des Modells eine wichtige Rolle: Einstellungen werden in der Regel eher übernommen, wenn das Modell

- soziale Macht, Prestige und hohes Ansehen besitzt,
- sympathisch und attraktiv erscheint,
- dem Lernenden gegenüber Wertschätzung und Verständnis zeigt und seine Bedürfnisse befriedigt, und
- mit seiner Einstellung, die es zeigt, zum Erfolg kommt.

Das „Modell" im Werbefilm beispielsweise erfüllt in der Regel diese Eigenschaften.

> Zuschauer des Werbefernsehens bauen möglicherweise deshalb eine positive Einstellung zugunsten des umworbenen Produktes auf, „weil sie annehmen, es müsse wohl den eigenen Ansprüchen genügen, da ja offenbar der Star damit zufrieden ist. Denkbar ist jedoch auch, daß einige Zuschauer sich deshalb eine bestimmte Einstellung zu eigen machen, „weil sie in jeder Hinsicht wie ihr Idol sein wollen". Sie übernehmen dann die von ihm gezeigte Einstellung, „um diese Ziel zu erreichen". *(W. Stroebe/K. Jonas; in: Wolfgang Stroebe u. a. (Hg.), 1992[2])*

Zum anderen ist die Beziehung des Modells zum Beobachter wichtig: Eine politive Beziehung begünstigt den Erwerb von bestimmten Einstellungen.

Bevor Einstellungen jedoch gezeigt werden können, müssen sie erst gespeichert werden. Die Speicherung ist auch von Bedeutung, weil beobachtete Einstellungen nicht unmittelbar gezeigt werden müssen.

Der Beobachter wird eine bestimmte Einstellung jedoch nur dann zeigen, wenn er dazu **motiviert** ist. Nur wer sich vom Beobachten und Zeigen einer Einstellung einen Erfolg bzw. Vorteil verspricht oder einen Mißerfolg bzw. Nachteil abzuwenden glaubt, wird entsprechende Aktivitäten entfalten. Motivation ist daher eng mit der Aussicht auf Bekräftigkeit bzw. Verstärkung oder ihrem tatsächlichen Eintreten verbunden. Dabei kann es sich um unterschiedlich Arten von Konsequenzen handeln, die entweder den Beobachter oder das Modell betreffen: um die *externe Bekräftigung,* die *stellvertretende Bekräftigung,* die *direkte Selbstbekräftigung* und/oder die *stellvertretende Selbstbekräftigung.*

So zum Beispiel kann die Beobachtung, daß man in einem bestimmten sozialen Umfeld für eine aggressive Handlung belohnt wird, eine positive Einstellung, diese Handlung in der betreffenden Umgebung auszuführen, bewirken. Dies kann auch der Fall sein, wenn das Modell für seine aggressive Vorgehensweise die Anerkennung seiner Freunde erfährt.

Dabei ist das entscheidende, daß bei dem Zeigen einer bestimmten Einstellung eine positive Konsequenz oder ein Vermeiden negativer Folgen *erwartet* wird. Aus der Sicht der sozial-kognitiven Theorie sind es letztlich die **Erwartungshaltungen,** die den Beobachter dazu motivieren, eine bestimmte Einstellung zu zeigen oder nicht zu zeigen: Eine Einstellung wir eher gezeigt, wenn

- sich der Nachahmer von der Einstellung angenehme Konsequenzen verspricht **(Ergebniserwartung),**
- der Beobachter eine positive subjektive Einschätzung seiner eigenen Fähigkeiten vornimmt **(Kompetenzerwartung),**
- wenn er eine Selbstbelohnung entsprechend seinem Selbstbild bzw. -konzept erwartet **(Aussicht auf Selbstbekräftigung).**

Erhofft sich zum Beispiel ein Jugendlicher von Nachahmen einer positiven Einstellung zu Gewalt mehr Anerkennung in seiner Gruppe, so zeigt er sehr wahrscheinlich diese Einstellung; nimmt er aber an, sie bringe ihm Spott und Ablehnung ein, so wird er sie unterlassen. Eine Person jedoch, die Gewalt aus tiefster Überzeugung ablehnt, wird sich durch das Beobachten eines gewalttätigen Vorbildes nicht ohne weiteres zur Übernahme einer solchen Einstellung bewegen lassen, selbst wenn ihr eine externe Belohnung dafür in Aussicht steht.

Bei der Übernahme einer bestimmten Einstellung kann es sich dabei um den modellierenden, den enthemmenden oder hemmenden oder auch um den auslösenden Effekt handeln.

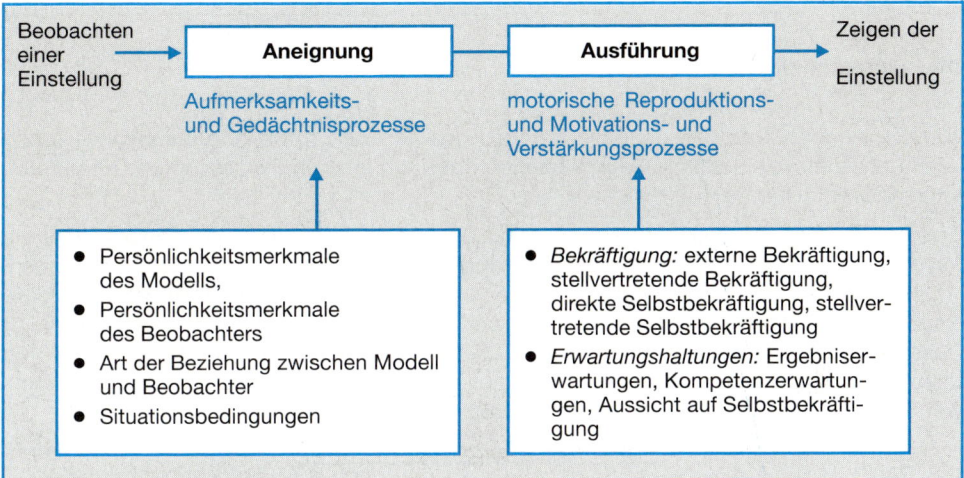

12.3 Einstellungstheorien

In der Psychologie geht es nicht nur um die Erklärung des Erwerbs einer Einstellung, sondern auch darum, wie Einstellungen *geändert* werden können. Hierzu bilden die vielfältigen Einstellungstheorien die Grundlage.

12.3.1 Die Vielfalt von Einstellungstheorien

Grundsätzlich lassen sich Einstellungstheorien in **konsistente Theorien** und in **nichtkonsistente Theorien** einteilen.

Konsistenztheorien gehen davon aus, daß **der Mensch von Natur aus nach Gleichgewicht strebt.** Ein Gleichgewichtszustand ist vorhanden, wenn innerhalb eines Einstellungssystem – zum Beispiel zwischen den einzelnen Einstellungskomponenten oder zwischen einzelnen Einstellungen, die miteinander ein einem Zusammenhang stehen (vgl. Abschnitt 12.1.2) – ein *konsistenter* Zustand besteht. Ein konsistentes Einstellungssystem ist in sich harmonisch, und seine Teile sind zueinander stimmig. Bei einem *inkonsistenten* Einstellungssystem sind seine Teile zueinander nicht stimmig und stehen zueinander in einem Widerspruch.

Ein solcher inkonsistenter Zustand ist zum Beispiel vorhanden, wenn ein Mann etwas gegen Türken hat, er sich aber emotional zu einer türkischen Frau hingezogen fühlt.

Derartige Zustände werden als unangenehm empfunden und erzeugen im Menschen Spannungen, die nach Überwindung drängen; der Mensch befindet sich im Ungleichgewicht, und er setzt alles daran, um wieder einen konsistenten Zustand, ein Gleichgewicht zu erreichen.

> „Prinzipiell gehen alle Konsistenztheorien davon aus, daß Einstellungen eine Struktur oder ein System derart bilden, daß die Veränderung eines Elements der Struktur analoge Veränderungen in anderen Elementen nach sich zieht, und zwar stets in Richtung auf Leichtgewicht oder Konsistenz." *(Klaus Heinerth, 1979)*

➡ **Materialien 3.**

Nichtkonsistente Theorien dagegen betonen das **Streben nach Anpassung,** die durch Veränderungen von äußeren Gegebenheiten oder von inneren Prozessen und Strukturen erreicht werden kann.

Beispiele für nichtkonsistente Theorien sind die tiefenpsychologischen Theorien wie die Psychoanalyse (vgl. Kapitel 7.2) bzw. die Individualpsychologie oder die Lerntheorien, konsistente Theorien sind die *Balacetheorie* von F. Heider, die *Kongruenztheorie* von C. E. Osgood und P. Tannenbaum, die *Theorie der affektiv-kognitiven Konsistenz* nach M. J. Rosenberg oder die *Theorie der kognitiven Dissonanz* von L. Festinger. Da die Theorie von Leonhard Festinger am umfassendsten formuliert ist, soll sie im nächsten Abschnitt – stellvertretend für alle anderen Konsistenztheorien – dargestellt werden.

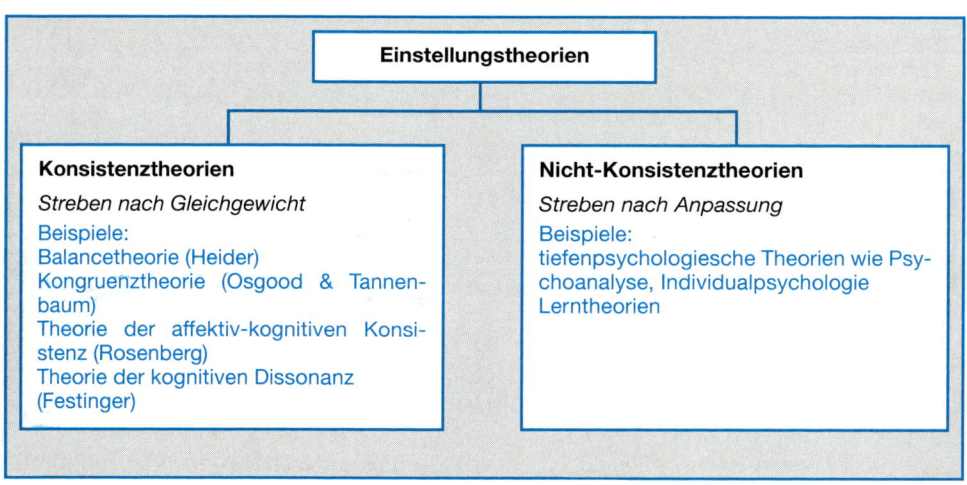

➡ **Materialien 4.**

12.3.2 Die Theorie der kognitiven Dissonanz

Die bekannteste Konsistenztheorie in der sozialpsychologischen Literatur ist die *Theorie der kognitiven Dissonanz* von *Leonhard Festinger.* Ihre Grundannahmen sind bis zu einem gewissen Grad denen der anderen Konsistenztheorien vergleichbar.

Die wichtigsten Aussagen dieser Theorie (vgl. Leonhard Festinger, 1978):

- Ausgangspunkt und Grundlage sind die Beziehungen zwischen **kognitiven Elementen.** Kognitive Elemente sind jedes Wissen, jede Meinung oder Überzeugung über sich selbst oder über die eigene Umwelt. Sie stellen also das Wissen, die Meinung oder die Überzeugung dar, die eine Person über sich selbst, über ihr eigenes Verhalten und über ihre Umwelt hat:

  „Rauchen ist ungesund",
  „Ich bin ein zuverlässiger Mensch",
  „Der Urlaub war schön",
  „Stundenlang in der Sonne liegen erzeugt Hautkrebs".

- Kognitive Elemente stehen zueinander in einer **relevanten oder irrelenvanten Beziehung.** Eine relevante Beziehung liegt vor, wenn das eine Element etwas über das andere miteinbezieht:

  „Stundenlang in der Sonne liegen erzeugt Hautkrebs" – „Ich habe immer in T-Shirt an, wenn ich an die Sonne gehe" oder
  „Ich bin ein zuverlässiger Mensch" – „Ich habe meinen Freund versetzt".

  Irrelevant ist eine Beziehung, wenn das eine kognitive Element nichts über das andere enthält:

  „Der Urlaub war schön" – „Meine Lampe ist kaputt gegangen" oder
  „Ich bin ein zuverlässiger Mensch" – „In unserer Familie wird viel ferngesehen".

- Die relevante Beziehung zwischen kognitiven Elementen kann **konsonant oder dissonant** sein. Sie ist konsonant, wenn ein kognitives Element aus dem anderen folgt, und sie ist dissonant, wenn das Gegenteil des eine kognitiven Elements aus dem anderen folgt, wenn also die beiden Elemente in Widerspruch zueinander stehen.

  Beispiele für **Konsonanz:**
  „Rauchen ist ungesund" – „Ich rauche nicht mehr",
  „Stundenlang in der Sonne liegen erzeugt Hautkrebs" – „Ich habe immer ein T-Shirt an, wenn ich an die Sonne gehe",
  „Ich bin ein zuverlässiger Mensch" – „Ich mag Menschen nicht, die unzuverlässig sind".
  Beispiele für **Dissonanz:**
  „Rauchen ist ungesund" – „Ich rauche täglich eine Schachtel Zigaretten",
  „Stundenlang in der Sonne liegen erzeugt Hautkrebs" – „Ich liege täglich mehrere Stunden in der Sonne",
  „Ich bin ein zuverlässiger Mensch" – „Ich habe meinen Freund versetzt".

- Kognitive Dissonanz ist ein Zustand psychologischer Spannung, sie wird als unangenehme empfunden und löst Reaktionen aus, die zu ihrer Beseitigung oder Verminderung führen. Der Mensch strebt danach, seine **kognitiven Elemente,** die zueinander in einer Relevanz stehen, **in Konsonanz zu halten** und **dissonante Zustände zu vermeiden, zu vermindern bzw. zu beseitigen.** Er vermeidet alle Handlungen, die eine Dissonanz verstärken bzw. zu einer Dissonanz führen könnten. Bei einem dissonanten Zustand wird also der Mensch aktiv, um wieder in kognitive Konsonanz zu gelangen.

- Eine kognitive Dissonanz entsteht aufgrund von Informationsaufnahme, eigener Erfahrungen oder aufgrund Erfahrungen anderer, allgemeiner Überzeugungen und sozialer Wert- und Normvorstellungen.

- Je stärker die kognitive Dissonanz ist, um so stärker ist die Tendenz zur Beseitigung bzw. Verminderung dieser Dissonanz.

- Die **Beseitigung oder Verminderung einer kognitiven Dissonanz** kann durch mehrere Möglichkeiten realisiert werden:

   a) durch Veränderung eines oder mehrerer Elemente, die zueinander in Widerspruch stehen.

   „Stundenlang in der Sonne liegen erzeugt Hautkrebs" – „Ich liege täglich mehrere Stunden in der Sonne". Das Individuum kann nun ein Element verändern: „So ungesund ist nun das Liegen in der Sonne auch wieder nicht!"

   „Ich bin ein zuverlässiger Mensch" – „Ich habe meinen Freund versetzt": „Ich bin doch nicht so zuverlässig".

   b) durch Hinzufügen neuer kognitiver Elemente.

   Im Beispiel mit der Zuverlässigkeit könnten folgende Elemente hinzugefügt werden, um wieder in das Gleichgewicht zu kommen: „Ich hatte gerade so viel zu tun, daß ich nicht weg konnte", „Ich wurde aufgehalten", „Meine Uhr stimmte nicht".

„Lieber Gott, Du darfst mir alles nehmen, nur meine Ausreden nicht!"

   c) durch die Änderung der Einstellung.

   So läßt zum Beispiel der Sonnenhungrige das Liegen in der sonne oder der Raucher das Rauchen sein.

- Von diesen drei Möglichkeiten wird grundsätzlich diejenige realisiert, die für den einzelnen den **geringsten psychischen Aufwand** erfordert. Da eine Einstellungsänderung in der Regel mit einem hohen psychischen Aufwand verbunden ist, kommt eine Einstellungsänderung erst zustande, wenn die Beseitigung bzw. Verminderung der Dissonanz durch Änderung oder Hinzufügen von Elementen nicht mehr möglich ist (vgl. Martin Irle, 1975).

➡ **Materialien 3.**

12.4 Die Änderung von sozialen Einstellungen

Wie eingangs schon erwähnt, sind sehr viele Menschen oder -gruppen daran interessiert, Einstellungen anderer zu ändern. So zum Beispiel versuchen Krankenkassen die Menschen zur Krebsvorsorgeuntersuchung zu bewegen, Produkthersteller wollen mit Hilfe der Werbung die Einstellung des Verbrauchers zugunsten ihres Produktes ändern, politische Parteien wollen den Bürger von ihrem Programm überzeugen.

12.4.1 Einstellungsänderung auf der Grundlage von Erkenntnissen über Kommunikation

R. E. Petty und seine Mitarbeiter konzentrierten sich in ihren Untersuchungen auf die Änderung von Einstellungen mit Hilfe der Kommunikation. Nach seinem Modell sind es zwei Wege, die für eine Einstellungsänderung bedeutsam sind:

- Der Empfänger konzentriert sich auf den Inhalt der Botschaft und setzt sich mit dieser sorgfältig auseinander, um dann zu einer Entscheidung zu kommen.

  So zum Beispiel hört der Empfänger genau zu, prüft die Aussagen des Senders, setzt sich mit ihr gründlich auseinander, versucht sich an das zu erinnern, was er bereits über das Thema weiß und bringt dann dieses Wissen in Bezug zu den in der Information enthaltenen Aussagen.

- Der Empfänger stützt sich bei seiner Entscheidung auf Aspekte, die nicht den Inhalt der Botschaft betreffen.

  So geben etwa Sympathie oder Glaubwürdigkeit des Senders, emotionale Appelle oder andere Gesichtspunkte den Ausschlag für eine Einstellungsänderung.

Ob sich der Empfänger mit dem Inhalt einer Botschaft auseinandersetzt und wie tief, gründlich und ausführlich er dies tut, die **Verarbeitungstiefe**, hängt von seiner Motivation und seinen Fähigkeiten ab.

> „Motivation ist bedeutsam, da eine solche Elaboration[1] Zeit und Ausdauer erfordert. Fähigkeit ist wichtig, weil ein bestimmtes Maß an Intelligenz, spezifischem Wissen oder auch Zeit nötig ist, um die Validität[2] der in einer Botschaft enthaltenen Argumente einzuschätzen. *(Wolfgang Stroebe u. a., 1992[2])*

---

[1] Elaboration (Verarbeitungstiefe): die tiefe, gründliche und ausführliche Verarbeitung von Informationen (vgl. Kapitel 4.2.1)
[2] Validität: Gültigkeit (vgl. Kapitel 2.1.3)

Die Motivation ist nach Petty u. a. um so höher, je mehr das Thema den Empfänger *persönlich betrifft:* Bei hoher persönlicher Betroffenheit weist das Individuum eine höhere Verarbeitungstiefe auf als bei einer geringen persönlichen Betroffenheit. Die Qualität der Informationen hat bei hoher persönlicher Betroffenheit eine stärkere Wirkung auf den Empfänger als bei einer geringen persönlichen Betroffenheit. Dagegen bewirkt die Glaubwürdigkeit des Senders bei geringer persönlicher Betroffenheit einen stärkeren Einstellungswandel als bei hoher.

Nach Petty und seinen Mitarbeitern hängt der Erfolg einer Einstellungsänderung in erster Linie davon ab, *welche kognitiven Reaktionen ein Sender bei dem Empfänger auslöst:* Bewirkt eine Kommunikation beim Empfänger überwiegend positive – zustimmende – Gedanken, so ist die Möglichkeit der Einstellungsänderung sehr hoch; erzeugt eine Kommunikation dagegen überwiegend negative – ablehnende, skeptische – Gedanken, so ist die Möglichkeit, eine Einstellung zu ändern, sehr gering, bzw. es tritt der sogenannte **Bummerangeffekt** ein: Der Empfänger ändert seine Einstellung entgegen der vom Sender beabsichtigten Richtung.

Ist zum Beispiel die Qualität der Argumente sehr gut oder erscheint der Sender sehr sympathisch, so werden beim Empfänger positive kognitive Reaktionen ausgelöst, was den Erfolg einer Einstellungsänderung steigert. Ist der Sender dagegen etwa unglaubwürdig und unattraktiv oder weichen die Argumente des Kommunikators zu sehr von dem eigenen Selbstbild ab, so werden negative Gedanken die Folge sein, was eine Änderung der Einstellung sehr wahrscheinlich verhindern wird.

Neben den kognitiven Reaktionen beeinflußt auch die schon erwähnte **Verarbeitungstiefe** einer Information die Möglichkeit einer Einstellungsänderung: Botschaften, die positive Gedanken auslösen, erhöhen bei einer tiefen, gründlichen und ausführlichen Verarbeitung die Überredungswirkung und damit die Möglichkeit einer Einstellungsänderung; dagegen verringert eine tiefe, gründliche und ausführliche Verarbeitung im Fall von Informationen, die überwiegend negative Gedanken auslösen, die Wirkung der Überredung.

Setzt sich beispielsweise der Empfänger mit dem, was ihm der Sender sagt, sehr tief und gründlich auseinander, und versteht es der Kommunikator, bei ihm positive kognitive Reaktionen zu erzeugen, so wird eine Einstellungsänderung sehr wahrscheinlich sein. Lösen dagegen die Botschaften negative Gedanken aus, so ist die Überredungswirkung bei einer sehr tiefen und gründlichen Auseinandersetzung sehr gering, eine Einstellungsänderung wird nur schwer möglich sein.

Neben einer logischen, gut strukturierten und durchdachten Argumentation und der Erzeugung von persönlicher Betroffenheit sind folgende Möglichkeiten zur Änderung von Einstellungen aus kommunikationstheoretischer Sicht bedeutsam:

Glaubwürdigkeit des Senders

Eine einstellungsändernde Wirkung ist dann zu erwarten, wenn der Sender glaubwürdig erscheint. Glaubwürdigkeit erreicht man durch **Vertrauenswürdigkeit und Sachkompetenz.** So erhöht zum Beispiel das Bemühen berühmter Persönlichkeiten die Vertrauenswürdigkeit ebenso wie die Tatsache, daß der Sender einen akademischen Titel trägt oder langjährige Erfahrung nachweisen kann; all dies suggeriert dem Empfänger Glaubwürdigkeit.

Beispiele für Formulierungen, die die Glaubwürdigkeit verstärken:
„Die Wissenschaft hat festgestellt ...“
„Die meisten Ärzte empfehlen ihren Patienten ...“
„Aufgrund meiner vielen Erfahrungen ... “
„Als Doktor der Wirtschaftswissenschaft möchte ich Ihnen sagen ...“
„Auch der Bundespräsident meint ...“

Wird zum Beispiel anläßlich einer Vortrags ein Referent über Kindererziehung als ein äußerst erfahrener und gut informierter Pädagoge vorgestellt, so wird dieser bei den zuhörenden Eltern wahrscheinlich mehr bewirken, als wenn er lediglich als ein Student der Pädagogik eingeführt werden würde.

Attraktivität des Senders

Ein Kommunikator hat dann mehr Einfluß, wenn man ihn kennt und wenn er **sympathisch** erscheint. Merkmale wie Alter, Aussehen, Geschlecht, Besitz spielen dabei eine entscheidende Rolle.

Ein schmuddelig aussehender Versicherungsvertreter zum Beispiel wird kaum Policen unter die Leute bringen.

Aufgrund der vorliegenden Erkenntnisse kann man auch annehmen, daß man in dem Maße von einem Kommunikator beeinflußt wird, in welchem man ihn als **ähnlich** erlebt.

Ein 16jähriger Jugendlicher zum Beispiel wird in einem Gespräch mit seinem gleichaltrigen Freund mehr ausrichten können als dessen Vater.

Soziale Macht des Kommunikators

In der Kommunikation versucht der Empfänger in der Regel abzuschätzen, inwieweit der Sender Macht ausüben kann. Je mächtiger der Kommunikator erscheint, daß heißt, je mehr Einfluß er auf den Empfänger hat, desto größer ist seine einstellungsändernde Wirkung.

Mäßige emotionale Appelle

Emotionale Appelle wie zum Beispiel das Appellieren an das Ehrgefühl („So ein Mensch wie Sie ..."), an die Hilfsbereitschaft oder das Erzeugen von Furcht und Angst („Auch Sie können morgen behindert sein!"), wirken sich positiv auf eine Einstellungsänderung aus, während rein rationale Informationen und Aufrufe geringe Wirkung zeigen. Die Werbebranche und Parteipolitiker haben sich diese Erkenntnisse schon lange zunutze gemacht:

„Siehst Du, jetzt hast Du ein schlechtes Gewissen!"
„... damit der Zahnarzt nicht bohren braucht!"
„Der Geschmack von Freiheit und Abenteuer!"

Allerdings dürfen die emotionalen Mitteilungen nicht zu stark sein, da sonst die Gefahr der Abwehr besteht.

So hatte zum Beispiel ein deutscher Automobilclub mit seinen schockierenden Bildern über die Folgen des Nicht-Angegurtetseins kaum Erfolg, da die emotionalen Appelle zu stark waren und der einzelne mit Abwehr reagierte.

Zweiseitige Argumentation

Wer nur seinen Standpunkt vertritt, der wird eher Abwehr seitens des Empfängers erleben, denn in der Regel wirken gegenteilige Informationen sogar noch verstärkend auf die schon bestehenden Einstellungen. Eine Argumentation, die beide Seiten eines Sachverhaltes berücksichtigt, ist wirkungsvoller; das Anführen des „Für und Wider", der positiven und negativen Argumente verringert die Möglichkeit der Abwehr. Es ist also wichtig, vor Beginn der „Überredungsversuche" seine Zuhörerschaft genau zu kennen, um die richtige Argumentation zu finden. Auch nach dieser Erkenntnis wird im politischen Kampf ständig gehandelt.

Richtige Reihenfolge in der Argumentation

Ein weiterer Gesichtspunkt, der für die Wirksamkeit von Kommunikationen in Betracht kommt, ist die Reihenfolge, in der die Argumente dargeboten werden. Wie Untersuchungen ergeben haben, ist die Wirkung am größten, wenn die wichtigsten Argumente am Anfang oder noch besser am Ende plaziert werden (= Positionseffekt). Weniger bedeutende Mitteilungen sind in der Mitte eines „Überzeugungsversuches" zu legen. Redner, die als erster und vor allem als letzter sprechen können, haben bezüglich der Beeinflussung von Einstellungen eine günstigere Ausgangssituation als ein Referent, der zwischen anderen Rednern sprechen muß.

Eigenaktivität

Je aktiver der Empfänger selbst beim Versuch der Einstellungsänderung sein muß, desto größer ist die Wahrscheinlichkeit er Einstellungsänderung.

Bei einem Vortrag zum Beispiel, in welchem der Zuhörer nur passiv dasitzt, ist die Wirkung der Information am geringsten.

> Der Mensch macht sich wahrhaft nur das zu eigen, was er selbst, mit eigener Aktivität, erworben hat.

 Materialien 4.

12.4.2 Einstellungsänderung auf der Grundlage der Einstellungsfunktionen

Wie in Abschnitt 12.1.4 ausgeführt, erfüllen soziale Einstellungen wichtige Funktionen. Diese Funktionen bilden nach *Dieter Katz* Grundlage zur Erklärung der Änderung von Einstellungen. Wir bezeichnen deshalb diese Aussagen zur Erklärung der Änderung von Einstellungen als **funktionale Theorie.**

Ein Individuum ändert seine Einstellung:

* weil diese ihrer Funktion nach Anpassung, nach Selbstverwirklichung, nach Wissen bzw. Orientierung und/oder nach der Verteidigung des eigenen Ichs nicht bzw. nicht mehr gerecht wird, oder

* weil es von der neu erworbenen Einstellung eine effektivere Befriedigung der oben genannten Funktionen bekommt bzw. sich erhofft.

So zum Beispiel kann eine negative Einstellung gegenüber Ausländer im Kindergarten geändert werden, wenn das Kind durch seine negative Einstellung keine Anerkennung mehr bekommt (= Anpassungsfunktion), wenn dadurch sein Selbstwertgefühl bedroht ist (= Selbstverwirklichungsfunktion) oder wenn es durch die geänderte positive Einstellung etwa Anerkennung und Erfolg ernten oder dadurch sein Selbstwertgefühl heben kann.

Eine bestimmte Einstellung wird geändert, wenn durch sie die Zugehörigkeit zu einer bestimmten Gruppe in Frage gestellt ist, wenn mit dieser unangenehme Zustände wie Entzug der Anerkennung, Ausschluß aus der Gruppe, Mißerfolg ect. vermieden oder mit der neu übernommen Einstellung die Angehörigkeit zu einer bestimmen Gruppe kundgetan werden kann und angenehme Zustände wie Erfolg, Anerkennung, Gewinn und dgl. erreicht werden können (= Anpassungsfunktion).

Wenn sich ein Schüler in seiner Klasse mit aggressiven Handlungen Anerkennung verschaffen kann, so wird er vermutlich eine positive Einstellung gegenüber diesen Handlungen aufbauen.
Ein Angestellter wird seine Einstellung gegenüber einzelnen Aktionen, Anordnungen und Normen seines Betriebes ändern, wenn er dadurch mehr Geld bekommt oder einen beruflichen Aufstieg erreicht bzw. erwartet.

> „Die Funktion der sozialen Anpassung betrifft die Nützlichkeit einer Einstellung zur Erreichung sozialer Anerkennung oder Unterstützung. Die Eingliederung in eine Gruppe und damit der Beginn sozialer Beziehungen wird durch die Übernahme der in der Gruppe übereinstimmenden Einstellungen (...) am schnellsten gewährleistet." *(Manfred Bornewasser u. a., 1986[3])*

Eine Änderung der Einstellung wird auch dann eintreten, wenn mit dieser der Aufbau bzw. der Erhalt des eigenen Selbstwertgefühls, die Individualität oder die Selbstverwirklichung be- oder verhindert wird, oder wenn man mit der geänderten Einstellung das Selbstwertgefühl aufbauen bzw. erhalten kann und diese der Individualität bzw. der Selbstverwirklichung nützlich ist (= Selbstverwirklichungsfunktion).

So kann man zum Beispiel seine Einstellung gegenüber einer bestimmten Gruppe in unserer Gesellschaft – etwa gegenüber Homosexuellen – ändern, um sich damit von anderen abzuheben und seine eigene Individualität herauszustellen.

Ebenso ist eine Einstellungsänderung möglich, wenn durch die „einstige" Einstellung eine bestimmte Situation unüberschaubar (geworden) ist und eine Orientierung, eine gewisse Ordnung und Sicherheit nicht (mehr) gewährleistet sind, oder wenn die neu zu erwerbende Einstellung das Gefühl des Orientiertseins, der Ordnung und Sicherheit sowie der Überschaubarkeit vermitteln kann(= Wissens- bzw. Orientierungsfunktion).

Politische Parteien zum Beispiel versuchen die Bürger von ihrem Programm zu überzeugen, indem sie immer wieder Ordnung und Sicherheit betonen und diese auch versprechen.
Eine negative Einstellung gegenüber Ausländern kann unter anderem auch dadurch erworben werden, weil eine multikulturelle Gesellschaft schwieriger durchschaubar ist.

★　Vereinfachte Argumente, „Schwarz-Weiß-Denken", Parolen oder Schlagwörter wirken deshalb oft so durchschlagend in Hinblick auf eine Einstellungsänderung, weil sie 'helfen', die komplexe Welt zu vereinfachen und dadurch das Gefühl des Orientiertseins, der Überschaubarkeit und Sicherheit geben.

Schließlich kann eine Einstellungsänderung auch dadurch erklärt werden, daß die „alte" Einstellung keine Rechtfertigung und keine Abwehr von unerwünschten und unangenehmen Erfahrungen mehr ermöglicht bzw. die „neue" eine Rechtfertigung und eine Abwehr von unerwünschten und unangenehmen Erfahrung möglich bzw. gar nicht (mehr) erforderlich macht (= Abwehr- bzw. Ich-Verteidigungsfunktion).

So zum Beispiel entwickelt eine Person eine negative Einstellung gegenüber Zigeunern, um sich damit selbst vor dem Eingeständnis, daß er möglicherweise auch so ein unbeschwertes Reiseleben führen möchte, zu schützen.

Die Änderung einer Einstellung wird dann am wirkungsvollsten sein, wenn dadurch mehrere Funktionen angesprochen werden. In der Regel spielen auch immer mehrere Funktionen eine entscheidende Rolle bei der Änderung von Einstellungen.

Die Entstehung einer negativen Einstellung gegenüber Ausländern kann beispielsweise dadurch erklärt werden, daß durch sie etwa Anerkennung in der Gruppe erreicht werden kann und man sich von anderen Menschengruppen abgrenzen und so die eigene Nationalität herausstellen kann, daß zudem die Situation überschaubarer wird und möglicherweise unangenehme Erfahrungen abgewehrt werden können.

Auf der Grundlage dieser Aussagen können entsprechende **Möglichkeiten zur Änderung von Einstellungen** abgeleitet werden:

● Wie kann erreicht werden, daß das Individuum mit der zu ändernden Einstellung den Funktionen nach Anpassung, Selbstverwirklichung, Wissen bzw. Orientierung und/oder nach der Verteidigung des eigenen Ichs nicht mehr gerecht werden kann?

● Wie kann erreicht werden, daß es von der neu zu erwerbenden Einstellung eine effektivere Befriedigung der Funktionen bekommt bzw. sich erhofft?

12.4.3 Einstellungsänderung auf der Grundlage der Theorie der kognitiven Dissonanz

Die Änderung von sozialen Einstellungen lasen sich auch mit Hilfe der Theorie der kognitiven Dissonanz erklären: Menschen ändern ihre Einstellung, wenn sie durch eine Einstellungsänderung – und nur durch diese – eine bestehende Dissonanz verringern bzw. abbauen können[1].

Auf der Grundlage dieser Theorie lassen sich einige Grundsätze zur Änderung von Einstellungen aufstellen:

- Voraussetzung ist eine möglichst exakte **Analyse der Einstellung,** die geändert werden soll. Leitfragen sind hierbei zum Beispiel: Welches kognitive Element kann welcher Einstellungskomponente zugeordnet werden? Wie wichtig und bedeutsam ist die zu ändernde Einstellung für die betreffende Person bzw. Personengruppe?

  Zu einer genauen Analyse gehört auch die Feststellung, wieviele Einstellungen zu einem Einstellungssystem verknüpft werden und inwieweit ein kognitives Element mit anderen in Beziehung steht.

- Die zentrale Frage ist die **Schaffung einer kognitiven Dissonanz,** wie zwischen den entsprechenden kognitiven Elementen eine Dissonanz erzeugt werden kann: Welche Möglichkeiten gibt es, um aufgrund eigener Erfahrungen oder Informationsaufnahme Widersprüche zu erzeugen? Wie können Erfahrungen anderer zur Erzeugung einer Dissonanz eingesetzt werden?

  Möglichkeiten hierzu sind zum Beispiel eine Informationsdarbietung über das Einstellungsobjekt, über seine Bedeutung, seinen Vorteil und dgl. Auch Gruppengespräche, Rollenspiele, Filme u. ä. eignen sich hierfür. Die Erkenntnisse über Kommunikation zur Einstellungsänderung sind ebenfalls dazu verwendbar, eine kognitive Dissonanz entstehen zu lassen (siehe Abschnitt 12.4.1).

- Ein dissonanter Zustand kann erreicht werden, wenn es gelingt, das Individuum zu einer Verhaltensweise oder einem Erlebnis zu bringen, die (das) im Gegensatz zu seiner Einstellung steht, oder wenn diese Person zur Aufnahme von Informationen bewegt werden kann, die zum Gegenteil der bestehenden kognitiven Elemente führen.

  So zum Beispiel kann im Kindergarten eine negative Einstellung gegenüber Ausländern abgebaut werden, wenn es gelingt, den Kindern mit anderen Ausländerkindern schöne Erlebnisse zu vermitteln. Auf diese Weise kann eine Dissonanz erzeugt werden.

- Da der einzelne grundsätzlich diejenige Möglichkeit realisiert, die für ihn den geringsten psychischen Aufwand erfordert, ist zu überlegen, welche Maßnahmen geeignet erscheinen, eine Änderung oder Hinzunahme von kognitiven Elementen zu verhindern, die ohne Einstellungsänderung einen konsonanten Zustand hervorrufen würden.

  So werden Möglichkeiten, die das Selbstwertgefühl des einzelnen betreffen und die seinen Bedürfnissen am gerechtesten werden, am meisten Erfolg haben.

- Um einer Abwehr vorzubeugen, sind Möglichkeiten festzulegen, die den Einsatz von Mechanismen, die der Abwehr dienen, verhindern.

---

[1] Die Theorie der kognitiven Dissonanz ist in Abschnitt 12.3.2 dargestellt.

Möglichkeiten der Änderung von Einstellungen		
aus kommunikations-theoretischer Sicht	**aus funktionaltheoretischer Sicht**	**aus konsistenztheoretischer Sicht**
• direkte Kommunikation gegenüber Massenkommunikation bevorzugen • Gruppengespräche einsetzen • glaubwürdig, attraktiv und mächtig erscheinen • mäßige emotionale Appelle setzen • zweiseitig argumentieren • Reihenfolge in der Argumentation beachten • vom Empfänger Eigenaktivität fordern	• Möglichkeiten einsetzen, die ein Erfüllen der Befriedigung der Funktionen von Einstellungen bei der zu ändernden Einstellung bzw. verhindern • Maßnahmen treffen, die eine effektive Befriedigung der Funktionen von Einstellungen bei der neu zu erwerbenden Einstellung ermöglichen	• Analyse der Einstellung, die geändert werden soll, vornehmen • einen dissonanten Zustand erzeugen • Maßnahmen treffen, um eine Vermeidung, Änderung oder Hinzunahme von kognitiven Elementen zu verhindern, die ohne Einstellungsänderung einen konsonanten Zustand hervorrufen würden. • Einsatz von Mechanismen zur Abwehr durch entsprechende Maßnahmen verhindern

Zusammenfassung

▶ Einstellungen sind relativ lang andauernde, im Verlauf des Lebens erworbene Bereitschaften, bestimmte Objekte aus der Umwelt mit kognitiven Vorgängen und Gefühlen sowie mit offenen Verhaltensweisen in einer bestimmten beständigen Weise zu reagieren. Einstellung ist ein Erklärungsbegriff, ein hypothetisches Konstrukt zur Erklärung von beobachtbaren Zusammenhängen.

▶ Jede Einstellung besitzt eine bestimmte Einstellungsstrukur, die aus der kognitiven, der affektiven und der konativen Einstellungskomponente besteht. Die Beziehung der einzelnen Einstellungskomponenten untereinander und den Zusammenhang von einzelnen Einstellungen bezeichnet man als Systemcharakter von Einstellungen bzw. als Einstellungssystem.

▶ Ein Vorurteil ist eine besondere Form der Einstellung. Es bezeichnet eine Einstellung gegenüber Personen bzw. Personengruppen, Einrichtungen Gegenständen oder Sachverhalten, die nicht auf ihre Richtigkeit hin an der Realität überprüft ist und durch neue Erfahrungen oder Informationen nicht oder kaum verändert wird.

▶ Einstellungen erfüllen für das Individuum wichtige Funktionen. Die wichtigsten sind die Anpassungs-, die Selbstverwirklichung-, die Wissens- und die Abwehrfunktion.

▶ Soziale Einstellungen werden im Laufe des Lebens erlernt, ihr Erwerb kann mit verschiedenen Theorien erklärt werden, wie zum Beispiel den Lerntheorien (Konditionierungstheorien, sozial-kognitive Theorie).

▶ Es gibt eine Vielfalt von Einstellungstheorien, die die Änderung von Einstellungen erklären. Eine Änderung von Einstellungen läßt sich beispielsweise mit Hilfe der der Erkenntnisse über Interaktion/Kommunikation, der Einstellungsfunktionen oder mit Hilfe der Theorie der kognitiven Dissonanz erklären. Aus all diesen Theorien lassen sich Möglichkeiten zur Änderung von Einstellungen ableiten.

1. Das Experiment von M. J. Rosenberg (1960)

1 Rosenberg (1960) führte einen Versuch durch, der zeigte, daß eine Änderung der affektiven Einstellungskomponente zu einer entsprechenden Änderung der kognitiven Komponente führte. 5 Studenten ander Yale Universität, die einer gemeinsamen Bewohnung bestimmter Gegenden von Weißen und Schwarzen negativ gegenüber eingestellt waren, fungierten als Versuchspersonen. In der Experimentalgruppe wurden 11 10 Versuchspersonen in Einzelsitzungen hypnotisiert, wobei man ihnen folgende Instruktionen gab:

„Wenn Sie wieder aufwachen, werden sie sehr dafür sein, daß Schwarze in weiße Wohngebiete ziehen – der 15 bloße Gedanke, daß Schwarze in weiße Wohngebiete ziehen, wird ein beglückendes Gefühl erwecken. Obwohl Sie sich nicht daran erinnern werden, daß Ihnen diese Suggestion eingegeben wurde, wird sie nach dem Erwachen Ihre Gefühle stark beeinflussen."

20 Als die Versuchspersonen erwachten, war die Erinnerung an die hypnotische Beeinflussung verschwunden, und die Einstellung zur integrierten Bewohnung wurde erneut gemessen. Es wurde festgestellt, daß die Versuchspersonen einen Gefühlswandel gegenüber der integrierten 25 Bewohnng durchgemacht hatten und, was wichtiger war, sie hatten ihre Ansicht entsprechend den hypnotisch induzierten Gefühlen geändert. Sie glaubten nunmehr, daß integrierte Bewohnung eine gute Sache sein, die nicht zu einer 30 Wertminderung des Grundbesitzes in der Umgegend führen und zu einer Verbesserung der Rassenbeziehungen beitragen werde. Diese Gefühle hielten eine Woche lang an, worauf Rosenberg die Gefühlsänderungen in einer weitern hypnoti- 35 schen Sitzung beseitigte und seinen Versuchspersonen das gesamte Experiment sorgfältig erklärte. Es ist bemerkenswert, daß die Versuchspersonen in der Kontrollgruppe, die sonst weiter nichts unternahmen oder nur die Rolle 40 einer Person spielten, „die jenes fühlt und diese meint", nur relativ geringe kognitive oder affektive Änderung in Bezug auf das Problem der integrierten Bewohnung zeigten.

Quelle: Leon Mann, 1991

2. Das Experiment von R. T. LaPiere (1934)

1 LaPiere reiste mit einem jungen chinesischen Paar quer durch die Vereinigten Staaten, wobei sie in vielen Hotels übernachteten und in einer ganzen Anzahl von Restaurants speisten. 5 Während der ganzen Zeit wurde ihnen nur einmal die Bedienung verweigert. Am Ende der Reise schrieb La Piere an alle 250 Inhaber der Unterkünfte, die sie aufgesucht hatten. Etwa 93% der Hotelbesitzer und etwa 92% der Restaurantbesitzer gaben in Beantwortung des Fragebogens 10 an, daß sie Chinesen keine Unterkunft gewähren. Dies ist ein spezifisches Beispiel für tatsächliches Verhalten Chinesen gegenüber (Nicht-Diskriminierung), das im Gegensatz zu einer verbalisierten Vorurteilseinstellung steht. 15

Quelle: Leon Mann, 1991

3. Die Bedeutung des Entscheidungsverhaltens für die Theorie der kognitiven Dissonanz

1 Auch für das Ausmaß der Dissonanzreduktion lassen sich einige spezifizierende Faktoren aufführen. Unmittelbar einleuchtend ist, daß das Ausmaß der Dissonanzreduktion direkt von dem Ausmaß der 5 Dissonanz abhängig ist. Die einzelnen kognitiven Elemente können gegenüber einer Änderung unterschiedlich resistent sein. Diese Änderungsresistens kann z. B. von der Funktion der Kognition für das Selbstbild oder von dem Grad der Korre- 10 spondenz zur außerpsychischen Realität abhängen. Eine jahrelang vertretene politische Überzeugung ist sicherlich nicht ohne „Gesichtsverlust" zu revidieren. In diesem Fall ist die Funktion des kognitiven Elements „politische Überzeugung" für 15 das Selbstbild sehr hoch. Eine Einstellung zu Marsmenschen ist sicherlich schneller zu revidieren als die Einstellung gegenüber einer politischen Partei, da aus der ersteren Einstellung kaum Konsequenzen für das eigene Verhalten gezogen werden müssen und die Einstellung nicht an der Realität über- 20 prüft werden kann. Im Zusammenhang mit dem Ausmaß der Dissonanzreduktion unterscheidet Festinger zwischen kognitiven Elementen, die sich auf Verhalten oder Gefühle beziehen und solchen, die sich auf die Umwelt beziehen. Er nimmt an, daß 25 letztere gegenüber Änderung resistenter sind, da es einfacher ist, sein eigenes Verhalten als die Umwelt zu ändern. Außerdem ist auch die Dissonanzreduktion von der Zahl der durch die Änderung betroffenen kognitiven Elemente abhängig. Man 30 wird sich beispielsweise eher von einer ganz bestimmten Flugblattunterschrift distanzieren als daß man seine gesamte politische Überzeugung ändert. (...)

Besondere Bedeutung für die Theorie der kognitiven Dissonanz haben Untersuchungen, die sich auf eine im Alltag relativ seltene Situation beziehen: die sogenannte „forced-compliance-Situation", d. i. eine Situation, in der eine Person dazu
40 gebracht wird,
gezwungenermaßen eine Position zu vertreten, die nicht ihrer eigentlichen Meinung entspricht. Es wird also Dissonanz zwischen dem Verhalten und der Einstellung einer Person hergestellt. Ein
45 bedeutsamer Aspekt dieser Untersuchungen für die Einstellungsänderung besteht darin, daß die einfache Tatsache, einstellungsdiskrepantes Verhalten auszuführen, zur Änderung der ursprünglichen Einstellungen führen kann (vgl. in diesem
50 Zusammenhang die Methode des Rollenspiels als zuweilen erfolgreiche Strategie zur Einstellungsänderung). Selbst, wenn man zur Ausführung des Verhaltens gezwungen wird, etwa durch den Druck der Untersuchungssituation
55 oder durch Belohnungen, besteht offensichtlich eine Tendenz, seine Einstellungen mit dem Verhalten in Einklang zu bringen. Allerdings ist die Höhe der Belohnung von entscheidender Bedeutung für das Ausmaß der Einstellungsänderung
60 oder auch die Art der Dissonanzreduktion. Die Dissonanztheorie sagt voraus: Je höher die Belohnung für ein einstellungsdiskrepantes Verhalten, desto geringer ist die Dissonanz zwischen der Einstellung und dem Verhalten. Infolgedes-
65 sen ist auch der Durch zur Dissonanzreduktion gering, so daß die Einstellung nicht geändert zu werden braucht. Die Vpn können ihr widersprüchliches Verhalten durch hohe Belohnung (z. B. 20 Dollar) rechtfertigen und brauchen nicht

Quelle: Manfred Bornewasser u. a., 1986[3]

Dissonanz durch Änderung ihrer ursprünglichen 70 Einstellung zu reduzieren. Maximale Dissonanz entsteht, wenn nur eine geringe Belohnung (z. B. 1 Dollar) gegeben wird, da in diesem Fall alle beteiligten Elemente (eigene Einstellung, einstellungsdiskrepantes Verhalten, Auftrag und Beloh- 75 nung) ungefähr gleich gewichtig sind. Man hat in die Bedingungen eingewilligt und das einstellungsdiskrepante Verhalten gezeigt. Konsonanz zwischen Einstellung und Verhalten ist nur durch nachträgliche Änderung der ursprünglichen Ein- 80 stellung zu erreichen.
Diese als „1-Dollar/20-Dollar Experiment"(Festinger & Carlsmith 1959) in die Literatur eingegangene Untersuchung ist viel kritisiert und repliziert worden. In demselben Maße wie sie zur Etablie- 85 rung der Theorie der kognitiven Dissonanz beigetragen hat, indem sie als Schlüsselexperiment zum Beweis der Notwendigkeit einer kognitiven Theorie gegenüber einer simplen Anreiztheorie (nach der mit der Höhe der Belohnung auch die 90 Änderung der Einstellung steigen mußte) angeführt wird, ist sie neuerdings zum Angriffspunkt gegen die kognitive Dissonanztheorie geworden. Eine Reihe von Replikationen (die der interessierte Leser in der deutschen Übersetzung von TRI- 95 ANDIS aufgeführt findet) mit teilweise entgegengesetzten Befunden zeigt zumindest, daß die Bedingungen spezifiziert werden müssen, um eindeutige Vorhersagen machen zu können; etwa durch Einführung von Faktoren wie: starke 100 versus geringe Selbstverpflichtung, Auffassung der Bewertungsperspektive, komplexe versus simple Handlungen, Ausmaß der Entscheidungsfreiheit etc.

4. Einstellungen und Konsistenztheorien

1 Betrachten wir einmal ein Miniatursystem, in dem auf eine Person bezogen alle Elemente konsistent sind (s. Abb 6.1). Stellen Sie sich vor, Sie wären die Person in diesem Beispiel. Sie
5 können Hans sehr gut leiden, und er bewundert die gleichen Dinge, die Sie bewundern (die Kirche), und er verabscheut die gleichen Dinge wie Sie (Fritz und den Sozialismus). Sie sind erfreut darüber, daß die Kirche auch gegen den Sozia-
10 lismus ist, und es befriedigt Sie, daß Fritz für den Sozialismus ist, weil es ihre Abneigung gegen ihn rechtfertigt. Dieses System ist harmonisch und konsistent. Nehmen wir nun an, daß Sie Informationen erhalten, die das gesamte
15 System durcheinander bringen. Sie erfahren, daß Hans insgeheim ein treuer Anhänger des Sozialismus ist, oder sie erfahren, daß Hans den Fritz zu einigen Glas Bier eingeladen hat oder daß Fritz in Wirklichkeit den Sozialismus verach-
20 tet oder noch schlimmer, daß Ihre Kirche jetzt für den Sozialismus ist. Es ist offensichtlich, daß diese neuen Informationen Kognitionen darstel-

len, die mit den schon vorhandenen konsitenten sind, so daß ein Zustand der Spannung und des Unbehagens entsteht. Es ist jedoch nicht sehr 25 wahrscheinlich, daß die Angelegenheit lange so auf sich beruhen bleibt. Es werden Modifizierungen sowie neue Ansichten und Gefühle auftreten, die auf die Wiederherstellung der Konsistenz oder des Gleichgewichts gerichtet sind. 30 Es ist z. B. möglich, daß Sie anfangen, Fritz zu mögen und Hans gegenüber Abneigung zu verspüren, sich zum Sozialismus hingezogen zu fühlen und die Kirche abzulehnen. Das Ausmaß dieser Änderungen wird von der Größe und 35 Stärke der gegenseitigen Abhängigkeit der einzelnen Einstellungen und Ansichten abhängen. Generell kann man sagen, daß die schwächeren und isolierteren Einstellungen die ersten sind, die bei der Wiederherstellung der Konsistenz 40 Änderungen unterliegen; es können aber auch im gesamten System Erschütterungen vorkommen, und es ist möglich, daß alle Kognitionen verändert werden.

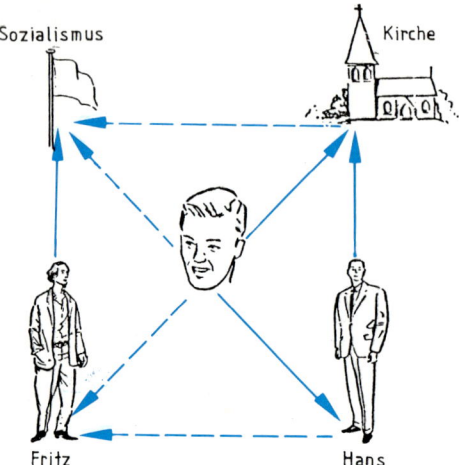

Sozialismus   Kirche

Fritz   Hans

Schematische Darstellung eines kognitiven Systems, bei dem die Beziehungen zwischen den Elementen (Sozialismus, Kirche Fritz und Hans) konsistent sind. Durchgezogene Linien zwischen zwei Elementen stellen positive Beziehungen (Unterstützung, Beliebtheit, Bewunderung usw.) dar. Gestrichelte Linien stellen negative Beziehungen (Feindschaft, Ablehnung usw.) dar. Die Pfeile geben die Richtung an.

Quelle: Leon Mann, 1991

5. Das Experiment von Kurt Lewin (1943)

1 Hausfrauen sollten davon überzeugt werden, auf ihren Speisezettel mehr Innereien statt nur Fleisch zu setzen. Drei Gruppen von Hausfrauen wurden von einem Spezialisten in einem wohl-
5 durchdachten, anschaulichen Vortrag über die Vorzüge dieser Speisen unterrichtet. Am Schluß erhielt jede Hausfrau dieser drei Gruppen die wichtigsten Ergebnisse des Vortrags in Form einer Vervielfältigung mit nach Hause. Drei ande-
10 re Gruppen von Hausfrauen wurden nicht unter-wiesen, sondern diskutieren in ihren Gruppen die Vorzüge dieser Nahrung und kamen zu dem Ergebnis, daß sie von nun an mehr Innereien ver-wenden wollten. Alle sechs Gruppen wurden nun nach 5 Tagen auf das eigentliche Ergebnis des 15 Experiments hin untersucht. Es zeigte sich, daß 3 v. H. der Frauen, die an dem Vortrag teilgenom-men hatten, tatsächlich ihren Speisezettel in der gewünschten Weise verändert hatten. Von den Diskussionsteilnehmern waren es jedoch nicht 20 weniger als 32 v. H. die den Gruppenbeschluß praktizierten.

Quelle: Werner Correll, 1983[17]

Reproduktion von Informationen:

1. Bestimmen Sie den Begriff „soziale Einstellung".
   (Abschnitt 12.1.1)

2. Beschreiben Sie die Merkmale des Begriffes „soziale Einstellung".
   (Abschnitt 12.1.1)

3. Zeigen Sie die Struktur von Einstellungen auf.
   (Abschnitt 12.1.2)

4. Bestimmen Sie den Begriff „Vorurteil"
   (Abschnitt 12.1.3)

5. Zeigen Sie die Funktionen von Einstellungen auf.
   (Abschnitt 12.1.4)

6. Beschreiben Sie eine Ihnen bekannte Theorie zur Erklärung der Entstehung von Einstellungen.
   (Abschnitt 12.2.1 oder 12.2.2 oder 12.2.3 bzw. Kapitel 10.2)

7. Stellen Sie die Theorie der kognitiven Dissonanz dar.
   (Abschnitt 12.3.2)

8. Formulieren Sie die wichtigsten Aussagen einer Einstellungstheorie zur Änderung von Einstellungen
   (Abschnitt 12.1.4 und 12.4.2 oder 12.3.2)

9. Beschreiben Sie Möglichkeiten der Änderung von Einstellungen aus kommunikationstheoretischer Sicht.
   (Abschnitt 12.4.1)

10. Zeigen Sie Möglichkeiten der Einstellungsänderung auf der Grundlage der Einstellungsfunktionen auf.
    (Abschnitt 12.4.2)

11. Beschreiben Sie Möglichkeiten der Einstellungsänderung auf der Grundlage der Theorie der kognitiven Dissonanz auf.
    (Abschnitt 12.4.3)

Anwendungsaufgaben:

12. Beschreiben Sie entweder am Beispiel einer positiven oder einer negativen Einstellung gegenüber einem aktuellen Problem (zum Beispiel Umweltschutz, Friedenssicherung, Ausländerfeindlichkeit usw.) Merkmale und Komponenten sozialer Einstellungen.
    (Abschnitt 12.1.1 und 12.1.2)

13. Erläutern Sie an einem selbstgewählten Beispiel Merkmale und Funktionen sozialer Einstellungen.
    (Abschnitt 12.1.1 und 12.1.4)

14. Bestimmen Sie den Begriff „Vorurteil", und zeigen Sie an einem Beispiel die Struktur von Vorurteilen auf.
    (Abschnitt 12.1.3. und 12.1.2)

15. Stellen Sie die wichtigsten Aussagen der sozial-kognitiven Theorie dar, und erklären Sie mit Hilfe dieser Theorie den Erwerb einer Einstellung gegenüber Minderheitsgruppen (zum Beispiel Ausländern, Behinderten).
(Abschnitt 12.2.3 und Kapitel 10.2)

16. Erklären Sie den Erwerb von negativen Einstellungen gegenüber ausländischen Arbeitnehmern mit Hilfe einer Ihnen bekannten Theorie (zum Beispiel einer Lerntheorie). Erläutern Sie dabei auch die zentrale Begriffe und grundlegenden Aussagen dieser Theorie.
(Abschnitt 12.2.1 oder 12.2.2 oder 12.2.3 bzw. Kapitel 10.2)

17. Erklären Sie mit Hilfe einer Theorie, wie man eine unerwünschte Einstellung ändern kann.
(Abschnitt 12.3.2 oder 12.4.1 oder 12.1.4 und 12.4.2)

18. Stellen Sie die grundlegenden Aussagen einer Einstellungstheorie zur Änderung von Einstellungen dar, und erklären Sie die Änderung einer negativen Einstellung gegenüber einer Einrichtung der Sozialpädagogik/-arbeit (zum Beispiel Jugendzentrum, Behindertenheim).
(Abschnitt 12.1.4 und 12.4.2 oder 12.3.2 oder 12.4.1)

19. Zeigen Sie auf der Grundlage einer Einstellungstheorie Möglichkeiten zur Änderung von negativen Einstellungen gegenüber Behinderten auf.
(Abschnitt 12.1.4 und 12.4.2 oder 12.3.2 und 12.4.3 oder 12.4.1)

20. Beschreiben Sie Möglichkeiten zur Änderung einer ablehnenden Einstellung (zum Beispiel gegenüber sozialen Randgruppen, gegenüber selbstverwalteten Jugendzentren). Begründen Sie Ihre Aussagen und vorgesehenen Maßnahmen mit Hilfe einer Einstellungstheorie.
(Abschnitt 12.1.4 und 12.4.2 oder 12.3.2 und 12.4.3 oder 12.4.1)

21. Fragen zu den eingangs geschilderten Fall „Die Elektrowaren-Vertreter und die Bauern":
    a) Beschreiben Sie an diesem Beispiel Merkmale und Struktur sozialer Einstellungen.
    (Abschnitt 12.1.1 und 12.1.2)
    b) Welche Erkenntnisse aus kommunikationspsychologischer Sicht könnten den Erfolg dieser Einstellungsänderung erklären?
    (Abschnitt 12.4.1)
    c) Stellen Sie auf der Grundlage einer Einstellungstheorie Möglichkeiten einer Einstellungsänderung dar, die wie bei den Elektrowaren-Vertretern zum Erfolg führen könnten.
    (Abschnitt 12.1.4 und 12.4.2 oder 12.3.2 und 12.4.3 oder 12.4.1)

Anregungen:

22. Rollenspiel:
    Sie sollen den König von Saudi-Arabien vom Kauf eines Schneepfluges überzeugen.
    Spielen Sie dieses Gespräch, indem eine(r) den König bzw. mehrere den Königshof und eine(r) oder ebenfalls mehrere Vertreter der Firma Schneefixweg, kurz SFW, darstellen.

23. *Glutafix stärkt die Konzentrations- und Erinnerungsfähigkeit von Schülern/innen und steigert die Lernleistung.*
    Entwerfen Sie auf der Grundlage von lerntheoretischen Erkenntnissen eine Werbekampagne für das Produkt „Glutafix".

24. Übung:

Eine Fallstudie – Invasion vom Mars

Diese Übung kann einzeln oder in Gruppen durchgeführt werden.

Am 30. Oktober 1938 unterbrach die Radiostation des „Columbia Broadcasting" in den USA unerwartet ihr laufendes Programm und strahlte eine Sendung aus, die sich den Hörern in Form einer Reportage über ein aktuelles Ereignis darstellte – über eine Invasion durch Mars-Menschen. Diese Pseudo-Reportage, deren Realismus viel bewundert wurde, war nach einem Auszug aus einem utopischen Roman von H. G. Wells von Georges Orson Welles gestaltet worden.

„Noch vor Schluß der Sendung", berichtet Hadley Cantrill, „konnte man überall in den Vereinigten Staaten bemerken, daß sich Hörer zur Flucht vor den grausamen, mörderischen Mars-bewohnern bereit machten ... Manche trafen Vorkehrungen, um ihre Angehörigen vor der vermeintlichen Gefahr zu bewahren; Telefone waren überlastet durch Abschiedsgrüße oder Warnungen an nahestehende Personen, man suchte die Nachbarn zu benachrichtigen ... Zeitungsredaktionen und Radiostationen wurden um Auskünfte bedrängt, Ambulanzen und Polizeistation wurden bestürmt ..."

Die Zahl der Zuhörer dieser Sendung würde auf sechs bis zwölf Millionen geschätzt. Schätzungsweise zwei Millionen hielten diese Reportage für echt, davon wurden etwa 70 Prozent, als 1.400.000 Personen, von den beschriebenen Emotionen ergriffen. Eine spätere Untersuchung ergab, daß hiervon 28 Prozent eine höhere, 36 Prozent eine mittlere Ausbildung hatten, 46 Prozent hatten nur Grundschulen besucht.

Bemerkenswert ist der Abschluß des Berichtes von Cantrill: „Das beste Mittel, unvernünftigen Anschauungen und Panikstimmungen vorzubeugen, ist Bildung!"

Ihre Übung:

1. Was ereignete sich hier, vom psychologischen Gesichtspunkt aus gesehen?
2. Analysieren Sie anhand dieser Episode Bildung und Auswirkungen stark emotional geladener Einstellungen.
3. Was halten Sie von den Schlußfolgerungen Cantrills?

Quelle: Roger Mucchielli, 1976

1. Aufgabe

„Wahrnehmung ist nicht einfach ein passives Registrieren, sondern ist von vorausgegangenen Erfahrungen mitgeprägt und oftmals von bestimmten Erwartungen geleitet".

1. Bestimmen Sie den Begriff „Wahrnehmung", und zeigen Sie an zwei selbstgewählten Beispielen die Bedeutung der Erfahrung bei der Wahrnehmung auf.
2. Beschreiben Sie Ihnen bekannte Gesetze der Wahrnehmungsorganisation (zum Beispiel Gestaltgesetze) an Beispielen aus Ihrem Lebensbereich.
3. Stellen Sie Beurteilungs- und Wahrnehmungsfehler mit ihren positiven und negativen Auswirkungen im Alltag dar.

2. Aufgabe

„Bei der Aufnahme der momentanen Umwelt, ihrer Verarbeitung und ihrem Einwirken auf sie spielen psychische Funktionen wie zum Beispiel die Wahrnehmung und psychische Fähigkeiten wie zum Beispiel das Gedächtnis eine große Rolle."

1. Zeigen Sie an einem selbstgewählten Beispiel den Prozeß der Wahrnehmung auf.
2. Beschreiben Sie anhand eines konkreten Beispiels ein Ihnen bekanntes Gedächtnismodell.
3. Stellen Sie mögliche Wahrnehmungsbeeinträchtigungen eines Menschen mit ihren negativen Auswirkungen im Alltag dar.

3. Aufgabe

Psychische Funktionen wie beispielsweise das Denken helfen uns bei der Bewältigung der Wirklichkeit, Gefühle erlauben uns eine Bewertung, und die Motivation steuert unsere Handlungen.

1. Beschreiben Sie den Gegenstand der Psychologie.
2. a) Bestimmen Sie die Begriffe „Kognition" und „Wissen".
   b) Stellen Sie eine Ihnen bekannte Form des Denkens dar (zum Beispiel Denken als Informationsverarbeitung, als Problemlösen, Bewerten, schlußfolgerndes und schöpferisches Denken)
3. a) Bestimmen Sie die Begriffe „Emotion", „Motiv" und „Motivation", und zeigen Sie ein Beispiel für Motive und Emotionen (zum Beispiel Angst, Aggression, Leistungsstreben) auf.
   b) Beschreiben Sie die Auswirkungen von Emotionen und Motivation auf das Erleben, Verhalten und Handeln eines Menschen.

---

[1] Diese Aufgaben sind als Übungsaufgaben gedacht; in der schriftlichen Abschlußprüfung stammt jedoch in einer Aufgabe immer eine Frage aus der Pädagogik. Es kann möglich sein, daß in der Prüfung die einzelnen Teilfragen bzw. -aufgaben nicht mehr mit einer bestimmten Aussage eingeleitet werden.

4. Aufgabe

Persönlichkeitstheorien sind der Versuch, Struktur, Dynamik und Entwicklung der Persönlichkeit zu beschreiben und zu erklären.

1. Stellen Sie eine Persönlichkeitstheorie dar; berücksichtigen Sie dabei Menschenbild sowie grundlegende Begriffe und Aussagen dieser Theorie.

2. Zeigen Sie die Anwendung der in 1. dargestellten Persönlichkeitstheorie in einem bestimmten Lebensbereich auf (zum Beispiel Familie, Kindergarten).

3. Erklären Sie die Entstehung einer psychischen Beeinträchtigung mit Hilfe einer geeigneten Theorie (zum Beispiel mit Hilfe der in Frage 1 dargestellten Theorie).

5. Aufgabe

„Entwicklung bedeutet eine gerichtete, zeitlich geordnete Reihe von miteinander zusammenhängenden Veränderungen des Erlebens und Verhaltens."

1. Bestimmen Sie den Begriff „Entwicklung", und zeigen Sie die Problematik der Frage nach der Größe des Einflusses von Anlage, Umwelt und Selbststeuerung auf.

2. Beschreiben Sie an einem Beispiel (zum Beispiel motorischer, emotionaler, motivationaler Entwicklung) das Zusammenspiel der Entwicklungsbedingungen.

3. Erklären Sie mit Hilfe einer Entwicklungstheorie, warum sich das Verhalten im Sinne der Entwicklung ändert. Stellen Sie dabei die wichtigsten Aussagen der gewählten Theorie dar.

6. Aufgabe

Die Entwicklungspsychologie befaßt sich, sehr allgemein ausgedrückt, mit der Beschreibung, Erklärung und Beeinflussung altersbezogener Veränderungen über die gesamte Lebensspanne (vgl. D. Ulich, 1989)

1. Beschreiben Sie einen Entwicklungsverlauf (zum Beispiel motorische, emotionale, motivationale Entwicklung) anhand der Differenzierung und Integration.

2. Bestimmen Sie die Begriffe „Reifung" und „Lernen", und zeigen Sie an einem Beispiel das Zusammenwirken dieser beiden Prozesse auf.

3. a) Stellen Sie wesentliche Erkenntnisse einer Entwicklungstheorie dar.
   b) Zeigen Sie die Anwendung dieser Entwicklungstheorie anhand von zwei Beispielen in einem bestimmten Lebensbereich (zum Beispiel Familie, Kindergarten) auf.

7. Aufgabe

„Befriedigende Beziehungen zwischen dem Kind und seiner sozialen Umwelt sind grundlegende Voraussetzungen für eine positive Entwicklung und erfolgreiche Integration in die Gesellschaft."

1. Bestimmen Sie die Begriffe „soziale Kommunikation" und „soziale Interaktion", und stellen Sie am Beispiel einer typischen Erziehungssituation eine Kommunikationsstörung dar.

2. Erläutern Sie die in 1. dargestellte Kommunikationsstörung mit Hilfe einer Ihnen bekannten Kommunikationstheorie (zum Beispiel P. Watzlawick u. a., Fr. Schulz von Thun). Stellen Sie dabei die grundlegenden Aussagen dieser Theorie dar.

3. Erfolgreiche Erziehung ist unter anderem durch eine gelungene Kommunikation zwischen Erzieher und Kind gekennzeichnet. Zeigen sie im Rahmen der in Frage 2 dargestellten Kommunikationstheorie die Möglichkeiten erfolgreicher Kommunikation zwischen Erzieher und Kind auf.

8. Aufgabe

In der Gegenwart erlebt die Einstellungsforschung einen neuen Aufschwung.

1. Bestimmen Sie die Begriffe „soziale Einstellung" und „Vorurteil", und beschreiben Sie am Beispiel einer negativen Einstellung gegenüber Randgruppen (zum Beispiel Behinderten, Obdachlosen, Asylanten) Merkmale und Struktur (Komponenten) von Einstellungen.

2. Erklären Sie mit Hilfe einer Theorie (zum Beispiel sozial-kognitive Theorie) den *Erwerb* der oben genannten Einstellung. Stellen Sie dabei auch die zentralen Begriffe und grundlegenden Annahmen dieser Theorie dar.

3. Beschreiben Sie auf der Grundlage einer Einstellungstheorie (zum Beispiel funktionale Theorie, Dissonanztheorie von L. Festinger) Möglichkeiten zur Änderung der in Frage 1 genannten ablehnenden Einstellung.

9. Aufgabe

Sehr viele Menschen oder Menschengruppen sind daran interessiert, Einstellungen anderer zu beeinflussen und zu ändern.

1. Beschreiben Sie an einem selbstgewählten Beispiel Merkmale und Funktionen sozialer Einstellungen.

2. Stellen Sie die grundlegenden Aussagen einer Einstellungstheorie zur *Änderung* von Einstellungen (zum Beispiel funktionale Theorie, Dissonanztheorie von L. Festinger) dar, und erklären Sie die Änderung einer negativen Einstellung gegenüber einer Einrichtung der Sozialpädagogik/-arbeit (zum Beispiel Jugendzentrum, Behindertenheim).

3. Zeigen Sie auf der Grundlage der in Frage 2 dargestellten Einstellungstheorie Möglichkeiten auf, wie Sie im Rahmen einer Tätigkeit als Erzieher oder Sozialarbeiter in einer sozialpädagogischen Institution (zum Beispiel Kindergarten, Jugendzentrum, Erziehungsheim) eine ablehnende Einstellung ihrer Kinder bzw. Jugendlichen gegenüber sozialen Randgruppen ändern können.

10. Aufgabe

Fallbeschreibung „Martin"

Martin hat das Abitur nicht bestanden und besucht zum zweitenmal die 13. Jahrgangsstufe eines Gymnasiums. Er befürchtet, nun das Abitur erneut nicht zu bestehen. Martin sieht seinen Lebensplan (Studium, Übernahme des väterlichen Geschäftes etc.) gefährdet und wendet sich deshalb auf Anraten eines Lehrers an eine Beratungsstelle.

Beim Erstgespräch erhält der beratende Psychologie von Martins Werdegang folgendes Bild:
Der junge Mann ist 20 Jahre und 4 Monate alt. Seine Mutter ist Hausfrau, sein Vater als Eigentümer eines Geschäftes, das er selbst gegründet hat, sehr erfolgreich und angesehen.

Martins Leistungen in der Grundschule waren gut, die Lehrer bescheinigten ihm überdurchschnittliche Intelligenz, bemängelten aber sein zeitweiliges Desinteresse während des Unterrichts. Nach dem Übertritt von der Grundschule ins Gymnasium wurden die schulischen Leistungen Martins zunehmend schwächer. Es gelang Martin jedoch immer wieder, trotz geringen Arbeitseinsatzes in die jeweils nächsthöhere Klasse versetzt zu werden.

Viel intensiver widmete sich Martin seinen zahlreichen Freizeitinteressen. So wendete er z. B. sehr viel Zeit für Aktivitäten in einem Segelclub auf. Als sich in der 11. Jahrgangsstufe Martins Noten derart verschlechterten, daß ein Vorrücken in die 12. Jahrgangsstufe gefährdet war, schickten ihn seine Eltern in ein Internat in ländlicher Umgebung. Nach wenigen Monaten ließ die dortige Schulleitung die Eltern wissen, daß ihr Sohn aus disziplinarischen Gründen an dieser Schule nicht mehr erwünscht sei; ihm drohe der Schulausschluß. An einem heimischen Privatgymnasium wiederholte Martin die 11. Jahrgangsstufe und bestand diese wie auch die 12. Jahrgangsstufe, wenn auch mit schlechten Noten.

Im nächsten Beratungsgespräch berichtet Martin folgendes:

Sein Vater hat sich verstärkt um ihn gekümmert, wenn er die Zeugnisse sah; so gab er z. B. seinem Sohn viel Geld für die gerade noch bestandenen Jahrgangsstufen im Gymnasium. Während des Schuljahres drohte der Vater oftmals, Martin wegen seiner schlechten schulischen Leistungen die finanzielle Unterstützung zu entziehen. Diese Drohung wurde jedoch nicht wahr gemacht, im Gegenteil, Martins Vater schenkte ihm einen eigenen Wagen, finanzierte modische Kleidung und seine Ausgaben im Segelclub.

Martin sieht sich als einen, der viel umworben wird, gerade auch im „Club". Hier bekommt er aufgrund seines Einsatzes immer wieder Anerkennung; nach seinen Aussagen gibt es dort „nur nette Leute". Hier habe er auch seinen Freund Peter gefunden, der im 2. Semester Wirtschaftswissenschaften studiert. Peter sei ein ausgezeichneter Segler und bereite ihn gut auf die Segelprüfung vor.

Befragt nach seinen derzeit sehnlichsten Wünschen antwortet Martin: „Ich will den Segelschein und das Abitur in der Tasche haben, denn letztlich braucht man solche Nachweise, um im Leben voranzukommen und anerkannt zu werden."

Der Gedanke an Schule erzeuge bei ihm Unwohlsein, wenn man es vornehm ausdrücken wolle, meint Martin.

1. Aus der Fallbeschreibung geht hervor, daß Martin bestimmte Einstellungen besitzt.

    a) Beschreiben Sie mit Hilfe geeigneter Textstellen Merkmale und Komponenten von Martins Einstellung zur Schule **und** zum Segelclub.

    b) Erläutern Sie die Funktionen, die die Einstellung Martins zum Segelclub erfüllen.

2. Erklären Sie den Einstellungserwerb **entweder** gegenüber der Schule **oder** gegenüber dem Segelclub mit Hilfe einer Ihnen bekannten Theorie. Stellen Sie dabei Begriffe und Aussagen dieser Theorie dar.

3. Zeigen Sie auf der Grundlage einer Einstellungstheorie Möglichkeiten eines Wandels von Martins Einstellung zur Schule auf.

11. Aufgabe

Fallbeschreibung „Axel"

(Axel: 14 Jahre, 8. Klasse Realschule, Einzelkind, Mutter geschieden)

Axels Verhalten in der Schule bereitet seiner Klassenlehrerin Frau Baldrum große Sorgen. Seine Hausaufgaben erledigt er nur selten; Hefte, Bücher und Schreibmaterial bringt er unregelmäßig mit zum Unterricht. Als besonders schwierig erlebt Frau Baldrum folgende Situationen:

Sie beobachtet öfter, daß Axel seine Mitschüler unter Druck setzt, ihn abschreiben zu lassen oder ihm Geld zu leihen. Da Axel größer und stärker ist als seine Mitschüler, kann er seine Forderungen nachhaltig stellen: er teilt Rippenstöße und Ohrfeigen aus. Seine Mitschüler haben daher Angst vor ihm. Eine kleinere Gruppe Schülerinnen seiner Klasse findet sein Verhalten hingegen eher belustigend.

Bei den häufigen körperlichen Attacken Axels gegen seine Mitschüler sieht sich Frau Baldrum nicht in der Lage, wirksam einzugreifen. Darüber hinaus ist es für sie ein Problem, wenn Axel seine Mitschüler dazu bringt, von ihm mitgebrachte Comic-Hefte zu lesen. Der Unterricht wird dadurch empfindlich gestört.

In einem Einzelgespräch mit Axel erwähnt Frau Baldrum sein auffälliges Verhalten, worauf er ihr gegenüber recht ungehalten reagiert. Auf seine familiäre Situation zu Hause angesprochen, bricht er Frau Baldrum gegenüber in Tränen aus.

Im weiteren Verlauf des Gesprächs äußert Axel, daß er schon einsehe, daß sein Verhalten nicht immer richtig sei, aber etwas Spaß müsse man in der Schule doch haben. Für sein Weiterkommen in der Realschule sehe er aufgrund seines Zwischenzeugnisses schwarz. Aber es wäre ganz schön, wenn er die Realschule abschließen könnte.

Mit Axels Einverständnis wendet sich Frau Baldrum an eine Sozialpädagogin der zuständigen Beratungsstelle. Die Sozialpädagogin lädt Axel und seine Mutter zu einem Gespräch ein und erfährt dabei folgendes:

Axels Mutter hat sich vor zwei Jahren scheiden lassen, da der Ehemann sich ihr gegenüber öfters gewalttätig verhalten hat. Seit dieser Zeit ist sie auch wieder berufstätig. Das Verhältnis Axels zu seinem Vater, fand sie, sei damals ganz gut gewesen; seit der Trennung von ihr kümmere er sich jedoch nur selten um seinen Sohn.

Die Mutter berichtet weiter über Axel:„Als Fünfjähriger war er im Kindergarten manchmal etwas schwierig; so zerstörte er grundlos die Spielsachen anderer Kinder; seine Spielkameraden ärgerte er bei sich zu Hause gern und schlug sie Auch hin und wieder. Wenn er etwas erreichen wollte, schrie er seine Kameraden an, dies brachte ihm dann auch den gewünschten Erfolg. Mit Bekannten habe ich mich damals über Axels Verhalten unterhalten; diese meinten dazu, Axel sei eben ein richtiger Junge. Ich war auch der Meinung, daß sich Axels aggressives Verhalten von selbst lege, wenn er einmal in der beruflichen Ausbildung stehen werde. Warum soll ich also jetzt darüber so viel Aufhebens machen."

1. **a)** Belegen Sie mit entsprechender Stellen im Text das aggressive Verhalten von Axel.
   b) Bestimmen Sie den Begriff „psychische Beeinträchtigung", und begründen Sie, daß es sich bei Axels aggressivem Verhalten um eine psychische Beeinträchtigung handelt.

2. Erklären Sie die Entstehung des aggressiven Verhaltens bei Axel mit Hilfe grundlegender Aussagen einer Theorie.

3. Wie könnte die Sozialpädagogin mit Hilfe von Erkenntnissen über soziale Interaktion und Kommunikation das Verhalten von Axel möglicherweise ändern?
   Stellen Sie im Rahmen einer Ihnen bekannten Kommunikationstheorie (zum Beispiel von P. Watzlawick u. a., Fr. Schulz von Thun) Möglichkeiten effektiver Kommunikation zwischen der Sozialpädagogin und Axel dar.

Verwendete Literatur

Allport, G. W.: Die Natur des Vorurteils. Köln 1971

Amelang, M./Bartussek, D.: Differenzielle Psychologie und Persönlichkeitsforschung. Stuttgart 1990[3]

Anderson, J. R.: Kognitive Psychologie, Heidelberg 1988

Angermeier, W. F./Bednorz, P./Schuster, M.: Lernpsychologie, München/Basel 1991[2]

Angermeier, W. F./Hursh, S. R.: Operantes Lernen. München/Basel 1992

Argyle, M./Henderson, M.: Die Anatomie menschlicher Beziehungen. Paderborn 1986

Argyle, M.: Soziale Interaktion. Köln 1972

Arnold, W./Eysenk, H. J./Meili, R. (Hg.): Lexikon der Psychologie, Band 1, 2 und 3. Freiburg i. B. 1991[8]

Asanger, R./Wenninger, G.(Hg.): Handwörterbuch der Psychologie, München 1988[4]

Bandura, A.: Lernen am Modell – Ansätze zu einer sozialkognitiven Lerntheorie. Stuttgart 1976

Bandura, A.: Sozialkognitive Lerntheorie. Stuttgart 1979

Bateson, G., u. a.: Schizophrenie und Familie. Frankfurt a.M. 1969

Bell, R. (Hg.): Wie wir werden – was wir fühlen. Reinbeck 1991[2]

Benesch, H.: dtv-Altas zur Psychologie, Band 1 und 2. München 1989[2] und 1987

Benesch, H.: Anwendungsfelder der Psychologie. München 1992

Bierhoff, H.-W.: Sozialpsychologie. Stuttgart/Berlin/Köln/Mainz 1988[2]

Bornewasser, M. u. a.: Einführung in die Sozialpsychologie. Heidelberg 1986[3]

Brandstätter, H.: Sozialpsychologie. Stuttgart 1983

Bräutigam, W./Zettl, St.: Wie Angst entsteht. In: Psychologie Heute 9/1987

Brezinka, W.: Grundbegriffe der Erziehungswissenschaft. München/Basel 1990[5]

Brocher, T.: Gruppendynamik und Erwachsenenbildung. Braunschweig 1980[15]

Bronfenbrenner, U.: Ökologische Sozialisationsforschung. Stuttgart 1976

Bronfenbrenner, U.: Die Ökologie der menschlichen Entwicklung. Stuttgart 1981

Brunner, R./Klausen, R./Titze, M. (Hg.): Wörterbuch der Individualpsychologie. München/Basel 1985

Bundeszentrale für gesundheitliche Aufklärung: Entwicklungskalender. Köln 1990

Cohn, R.: Von der Psychoanalyse zur themenzentrierten Interaktion. Stuttgart 1988

Correll, W.: Lernpsychologie, Donauwörth, 1983[17]

Dietrich, K.: Stichwort Motivation. In: Warum 19/1976

Dollard, J., u. a.: Frustration und Aggression. Weinheim/Berlin/Basel 1972[4]

Dollase, R.: Entwicklung und Erziehung. Stuttgart 1985

Dörner, D./Selg, H. (Hg.): Psychologie. Stuttgart 1985

Dörner, D.: Problemlösen als Informationsverarbeitung. Stuttgart 1987[3]

Dreikurs, R./Soltz, V.: Kinder fordern uns heraus. Stuttgart 1989[20]

Engelkamp, J.: Das menschliche Gedächtnis. Göttingen 1990

Erikson, E.-H.: Kindheit und Gesellschaft. Stuttgart 1984[9]

Eysenck, H.-J./Rachman, S.: Neurosen – Ursachen und Heilmethoden. Berlin 1973[6]

Fahrenberg J./Hampel, R./Selg, H.: Das Freiburger Persönlichkeitsinventar, Handanweisungen. Göttingen 1989[5]

Fend, H.: Identitätsentwicklung in der Adoleszenz. Bern 1991

Fend, H.: Vom Kind zum Jugendlichen. Bern/Stuttgart 1990

Festinger, L.: Theorie der kognitiven Dissonanz. Bern/Stuttgart/Wien 1978

Filipp, S.-H. (Hg.): Kritische Lebensereignisse. München 1990[2]

Fisseni, H.-J.: Lehrbuch der psychologischen Diagnostik. Göttingen 1990

Fisseni, H.-J.: Persönlichkeitspsychologie. Göttingen 1984

Fittkau, B., u. a.: Kommunizieren lernen (und umdenken). Aachen 1987[5]

Flammer, A.: Entwicklungstheorie. Bern/Stuttgart/Toronto 1988

Fontana, D.: Mit dem Streß leben. Bern/Stuttgart/Toronto 1991

Forgas, J. P.: Soziale Interaktion und Kommunikation. München/Weinheim 1992

Freud, A.: Das Ich und die Abwehrmechanismen. Frankfurt 1989

Freud, S.: Abriß der Psychoanalyse – Das Unbehagen in der Kultur. Frankfurt 1989[39]

Freud, S.: Das Ich und das Es. Frankfurt 1988[8]

Freud, S.: Zur Psychopathologie des Alltagslebens. Frankfurt 1989

Fröhlich, W. D.: dtv-Wörterbuch zur Psychologie. München 1987[15]

Gage, N. L./Berliner, D. C.: Pädagogische Psychologie. Weinheim 1986[4]

Gardner, H.: Dem Denken auf der Spur. Stuttgart 1989

Geo-Wissen: Gehirn, Gefühl, Gedanken. Heft 1, Mai 1987

Gordon, Th.: Familienkonferenz. München 1989

Germain, C. B./Gitterman, A.: Praktische Sozialarbeit. Stuttgart 1988[2]

Graumann, C. F./Heckhausen, H.: Pädagogische Psychologie – Grundlagentexte 1. Frankfurt a. M. 1973

Gröner, H. (Hg).: Nicht zu glauben – Das bin ich? München/Basel 1992

Grubitzsch S./Rexilius, G. (Hrg.).: Psychologische Grundbegriffe. Reinbek 1990

Grubitzsch, S.: Testtheorie – Testpraxis. Reinbek 1991

Hampden-Turner, C.: Modelle des Menschen, Weinheim/Basel 1986

Handbuch: Schultests. Weinheim/Basel 1990

Haubl, R. u. a.: Struktur und Dynamik der Person. Opladen 1986

Hautzinger, M.: Kritische Lebensereignisse, soziale Unterstützung und Depressivität bei älteren Menschen. In: Zeitschrift für Klinische Psychologie 1985. Band XIV, Heft 1, S. 27–38.

Heckhausen, H.: Motivation und Handeln. Berlin/Heidelberg 1989[2]

Heil, K. D.: Programmierte Einführung in die Psychologie. Reinbek 1975

Heinerth, K.: Einstellungs- und Verhaltensänderung. München/Basel 1979

Herkner, W.: Einführung in die Sozialpsychologie. Stuttgart 1991[5]

Herkner, W.: Psychologie. Wien/New York 1986

Hermann, B.: Verständigung über Erziehungswerte. Weinheim/Basel 1987

Hermann, T./Lantermann, E.-D.: Persönlichkeitspsychologie. München/Wien/Baltimore 1985

Herzog, W.: Modell und Theorien der Psychologie. Göttingen 1984

Hetzer, H. (Hg.): Angewandte Entwicklungspsychologie des Kindes- und Jugendalters. Heidelberg 1990[2]

Hobmair, H. (Hg.): Pädagogik. Köln/München 1989

Hobmair, H. (Hg.): Psychologie. Köln/München 1991

Hobmair, H./Treffer, G.: Individualpsychologie, Erziehung und Gesellschaft. München/Basel 1979

Horton, P.: Die andere Saite. Würzburg 1979[2]

Huber, M.: Vor lauter Angst. In: Psychologie Heute 8/1987

Hurrelmann, K.: Familienstreß-Schulstreß-Freizeitstreß. Weinheim/Basel 1990

Hurrelmann, K.: Neue Gesundheitsrisiken für Kinder und Jugendliche. In: Pädagogik. Heft 3/91

Hurrelmann, K.: Sozialisation und Gesundheit. Weinheim/München 1988

Irle, M.: Lehrbuch der Sozialpsychologie. Göttingen 1975

Izard, C. E.: Die Emotionen des Menschen. München 1981

Jäger, R. S./Petermann, F.: Psychologische Diagnostik, München/Weinheim 1992[2]

Jerusalem, M.: Persönliche Ressourcen, Vulnerabilität und Streß erleben. Göttingen 1990

Juchli, L.: Wiederentdecken der Ganzheit. Zürich 1985

Jugendwerk der Deutschen Shell (Hg.): Jugendliche und Erwachsene '85. Generationen im Vergleich. Band 1–5. Leverkusen 1985

Jung, C. G.: Typologie. München 1990

Justice, B.: Wenn das Immun-System schwach wird in: Psychologie Heute 3/91.

Kagan, J.: Wie Gefühle entstehen. In: Psychologie Heute 3/1987

Kaufmann-Hayoz, R.: Kognition und Emotion in der frühkindlichen Entwicklung. Berlin 1991

Kausen, R.: Bemerkungen zur wissenschaftlichen Fachsprache. In: Zeitschrift für Individualpsychologie, 2. Jahrgang, München/Basel 1977

Keller, G.: Der Lernknigge, Bad Honnef 1986

Keller, J. A./Novak, F.: Kleines pädagogisches Wörterbuch. Freiburg i. B. 1988[6]

Keller, J. A.: Grundlagen der Motivation. München/Berlin/Wien 1981

Keupp, H./Röhrle, B. (Hg.): Soziale Netzwerke. Frankfurt a. M. 1987

Kintsch, W.: Gedächtnis und Kognition, Wien/New York 1992

Kirschner, J.: Manipulieren – aber richtig. München/Zürich 1974

Kleber, E. W.: Abriß der Entwicklungspsychologie. Weinheim/Basel 1978[2]

Knehr, E.: Konfliktgestaltung im Szenotest. München 1982[3]

Knopf, M./Schneider, W.(Hg.): Entwicklung. München 1990

Kohlmann, C. - W.: Streßbewältigung und Persönlichkeit. Bern/Stuttgart 1990

Kohnstamm, R.: Praktische Kinderpsychologie. Bern/Stuttgart/Wien 1984

Kraiker, Ch./Peter, B.: Psychotherapieführer. München 1988[2]

Krech, D./Crutchfield R. S.: Grundlagen der Psychologie (Studienausgabe). München 1992

Kruse, L./Graumann, C.-F./Lantermann, E.-D. (Hg.): Ökologische Psychologie. München 1990

Kubli, F.: Erkenntnis und Didaktik. Piaget und die Schule. München/Basel 1983

Lagache, D.: Psychoanalyse, München 1971

Langfeldt, H.-P. (Hg.): Psychologie. Neuwied/Berlin 1993

Laucken, U./Schick, A.: Einführung in das Studium der Psychologie. Stuttgart 1985[5]

Laucken, U.: Denkformen der Psychologie. Bern/Stuttgart 1989

Laucken, U.: Naive Verhaltenstheorien. Stuttgart 1974

Lasogga, F.: Gesprächstherapie: Zuviel Ideologie? in: Psychologie Heute 8/1986

Legewie, H./Ehlers, W.: Knaurs moderne Psychologie. München/Zürich 1992

Mandel, H./Friedrich, H. F. (Hg.): Lern- und Denkstrategien. Göttingen 1992

Mann, L.: Sozialpsychologie. München 1991[9]

Metzig, W./Schuster, M.: Lernen zu lernen. Berlin/Heidelberg/New York 1982

Meves, Ch.: Erziehen lernen aus tiefenpsychologischer Sicht. Freiburg i. B. 1987[4]

Meyers kleines Lexikon: Pädagogik. Mannheim 1988

Michel, Ch./Novak, F.: Kleines psychologisches Wörterbuch. Freiburg i. B. 1990

Michels, H.-P.: Informationsverarbeitung und künstliche Intelligenz. Frankfurt a. M./Bern 1991

Mielke, R.: Lernen und Erwartung. Bern/Stuttgart/Wien 1984

Mietzel, G.: Wege in die Entwicklungspsychologie. München/Weinheim 1989

Mietzel, G.: Wege in die Psychologie. Stuttgart 1987[3]

Mogel, H.: Ökopsychologie. Stuttgart/Berlin/Köln/Mainz 1984

Mogel, H.: Umwelt und Persönlichkeit. Göttingen/Toronto/Zürich 1990

Mucchielli, R.: Einstellungen und Manipulation. Salzburg 1976

Mühlfeld, C., u. a. (Hg.).: Ökologische Konzepte für Sozialarbeit. Frankfurt a. M. 1986

Mueller, E. F./Thomas. A.: Einführung in die Sozialpsychologie. Göttingen 1976[2]

Müller, K.: Kinder- und Jugendpsychologie für Erzieher. München 1984[7]

Mussen, P.: Einführung in die Entwicklungspsychologie. München 1991[9]

Naef, R. D.: Rationeller Lernen lernen. Weinheim 1972[3]

Nickel, H./Schmidt-Denter, U.: Vom Kleinkind zum Schulkind. München/Basel 1991[4]

Nickel, H./Schneider, S. (Hg.).: Ökopsychologie der Entwicklung im frühen Kindesalter. Salzburg 1987

Nickel, H.: Entwicklungspsychologie des Kindes- und Jugendalters, Band 1 und 2. Bern/Stuttgart/Wien 1982[4] und 1981[3]

Nolting, H.-P. u. a.: Psychologie lehren. München/Weinheim 1988

Nolting, H.-P./Paulus, P.: Psychologie lernen. München 1993[4]

Novak, F., u. a.: Psychologie 1 und 2. München 1985 und 1981

Novak, F.: Psychologieunterricht in der Sekundarstufe II. Würzburg 1981

Oerter, R.: Moderne Entwicklungspsychologie. Donauwörth 1987[21]

Oerter, R./Montada, L.: Entwicklungspsychologie. München 1987[2] und 1982

zur Oeveste, H.: Kognitive Entwicklung im Vor- und Grundschulalter. Göttingen/Toronto/Zürich 1987

Pervin, L. A.: Persönlichkeitstheorien. München/Basel 1993[3]

Petermann, F./Petermann, U.: Training mit aggressiven Kindern. München/Weinheim 1993[4]

Piaget, J.: Das Erwachen der Intelligenz beim Kinde. München 1992

Popp, Manfred: Einführung in die Grundbegriffe der allgemeinen Psychologie. München/Basel 1991[4]

Popper, K. R.: Logik der Forschung. Tübingen 1989[9]

Pössinger, G.: Wörterbuch der Psychologie. München 1982

Rattner, Josef: Klassiker der Tiefenpsychologie. München 1990

Rauchfleisch, U.: Testpsychologie. Göttingen 1989[2]

Richter, E.: So lernen Kinder sprechen. München/Basel 1989[2]

Richter, H.-E.: Umgang mit Angst. Hamburg 1992

Rogers, C.: Therapeut und Klient. Frankfurt a. M. 1983

Rogers, C.: Die klientenzentrierte Gesprächspsychotherapie. Frankfurt a. M. 1992

Rogers, C.: Entwicklung der Persönlichkeit, Stuttgart 1992[9]

Rogers, C.: Eine Theorie der Psychotherapie, der Persönlichkeit und der zwischenmenschlichen Beziehungen. Köln 1989[2]

Rogers, C.: Lernen in Freiheit. München 1984[4]

Rogers, C./Rosenberg, R. L.: Die Person als Mittelpunkt der Wirklichkeit. Stuttgart 1980

Rohner, P.: Anregungen für Gruppengespräche, München o. J.

Roth, E. (Hg.): Denken und Fühlen, Berlin 1990

Roth, E.: Sämtliche Menschen. München/Wien 1986[5]

Rotter, J. B./Hochreich, D. J.: Persönlichkeit. Berlin/Heidelberg/New York 1979

Sader, M.: Psychologie der Persönlichkeit. München 1980

Sarris, V.: Methodologische Grundlagen der Experimentalpsychologie, Band 1 und 2. München/Basel 1990 und 1992

Schenk-Danzinger, L.: Entwicklung, Sozialisation, Erziehung, Band 1. und 2. Stuttgart 1988

Schenk-Danzinger, L.: Entwicklungspsychologie. Wien 1988[20]

Scherer, K.: Psychologie der Emotion. Göttingen 1990

Schermer, Franz: Lernen und Gedächtnis. Stuttgart 1991

Schmalt, H.-D.: Motivationspsychologie. Stuttgart/Berlin/Köln/Mainz 1986

Schmidt, S. J. (Hg.).: Gedächtnis. Frankfurt a. M. 1991

Schmidt-Denter, U./Manz, W. (Hg.).: Entwicklung und Erziehung im ökopsychologischen Kontext. München/Basel 1991

Schönpflug, W./Schönpflug, U.: Psychologie. München/Wien/Baltimore 1989[2]

Schraml, W. J.: Einführung in die moderne Entwicklungspsychologie. Stuttgart 1990[7]

Schröder, E.: Vom konkreten zum formalen Denken. Bern/Stuttgart/Toronto 1989

Schulz von Thun, F.: Miteinander reden, Band 1 und 2. Reinbek 1990

Schwäbisch, L./Siems, M.: Anleitung zum sozialen Lernen für Paare, Gruppen und Erzieher. Reinbek 1974

Schwarzer, R.: Streß, Angst und Hilflosigkeit. Stuttgart/Berlin/Köln/Mainz 1987²
Seiffert, H./Radnitzky, G. (Hg.): Handlexikon zur Wissenschaftstheorie. München 1989
Seiffge-Krenke, I.: Arbeitsbuch Psychologie. Düsseldorf 1988
Selg, H.: Menschliche Aggressivität. Göttingen 1974.
Selye, H.: Streß, München 1988²
Sieber, G.: Achtung Test. Reinbek 1988
Spada, H. (Hg.).: Lehrbuch Allgemeine Psychologie. Bern/Stuttgart/Toronto 1990
Spiel, O.: Am Schaltbrett der Erziehung. Bern/Stuttgart/Wien 1979
Spitz, R. A.: Vom Säugling zum Kleinkind. Stuttgart 1987
Staatsinstitut für Schulpädagogik München (Hg.).: Handreichung für Psychologie an Fachoberschulen. München 1980
von Staabs, G.: Der Scenotest. Bern/Stuttgart/Wien 1964⁴
Steiner, G.: Lernen. Bern/Stuttgart/Toronto 1988
Steinhausen, H.-Chr. (Hg.): Das Jugendalter. Bern/Stuttgart/Wien 1990
Stone, L. J./Church, J.: Kindheit und Jugend. Einführung in die Entwicklungspsychologie. Band 2. Stuttgart 1978
Stroebe W. u. a. (Hg.).: Sozialpsychologie. Berlin/Heidelberg 1990
Strohschneider, S.: Wissenserwerb und Handlungsregulation. Wiesbaden 1990
Tausch, R.: Lebensschritte. Umgang mit belastenden Gefühlen. Reinbek 1989
Tausch, R./Tausch. A.: Erziehungspsychologie. Göttingen/Toronto/Zürich 1991¹⁰
Thomä, H./Kächele, H.: Lehrbuch der psychoanalytischen Therapie, Band 1 und 2. Berlin/Heidelberg 1988
Thomas, A.: Grundriß der Sozialpsychologie, Band 1. Göttingen 1991
Thomas, R. A./Feldmann, B.: Die Entwicklung des Kindes. Weinheim/Basel 1989²
Trautner, H.-M.: Lehrbuch der Entwicklungspsychologie, Band 1: Grundlagen und Methoden. Göttingen 1992
Traxel, W.: Grundlagen und Methoden der Psychologie. Bern 1974²
Trotter, R. J.: Die zehn Gefühle, die die Welt bedeuten. In: Psychologie Heute 10/1984
Tschamler, H.: Wissenschaftstheorie. Bad Heilbrunn 1983²
Ueckert, H./Kakuska, R./Nagorny, J.: Psychologie die uns angeht. Gütersloh/Berlin/München/Wien 1975
Ulich, D.: Das Gefühl. München 1989²
Ulich, D.: Einführung in die Psychologie. Stuttgart 1989
Ulich, D.: Krise und Entwicklung. München 1987
Vester, F.: Phänomen Streß. Gütersloh 1976
Waldmann, M./Weinert, F. E.: Intelligenz und Denken. Göttingen 1990
Watzlawick, P., u. a.: Lösungen. Bern/Stuttgart/Toronto 1988⁴
Watzlawick, P./Beavin J. H./Jackson D. D.: Menschliche Kommunikation. Bern/Stuttgart/Toronto 1990⁸
Watzlawick, P.: Anleitung zum Unglücklichsein. München 1983
Watzlawick, P./Weakland, J. H. (Hg.): Interaktion. München/Zürich 1990
Weber, E. J.: Der integrierte Mensch. Stuttgart 1987
Wehner, E. G.: Einführung in die empirische Psychologie. Stuttgart/Berlin/Köln 1980
Weinberger, S.: Klientenzentrierte Gesprächsführung. Weinheim/Basel 1980
Weiner, Bernard: Motivationspsychologie. Weinheim 1988²
Weinert, F. E./Kluwe, R. (Hg.): Metakognition, Motivation und Lernen. Stuttgart/Berlin/Köln/Mainz 1984
Wellhöfer, P. R.: Grundstudium Allgemeine Psychologie. Stuttgart 1990²
Wendt, D.: Allgemeine Psychologie. Stuttgart/Berlin/Köln 1989
Wendt, W. R.: Ökosozial denken und handeln. Freiburg i. B. 1990
Wertheimer, Max: Zur Gestaltpsychologie menschlicher Werte. Opladen 1990
Wessels, M. G.: Kognitive Psychologie. München/Basel 1990
Witte, E.-H.: Sozialpsychologie. München 1989
Zimbardo, P. G.: Psychologie. Berlin/Heidelberg/New York 1983⁴ und 1992⁵

Stichwortverzeichnis

462